Ingeborg Wolf

MYSTIK

INGEBORG WOLF

Mit einem Vorwort von P. Willigis Jäger

MYSTIK

ZEN KONTEMPLATION YOGA
KABBALA SUFISMUS TAOISMUS

Praxis und Orientierung
im Spiegel von Religion
Psychologie, Naturwissenschaft
und Gesellschaft

CHANCE FÜR DIE MENSCHHEIT

Edition Logos
Frankfurt 2000

Wolf, Ingeborg:
Mystik - Praxis und Orientierung in
Religion, Psychologie, Naturwissenschaft und Gesellschaft/
Ingeborg Wolf.–
Frankfurt am Main, Edition Logos,
P.O.D.PRINT, 2000
5. Auflage 2007
ISBN 3-934429-53-X

FÜR WILLIGIS JÄGER

Der Erwachte verbreitet
Tag und Nacht
Das Licht des Geistes.

Geh in deinen eignen Grund
inwendig im Innersten der Seele,
da ist dein Leben und da allein lebst du.
(Meister Eckhart)

INHALT

GLIEDERUNG

Dank

Mein Dank gilt all den Frauen und Männern, die den mystischen Weg gegangen sind und uns den Weg zur Erfahrung der Wahrheit zeigen; die nicht müde wurden und Schwierigkeiten, Verleumdung, Verfolgung, Folter und Tod auf sich genommen haben, um von der Höchsten Wahrheit zu zeugen. Sie weisen der heutigen Menschheit einen Ausweg aus der Krise. Es bleibt nur übrig, sich im Geiste stumm vor ihnen zu verneigen

Mein Dank gilt Forschern und Wissenschaftlern unseres Zeitgeistes, speziell Bewusstseinsforschern, transpersonalen Psychologen, Gehirnforschern und Naturwissenschaftlern, die begonnen haben, mystische Prozesse zu erforschen und sie so dem heutigen Menschen auf seiner derzeitigen rationalen Bewusstseinsebene einsichtig zu machen. Indem sich Mystik und Naturwissenschaft treffen, bilden sie eine Verstandesbrücke für den heutigen Menschen.

Es beschämt, daß sehr viel Forscherarbeit auf diesem Gebiet nicht berücksichtigt werden konnte, sondern nur bruchstückhaft Hinweise gegeben werden können. Dies war aufgrund der Begrenztheit durch den Rahmen des Buches, aber auch durch die Schwierigkeit und Vielfalt der wissenschaftlichen Ergebnisse nicht möglich, stecken wir doch, was eine künftige „Wissenschaft der Mystik" betrifft, noch in den Kinderschuhen. Aus diesem Grunde kann und will das Buch keinerlei Anspruch auf Wissenschaftlichkeit erheben, ich hoffe jedoch, daß die gebotenen Darlegungen das Interesse zur Eigenerfahrung und Beschäftigung mit dieser Thematik bewirken, besonders für Menschen, für die ein religiöser Zugang zur mystischen Erfahrung nicht zutrifft.

All denen, die durch ihre Lehre und Vorbild in mein Gedankengut eingegangen sind, Autoren von zitierten Büchern, Urhebern und Verlegern, sei ebenfalls an dieser Stelle herzlich gedankt. Sie sind in das Buch eingeflossen, auch wenn sie im Detail als Urheber nicht erkannt und genannt werden. Dies gilt vor allem für die spirituellen Lehrer und Meister auf meinen Weg, wobei hier vor allem P. Willigis Jäger, Kuon Roshi, hervorzuheben ist, unter dessen Obhut dieses Buch entstand.

Zuverlässig und versiert stand mir ein Team bei Korrekturen und Konkorrekturen, Erstellung der Diagramme und der Bewältigung von Computerproblemen zur Seite. Danke an Stephanie Keller-Tönse, Britta Dextor-Eibach und Tina Ludwig, an Oliver Tönse und den kleinen Lion Tönse, der pränatal und postnatal die Entwicklung des Buches verfolgt hat.

Ich danke auch Martina Stauß und Jürgen Dickhof für die Anregung und inhaltliche Gestaltung des Titelblattes, sowie Johannes Seipel und Clarissa Rubatscher für diverse Korrekturen.

Danke auch an Barbara Erschen für ihre umsichtige und zuverlässige Unterstützung, und Heinz Peter Schneider für sein Engagement, Geduld und Zeit bei Computerproblemen.

In großer Dankbarkeit denke ich an Freundinnen und Freunde, die mich finanziell, ideell und menschlich unterstützt und mitgetragen haben. Ohne diese Hilfe wäre dieses Buch nicht entstanden.

Ingeborg Wolf, Mai 2000

Vorwort

So schnell wie Elektronik, Gentechnologie und Astrophysik unser Leben und unsere Weltsicht verändern, so rasch verändert sich auch die religiöse Einstellung der Menschen. Religiosität bekommt mehr und mehr einen transkonfessionellen Charakter. Diese Religiosität kann keiner bestimmten Konfession mehr zugeordnet werden. Zwar ist aus den Upanischaden, der Lehre Shakyamunis und der Lehre Jesu eine Religion geworden, aber im Grunde lehrten die großen Weisen der Menschheitsgeschichte nur Wege in die Realisation der „Ersten Wirklichkeit". Sie wollten uns in die Urerfahrung dessen führen, was Bilder und Worte nicht erreichen können und daher jede Konfession übersteigt. Eine solche Erfahrung paßt oft nicht in die festgelegten Normen, die eine Religion im Laufe der Zeit entwickelt hat. Das trifft für Buddhismus, Hinduismus und Islam genau so zu wie für das Christentum. Transkonfessionell heiße ich einen spirituellen Weg, der in die Erfahrung dessen führen will, was die heiligen Bücher und Lehrsysteme verkünden.

Das Buch möchte vor allem auch denen einen spirituellen Weg eröffnen, die nicht getauft sind oder sich keiner Konfession (mehr) zuzählen. Darunter sind tiefreligiöse Menschen, die in unserer Gesellschaft immer zahlreicher werden. In diesen transkonfessionellen Wegen sehe ich die Religiosität der Zukunft. Es gibt Grundzüge des Übens und auch des Erkennens, die allen Menschen gemeinsam sind. Diese Grundzüge zu erforschen und konfessionsfrei zu vermitteln ist das Anliegen dieses Buches.

Seit der Mensch denken kann, ringt er um die Verankerung seiner Existenz in der Transzendenz. Theologie und Philosophie machen den Versuch, Transzendenz rational zu ergründen. Aber ein solches Bemühen blieb unbefriedigend. Vorläufer in allen Kulturen und Religionen, weise Menschen, fanden Wege, um Transzendenz als Welt-Immanenz zu erleben. So entstanden die mystischen Erkenntniswege, die sich in allen Religionen finden. Im Hinduismus sind es die verschiedenen Formen des höheren Yoga, im Buddhismus Vipassana, Zen und das tibetische Dzogschen, im Islam der Sufismus, im Judentum Kabbala und im Christentum Kontemplation und Mystik.

Sie sind das wesentliche Element jeder Religion. Religiöse Erfahrung ist die wichtigste Quelle einer Religion. Versiegt diese Quelle, fehlt dieser die Kraft zur Erneuerung und Anpassung an die Anforderungen der Zeit. Hinduismus und Buddhismus brauchen keine Institution, die vorschreibt, was man glauben muß. Sie orientieren sich immer wieder an dieser mystischen Quelle, aus der ihre Weisen schöpften und schöpfen. Allerdings gibt es in diesen Religionen genau so viele religiöse Randbezirke, die mit Erfahrungen nichts zu tun haben.

Das kommende Jahrhundert zeichnet sich ab als ein „Jahrhundert der Metaphysik".

Menschen suchen intensiver als je zuvor auch nach der Erfahrung dessen, was ihre Religion in Dogmen und Riten aussagt. Sie möchten in die Urerfahrung ihrer sogenannten Stifter vordringen. Es gehört zur Ironie der Geschichte, daß gerade die Naturwissenschaft, die jede Transzendenz lange Zeit abgelehnt hat, diese neu entdeckt. Neben der Naturwissenschaft ist es die transpersonale Psychologie, die den erweiterten Bewußtseinsraum erforscht und Menschen hilft, dort einzutreten.

Beide Disziplinen haben den transpersonalen (mystischen) Raum entdeckt. Was wir Abendländer seit einigen Jahrtausenden Gott nennen, lässt sich nicht mehr eingrenzen in festgelegte Glaubenssätze. Die Offenbarung einer vorpersonalen Wirklichkeit geht mit der Entfaltung des menschlichen Bewußtseins weiter.

Es geht in diesem Buch also nicht um ein interkonfessionelles Gespräch. Solche Gespräche haben unzweifelhaft ihre Bedeutung, nachdem Religionen sich lange Zeit bekriegt haben. Es geht vielmehr darum, die transkonfessionelle Spiritualität aufzuzeigen, in der die eigentliche Einheit der Religionen liegt. Alle wollen sie auf den Gipfel des gleichen Berges führen, den Sie Gott, Brahman, Leerheit oder Ala nennen. In der Erfahrung dessen, was diese Worte bezeichnen, liegt ihre wahre Einheit.

Die Autorin befasst sich unter meiner spirituellen Begleitung seit langem praktisch und theoretisch mit der transkonfessionellen Spiritualität. So konnte das Buch sowohl zu einem umfassenden Nachschlagewerk werden wie auch zu einem Übungsbuch für Einsteiger. Es gibt wenig Bücher, die sowohl das Wesentliche der spirituellen Wege der Menschheit als auch die neuesten Erkenntnisse der Naturwissenschaft und der transpersonalen Psychologie in einer großen Zusammenschau darlegen.

Willigis Jäger

Einleitung

TEIL 1: MYSTIK- CHANCE DER MENSCHHEIT

„Der Mensch kann ohne eine innere Wandlung
mit der gigantischen Entwicklung seines äußeren Lebens
nicht mehr fertig werden.“
(Aurobindo)

Aufgrund der großen Problematiken und destruktiven Tendenzen auf der Erde, werden wir immer häufiger mit der Frage des Überlebens der gesamte Menschheit konfrontiert. Vor allem der enorme Anstieg der Bevölkerung, Klimaverschiebungen, die Ozonproblematik, Umweltkatastrophen, Umweltschäden und Gefahren der Technik werden in dieser Gesellschaft immer häufiger thematisiert. Das Elend und Leid, das der Mensch den Menschen, Tieren, Pflanzen antut, hat immer noch erschreckende Ausmaße angenommen, wenn wir beispielsweise an Verfolgungen, Vertreibungen, Kriege und Kriminalität denken.
Es scheint, daß wir den Blick für das Wesentliche verloren haben, den Blick für den Ursprung allen Seins, für die Quelle der Freude, Liebe und Kraft aus der wir alle schöpfen, für den Ort, wo wir erkennen, daß wir alle eins sind.
In dieser Zeit der Rationalität, fasziniert vom begrifflichen Denken, von Erfolgen in Technik und Wissenschaft, haben wir das rational-mentale Denken ausgeschöpft und scheinen uns vollständig damit zu identifizieren. Aufgrund der modernen technischen Errungenschaften, besteht auch die Möglichkeit, das gesamte Leben auf unserem Planeten zu töten, was ein umso größeres Maß an menschlicher Verantwortung und Ethik voraussetzt. Daher werden immer häufiger Stimmen in unserer Gesellschaft nach ethischen Perspektiven laut und die Frage nach dem Sinn des Lebens wird, vor allem von den jüngeren, heranwachsenden Generationen, vermehrt gestellt. Durch den schwächer werdenden Einfluß der Werte vermittelnden Religionen ist der Mensch in immer stärkerem Maße einem allgemeinen Werteverlust ausgesetzt. Die gängigen moralischen Vorschriften vermögen zu wenig in Anbetracht der Gesamtsituation.
Auf der anderen Seite zeigt sich, daß ein großer Teil der Menschheit begonnen hat, in eine weitere Dimension menschlichen Bewusstseins vorzustoßen. Sie lehnen die Rationalisierung des gesamten Lebens und deren Folgen ab und plädieren für ein friedvolles Leben der Völker. Auch der ‚Esoterik-Boom‘, der wenig mit echter Spiritualität zu tun hat, zeigt das Bestreben des heutigen Menschen, in andere Bereiche vorzustoßen, um das bisherige Menschsein zu erweitern.
Für diesen Bewusstseinsraum gibt es in allen Völkern viele verschiedene Namen. So spricht man unter anderem vom kosmischen Bewusstseinsraum, vom transpersonalen Raum, vom mystischen oder göttlichen Raum. Er ist eine Dimension, in die sich die gesamte Menschheit integriert. Er beinhaltet Liebe, gegenseitiges Verstehen, Toleranz und Brüderlichkeit aller Menschen. In ihr liegt die ethische Orientierung für eine Gesellschaft der Zukunft.
Dieses Buch berichtet davon, wie wir in diese Bewusstseinsdimension gelangen

können. Es zeigt den mystischen Weg auf, der in früheren Zeiten einigen Wenigen vorbehalten war, jetzt jedoch immer mehr Menschen zu erfassen scheint.
Diese „transpersonelle Morgenröte“ führte unter anderem zur Entstehung eines spirituellen Netzwerkes rund um den Globus, mit der Aufgabe jenen Menschen beizustehen und zu helfen, die beim Eintritt in diese Dimension ihnen bislang unbekannte Erfahrungen gemacht haben, welche von Angst und Sorge begleitet sind.
Ein relativ junger Zweig der Psychologie, die ‚transpersonale Psychologie‘, ist entstanden. Sie befaßt sich mit den transpersonellen Bewusstseinsstufen und deren Psychologie, und ist in der Lage, diesen Menschen beizustehen.
Auch in den Wissenschaften ist ein Eintritt in diese Transzendenz festzustellen. Die moderne Kernphysik, speziell die Quantenphysik, ist an die Grenzen des Wägbaren und Meßbaren gestoßen. Materieteilchen haben sich in unsichtbare, im letzten nicht mehr begreifbare Energiefelder und Wahrscheinlichkeiten aufgelöst. Die neuen Erkenntnisse haben zu einem Paradigmawechsel in der Physik geführt, dem andere Disziplinen folgen. Hier liegt ein wesentlicher Überschneidungspunkt von Naturwissenschaft und Mystik. Schon werden wissenschaftliche Erkenntnisse, mit den beschriebenen Erfahrungen von Mystikern/innen in Analogie gesetzt. Jean Gebser stellt in diesem Zusammenhang die Frage, ob die Evolution einen Umweg über die Materiedurchdringung, wie er in den Naturwissenschaften geschehen ist, gemacht hat.
Mystik ist fast schon zum Schlagwort geworden und viele Menschen sehen im Erreichen des mystischen Bewusstseinszustandes die wesentlichste Hilfe für die Menschheit. Der mystische Weg, der sich durch alle Religionen und Glaubenssysteme zieht, integriert und vereinigt die gesamte Menschheit in ihrem höchsten Ziel, in bezug auf das All-Seiende, auf Gott. So zeichnet sich eine Religiosität ab, eine transkonfessionelle Religiosität oder auch kosmische Religiosität, die alle Religionen integriert.
Der Mystiker stellt einen neuen Menschentypus dar, der, verwurzelt im All-Seienden oder Göttlichen, die Menschheitsprobleme anders lösen wird, was durch eine andere Auffassung vom Leben geschehen kann:
Wir leben auf der Erde, die uns ernährt und trägt, nicht nur in einem Land. Sie ist unser aller Boot.
Wir müssen beginnen, uns mit der Menschheit als Ganzes zu identifizieren.
Der Evolutionsschritt vom individuellen Menschen zum kosmischen Menschen muß vollzogen werden.
Dies kann nur gelingen, wenn wir in die neue Bewusstseinsdimension eintreten, die unsere Heimat ist, die alle Energie für unser Leben bereitstellt und durch die wir die Einheit alles Seins erfahren. Sie ist in jedem von uns entfaltet und wartet nur darauf, aufgedeckt und in unser Leben integriert zu werden.
Erfahren wir diese kosmische Bewusstseinsstufe, so erleben wir ein anderes Verstehen unseres Seins und Werte, die uns nicht von der Außenwelt anerzogen worden sind, sondern im Inneren des Menschen existieren. Durch diese „innere Ethik“ erfahren wir, daß wir alle eins sind, und Liebe und Wohlwollen uns verbindet. Es ist nicht der „moralische Imperativ“ einer Konfession, sondern das natürliche, spontane und wahre Fühlen und Leiden mit den Mitmenschen.

Religionen haben uns diese Erfahrungen in ihren mystischen Wegen überliefert, die sich trotz der verschiedenen kulturellen Hintergründe, weitgehend gleichen und das gemeinsame Ziel haben, den Menschen zu seiner letztendlichen Bestimmung zu führen, zu der einzigen Wahrheit, die die Liebe und Freiheit des allumfassenden Geistes ist.

Robert Ornstein schreibt: „Zu der sich anbahnenden wirtschaftlichen und politischen Globalisierung wird eine geistige Globalisierung hinzutreten, die sich bereits jetzt anzubahnen beginnt, ein Aufbruch des Menschen in den kosmischen Bewusstseinsraum. Daß sie zum Durchbruch kommt, das ist das Gebot dieser Weltstunde."[1]

Dieses Buch möchte dazu einen Beitrag leisten.

„Wandelt Euch um in einem neuen Geiste."
(Jesus Christus)

„Darum schaut der Weise nur auf das, was wirklich ist.
Er sieht nicht nur die Oberfläche.
Er bläst den Staub zur Seite und trinkt das reine Wasser.
Er hält sich nicht nur an die Blüte,
sondern auch an die Wurzeln und an die Frucht.
Blase den Staub beiseite, und
Komm zum lebendigen Wasser."
(Laotse)

TEIL 2: MYSTIK - DER WEG NACH HAUSE

Der überwiegende Teil der heutigen Menschen lebt nur einen Teil seiner Möglichkeiten. Aber er verfügt über viele andere Fähigkeiten des Erfahrens und des Bewußtseins, die in ihm ungeweckt liegen und ihn aus der Enge des materiellen Seins, in Dimensionen der Freiheit, Harmonie und Glückseligkeit hinausführen könnten.

Das Menschsein entstand als ein langsamer Prozeß im Laufe unserer irdischen Wanderung in Zeit und Raum. Er führt über immer neues Erleben, Erfahren und Bewußtwerden, durch die Neueingliederung des Erworbenen, in das alltägliche Leben. Es ist ein Prozeß, der in immer tiefere Bewußtseinszustände führt, von der Grobstofflichkeit der Materie in Zeit und Raum zur Feinstofflichkeit und zu Bereichen geistigen Seins in der Zeit- und Raumlosigkeit. Mit jeder Stufe können wir unser Sein anders erfahren; es ist uns möglich, andere Erkenntnisse und Einblicke in dieses große, gewaltige Drama „Leben" zu gewinnen, um letztendlich dort zu münden, wo alles entsteht und mit diesem zu verschmelzen und eins zu werden.

Der mystische Weg ist der Weg der Versenkung in diese Tiefendimensionen. Es ist ein langer, oftmals mühevoller Weg, uns zu dem zu entfalten, was wir letztlich sind. Der Weg führt in das Innere unseres Seins, zur Quelle des Lebens, zu Gott. Es ist der Ort des unendlichen Schweigens, von dem alles Seiende ausgeht, der unendliche Ozean des Friedens und der Stille; es ist das reine Bewusstsein. Davon geben Mystiker von Ost und West Zeugnis.

Wenn wir erfahren, wer wir sind und wenn wir leben, was wir sind, verkörpern wir ewiges Sein, und leben in der Freiheit des Gottmenschen, des Erwachten, des Erleuchteten, des Wiedergeborenen oder des Mystikers. In diesem Zustand gibt es keine Grenzen zwischen den Menschen und den anderen Geschöpfen, er ist Einheit allen Seins in vollkommener Harmonie.

Wir selbst sind dieses Leben und verwirklichen es auch im Zustand des Person-Seins, in der Dimension von Raum und Zeit. Das Erreichen dieser Dimension hat ein verändertes Leben in unserer alltäglichen Welt zur Folge. Mit neuer Liebe, Erkenntnis und Kraft werden die anstehenden, bedrängenden Menschheitsprobleme unserer Zeit bewältigt.

Der mystische Weg ist ein spiritueller Weg, der uns zu unserem wahren Sein führt. Viele großen spirituellen Genies, weise Frauen und Männer, Mystiker und Heilige aller Zeiten und Nationen sind den Weg gegangen und haben Zeugnis davon abgelegt.

Dieses Buch basiert auf diesen Erfahrungen, und möchte eine Hilfe für den Suchenden unserer Zeit sein.

Der im mystischen Versenkungsprozeß verwandelte Mensch ist der Mensch der Zukunft, seine Qualitäten sind die Grundlage für dauerhaften Frieden auf diesem Planeten Erde.

HINWEISE ZU DEN ABSCHNITTEN

„Du wirst niemals zur Verwirklichung irgendeiner Wahrheit gelangen, indem Du sie nur hörst, über sie nachdenkst und sie mit dem Verstand erfaßt..... den Durst löschen und die Hitze lindern durch das Trinken an der erfrischenden Quelle- das ist die eigentliche Verwirklichung der Wahrheit.“
Aus dem Avatamsaka -Sutra

1. Anliegen des Buches

Dieses Buch will den heutigen Menschen, der größtenteils im rational-mentalen Denken verankert ist, zur Bewusstseinsstufe des mystischen Seins, zum tiefsten Wesensgrund, zum kosmischen Bewusstsein, zum göttlichen Bewusstsein hinführen. Es ist der Weg, den die großen spirituellen Genies aller Völker und Zeiten gegangen sind und davon berichtet haben.
Es will dem zeitgenössischen Bedürfnis vieler Menschen nach spiritueller Erfahrung ein Leitfaden sein, Information und Hilfe geben für einen spirituellen Weg, der zur Erkenntnis des eigenen Seins führt und letztendlich die Frage nach dem Sinn des Lebens beantwortet.
Das Buch ist als eine Landkarte für den mystischen Weg zu verstehen. Es richtet sich an wahrheitssuchende, interessierte und übende Menschen, an Anfänger und Fortgeschrittene in der spirituellen Praxis, spirituelle Lehrer, Seelsorger und Geistliche.
Es will die Ansätze der Wissenschaften (hier transpersonale Psychologie und Naturwissenschaften) bei ihrem Vorstoß in die Transzendenz integrieren und mit ihren Erkenntnissen und Deutungen den mystischen Weg zeitgerecht beleuchten.
Dem religiösen Menschen will es dazu verhelfen, die ewige Wahrheit im Kontext seiner eigenen Religion zu erfahren und mit zeitgenössischen Modellen aus Psychologie und Naturwissenschaft auch zu begreifen, denn jede Religion hat einen mystischen Erfahrungsschatz und niemand braucht heute seine Religion zu verlassen, um spirituelle Erfahrungen zu haben. Durch die Eigenerfahrung wird ein tiefes Verständnis der Offenbarungen in den Hl. Schriften erst transparent.
Das Buch richtet sich vor allem auch an den nicht konfessionell gebundenen Menschen, der nach der Wahrheit und dem Sinn seines Lebens fragt. Die mystische Erfahrung ist ihrem Wesen nach unabhängig von Konfessionen, denn sie ist das, was alle Religionen verbindet.
Es will Hilfe für die Menschheit sein in ihrer Entwicklung zur neuen Bewußtseinsstufe hin, die auch integrales, kosmisches oder absolutes Bewusstsein genannt wird.
Die Verwandlung des Menschen auf dem mystischen Weg ist die Chance der Menschheit zu einem dauerhaften Frieden zwischen den Völkern auf unserem Planeten Erde.

2. Zu den Abschnitten des Buches

Das Buch gliedert sich in vier Abschnitte:
Im ersten Abschnitt des Buches werden Methode, Praxis und spirituelle Krisen des mystischen Versenkungsweges mit Erfahrungsberichten beschrieben.
Der zweite Abschnitt zeigt auf, wie in unserer rational-mentalen Zeit, transpersonale Psychologie, moderne Naturwissenschaft und derzeit gängige Bewusstseinsmodelle verschiedener Kulturen den mystischen Weg interpretieren. Auf dieser Grundlage wird ein Verständnismodell für den Weg und für spirituelle Krisen entwickelt.
Der dritte Abschnitt des Buches befaßt sich mit mystischen Wegen im konfessionellen und nicht-konfessionellen Rahmen. Anhand der mystisch-esoterischen Wege des Christentums, Judentums, des Hinduismus, Buddhismus, Taoismus und des Islam, die als Kontemplation, Yoga, buddhistische Versenkungswege (Tantra, Zen, Vipassana), Sufismus und Kabbala bezeichnet werden, wird aufgezeigt, daß diese Wege trotz verschiedener kultureller und religiöser Ausrichtung im wesentlichen alle dieselbe Struktur, bezüglich der Stadien und dem Ziel des Weges, haben. Dies wird anhand von Wegbeschreibungen bekannter Mystiker/innen dargelegt. Ebenso wird der mystische Weg im nichtreligiösen (transkonfessionellen) Rahmen herausgearbeitet.
Abschnitt vier befaßt sich mit der Bedeutung der Mystik für unsere Gesellschaft jetzt und in Zukunft, als Garant für einen dauerhaften Frieden in der Welt.

Erster Abschnitt:

WESEN, METHODE UND PRAXIS DES MYSTISCHEN WEGES

I. WESEN UND INHALTE DER MYSTIK

1. Was ist Mystik?

A. BEGRIFF

Der Begriff Mystik wird in diesem Buch als Überbegriff für die mystischen Wege aller Völker zu allen Zeiten verwendet. Aus der Literatur sind die Begriffe östliche und westliche Mystik bekannt; jedoch unterscheiden sich diese Begriffe nicht inhaltlich, sondern nur in den verschiedenen kulturellen Ausprägungen und im Falle der religiösen Mystik durch eine andere religiöse Anschauung. Die Grundstruktur des mystischen Weges ist jedoch immer dieselbe.

Das Charakteristikum eines mystischen Weges ist, daß er durch Versenkung in die tiefen Dimensionen des Bewußtseins zu einer Erfahrung des innersten Seins, der höchsten Realität, der Wahrheit, oder - religiös ausgedrückt - zu Gott führt, und zwar in eine Dimension, die mit der Ratio nicht mehr erfaßt werden kann. Es ist eine Dimension, die in jedem Menschen vorhanden ist und jenseits des personalen, im sogenannten transpersonalen Bereich, steht. Dies kennzeichnet sowohl die östliche Mystik, als auch die westliche Mystik, unabhängig von deren religiös oder kulturell unterschiedlichen Ausprägungen.

Auf dem mystischen Übungsweg erfährt der Mensch eine tiefe Wandlung. In der Literatur ist die Rede von einem Gewandelten, Wiedergeborenen oder Erleuchteten, der mit einer anderen Weltsicht und anderem Bewußtsein sein Leben als normaler Mensch führt, jedoch aus der Tiefe des Seins heraus, mit einer veränderten Weisheit und Erkenntnis. Er lebt im Augenblick, mit Wohlwollen und Liebe zu allen Geschöpfen, mit denen er sich in der mystischen Erfahrung als eins erfahren hat. Dies sind die Qualitäten, die die Menschheit zum Überleben auf unserem Planeten benötigt.

B. INHALTE DER MYSTIK

a. Wortbedeutung

Das Wort Mystik wurde erstmalig von Dionysios[1] um 500 n. Chr. verwendet. Etymologisch stammt der Begriff vom griechischen Wort ‚myein', was soviel bedeutet wie: ‚die Augen, die Ohren, den Mund verschließen' oder auch ‚verschweigen'. Es beinhaltet eine unaussprechliche, nicht zu benennende Form von Erfahrungserkenntnis des tiefsten, geheimsten Seins.
Später findet man den Ausdruck auch im Christentum. Die ‚mystische Theologie' ist eine theologischen Richtung, die die Unerkennbarkeit Gottes betont, dessen Wesen jenseits einer inhaltlich bestimmbaren Aussage liegt. Da diese Aussage jedoch nicht christozentrisch war, wurde im Mittelalter die mystische Erfahrung in christlichen Kreisen mit dem Begriff ‚Contemplatio' benannt und als eine inhaltslose Form des Gebetes betrachtet.

b. Inhalte

Die Mystik ist ein Weg der Erkenntnis, eine bestimmte Art der Erfahrung und ein Bewußtseinszustand. Ihr Ziel ist es, in einer inneren Erfahrung und in unmittelbarem Kontakt, jenen äußersten Grad des Seins, dem alle Erscheinungswelt zugrunde liegt, zu leben, und mit ihm zu verschmelzen. Es ist eine transpersonale Erfahrung, die mit dem Einssein aller Dinge in den nichtdualen Bewußtseinszustand mündet, der sich durch Klarheit und Leere des Bewußtseins auszeichnet. Er hat weder etwas mit einem pathologischen Geisteszustand zu tun, noch mit sonstigen andersartigen seelischen Phänomenen. Dieser Zustand wird in der westlichen Mystik ‚Unio mystica' genannt, in der östlichen Mystik ‚Satori' bzw. ‚Samadhi'. Jedoch ist nicht allein die Erreichung dieses Zustandes erstrebenswert; das höchste Sein ist in allen Geschöpfen und allem Geschaffenen gegenwärtig; es ist im Augenblick des Alltags zu finden. Wer mit großer Achtsamkeit sein Leben vollzieht, erfährt die allgegenwärtige Präsenz des All-Seienden in jeglichem Tun. Für den Mystiker ist dies die ursprünglichste Religion.
Wer eine mystische Erfahrung erleben konnte, hat die Gewißheit, an dem Ort angekommen zu sein, an dem sein Ursprung liegt und nach dem er sich unbewußt sehnte. Die ewige Frage „Wer bin ich?", die sich jeder Mensch einmal stellt, wird durch die mystische Erfahrung beantwortet. Das Leben bekommt eine andere Bedeutung, Tragfähigkeit, Weite und einen anderen Sinn.
Manchmal erfolgt diese Erfahrung spontan und das All-Seiende wird dann im Augenblick, im Hier und Jetzt, erlebt, beispielsweise in der Ausführung eines Atemzuges, eines Wortes oder einer Gebärde. Dann erfahren wir, daß wir „sein Leben" leben, daß „wir aus uns selbst nichts vermögen", wie Paulus sagt[2], daß wir „leer" sind, wie die östlichen Traditionen es benennen.
In den meisten Fällen jedoch muß ein Übungsweg gegangen werden, der auch als ein Wandlungsweg bezeichnet werden kann, denn hier erfolgt die Wandlung

des gesamten Menschen zu seiner eigentlichen Bestimmung. Dieser Prozeß kann allerdings Jahre dauern.

c. Das All-Seiende

„Der Name der sich nennen läßt,
ist nicht der ewige Name"[3]

Für diese letzte Wirklichkeit gibt es viele Bezeichnungen. In Würdigung aller Namen, die Menschen aller Nationen diesem allem zugrunde liegenden Seienden gegeben haben, wird in diesem Buch der Begriff des ‚All-Seienden' gewählt. Mit diesem neutralen Begriff können sich auch Menschen, die keiner Konfession angehören, oder aber Personen, die sich vielen Religionen zugehörig fühlen, identifizieren, da er nicht mit bestimmten religiösen, psychologischen oder anderen weltanschaulichen Vorstellungen belastet ist. Im Zuge der Globalisierung und des Zusammenrückens der Völker auf der Erde ist es eine Frage der Gerechtigkeit, übergeordnete Begriffe zu gebrauchen, die jeder selbst nach seinem Credosystem füllen kann. Der Begriff des All-Seienden ist identisch mit all den speziellen Namen, die unsere Brüder und Schwestern aller Völker und Religionen, abhängig von ihrem kulturellen Hintergrund, ihm gegeben haben. So kennen wir folgende Namen, ohne bei der Aufzählung jedoch Anspruch auf Vollständigkeit erheben zu können:

- Im Christentum: Gott, Vater, erste Ursache, Nichtzweiheit, Essenz, absoluter Geist, Urgrund, ewiges Leben, Himmel, Himmelreich, das Absolute, das ewig Seiende, das Höhere, das Selbst, die Weltenseele, das reine Sein, Gottheit, Seelengrund.
- Im Hinduismus: Atman, Shiva, Selbst, Selbstverwirklichung,supramentales Bewußtsein, Ishvara, ewiger Weltherrscher.
- Im Buddhismus: Nirvana, Bodhichitta, Leere, Nichtzwei, das Ungeborene, Wesensnatur, Nichts, Mahamudra, Buddhanatur, Dharma, ursprüngliches Buddhawesen, Tathagata
- Im Islam: Allahu; außerdem sind 99 Gottesnamen bekannt, die Attribute Allahus darstellen, so ‚al-Rahmanu' (der Barmherzige) oder ‚al-Maliku' (der König), oder ‚al-Hasibu' (der Genügende)
- Im Judentum: Jehova, Tetragrammaton oder Jod He Vau He, Elohim, Immanuel, Negative Existenz, Ain Soph
- Im Taoismus: Tao
- Im Hebräischen: El, Elohim, Jahweh
- In Persien: Khuda oder Yazdan
- Im Lateinischen: Deus
- In der Weltsicht des Mathematikers: die Zahl 1, die der Nenner aller Zahlen ist und die Zahl 0, die Unendlichkeit bedeutet.
- In der Weltsicht des Physikers: Subquantenpotential, implizite Ordnung, Gott, Überraum, GAB Raum.
- In der Weltsicht des Philosophen: Wesensgrund, Existenz, das absolute Gute.

- In der Weltsicht der Psychologen: kosmisches Bewußtsein, Transzendenz, Essenz, höchstes Selbst, absolutes Bewußtsein, höhere Dimension, peak-experience.

d. Zur Vielfalt der mystischen Strömungen

(1) IM EUROPÄISCHEN RAUM

Betrachtet man die mystische Literatur im europäischen Rahmen, so sieht man sich mit einer Vielfalt von mystischen Richtungen konfrontiert.
Mystik wurde im Laufe der Zeiten nach den verschiedensten Gesichtspunkten eingeteilt:

- Nach den Inhalten des Konzentrationsobjektes: Gottheitenmystik, Christusmystik, Liebesmystik, Wesensmystik, Naturmystik, u.v.m.
- Nach Ordensständen: Obwohl das Grundlegende aller Mystik gleich ist, hat jeder Ordensstand seine eigene Ausprägung, meist in Anlehnung an die Gründer des Ordens. So kennen wir eine Kartäusermystik, Dominikanische Mystik, Benediktinische Mystik, Franziskanische Mystik, Karmelitermystik, Jesuitenmystik, Antike Mystik u.v.m.
- Nach Völkern: Europäische Mystik, Östliche Mystik, Westliche Mystik, Russische, Spanische, Englische, Italienische, Deutsche Mystik, Chinesische Mystik, Jüdische Mystik, Islamische Mystik und Buddhistische Mystik[4].

Häufig vollzog sich die individuelle Ausformung der Mystik so, daß „Mystik sich teilweise subjektivierte und als der subjektive Weg der Seele zu Gott betrachtet wurde. Dazu kam, daß Mystik fälschlicherweise in Zusammenhang gebracht wurde mit außerordentlichen Erscheinungen und in den Bereich des ‚Wunderbaren' gezerrt wurde, wodurch sie aus dem Rahmen des normalen Glaubenslebens herausfiel. Die Tendenz der Aufklärung war, Mystik in das Gebiet des Magischen und Okkulten zu verlegen, eine Tendenz, die sich in unseren Tagen in einem uferlosen uneinheitlichen Gebrauch des Begriffes fortsetzt und verwirrend wirkt."[5]
Eine Einteilung jüngeren Datums kommt aus der transpersonalen Psychologie:

> Ken Wilber[6] unternimmt eine Einteilung nach Bewußtseinsstufen und beschreibt vier Grundtypen der Mystik folgendermaßen: Naturmystik, Gottheitenmystik, Formlose Mystik, Nichtduale Mystik. Diese Grundtypen haben die vier Hauptebenen der transpersonalen Entwicklung als Tiefenstrukturen: die Naturmystik ist also der psychischen Stufe, die Gottheitenmystik der subtilen Stufe, die formlose Mystik der kausalen Stufe und die nichtduale Mystik der nichtdualen Stufe zugeordnet. Überall dort, wo sie überwiegend ihre Referenten haben, im groben, im subtilen, im kausalen oder im nichtdualen Bereich, lassen sich diese vier Grundtypen erkennen.

(2) IM AUSSEREUROPÄISCHEN RAUM

Auch außerhalb Europas gibt es viele verschiedene Richtungen des mystischen Weges. Bekannt sind im Buddhismus: Zen, Vipassana, Versenkungswege im Vajrayana, tibetischer Buddhismus, Dzogchen; im Judentum die Kabbala; im Hinduismus die Versenkungswege im Yoga und im Taoismus der Weg des Tao.

(3) DIE EINHEITLICHE GRUNDLAGE DER VIELFALT

Die Vielfalt der Zeugnisse mystischer Erfahrung weist darauf hin, daß es nicht nur verschiedene Grade und Intensitäten dessen gibt, wie ergriffen sich der Suchende fühlt, sondern auch verschiedene Zugänge zu der Erfahrung. Dies hängt von der unterschiedlichen Veranlagung und den intellektuellen Fähigkeiten des einzelnen ab, und von dessen hauptsächlichster Bewußtseinsstufe, in der er momentan lebt. Man kann die Bewußtseinsstufen auch als verschiedene Aspekte des All-Seienden betrachten.

Obwohl jeder Mensch multidimensional veranlagt ist - dies bedeutet, daß jedem Menschen im Prinzip alle Bewußtseinsstufen zur Verfügung stehen - zeigt es sich, daß wir uns in jeder Inkarnation zu einer Stufe im besonderen Maße hingezogen fühlen. Meistens erfolgt auch über diese Bewußtseinsebene die Wahl eines spirituellen Weges und damit der Einstieg in das transpersonale Bewußtsein. So vollzieht sich in der christlichen Liebesmystik oder auch im Bhakti-Yoga der Einstieg über die Bewußtseinsebene des Herzens (Herzchakra), während die östliche Mystik (z.B. Zen) eher an der Bewußtseinsebene des Geisteszustandes der Leere, die mit dem Halszentrum zusammenhängt, ansetzt. Danach richtet sich auch die Wahl des Konzentrationsobjektes, des ‚Fokus' auf dem Übungsweg. Von Bedeutung ist jedoch, daß in allen Bewußtseinsfeldern der Durchbruch in das kosmische Bewußtsein erfolgen kann, da jedes Bewußtseinsfeld (Chakra) mit seinem spirituellen Anteil in das kosmische Bewußtseinsfeld mündet. Eine genauere Erläuterung befindet sich im Kapitel Bewußtseinsmodelle und spirituelle Krisen.

e. Wesenselemente der Mystik

Verschiedene Wesenselemente kennzeichnen den mystischen Weg. Darunter fallen:
- Der Mensch überschreitet im mystischen Erleben die Ebene der Sinne und der Ratio.
- Er durchbricht im Erlebnis die Reichweite einer gewöhnlichen seelischen Erfahrung.
- Er dringt zum Absoluten, zum All-Seienden, vor.
- Das Erleben des Absoluten in der mystische Erfahrung kann nicht direkt mitgeteilt werden. Es ist unaussprechlich, da es jenseits der rationalen Sphäre liegt, der auch unsere Sprache angehört. Es läßt sich nur über den Weg von Gleichnissen, Symbolen, Gedichten, oder in Form von Verneinungen bzw. Paradoxa ausdrücken, die aufzeigen, was es nicht ist.

Aber auch wenn wir den mystischen Zustand mit Namen belegen, etwa mit ‚Satori' oder ‚Samadhi', Mahamudra' oder ‚Unio mystica' und ihn beschreiben, haben wir damit nur einen Begriff für etwas, was in Worten unfaßbar ist, gewählt.
In der heutigen Zeit wird diese Ebene auch über Energien, als energetische Zustände oder durch Formeln beschrieben. Dies entspricht unserer derzeitigen Bewußtseinsstufe, die sich vorwiegend mit Hilfe naturwissenschaftlicher und technischer Begriffe ausdrückt.

- Der mystische Zustand ist ein eindeutiger Bewußtseinszustand, der sich durch Klarheit und Leere des Bewußtseins auszeichnet. Er hat - wie schon oben erwähnt - nichts mit einem pathologischen Geisteszustand zu tun, ebensowenig mit sonstigen abartigen seelischen Phänomenen. In früheren Zeiten wurden irrtümlich - zum Teil auch in Unwissenheit der Dinge- Phänomene, die als Zwischenstufen auf dem mystischen Weg auftreten können oder auch von spirituellen Krisen herrühren, der Rubrik Mystik zugeordnet, ja sogar zeitweilig angestrebt, wie z.B. Visionen.
- Der mystische Zustand hat in den einzelnen Kulturen verschiedene Namen. Im Christentum spricht man von ‚Unio mystica', im Buddhismus von ‚Samadhi', im Hinduismus von ‚Satori'. Er geht einher mit Einsichten in tiefe Wahrheiten, die normalerweise vom Verstand mit seinem diskursiven Denken nicht erfaßt werden können. Diese Erkenntnisse verwandeln den Menschen.
- Der mystische Zustand kann normalerweise nicht über eine lange Zeit aufrechterhalten werden. Im Normalfall kehrt der Übende bald wieder in das Tagesbewußtsein zurück. Von erleuchteten Meistern wird allerdings gesagt, daß sie, wenn sie es wünschten, andauernd in diesem Zustand verbleiben konnten. Der Übende kann sich an die Erfahrung erinnern, an ihre Inhalte und Bedeutungen. Wenn er diesen Zustand noch einmal erlebt, kann er ihn wiedererkennen. Durch häufige Wiederholung nimmt die Tiefe des Zustandes zu.
- Die mystische Erfahrung kann nicht mit dem Willen gesteuert werden, der Mensch kann sich nur dafür bereit machen. So sagt Meister Eckhart[7]: „Da steht er [Gott] und harrt und wartet, wen er bereit finde, der ihm auftue und ihn einlasse. Es ist ein Augenblick: das Bereitsein und das Eingießen". Zwar ist der Wille zur Zentrierung auf ein Übungsobjekt nötig, aber alle Mystiker berichten, daß bei Eintreten der Erfahrung der ‚Unio mystica' die Empfindung von ‚Ergriffenheit' und das Gefühl des ‚Gehaltenwerdens' durch eine höhere Dimension auftritt.

f. Transkonfessionalität der Mystik

Mystik ist antikonventionell, antidogmatisch und transkonfessionell, also frei von jeglicher Gebundenheit an eine Konfession oder Glaubensrichtung und überschreitet die Konfessionen. Mystische Wege können in eine Konfession eingebettet sein und jede Konfession hat ihren mystischen Erfahrungsweg für das, was sie lehrt. Jedoch kennt Mystik auch den konfessionslosen mystischen Weg, etwa in der gegenstandsfreien Meditation oder im Zen. Dieser gewinnt in der heutigen Zeit immer mehr an Bedeutung, wodurch die Mystik eine spirituelle Heimat für alle Menschen, gerade auch für diejenigen, die keiner Konfession angehören, sein kann. Die mystische Erfahrung reicht, wie ein Experiment, in die Tiefen des Geistes, und wer sich darauf einläßt, muß einen hohen Grad an Forschergeist besitzen. Der Mystiker identifiziert sich mit dem, was er selbst erfahren hat, mit dem Grund seines Seins und nicht mit dem, was ihn sein Glaube lehrt. Allerdings ist es für den Gläubigen beglückend, wenn sich mystische Erfahrung und Glaubensinhalte decken, was aber meistens der Fall ist, da Inhalte der echten Offenbarung in Worte gegossene mystische Erfahrungen sind. Ein Mensch, der den mystischen Weg geht, braucht sich nicht von seiner Religion abzuwenden.

Der Dominikaner Johannes Tauler[8], schreibt, daß die Existenz des Mystikers beziehungsweise der Mystikerin nicht an eine Weihe oder ein geistliches Gelübde gebunden ist. Jeder Stand hat, ohne Ansehen der Person, Zugang zum Heil, jeder Lebensweg kann ein Weg zum wahren Leben werden. Im 17. Jahrhundert spricht Sandaeus[9] von „natürlicher Mystik" und Surin erklärt: „Die Mystik ist eine Wissenschaft für sich, getrennt von den anderen." Tersteegen[10] spricht von einem überkonfessionellen Christentum, wodurch ein Leben in der Gegenwart Gottes gewährleistet wird.

Steindl-Rast[11], ein Benediktinermönch unserer Zeit, sagt: „Die mystischen Erfahrungen sind weder durch Religionszugehörigkeit noch durch eine bestimmte Lebensform beschränkt, weder durch Beruf noch Stand, nicht gebunden an eine Geschichtsepoche, noch an Land. Der Weg der Mystik ist frei von Dogmen." Und an anderer Stelle: „Die Verbindung mit einer bestimmten Religion kommt, theoretisch gesprochen, erst in zweiter Linie, wenn es auch Tatsache ist, daß sich kaum jemand ohne ein religiöses Motiv oder den Drang nach dem Absoluten der großen Mühe unterziehen wird, die nun einmal notwendig ist für den mystischen Weg". Willigis Jäger[12] definiert eine „transkonfessionelle Spiritualität" als die direkte Erfahrung der ersten Wirklichkeit, die nicht notwendigerweise durch eine Konfession oder eine Person vermittelt werden muß. Man hat gesprochen von der „Ökumene des Geistes"[13], da Mystik die Gräben geschichtlicher Bedingtheit und religiöser und weltanschaulicher Intoleranz konsequent überschreitet. Hierin ist auch die Gegenwarts- und Zukunftsbedeutung der Mystik in einer immer kleiner werdenden Welt zu sehen.

Den Grund dafür sieht Ralph Waldo Emerson darin, daß „die Seele an kein Individuum gebunden [ist], keine Kultur, keine Tradition. Sie entsteht in jedem Menschen neu, weil sie jenseits alles Personenhaften ist und einer Wahrheit entspringt und sich nichts und niemandem in der Welt von Zeit, Ort und Geschichte beugt. Wir müssen uns selbst die Leuchte sein, eine andere Möglichkeit gibt es nicht."[14]

In der heutigen Zeit machen viele Menschen mystische oder transzendente Erfahrungen, ohne in der Tradition einer Religion zu stehen. Viele Menschen brechen, oftmals spontan, in diese Daseinsschichten durch und erleben transpersonale Phänomene. Die Tendenz, im spirituellen Bereich Eigenerfahrungen zu machen, scheint für unsere Zeit charakteristisch zu sein.

Auch andere Wissenschaften, so etwa die transpersonale Psychologie, die Bewußtseinsforschung, die moderne Physik, speziell die Quantenphysik und die Medizin, hier vor allem die Neurophysiologie, sind ebenfalls in diese Bereiche vorgestoßen.

g. Mystik und Religion

Zwar kann man sagen, daß Mystik keine Religion oder Konfession benötigt, dennoch stellt die mystische Erfahrung die Basis aller Religionen dar. F. Schuon spricht in diesem Zusammenhang sogar von der „transzendenten Einheit aller Religionen“[15]. Der Zenmeister Meister Bukai pflegte zu sagen: „Die grundlegende Wahrheit jenseits von Subjekt und Objekt, Bejahung und Verneinung - das heißt, das Faktum der religiösen Erfahrung - kann sich nie durch den Unterschied der Religion wandeln. Die schulmäßigen Unterschiede sind für diejenigen, die die Grundwahrheit glauben und sie leben, von zweitrangiger Bedeutung.“[16]
Religion ist die Disziplin, deren wesentlichste Aufgabe es sein sollte, Menschen zur mystischen Erfahrung zu verhelfen, der ‚Cognitio experimentalis de Deo‘ (Erfahrungserkenntnis von Gott), wie es Thomas von Aquin für das Christentums formulierte. Tatsache ist, daß dieser wesentliche Aspekt zu wenig berücksichtigt, ja oftmals im Keim erstickt wurde.
Immer wieder wurden Mystiker und Mystikerinnen verfolgt. Ein Mensch, der zur Erfahrung des letzten Grundes des Seins gelangt ist, erlebt die große Freiheit, die mit den Interessen und bisweilen auch dem Machtstreben religiöser Institutionen in Opposition treten kann. Er sprengt durch seine Erfahrung den Rahmen religiöser Glaubenssysteme und Dogmen. Dies gilt vor allem für die Offenbarungsreligionen. So ist es nicht verwunderlich, daß gerade in unserer Zeit, einer Zeit der Sinnsuche und der freiheitlichen Bestimmung des Menschen, die Mystik sich in weiten Lebensbereichen von den Religionen abwendet.
Willigis Jäger schreibt, daß die esoterischen Wege aller Religionen und Konfessionen dieser Erde ihrem innersten Wesen nach als mystische Wege betrachtet werden, da sie alle zur Erfahrung des Göttlichen führen, also zu einer inneren (esoterischen) Erfahrung dessen, was ihre Dogmen, Rituale und Erkenntnisse verkünden[17].
Er berichtet in seinem Buch über den ‚Sinn des Lebens‘ von den beiden Seiten einer Religion, der konfessionellen Seite und dem Erfahrungsweg oder auch der exoterischen und esoterischen Seite der Religion. Wenn man bedenkt, wie Religionen entstanden sind, wird diese Zweiteilung durchaus verständlich, da Menschen, die mystische Erfahrungen gemacht haben, diese überlieferten und weitergaben. Dies trifft sowohl auf Christus, auf Mohammed, auf Moses, als auch auf Buddha zu. Sie alle haben dieselbe Urerfahrung gemacht und dieselbe Methode angewendet, nämlich Rückzug, Gebet und Versenkung. Ihre Schüler und Anhänger errichteten daraus ein Lehrgebäude und so entstanden Religionen.
In den verschiedenen Kulturen haben wir verschiedene Namen, mit denen diese religiösen Erfahrungswege bezeichnet werden: Im Buddhismus: Zen, Vipassana; im Hinduismus: Yoga; im Islam: Sufismus; im Judentum: Kabbala; im Christentum: Kontemplation.

Das folgende Schaubild mit Text in gekürzter Form von Willigis Jäger, soll dies verdeutlichen[18]:

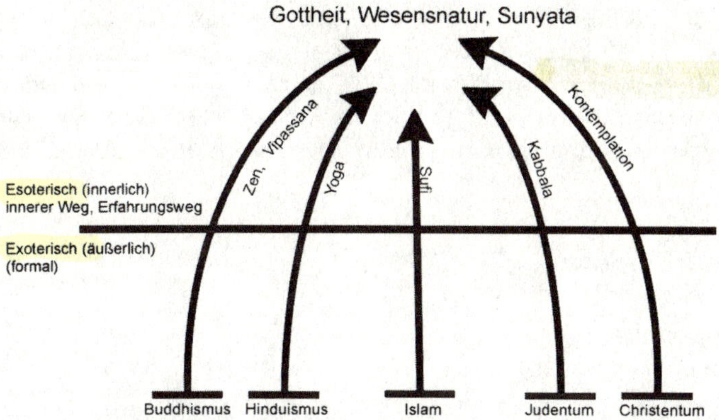

Abb. 1 Die esoterische und exoterische Seite der Religion nach W. Jäger

Willigis Jäger verwendet den Begriff Esoterik für eine Spiritualität, die auf die Erfahrung des Göttlichen hinzielt, und nicht die moderne geistige Strömung meint, die man heute allgemein als ‚esoterische Szene' bezeichnet. Das Wort ‚esoteros' bedeutet im griechischen ‚innen' bzw. ‚drinnen'. Es ist die Erfahrung, die im Inneren des Menschen gemacht wird und die der mystischen Erfahrung gleichzusetzen ist. Sie ist nicht ersetzbar durch eine Mitteilung von außen, etwa durch Bekenntnisse, Dogmen oder Rituale.

In der transpersonalen Psychotherapie wird diese Erfahrung auch als Gipfelerfahrung bezeichnet, im Christentum als ‚Unio mystica', im Zen als ‚Satori' oder ‚Kensho', im Yoga als ‚Samadhi', und im Buddhismus spricht man von der ‚Erleuchtungserfahrung'.

Unter Exoterik versteht Willigis Jäger eine Spiritualität, die sich auf Schriften, Dogmen, Symbole und Rituale bezieht.

Aus der Religionswissenschaft sind auch die Begriffe ‚apophatisch' und ‚kataphatisch' bekannt. Hierbei entspricht die kataphatische Spiritualität der exoterischen Spiritualität. Sie befaßt sich mit Bildern, Symbolen und Begriffen, um Gott nahe zu kommen. Die apophatische Spiritualität betrachtet Bilder, Symbole und Begriffe als Konzepte, welche die eigentliche Erfahrung Gottes verhindern. Sie ist auf das leere Sein hin orientiert und entspricht dem mystischen Weg.

In der transkonfessionellen Spiritualität oder kosmischen Religiosität ist die mystische Erfahrung die direkte Erfahrung der ersten Wirklichkeit. Es bedarf nicht notwendigerweise einer Konfession oder einer Person, die den Kontakt mit der ersten Wirklichkeit vermittelt.

Aus der Abbildung geht hervor, daß jede Religion einen mystischen Übungsweg kennt. Die Wege haben zwar verschiedene Namen, zeigen aber im wesentlichen dieselbe Struktur auf[19]. Immer handelt es sich um einen Versenkungsweg. Daraus ergibt sich, wie eingangs erwähnt, die Berechtigung, den Begriff ‚Mystik' als Überbegriff für die spirituellen Wege aller Völker zu betrachten, die zum All-Seienden hinführen. Dies können Wege mit oder ohne religiöse Einbettung sein, sowohl bei den theistischen als auch bei den nicht-theistischen Religionen. Auch die Erfahrungen im Bereich der transpersonalen Psychologie sind mystische Erfahrungen, etwa die Gipfelerfahrungen. Im Bereich der Literatur wurde in diesem Zusammenhang der Begriff ‚Neomystik' geprägt. Uwe Spörl[20] faßt damit alle Dichter zusammen, die, zum Unsagbaren vorgestoßen, dieses dichterisch ausdrücken.

Das Ende der großen Suche[21]:

„Wenn wir wirklich wach verweilen
in der einfachen und klaren
immer-gegenwärtigen Bewußtheit,
verweilen wir im großen Ungeborenen,
verweilen im innersten Geist,
ruhen in der uranfänglichen Leere,
in der unbegrenzten Freiheit.

Wenn wir wirklich wach verweilen,
als aufmerksame und unbesorgte Zeugen,
ist die große Suche vorbei.
Denn die große Suche ist der Feind
des immer-gegenwärtigen Geistes,
eine grausame Lüge,
im Angesicht der freundlichen Unendlichkeit."

h. Der Mystiker - der Erleuchtete

Der Mystiker ist zur tiefsten Schicht des Bewußtseins durchgebrochen. Sein Leben wird aus dieser Ebene gelebt, in wesenhafter Verbindung zum All-Seienden. Er lebt in der leeren Weite, in Einheit mit allem Sein, mit Liebe zu allen Geschöpfen, der Weisheit und der Erkenntnis aus der Einheitserfahrung. Er lebt in unserer Welt wie ein gewöhnlicher Mensch und ist doch kein gewöhnlicher Mensch mehr, da er sich größtenteils von den Verhaftungen der Dinge gelöst hat.
Der Mystiker wirkt durch sein ‚Sein'. Er ist zum Energiekraftfeld geworden, das alles durchzieht und in Resonanz zu allen Wesen tritt. Für ihn ist der ‚Bodhisattva' oder der ‚Christusnachfolger' zum Vorbild geworden. Er ist bestrebt, anderen Menschen zu helfen, sich in diese Dimension hinein zu entwickeln und sie durch Erfahrung und Einsicht von ihren Leiden zu befreien. Somit ist der Mystiker zum Katalysator für die Entwicklung der Menschheit geworden.
Aus der Erfahrung der Einheit resultiert sein Verhalten: Er rächt sich nicht, trägt nichts nach. Sein Handeln wird von Liebe und Barmherzigkeit für den in Unwis-

senheit über seine wahre Natur stehenden Menschen getragen.
Religion hat für ihn eine andere Bedeutung bekommen. Das Glaubenswissen machte der eigenen Erfahrung Platz. So versteht der Mystiker die Heiligen Schriften direkter und intuitiver. Sein Leben selbst ist Vollzug einer Hingabe an diese erste Wirklichkeit, die sich in allem äußert. Es ist zur Religion geworden. Er sieht, daß alles Seiende nur Form des Höchsten ist, in allen schöpferischen Variationen, und erkennt in allen Wesen das im Innersten liegende göttliche Bewußtsein, welches je nach religiösem oder kulturellem Hintergrund ‚Buddhanatur', ‚Christusbewußtsein' oder ‚Wesensnatur' genannt wird.
Der Mystiker sieht seine Mitmenschen leiden, und da er diese Leiden selbst erfahren hat, empfindet er Mitgefühl und kann ihnen den Weg zeigen.

2. Die Methode der Mystik

A. DIE GESCHICHTE UND DIE WEGE DER METHODE

a. Geschichte der Methode

Die Methode ist sehr alt. Etwa 3000 Jahre vor Christus wurde die Technik im Osten in den ‚Vigyan Bhairav Tantra' Aufzeichnungen[22] beschrieben und zwar als 112 Methoden, die sich lediglich durch die jeweils verschiedenen Objekte, die eine Bewußtseinsverengung bewirken und somit in die Tiefe des Bewußtseins führen, unterscheiden. ‚Vigyan' bedeutet Bewußtsein, ‚Bhairav' ist der Zustand jenseits des gewöhnlichen Bewußtseins und ‚Bhairavani' sind Menschen, die alle Dualität zurückgelassen haben.
Zu Beginn der Aufzeichnungen des Vigyan Bhairav fragt Devi ihren Gemahl Shiva: „Oh Shiva, was ist deine Wirklichkeit? [...] Wer hält das Rad des Alls im Gleichgewicht? Was ist dies Leben, jenseits von Form, das alle Form durchdringt? Wie können wir vollends hineingelangen? Hinaus über Raum und Zeit, Namen und Bezeichnungen! Schaffe meinem Zweifel Klarheit!"[23]
Shiva nennt daraufhin die 112 Objekte, mit denen die Wirklichkeit erfahren werden kann.

b. Wege

In China, im Taoismus, wird die Versenkung in das Tao als Weg der Vereinigung mit dem Urgrund aller Dinge gelehrt. In Indien, im Brahmanismus, wird die Einheit des Atman (Einzelseele) mit dem alles durchdringenden Weltenprinzip (Brahman) in den Upanischaden und Veden gelehrt. Im Hinduismus praktiziert man verschiedene Formen des Yoga, die alle ihren Höhepunkt finden in der Vereinigung mit der ‚Höchsten Seele', durch meditative Konzentration und Hingabe. Im Buddhismus entstanden die Versenkungswege des großen Weges (Mahayana), des kleinen Weges (Hinayana) und des Diamantweges. Im tantrischen Buddhismus wurde auch der Körper mit einbezogen auf dem Weg in das Nirvana. Zen kennt einen Versenkungsweg, zunächst ohne religiösen Bezug, jedoch ist eine Anlehnung an den Mahayana bei den Praktizierenden festzustellen. Im Islam entstand die Form des Sufismus, der über den Weg ‚Hingabe an den Geliebten' (Gott), eine Vereinigung mit dem Höchsten erstrebt und im Christentum entwickelte sich der Weg der Kontemplation, um zur Einheit mit Gott zu gelangen. Die christliche Mystik ist im wesentlichen eine Liebesmystik. Ziel ist die Vereinigung des Liebenden mit Gott. Die christliche Mystik hat ihren Bezugspunkt in Jesus Christus. Hier wurde die kontemplative Methode bereits von den Wüstenvätern praktiziert. Im Mittelalter kennen wir die Gebetsformen der oratio, meditatio und der contemplatio.

B. DIE METHODE DES VERSENKUNGSWEGES

Der mystische Weg wird als Versenkungsweg bezeichnet. Bei der Versenkung in unser tiefstes Bewußtsein kommen wir zur Erfahrung des allem Seienden zugrunde Liegenden und zur Verschmelzung mit ihm. Es ist die letzte Wirklichkeit, die mit der Ratio nicht erfaßt werden kann. Sie liegt somit jenseits der Person, im transpersonalen Bereich.

Die Übung besteht darin, das Bewußtsein in den Urgrund des Seins zu versenken, in die tiefste Bewußtseinsschicht, in das absolute Bewußtsein des All-Seienden.

Der Arzt und Psychologe Albrecht[24] definiert die Phänomene ‚Versenkung' und ‚Versunkenheit': Die Versenkung ist ein aus sich selbst ablaufender psychischer Vorgang, der durch einen Willensentschluß durchgängig determiniert ist, und dessen kennzeichnendes Merkmal die Desintegrierung des Wachbewußtseins und die Neuintegrierung des Versunkenheitsbewußtseins ist. Mit dem Begriff Versenkungsbewußtsein bezeichnen wir Bewußtseinszustände, welche durch den Vorgang der Versenkung determiniert sind und welche ein Bewußtseinsgefüge haben, das als eine Übergangserscheinung zwischen Wachbewußtsein und Versunkenheitsbewußtsein aufzufassen ist. Dem Versenkungsbewußtsein sind folgende spezifische Funktionen zugeordnet: Abblendung der Umwelt, Ausgliederung, Auflösung und auflösende Meditation von komplexen Störungserlebnissen, durch Umwandlung oder Umfügung bewirkte Einschmelzung und Einfügung aller Inhalte und Vorgänge in die einheitliche Grundgestimmtheit der Ruhe.

„Die Versunkenheit ist ein voll integrierter, einheitlich und einfach gefügter, überklarer und entleerter Bewußtseinszustand, dessen Erlebnisstrom verlangsamt ist, dessen Grundgestimmtheit Ruhe ist und dem als einzige Funktion eines nur noch passiv erlebenden Ichs die Innenschau zugeordnet ist."[25]

C. DIE STUFEN DES VERSENKUNGSWEGES

Der Weg verläuft in vier verschiedenen Stadien, die Charakteristika und Zeichen echter mystischer Erfahrung sind. Die einzelnen Stadien können ineinander überlaufen.

1.Stadium: Reinigung und Festigung des Geistes (Läuterung, Reinigung, Katharsis, Ich-Tod, Via purgativa)

2.Stadium: Einbruch in das absolute Bewußtsein (Erleuchtung, Via illuminativa)

3.Stadium: Einswerdung mit dem absoluten Bewußtsein (Unio mystica, Gottesschau, Samadhi, Satori, Mahamudra)

4. Stadium: Integration der Erfahrungen in den Alltag

In der Praxis jedoch brauchen diese Phasen nicht in der hier festgelegten Reihenfolge aufzutreten. Wichtig und das Kriterium echten mystischen Erlebens ist, daß der Prozeß der Versenkung tief genug geht, zumindest in die Dimension jenseits der Gedanken und Gefühle und also im transpersonalen Raum mündet. Dadurch wird gewährleistet, daß die Erfahrung nicht subjektiv gefärbt oder verzerrt ist, da es in dieser Bewußtseinsstufe weder Subjekt noch Objekt gibt.

D. DER MYSTISCHE WEG UND ANDERE SPIRITUELLE WEGE

Ziel des mystischen Weges ist die höchste dem Menschen erreichbare Bewußtseinsstufe. Jeder echte spirituelle Weg hat letztlich diese Zielsetzung, auch wenn verschiedene Methoden angewendet werden. So werden zum Beispiel im Yoga verschiedene Richtungen praktiziert, von denen sich jede durch das Objekt der Konzentration unterscheidet. Im Hatha-Yoga etwa ist das Ziel, den Körper und seine Energien kennenzulernen, zu entwickeln, um die Unterwerfung vor dem Willen herbeizuführen. Im Raja-Yoga gilt es, die Gedanken unter Kontrolle zu bringen und bewußt mit ihnen umgehen zu können. Im Jnana-Yoga ist es der Weg der Erkenntnis, im Bhakti-Yoga der Weg der liebenden Hingabe allen Tuns, in tiefer Verehrung des Schöpfers. Im Karma-Yoga wird jegliches Tun als Hingabe und Dienst an das All-Seiende praktiziert.

Im Yoga sind dies jedoch nur Vorstufen des achtfachen Pfades, dessen letzte Stufe die des Samadhi ist, die Einswerdung mit dem All-Seienden.

3. Die mystische Erfahrung

Mystische Erfahrung ist die zunächst strukturlose Erfahrung in der Tiefe des Bewußtseins. Es ist die Erfahrung einer Leere, eines inhalts- und gegenstandslosen Seins im transpersonalen Bewußtseinsraum. Erst beim Eintritt in den personalen Bereich konkretisiert sich das All-Seiende und tritt in Erscheinung als Bild, Symbol, Form, Wort, Ton, Liebe und Kraft. Bild, Symbol, Form und Wort sind auch die Hilfsmittel, mit denen Erleuchtete ihre Erfahrung an andere weitergegeben haben.

A. DIE MYSTISCHE ERFAHRUNG ALS EINHEITSERFAHRUNG

Der Mensch erlebt sich als Teil des All-Seienden. Jegliche Dualität ist aufgehoben. Erlebender, Erleben und Erlebtes sind eins geworden. Dieser Zustand kann nur schwer beschrieben werden, am ehesten wird er durch Wortbilder, wie „mit unendlicher Weite", „mit ganzer Kraft und Abstrahlung" verdeutlicht. Johannes vom Kreuz schreibt: „Jeder der dorthin gelangt, wird ganz irre an sich selbst. Alles, was er vorher wußte, scheint ihm jetzt verschwindend klein. Und sein Wissen wächst so sehr, daß er ohne Wissen bleibt, alles Wissen übersteigend. Dieses Wissen, das nicht weiß, ist von großer Mächtigkeit, und die Weisen können nie denkend sich's zu eigen machen. All ihr Wissen reicht nicht hin, nicht verstehend zu verstehen, alles Wissen übersteigend. Jenes allerhöchste Wissen ist so überhoch erhaben, daß kein Können und kein Wissen jemals es begreifen kann."

B. DAS MYSTISCHE DENKEN - DAS MYSTISCHE ERKENNEN

Der mystische Weg mit seinen Erfahrungen verändert den Menschen. Der Arzt und Psychologe Carl Albrecht[26] spricht vom mystischen Denken und mystischen Erkennen. Beide tragen nicht nur zu einer weiteren Entwicklung der menschlichen Persönlichkeit bei, sondern stellen eine neue Stufe des mystischen Bewußtseins dar. Für viele Menschen bedeutet dies Hoffnung auf eine Lösung der bedrängenden Weltprobleme.

a. Das mystische Denken

Das mystische Denken ist ein klares und vorurteilsloses Denken. Der Geist wird im Läuterungsprozeß befreit von ungeordneten Verhaftungen. Durch die Konfrontation mit sich selbst klären sich ungelöste Probleme; Ängste lösen sich auf. Aufgrund dieser geordneten Seelengrundlage wird der Mensch ein aufrichtiger, wahrheitsliebender Mensch - er ist frei geworden. Diese Aufrichtigkeit führt zu größerem zwischenmenschlichen Vertrauen.

b. Das mystische Erkennen

Wer den mystischen Weg geht, erfährt eine neue Art von Erkenntnis, die Carl Albrecht als ‚mystisches Erkennen' bezeichnet. Sie stellt neben der Sinnes- und Verstandeserkenntnis eine eigenständige Art dar und tritt spontan auf, ohne Hilfe der Ratio oder der Sinne. Der Mystiker lebt und erkennt im Augenblick. Es ist ein spontanes Wissen um die Dinge.

C. ECHTE UND UNECHTE MYSTISCHE ERFAHRUNGEN

Während des Versenkungsweges können viele Phänomene und Erfahrungen transpersoneller Art auftreten, die keine echten mystischen Erfahrungen sind. Darunter fallen Visionen verschiedenster Art, von Heiligen, Christus, Buddha, Maria oder anderen spirituellen Personen. Ebenso zählen Erfahrungen von Tod und Wiedergeburt, Episoden der Freude, Tränen und Ekstasen dazu, außerdem psychisch übersinnliche Erweckungen, z.B. Hellfühlen, Hellsehen, Erinnerungen an Vorleben, todesähnliche Erfahrungen, Kundalinierfahrungen und Psychosen mit mystischen Erscheinungen.[27]

Diese Phänomene wurden im Christentum oftmals hochstilisiert. Es sind parapsychische Phänomene und Erscheinungen, die am Weg auftreten können. Es ist ‚Makyo' (Teufelszeug), wie es im Zen genannt wird, ‚Siddhis', wie sie im Osten bezeichnet werden, also Wunderkräfte oder Produkte des Unterbewußtseins, die den Menschen gerne verblenden und von der eigentlichen mystischen Erfahrung abhalten.

So galten auch Wundergaben, Stigmatisierungen, Visionen und Verzückungen als Zeichen besonderer Gottesnähe und göttlicher Auserwähltheit. Ihr Nachweis war im Christentum zur Heiligsprechung einer Person notwendig. Dazu sagt Meister Eckhart: „Denn wahrlich, wenn einer wähnt, in Innerlichkeit, Andacht, süßer Verzückung und in besonderer Begnadung Gottes mehr zu bekommen als beim Herdfeuer oder im Stalle, so tut er nicht anders, als ob du Gott nähmest und schöbest ihn unter eine Bank. Denn wer Gott in einer bestimmten Weise sucht, der nimmt die Weise und verfehlt Gott, der in dieser Weise verborgen ist."[28]

Mystik hat auch mit Okkultem, Magie oder Irrationalem nichts zu tun.

D. MITTEILUNG DER ERFAHRUNG

Der Mensch ist ein Gemeinschaftswesen und drängt danach mitzuteilen, was er erlebt hat. Einige versuchen die unnennbare Erfahrung in Form von Gedichten, Liedern oder Musik, in Gesten oder zeremoniellen Handlungen zu umschreiben. Der Seher umschreibt es mit einem Bild, der Prophet mit einem Gleichnis. Der Naturwissenschaftler sucht nach der Formel, nach Energiezuständen, Schwingungen oder nach einem Modell, das dem derzeitigen Erkenntniszustand entspricht. Alles das sind jedoch nur Hilfskonstruktionen und Modelle, um das Unbenennbare zu benennen. „Es ist das, was hinter der Erfahrung von Licht, Glücksgefühl, tiefer Stille liegt und Weite. Dies sind noch Vorstufen der eigentlichen Erfahrung. Es ist die Erfahrung der Nacktheit eines Unbenennbaren, eines Nichts, einer Leerheit mit der Fülle einer Omnipotenz in sich bergend, die alle Dinge durchdringt."[29]

4. Gefahren der Mystik

Das Besondere einer mystischen Erfahrung ist, daß man sie alleine macht, auch wenn man in eine Gruppe integriert ist. Selten spricht man darüber, höchstens mit dem erfahrenen Meister oder Lehrer. Geschieht dies nicht, kann es zu Fehleinschätzungen, meistens in Form von Selbstüberschätzung des eigenen Zustandes führen, da man keine Vergleichsmöglichkeiten hat. Auch Einsamkeit kann eine mögliche Folge darstellen, weil man sich mit niemandem austauschen kann.
Eine weitere Gefahrenquelle liegt darin, daß der Erlebende durch das Erleben überheblich wird und er im Zustand der Leereerfahrung völlig aufgeht.
Um diesen Gefahren zu entgehen, betonen alle Mystiker die Wichtigkeit der Demut. Auch eine Beschäftigung mit den religiösen Weisheiten der Heiligen Schriften kann sich sehr positiv auswirken, ebenso die Erkenntnisse aus der Psychologie. Unabkömmlich ist ein Lehrer, Seelenführer oder Meister, der den Weg selbst gegangen ist. Der Kontakt mit einer Gruppe ist sehr zu empfehlen.

5. Mystische Erfahrungen heute

Mystik erfährt eine Wiederbelebung im Westen und die Anzahl derjenigen, die den mystischen Weg gehen, nimmt stetig zu. Dahinter steht die Tendenz, spirituelle Eigenerfahrungen zu machen. Die Anhänger dieser Strömung stehen meistens nicht in einer religiösen Tradition. Ein Vorstoß in die Dimensionen des Transpersonalen ist in verschiedenen Wissenschaftsbereichen festzustellen, so etwa in der transpersonalen Psychologie, in der Bewußtseinsforschung, in der modernen Physik, speziell der Quantenphysik und in der Medizin, hier vor allem im Bereich der Neurophysiologie.

6. Die Bedeutung der Mystik - der Weg zum Frieden in der Welt.

Der mystische Weg führt in eine neue Bewußtseinsdimension des Menschen[30]. Mit dieser neuen Bewußtseinsdimension geht eine andere Erlebnisweise und Sichtweise des Menschen einher: die Erfahrung der Leere, der Einheit allen Seins, und eine unendliche Liebe als Qualität dieses Seins bringt ein anderes Verständnis für die Schöpfung mit sich sowie ein anderes zwischenmenschliches Verhältnis. Der Nächste, das Du, wird als Ich erkannt. Wer dies erfährt, kann den anderen nicht mehr übervorteilen, ihn nicht mehr betrügen, ihn nicht mehr bekriegen oder töten, denn er würde sich selbst betrügen, bekriegen oder töten. Diese Einheit im Geiste und die bedingungslose Liebe zu allem ist die Grundlage für einen dauerhaften Frieden unter den Völkern.
Nur so werden wir letztlich die anstehende Probleme unserer Gesellschaft lösen können.

II. DAS ALL-SEIENDE UND SEINE SCHÖPFUNG

1. Das All-Seiende und sein Wirken

A. MODELLE

„Du sollst Dir von Gott kein Bild machen"[31]

Der Mensch gebraucht Modellvorstellungen, wenn er das All-Seiende ausdrücken möchte. Alle Modelle versuchen, die verschiedenen dem Menschen möglichen Erfahrungen zu ordnen, so daß sie der Mensch mit seinem Verstand erfassen kann. Es sind nur Hilfen zur Orientierung des Menschen, die auf die Wahrheit hinweisen. Modelle unterliegen dem jeweiligen Zeitgeist, den zur Verfügung stehenden Erkenntnissen und der geistigen Strömung. So sind sie nur geistige Konstruktionen und damit immer einem Wandel unterworfen.
Hinter dem Bemühen, Modelle oder auch Hypothesen aufzustellen, verbirgt sich die menschliche Hoffnung nach Sicherheit. Aber es gibt keine Gewißheit, und wer das All-Seiende in einem Bild oder Modell sieht, verehrt einen Götzen. Nur wenn wir begriffliches Denken, die Konstruktionen und Modelle unseres Geistes zurücklassen, können wir zur Wahrheit vorstoßen. Deshalb übt der Mystiker sich in der Fähigkeit, die Schicht der Gedanken, Gefühle, der persönlichen Muster und Glaubenssysteme zu durchbrechen, um zu dieser Wahrheit vorzustoßen.
Wir neigen dazu, das Modell, dem wir Glauben schenken, als die Wahrheit selbst anzusehen. Es ist wahr, einfach weil man glaubt, das Modell sei die Wahrheit. Dies ist eine große Täuschung. Alle religiösen Modelle sollen zur Wahrheit hinführen, aber sie müssen irgendwann einmal zurückgelassen werden.

B. MODELLVORSTELLUNGEN DES ALL-SEIENDEN AUS DEM RELIGIÖSEN BEREICH

Es gibt grundsätzlich die zwei Vorstellungen:
Das All-Seiende ist getrennt von seiner geschaffenen Welt. Bei diesem Denkmodell stehen sich Gott und Schöpfung gegenüber. Gott steht als selbständiges Wesen außerhalb des Kosmos. Er thront, in Form eines allmächtigen Gottes, über dem Weltgeschehen.
Nicht nur in den theistischen Religionen ist dieses Gottesbild bekannt, auch im Buddhismus kennt man eine begrifflich konzipierte ‚Atman'-Anschauung, die „auf einem der verschiedenartigen philosophischen Systeme beruht, die von dem Gläubigen erdacht worden sind."[32]

Im Christentum wurde das All-Seiende als mächtiger Herrscher dargestellt, dem alle Fähigkeiten eines Patriarchen zugedacht wurden: er straft, richtet, sorgt sich, liebt, leitet und regelt alles. Es ist eine stark vermenschlichte, männliche Gottesfigur, die in Form einer Vaterfigur vom aufkommenden Patriarchat in Anspruch genommen wurde. Mit diesem Gott, der sich dem Gläubigen als personal gedachtes Gegenüber darstellt, kann man alles teilen und ihn um Hilfe anrufen. In der Not ist er ein Vater, bei dem man Zuflucht sucht und findet.
In früheren Zeiten des Matriarchats war es die Göttin, die mit weiblichen Qualitäten personifiziert wurde: ernährend, gebärend, Segen und Liebe gebend, Trost und Zuwendung in leiblichen, seelischen und auch geistigen Bezügen spendend, so wie wir es aus zahlreichen Mythen, Kulten und ihren Überlieferungen kennen. In der heutigen Zeit greifen immer mehr Frauen bei ihrer Suche nach Identität auf dieses Göttinnenbild zurück.
Diese Art von Gottesbild gibt Trost und Hilfe auf den Irrwegen des Lebens; es besitzt somit einen therapeutischen Stellenwert und trägt zur vordergründigen seelischen Stabilität, zu Geborgenheit und Sicherheit bei.
Im Christentum ist diese Vorstellung religionsgeschichtlich zurückzuführen auf die Philosophie des Aristoteles sowie auf die Neuscholastik unter Thomas von Aquin als deren maßgeblichem Vertreter. Ihre Philosophie beeinflußte christliche Geistliche und Denker, und wurde damit zur Grundlage der christlichen Theologie.
Dem gegenüber steht die andere Gottesvorstellung, die Gott in allen Dingen sieht und die die Erfahrung des Mystikers ist. Hier offenbart sich das All-Seiende im Vollzug allen Geschehens, „im Baum als Baum, in der Blume als Blume, im Menschen als Mensch in einer jeweils individuellen Note.“[33] Im europäischen Kulturraum ist dies religionsgeschichtlich betrachtet die antike Philosophie Platos, Plotins, des Pythagoras und des Sokrates[34]. Es ist die Philosophie von Augustinus, Nicolaus von Kues, Spinoza, Meister Eckhart und Bonaventura, und stellt im Osten die philosophische Grundlage all der mystischen Wege dar, auf die in diesem Buch weiter eingegangen wird, nämlich Taoismus, Zen, Hinayana-, Mahayana-Buddhismus und Hinduismus.
Diese Vorstellung vom All-Seienden deckt sich mit der Erfahrung des Mystikers. Sie ist der Inhalt der ‚Philosophia perennis‘[35], der ewigen Philosophie, die besagt, das All-Seiende schafft aus dem Nichts, das es selbst ist, sich selbst in allen seinen Geschöpfen, die er selbst ist. So findet auch der Mensch in der mystischen Erfahrung Gott als Nichts vor, als sich selbst, der sich erfährt durch sein Geschöpf. Gott ist sich in allem und so steht er sich immer selbst gegenüber. Seiner Freude und schöpferischen Kreativität sind keine Grenzen gesetzt.
„Er allein ist sein eigener Grund und sein eigenes Sein. Wie nichts ohne ihn da sein kann, so kann er nicht ohne sich selbst sein. Er ist sein eigenes Sein und das Sein alles Geschaffenen. Deshalb ist er der ‚ganz Andere‘, einzigartig und verschieden von allem, was geschaffen ist. Gerade darum ist er der Eine in allem, und alles ist eins in ihm. Ich wiederhole: Alle Dinge haben ihr Dasein in ihm, er ist das Sein aller Dinge.“[36], sagt Meister Eckhart und im Tao Te King heißt es: „Das Tao ist der Atem, der nie vergeht, die Mutter aller Schöpfung, Wurzel und Grund jeder Seele, die Quelle von Himmel und Erde, völlig offenbar. Unerschöpfliche Quelle, endloser Strom, Fluß ohne Form, Fluß ohne Wasser, unsichtbar strömend

von Ort zu Ort, niemals endend, zu keiner Zeit versiegend."[37] Kabir, ein Sufi, dichtet: „O Du, der du mir dienst, wo suchst Du mich? Sieh ich bin bei Dir. Ich bin weder im Tempel, noch in der Moschee, weder im Kaaba, noch auf dem Kailash, weder bin ich in Riten und Zeremonien, noch im Yoga oder Entsagung. Wenn du ein wahrhaft Suchender bist, wirst du mich sogleich sehen, mir begegnen im gleichen Augenblick. Kabir sagt, o Sadhu, Gott ist der Atem alles Atems."[38]

C. MODELLVORSTELLUNGEN DES ALL-SEIENDEN AUS WISSENSCHAFTLICHEN BEREICHEN

a. Physik: Der „Quantengott"

„ Nur durch die Schöpfung einer gemeinsamen Wirklichkeit kann der Quantengott seiner selbst und anderer bewußt werden."[39]
„Physik betreiben heißt dem Schöpfungsakt Gottes hinterher sehen."[40]
„Religion und Naturwissenschaft schließen sich nicht aus wie heutzutage manche glauben und fürchten, sondern ergänzen sich und bedingen einander.- Gott steht für den Gläubigen am Anfang, für den Physiker am Ende des Denkens."[41]

Die Physik, vor allem die Quantenphysik, ist an die Grenze des Wägbaren und Meßbaren vorgestoßen und hat dabei die Transzendenz entdeckt. Ein neues Denken, ein Paradigmenwechsel, hat eingesetzt, der das Wesen von Materie und Geist betrifft. Materie ist Geist, alle Formen, die belebten und die unbelebten sind Geist. Dieser Paradigmenwechsel färbt auf andere naturwissenschaftliche Disziplinen ab. Aufgrund der Erkenntnisse aus der Quantenphysik in den letzten Jahrzehnten kam es auch zu einer interdisziplinären Verbindung von Physik, Medizin, Religion, Mystik, Philosophie und Psychologie. So spricht Eccles[42] vom „immanenten Geist", der Zugriff zum Gehirn des Menschen hat, und Physiker diskutieren, wie diese Interaktion zwischen Quantenfeld (das dem absoluten Bewußtsein gleichgesetzt wird) und dem Gehirn ablaufen könnte. Dieses neue Denken ist für unseren rational geprägten Zeitgeist von großer Bedeutung. Gerade für die jüngere Generation, die mit Computertechnologie und High-tech aufwächst und dabei häufig das Gefühl hat, daß mit Hilfe moderner Technik alles möglich ist, bedeutet dies einen neuen, zeitgenössischen Zugang zu Dimensionen des All- Seienden.
Die moderne Quantenphysik hat die Trennung zwischen Gott und Schöpfung, die Dualität von Geist und Materie aufgelöst. Max Schrödinger[43] schreibt: „Sie, die Aufbauelemente des Lebendigen, sind das feinste Meisterstück, das jemals nach den Leitprinzipien von Gottes Quantenmechanik vollendet wurde." Die Vorstellung eines holistischen Weltbildes hat sich durch die Ansicht, daß alles miteinander verbunden ist und eine Ganzheit, ein Holon, bildet, entwickelt. Einstein[44] hat in seiner Formel $E= m \times c^2$ dargelegt, daß Energie und Materie ineinander überführbar sind. Das moderne Weltbild der Quantenphysik kommt dem der Mystik sehr nahe. Phy-

siker wie David Bohm, Einstein, Capra und viele andere haben in den letzten Jahren darauf hingewiesen, daß sich hier mystische Erkenntnis und naturwissenschaftliche Erfahrung treffen[45]. Ihre Metaphern sind Schwingungen, Frequenzen, Wellen und Energie.

Das ganze Universum ist ein unendlicher kosmischer Raum voller Energie, wie ein Ätherkörper, der zu dem gehört, welcher mit unseren normalen Sinnen nicht mehr erfaßt werden kann, dem All-Seienden. Laut Aussage der Physik bestehen Atome und Körper zu etwa 99 % aus leerem Raum, der angefüllt ist mit allen Potenzen[46]. 1 qcm leerer Raum beinhaltet soviel ‚Vakuumenergie', daß man alle Weltmeere damit heizen könnte. Diese Vakuumenergie wird als Träger fluktuierender Masseteilchen betrachtet. Hier ist der Ort, wo kleinste Materieteilchen entstehen und vergehen, wo Teilchen kommen und gehen, gleich einer ewigen Fluktuation aus einem Energiemeer. Hier ist der Ort der Formenbildung aus Energie, der Realitätenbildung, wo Energie und Form ineinander überführbar sind. Auch der Wille oder ein Energieimpuls durch ein Wort könnten zu dieser Realitätenbildung führen. Hier ist der Ort, wo ‚Schöpfung' stattfindet. „Heute weiß man, daß die Wechselwirkung der Elektronen untereinander durch Quanten und ihre Wechselwirkung mit der elektromagnetischen Strahlung, getragen vom Vakuum und offenbar moduliert und gesteuert durch das Bewußtsein einer Person, nahezu alle Ereignisse in der Welt bestimmen." (Ulrich Warnke) Virtuelle Zustände verwandeln sich in reale in dem Augenblick, in dem Energiezufuhr im Vakuum stattfindet, d.h. Realitäten sind immer Anregungen des Vakuums.

Die Kopenhagener Deutungen der Arbeiten von Heisenberg und Bohr legen fest: Alles, was einer Beobachtung durch den Menschen unterliegt, wird Realität, wird verfestigt. Dies bedeutet, daß Beobachtung und Resonanz identisch mit der energetischen Aufladung virtueller fluktuierender Quanten im Vakuum sind, und das heißt, daß unser Wille, der das Bewußtsein lenkt, letztlich die Energiezufuhr im Vakuum bewirkt. Somit liefert die Quantenphysik eine Modellvorstellung für die Wirkungsweise der Entstehung von Materie und Form.

Einige Forscher gehen noch weiter und postulieren ein das Vakuumfeld steuerndes Feld, das Subquantenfeld, dem die folgenden Eigenschaften zugeordnet werden: unbeobachtbar, holographische Ordnung und Konsistenz schaffend, die Quantenbahnen bestimmend und verbindend, Muster bewahrend u.v.m.

Als Modellvorstellung ist folgendes Diagramm[48], das den Aufbau der Entwicklungsebenen vom unmanifestierten zum materiell grobstofflichen Bereich versinnbildlicht, hilfreich:

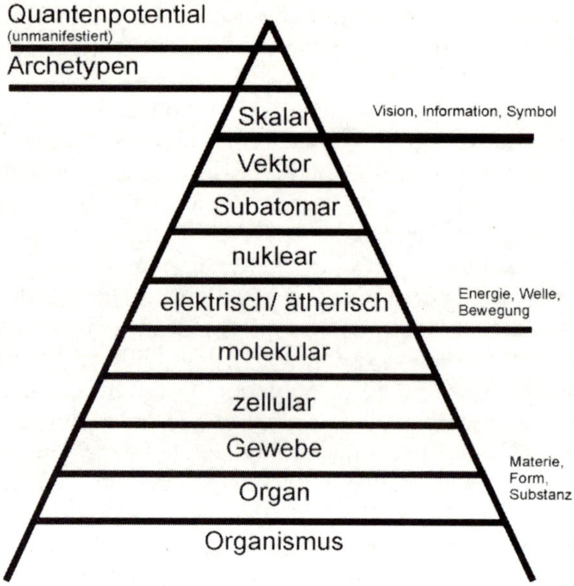

Abb. 2 Aufbau der Entwicklungsebenen von unmanifestierten zum materiellen, grobstofflichen Bereich. Nach Peter Köhne.

An der obersten Spitze steht das absolute Bewußtsein. In seiner Nähe sind archetypische Strukturen angesiedelt, die auf unsere Ideen einwirken können. Skalare übertragen die Informationen über Vektoren und es entstehen Schwingungs- und Energiemuster. Diese Informationen aus dem absoluten Bewußtsein bzw. den Archetypen korrespondieren mit einem Bereich, der ‚Morphisches Informationsfeld' oder auch ‚Innere Datenfelder' (IDF) genannt wird und eine Art Informationspool darstellt. Die Skalare bilden also das Tor zur Kommunikation mit den inneren Datenfeldern. Sie liegen in einer Ebene jenseits unserer dualen Betrachtungsweise, jenseits von Zeit und Raum. Ab hier befinden wir uns im energetischen Bereich, im Bereich der Wellen. Hier liegen auch die morphogenetischen Felder, die Sheldrake[49] definiert hat.

Die vektorielle Struktur formt die Muster im subatomaren und atomaren Bereich, woraus elektrische und ätherische Felder und Teilchen entstehen, die sich zu Molekülen, chemischen Verbindungen, zu Zellen, Geweben und Organen zusammentun. Da hierzu Energie nötig ist, kann sich Form nur bei Energiezufuhr realisieren. Wie schon aufgezeigt, kann dies durch das gezielte Bewußtsein geschehen[50].

Die Modellvorstellung der Physik steht in vielen Punkten in Übereinstimmung mit den Erfahrungswerten der Mystiker: Gott lebt in der Tiefe des Seins. Der Vakuumraum des Quantenphysikers ist Metapher für die weite Leere des Raumes, die in der Mystik erfahren wird. Auf dem Hintergrund der oben gemachten Ausführungen bekommen auch Aussagen von Mystikern ein anderes Verständnis. Einige wenige Beispiele seien hier angeführt:

- Jesus Christus wurde mit folgenden Worten gebeten, zu einem Kranken zu gehen: „Aber sprich nur ein Wort, so wird meine Seele gesund."[51]
- Im Diamantsutra wird rezitiert: „ Form ist nichts anderes als Leere. Leere nichts anderes als Form. Form ist wirklich Leere, Leere wirklich Form".[52]
- In der Bibel heißt es: Und Gott sprach: "Es werde Licht. [....] und es ward Licht."[53]
- Aus dem Tao Te King: „Das große Dao erstreckt sich überall, zu deiner Linken wie zu deiner Rechten füllt es den ganzen Raum. Aller Dinge Atem ist es und verlangt nichts dafür. Es erschafft und ernährt alles und rühmt sich dessen nicht. Allen Dingen gibt es Nahrung. Es verleiht seinen Namen noch dem geringsten der Geringen."[54]
- Chu Hsi (1130 -1200), ein chinesischer Vertreter des Neokonfuzianismus, gründet auf ähnlichen Vorstellungen, zu denen die heutige moderne Naturwissenschaft strebt. Die Grundprinzipien des Universums sind Li, das Prinzip, und Chi, gestaltbare Ursubstanz, die Materie. Li ist gleichzusetzen mit dem Tao. Beide sind miteinander verbunden. Ohne ein entsprechendes Li kann es kein Ding geben. Die Dinge sind Mittel, durch die sich Li manifestiert. Die einzelnen Li der Dinge existieren bereits vor dem Entstehen des physischen Universums. Die höchste Realität, die die verschiedenen Li von Himmel und Erde umfaßt, ist das unbegrenzte Tao. Jedes Ding enthält neben seinem spezifischen Li auch diese letzte Wirklichkeit.[55]

b. Alternativ- Medizin

Der alternativen Medizin, so in der Farbtherapie, Homöopathie[56] und den Methoden moderner Schwingungsmedizin[57], liegt die Modellvorstellung zugrunde, daß die Grundlage aller Erscheinungswelt das gesamte Spektrum aller möglichen Energiestufen (Frequenzen) ist. Das All-Seiende ist die Omnipotenz, die Summe aller möglichen Informationen. Jedes Objekt befindet sich in einem bestimmten, für ihn charakteristischen Schwingungszustand. Diese Tatsache ist vor allem in der Medizin von Bedeutung, wo die energetischen Schwingungszustände von Organen und auch von psychischen Zuständen bekannt sind. Durch Zugabe von analog schwingenden Medikamenten oder apparativ erzeugten Schwingungen können erkrankte Organe nach den Resonanzprinzip stimuliert und eine Heilung erreicht werden. Jede Schwingung entspricht einer Information, die in der Lage ist, eine bestimmte Form von Materie aufzubauen. Es herrscht also die Beziehung:

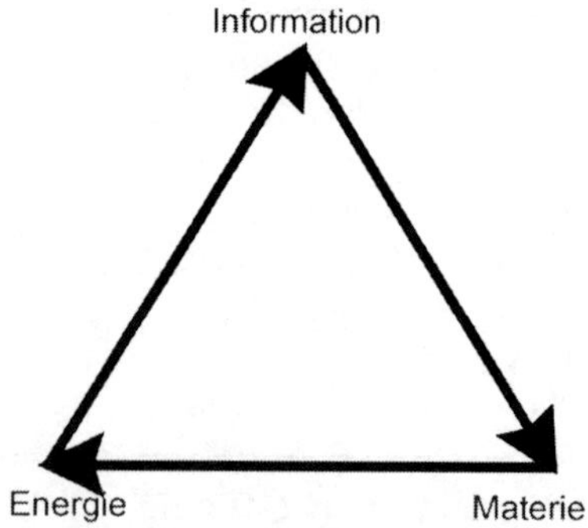

Abb. 3 Die Einheit von Information, Energie, Materie (Trinität)

Die drei Aspekte Energie, Information und Materie sind also miteinander verbunden und ineinander überführbar.
Auch hier drängt sich der aus den Religionen bekannte Vergleich der Trinität auf: So wird im Christentum von dem Vaterprinzip, (Wille und Macht), dem Sohnprinzip (Liebe und Weisheit) und dem Prinzip des Heiligen Geistes (aktive Intelligenz) gesprochen. Im Hinduismus ist die Rede von Shiva (Zerstörer), Vishnu (Hüter) und Brahman (Schöpfer des Universums).

c. Die Psychologie

Auch die Psychologie hat den transpersonalen Raum entdeckt und kommt zu ähnlichen Vorstellungen und Erfahrungen, wie sie von Mystikern aller Zeiten bekannt sind. Die transpersonale Psychologie versucht diese Dimension therapeutisch zu nutzen. Das All-Seiende wird als ein Bewußtseinszustand verstanden, als das absolute Bewußtsein, das im Menschen bereits angelegt ist und zu dem sich der Mensch hin entwickelt.

(1) DIE TRANSPERSONALE PSYCHOLOGIE

Es ist eine Psychologie, die die Grenzen der konventionellen westlichen Ego-Psychologie sprengt und dem Menschen hilft, sich von den Fesseln seines egozentrischen personalen Selbstverständnisses zu befreien und die Lebensproblematik von dieser Seinsstufe aus zu betrachten. Die transpersonale Psychologie hat sich schnell entwickelt und leistet einen hohen Beitrag zum Verständnis des zur Transzendenz hin aufgebrochenen Menschen. Sie liefert geistig-spirituelle Grundlagen zum Verständnis des neuen Evolutionsschrittes der Menschheit von psychologischer Seite her; dies geschieht durch eine Neuorientierung herkömmlicher Methoden, auf der Grundlage von neuen Werten und einem umfassenderen

Menschenbild. Auch ihr geht es um die volle Verwirklichung menschlicher Möglichkeiten. In der Literatur machen transpersonale Therapeuten immer wieder deutlich, wie wichtig die Methoden der mystischen und meditativen Traditionen für diese neue Psychologie der ‚Befreiung' sind[58].
James Fadiman und Kathleen Speeth beschreiben das Feld der transpersonalen Psychologie folgendermaßen: „Transpersonale Psychotherapie umschließt wie die traditionellen Psychotherapien das volle Spektrum von Verhaltens-, emotionalen und intellektuellen Störungen sowie die Aufdeckung und Unterstützung von Strebungen nach voller Selbstverwirklichung. Als Endziel der Psychotherapie wird nicht erfolgreiche Anpassung an die vorherrschende Kultur angesehen, sondern vielmehr die tägliche Erfahrung jenes Zustandes, der entsprechend den verschiedenen Traditionen der Befreiung, Erleuchtung, Individuation, Gewißheit oder Gnosis genannt wird."[59]
Namhafte Vertreter und Pioniere dieser Richtung sind: William James, transpersonaler Denker, der die Zustände des gesunden und höheren Bewußtseins untersuchte, Abraham Maslow, C.G. Jung, dessen Modell der Individuation, die das Personale transzendiert, als Individuationstherapie bekannt geworden ist, Roberto Assagnioli mit der Richtung der Psychosynthese, Viktor Frankl mit der Logotherapie, Graf Dürckheim mit der Initiatischen Therapie, Stanislav Grof, der unter anderem transpersonale Bewußtseinszustände in Zusammenhang mit Drogen (LSD-Forschung) untersucht hat, Claudio Naranjo mit der Gestalttherapie, Ken Wilber und viele andere[60].

(2) DAS NEUROLINGUISTISCHE PROGRAMMIEREN (NLP)

Das Neurolinguistische Programmieren zielt darauf ab, mit Hilfe spezieller Methoden (Ankern, Time line, Modelling. u.ä.) die Ziele, die ein Mensch sich steckt, zu erreichen und damit seine Lebensqualität zu verbessern. Die Techniken basieren auch auf den Erkenntnissen der Gehirnforschung.
In neuerer Zeit hat NLP die Dimension der Spiritualität entdeckt, und versucht, in Kombination mit Beeinflussung von Chakren, jetzt auch in spirituelle Zustände vorzustoßen[61],wobei die Zustände der Erleuchtung von besonderem Interesse sind. Connirae und Tennare Andrea[62] arbeiten therapeutisch vor allem mit den Zuständen der Liebe, und führen über die Methode der Cortransformation hin zur inneren Quelle des Menschen. Durch diese Methode wird All-Liebe und All-Einssein erfahren.

d. Bewußtseinsforschung - das absolute Bewußtsein

(1) DIE AKTUALITÄT DER FRAGE NACH DEM ABSOLUTEN BEWUSSTSEIN IN DER HEUTIGEN ZEIT

Wissenschaft und Bewußtseinsforschung sprechen vom ‚absoluten Bewußtsein', das gleichzusetzen ist mit dem ‚göttlichen' Bewußtsein, dem All-Seienden.
In unserem naturwissenschaftlich geprägten Zeitalter rückt das Interesse an höheren Bewußtseinszuständen, immer mehr in den Blickwinkel von Forschung und Erkenntnis. Mit dem Rätsel des Bewußtseins befassen sich eine Reihe von wissenschaftlichen Disziplinen[63]. Da die Problematik des Bewußtseins so komplex ist, kommt es zu einer immer stärker werdenden interdisziplinären Verflechtung der Bewußtseinsforschung mit der Philosophie, mit den Forschungsbereichen der Neurowissenschaften, der Biochemie, der Kognitionswissenschaften und der medizinischen Informatik.
Immer stärker tritt das Interesse am Bewußtsein als Gegenstand einer Wissenschaft in den Vordergrund. Spezialisten sprechen bereits von einer Wissenschaft des Bewußtseins[64] und sind sich einig, daß das Problem nur durch die Zusammenarbeit einer Vielzahl von Disziplinen gelöst werden kann. Owen Flanagan hat für die Zukunft das Projekt einer "vereinheitlichten Theorie des Bewußtseins" formuliert. 1994 fand an der Universität von Arizona die erste Internationale Konferenz zu dem Thema „Toward a scientific basis of consciousness" statt. Im Moment gibt es jedoch noch keinen einheitlichen theoretischen Hintergrund hierfür, und der Schwerpunkt der Erforschung des Bewußtseins liegt noch im interdisziplinären Bereich:

- In den Wissenschaften hat sich besonders die Quantenphysik der Korrelation zwischen höherer, theoretischer Physik und dem nicht materiellen Universum zugewendet. Bahnbrechend waren Gedanken von Capra, wie sie etwa im seinem Buch „Das Tao der Physik" festgehalten sind. Capra et al. setzen hierin die Erkenntnisse der Quantenphysik den spirituellen Erfahrungen von Mystikern gleich.
- Im Forschungsbereich der Chaosforschung[65] können viele unfaßbare Phänomene im Bereich der Bewußtseinsprozesse erklärt werden.
- Die holistische Forschung gibt Interpretationen zur Beschaffenheit des Universums und sieht die Erleuchtungserfahrung vom holistischen Standpunkt aus als ein Öffnen des Hologramms des Universums an.
- In der Hirnforschung und Neurophysiologie sind bahnbrechende Erkenntnisse bezüglich des Bewußtseins zu verzeichnen. Vor allem die Arbeiten des Gehirnforschers und Nobelpreisträgers John Eccles[66] [67] sind zu erwähnen. Stanislav Grof[68] beschreibt transpersonale Zustände und Gehirnkarten des Bewußtseins, überwiegend als Resultat seiner Forschungen mit LSD.

Auch in der Bevölkerung ist seit Jahren ein Anwachsen spiritueller Erfahrungen zu verzeichnen, mit denen Mediziner, Therapeuten und Geistliche zunächst nichts anzufangen wußten. Es sind Durchbrüche in den transpersonalen Raum, die mitten im Alltag geschehen können, bevorzugt in Streßsituationen. Da dieses Phänomen ein weltweites Phänomen darstellt, entstanden Hilfsorganisationen für betroffene Personen, so etwa das SEN, ein spirituelles Netzwerk, das Hilfesuchenden mit fachmännischer Beratung beisteht.

(2) KENNZEICHEN DES ABSOLUTEN BEWUSSTSEINS

Immer mehr Forscher sind der Ansicht, daß das absolute Bewußtsein eine geistige Struktur ist, die ohne eine Bindung an den Raum oder an die Zeit existiert. Bewußtsein ist demnach kein Produkt des Gehirns, wie namhafte Forscher wie Henri Bergson oder William James Schiller sagen.
In der Naturwissenschaft spricht man von Eigenschaften, Qualitäten und Fähigkeiten, die das absolutes Bewußtsein hat. Es hat die Fähigkeit, über das Universum und über sich selbst zu reflektieren und es zu erkennen. Es ist überall, wir können daran teilnehmen oder in es eintauchen. Dies geschieht auch durch die Methode des Versenkungsweges. Das absolute Bewußtsein kann Partikel und Energie erschaffen und Masse verändern. Raum, Materie, Energie und Zeit sind nur Aspekte des Bewußtseins. Es drückt sich qualitativ und dynamisch aus. Die Fähigkeit des Bewußtseins ist die Beobachtung: Es ist die Instanz, die alle Phänomene im Leben beobachtet und ihrer gewahr wird. Das Bewußtsein selbst, das reine Bewußtsein, ist inhaltslos.
In der Modellvorstellung der Physik ist es das Psi-Feld, das Quantenfeld oder Quantenpotential, das über kleinste Teilchen die Materie bildet und beeinflußt. Bewußtsein erschafft als ‚implizite Ordnung' die für uns sichtbare Welt, die ‚explizite Ordnung', wie der Physiker David Bohm[69] sagt. Es enthält die Information für alles Seiende, verpackt sie in bestimmte Energie und bildet so spezifisch Materie. Der Physiker Dr. Walker schreibt: „Das Bewußtsein ist wie Licht, ein farbloser Strahl, schneller als Lichtgeschwindigkeit. Absolutes Bewußtsein liegt allem zugrunde, ist überall und steuert und erschafft die Materie."
Diese Lichterfahrung und Theorie trifft sich auch mit der Erfahrung der Mystiker, so meint beispielsweise Roger Bacon (1215-92) „Licht ist sich selbst erzeugende Substanz und Träger der in der Natur wirkenden Kräfte."[70] Bonaventura[71] vertritt eine Lichtmetaphysik, nach der das Licht die allem Körperlichen gemeinsame Form darstellt. Durch das Licht erfolgt die allgemeine Formierung der Materie. Grossetestes Kosmogonie ist auf der Ausbreitung des Lichtes begründet, aus dem die Urmaterie und damit der Kosmos entstanden sein sollen. Alles ist eine Manifestation des Geistes.

(3) BEWUßTSEIN UND MATERIE - LEERE UND FORM

Bewußtseinsforscher und die moderne Physik sagen, daß es keinen wesentlichen Unterschied zwischen Bewußtsein und Materie gibt. Beide bestehen aus Energie. Es sind die zwei Aspekte des All-Seienden, in denen es sich offenbart. Bewußtsein ist eine feinere, Materie eine gröbere Schwingung des All-Seienden. Der Unterschied zwischen Materie und Bewußtsein besteht in der Schwingungszahl; es handelt sich also um einen Unterschied des Grades und nicht der Art.

Dieser Sachverhalt wird durch folgendes Beispiel verständlicher: Obwohl alle Schwingungen ihrer Beschaffenheit nach gleich sind, kann das menschliche Ohr nur die gröberen Töne von 16 bis 20.000 Schwingungen pro Sekunde aufnehmen, während weniger als 16 oder mehr als 20.000 Schwingungen pro Sekunde im allgemeinen nicht wahrgenommen werden können. Zwischen den hörbaren und unhörbaren Schwingungen besteht kein wesentlicher, sondern nur ein relativer Unterschied.
Dieselbe Problematik besteht zwischen Materie und Bewußtsein. Daher kommt es, daß der menschliche Geist im normalen Bewußtseinszustand keine Beziehung zwischen Materie und dem absoluten Bewußtsein erkennen kann. Das absolute Bewußtsein ist überall vorhanden.

2. Das Wirken des All-Seienden in der Erscheinungswelt und seine Bedeutung für den spirituellen Weg

„Im Absoluten sind keine Regeln, der Geist in Einklang mit sich selbst wird unparteiisch und hört auf zu planen und zu streben."[72]

Im absoluten Bewußtsein gibt es keine Gesetzmäßigkeiten oder Regeln, wohl aber in der Welt der Erscheinungen, in der Welt des Alltagsbewußtseins. Der Mystiker kehrt von der Erleuchtungserfahrung in den Alltag zurück, um seine Erfahrungen hier zu integrieren. Die Erleuchtungserfahrung verändert zwar die Person wesentlich, aber nicht in allen Anteilen. Immer noch bleiben Blockaden - etwa aus der Lebensbiographie, die im weiteren spirituellen Weg und Reifungsprozeß, im Umgang mit dem Alltag abgebaut werden. Von Bedeutung und hilfreich ist es in diesem Zusammenhang, die wichtigsten geistigen Gesetzmäßigkeiten zu kennen und sie zu beachten. Es sind die Gesetzmäßigkeiten, die das Leben im Alltag generell beherrschen.[73]

A. DAS GESETZ DER SCHWINGUNGEN

Jedes Phänomen der Erscheinungswelt besitzt eine ganz bestimmte Schwingungsfrequenz, jede Materieart, jeder Körper, jedes Organ, jedes Element, jeder Gedanke, jedes Atom, jeder psychische Zustand, jeder Bewußtseinszustand, jeder Aura-Körper, jedes Gefühl, jedes Wort. Schwingungen können sich gegenseitig verstärken oder abschwächen. Feste Materie hat eine sehr niedrige Schwingung. Die Liebe hat die höchste Schwingung im Universum.

Schwingungen können schwingungsfähige Systeme anregen, eine Tatsache, die in der Homöopathie angewandt wird. Im spirituellen Bereich spürt man körperlich, wie durch „Tönen" eines Lautes oder durch das Aussprechen von Mantren, bestimmte Körperpartien angeregt werden. Wie weiter unten erwähnt, werden durch leises oder gedankliches Tönen sogenannter ‚Heiliger Worte' vor allem die den höheren Chakren zugeordneten Drüsen angeregt, etwa das dritte Auge. Dies hat zur Folge, daß ein leichteres Eindringen in den transpersonalen Raum erfolgen kann.
Mit Hilfe von fotografischen Messungen, so z.B. den Auramessungen oder der Kirlianfotographie, können diese Felder sichtbar gemacht werden. Sheldrake[74], ein Pionier auf dem Gebiet speziell der morphogenetischen Felder, behauptet, daß jede Art ihr spezifisches Feld hat.
Während der Meditation beispielsweise bauen wir ein hochpotentes Feld auf. Begnadete spirituelle Genies sind in der Lage, spirituelle Felder enormer Intensität aufzubauen, Felder, die im Kosmos für alle Zeiten gespeichert sind und mit denen man in Resonanz treten kann, wenn man sich durch Übung, Hingabe und Glaube mit ihnen verbindet. Von diesem Aspekt aus betrachtet, gibt der Begriff ‚kosmischer Christus' Sinn. Auch die große Kraft eines Erleuchteten hängt damit zusammen. Wer das Glück hat, im Samadhi eines Meisters zu sitzen, verspürt die hohe Abstrahlung selbst in sich, und kann soweit ‚mitgehoben werden', wie es ihm in diesem Moment möglich ist.
Daraus ergibt sich, daß jeder Mensch mit anderen Menschen über sein spezielles Schwingungsmuster in Resonanz tritt und ihn Adäquates anzieht. Jeder und jedes wird in diesem Netz gegenseitiger Anziehung gehalten, immer sind wir mit dem ganzen All verbunden. Wer mit Liebe und Wohlwollen anwesend ist, verbreitet Liebe und Wohlwollen in den ganzen Kosmos.

B. DAS GESETZ DER POLARITÄTEN

Alles was sich aus diesem Meer der Urenergie, der Leere oder des All-Seienden herausbildet, erscheint in Polarität oder Dualität, in Yin und Yang, wie es die östliche Philosophie benennt. Alles manifestiert sich polar: heiß - kalt, Tag - Nacht, hell - dunkel, Liebe - Haß, Materie - Antimaterie, Mann - Frau, Geist - Materie. Wir denken und fühlen in Dualitäten. Polaritäten sind bestrebt sich auszugleichen und üben eine hohe Anziehungskraft aus. Alles drängt zur Einheit, verbindet sich, um ganz zu werden. Auf niederer Ebene ist es die Verbindung der Elektronen mit den Protonen zum Atom, und weiter zu den Molekülen. Auf der höchsten Ebene ist es die Vereinigung mit dem All-Seienden, die Aufhebung jeglicher Dualität, die im Zustand der ‚Unio mystica' erlangt wird.

C. DAS GESETZ DER GESCHLECHTLICHKEIT

Auch die Grundlage für die Fortpflanzung ist in der Polarität der Geschlechtlichkeit gegeben. Das Erscheinen der Geschlechtlichkeit, die das ganze Naturreich durchzieht, unterliegt einer Gesetzmäßigkeit. Geschlechtlichkeit ragt weit über Sexualität hinaus und manifestiert sich auf der physischen, psychischen und mentalen Ebene, in sogenannten männlichen und weiblichen Eigenschaften. So etwa erscheint das männliche Element auf der psychischen Ebene in Form von extrovertierten Emotionen, wie Wut, Haß oder Zorn, das weibliche Element dagegen eher durch introvertierte Emotionen, wie Hingabe, Empfangsbereitschaft, Sicherheit, Anlehnung oder Passivität.

Auf der mentalen Ebene zeigt sich beim männlichen Prinzip eher aktiver, objektiver Verstand, während das weibliche Prinzip mehr durch unbewußte, passive, subjektive Ausprägung repräsentiert wird. Als Menschen besitzen wir zwar in der Ausprägung, im Phänotyp, ein Geschlecht, aber wir sind zweigeschlechtlich angelegt, was bereits genetisch in den X und Y Chromosomen festgelegt ist. C.G. Jung spricht von ‚animus' und ‚anima'.

Im Individuationsprozeß (in der Persönlichkeitsreifung) wird eine Entwicklung und Harmonisierung beider Pole im Menschen angestrebt, um so zu einer Einheit zu gelangen. Das angestrebte Ziel ist in der spirituellen Literatur in Form des Hermaphroditen bekannt, der den männlichen und den weiblichen Pol in sich vereinigt hat.

Auch die spirituellen Wege im Tantrismus streben letztlich unter Nutzung der geschlechtsbedingten Polarität im Zustand der Vereinigung danach, Einheit, Unio, zu erfahren, bzw. in den kosmischen Bewußtseinszustand zu treten. Symbol hierfür ist auch die ‚Heilige Hochzeit', die ‚hagios gamos', die aus vielen Kulturen bekannt ist, so auch in den alten Mysterienkulten. Auch bei den Alchimisten stößt man auf den sakralen Prozeß der Vereinigung als Symbol der Vereinigung mit dem All-Seienden. Ebenso im Kundalini-Yoga, wo es aber darum geht, durch Energielenkung im Körper die Polarität innerhalb des Körpers auszugleichen. Dies geschieht durch die Vereinigung der im Wurzelchakra latenten Kundalini-Energie mit den Energien des Kopfchakras.

D. DAS GESETZ DES RHYTHMUS

Das in Erscheinung getretene All-Seiende äußert sich in einem periodischen Rhythmus von Kommen und Gehen, ein Steigen und Fallen, Geborenwerden und Sterben. Wir kennen es von den Gezeiten der Ebbe und der Flut, unseren Biorhythmen, den Jahreszeiten, oder dem energetischen Umlauf der Körpermeridiane, sowie den hormonellen Rhythmen; es handelt sich um Erscheinungen, die eingebettet sind in die Rhythmen des Alls mit seinen Sonnensystemen und Planeten.

Auch unsere seelische Entwicklung unterliegt Rhythmen, auffallend ist ein Siebener-Rhythmus. In bestimmten Altersstufen sind wir plötzlich reif für bestimmte Dinge. Plötzlich erwacht z. B. unser Interesse für Spiritualität und unser Erdenleben scheint abgeschlossen zu sein, wir beginnen einen neuen Entwicklungszyklus, bis wir wieder zurückkehren, um das Neuerworbene zu integrieren.

E. DAS GESETZ VON URSACHE UND WIRKUNG

„Was ein Mensch sät, das wird er ernten."[75]

Im täglichen Leben erfahren wir, daß jede Ursache eine Wirkung und jede Wirkung eine Ursache hat. So produziert Liebe wieder Liebe, Kraft bringt Kraft, Schwäche bringt Schwäche, ein Same bringt Frucht. Jesus Christus sagt: „Dem, der nichts hat, wird genommen werden und dem, der hat, wird noch mehr gegeben werden."[76] Alles Geschehen basiert auf dieser Gesetzmäßigkeit.
Im Osten spricht man vom Gesetz des Karma, dem sich niemand entziehen kann. Wie der Mensch denkt, so wird er werden. Gutes Denken führt zu guten Handlungen und gute Handlungen werden gute Ergebnisse hervorbringen. Jede Tat zieht Folgen nach sich. Jeder Gedanke ist ein Same, der einmal Wirklichkeit wird. Wir müssen unser Leben in der Erscheinungswelt auf dieser Wahrheit aufbauen.
Da alles „geistgeboren" ist, entsteht die Frage: Wie können wir unseren Geist dazu bringen, daß er so denkt, daß es zum Segen für alle wird? Es ist die Frage nach der Quelle der Ethik, die wir in der mystischen Erfahrung in uns erleben, und die uns ausrichtet auf den universellen Geist, der Liebe ist. Wenn wir in Kontakt mit der Quelle des All-Seienden sind, und wenn wir eine lebende Beziehung zwischen dieser Lebensquelle in unserem Leben herstellen, haben wir eine Ausrichtung für unser gutes Denken. Aus diesem Grunde wird in fast allen spirituellen Wegen dem Umgang mit Gedanken und Gefühlen großer Wert beigemessen. So etwa im Raja-Yoga, wo der Schüler sich in Kontrolle und Bewußtheit der Gedanken übt.
Auch Zufall und Glück unterliegen dieser Gesetzmäßigkeit und sind meist das Ergebnis einer Kette von Umständen, die dem Menschen unbewußt sind. Wenn wir in unser Leben gute Handlungen einbringen, wird dies gute Ergebnisse bringen. Durch gute Handlungen kann das ‚Schicksal' entwertet werden, da Schicksal das Ergebnis vergangener Handlungen ist. Denn der freie Wille ist eine herausragende Tatsache im menschlichen Sein, und was wir Schicksal nennen, ist meistens der Ausfluß des freien Willens. Jedoch für den zur vollen Bewußtheit Erwachten - den Erleuchteten - sieht das anders aus. Er weiß und kreiert schöpferisch, mit bewußtem Denken und Handeln seine Welt zum Wohle aller Geschöpfe.

F. DAS GESETZ DES DENKENS

„Dein Körper ist ein Biocomputer, deine Gedanken sind die Software, dein Leben ist der Ausdruck von beidem. Wechsle die Software, verändere das Programm oder schreibe es neu und ändere damit dein Leben."

Auch der menschliche Geist ist Emanation des All-Seienden. Seine wesentlichsten Eigenschaften sind: der Wille, der Intellekt mit Verstand, das Gedächtnis und die Fähigkeit zu denken, das Gefühl und Bewußtsein in all seinen Aspekten, die im Menschen durch einen Mentalkörper, Emotionalkörper und physischen Körper repräsentiert sind.

Der menschliche Geist betätigt sich hauptsächlich auf der Ebene der Gedanken, der Mentalebene. Er beeinflußt über die Gedanken die Ebene der Gefühle und die des grobstofflichen Körpers, da er mit beiden Ebenen verbunden ist. Er ist selbst Empfänger und Sender von Gedanken und Ideen, einerseits der kosmischen Ebene, andererseits seiner eigenen mentalen Ebene und der anderer Menschen.

Die Wissenschaft sagt uns, daß Gedanken nichts anderes als Schwingungen sind, also Energiezustände. Sie sagt auch, daß wir alle in einem Meer von Gedanken leben, die wir bewußt oder unbewußt nach dem Prinzip der Resonanz aufnehmen. Als Ort dieses Geschehens gilt das Gehirn.[77] Das, was wir hauptsächlich denken, ziehen wir aus dem Meer der Gedanken um uns herum an und schaffen damit unsere eigene Atmosphäre.

Es ist wichtig zu erkennen, daß wir durch unsere Phantasie immer neue Ideen und Vorstellungen erschaffen und diese dann als Realität ansehen. Auf dem mystischen Übungsweg beginnen wir, diese Täuschungen zu durchschauen. Indem wir lernen unseren Geistesinhalten zuzusehen, bekommen wir Einfluß auf sie. Wenn man den Geist nicht dazu benutzt, Gedanken zu produzieren, bleiben alle Geistesschichten im Gehirn leer. Benutzt man jedoch den Geist, um Gedanken zu produzieren, ist der Geist dauernd unruhig.

Wer die Existenz und das Wesen dieser Phänomene durchschaut und ungebunden bleibt, ist frei und wird von Gedanken und Emotionen nicht mehr umhergetrieben. Wer durch Übung der Achtsamkeit gelernt hat, geistigen Inhalten zu begegnen, wird zum Lenker seines Geistes. Er selbst entscheidet, ob er seinen Geist von den Formen bewegen läßt.

G. DAS GESETZ DER EINHEIT UND DER HARMONIE

Der ganze Kosmos bildet eine große Einheit. Harmonisch ist alles aufeinander abgestimmt. Zunächst erscheint es so, daß jede Form ihr eigenes Leben führt mit ihrer eigenen, einzigartigen Bewußtseinsqualität. Doch in der mystischen Erfahrung erleben wir die Verbundenheit aller Dinge miteinander. Unsere gemeinsame Basis ist im All-Seienden angesiedelt und liegt jenseits der Ratio. Wir alle tragen in uns eine tiefe Sehnsucht, in diesen Zustand zurückzukehren. Augustinus sagt: "Rastlos ist mein Herz, bis es ruhet in Gott." Alle Heiligen Weisheitsbücher kennen das Gleichnis von der Rückkehr des verlorenen Sohnes, der nach seinem Herumirren in der Welt, arm und zerlumpt in sein Elternhaus zurückkehrt.

In der Wissenschaft spricht man vom Holon[78]. Jeder einzelne, der sich abgrenzt und die kosmische Harmonie stört, der aus dem Netzwerk der alles umfassenden Einheit ausbricht, jede Gemeinschaft, die sich nicht anderen Gruppen oder Bestrebungen öffnet, geht zugrunde. So können ganze Kulturen untergehen, wenn sie nicht fähig sind, dynamisch, flexibel und offen zu bleiben. Die ganze Erde kann mit technischen Waffen verwüstet werden, wenn wir nicht lernen, uns nur als einen Teil des Gesamten zu betrachten.

H. DAS GÖTTLICHE SPIEL

Aus der Energie des All-Seienden sind alle Planeten und Sonnensysteme entstanden und zeigen sich dauernd im Entstehen und Vergehen begriffen. Energie verdichtet sich zu Materie in belebten, unbelebten oder mit Intelligenz ausgestatteten Formen. Materie zerfällt wieder in Energie. Es ist ein dauerndes Kommen und Gehen. In diesem Geborenwerden und Vergehen, vollzieht sich das ‚göttliche Spiel'. Es ist der Tanz mit Energie, Form, Materie und Geist. Das All-Seiende lebt sein Leben in all den Wesen, in allen Formen, in allen Geistesinhalten, in Freud und Leid. Shri Anandamayi Ma schreibt: "'Lila' bedeutet Gottes ewiges Spiel, in dem er selbst alle Rollen spielt.[...] Der Allmächtige führt sein unendliches Lila, Sein endloses Spiel auf.[...] Er selbst, der eine, der das Selbst ist, führt ein Spiel mit sich selbst auf." [79]

Angelus Silesius[80] dichtet:
„Gott tut im Heilgen selbst,
all`s was der Heil`ge tut,
Gott geht, steht, liegt, schläft, wacht,
Ißt, trinkt, hat guten Mut. (37)

Gott liebt und lobt sich selbst,
soviel er immer kann.
Er kniet und neiget sich,
er bet` sich selber an." (55)

3. Menschsein

A. GRUNDSÄTZLICHES

- Menschsein bedeutet, das Leben Gottes, des All-Seienden, zu leben. Es entfaltet sich in den Dimensionen von Zeit und Raum, in einem menschlichen Körper auf dem Planeten Erde.
- Menschsein ist begrenzt durch die Existenz zwischen Geburt und Tod. Die Existenz ist gegeben durch einen Körper, mit dem und durch den geistig-seelische Prozesse ablaufen.
- Menschsein bedeutet, ein mit Geist begabtes Wesen zu sein und dadurch das Leben schöpferisch gestalten zu können.
- Menschsein bedeutet, ein einmaliges Individuum zu sein.
- Die Verschiedenheit des genetisches Material und dessen phänotypischer Ausprägung, unterschiedliche Biographien mit ihren prägenden Merkmalen, verschiedene geistig-seelische Entwicklungszustände des Einzelnen bedingen die Individualität.
- Menschsein bedeutet auch ein multidimensionales Wesen zu sein, das sich auf vielen Bewußtseinsebenen betätigen und erfahren kann.
- Der Sinn des Menschseins scheint darin zu liegen, daß alle möglichen Bewußtseinserfahrungen, die dem Menschen als Mensch möglich sind, durchlaufen werden und der Mensch zur höchsten Ebene der Erfahrung, der des absoluten Bewußtseins oder des All-Seienden vorstößt und mit ihr eins wird. Es ist der Weg zurück zum Ursprung. Dies ist auch der mystische Weg.
- Somit ist Menschsein ein sich entfaltender Evolutionsprozeß.

B. MENSCHSEIN AUF DER ICH-EBENE

Das Ich, das sich im Laufe der Evolution als zum Überleben notwendiges Organisationszentrum entwickelt hat, schränkt den Menschen ein. Durch Identifikation mit diesem Ich isoliert er sich vom gesamten Sein und auch von seinen Mitmenschen, was zu Leiden führt. Somit lebt ein Mensch auf der Ich-Ebene im Zustand der Unwissenheit, da er die Wahrheit noch nicht erkannt hat. Das Ich hat andauernd Wünsche:

- Der Wunsch nach Leben, der sich auf der spirituellen Ebene zum Wunsch nach dem wahren Leben steigert.
- Der Wunsch nach Wissen, der später zum Wunsch wird, das Wesen zu erfassen.
- Die Wünsche nach Macht und Herrschaft, die auf der spirituellen Ebene zur göttlichen Allmacht werden.
- Der Wunsch nach Frieden und Glücklichsein, der im egolosen Zustand unabhängig von Äußerlichkeiten wird.

Um die Egowünsche zu befriedigen, kommt es innerhalb der Menschen zum Kampf um Macht, Anerkennung, Geld und Besitz. Es kommt zu Unterdrückung, Ausbeutung, Mißbrauch, Krieg und zum Tod. Zwischenmenschliche Beziehungen sind zum Großteil durch manipulative Spiele gekennzeichnet.
Der Mensch untersteht im Bewußtsein der personalen Ebene oder Ich-Ebene den Gesetzen der Erscheinungswelt.

C. MENSCHSEIN AUF DER ERLEUCHTETEN EBENE

Der Mensch auf dieser Ebene hat seine Identität mit dem Ursprung gefunden. Er ist eins mit allem. Ein vollkommener Mensch, in der Literatur auch als Gottmensch bezeichnet, wäre ein Mensch, der alle Bewußtseinsstufen in sich entwickelt hat und mit ihnen im menschlichen Alltag vollbewußt umgehen kann. Frei verfügt er über alle Potenzen, die in ihm angelegt sind, zum Wohle des Gesamten. Sein Denken und Tun ist geprägt von seinen Erfahrungen; sein tiefes Verstehen vom menschlichen Sein, vor allem vom menschlichem Leid zeigt sich im Mitgefühl und in der Barmherzigkeit gegenüber allem Sein. Seine Erkenntnis, daß jeder Mensch im Prinzip dieselben Probleme zu bewältigen hat, nur zeitlich versetzt und in einem anderen Kontext, führen zu Verstehen und Mitgefühl. Es ist sein Bemühen, durch selbstlose Hingabe und bedingungslose Liebe zum Wohle des Gesamten zu wirken, und damit zu einer Vergeistigung der Welt beizutragen.

4. Evolution

80.000 Jahre evolutionäres Wirken des schöpferischen Geistes des All-Seienden haben uns zu dem gemacht, was wir sind. Unser Bewußtsein hat sich entwickelt und wir stehen vor dem nächsten Evolutionsschritt, der Entwicklung des spirituellen Bewußtseins. Es ist die Ebene, in die die großen weisen Männer und Frauen eingedrungen sind, um in ihr zu leben. Sie haben versucht, uns Kunde zu geben von dem, was sie erfahren haben. Jetzt ist die Zeit reif für große Teile der Menschheit, diesen Schritt zu vollziehen. Damit geht eine neue Identität des Menschen einher, die zum Überleben auf diesem Planeten Erde notwendig ist.

III. DIE METHODE DES MYSTISCHEN WEGES UND SEINE STUFEN

1.Die Methode des mystischen Weges

Übungsmethoden und Stadien des Versenkungsweges sind in allen mystischen Wegen in ihrer Grundstruktur dieselben und lassen sich auf gleiche Grundelemente zurückführen.
Der Mystiker geht den spirituellen Weg zum All-Seienden und möchte mit ihm eins werden. Dabei muß er sein Bewußtsein in die höchsten Bewußtseinsebenen versetzen. Von allen mystischen Strömungen sind Aufzeichnungen über den mystischen Weg bekannt, direkte Beschreibungen von Lehrern oder indirekte Aufzeichnungen von Erfahrungsberichten.
Sogar Bodhidharma[81] hat eine Lehrrede über den Umriß der Praxis niedergeschrieben, obwohl vom Zen bekannt ist, daß es ein reiner Erfahrungsweg ist. Dabei ist man sich einig, daß der Weg nur schlecht in Büchern vermittelt werden kann. „Nie getrennt vom Hier und Jetzt fließt es ständig über. Suchst du es, so kannst du es nicht finden, du kannst es nicht ergreifen. Und doch kommst du nicht los davon, weil du es schon hast, kannst du es nicht erlangen."[82]
Das Paradoxe besteht darin, daß wir uns auf den Weg machen und ein Ziel anstreben. Aber letztendlich gibt es den Weg nicht, und es gibt auch nichts zu erreichen, weil das Ziel bereits in uns vorhanden ist. So geht es eigentlich darum, etwas, das wir bereits haben, freizulegen; die Schleier, hinter denen sich die Wahrheit verbirgt, zu zerreißen. Im Osten hat man das Bild von Wolken, die den strahlend blauen Himmel verdecken. Diese Schleier oder Wolken sind all die Dinge, an denen der Geist mit seiner andauernd Begriffe bildenden Tätigkeit festhält, und die die Sichtweise auf die Wahrheit verdecken. Es gilt, sich von ihnen zu befreien, wie Christus, der sagt: „Verlasse Vater und Mutter und folge mir nach."[83]
Die Übung ist ein Hilfsmittel, durch das wir den Geist vom begrifflichen Denken befreien, so daß er an nichts mehr haftet, und die Einswerdung mit dem All-Seienden in Form einer unendlichen Leere erfahren werden kann. Diese Erfahrung kann spontan eintreten oder durch einen festgelegten Übungsweg mit oftmals jahrelanger Praxis.

A. DIE SPONTANE ERFAHRUNG

In unserer Zeit erleben viele Menschen transpersonale oder auch mystische Erfahrungen spontan, ohne es zu wissen. Oftmals stellt sich erst später heraus, wenn sie Erfahrung mit Meditation gesammelt haben oder darüber lesen, daß sie die Erleuchtung bereits hatten. Betroffen sind davon vor allem Künstler, Dichter, Wissenschaftler, die aus dieser Quelle des Seins schöpfen. Zwei überlieferte Beispiele sollen hier erwähnt werden.

- Chiyono: Eines Nachts trug die Nonne Chiyono einen Eimer voll Wasser, und wie sie so ging, sah sie, wie sich das Mondlicht im Wasser spiegelte. Da rissen plötzlich die Bambusstreifen, die den Eimer zusammengehalten hatten, und der Eimer brach auseinander. Als das Wasser herausfloß, verschwand auch die Spiegelung des Mondes und Chiyono wurde erleuchtet; es wurde ihr gezeigt, wer sie war. In dieser Situation sprach sie die Worte: „Auf diese und auf jene Weise hielt den Eimer ich zusammen, auf daß der schwache Bambus niemals bräche. Doch plötzlich brach der Boden, kein Wasser mehr, kein Mond am Himmel, Leere nur in meiner Hand.“[84]
- Meister Kyogen: Eines Tages, als er das Unterholz reinigte, sprang ein Kieselstein von seiner Besenspitze weg und prallte gegen einen Bambusstamm. Plötzlich, beim Hören dieses Lautes, erfuhr Kyogen große Erleuchtung. Er kehrte in sein Hütte zurück, wusch sich und brachte in tiefer Dankbarkeit Weihrauch dar. Sein Gedicht heißt: „Mit einem Schlag – Peng - ist alles, was ich bisher wußte, vergessen.“[85]

B. DER ÜBUNGSWEG

„Wir sind aufgerufen, durch unseren Geist (Mind) den Geist (Spirit) so zu formen, daß wir dasjenige Bewußtsein erfinden, das wir gerne haben möchten.“ [86]

Der mystische Weg ist ein Versenkungsweg[87]. Wir verlassen unser normales Tagesbewußtsein und versenken uns in immer tiefere Bewußtseinsschichten, um letztlich zum kosmischen Bewußtsein, zum All-Seienden, vorzustoßen. Auf diesem Weg muß die Schicht der Gedanken und Bilder, müssen alle Muster, Konditionierungen, Credosysteme und Konzepte des Ichs zurückgelassen werden.
„Soll es sich Dir offenbaren, laß Neigung und Abneigung beiseite.“, heißt es im Shodoka[88] und meint damit, daß es - die Wesensnatur, das Göttliche, das All-Seiende - klar erscheint, wenn wir alle Konzepte des Ichs loslassen, auch unsere innigsten, frömmsten, ‚heiligsten‘ Gedanken der Anbetung und Verehrung des All-Seienden. Das personale Ich des Menschen nimmt normalerweise das ganze Bewußtsein in Beschlag, so daß die transpersonalen Bewußtseinsstufen verdeckt werden. Während der Übung erfolgt durch das Stillstellen von Gedanken und Gefühlen der Durchbruch in transpersonale Dimensionen. Dies gelingt dem umherwandernden Geist leichter, wenn er sich auf ein einziges Objekt konzentriert. Man spricht von der Zentrierung oder Fokussierung des Geistes. Als Hilfen für diese Zentrierung kennt die Mystik zwei Methoden, die je nach Individualität des Übenden ausgewählt werden können, die Bewußtseinsvereinheitlichung und die Bewußtseinserweiterung.

a. Bewußtseinsvereinheitlichung

Wird das Bewußtsein an einem Objekt festgemacht oder auf ein Objekt zentriert, z. B. an einem Wort oder auf den Atem, so wird die geistige Energie gebündelt. Man spricht von Fokussierung bzw. vom Fokus. Es ist dasselbe Phänomen, das auftritt, wenn man sich längere Zeit auf die Handfläche oder die Fußsohle konzentriert, wie es beispielsweise im autogenen Training gemacht wird. Hand oder Fuß werden nach einiger Zeit warm.

Alle Hilfen am mystische Weg dienen letztlich dazu, die geistige Energie bereitzustellen, um den Eintritt in den kosmischen Bewußtseinsraum zu ermöglichen. Die geistige Energie wird in dieser Zeit anderen Belangen des Menschseins abgezogen und lediglich auf das Objekt der Übung gelenkt. Das Bewußtsein verbleibt solange beim Übungsobjekt, bis es eins geworden ist mit ihm. Dann ergibt sich eine Verschmelzung von Objekt und Bewußtsein. War das Hilfsobjekt nur der Atem bzw. ein Atemzug, werden wir nun eins mit diesem Atemzug und sind dann nur noch Atem. War es ein Wort, sind wir dieses Wort. Es ist das Einswerden mit dem Augenblick, ein Zustand völliger Gedankenleere, in dem es weder Vergangenheit noch Zukunft gibt, sondern nur Gegenwart. In diesem gegenwärtigen Zustand gibt es keine Zeit und keinen Raum mehr, wir befinden uns in der ‚Ewigkeit'. Hier ist das All-Seiende zu erfahren, im Augenblick. Cusat spricht in diesem Zusammenhang vom „Sakrament des Augenblickes"[89].

Jedes Objekt kann im Prinzip das Hilfsmittel eines Fokus sein. In den östlichen Versenkungswegen werden solche Hilfsmethoden auch ‚Upaya' (rechte Mittel) und ‚Dharmatore' genannt. Bewährt haben sich im Laufe der mystischen Traditionen der Menschheit, die Achtsamkeit auf den Atem, speziell auf das Einatmen und Ausatmen, die Achtsamkeit auf den Körper, bei einer einfachen Tätigkeit, etwa beim Tanzen[90], Gehen, Stehen, Sitzen, Liegen und Lieben. Weiterhin die Konzentration auf ein Wort[91], wobei bevorzugte Worte aus allen religiösen Traditionen stammen: „Om", „Amen", „Shalom", „Jesus", „Mu", „Hum". Außerdem die Zentrierung auf einen Satz, wie zum Beispiel „Om mani - padme Hum" im Buddhismus, "Herr Jesus Christus erbarme Dich meiner" beim Herzensgebet im Christentum oder im Sufismus der tausendfach rezitierte Satz: „Ilah illaha ila llah" (Es gibt keinen Gott außer Gott). Im Zen erfolgt die Konzentration auf ein Koan.

b. Bewußtseinserweiterung

Zur Bewußtseinserweiterung richtet der Übende seine Aufmerksamkeit auf den ihn umgebenden Raum. Es ist ein aufmerksames Lauschen, ein Spüren in die Stille, ein Dasein im Hier und Jetzt. Mit hoher Achtsamkeit ist man ganz präsent, in einer Erwartung, ohne jedoch etwas Bestimmtes zu erwarten. Es ist Aufmerksamkeit ohne bestimmte Absicht. Dinge, die im Raum geschehen, werden vielleicht kurz registriert und dann fallen gelassen. Alles darf im Raum sein, aber nichts wird festgehalten. Es ist ein gelassenes, heiteres Widerspiegeln der Dinge, ohne sich mit ihnen zu identifizieren. Die zwanglose Achtsamkeit liegt in der Leere des Raumes.

Es ist so, als ob man einen blauen Himmel betrachtet, an dem bisweilen Wolken vorüberziehen. Die Wolken dürfen kommen und gehen, während wir uns nur auf den blauen Himmel konzentrieren.
Diese Methode ist in der mystischen Tradition der Menschheit bekannt unter Begriffen, wie ‚Schauen ins nackte Sein', ‚in der Wolke des Nichtwissens' (unbekannter Verfasser), ‚Liebendes Aufmerken' (der Mystiker Johannes vom Kreuz), ‚Shikantaza' (Zen), ‚Wu-wei' (Taoismus), ‚Maha Mudra, großes Siegel' (tibetischer Buddhismus) oder ‚Dhyana' (im Yogasystem des Patanjali).

2. Die Stufen des Weges

„O meine lieben und ehrenwerten Freunde, die ihr hier versammelt seid:
Wenn ihr euch danach sehnt, die donnernde Stimme des Dharma zu hören,gebt eure Worte auf, entleert eure Gedanken, dann kommt ihr so weit, das eine Sein zu erkennen".[92]

Der mystische Weg kann in vier Stufen eingeteilt werden, die fließend ineinander übergehen :
- Erste Stufe: Reinigung - Läuterung - Ichtod
- Zweite Stufe: Erleuchtung - Illuminatio
- Dritte Stufe: Unio mystica - Satori - Samadhi
- Vierte Stufe: Integration in den Alltag

A. ERSTE STUFE: LÄUTERUNG, REINIGUNG, DUNKLE NACHT, LEERE ODER ICHTOD, PURGATIO

„Denn wir sind nur die Schale und das Blatt.
Der große Tod, den jeder in sich hat,
das ist die Frucht, um die sich alles dreht."[93]

a. Charakteristika und Erfahrungen

Durch Zentrierung auf ein Objekt der Wahl wird das Bewußtsein vereinheitlicht und mit nur einem Objekt beschäftigt. So wird der Geist nicht immer wieder abgelenkt von einströmenden Gedanken. Im weiteren Verlauf verschwindet meistens auch dieses Objekt und es wird ein Zustand der Leere erreicht.
Während der Übung wird das Tagesbewußtsein ruhig gestellt, indem sich der Strom der Gedanken reduziert. Dann können sich die Schichten zum Unterbewußtsein

öffnen, alte Muster können aufbrechen. Inhalte dieser Schichten können nun von den Gehirnspeichern abgerufen werden, kommen vor unsere ‚innere Leinwand' und können dort aktiv oder passiv bereinigt werden. Der „innere Zeuge" bekommt die Erfahrungen des Ichs präsentiert, Leiden und Disharmonie aus unbewältigten und damit verdrängten Lebenserfahrungen. Psychologisch ausgedrückt begegnen wir unseren Schatten.
Diese Stufe ist also verbunden mit einem bewußten oder unbewußten Verarbeiten seelischer Inhalte, verdrängter Komplexe oder mit Traumata beladener Erfahrungen aus der Lebensbiographie. Sie beinhaltet eine Loslösung von vorhandener Subjektivität, von Anhaftungen, Glaubenssystemen, Wertungen, Hoffnungen, Denkmustern, Widerständen und von Fixierungen, wie beispielsweise Geld, Macht, Verlangen, Gier, Neid, Ehrgeiz, Alkohol oder Sex.
Diese Phase kann sehr schmerzvoll sein, körperlich, geistig und seelisch. Deshalb ist es gut, in einer Gruppe unter der Aufsicht eines Lehrers oder Meisters zu üben oder daran angeschlossen zu sein. Auch therapeutische Hilfe kann auf dieser Stufe von Nutzen sein.
Die erste Stufe wird auch Läuterung, Reinigung, dunkle Nacht, Ichtod oder Purgatio genannt. Ichtod bedeutet nicht den Tod des Ichs, sondern die Fähigkeit, das Ich von den einengenden Vorstellungen und Konzepten aus der personalen Stufe befreien zu können, um einer weiteren Sichtweise Raum zu geben. Wird das Ich entleert von diesen Konzepten, von persönlichen Belangen, Gefühlen und Ich-Wahrnehmungen auf personaler Stufe, so kann es sich dem transpersonalen Raum mit transpersonalen Erfahrungen und Erkenntnissen öffnen.

b. Die Gleichheit der Erfahrungen in den mystischen Wegen

(1) IM CHRISTENTUM

„Wer mir nachfolgen will, vergesse sich selbst, verlasse Vater und Mutter und folge mir nach."[94]
„Ihr müßt wiedergeboren werden aus dem Wasser und dem Heiligen Geist"[95]
„Selig sind die Armen im Geiste, denn ihrer ist das Himmelreich."[96]

Von der Kontemplation schreibt Johannes vom Kreuz als von „der dunklen Nacht des Geistes und der Sinne" und schildert dramatisch die Kennzeichen der Läuterung: „Ein Gefühl, daß Gott die Seele verworfen hat, daß er sie in Finsternis verstoßen hat" und „die Seele fühlt aufs lebendigste die Todesschatten, Todesseufzer und Qualen der Hölle, denn sie fühlt sich gottlos, von Gott gestraft, verworfen, Gegenstand seines Unwollens und Zornes."[97]
Heute sprechen wir eher von sogenannten spirituellen Krisen, in die der Übende geraten kann. Diese können so heftig verlaufen, daß therapeutische Betreuung notwendig wird.

(2) IM ZEN-BUDDHISMUS

Im Zen entspricht diese Stufe dem Stadium des ‚ko-i' (dem Grad der Orientierung) und dem ‚bu-i' (dem Grad des Dienens)[98]. Es ist die Stufe, die mit „Sterben auf dem Kissen" bezeichnet wird, wo der unterscheidende Geist geleert und ausgelöscht wird. Makyos[99] tritt im Bewußtsein auf, ein Hinweis dafür, daß tiefere Schichten des Bewußtseins in das Tagesbewußtsein treten, um bereinigt zu werden.
Mumonkan sagt: „Solange ihr von Konzepten kontrolliert und umhergetrieben werdet, und eingeschlossen seid in das Konzept eures Ego, sind Konzepte eure Feinde, die das Erleben der Erleuchtung verhindern. Die wahre Selbstverwirklichung läßt jedoch erkennen, daß alle Konzepte prachtvolle Lichtstrahlen eurer Selbstnatur sind."[100]
Ein Haiku sagt: „Aus dem Sterben des Todes geht ein Mensch frei und gelassen hervor."

(3) IM TAOISMUS[101]

Im Taoismus kennen wir diese Stufe unter den Begriffen[102]: die Methode des Verlierens' und ‚die Methode des Vergessens', die Laotse geprägt hat. Er sagt: „Nach Wissen suchen heißt, Tag für Tag dazu gewinnen; das Tao suchen heißt, Tag für Tag verlieren."

(4) IM SUFISMUS[103]

Im Sufismus wird diese Stufe als Fana bezeichnet, als ein ‚Entwerten' der Belange des Ichs.

(5) IM HINDUISMUS[104]

Im Hinduismus, vertreten durch Yoga, geht es in den ersten Yogastufen um die Reinigung des Körpers, des Geistes und der Seele. Raja-Yoga beschäftigt sich mit Gedankenbeherrschung und dem Loslassen aller Gedanken und Konzepte. Aurobindo schreibt: „Wir müssen nicht allein die Schlinge des Mentals und der Sinne sprengen, sondern uns auch jenseits der Schlinge des Denkers, der Schlinge des Theologen und des Kirchengründers flüchten, so wie jenseits der Menschen des Wortes, und der Hörigkeit der Idee. All das ist in uns und wartet darauf, den Geist mit Formen einzumauern [.....] Wir dürfen an nichts festhalten, auch nicht an den Wahrheiten, die uns am teuersten sind. [...]"[105]

(6) IM JUDENTUM[106]

In der prophetischen Kabbala von Abraham Abulafia spricht er von der Auflösung der Knoten, die zur Reinigung der Seele führen. Ziel ist es, die Seele zu ‚entsiegeln' und die Knoten, die sie binden, aufzulösen. Durch diese Auflösung ist die Rückkehr aus der Vielheit und die Trennung zur ursprünglichen Einheit gegeben.

c. Interpretation durch moderne Bewußtseinsmodelle

Bei der Stufe der Reinigung- Läuterung- Ichtod geht es um das Bewußtwerden und um eine Reinigung der niederen personalen Ebenen, die in allen Bewußtseinsmodellen vorhanden sind. Im Chakrasystem[107] sind es die personalen Chakraebenen 1-4, im Schaltkreismodell geht es um die Klärung der Schaltkreise[108] vor allem der linken Gehirnhälfte 1-4, im Modell der transpersonalen Therapie[109] um die bewußte Erfassung personaler Ebenen und im Energiemodell von Hawkins[110] um die Erweiterung der personalen Energieebenen.
Durch die Klärung, Reinigung und Erweiterung des personalen Bereiches, ist die Voraussetzung gegeben, in die höheren Bewußtseinsstufen ‚aufzusteigen'.

B. ZWEITE STUFE: ERLEUCHTUNG

„Wenn die Menschen Euch fragen: ‚Woher seid ihr gekommen?', so antwortet: ‚Wir sind aus dem Licht gekommen, von dort, wo das Licht aus sich selbst heraus geboren ist'."[111]

a. Charakteristika und Erfahrungen

Meist ist der Übende erst nach harter disziplinierter Übung, unter Aufbringung aller Kräfte der Konzentration, in der Lage, mentales Schweigen zu halten, sich von physischer Befangenheit freizumachen und in den transpersonalen Zustand einzutreten.
Die Erfahrung auf dieser Stufe kann nur umschrieben werden, da ein Bewußtseinsstadium jenseits der Ratio erreicht wird. Auch schriftliche Aufzeichnungen sind ungeeignet, die Erfahrungen dieser Dimension wiederzugeben, da sie Lebensbilder in Vorstellungen und Begriffe pressen. Sie reduzieren und verzerren die Wahrheit. So erleben wir, daß eine Offenbarung überwältigend sein kann, ohne daß wir sie verstehen, und daß jedes ‚Verstehen wollen' oder ‚in Worte fassen' eine Abschwächung bedeutet. Johannes vom Kreuz meint dazu: „Dieses Wissen, das nichts weiß ist von großer Mächtigkeit. Und die Weisen können's nie denkend sich zu eigen machen. All Ihr Wissen reicht nicht hin, nicht verstehend zu verstehen, alles Wissen übersteigend."[112]
Die Erfahrung geht dahin, daß eine Weite, ein Licht, ein Kraftfeld gespürt wird, oftmals über dem Kopf, die das Bewußtsein erfüllt. Damit kann ein Zustand der Ekstase mit großer Freude und weiter, universeller Liebe einhergehen. Man empfindet sich in einer ganz anderen Welt.
Es ist ein raum- und zeitloser Zustand, eine leere Weite, voller Energie und Kraft. Es ist der Einbruch einer Kraft, die an verschiedenen Stellen des Körpers ansetzen kann, das Empfinden der Ausdehnung in eine unendliche Weite, angefüllt mit Energie, Helligkeit und Licht. Ein helles Strahlen (Licht) geht meistens vom Kopfcha-

kra aus, füllt die Aurahüllen auf und wird abgestrahlt, so daß es zu dem Lichtphänomen kommt. Daraus erklärt sich der Name ‚Erleuchtung'. Diese Erfahrung wird in der Kunst mit dem Heiligenschein wiedergegeben.
Der Begriff Erleuchtung[113] wird oftmals für den gesamten mystischen Prozeß verwendet. Dies ist strenggenommen nicht korrekt, da Erleuchtung, also das Erscheinen der lichten Helligkeit, nur ein Phänomen im gesamten Prozeß darstellt, der jedoch aufgrund seiner ‚Sinnenhaftigkeit' überwältigend sein kann.
Buddha nannte dieses Licht ‚Amitabha', das unermeßliche Licht. Von Christus wird berichtet: „Und sein Gewand leuchtete weiß wie Schnee"[114]. Der Mystiker Aurobindo[115] spricht von dem „erleuchteten Mental" und schreibt über diesen Zustand: "Oben befand sich eine weißglühende Gelassenheit."[116] „Kraft unserer brennenden Not, kraft unseres gebündelten Drucks, öffnet sich eines Tages das Tor, es ist der Durchbruch in das Überbewußtsein. Das Bewußtsein befindet sich nicht mehr nur im Körper, es wird durch ihn nicht mehr behindert, sondern auch im Raum ausgedehnt. Der Körper ist unter seinem hohen Stand, eingehüllt in das ausgeweitete Bewußtsein. [...] Er wird zu einem Element unter anderen, in der Weite des Wesens."[117]
Aber auch diese Erleuchtungserfahrung, die in die Erfahrung von Leere eingebettet ist, ist noch ein dualer Zustand: Das Ich erlebt sich noch getrennt von Licht und Kraft. Der Erlebende und das Erlebte sind meistens getrennt und noch keine Einheit wie in der nächsten Stufe der ‚Unio mystica'.

b. Die Gleichheit der Erfahrungen in den mystischen Wegen[118]

(1) IM CHRISTENTUM

Als Beispiel kann das Taborerlebnis von Jesus Christus, die Verklärung, gesehen werden. Dazu heißt es in der Bibel: „Jesus führte Petrus, Jakobus und Johannes auf einen hohen Berg und wurde vor ihren Augen verwandelt; sein Gesicht leuchtete wie die Sonne, und sein Kleider wurden blendend weiß wie das Licht."[119]
Im Thomasevangelium sagt Jesus:„Wenn der Jünger leer ist, wird er voller Licht sein, aber wenn er geteilt ist, wird er voll Finsternis sein."[120]
Angelus Silesius schreibt: „Das überlichte Licht schaut man in diesem Leben nicht besser, als wenn man ins Dunkle sich begibt."[121]

(2) IM ZEN-BUDDHISMUS

Hier entspricht diese Stufe dem Grad des Erfolges (ko-i). Es ist der Zustand, wo die ‚Schranke' überwunden wurde. Ein Zenmeister sagt: "Die unmittelbare Wirklichkeit selbst ist Erleuchtung."
Mumon schreibt: „Plötzlich durchbrichst du die Schranke; du wirst den Himmel in Staunen versetzen und die Erde erschüttern."
Dies ist der Zustand des ‚sunyata', der grob übersetzt mit ‚Leere' beschrieben wird, und der sich im Laufe der Übung immer weiter vertieft. Diese Leere drückt etwas absolut Positives aus. Nur verglichen mit dem gewöhnlichen Wahrnehmen ist es nichts, es ist eine äußerste Offenheit und eine unendliche Quelle dessen, was wir nur unzulänglich als Zustand der Ganzheitlichkeit oder Freiheit umschreiben könnten.[122]

(3) IM TAOISMUS

Im Taoismus schreibt Chuang-tzu: „Wenn ein Mensch äußerste Stille bewahrt, dann tritt das Himmlische Licht hervor. Wer dieses Himmlische Licht ausstrahlt, der sieht sein ‚wahres Selbst'."

(4) IM SUFISMUS

Hier wird dieses Stadium mit ‚Wajd' bezeichnet, was soviel wie ‚Durchbruch' bedeutet.

(5) IM HINDUISMUS

Dieses Stadium wird als ‚Sat-cit-ananda' bezeichnet. Es bedeutet ‚Sein - Bewußtsein - Seligkeit'.

(6) IM JUDENTUM

Das Stadium wird mit dem Zustand der Ekstase und Entzückung in Zusammenhang gebracht, als Durchbruch zum Stadium des ‚Debekuth', der Vereinigung.
„Es (das Licht), wurde aufbewahrt für die Gerechten, wie gesagt ist. Licht erstrahlt dem Gerechten, und Freude wird dem redlichen Herzen zuteil. Dann werden die Welten mit Wohlgerüchen gewürzt sein und alle werden eins sein. Aber bis zum Abbruch der kommenden Welt wird es verborgen und versteckt sein."[123]

Anbruch?

(7) IM BUDDHISMUS

Im ‚Ayatamasaka - Sutra' wird die Erleuchtung Buddhas beschrieben: „Sein Körper harmonierte mit allen Ländern in den zehn Himmelsrichtungen. Inmitten der Versammlungen von Bodhisattvas strahlte sein erhabenes Licht auf wie die aufgehende Sonnenscheibe, die die Welt erhellt. Sein grenzenloser Körper und sein vollkommenes Licht durchdrangen alles.“[124]

(8) IN DEN MYSTERIENKULTEN

Alle Lichttheorien oder Wege zum Licht, wie sie in verschiedensten esoterischen Wegen praktiziert werden, sprechen von diesem Stadium. Oftmals ist hierbei vom ‚Aufbau des Lichtkörpers‘[125] die Rede.
Auf diesen Wegen versucht man meist über Visualisation und Imaginationen das Ziel zu erreichen. Der mystische Weg jedoch taucht, unter Mitnahme der Körperlichkeit, direkt durch Tiefenversenkung in diese Stufe ein.
Licht war schon immer Sinnbild des göttlichen Lichtes, dessen Geburt in der Menschenseele mit den Lichtfesten aller Völker gefeiert wurde und noch gefeiert wird. In unserem Kulturkreis wird beispielsweise das christliche ‚Weihe-Nacht-Fest‘ oder die Lichtgeburt des persischen Lichtgottes Mithras am 25. Dezember gefeiert. Der Lichtglaube steigerte sich vielfach zum Sonnen- und Feuerkult. Symbole wurden Ersatz für die Wirklichkeit. Aus den ägyptischen Mysterienschulen wissen wir: „Ra, das leuchtende Auge Gottes, erstrahlt aufs Neue! Im ewigkeitserwachten Menschenherzen ersteht dem Herrn der Welt ein neuer Tempel des Lichtes.“[126]
Licht wurde immer als Symbol dieses inneren göttlichen Lichts betrachtet. So schreibt beispielsweise Aurobindo: „Ein Licht, nicht von Sonne, Mond und Feuer geboren, ein Licht, das innen wohnt und innen sieht, verbreitet eine innige Sicht [...].“[127]

c. Interpretation durch moderne Bewußtseinsmodelle

Dieser Bewußtseinsstufe werden in allen Modellen die Charakteristika der Zeit- und Raumlosigkeit zugeordnet.
Es ist der Durchbruch in die Stufe, die in allen Bewußtseinsstufen als transpersonale Stufe bezeichnet wird. Im Chakrasystem ist es der Übergang in die Stufe des Halschakras bzw. des Stirnchakras, gekoppelt mit der Anregung der Hypophyse und Epiphyse. Das Halschakra wird auch Mystikerchakra genannt, da ab diesem Chakra, die Dimensionen des Denkens und Fühlens verlassen werden.
Im neurophysiologischen Schaltkreis-Modell[128] ist es der Einstieg in die höheren Schaltkreise der rechten Gehirnhälfte und die zunehmende Synchronisation der Gehirnhälften. Im Energiesystem von Hawkins ist es der Einstieg in die Energieebenen etwa ab 600. Im Modell der transpersonalen Psychologie ist es der Einstieg und Durchbruch in die transpersonale Ebene oder den kosmischen Bewußtseinsraum.

C. DRITTE STUFE: UNIO MYSTICA - SATORI - SAMADHI

„Und dann wird dir, vielleicht wird dir dann aus allem und jedem, das um Dich ist, das Unnennbare erscheinen, sehr nahe und gewaltig wirst du sie rufen hören: Ich bin da!"[129]

a. Charakteristika und Erfahrungen

Der Zustand des absoluten Bewußtseins ist schwer und kaum zu beschreiben; alle Beschreibungen sind nur Stückwerk. Aus Ehrfurcht vor diesem höchsten göttlichen Seinszustand reden viele Mystiker überhaupt nicht darüber, denn letztlich gibt es nichts zu sagen. Dennoch will diese höchste Erfahrung gerade für den suchenden Menschen in eine für das Ego greifbar gemachte Form gebracht werden.

Dies geschieht durch Wort, Bild oder Gleichnis in den religiösen Konzepten. Moderne Wissenschaft und transpersonalen Psychologie haben andere Konzepte und Begriffe eingebracht, die vielleicht für den heutigen Menschen eher faßbar sind, wie beispielsweise die Begriffe ‚Energieinhalte', ‚Schwingungen' und ‚Bewußtseinsstufen'.

Beim intensiven Fortfahren mit der Übung versinken wir in immer tiefere Ebenen des Bewußtseins. Dabei kann es passieren, daß wir in die höchste Ebene eintreten, wo der erhabene Zustand der ‚Unio Mystica' - auch Samadhi, Satori, Mahamudra oder Baqua - erfahren wird. Es ereignet sich oftmals gerade dann, wenn man nach intensivem Üben die Suche aufgibt. Das Erfahren dieses Zustandes erfolgt nicht als schrittweiser Vorgang, sondern innerhalb von Sekunden. Alle Mystiker sind sich einig, daß dieser höchste Zustand nicht vom Menschen willentlich ‚gemacht' werden kann, der Mensch kann sich nur darauf vorbereiten. Die Dimensionen von Zeit und Raum existieren nicht mehr. Die mystische Schau ist ohne Form, Bilder oder Konzepte. Sie wird empfunden als eine Verschmelzung des eigenen Seins mit dem Sein des All-Seienden, mit der Erfahrung der Einheit. Es ist die reine Präsenz, das reine absolute Bewußtsein mit geistiger Klarheit. Es gibt keine Vergangenheit, keine Zukunft, es ist nur das Auskosten dieses Augenblickes. Es gibt keine Dualität, also weder Subjekt noch Objekt. Der Erlebende, Erlebtes und Erleben sind zusammengefallen.

Wer von einem personalen Gottesverständnis ausgeht wird geneigt sein, diese Verschmelzung mit dem ‚Du' eines personal geglaubten und gedachten Gottes zu betrachten. Obwohl nichts ist, ist es eine Weite voll von allen Möglichkeiten, aus der alles Leben und alle Formen entstehen. Der Mystiker macht auf dieser Stufe die Erfahrung, daß alles eine große Einheit ist. Es ist der monistische Zustand des Einsseins mit dem All-Seienden, mit dem gesamten Kosmos. In allen Dingen, in allen Wesen, allem Sein, wird dasselbe Sein wahrgenommen. Deshalb spricht man auch von einem nondualen Zustand oder von Nichtdualität. Es ist der Zustand des Christusbewußtseins und auch der Zustand des Buddha.

Die Welt ist dann der vollkommene Ausdruck des Geistes. In einem solchen Zustand ist man selbstlos, man ist ichlos, man ist die Kraft, Weite und mit allem verbunden. Man ist dann Baum, Strauch oder Tier. So ruft der Hl. Franziskus in diesem

Zustand aus: „Die Berge, meine Brüder."
In dieser Stufe erlebt man eine Verfassung von allumfassender Liebe und Mitgefühl zu allen Lebewesen. Es gibt nichts Trennendes mehr, keine Kluft der Entfremdung. Man empfindet eine universelle Liebe, universelles Verständnis, universelles Mitgefühl und Erbarmen für all die anderen Wesen. Unbändige Freude kann sich einstellen und ein unsagbares Getragensein.
Mit allem kann man im Zustand dieser Einheit sein und man ist dies deshalb, weil Zeit und Raum ausgeschaltet sind. Man erfährt sich selbst als die absolute Wirklichkeit, als „Ich bin". Mein „Ich bin" ist das Ewige, immer Seiende, Ungeborene. „Ich bin" ist gleich „Je-sus" gleich „Yo Soy," gleich" I-sis", gleich „Jo-shua", gleich „I am"[130]. Ich bin das Eine ohne ein Zweites. Ich bin Es. Wir erfahren, daß wir das Leben sind in der Epiphanie unserer Person, und daß wir es immer waren, verbarrikadiert und eingemauert von den Schichten des Ego. Es ist das ‚Angekommensein' im Urgrund, in der Heimat.
In der christlichen Mythologie symbolisiert die Rückkehr des verlorenen Sohnes diesen Zustand, in der buddhistischen Mythologie das Ankommen am anderen Ufer des Flusses und auch das Symbol eines Spiegels. Ein Spiegel ist rein und klar, nichts haftet an ihm, er reflektiert nur.
Der erhabene Zustand der ‚Unio mystica' ist nicht zu halten.
Rilke dichtet in diesem Zusammenhang: „Auch der dich (Gott) liebt und der dein Angesicht erkennt im Dunkeln, wenn er wie ein Licht in deinem Atem schwankt - besitzt dich nicht. Und wenn dich einer in der Nacht erfaßt, so daß du kommen mußt in sein Gebet: Du bist der Gast, der wieder weiter geht."

b. Die Gleichheit der Erfahrungen in den mystischen Wegen[131]

(1) IM CHRISTENTUM

In der Kontemplation ist es die ‚Unio mystica', das „Schauen in das Nackte Sein", wie es Johannes vom Kreuz ausdrückt. Der Bewußtseinszustand wird auch das Christusbewußtsein oder der „Ich bin"-Zustand, genannt. Es ist dies der Zustand, in dem Christus sagte: „Wer mich sieht, sieht den Vater" oder: „Ich und der Vater sind eins". Es ist auch der Zustand der Wiedergeburt. Hier wird Gott im Geiste und in der Wahrheit geschaut und im Menschen wiedergeboren.
Jesus sagte: „Wenn ihr aus zwei eins macht, wenn ihr das Innere wie das Äußere macht und das Äußere wie das Innere und das Obere wie das Untere und wenn ihr das Männliche und das Weibliche zu einem Einzigen macht,[...]dann werdet ihr in das Königreich eingehen."[132] - Thomasevangelium

(2) IM ZEN-BUDDHISMUS

Hier ist es der Zustand der Ungeborenheit, des Satori. Es ist die Stufe des Dharmakaya, des vollkommen Erleuchteten. Satori ist die grundlegende Erfahrung des

Zen. Alle Schranken sind überwunden und man sieht, daß es nie Schranken gegeben hat. Auf dieser Stufe ist der Gegensatz von Subjekt und Objekt überschritten und aufgelöst. Mumon schreibt: "Alle Wesen auf der Welt haben ihre Augen aufgemacht [...] Es ist, als habest du das große Schwert des Generals Kahn an dich gerissen. Du tötest den Buddha, wenn du ihm begegnest, du tötest die alten Meister, wenn Du sie triffst."[133]

(3) IM TAOISMUS

Hier ist dieser Zustand das Tao. Der buddhistische Meister Tao-an sagt in seinem Sutra über den Atem: „Stimmen wir mit den Dingen überein, dann schauen wir ihr Wesen. Durch Harmonie in unserem Tun können wir unsere Aufgabe erfüllen. Wir erfüllen unsere Aufgabe, indem wir alles, was ist, sich selbst als alles andere sehen lassen. Das Wesen der Dinge schauend, machen wir die ganze Welt selbstvergessen. Damit beseitigen wir das Andere und beseitigen das Selbst. Dies bedeutet, die Integration in das Eine zu erreichen."

(4) IM SUFISMUS

Im Sufismus ist es der Zustand des Baqua. Halladsch, ein Sufi Mystiker, sagt: "Ich bin die schöpferische Wahrheit" und „Ich bin der, den ich liebe und der, den ich liebe, ist ich."[134] Wegen dieser ‚Gotteslästerung' wurde er zum Tode verurteilt.

(5) IM HINDUISMUS

Im Hinduismus wird dieses Stadium Samadhi genannt. Der Inder ruft: „Tatsam Brahmasi", was bedeutet: „Ich bin Brahman". Alle Unterschiede zwischen dem All-Seienden und seinem Geschöpf sind in diesem Zustand aufgehoben. Im Vedanta wird das Mantra aus dem Sanskrit „So-ham" und „Ham sa" gebraucht, was die Identität von Atman und Brahman bedeutet und soviel heißt wie: „Er bin ich. Ich bin Er."

(6) IM JUDENTUM

Im kabbalistischen Lebensbaum ist es die höchste Sphäre, die von Kether, der ersten Emanation Gottes. Sie hat alle anderen Emanationen latent in sich. „Kether ist ein Konzentrat des Seins, die konkrete Möglichkeit des Werdens, inaktiv zwar und noch außerhalb von Raum und Zeit."[135]

Der Zustand in dem die Vereinigung mit dem All-Seienden erfolgt wird in der Kabbala ‚Debekuth' genannt, es ist ein Verweilen in Gott.

(7) IM BUDDHISMUS

Es ist der Zustand der Buddhanatur, unserer Wesensnatur. Im tibetanischen Buddhismus ist es der Zustand des Mahamudra. Die drei Welten (Begierde, Form,

Formlosigkeit) sind überschritten und damit die Dualität von Subjekt-Objekt überwunden. Shakyamuni Buddhas große Erleuchtung war die Erfahrung, daß „das ganze Universum eins und leer ist und daß es in dieser leeren Einheit keine Dualität gibt". Dieser Zustand übersteigt jeden dualistischen Gegensatz. An jedem Punkt von Raum und Zeit ist alles eins. Für dieses Eine stehen die Begriffe Buddha, Dharma oder Wesensnatur. Huang Po schreibt: „Plötzlich aber der Tatsache gewahr werden, daß euer eigener Geist Buddha ist und nichts zu erreichen, keine einzige Handlung zu vollbringen, das ist der höchste Weg."[136]

c. Interpretation durch moderne Bewußtseinsmodelle[137]

Im östlichen Chakrasystem geht dieser Zustand einher mit der Öffnung des Kronchakra.
Im neurophysiologischen Schaltkreis-Modell ist es der Eintritt in den neuroatomaren Schaltkreis, so daß das Gehirn in Resonanz mit dem absoluten, immateriellen Geist (Eccles) tritt und das Hologramm des Universums widerspiegelt.
In der modernen Physik spricht man von Resonanz mit dem Quantenvakuum.
Im Energiesystem von David Hawkins wird diesem Zustand die höchste Energiestufe 1000 zugeordnet.
Im System der transpersonalen Psychotherapie ist es das Erreichen der höchsten, überbewußten Stufe, der des absoluten Bewußtseins. Es ist die Stufe des vollkommen Erleuchteten.

D. VIERTE STUFE: INTEGRATION DER ERFAHRUNGEN IN DEN ALLTAG

„Ein spiritueller Weg, der nicht in den Alltag führt, ist ein Irrweg!"[138]
„Auch wenn einer sitzend auf einem hundert Fuß hohen Mast Erleuchtung erfahren hat, ist es noch nicht die vollständige Sache. Er muß von der Spitze des Mastes vorwärts gehen und seinen ganzen Körper in den zehn Richtungen des Weltalls deutlich zeigen."[139]
„Die Normalität des Normalen als Maske des großen Geheimnisses entlarven und das Normale als Geheimnis achten zu lernen."[140]
„Spaltet das Holz - und ich bin da; hebt den Stein hoch - dort werdet ihr mich finden."[141]

a. Einübung reiner Geistesgegenwart im Alltag

Wer das klare Sein des Zustandes der Unio erfahren hat läuft Gefahr, daß dieser Zustand getrennt vom Alltagsbewußtein nebeneinander existiert. Es kann zu einer gewissen Zwiespältigkeit der Person kommen. Francis Bacon (1561-1626) schrieb in seinem Sonett Nr. 39[142]:

„Eben deshalb laß' uns gesondert leben;
Wir dürfen keine Liebeseinheit sein.
Entfernt von Dir, vermag ich dir zu geben,
Was dir gebührt, dir einzig und allein.
[...]
Und lernt ich nicht, wie man, was eins ist, teilt,
Sing ich hier dem, der in der Ferne weilt!"

Robert Bucke[143] berichtet, daß Francis Bacon jahrelang ein Doppelleben geführt hat: ein ichbewußtes Leben als Anwalt und Politiker und ein vom kosmischen Bewußtsein bestimmtes Leben als Dichter und Seher. Vielen anderen, die zur Einheitserfahrung durchgebrochen waren, erging es ebenso. Beispielsweise Paulus, wenn er sagt: „Ich lebe; doch nicht nur ich, sondern Christus lebt in mir."
Paulus sagt von Christus, daß er „aus den beiden eines hat gemacht, auf daß er aus den zweien einen neuen Menschen in ihm selbst schüfe."[144] Dies ist das letztendliche Ziel der Mystik und muß im Alltag eingeübt werden.
Wer soweit durchgedrungen ist, in einem klaren, reinen Geisteszustand gegenwärtig und darin fest über einen längeren Zeitraum verankert zu sein, hat die Aufgabe diesen Zustand im Alltag zu integrieren.
Die Übung besteht darin, diesen reinen Geisteszustand in die alltäglichen Aktivitäten von Körper, Geist und Rede, bei unserer Arbeit, bei allen anstehenden Problemen, also in die gesamten Lebensvollzüge zu integrieren. Damit wird unser ganzes Leben zur Übung.
Dabei ist es wichtig, im Zustand der reinen Geistesgegenwart zu bleiben, ihn also andauernd aufrecht zu halten, und die Trennung zwischen diesem Zustand und dem Alltag zu überwinden.
Integration bedeutet die Koordination von reinem Geisteszustand mit allen körperlichen, seelischen und geistigen Tätigkeiten in jedem Augenblick unseres Lebens, so daß alle unsere Aktivitäten von reinem ‚Gewahrsein' durchdrungen sind. Dies erfordert Übung und kann in ‚Etappen' gelernt werden[145].

b. Die Erfahrung in den Alltag tragen

Die Übungspraxis hört auch nach einer mystischen Erfahrung nicht auf, sie wird zu unserem Lebensweg. „Nachdem man vollkommene Erleuchtung erreicht hat, muß man 52 Stufen hinaufsteigen. Wir müssen fortfahren, jeden Tag die Vorhänge hochzurollen, durch unsere ausdauernde, hingebungsvolle Übung des Sitzens."[146] Aurobindo sagt: „Die Verwirklichung muß im Wachzustand kommen und andauern, um eine Realität im Leben zu werden. Erfahrung und Trance haben ihren Nutzen, um das Wesen zu öffnen und vorzubereiten. Aber erst, wenn die Verwirklichung im Wachzustand permanent geworden ist, hat man sie wirklich inne."[147] „Wer das Dasein zurückweist und sich an die Leere klammert, ist wie einer, der ins Feuer springt, um dem Ertrinken zu entgehen."[148]

- Als Buddha das Nirvana erfahren hatte, verzichtete er darauf, in das Nirvana einzugehen, bevor nicht alle Menschen diesen Zustand erreicht haben.
- Als Jesus Christus nach der Verklärung am Berge Tabor von Petrus bedrängt wurde, dort zu bleiben und drei Hütten zu bauen, ging Jesus darauf nicht ein. Als er von dem Berg herunter kam, begann sein Wirken in Jerusalem.
- Die buddhistische Tradition im Zen sagt, daß wir nach Satori, zurück zum Marktplatz gehen müssen, denn „der Lotus blüht inmitten des Feuers", wie Vimalakiri, der Laienmönch, sagt[149].
- Der Hl. Benedikt sagt: „Bete und arbeite" (ora et labora).
- Meister Mumon sagt, daß ein Leben wie das unsere, so wie es ist, das Leben des höchsten Satori sei. Er sagt weiter, das wahre Zen-Leben sei nichts anderes als dieses unser geschäftiges Leben.
- Ein Ausspruch des Zenmeisters Willigis Jäger ist: „Das Mysterium findet am Marktplatz statt."[150]

Alle Erkenntnisse und Erfahrungen gilt es jetzt im Alltag umzusetzen, sie in das Tagesbewußtsein einzubinden. Wo immer ein Mensch im Leben steht, hat er nun im gewandelten Geist zu wirken und mehr Licht, Verständnis, Liebe und Wohlwollen an seinen Arbeitsplatz, in die Familie, in die Gesellschaft, ja in die Welt einzubringen. Es geht darum, im Alltag mehr Sein zuzulassen, ohne die Einschränkung durch ein Ego. Dann werden wir alle Potenzen, die in uns angelegt sind, leben und dies wird auf unser Umfeld einen positiven Einfluß haben.

Der Gefahr einer einseitigen Inanspruchnahme durch das kosmische Bewußtsein sind viele Erleuchtete erlegen, oftmals in einer Verleugnung leiblicher oder seelischer Bedürfnisse oder in einer Lebensverneinung, einer Abwendung vom Leben, um weiteres Leiden zu verhindern. Der Drang zur Weltentsagung und zu klösterlicher Askese sind nur Zwischenstufen, in denen wir die Identität mit dem All-Seienden erfahren und festigen. Der Übende benötigt Zeit für seinen Weg, und einen gewissen Grad von Einsamkeit und Zurückgezogenheit. In der Phase des Durchbruchs wird er von den erlebten Erfahrungen stark in Anspruch genommen, so daß er es schwer hat, sich in seine gewohnte Welt zu integrieren. Jedoch drängen alle spirituellen Lehrer auf eine Integration des Erfahrenen in den Alltag, damit nicht die Gefahr einer zweifachen Persönlichkeit entsteht: der im kosmischen Bewußtsein Stehende, gespalten von dem im Tagesbewußtsein Lebenden.

In diesem Stadium haben wir uns von jeglicher speziellen Erscheinung, die ‚Gott' genannt wird gelöst, da das ganze Sein als Gott erkannt und erfahren wurde. Das All-Seiende wird im Tun erfahren. Als Teil dieses göttlichen Seins wirken wir schöpferisch aus der Fülle des Seins. Die Gesamtheit von Materie und Leere wird zum Betätigungsfeld.

Dies bedeutet, daß wir im Alltag alle Handlungen bewußt und situationsgemäß verrichten, in hoher Präsenz, als Ausdruck der Wesensnatur. Jeder Augenblick wird zur Kommunion mit dem All-Seienden. Was wir in diesem Augenblick tun, was wir hören oder riechen, ist dann gerade Ausdruck der Wesensnatur. Es ist der spontane, direkte Vollzug des All-Seienden.

- Ein indischer Weiser sagte: „Du mußt letztlich ‚ES' sein, durch und durch und ‚ES' unmittelbar und aufrichtig leben und dich daran erfreuen."

- Der Hl. Benedikt sagt, wir sollten alle Dinge des Alltags so behandeln, als wären sie ein Heiliges Altarssakrament.
- Der französische Mystiker Causade[151] spricht vom „Sakrament des Augenblickes“ und schreibt: “Wie fehl geht man, wenn man dich [Gott] nicht in allem sieht, was gut ist und in allen Geschöpfen. Warum dich also in anderen Dingen suchen wollen, durch die du dich mitteilen willst?“ „Meine Kehle weitend, singe ich dich, erhabener Alltag. dich Erde und Leben, solange der letzte Strahl noch glüht.”[152]
- Der Taoismus meint dazu: „Betrachte den Weg des Himmels, praktiziere das Tun des Himmels. Das ist alles. Die himmlische Natur ist das menschliche; der menschliche Geist ist mechanisch. Den himmlischen Weg zu errichten bedeutet das Menschliche zu festigen.“[153]

c. Früchte der Erfahrung

(1) EINE NEUE LEBENSQUALITÄT

Wenn wir das Ich überschritten haben, erleben wir eine andere Weite und Fülle unseres Seins. Christus sagt: „Ihr werdet das Leben haben und es in Fülle haben“[154]. Das Ich bleibt, es ist notwendig, aber es hat eine Ausweitung erfahren.
Wir durchschauen die Dinge mit größerer Weitsicht und Gelassenheit. Durch das geistige Exerzitium haben wir gelernt, im Augenblick zu leben, im Hier und Jetzt, wo die immer gegenwärtige Anwesenheit des All- Seienden im Vollzug des Alltags zu erfahren ist. Im Zen spricht man dabei vom Anfängergeist.
Intuition stellt sich ein und macht uns schöpferisch im Vollzug des Lebens. Wir erfahren die Schönheit in den einfachsten Handhabungen und Dingen des Seins und das Sein erfährt sich durch uns.
Das Leben erscheint uns als große Kostbarkeit. Wir beginnen anders damit umzugehen.
Mühsam war der Weg, in Konfrontation mit uns selbst, oftmals bis an die Grenze des Faßbaren. Dies hat uns bescheidener, demütiger und liebevoller gemacht. In der Einheitserfahrung haben wir den anderen, unseren Nächsten, als uns selbst erfahren.
Aus dieser Erfahrung der Einheit entspringen Weisheit und Mitgefühl, in der östlichen Mystik als ‚Prajna‘ und ‚Karuna‘ bekannt. Tiefe Liebe und Mitgefühl zur gesamten Schöpfung ergeben sich aus dem Erleben der Einheit; es ist kein indoktriniertes Gebot von außen. Es kommt vom innersten Sein, wo auch die Wurzel echter Ethik liegt.
Ein Weiser sieht durch alle Manifestationen hindurch den Urgrund des All-Seienden und sieht alles als dessen Emanation. Form und Leere sind für ihn identisch. Er „ergreift Gott in allen Dingen“ (Augustinus) und ist so vereint mit allem.
Die östliche Mystik spricht von „Bodhichitta“. ‚Bodhi‘ bedeutet Erleuchtung, ‚chitta‘ verbindet Geist und Herz miteinander.
Es ist ein geistiger Zustand, der aus Weisheit und dem Erbarmen eines Bodhisattvas für die Lebewesen besteht. Seine Inhalte sind: Unparteilichkeit, Freundlichkeit, Erbarmen und mitfühlende Freude.

„Wir beginnen mit der Einsicht,
daß das wahre Selbst
immer gegenwärtiges Bewußtsein ist,
auch wenn wir seine Existenz bezweifeln.
Das, was wahrnimmt,
ist reiner Geist - ist Gott,
ist Buddhanatur in ihrer Ganzheit,
nicht begrenzt in Zeit und Raum
und absolut leer.
Diese letzte, unbedingte Wirklichkeit
ist nichts, was gesehen werden kann,
sondern das, was immer-gegenwärtig ‚sieht'.
Wenn wir unbesorgt in ihr verweilen,
können wir erkennen,
daß diese einfache,
immer gegenwärtige Bewußtheit
vollkommen mühelos ist.
Denn es macht keine Mühe,
Laute zu hören, Dinge zu sehen,
die kühle Brise zu fühlen.
Hellwach - ruhen wir einfach
in dieser reinen, mühelosen Achtsamkeit."[155]

(2) EIN ANDERER UMGANG MIT DER SCHÖPFUNG

Bisher hat man den anderen als gegenüber sich selbst verschieden empfunden. Im Zustand der Unio wurde erfahren: Die andere Person ist niemand anders als ich selbst.

Obwohl jeder von uns in dieser Welt andere Aufgaben und Pflichten hat, erkennen wir, daß jeder, zeitlich versetzt, dasselbe erfährt und erlebt und es in sein Bewußtsein erheben muß. Dies sagen alle Weisheitslehren und drücken es verschieden aus: in Engrammen oder in den Sternzeichen, in den Archetypen oder in den Modellen der Bewußtseinslehren. Sie alle sagen, daß wir als multidimensional veranlagte Wesen alle Dimensionen zu durchlaufen haben. Wir begegnen uns im anderen immer wieder selbst, in dem, was wir bereits erfahren haben oder noch erfahren müssen. Ein neues Verständnis für den anderen erwächst. Gedanken und Handlungen des anderen werden verstanden, statt angegriffen.

Dieses neue Verständnis beinhaltet die gesamte Schöpfung. Der Mystiker kann keine Kriege mehr führen oder an der weiteren Zerstörung der Erde mitwirken. Sein Sinn und sein Trachten ist auf ein friedliches Miteinander aller Geschöpfe im Kosmos gerichtet. Willigis Jäger sagt: „Der Mensch der Zukunft wird ein Mystiker sein, oder er wird nicht sein."

Die Heiligen Schriften und Offenbarungen sind bis an den Rand gefüllt mit der Kunde von diesem neuen Geist: So schreibt der Hl. Franz von Assisi das Gebet des Friedens:

„Herr, mache mich zu einem Werkzeug deines Friedens,
daß ich liebe, wo man hasst,
daß ich verzeihe, wo man beleidigt,
daß ich verbinde, wo Streit ist,
daß ich die Wahrheit sage, wo Irrtum ist,
daß ich Glauben bringe, wo Zweifel droht,
daß ich Hoffnung wecke, wo Verzweiflung quält,
daß ich Licht entzünde, wo Finsternis regiert,
daß ich Freude bringe, wo Kummer wohnt.
Herr, laß mich trachten,
nicht, daß ich getröstet werde, sondern daß ich tröste,
nicht, daß ich verstanden werde, sondern daß ich verstehe,
nicht daß ich geliebt werde, sondern daß ich liebe.
Denn wer sich hingibt, der empfängt,
wer sich selbst vergißt, der findet,
wer verzeiht, dem wird verziehen,
und wer stirbt, der erwacht zum ewigen Leben.“[156]

Und im bekannten buddhistischen Sutra von der Güte, dem ‚Metta-Sutra‘, heißt es:
„Er sollte niemals einen anderen schmähen
und niemanden, wo immer auch verachten,
aus Ärger und aus feindlicher Gesinnung
soll niemand je nach Unheil wieder trachten.
Gleich einer Mutter, die den eignen Sohn,
den einzigen beschützt mit ihrem Leben,
soll gegenüber allen Wesen er
den Geist von Schranken frei zu machen streben.
Zur ganzen Welt soll Güte er entfalten
und seinen Geist von Schranken ganz befrein,
nach oben, unten und auch in der Breite,
nicht eingeengt von Haß und Feinschaft, sondern rein.
Ob stehend, gehend, sitzend oder liegend
soll diese Geisteshaltung er erzeugen.
Und nie der Schlaffheit je erliegen.
Das nennt man “göttliches Verweilen“ in der Welt.“[157]

(3) ZEUGE SEIN

Der normale Mensch, der größtenteils im Tagesbewußtein lebt, ist mit seinem Geist und mit dem Körper seiner Person beschäftigt, involviert mit Freuden und Leiden. Er lebt im personalen Zustand.
Der zum transpersonalen Bewußtsein Erwachte betrachtet sich und alles von einer gewissen Distanz aus. In ihm ist so etwas wie eine ‚Beobachterstation‘ entstanden. Er wurde Zeuge seines und aller Leben, und Beobachter und Betrachter

all dessen, was ist. Das Persönliche ist noch vorhanden, aber es tritt in den Hintergrund.
Christus sagt: „Ich kann mir das Leben nehmen oder es hingeben."[158] So ist der Mystiker angeschlossen an den Quell' alles Lebens, er trinkt vom ‚Wasser des Lebens'. Christus sagt: „Wer zu mir kommt wird nicht mehr dürsten."[159]

„Der Sinn des Lebens ist es, ganz geboren zu werden, und seine Tragödie, daß die meisten von uns sterben, bevor sie ganz geboren sind."[160]

IV. DIE PRAXIS DES MYSTISCHEN WEGES

1. Geistige und seelische Voraussetzungen

Eine innere Haltung der Offenheit und Demut, unbeugsame Entschlossenheit, Glaube und Überzeugung, Ehrfurcht und Schweigen, Loslassen, Hingabe und vor allem Achtsamkeit sind die wesentlichsten geistigen Voraussetzungen aller mystischen Pfade.

A. INNERE HALTUNG: OFFENHEIT - DEMUT - EHRFURCHT

Die innere Haltung bei der Übung sei aufrichtig, offen und nach der letzten Wahrheit suchend, bereit, sich dieser Wirklichkeit auch zu stellen. Diese Haltung spiegelt sich wieder in einer äußeren aufrechten körperlichen Haltung, deren sich der Übende im Laufe der Praxis immer bewußter wird. Wer erfährt und erfaßt, daß er das Leben des All-Seienden lebt, löst sich von der Illusion eines eigenständigen Ichs und ordnet sich ein in das große kosmische Geschehen. Er wird einfach, bescheiden und barmherzig allen Kreaturen gegenüber; Ehrfurcht erfaßt ihn in Anbetracht des Wunders der Schöpfung. Er wird zum Diener des durch ihn wirkenden Seins. Dies ist die Haltung der Demut. Demut hat nichts zu tun mit Unterwürfigkeit. Im vollen Bewußtsein praktiziert, ist sie große Stärke. Der Wüstenvater Cassian schreibt: „Nur ein ganz solides Fundament der Demut kann das ganze Haus bis zur Dachspitze der Vollkommenheit und Liebe tragen.“[161]

B. ENTSCHLOSSENHEIT - HINGABE

Der Christ, der die Nachfolge Christi angetreten hat, gelobt Gott zu dienen und in der Einheit mit ihm zu leben; Mönche und Nonnen in Klöstern legen feierliche Gelübde ab. Der Buddhist ist fest entschlossen, zur Buddhanatur in seinem Inneren durchzubrechen und dem Ideal eines Bodhisattva nachzustreben; im Zen entwickelt der Übende ‚Dai-Funshi‘, was „die große unbeugsame Entschlossenheit“ bedeutet, um den Zweifel (Dai-Gidan) mit aller Kraft des Willens zu beheben. Der Yogi verfolgt die Befreiung seiner Seele und die Unabhängigkeit von Dingen. Das Leben eines Sufi ist ausschließlich auf die Liebe mit dem ‚Geliebten‘ hin ausgerichtet. Der Mystiker ohne jegliche konfessionelle Bindung vollzieht hingebungsvoll und mit Liebe seine Arbeit im Alltag, der ihm zur Übung wird. Er hat erfahren, daß ‚es‘, das Leben, sich hier mit ihm, an den Dingen und Umständen vollzieht.

Hingabe ist Zuneigung und Liebe zu etwas, das größer ist als man selbst, das man als Ideal und erstrebenswertes Ziel erkannt hat, und dem man sich unterordnet. In der Mystik ist es die Hingabe des begrenzten Ichs mit seinem Denken und Fühlen, damit das zutiefst im Menschen liegende Seiende durchscheinen kann. Hingabe, die mit einem großen Anteil an liebevollen Emotionen verbunden ist, wird auch Anbetung genannt.

C. GLAUBE - ÜBERZEUGUNG

In allen mystischen Wegen ist der Glaube die vorantreibende Kraft. Es ist der Glaube daran, daß die Einheit mit dem All-Seienden erreicht werden kann. Der Glaube wird genährt von dem überlieferten Wissen erleuchteter Mystiker.

Im Christentum ist es der Glaube an die Vereinigung mit Gott durch Jesus Christus in der ‚Unio mystica'. Im Buddhismus ist es der Glaube an den Zustand der Erleuchtung, an das Nirvana. Im Zen ist es das ‚Dau-Skinon', der Glaube an die große Befreiung oder die große Erleuchtung, an das ‚Satori' oder ‚Kensho', und damit das Erreichen der Wesensnatur. Im Yoga ist es der Glaube an das Eingehen in Brahman im Zustand des Samadhi. Im Taoismus ist es das Gehen mit dem Tao. Im Sufismus ist es der Glaube und die Hoffnung auf die liebende Vereinigung mit Gott.

Dem Glauben wohnt eine große Kraft inne. Christus spricht: „Dein Glaube hat Dir geholfen" und ‚vom Glauben, der Berge versetzen kann'. In der Bibel ist Glauben das feste Vertrauen auf das Erhoffte, ein Überzeugtsein von dem, was man nicht sieht, und es heißt: „Ohne zu glauben aber ist es unmöglich, (Gott) wohlzugefallen, denn wer zu Gott kommt, muß glauben, daß er ist und daß er denen, die ihn suchen, zum Vergelter wird."[162]

Alle Offenbarungsreligionen basieren auf dem Glauben an das, was Religionsstifter als wahr erfahren und überliefert haben. In den Erfahrungsreligionen vertraut der Übende seinen spirituellen Erfahrungen, meist unter Anleitung eines spirituellen Meisters, der selbst den Weg gegangen ist, und der erwiesenen Tatsache, daß jeder Mensch dieselben Erfahrungen machen kann.

Wissenschaftlich betrachtet, kann der Glaube als ein Mittel zur Realitätserzeugung angesehen werden. Unter Realitätenbildung versteht man schöpferisches Wirken, das zur Bildung von Realitäten führt, also zur Entstehung von Formen und Umständen[163]. Realitäten entstehen unter dem Einfluß von Bewußtsein, Willen und Glauben. Der Glaube betätigt Wille und Gefühl und stellt durch die Inanspruchnahme von Bewußtsein und Unbewußtsein eine starke Kraft dar, die Körper und Seele beeinflußt.

Echter Glaube ist die Bestätigung, daß etwas so ist. In der Bibel steht: „Glaubet, als hättet ihr es schon erhalten." Ulrich Warnke[164] schreibt aus der Sicht des Physikers: „Also wird beim Glauben die Kraftwirkung der Photonen ausgelöst, das heißt, die virtuellen Photonen sind energetisch aufgepfropft worden, damit sie als reale Photonen Informationen senden können. Somit wird Materie beeinflußt."

Aus der Neurologie und Psychologie weiß man, daß Glaubenssysteme (Credosysteme) weltanschaulicher oder religiöser Art im Gehirn verankert werden, in Form von Programmen, bei deren Zustandekommen die Vernetzung verschiedener Gehirnteile über Nervenketten erforderlich ist[165]. Diese Programme sind dann treibende Kraft und Grundlage für Denken und Handlungen des Menschen. Auch der Übungsprozeß des Sitzens wird vom Gehirn gespeichert und erfährt eine dauerhafte Speicherung mit zunehmender Übungspraxis.

D. SCHWEIGEN[166] - LOSLASSEN

Eine Voraussetzung für den mystischen Weges ist das Schweigen. Mystisches Schweigen ist kein Tun, sondern ein Lassen, um eine tiefere und der Wirklichkeit angemessenere Form der Erfahrung des Seins zu ermöglichen.
Das äußere Schweigen gegenüber anderen Menschen ist eine Voraussetzung für das innere Schweigen. Deshalb laufen alle Kurse, etwa bei der Kontemplation oder beim Zen, im Schweigen ab. Schweigen ist die Voraussetzung für das Loslassen unserer Gedanken, Wünsche, Neigungen, Hoffnungen, unserer Emotionen und Ängste. Es ist ein langwieriger Prozeß, da das Ich des Menschen es gewohnt ist, sich andauernd zu beschäftigen und mit seinen Affekten, Gedanken und Wünschen zu identifizieren.
Roberto Assagioli[167] beschreibt, daß wir uns von unseren Vorstellungen und Wünschen, vom Körper und seinen Gefühlen, zu disidentifizieren haben, um unser wahres Selbst zu erfahren.
Von Simone Weil stammt der Satz: „Die Erfahrung Christi findet im Schweigen statt."
Ramana Maharshi[168] spricht über das Schweigen: „Im Zustand des Schweigens ist allein die Erfahrung des Schweigens, denn in diesem höchsten Zustand gibt es nichts, was man erreichen könnte, außer sich selbst."
„Die Heiligen sagen, daß der Zustand, in dem der Ich-Gedanke [das Ego] sich nicht im geringsten regt, allein das Selbst ist, welches Schweigen (Mouna) ist. Dieses schweigende Selbst allein ist Gott. [...] Die Erfahrung des Schweigens allein ist die wirkliche und vollkommene Erkenntnis."

E. ACHTSAMKEIT[169] - BEWUSSTHEIT

Kern aller spirituellen Wege ist die Achtsamkeit, die als geistige Konzentration auf ein inneres oder äußeres Objekt zu betrachten ist. Durch die Übung der Achtsamkeit gegenüber den Objekten der Zentrierung, z.B. dem Atem, dem Wort, dem Körper, der Leere oder dem Koan, kommt es zu einer zunehmenden Bewußtseinserhellung und Bewußtseinserweiterung.

Der Schüler wird angehalten im täglichen Leben achtsam mit dem gegenwärtigen Augenblick umzugehen. Hier vollzieht sich das All-Seiende. Jeder Augenblick des Lebens ist ein Fest und sollte voll bewußt und genußvoll begangen werden. Hier zeigt das All-Seiende sich, in diesem fallenden Laubblatt, in dieser Umarmung, in diesem Schmerz. Da die Achtsamkeit eine wichtige Stellung innerhalb der mystischen Wege von Ost und West einnimmt, soll an dieser Stelle etwas näher auf diesen Punkt eingegangen werden.

a. Grundlagen der Achtsamkeit

Achtsamkeit stellt die Grundlage für die Bewußtseinsentwickung dar. Sie ist eine Grundfunktion des Bewußtseins, ohne die es keine Objektwahrnehmung gibt, und führt über Bewußtseinserhellung und Bewußtseinserweiterung zum reinen Bewußtsein. Nur durch Achtsamkeit kann Erkenntnis des Geistes erworben werden. Naturwissenschaftler haben festgestellt, daß Achtsamkeit den Thalamus im Gehirn anregt. Dem Thalamus wird die Funktion als ‚Pförtner des Bewußtseins' zugeschrieben. Durch ihn werden unter dem Einfluß spezieller Reize die Gehirnwellen beeinflußt und zwar bis in den Theta-Wellen-Bereich, wo Samadhi, Unio mystica oder Satori erlangt wird[170]. An dieser Stelle kann die Durchdringung von körperlicher Struktur, Erfahrung, Bewußtsein und Achtsamkeit sehr gut studiert werden.

b. Unsere verzerrte Sichtweise

Die Achtsamkeit auf ein inneres oder äußeres Objekt führt zur Wahrnehmung des Objektes. Im Gehirn wird das Wahrgenommene gespeichert und mit bereits gespeicherten Daten, die das Objekt betreffen, verglichen und assoziiert. Auch jede neue Erfahrung wird assoziiert mit vorhandenen gespeicherten Erfahrungen und Informationen in den Gehirnspeichern oder den Schaltkreisen der Neuronenketten. Die Bilder unserer Wahrnehmungen sind jedoch nie ‚rein'. Es sind nicht die Dinge, wie sie tatsächlich erscheinen, da die auf diese Weise erhaltenen Bilder von subjektiven Sichtweisen durchdrungen sind, etwa von Vorurteilen des Gefühls, von anerzogenen Denkmustern und Glaubenssystemen, als Resultat unserer individuellen Lebensgeschichte, die ebenfalls im Gehirn gespeichert wurden. So hat jeder Mensch ein individuell verzerrtes Bild von der Welt der Dinge und Menschen, und unterliegt ständig dieser Täuschung, was zu vielen Konflikten und Leiden führt. Dieses Wissen macht uns verständnisvoller im Umgang mit uns selbst und unseren Mitmenschen.

Auf dem spirituellen Weg, besonders in der Phase der Läuterung oder Reinigung, werden diese Vorstellungen langsam abgebaut, unsere Konzepte ‚sterben'. Wir kommen zur echten Wirklichkeitserkenntnis und lernen die Dinge so zu sehen, wie sie wirklich sind, jedes in klarer Vollkommenheit, jedes leer, d.h. ohne Eigensein, bedingt durch die eine Schöpferkraft, die alles durchzieht.

Angelus Silesius sagt:
„Mensch, nichts ist unvollkomm`n,
der Kies gleicht dem Rubin,
der Frosch ist ja so schön,
wie Engel Seraphim."[171]

c. Die Satipatthana-Methode

Buddha sagte zu seinem Schüler Sariputta „Mit befreitem Geist, sage ich, o Sariputta, ist man ein großer Mensch; mit unbefreitem Geiste, sage ich, ist man kein großer Mensch.
Da weilt, o Sariputta, der Mönch bei Betrachtung des Körpers, eifrig, wissensklar und achtsam. Ihm, der beim Körper in Betrachtung des Körpers weilt, wird der Geist ohne Anhaften von den Trieben entsüchtet und befreit. Er weilt bei den Gefühlen in Betrachtung der Gefühle, beim Geist in Betrachtung des Geistes, bei den Geistesobjekten in Betrachtung der Geistesobjekte, eifrig, wissensklar und achtsam."[172]
Christus sagte: „Wachet und betet alle Zeit."
Der Buddhismus als Lehre des Geistes hat die Methode des Satipatthana entwikkelt. ‚Sati' bedeutet soviel wie Aufmerksamkeit oder klare Bewußtheit, die auf die Gegenwart gerichtet ist. ‚Patthana' meint Grundlage oder auch die Vergegenwärtigung der Achtsamkeit.
Hier kann nur ein kleiner Einblick gegeben werden, damit der Übende auf dem mystischen Versenkungsweg Anhaltspunkte hat, sein Bewußtsein weiter zu schulen.
Den folgenden Ausführungen liegen die Gedanken von Nyanaponika aus seinem Buch ‚Geistestrainig durch Achtsamkeit'[173] zugrunde. Die Achtsamkeit richtet sich bei diesem Übungsweg auf die folgenden vier Objekte (vier Satipatthanas oder Betrachtungen):
- auf den Körper:
- Atem-Achtsamkeit
- Achtsamkeit auf die Körperhaltung
- Wissensklarheit
- Körperteile
- Vier Elemente.
- auf das Gefühl, die Gefühlsqualität, etwa freudig (angenehm), leidig (unangenehm), weder freudig noch leidig (neutral)
- auf den Geist
- auf den Bewußtseinszustand

Die beiden Aspekte der Achtsamkeit und Übungsstufen sind:
- Geisteshaltung und Übung des reinen Beobachtens: Das reine Beobachten ist das klare unabgelenkte Beobachten eines inneren oder äußeren Objektes, ohne mit Willen, Gefühlen oder Denken bewertend Stellung zu

nehmen. Es ist ein reines Registrieren des Objektes, ohne Beimischungen, wie Wertungen und Assoziationen, also ohne Ichbezogenheit. Durch reines Beobachten bekommen wir den Zugang zur Wirklichkeitserkenntnis und zum Klarblick der Dinge, also zur Wissensklarheit. Diese Übungsmethode wird auch ‚Vipassana' oder ‚Einsichtsmeditation' genannt[174].

- Wissensklarheit: Sie ist bewußtes, klar erkennendes und gerichtetes Handeln und Denken. Nach buddhistischer Überlieferung unterscheiden wir vier Arten der Wissensklarheit:
- Wissensklarheit über den Zweck
- Wissensklarheit über die Eignung
- Wissensklarheit im Meditationsgebiet
- Wissensklarheit der Unverblendung.

Klarblick ist Einsicht in die drei Merkmale des Daseins: Vergänglichkeit, Leiden und Ich-Losigkeit. Die Dinge der Innen- und Außenwelt werden als reine Vorgänge erkannt, als unpersönliche Prozesse.

2. Kontraindikationen - Einschränkungen für psychisch Kranke

Ohne hier auf die Problematik von psychischen Erkrankungen und ihrer Abgrenzung eingehen zu können, ist zu bemerken, daß der Versenkungsweg eine vertiefende Wirkung auf psychische Erkrankungen und deren Zustände hat.
Bei einer krankhaft depressiven Person kann sich während einer depressiven Phase der Zustand verschlechtern. Dies gilt auch für Menschen, die an Schizophrenie erkrankt sind, sowie für Menschen, die Probleme mit der Einschätzung der Realität haben. Therapeutische Methoden, die die kranke Person aktiv und positiv aufbauen, sind bei solchen Zuständen eher angebracht als der mystische Weg. Ist die aktive Phase jedoch überwunden, kann eine mystische Versenkung heilsam sein. Auch bei spirituellen Krisen und intensiven transpersonalen Erfahrungen[175] ist es häufig angebracht, vorübergehend das Üben einzustellen, weil die beim Üben freiwerdenden Energien den Prozeß zu stark aktivieren. Dies ist auch der Grund, weswegen Anfänger vom Lehrer oder Meister nach eventuellen psychischen Problemen gefragt werden. Wer in psychiatrischer oder psychotherapeutischer Behandlung ist, sollte sein Üben mit dem Therapeuten besprechen und es dem Kurs- oder Gruppenleiter mitteilen.
Allerdings können sich Psychotherapie und mystischer Übungsweg auch fruchtbar ergänzen. In der Psychotherapie können Probleme aus unserer Lebensbiographie, mit denen man alleine nicht fertig wird, bearbeitet werden, so daß der Weg frei wird für den spirituellen Prozeß. Auch eine Aussprache mit einem seelsorgerischen Berater unserer Wahl (Freund, Priester, spiritueller Lehrer/Meister) kann oftmals Abhilfe schaffen. Indem das Problem in die Gesamtschau des Le-

bens integriert wird, erfolgt ein Bewußtseinszuwachs, was das eigene persönliche Lebensmuster betrifft.
Vorteilhaft ist es, wenn der Therapeut auch transpersonal psychotherapeutisch ausgebildet ist, bzw. selbst einen spirituellen Weg geht, da dann die zugrundeliegende Problematik auf einer breiteren Ebene erfaßt werden kann.

3. Körperliche Grundlagen der Übung

A. DER KÖRPER

„Die Welt existiert nicht ohne den Körper, der Körper nicht ohne den Geist, der Geist nicht ohne das Bewußtsein und das Bewußtsein nicht ohne die Wirklichkeit.“[176]

Alle spirituellen Wege setzen am Körper und seinen Funktionen an, am Atem, am Sitzen, am Gehen, an der Körperhaltung. Im Körper, speziell an den Chakren, wird die Einheit von Bewußtsein und Materie direkt erfahrbar.Der Körper kann von vielen Aspekten aus betrachtet werden, z.B. vom ästhetischen, funktionellen, bewußtseinsmäßigen oder energetischen Standpunkt aus. Obwohl es unser Anliegen ist, den Körper ganzheitlich zu sehen, wird er hier zunächst nur unter dem Aspekt eines Hilfsmittels für den Versenkungsweg betrachtet und zwar von der rationellen Ebene aus, die dem Zeitgeist eher entspricht. Unter diesem Aspekt kann der Körper als ein Orientierungszentrum für die raum-zeitliche Welt betrachtet werden.
In der mystischen Literatur wird der Körper gerne als Musikinstrument oder auch als Tanzfläche des Bewußtseins betrachtet, durch die sich Bewußtsein und Geist bemerkbar machen. So dichtet Kabir: „O Freund! Dieser Körper ist seine Lyra: Er strafft ihre Saiten und entlockt ihr die Melodie des Brahma. Wenn die Saiten erschlaffen und die Schlüssel sich lockern, dann muß zu Staub werden wieder dies Instrument aus Staub. Kabir sagt: Niemand als Brahma kann diese Melodie hervorbringen.“[177]
Wer zum kosmischen Bewußtsein durchgebrochen ist, erfährt Gehen, Sitzen, Stehen, Liegen als Ausdruck des All-Seienden. Im Zen spricht man von der Manifestation der Wesensnatur. Sie vollzieht sich in dieser Gebärde, in diesem Schritt, in diesem Augenblick. Alles ist dem Erleuchteten Ausdruck des All-Seienden, alles stellt seine Epiphanie oder Erscheinungsform dar. Willigis Jäger sagt, die Wesensnatur lebe sich im Baum als Baum, in der Pflanze als Pflanze und, wenn es Engel gäbe, im Engel als Engel.
In allen Religionen ist die Vorstellung vom Körpers als Tempel oder Sitz des Höchsten zu finden. „Wisset ihr nicht, daß euer Leib ein Tempel des Heiligen Geistes ist, der in euch ist, welchen ihr habt von Gott, und seid nicht euer eigen? Denn ihr seid teuer erkauft; darum so preiset Gott an eurem Leibe.“[178] Der Leib wird als Heiligtum betrachtet. Auch die körperfeindliche Einstellung im Christentum macht

langsam einer Würdigung des Leibes Platz.
In den indischen Upanischaden und auch in der jüdischen Kabbala wird der Körper als Mikrokosmos im großen Makrokosmos des Universums betrachtet. In den Upanischaden heißt es: „Im Leib des Menschen befindet sich der Weltberg Meru[179], befinden sich die Ströme und Meere, Berge und Lande und göttlichen Schirmherren der Lande, Sternbilder und Wandelsterne, heilige Wallfahrtsstätten und Sitze der Götter. Es kreisen Mond und Sonne, schöpferische Entfaltung und vernichtendes Einraffen bewirkend. Raum, Luft und Feuer, Wasser und Erde befinden sich hier. Alle werdend-vergänglichen Wesen, die es in den drei Welten (Himmel, Atmosphäre, Erde) gibt, sind auch im Leibe. Rings den Meru umgebend, bewegen sie sich nach ihren Gebaren.“[180]

a. Der Körper als Energiesystem

In spirituellen Kreisen wird der Körper oftmals von der energetischen Seite aus betrachtet, da viele Phänomene des Versenkungsweges auf dieser feinstofflichen Ebene besser verstanden werden können.
Der Leib wird durchflutet und erhalten von Energieströmen, die über Nahrung, Chakren, Kundalini und Atem in den Körper eindringen. Energiebahnen, Meridiane, leiten die Energie über das Nervensystem zu Organen und Gehirn.
Wie im Kapitel über ‚Modelle des Bewußtseins‘ dargelegt wird, kann der mystische Weg an den Energiezuständen der Bewußtseinszentren im Körper festgemacht werden. Je tiefer wir in den Übungsprozeß einsteigen, desto stärker werden diese Zentren angeregt und geöffnet. Langsam beginnen wir die Prozesse, die im Energiekörper während des Versenkungsweges ablaufen, zu erfassen.

b. Körperhaltungen beim mystischen Versenkungsweg

Im Übungsprozeß der mystischen Versenkung werden vor allen die drei Körperhaltungen des Gehens, Stehens und Sitzens eingeübt. Einige spirituelle Schulen ziehen die Gehmeditation vor (z.B. in japanischen Klöstern), andere das Stehen (z.B. bei den Wüstenvätern). Die bekannteste und geeignetste Körperhaltung ist jedoch das gesammelte Sitzen.
Die jeweilige Körperstellung ist meist gekoppelt mit dem Atem oder einem Wort. Jede kann auch für sich allein geübt werden, wie es etwa im Yoga, in der Eutonie, im Chi Gong, im Tai-chi , in der Bioenergetik oder bei atemtherapeutischen Übungen geschieht. Diese Körpertherapien bauen Blockaden ab, machen den Körper durchlässig und gewöhnen an höhere Schwingungszustände. Außerdem sind sie exzellente Achtsamkeitsübungen, die, mit voller Bewußtheit vollzogen, in den Augenblick führen. Hier gilt der bekannte Ausspruch: „Wenn ich gehe, gehe ich, wenn ich sitze, sitze ich, wenn ich stehe, stehe ich.“
Jetzt, in diesem Augenblick, findet der Mensch das All-Seiende. Cusat spricht vom ‚Sakrament des Augenblicks‘. Auch Gesten, Gebärden, Tanz und vor allem sakra-

ler Tanz ist geeignet, sich dem Numinosen oder Göttlichen zu nähern und damit einen Durchbruch in spirituelle Dimensionen zu erlangen. Im Tanz, gerade im sakralen Tanz, der ewige Themen des Seins aufgreift (Unendlichkeit, göttliches Licht, Sonne, Tod, Auferstehung), erfahren wir Weite und Freiheit und beginnen, das Geheimnis des Lebens (Keimen, Wachsen, Blühen und Sterben) zu begreifen. Tanz wird zum Ausdruck der Erfahrung des Unnennbaren, wenn der Körper wie eine Hieroglyphe im Kosmos mit den höchsten Feldern in Resonanz schwingt. Indem wir beim spirituellen Tanz selbst zum lebendigen Symbol werden, können wir jene Tiefe erfahren, die den Durchbruch in die kosmische Dimension ermöglicht. Maria-Gabriele Wosien schreibt: „Der Weg läßt den Menschen im Tanz zum Mitschöpfer werden." und: „Der Tänzer, als ein in Bewegung Meditierender, der den Seinsgrund in der Übung der Gegenwart erlebt, ist jemand, dessen Gedanken mit seinem Fuß Schritt halten, er ist ganz gegenwärtig: seine Seele ist, wo sein Körper ist, und sein Fuß ist, wo seine Seele ist. Dies ist das Zeichen des ganz gegenwärtig Seiens ohne abwesend zu sein, des bei sich und bei Gott Seins."[181]
Beatrice Grimm schreibt: „Die Achtsamkeit auf diesen Augenblick, diesen Atemzug, diese Körperhaltung, und diesen Schritt im Hier und Jetzt, bringt uns zur Ruhe und kann uns erfahren lassen, wer wir wirklich sind."

B. DAS SITZEN

a. Körperhaltung bei allen Sitzformen[182]

Für das Sitzen im Schweigen ist es hilfreich, das gesamte Körpersystem möglichst entspannt und ruhig zu halten, so daß ein guter Energiefluß in den Körpermeridianen gewährleistet ist.Es ist wichtig, sich beim Sitzen gut zu erden, d.h. mit den Teilen des Beines, die den Boden berühren, guten Bodenkontakt zu haben und sich auf den Boden ‚einzulassen'. Das kann der ganze Unterschenkel sein, der mit dem Boden direkt Kontakt hat, oder nur die Fußsohlen, oder beides, je nachdem ob man auf einem Meditationsbänkchen, Kissen oder Stuhl sitzt. Hierbei ist die individuelle Sitzhaltung entscheidend:

- Der Oberkörper ist aufrecht. Die Wirbelsäule soll gerade getragen werden, so daß der Energiefluß in der Wirbelsäule nicht gestört wird. Wenn das Knochengerüst gut ausbalanciert ist, ist die Muskulatur in einem entspannten Zustand, was zu seelischer Ausgeglichenheit und Gelassenheit führt.
- Der Bauch ist nicht eingezogen.
- Mit dem Becken läßt man sich auf der Sitzfläche nieder, wobei es gut ist, die Ausrichtung über die Sitzhöcker anzuspüren.
- Die Schultern sind entspannt.
- Die Hände sind wie zwei Schalen übereinandergelegt und ruhen locker im Schoß übereinander. Hierbei liegt die linke Hand in der geöffneten rechten

und die Daumen berühren sich leicht.

- Der Hals trägt den Kopf locker und aufrecht mit der Vorstellung, am obersten Scheitelpunkt über einen Faden mit dem ‚Himmel' verbunden zu sein.
- Der Blick ist auf eine Stelle ca. 1 bis 1,50 Meter entfernt mit einem Winkel von ca. 35 Grad auf den Boden gerichtet. Die Augen werden leicht geöffnet gehalten, was anfangs schwierig ist. Je entspannter die Augenmuskeln sind, umso müheloser können die Augen geöffnet sein. Wichtig ist, daß wir nicht ins Dösen und Träumen kommen, da wir im wachen und aufmerksamen Zustand sitzen sollen.

b. Sitzmöglichkeiten

Es gibt verschiedene Formen des Sitzens und jeder Übende muß für sich die Form heraussuchen, die ihm am angenehmsten ist. Anfangs ist jede Sitzform mühevoll, da sie zu Muskelverspannungen und Schmerzen führt. Der Körper muß sich erst daran gewöhnen. In den folgenden Skizzen sind die wichtigsten Sitzmöglichkei-

Abb. 4 Geeignete Sitzpositionen

ten und Haltungen abgebildet
Anleitungen zum Sitzen:
- Sitzen auf einem Stuhl oder Hocker: Geeignet sind Stühle oder Hocker mit einer geraden und festen Sitzfläche, am besten aus Holz. Hilfreich kann ein kleines Kissen sein. Gepolsterte Sitzflächen sind nicht empfehlenswert, da durch die Weichheit das gerade Sitzen nicht möglich und damit ein gutes Körperbewußtsein nicht gegeben ist.
  Wer auf einem Stuhl oder Hocker sitzt, sollte beachten: Wir sitzen, ohne uns anzulehnen, aufrecht und erspüren über die Sitzknochen (Sitzbeinhöcker) die Sitzfläche. Die Füße stehen gerade auf dem Boden, der Unterschenkel steht im rechten Winkel zum Oberschenkel. Bei zu kurzen oder zu langen Beinen kann durch Kissen, die unter Hocker oder Füße gelegt werden, ausgeglichen werden. Die Knie sollten nie über den Leisten zu liegen kommen.
- Sitzen auf einem Meditationsbänkchen: Die Höhe des Bänkchens beträgt zwischen 15 und 24 cm und ist nach vorne leicht abgeschrägt. Man setzt sich in den Fersensitz, stellt das Bänkchen über die Unterschenkel und läßt sich auf der Bankfläche nieder. Die Sitzknochen sind in der Mitte der Bank und mit den Händen deutlich spürbar. Entstehen Schmerzen durch Dehnung können diese dadurch gelindert werden, daß ein kleines Kissen oder Handtuch unterlegt wird.
- Sitzen auf einem festen Sitzkissen: Der Übende sitzt auf einem festen Sitzkissen, das meistens mit Kapok gefüllt ist. Auch Naturprodukte wie Dinkel, Reis oder Buchweizen als Füllung sind angenehm.

Die wichtigsten Positionen der Beine sind:
- Der Lotossitz: Dabei liegen die überkreuzten Beine auf den beiden Oberschenkeln.
- Der halbe Lotossitz: Dabei liegt nur ein Fuß auf einem Oberschenkel.
- Der erleichterte halbe Lotossitz: Dabei liegt nur ein Fuß auf einem Unterschenkel.

Bei allen Positionen ist wichtig, daß die Knie oder wenigstens die Unterschenkel bis fast zu den Knien, den Boden berühren, so daß die Knie tiefer als das Becken liegen. Durch eine Unterlage (z.B. Kissen) kann diese Position erreicht werden.

C. DAS STEHEN

Vor Beginn und nach Beendigung einer Sitzübung, die zwischen 20 und 40 Minuten dauert, stehen wir und sammeln uns. Es ist eine Achtsamkeitsübung und wir versuchen uns als Stehende vollbewußt wahrzunehmen in gerade diesem Augenblick: „Wenn ich stehe, stehe ich." Die Fußsohlen sind im engen Kontakt mit dem Boden, die Knie sind leicht angewinkelt, die Wirbelsäule trägt über den Hals frei den Kopf. Die Schultern sind entspannt und die Hände, wie beim Sitzen, schalenförmig, in Höhe des Solarplexus, übereinandergelegt. So steht der Mensch, ausgerichtet zwischen Himmel und Erde. Im christlichen Kontext ist ein solches vollbewußtes Stehen auch eine Gebetsgebärde.

D. DIE VERBEUGUNG

Jede Sitzübung wird eingeleitet durch eine Verbeugung.
Wir verbeugen uns vor und nach der Übung. Die Verbeugung oder Verneigung geschieht im Sitzen oder Stehen mit leicht zusammengelegten Handflächen. Die Vereinigung der beiden Hände ist ein Symbol für das Zusammenfallen der Dualität zur Einheit. Und die Symbolik der nach oben aneinandergelegten Hände drückt aus, daß die Einheit nur im ‚Himmel' zu suchen und finden ist.
‚Himal' bedeutet auf Sanskrit höchstes Bewußtsein. Die Gebärde der Verneigung selbst kann für die einzelnen verschiedene weitere Bedeutungen haben. Die gängigste Bedeutung in allen mystischen Wegen ist die der Achtung und Ehrfurcht vor dem All-Seienden. Wer einen inneren Widerstand gegen die Verbeugung verspürt, sollte sie nicht vollziehen.

E. DAS GEHEN - KINHIN

Nach jeder Sitzübung und der daran anschließenden Verbeugung wird gegangen. Dieses Gehen hat im Zen den Namen ‚Kinhin'. Wie das Stehen und Sitzen ist auch das Gehen mit hoher Achtsamkeit auszuführen: "Wenn ich gehe, gehe ich."
Jeder Schritt wird bewußt vollzogen im Anspüren der Fußsohle, im Kontakt von Ferse, Ballen und Zehen mit dem Boden, Schritt für Schritt. Es geht immer nur um diesen einen Schritt, der gerade gegangen wird. Dadurch wird die im Sitzen erworbene hohe Achtsamkeit beibehalten.
Jedoch kann das Gehen auch für sich allein als Übungsweg betrachtet werden. Wallfahrten oder Prozessionen, im Christentum bekannt, finden darin letztlich ihre Bedeutung.
Bei viel Übung und hoher Achtsamkeit wird man eins mit dem Schritt. Dann ist man nur noch dieser Schritt, Schreitender und Schritt fallen zusammen. Es oder - religiös ausgedrückt - Gott, schreitet dann über die Erde.
Menschen, die regelmäßig joggen, berichten bisweilen von diesem transpersonalen Zustand, in den sie durch die Monotonie des Laufens hineingeraten sind.

4. Das Üben

A. GEGENSTANDSLOSE MEDITATION

Der mystische Versenkungsweg entspricht dem Weg der gegenstandslosen Meditation. Er ist auf das leere Bewußtsein hin orientiert, so daß das All-Seiende erfahren werden kann. Bilder und Objekte, wie sie in der gegenständlichen Meditation bevorzugt werden, sind ein Hindernis, da sie den klaren leeren Bewußtseinsraum überschatten.
Beim Versenkungsweg dient das ‚Objekt' anfangs nur als Hilfsmittel. Wir sitzen also in Schweigen und Konzentration auf unser Objekt, um das Bewußtsein zu vereinheitlichen. Das Objekt kann der Atem, ein Wort oder Mantra oder Koan sein. Das Objekt kann aber auch die Weite des umgebenden Raumes sein. Im Zen spricht man von Shikantaza, im Christentum vom ‚Schauen ins nackte Sein' bzw. vom ‚liebenden Aufmerken'.

B. MIT DEM ATEM

Atem ist nicht nur Sauerstoffaufnahme. Alle mystischen Versenkungswege kennen eine Atemkultur und verschiedenste Atemmethoden, etwa im Joga das ‚Pranayama' oder im Taoismus der Umgang mit dem ‚Chi', der Lebensenergie, die im Mittelpunkt taoistischer Atemübungen steht. Auch im Christentum wurde schon bei den Mönchen der Ostkirche mit dem Atem beim kontemplativen Beten bewußt gearbeitet. So heißt es in der ‚Philokalie', einem Buch, das vom Gebetsleben der Mönche berichtet: „Wenn du dich also in deiner Zelle niederläßt, sammle deinen Geist, binde ihn an den Atem, durch den die Luft in dich einströmt, führe ihn durch dein Einatmen in deine Mitte und lasse ihn dort."[183] In der 118. Rede von Buddha heißt es: „Ein- und Ausatmung, ihr Mönche, bedachtsam geübt und gepflegt, läßt hohen Lohn erlangen, hohe Förderung. Ein- und Ausatmung, ihr Mönche, lassen die vier Pfeiler der Einsicht zustande kommen."[184]

a. Der Atem als Übungsobjekt

Beim Atmen ist der einzelne an den großen kosmischen Rhythmus angeschlossen, in Form des Sichöffnens und -schließens oder des Einholens und Hergebens beim Einatmen und Ausatmen. Wir setzen uns entspannt und lassen unseren Atem kommen und gehen, so wie er will. Ohne den Atmen zu manipulieren folgen wir ihm mit großer innerer Aufmerksamkeit. Wir schauen zu, wie ‚es' atmet. Fließend soll der Atem sein, beim Einatmen lassen wir den Atem kommen, beim Ausatmen lassen wir ihn los und in der kurzen Pause dazwischen werden wir eins mit dem

Atem. Es gibt hierbei kein Schema, wie es etwa von verschiedenen Atemschulen gelehrt wird. Der Atem geht ganz von selbst und soll so gehen, wie er geht. Beim Einatmen fällt der Atemstrom in den Bauchraum, in den ‚Hara', wie man im Osten sagt. Das Ausatmen sollte etwas länger sein, als das Einatmen. In dieses Ausatmen können wir uns vertrauensvoll hineinbegeben. Es ist auch eine Hilfe, unser festgehaltenes Ich eher loszulassen.
Nach dem Ausatmen entsteht eine kleine Pause. In dieser Pause erfahren wir die Ruhe und können in unser Innerstes hineinhorchen.
Nach einiger Übung kommt der Zeitpunkt, da unser Bewußtsein nur noch Atem ist. Dann gibt es nur noch diesen einen Atemzug, nur diesen Atemzug, nicht den vorher und nicht den nachher. Dann sind wir über den Atem ins Erleben und Erfahren des gegenwärtigen Seins vorgestoßen. Der Zeitpunkt ist da: Wir beginnen unser tiefes Sein zu erfahren, in Ruhe und großer Klarheit.
Sobald wir merken, daß wir durch Gedanken von der Konzentration auf den Atem abgezogen werden, kehren wir zur Aufmerksamkeit auf den Atem zurück.
In der 118. Lehrrede von Buddha[185] heißt es: „Bedächtig atmet der Mönch ein, bedächtig atmet er aus. Atmet er tief ein, so weiß er, ‚ich atme tief ein', atmet er tief aus, so weiß er ‚ich atmet tief aus'; atmet er kurz ein, so weiß er ‚ich atme kurz ein', atmet er kurz aus, so weiß er ‚ich atme kurz aus'."
Diese Atemübung wird täglich wiederholt. Es dauert einige Zeit, bis man sich dem Atem hingeben kann, um die eigene Tiefe zu erfahren.

b. Schwierigkeiten mit dem Atem

Sie können anfangs auftreten, wenn man aus dem Atemrhythmus kommt oder ihn manipulierten möchte. Eine Hilfe ist, sich zunächst nicht um den Atem zu kümmern. Worte, die zum Atem gedacht werden, können uns auch unabhängig vom Atem begleiten.

c. Zählen beim Atmen

Im Zen wird empfohlen, den Atem zu beobachten, indem man den Atem zählt und zwar von 1-10. Dann beginnt man wieder bei 1. Herumstreunende Gedanken, die in das Bewußtsein dringen, kommen so zur Ruhe, indem man wieder bei 1 beginnt.

C. MIT DEM WORT - MANTRA - SHABDA

Unter einem Wort, im Osten auch Mantra genannt, versteht man bestimmte Silben oder Wörter als Laut- und Tonfolge. Ihre Aufgabe beim mystischen Versenkungs-

weg ist es, unseren Geist zu beruhigen und zu zentrieren. Dadurch wird verhindert, daß zuviel Material aus dem Unterbewußtsein aufsteigt und das Tagesbewußtsein überschwemmt.
Andere Disziplinen zielen auf eine psychische Wirkung ab.
Das Wort Mantra besteht aus zwei Anteilen: „Man", was soviel wie Geist bedeutet und „tra", worunter Projektion zu verstehen ist. Ein Mantra hat im Osten eine tiefere Bedeutung als etwa ein Wort. Es wird vom Meister gegeben und wird nach bestimmten Angaben gebraucht, etwa Sequenz oder Tonhöhe der Worte. Das Rezitieren eines Mantras kann auch, wie im tibetischen Buddhismus, einhergehen mit Visualisationen und bestimmten Körperhaltungen (Mudras). Im Christentum kennen wir etwa vergleichsweise das Gebet des Rosenkranzes, das ebenfalls eine Aneinanderreihung von Worten bedeutet, die schweigend oder leise gemurmelt werden, in bestimmter Haltung der Hände zu den Perlen des Rosenkranzes.
Aus dem Sanskrit kommt der Begriff ‚Shabda', der die innere Klangschwingung eines hörbaren Klanges bedeutet, die transzendenter Natur ist und deren Kraft Erleuchtung vermittelt.
Durch die Konzentration auf ein Wort oder Mantra wird über den Geist das Bewußtsein vereinheitlicht, angehoben bis zum Durchbruch in den transpersonellen Raum, wo Erleuchtung erfahren wird.

a. Geeignete Worte

„Ein Wort, wirklich erfahren, übertrifft Millionen Jahre der Übung."[186]

Als Worte eignen sich kurze Worte. Jede mystische Tradition hat ihr eigenes Vokabular. Beispiele aus der christlichen kontemplativen Gebetstradition sind sogenannte ‚Heilige Worte', wie ‚Gott', ‚Jesus', ‚Christus', ‚Liebe', ‚Friede', ‚Amen'; im Buddhismus ist das Mantra ‚Om' sehr bekannt, im Zen das Wort und Koan ‚Mu', im Judentum das Wort ‚Schalom'. Das Mantra ‚Om' liegt nach buddhistischer Auffassung als spirituelle Kraft allem Geschaffenen zugrunde.
Auch ganze Sätze können verwendet werden, etwa Zeilen aus dem Vaterunser oder aus den Psalmen. Vom Jesusgebet kennen wir den Satz "O Herr, komm mir zu Hilfe, Herr eile mir zu helfen!" Ein bekanntes Mantra aus dem Osten ist: "Om mani padme hum" (O Kleinod in der Lotosblüte).
Wer in keiner religiösen Tradition steht, kann neutrale Worte wählen, zu denen er innerlich einen Bezug hat, etwa ‚Liebe', ‚Sonne', ‚Harmonie', ‚Vertrauen', ‚Friede' oder ‚Freude'. Der religiös Orientierte wird das Wort auch als Gebet verstehen.

b. Technik

Die Worte werden lautlos innerlich wiederholt, also andauernd in Gedanken gesprochen, ohne über den Wortinhalt nachzudenken. Das Aussprechen des Wor-

tes soll mit Hingabe und Liebe erfolgen. In der christlichen Mystik wurde dafür der Begriff ‚ruminatio', was soviel wie ‚Wiederkäuen' bedeutet, verwendet. Das Wort ist nicht nur zu Übungszeiten, sondern auch tagsüber unser innerer Begleiter, etwa während der Arbeit. Es gibt uns Ruhe und Frieden im Alltag.
Der Schreiber der Wolke des Nichtwissens[187] spricht vom ‚Aufladen' des Wortes. Man kann sich kurzzeitig vorstellen, wie die Liebesenergie des Herzzentrums in das Wort einströmt. Wer über freiwerdende Kundalini-Energie verfügt, kann die Energie über den Mittelkanal (Sushumna) in das Wort einfließen lassen und das Wort damit kraftvoll machen.

c. Wort und Atem

Das Wort soll sich nach dem Atem richten, es darf den Atemrhythmus nicht bestimmen. Anhand von wenigen Beispielen soll erläutert werden, wie Einatmen und Ausatmen mit dem Wort bzw. Satz einhergehen.

- Beispiel für: „Amen"
    - Einatmen: „A-„
    - Ausatmen: „-men"
- Beispiel für: „Schalom"
    - Einatmen: „Scha-„
    - Ausatmen: „-lom"
- Beispiel für: „Jesus Christus, erbarme dich meiner." (aus dem Herzjesusgebet)
    - Einatmen : „Jesus Christus"
    - Ausatmen: „erbarme dich meiner."
- Beispiel für: „Om mani- padme hum"
    - Einatmen: „Om mani-"
    - Ausatmen: „padme hum"

Wer mit dem Atem Schwierigkeiten hat beim Wiederholen der Worte nach dem Atemrhythmus, soll die Worte wiederholen, ohne auf den Atem zu achten. Automatisch stellt sich eine Beziehung zwischen Atem und Wort her. Bei aufkommenden Gedanken kehren wir immer wieder zu unserem Wort zurück.

d. Einswerden mit dem Wort

Wir werden eins mit dem Wort, wenn unser Bewußtsein vollständig von dem Wort eingefangen ist und kein anderer Gedanke, kein Konzept und keine Idee im Bewußtsein auftreten kann. Ab einem bestimmten Zeitpunkt verschwindet dann auch das Wort, so, als ob man sich in dem Wort auflöst. In diesem Moment erfahren wir das Einssein mit dem Wort. Es ist ein Einswerden mit unserem innersten Grund, dem All-Seienden.

e. Zitate für den Gebrauch des Wortes

- Aus den Veden: „O Herr, du hast uns offenbart Deine Heilige Silbe ‚Om', die eins ist mit Dir. In deinen Händen ist sie die Waffe, die alle Unwissenheit zerstört. Du, der du uns beschirmst, die wir dich anbeten, verhüll' nicht Deine huldvolle Gestalt vor uns. [...]"[188]
  „Wende Sinne, Gedanken und Gefühle nach innen zum Herzenslotos. Meditiere über Brahman mit Hilfe des Lautes ‚Om'. Überquere die gefahrvollen Strömungen des Ozeans der Weltlichkeit mit dem Fahrzeug Brahmans - der Heiligen Silbe ‚Om'."
- Aus dem Zen-Buddhismus: „Konzentriert die ganze Energie auf ‚Mu'. Mit ‚Energie' meine ich nicht die physische Energie, sondern die geistige Energie, die nötig ist, um von ‚Mu' nicht abzulassen. Während ihr mit ‚Mu' übt, muß euch ‚Mu' unablässig bewußt bleiben. [...]"[189]
  „Tut dies mit aller Kraft bis zum letzten Ende! Und was ist das Ende? Das ist natürlich nichts anderes als die Erleuchtung selbst. Bleibt beharrlich dabei, bis ihr es erreicht habt.[...] Diese Übung führt zur Erfahrung des Satori, also zur vollkommenen Freiheit."
- Aus dem Christentum: „Am Anfang war das Wort und das Wort war bei Gott, und Gott war das Wort."[190]
  „Nimm ein kurzes einsilbiges Wort, eines mit einer Silbe ist besser als mit zwei Silben.[...] Verankere dieses Wort fest in deinen Herzen, damit es bei dir ist, was auch immer kommen mag."[191]
- Aus der Naturwissenschaft: Wichtig ist beim Umgang mit dem Wort die hohe geistige Konzentration, die aufgebracht werden muß, für das Einswerden mit dem Wort, um den Durchbruch zu erreichen.
  Interessant ist in diesem Zusammenhang die naturwissenschaftliche Interpretation, daß durch die geistige Energie der Konzentration, über die Anregung von Epiphyse und Hypophyse, ein Einbruch in die spirituellen Felder erfolgt, sei es, daß sie als Quantenfeld, 4. Dimension, Aurafeld oder Attraktorfeld 1000 bezeichnet werden[192].

D. LIEBENDES AUFMERKEN- SHIKANTAZA - SCHAUEN INS NACKTE SEIN

In den mystischen Versenkungswegen aller Religionen ist diese Methode bekannt. Hierbei geht es letztlich um die Erfahrung der Leerheit. Als Beispiel kann man sich einen See vorstellen, in dem Fische schwimmen. Um in den Grund zu sehen, schauen wir an allem vorbei, halten an nichts fest, nicht an den Fischen, den Pflanzen oder sonstigem. Wir identifizieren uns nicht damit, wir schauen nur in die Tiefe, wir binden uns an nichts.

In der mystischen Tradition ist diese Methode benannt als:

- ‚Schauen ins nackte Sein', wie sie in der Wolke des Nichtwissens von einem unbekannten christlichen Schreiber genannt wird. Unter ‚nacktem Sein' können wir Gott, Leere, Brahman, oder absolutes Bewußtsein, also die höchste Realität, das All-Seiende, verstehen.
- ‚Liebendes Aufmerken', wie sie von Johannes vom Kreuz bezeichnet wird.
- ‚Shikantaza', wie sie im Zen genannt wird, bedeutet nur reines Sitzen.
- Dogen Zenji definiert sie als das Verweilen in einem Zustand gedankenfreier, hellwacher Aufmerksamkeit, die auf kein Objekt gerichtet ist und an keinem Inhalt haftet.
- ‚Wu-wei' heißt sie im Taoismus, was Nichtstun oder absichtsloses Handeln bedeutet.
- ‚Maha Mudra' (großes Siegel) wird sie im tibetischen Buddhismus genannt.

Willigis Jäger gibt in seinem Buch ‚Sinn des Lebens' Anleitung zu folgender Übung:

- Versuche in den Raum um Dich zu lauschen. Lauschen, nicht denken. Es ist mehr ein Spüren. Lausche in die Stille, höre die Stille. Stelle Dir einen 360 Grad Raum vor, in dem Du sitzt. Alle Geräusche und Geschehnisse sind punktuell in diesem Raum, aber nicht in Dir.
- Stelle Dir vor, es umgibt Dich ein Heiliger Raum. Wo Du auch gehst und stehst, Du bist in einem Heiligen Raum.
- Sobald ein Gedanke erscheint, lasse ihn wieder los und gehe zurück zum Lauschen und Spüren.
- Lausche mit großer Erwartung, ohne etwas Bestimmtes zu erwarten. Schaue nicht vom Kopf her, sondern mit Deinem ganzen Sein.
- Praktiziere diese Übung auch unter Tags, spüre ins Sein hinein. Versuche diesen Zustand manchmal mit weit offenen Augen zu erreichen.
- Übe ohne Anstrengung. Anstrengungslosigkeit ist noch schwerer zu erreichen als Entspannung. Es erfordert lange Übung, mühelos nur da zu sein. Um nichts muß gekämpft oder gerungen werden.

E. DAS ÜBEN ALS VORBEREITUNG

Am Ende diese Kapitels muß das Üben nochmals betont werden: Sinn des Übens ist nur die Vorbereitung, ein Bereitmachen und Sich-Öffnen dafür, daß ‚ES' geschehen kann.

F. ORGANISATIONSFORMEN DES ÜBENS

a. Ablauf einer Sitzrunde

In der Regel dauert eine Sitzübung 25 Minuten. Ungeübte sollten mit kürzeren Zeiten beginnen. Dösen und Träumen sind auszuschließen. Zu Beginn der Übung bleiben wir vor unserem Sitz einige Zeit stehen, um uns zu sammeln. Hierbei gilt das oben unter ‚Stehen' Gesagte. Dann verneigen wir uns und lassen uns auf dem Sitz nieder. Anschließend beginnen wir mit der Übung. Welche Art der Übung wir nehmen, ob mit dem Atem, einem Wort oder dem Sitzen in der Stille hängt davon ab, was uns am meisten anspricht. Anfangs kann man alle Möglichkeiten probieren, jedoch sollte man sich für eine entscheiden und diese auch beibehalten. Eine Absprache mit dem Lehrer oder Meister ist vorteilhaft. Wer alleine übt, sollte sich mit einer Weckuhr die Zeit stellen.

Nach Beendigung der Übungszeit stehen wir auf, kommen zum Stehen und verneigen uns. Dies sollte langsam geschehen. Wenn die Füße eingeschlafen sind, bleibe man sitzen und massiere sie. Nach der Verneigung empfiehlt es sich, fünf Minuten in gesammelter Haltung zu gehen, bevor eventuell ein zweiter Übungszyklus angeschlossen wird.

Zusammenfassend noch einmal der Ablauf: Stehen (Sammlung) – Verneigung – Setzen - 25 Minuten Übung - Stehen (Sammlung) – Verneigung – Gehen.

b. Tagesablauf eines Kurses oder Sesshins (Zen)

Kurse bedeuten ein vertieftes Üben unter Anleitung eines Lehrers oder Meisters. Im täglichen Gespräch des Übenden mit dem Leiter kann auch auf alle auftretenden Schwierigkeiten und eventuelle Probleme eingegangen werden. Durch Vorträge erfolgt eine Vertiefung des Wissens.

Wer in einer Gruppe übt oder einen Kurs belegt hat, für den gilt im Prinzip dasselbe, wie gerade beschrieben. Die Einzelübungen sind jedoch eingebettet in einen Rahmen, der im Prinzip immer derselbe ist. Er kann zeitlichen Schwankungen unterliegen; so gibt es in Japan Schulen, wo bis zu 45 Minuten gesessen wird.

Eine besondere Erfahrung ist auch das Üben in einer Gruppe von Gleichgesinnten, in der sich jeder integriert fühlt und auch über private, persönliche Probleme oder spirituelle Krisen sprechen kann. Ein breites Angebot liegt in Bildungshäusern, Häusern der Erwachsenenbildung oder in Klöstern vor. In vielen Städten haben sich Gruppen auf privater Ebene gebildet, die sich in regelmäßigen Abständen zum Üben treffen.

5. Integration der Übung in den Alltag

Unser ganzes Leben soll zur Übung werden. Der Zustand der reinen Geistesgegenwart und Achtsamkeit soll dauernd aufrecht erhalten werden, die Trennung zwischen diesem Zustand und dem Alltag soll überwunden werden. Dies erfordert Übung.

Tenzin Wangyal[193] empfiehlt ein schrittweises Vorgehen der Einübung. Es geht um die Integration der:

- körperlichen Aktivitäten: Während wir einfache Übungen ausführen, etwa das Heben einer Hand, bleiben wir im klaren Geisteszustand, den es in der Bewegung aufrechtzuhalten gilt. Dann kann man übergehen zu Bewegungen, die komplexer sind z.B. gehen, essen, tanzen, etc.
- Aktivitäten der Stimme: Zunächst sind einfache Übungen, die in der Übungspraxis integriert sind, zu vollziehen. Es geht um die Beibehaltung eines klaren Geisteszustandes bei der Rezitation von Mantren oder spirituellen Texten, oder beim Singen von Liedern. Auch äußere Geräusche werden integriert, so das Bellen eines Hundes, vorüberfahrende Autos, redende Menschen. Zu einem späteren Zeitpunkt werden auch negative Handlungen wie lügen, klatschen, beleidigen oder streiten in den klaren Bewußtseinszustand integriert.
- Aktivitäten des Geistes: Diese sind am schwierigsten. Es geht hier um die geistige Klarsicht bei Phänomenen wie der Durchdringung der Gedanken mit dem klaren Geisteszustand und der Ablenkung des Geistes durch Gedanken. Es geht darum, neuen Gedanken nicht zu folgen, keine neuen Gedanken zu produzieren und nicht zuzulassen, daß Gedanken uns beeinflussen[194].

  In mystischen Traditionen, die in der Vorstufe mit Visualisation arbeiten, geht es um die geistige Klarsicht der Visualisation.

  Auch die Integration von nicht-tugendhaften Aktivitäten des Geistes, im Buddhismus etwa die 5 Gifte (das Haften an Dingen oder Personen, Haß, Stolz, Eifersucht, Unwissenheit)[195] fallen darunter.
- Integration von Leidenschaften: Der klare Geisteszustand muß in alles integriert werden, auch in unsere Leidenschaften und Abhängigkeiten. Damit wird jede Aktivität unseres Körpers rein und tugendhaft, da sie von Klarsicht getragen wird.

  Tenzin Wangyal betont, daß es wichtig ist, den „klaren Geisteszustand", die „Präsenz", wie er es ausdrückt, wirklich in die Aktivitäten zu integrieren und nicht nur zu glauben, wir seien „präsent". Auch muß man sich gewahr sein, daß eine Kontinuität der Präsenz besteht. Dies erfordert Achtsamkeit. Er schreibt: "Gelingt es uns, die Praxis der Integration zu meistern, würde auf der Welt niemand mehr verletzt werden, weil wir uns alle in einem nichtdualen Zustand befinden würden."

6. Begleitende Maßnahmen

A. DAS BEIBEHALTEN EIGENER LEBENSPHILOSOPHIEN

Obwohl jede Religion einen mystischen Weg hat, ist doch der mystische Weg selbst transkonfessionell, also frei von jeglicher Gebundenheit, etwa an eine Konfession oder Glaubensrichtung. Jeder kann ihn gehen, sowohl der sogenannte Atheist, als auch der Gläubige, da die Wahrheit unabhängig von jeglicher Weltsicht und Religion besteht. Jeder, der einen mystischen Weg geht, muß für sich entscheiden, inwieweit er den mystischen Erkenntnisweg und die gewonnenen Erfahrungen mit seinem religiösen Glauben oder seiner Weltsicht verbindet. Geschieht dies, so erfahren in den meisten Fällen die Glaubensinhalte eine Vertiefung und eine Neuinterpretation aufgrund der eigenen Erfahrung. Dieses vertiefte Verständnis der ewigen Wahrheit kann auch eine verstärkte Religionszugehörigkeit mit sich bringen. Wer als sogenannter ‚Religionsloser' oder ‚Atheist' einen mystischen Weg geht, wird die Erfahrungen eines tragenden Grundes für sich selbst innerhalb seiner eigenen Weltsicht interpretieren.

B. DAS BEIBEHALTEN EIGENER RELIGIÖSER GLAUBENSINHALTE

Bei Kursen der mystischen Versenkungswege findet sich meistens ein freiwilliges Angebot zur Teilnahme am ‚Gottesdienst' mit Gebeten und Ritualen der jeweiligen Religion.

Es ist die Feier des All-Seienden, seine Verehrung, im Kontext des jeweiligen kulturellen Hintergrundes. Allen Kulturen gemeinsam ist das Grundbedürfnis des Menschen zu danken, zu feiern und in Gebet und Gesang, Ritual oder Tanz diesem Bedürfnis Ausdruck zu verleihen. Gebete, Gesänge, Zeremonien und Rituale wirken erhebend und beglückend auf die menschliche Psyche, Seele und Herz werden emporgehoben in die Nähe und Gegenwart des All-Seienden.

C. NATURWISSENSCHAFTLICHE BETRACHTUNGSWEISE

Gerade in der heutigen Zeit suchen immer mehr Menschen im Westen nach einem Ausgleich gegenüber dem vorwiegend von der Ratio geprägten Lebensstil und Denken. Auch Naturwissenschaftler befassen sich vermehrt mit dem transpersonellen Bereich. Im Zusammenhang mit den Ausführungen im letzten Abschnitt ist es interessant, wie Sheldrake und Fox[196] sich mit Hilfe von Energiefeldern um eine

rationale Erklärung für die spirituellen Bereiche, wie Gebet und Ritual, bemühen. Hier können nur einige allgemeine kurze Anmerkungen und Anregungen zum Eigenstudium geben werden:
Sheldrake ist der Auffassung, daß jedes Wesen umgeben ist von einem morphogenetischen Energiefeld, das seine Entwicklung bestimmt. Das Gesetz der Resonanz besagt, daß gleiche Felder miteinander in Resonanz treten können. Da jede Bewußtseinsebene durch ein bestimmtes Energiefeld[197] charakterisiert ist, bilden wir durch unsere Übung in den spirituellen Dimensionen Felder aus, die in Resonanz treten können zu bereits existierenden Feldern. Gebet und Verehrung wären demnach Methoden, über Wort und Hingabe in Resonanz zu solchen bereits existierenden kosmischen Feldern zu treten, die vielleicht auch von den großen spirituellen Genies, Meistern und Lehrern getragen werden.
Dasselbe gilt auch für Rituale. Rituale werden als symbolische Handlungen vollzogen, haben die Kraft, Veränderungen im Bewußtsein hervorzurufen und werden zur Quelle der Manifestation dieser Kraft. Durch ein Ritual bauen wir Felder auf und treten in Resonanz mit bereits existierenden Feldern. Jede Wiederholung bedeutet eine Verstärkung des Feldes. So bringen uns Rituale in Kontakt mit den transpersonalen Seinsebenen, die den Sinnen und dem Verstand verborgen sind. Räume, in welchen Rituale durchgeführt werden, etwa Gottesdienste in der Kirche, in Tempeln, Synagogen oder Moscheen, an Gebetsstätten, Zendos oder auch an Wallfahrtsorten, werden durchflutet von den höheren Energien dieser Felder. Ein Besucher kann durch demutsvolle Hingabe und unerschütterlichen Glauben mit diesen höheren Energien in Resonanz treten und, je nach Intention, Heilwirkung oder Bewußtseinsveränderungen erfahren.
So ist es nicht verwunderlich, daß alle Religionen Rituale für alle Lebensstufen und Krisen haben: Geburt, Pubertät, Heirat, Tod, Not, Trauer und Unglück. Bei den Stammesreligionen werden sie begleitet von Trommeln, Gesängen und Tänzen, die für sich selbst bereits eine Bewußtseinsveränderung hervorrufen können. Ein Ritual verbindet die individuelle Psyche mit den höheren Bewußtseinsfeldern und ist damit Schlüsselfaktor für die psychische Entwicklung, da die innere Wahrnehmungsfähigkeit für ein spirituelles Erwachen empfindsam gemacht wird.

7. Hindernisse auf dem mystischen Versenkungsweg

„Täuschende Gedanken und Gefühle sind grenzenlos, ich gelobe, sie alle zu lassen." [198]

A. HINDERNISSE

Hindernisse zersplittern unsere Kräfte und halten uns davon ab, das zu tun, was wir beabsichtigen. Hindernisse können sein: Skepsis, Vorurteile im Denken und Empfinden, Trägheit, Schläfrigkeit, Rastlosigkeit, Vergeßlichkeit, Zersplitterung im Tun und Denken, Oberflächlichkeit, aber auch Leibesschwäche und Gefühle wie

Trauer, Zorn, Lachen, sinnliche Begierde, Aggression, Wut, Langeweile oder Angst. Der Wüstenvater und Mönch Cassian[199] hat für seine Schüler einen Acht-Laster-Katalog zusammengestellt: Gier nach Essen und Trinken, sexuelle Zügellosigkeit, Geldgier, Zorn, Trübsinn (tristitia), Überdruß (acedia), Geltungssucht und Hochmut. Auch für den Mystiker, der den letzten Seinsgrund erfahren möchte, ist das Ich das größte Hindernis, da es mit seinen Konzepten, Gedanken, Wünschen und Emotionen den Geist besetzt und damit den Zugang zu den Dimensionen des Allbewußtseins versperrt. Die Entwicklung des Ich war für das Überleben und die Evolution des Menschen notwendig. Es ist ein Koordinations- und Aktionszentrum in der Raum-Zeit-Dimension des Menschen. Zur Bewältigung des Alltags muß sich der Geist mit den Gegebenheiten des Alltags identifizieren, mit Objekten, Gedanken und Gefühlen. Jedoch in dem Moment, wo wir den reinen Geist, das All-Seiende, erfahren wollen, muß das Ich schweigen, so daß der absolute Geist durchscheinen kann, der leer, ohne Farbe, Form und Inhalt erfahren wird.

a. Umgang mit Gedanken

Ein Gedanke dauert nur einen flüchtigen Augenblick. Wir greifen ihn aus dem Meer der Gedankenschwingungen, in dem wir uns andauernd bewegen, auf. Wenn wir nach dem Gedanken greifen, indem wir ihn beurteilen, annehmen, fürchten, abweisen oder herbeiwünschen, werden wir von dem Gedanken besetzt. Wir reagieren emotional und mental darauf. Meist folgt eine Kette von Handlungen.
Bei unserer Übung muß dieser Prozeß unterbunden werden. Das bedeutet für die Übungspraxis, daß wir während der Übung aufkommenden Gedanken und Emotionen keine Bedeutung beimessen und sie aus unserem Bewußtseinsfeld für die Zeit der Übung entfernen. Aufkommende Gedanken registrieren wir nur, wir gehen nicht in sie hinein, dafür füllen wir unser Bewußtsein ausschließlich mit der Konzentration auf unser Übungsobjekt: auf Atem, Wort, Schritt oder leeren Raum. Denn das Bewußtsein kann immer nur an einem Ort, mit einer Sache, beschäftigt sein, und wenn etwa ein Wort mein Bewußtsein besetzt, haben keine anderen Gedanken darin Platz. Deshalb kehren wir immer wieder zu unserem Übungsobjekt zurück, wenn Gedanken auftauchen. Anfangs ist dies nicht leicht, später, wenn die geistige Konzentration zunimmt, läßt der Fluß der Gedanken langsam nach. Es muß betont werden, daß dies kein Verdrängen von Gedanken und Gefühlen ist. Gedanken und Gefühle dürfen sein, nur in den Zeiten der Übung haben sie zu schweigen.
Neurologen sagen, daß im Gehirn unsere gesamten Erfahrungen und auch weitgehend unsere Persönlichkeitsstruktur in Form von Engrammen in den Nervennetzen als Muster gespeichert sind[200]. C. H. Waddington[201] hat zur Verdeutlichung den Begriff ‚epigenetische Landschaft' geprägt, deren Berge und Täler unsere geistigen Strukturen im Gehirn wiedergeben. Je tiefer die Täler (Chreoden, wie er sie nennt) eingeschnitten sind, umso fester verankert sind unsere Lebensmuster und umso schwerer ist es, die festgefahrenen Bahnen zu verlassen. Immer wieder tendiert der Geist dahin, sich mit den eingefahrenen Mustern zu identifizieren und

sich von ihnen voll in Beschlag nehmen zu lassen, umso stärker, wenn eine gewisse Gefühlsbetontheit hinzukommt. Der Ichtod in der Mystik bedeutet die Fähigkeit, von allen unseren Konzepten und Mustern loszulassen und das Ich in einen größeren Bewußtseinsrahmen hineinzustellen. Im Laufe der Übung gelingt dies immer besser, da die geistige Konzentrationskraft durch das Üben zunimmt.
Damit einher geht die Erfahrung, daß wir Gedanken und Gefühlen nicht willenlos ausgesetzt sind, sondern daß wir selbst bestimmen können, was wir denken. Indem wir uns vom Diktat der Gedanken und Gefühle frei machen, werden wir zum ‚Meister' unseres Lebens, gehen über zur Selbstbestimmung und Verantwortung unserer Gedanken. Dies ist ein wesentlicher Schritt auch in unserer geistig-seelischen Entwicklung. Gedankenkontrolle ist Thema vieler spiritueller Wege, so etwa im Raja-Yoga. Sie ist jedoch beim mystischen Versenkungsweg nicht Selbstzweck, sondern Grundbedingung.

b. Umgang mit Gefühlen, Emotionen und Leidenschaften

„Alles Leid kommt von der Liebe zu dem, was mir der Schaden genommen hat. Habe ich Leid um vergängliche Dinge, so habe ich und hat mein Herz noch Liebe und Hang zu vergänglichen Dingen und habe ich Gott nicht von meinem ganzen Herzen lieb und liebe noch nicht das, was Gott von mir und mit sich geliebt haben will.“[202]

Gefühle und Emotionen folgen den Gedanken, können aber auch spontan entstehen oder von außen aufgenommen werden. Der Unterschied zwischen Gefühlen und Emotionen besteht in der Stärke. Emotionen sind heftiger und verwickeln Geist und Körper intensiver.
Die moderne Psychologie akzeptiert die Befriedigung der fundamentalen Instinkte des Menschen. In der Mystik und in vielen spirituellen Wegen werden die Sinne und ihre Tätigkeit ebenfalls als Ausdruck der Göttlichkeit betrachtet und sie weisen auf den richtigen Umgang mit den Gefühlen hin.
Im Shodoka steht: „In der Tat, wer die Sinneswelt nicht haßt, ist eins mit der wahren Erleuchtung.“[203]
Die Sinne, die im Buddhismus Skandhas genannt werden, bereiten Vergnügen. Das Vergnügen der Berührung nach liebevoller Umarmung, das Objektbedürfnis, ist mit dem Tastsinn verbunden. Die anderen Vergnügen sind das Vergnügen des Sehens, das Vergnügen des Schmeckens, des Hörens und des Riechens. Dies sind auch die ersten Informationen des kindlichen Geistes, und durch den Kontakt mit der Mutter werden in der Kindheit diese Instinkte entwickelt. Ein Teil der Ich-Struktur basiert auf diesen Vergnügen und ihrer Entsagung.
Psychologen behaupten, daß durch Entsagen negative Faktoren entstehen können, etwa Gewalt, Haß, Eifersucht, Zerstörung, und sind der Ansicht, daß es für ein glückliches Leben wichtig ist, diese natürlichen Instinkte zu akzeptieren und auch zu leben. Da jedoch Instinkte und Triebe den Menschen sehr plagen können, bis hin zur Sucht, und ihn Denken und Gefühle voll in Besitz nehmen können, geht es um einen richtigen Umgang mit Gefühlen.

Die spirituellen Psychotherapien und Wege zeigen Möglichkeiten auf, mit Gefühlen umzugehen: Sie sollen nicht unterdrückt werden, sondern vielmehr bewußt gesehen und ‚ausgehungert' werden. Dieser Prozeß des Sehens und Aushungerns „reißt die ganze Struktur des menschlichen Geistes nieder" und gewährt so spirituelle Befreiung. Für den Übenden ist es eine Methode, nach der er auch von Fall zu Fall entscheiden kann, wie er mit Gefühlen umgeht.
Auch spirituelle Psychotherapeuten arbeiten mit dieser Methode, so Roberto Assagioli[204] in der Psychosynthese und Viktor Frankl[205].
Das Erfüllen der Wünsche bedeutet, ihnen immer mehr Bewußtsein zu geben. Sie verhungern zu lassen bedeutet, sie und die Struktur des Ichs zu schwächen und abzubauen. Wenn ich meine Gefühle und Wünsche sehe und erfahre, aber nichts tue, und es ablehne sie zu erfüllen, wird ihr Einfluß schwächer. Die reine Energie der zugrundeliegenden Emotion wird frei und kann transformiert werden.
Auch Willigis Jäger gibt ähnliche Empfehlungen, wenn er schreibt: „Gefühle anerkennen und akzeptieren, nicht verdrängen, sie anspüren und nicht ausagieren. Nicht sofort reagieren, auch nicht werten, sie nur gelassen anschauen. Sich der Gefühle bewußt werden: z.B. ich bin mir bewußt, daß ich jetzt wütend, eifersüchtig usw. bin. So soll man im Falle von Wut voll wach wütend sein, dann hellt sich die Wut auf. Ja sagen zur Wut. Es ist meine Wut, meine Eifersucht. [...] Letztlich geht es darum, daß das Gefühl nicht das Bewußtsein beherrscht. Es geht um eine nüchterne Bestandsaufnahme, um ein reines Beobachten in hoher Achtsamkeit, wobei man zum Zuschauer der Abläufe wird. Dadurch verliert die Emotion an Kraft und Heftigkeit, jedoch nicht an menschlicher Wärme."[206]
Allein die bloße Feststellung der Gefühlsqualität: angenehm, unangenehm, neutral, freudig, leidig, weder freudig noch leidig, hilft, daß wir uns nicht besetzen lassen von den Gefühlen. Buddha sagt: „Bei jedem Gefühl, das man erfährt, legt man sich Rechenschaft darüber ab, welcher Art dieses Gefühl ist: ein Lustgefühl oder ein gleichgültiges Gefühl, oder ein fleischliches Gefühl.[...] So sinnt man dauernd nach über seine Gefühle und betrachtet sie von innen und außen. Man sinnt darüber nach, wie die Gefühle gesetzmäßig entstehen, und wieder vergehen und verweilt dabei. Man hält sich frei von Anhänglichkeit und haftet an nichts in der Welt."[207]
Diese Art vom Umgang mit Gefühlen eignet sich nicht nur in unserer Übungspraxis, sondern in allen Lebenslagen. Wir gewinnen mehr Souveränität in der Entscheidung, wieweit und ob wir die Gefühle ausleben wollen oder nicht.
Das Gesagte gilt auch im Umgang mit allen Leidenschaften. Im Mahayana-Buddhismus werden die Klesas (die Leidenschaften) nicht zerstört, sondern durch die Erleuchtung umgewandelt. „Ohne Augen und Ohren vor der äußeren Welt zu verschließen, kann man unmittelbar Buddhaschaft erlangen" heißt es bei Hui Neng. Im tantrischen Buddhismus übt der Meditierende, furchterregende und feindliche Erscheinungen als Bedrohung für das Ich zu überwinden; die im Wesen reinen Energien sind frei von Negativität. Eine Tantrikerin des 8. Jahrhunderts lehrte: „Anmutige, heroische, furchterregende, mitfühlende, wütende und friedliche Handlungen, sowie Leidenschaft, Ärger, Gier, Stolz und Neid - all dies ist ohne Ausnahme die vollkommene Gestalt der reinen, sich selbst erhellenden Weisheit."[208]
Wut und Zorn werden auf dem spirituellen Pfad nicht vollständig beseitigt, weil

es bisweilen auch notwendig ist, eine zornige Erscheinungsform zu wählen, um jemanden zu retten, zu befreien oder zu beschützen. So verkündet Chandamaharhoshana zum Beispiel seiner geliebten Dveshavajri, er trage seine Waffen, um Frauen vor den Männern zu beschützen, die ihnen Verehrung und Dienst versagen[209].

Auch jede Art spiritueller Sexualität ist bestrebt, Leidenschaften in solcher Weise zu verwandeln, daß ihre psychische Kraft zu Diensten des höchsten Zieles eingesetzt werden kann. So wird in der ‚Glückseligkeitslehre' des tantrischen Buddhismus Sexualität gewürdigt und im Bewußtsein überschritten. Jede Liebe erstrebt die Einheit und kann Führer auf dem Weg zur Erleuchtung sein. Indem die Erfahrung der Einheit ausgeweitet wird in die mystische Einheit, kommt es zu einer Identität mit dem gesamten Universum. Liebe gehört uns nicht, sie ist Teil der universalen Kraft, die durch uns hindurchwirkt.

c. Transformation der Energie

Durch diese Art des Umgangs mit den Gefühlen, Emotionen und Leidenschaften, kommt es zur Transmutation der Gefühle, da die Energie der Gefühle abgekoppelt wird und in andere Bereiche fließen kann. In der mystischen Praxis kommt es zu einer Vertiefung, Zentrierung und Einsammlung der Ich-Kräfte für die Übung des Versenkungsweges. Diese Energietransformation ist auch von den Bewußtseinsmodellen[210] her verständlich. Ken Wilber hat es formuliert, David Hawkins experimentell nachgewiesen und berechnet, Auraaufnahmen zeigen es: jede Bewußtseinsstufe besitzt eine bestimmte Ausprägung und einen definierten Energieinhalt. So auch die emotionale Schicht, deren Energie durch Gefühlsbewegungen stark aktiviert wird. Wird das Gefühl ‚ausgehungert', kann die freiwerdende zu Verfügung stehende Energie in eine höhere Bewußtseinsstufe fließen.

B. PHÄNOMENE WÄHREND DES VERSENKUNGSWEGES

a. Gesteigerte Phantasien – Visionen – Offenbarungen

Gesteigerte Phantasien und damit verbundene Erwartungshaltungen (etwa einer besonderen Auserwähltheit o.ä.) können pseudomystische Erfahrungen hervorrufen. Es kann dabei zu Visionen oder inneren Einsprachen kommen oder zur direkten ekstatischen Rede. Besonders fromme, religiös gebundene Menschen zeigen diese Phänomene. Auch können Enthüllungen von Heilszuständen und Voraussagen künftiger Ereignisse mit dem Auftrag, das Geoffenbarte der Öffentlichkeit weiterzugeben, stattfinden[211].

Mit solchen Visionen und Einsprachen muß sehr vorsichtig umgegangen werden, da sie meistens nur Projektionen von im Gehirn gespeicherten Glaubensinhalten

und Bilder der ‚inneren Leinwand' sind, oftmals gepaart mit persönlichen Wünschen und Hoffnungen.
Der größte Teil mystisch hochbegabter Frauen scheint ihre mystischen Fähigkeiten auf diese Weise kanalisiert zu haben, vor allem im Mittelalter, als die Frau kein Mitspracherecht in theologischen Fragen hatte. Die Erfahrungsberichte der Mystikerinnen sind voll von solchen pseudomystischen Zuständen. Hierbei geht es in den meisten Fällen um Erscheinungen, die ein Gefangensein in eigenen Bildern signalisieren und als solche dem Stadium 1 des mystischen Weges zuzuordnen sind. Dies zu wissen ist für die Frauen der heutigen Zeit wichtig bei der Suche nach einer weiblichen Spiritualität. Echte Mystik mündet in den raum- und zeitlosen Urgrund, der ohne Form, Bild und Wort ist, weder männlich noch weiblich. Wenn wir in unseren Erfahrungen an Form oder Bild haften, sind wir noch nicht am Ziel angelangt. Gerade Frauen, die einen spirituellen Weg gehen, sollten damit kritisch umgehen, zumal eine beginnende Wertschätzung von Frauenmystik dieser Art, etwa durch kirchliche Institutionen, die Frauen auf eine Vorstufe mystischer Erfahrung fixiert. Dies kann sie daran hindern, weiter vorzustoßen zur Tiefe des göttlichen Seins, um als Mystikerin in der heutigen Zeit zu wirken.
Die Mehrzahl derjenigen, die heute spirituelle Wege gehen, sind Frauen. Sicherlich gibt es spirituelle Wege für Männer und Frauen, die eher weiblich ausgerichtet sind, da sie eher die weiblichen Fähigkeiten im Menschen ansprechen. C.G. Jung u.a. betonen, daß beide Anteile, der männliche und der weibliche, sowohl im Manne als auch in der Frau entwickelt werden müssen. Aber wer einen mystischen Weg geht muß wissen, daß die höchste Stufe die Integration von männlichen und weiblichen Bestandteilen ist.

b. Makyo - Wunderkräfte (Siddhis)

Zen bezeichnet all diese Phänomene (Visionen, Einsprachen, sogenannte Offenbarungen) als Makyo[212], das in der ersten Stufe des Weges auftritt und für den Meister ein Hinweis ist, daß der Übende in die tieferen Dimensionen des Bewußtseins eingetreten ist. Ihnen wird keinerlei Beachtung geschenkt. Dasselbe gilt für alle Arten von Wunderkräften, im Osten ‚Siddhis' genannt. Im tibetischen Buddhismus sind Visualisationen von Gottheiten oder ‚Jidams' und Identifikationen mit ihnen Teile des Übungsweges, müssen jedoch, nachdem sie ihre Funktion erfüllt haben, zurückgelassen werden, um in das klare Licht zu gelangen.

c. Transpersonale Erfahrungen

„Nada te turbe"[213] *(„Nichts soll dich erschrecken")*

Auf dem Weg zur Einheitserfahrung kann es zu sogenannten transpersonalen Erfahrungen kommen.

Für den Mystiker haben sie keine Bedeutung, da er auf eine andere Ebene abzielt. Sie werden als Makyo, als Täuschungen und Illusionen, betrachtet, die den Übenden davon abhalten, zum Wesentlichen vorzustoßen. Da diese Erfahrungen vor allem den Unwissenden in ihren Bann ziehen können, ist es gut, über mögliche Erfahrungen zu hören, so daß sie im Falle ihres Auftretens schneller erkannt und überwunden werden können.

(1) MODELL DER BEWUSSTSEINSEBENEN VON KEN WILBER

Ken Wilber[214] ordnet transpersonale Erfahrungen den entsprechenden Bewußtseinsebenen zu:

- Auf der psychischen Ebene, sind es die Phänomene, paranormale Erscheinungen und Vorkommnisse, wie Astralreisen und außerkörperliche Erfahrungen, aber auch Vorformen meditativer Zustände, Kundaliniphänomene und das Wiedererleben der Geburt oder vorgeburtlicher Stadien. Auch fallen darunter vorübergehende Gefühle der Einheit mit Pflanzen, Tieren, Menschen, mit Teilen der Natur oder sogar der ganzen Natur (Naturmystik). Diese Erfahrungen haben immer noch Bezug zur Realität des groben Wachzustands, auch wenn sie außergewöhnlich und abgehoben sind. Ken Wilber betrachtet die psychische Ebene als Ebene der ‚Naturmystik'.
- Die subtile Ebene besitzt dagegen nur wenige oder gar keinen Bezug zum groben Wachzustand. Die inneren Lichterscheinungen oder Erfahrungen von Lauten, archetypischen Formen und Mustern, die subtilen Kognitionen und Glückseligkeitsströmungen haben keine grobstofflichen Entsprechungen. Ken Wilber spricht von ‚Gottheitenmystik'.
- Die kausale Ebene besitzt keine Entsprechung zum grobstofflichen, auch ^ nicht zum subtilen Bereich, sondern ist reine Versunkenheit in die Leere.
- Die nichtduale Ebene schließlich ist die Identität von Leere und Form.

Wer eine Ebene durchläuft, wird kaum sämtliche mögliche Phänomene erleben, denn darauf kommt es nicht an, wenn es schließlich gilt, in die nächst höheren Stufen überzugehen; es zählt nur, daß man mit der jeweiligen Stufe vertraut genug geworden ist, um sie transzendieren zu können. Spirituelle Traditionen, die unmittelbar auf das Kausale oder Nichtduale abzielen, wie es in der Mystik der Fall ist, setzten die Entwicklung der niedrigeren Entwicklungsstufen des Psychischen und Subtilen voraus, auch wenn sie deren Phänomenen keine eigene Bedeutung mehr beimessen.

(2) KLASSIFIKATIONSSYSTEM VON STANISLAV GROF

Von Interesse ist in diesem Zusammenhang auch das Klassifikationssystem bezüglich transpersonaler Erfahrungen von Stanislav Grof[215]. Es ist eine Aufteilung, die sämtliche Formen von transpersonalen Erfahrungen enthält, welche Grof im Rahmen der psychedelischen Forschung, in Sitzungen mit holotropem Atmen und

in der Arbeit mit Personen, die in einen außergewöhnlichen Bewußtseinszustand geraten waren, beobachten konnte. Außerdem nahm er transpersonale Phänomene psychoider Art auf, die in der mystischen Literatur und von einigen modernen Forschern beschrieben worden sind.
Grof kennt drei Unterteilungen:

- Die erste Kategorie von transpersonalen Erfahrungen, die sich in der Raum-Zeit-Grenze abspielen.
- Erfahrungen, in denen die normalen Grenzen des Raumes und der Zeit überschritten werden.
- Eine dritte Kategorie von Erfahrungen und Phänomenen, die seltsame Mischformen zwischen der grobstofflichen und der feinstofflichen oder kausalen Bewußtseinsebene darstellen. Sie scheinen sich an der Berührungsfläche zwischen der Innenwelt und der äußeren Realität, zwischen Materie und Bewußtsein zu ereignen. Grof spricht von ‚psychoiden' Erscheinungen.

Im Detail beschreibt dieses Klassifikationssystem nach Grof:

A) DIE ERWEITERUNG DES ERLEBENS INNERHALB DER „OBJEKTIVEN REALITÄT" UND DER RAUM-ZEIT-GRENZE.

- Überschreiten der räumlichen Grenzen.
- Erfahrungen der Zweieinigkeit - Identifikation mit anderen Menschen
- Gruppenidentifikation und Gruppenbewußtsein
- Identifikation mit Tieren
- Identifikation mit Pflanzen und botanischen Prozessen
- Erfahrungen der Einheit mit der Gesamtheit des Lebens und der Schöpfung
- Identifikation mit toter Materie und anorganischen Prozessen
- Planetarisches Bewußtsein
- Außerirdische Erfahrungen
- Psi-Phänomene, in denen die Grenzen des Raums überschritten werden
- Überschreiten der Grenzen der linearen Zeit
- Embryonale und fötale Erfahrungen
- Ahnenerfahrungen
- Erfahrungen, die sich auf die Existenz der Rasse und des Kollektivs beziehen
- Erinnerungen an Ereignisse in früheren Inkarnationen
- Phylogenetische (stammesgeschichtliche) Erfahrungen
- Erfahrungen, die sich auf die Evolution des Planeten beziehen
- Kosmogenetische Erfahrungen
- Psi-Phänomene, in denen die Grenzen der Zeit überschritten werden
- Physische Introversion und Verengung des Bewußtseins
- Organ-, Gewebe- und Zellbewußtsein

B) ERWEITERUNG DES ERLEBENS ÜBER DIE GRENZEN DER »OBJEKTIVEN REALITÄT« UND DER RAUM-ZEIT HINAUS

- Spiritistische und mediumistische Erfahrungen
- Energetische Phänomene des feinstofflichen Körpers
- Begegnungen mit tierischen Geistern (z.B. in anderen Kulturen)
- Begegnungen mit geistigen Führern und übermenschlichen Wesen
- Besuche anderer Universen und Begegnungen mit ihren Bewohnern
- Erfahrungen, bei denen man an Handlungsabläufen aus Mythos und Märchen teilnimmt
- Begegnungen mit einzelnen guten und bösen Gottheiten
- Begegnungen mit universellen Archetypen
- Intuitives Verstehen universeller Symbole
- Kreative Inspiration, ‚inspirativer Blitz', oftmals bei Genies, die die Lösung eines Problems oder das Produkt in bereits vollendeter Form sehen, z.B. Forscher, wie Nikola Tesla (drahtlose Energieübertragung), Kekule (Benzolformel), Niels Bohr (Atommodell); Musiker wie Beethoven, Mozart, Wagner etc. oder Dichter wie Rilke oder Shakespeare.
- Die Erfahrung des kosmischen Bewußtseins
- Die supra- und metakosmische Leere, Nichtsein, Stille, jenseits der Form von Zeit und Raum, die alles in potentieller Form enthält.

C) TRANSPERSONALE ERFAHRUNGEN PSYCHOIDER NATUR

- Synchronistische Verbindungen zwischen Bewußtsein und Materie
- Spontan auftretende psychoide Ereignisse
  Übernormale körperliche Leistungen
- Spiritistische Phänomene und physische Mediumschaft
- Welt der Parapsychologie
- Wiederholte spontane Psychokinese (Poltergeist)
- Stimmen aus dem Nichts
- Unidentifizierte fliegende Objekte (UFO-Phänomene)
- Bestimmte Arten von spirituellem Heilen und Hexen
- Zeremoniezauber, Materialisationen
- Zeremonielle Magie
- Siddhis, Feuerlaufen
- Psychokinese im Labor

(3) BETRACHTUNGEN VOM NATURWISSENSCHAFTLICHEN ASPEKT AUS

Bei der Erörterung der Bewußtseinsmodelle, speziell des neurologischen Schaltkreissystems, haben wir gesehen, daß Erfahrungen vor allem im Gehirn, aber auch im gesamten Körper gespeichert sind. Der Mensch ist in der Lage, sich mit seinem Bewußtsein in diese Erfahrungsspeicher einzuklinken. Dies kann zufällig geschehen, wie bei den eventuell aufkommenden Erfahrungen auf dem mystischen Weg, oder auch gezielt, wenn das Bewußtsein etwa auf einer bestimmte Ebene trainiert wird. So z.B. bei Regenmachern oder Menschen, die mit Materialisationen arbeiten, aber auch bei Phänomenen wie Hellsehen, Hellfühlen oder etwa Handauflegen (Herzchakraanregung).

1 Das tiefere Unbewusste
2 Das mittlere Unbewusste
3 Das höhere Unbewusste
oder Über-bewusste
4 Das Bewusstseinsfeld
5 Das *Ich* oder bewusste Selbst
6 Das höhere (transpersonale) Selbst
7 Das kollektive Unbewusste
8 Inhalte des Überbewussten

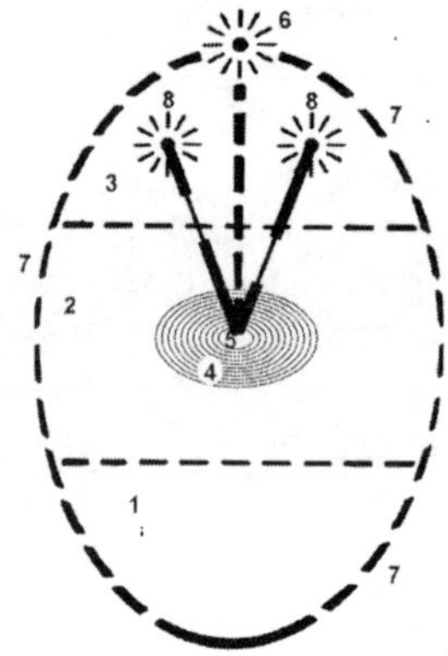

Abb. 5 Modellvorschlag nach R.Assagioli

Roberto Assagioli[216] vertritt die Ansicht, daß vor allem Universalgenies in dauerndem Kontakt mit dem ‚transpersonalen Selbst', dem ‚höchsten Bewußtsein' oder (naturwissenschaftlich ausgedrückt) dem ‚neuroatomaren Schaltkreis' sind. Er unterscheidet zwischen diesen Universalgenies und den Genies, die eine außergewöhnliche Begabung auf nur einem bestimmten Gebiet haben. Diese Genies sind in der Lage, im fachlich begrenzten Rahmen, vom Ichfeld aus in das Überbewußtsein oder höhere Selbst einzudringen.
Bei der Besprechung des Chakramodells werden wir sehen, daß das Halschakra als ‚Mystikerchakra' besonders in Korrespondenz zum Wurzelchakra steht, das ein Hauptspeicher des Unterbewußtseins und kollektiven Bewußtseins ist. Durch das intensive Üben wird die im Wurzelchakra latent ruhende Kundalini-Energie aktiviert und bewegt sich im Sushumnakanal in Richtung Gehirn. So berichtet Swami Narayanananda[217] in Übereinstimmung mit anderen Yogis, daß bei diesem Prozeß viel ‚gespeichertes Material' über die Sushumna in das Gehirn gelangt und dort bewußt wird. Auch Dr. Sannella[218] gibt gute Erklärungen für diese Phänomene. Wichtig ist jedoch, daß diese Sensationen auf dem Weg zur Erfahrung des absoluten Seins nicht erstrebenswert sind, da sie den Übenden vom Weg abhalten. Diese Darstellungen sind deshalb eingeblendet, damit der Übende Information hat, für den Fall der Konfrontation mit bestimmten Phänomenen dieser und ähnlicher Art.

C. DER ERLEUCHTUNGSZUSTAND ALS HINDERNIS

„Wer das Dasein zurückweist und sich an die Leere klammert ist krank wie einer, der ins Feuer springt, um dem Ertrinken zu entgehen."[219]

„Um unsere Wesensnatur zu erfahren reicht es nicht aus, in diesem erhabenen Zustand zu verharren. Wer an der Erfahrung der Leere hängen bleibt, verhindert das Erlangen der wahren Freiheit. Oft wird dieser Zustand die ‚Fallgrube der Leere' genannt. Er führt zu einer Art von Zen- Krankheit."[220] Zen warnt auch: „Das Stadium der Erleuchtung ist völlig frei von mentaler Tätigkeit. Ihr dürft aber hier nicht stehen bleiben."[221]

8. Der spirituelle Lehrer - der Meister (Guru-Roshi) - Seelenführer

In der christlichen Mystik wird der Meister auch ‚Seelenführer' genannt, im Zen-Buddhismus ‚Roshi', in den östlichen Traditionen ‚Guru' oder ‚Avatar'. Guru Narayanananda schreibt: „Der wirkliche Guru ist ein Mensch, der das höchste Samadhi erreicht hat und in dem man keine Spur von Unwissenheit mehr findet. Er ist freundlich, sanft, weise, Herr seines Geistes und seiner Sinne und bleibt unbeirrt von Ehre und Ruhm."

A. EIGENSCHAFTEN EINES MEISTERS[222]

Der Meister ist ein Mensch, der das wahre Wesen der Wirklichkeit erfahren hat, für den es transparent geworden ist und der es in seiner schlichten Einfachheit und Natürlichkeit in Form von Mitgefühl und Weisheit zum Ausdruck bringt.
Als Repräsentant der gegenwärtigen Präsenz der Seins zeigt er dem Schüler sein eigenes wahres Wesen. Im Osten spricht man von einem Spiegel. Ein Spiegel symbolisiert Klarheit und Reinheit, nimmt alles auf und wirft es wieder zurück, ohne von etwas befleckt zu werden. Dieses Erfahren der Präsenz, (der Wirklichkeit) durch den Meister, gibt dem Schüler Halt, immer weiter den Weg zu gehen.
Der Meister lebt ein normales Leben, wie jeder Mensch. Die Erfahrung der Wirklichkeit hat zunächst nichts zu tun mit dem Grad der Entwicklung seiner Persönlichkeit. Im Osten treffen wir oft das Ideal des Heiligen als Meister, der sich durch Reinheit, Askese und geläuterten Lebenswandel auszeichnet und dem alltäglichen Leben oftmals entfremdet ist. Auf der anderen Seite stehen Meister mit einer

dynamischen Persönlichkeit ihren Schülern im Verständnis der Lebensvollzüge näher.
Ken Wilber spricht davon, daß der Mensch selbst einen ‚egolosen Heiligen' gezüchtet hat. Unmündige Menschen wollen egolose Heilige, die über all dem stehen, womit der Mensch normalerweise Probleme hat, nämlich Dinge wie Geld, Essen, Beziehungen, Sex. In der Mystik jedoch, wo das höchste Ziel die Integration des Erfahrenen in das alltägliche Leben ist, scheint es erstrebenswert, daß der Lehrer oder Meister nicht „weniger als Person ist" (Person: -), wie es Ken Wilber ausdrückt[223], sondern Person: +, was bedeutet, daß auch ein Meister den Körper mit seinen Bedürfnissen, den Verstand mit seinen Visionen und Ideen, den Geist mit seiner lichtvollen Fülle respektiert und lebt. Denn unter ‚Ichtod' in der Mystik ist nicht die Abwesenheit eines funktionierenden Ichs gemeint, es bedeutet, daß man sich gelöst hat von der Fixierung und Eingrenzung des Ichs, und in einer Weite lebt, die alles umschließt. Es bedeutet, daß wir das Leben in seiner Fülle, in zunehmendem Maß frei ausschöpfen und leben können.
Alle großen spirituellen Genies waren starke Persönlichkeiten; spirituelle Revolutionäre, die keine weichliche Frömmigkeit lebten, beispielsweise Christus oder Buddha. Auf der Basis eines transzendierten Egos und dem vollen Anschluß an die göttliche Dimension setzten sie ihre Fähigkeiten und ihre Lehre voll für die Menschheit ein. Sie verfügten über ein starkes Ego, mit dem sie situationsgerecht umgehen konnten.

B. AUFGABEN

Der Meister geht mit dem Schüler den Weg zur Erkenntnis des wahren Wesens, das allem zugrundeliegt. Der Meister ist wie ein Gärtner, der sich um die Saat sorgt und kümmert, aufgehen muß die Saat allerdings selbst. Er hilft seinem Schüler, gemäß seiner eigenen Bestimmung, schneller zu wachsen, und versucht ihn vor eventuellen Umwegen zu verschonen.
Ein Meister wird den Schüler jedoch nur anregen, gehen muß er den Weg selbst. Er macht ihm Mut, den Weg trotz Schwierigkeiten weiterzugehen. Er führt den Schüler über Hindernisse und auftauchende Probleme des Übungsweges, mit ihm werden Erfahrungen und Probleme besprochen. Er ist zwar weniger Seelsorger, Psychologe oder Therapeut, jedoch werden anstehende Probleme aus dem Egobereich, zum Beispiel solche, die beim Sitzen entstehen können oder die die momentane Lebenssituation betreffen, mit integriert. Hierbei helfen seine Präsenz und sein Zuhören.

C. BEZIEHUNG SCHÜLER - MEISTER

Die Ausstrahlung des All-Seienden durch die Person des Meisters hindurch kann auf einen Schüler sehr stark sein. Ein solcher Schüler ist geneigt, den Meister übermäßig zu verehren und sich an ihn zu binden. Seine Egowünsche und Vorstellungen können aber nicht erfüllt werden. Die Abgrenzung und Zurückweisung des Meisters ist dann schmerzhaft und hart. Die Distanz, die der Meister schafft, tut weh und wird meistens erst zu einem späteren Zeitpunkt für richtig erkannt, denn es geht darum, zur inneren Freiheit und zur Selbständigkeit vorzustoßen.

V. SPIRITUELLE KRISEN

1. Ursachen spiritueller Krisen

A. FRAGE NACH DEM SINN - ICHTOD - BEGLEITERSCHEINUNG AM WEGE

Heilige aus früheren Zeiten, berichten von „erschreckenden seelischen Qualen", die mit ihren geistlichen Übungen einhergingen. Heutzutage haben wir das Phänomen, daß nicht nur Übende, sondern auch Menschen, die keinen spirituellen Weg gehen, von transpersonalen Energien und Phänomenen überrascht werden und in Verwirrung geraten können. Es ist ein plötzlicher Einbruch in transpersonale Schichten. Die Auseinandersetzung, das Verständnis und Zurechtkommen mit dieser neuen Erfahrung kann ebenso wie das Verständnis im und die Integration ins Alltagsleben zu einer Krise führen, die eine spirituelle Krise genannt wird. Dann beginnen wir nach dem Sinn des Lebens zu fragen.
Spirituelle Krisen sind fast immer Begleiterscheinungen des Weges. Sie treten erfahrungsgemäß besonders dann auf, wenn wir das Ich loslassen. Ängste können von uns Besitz ergreifen, wenn wir uns haltlos und ausgeliefert fühlen in Anbetracht der weiten Leere, oder wenn alle unsere Gottesvorstellungen, die uns Trost und Stärke gegeben haben, zerfallen sind. Selbst Christus sagte in einem solchen Moment am Kreuz: „Mein Gott, warum hast Du mich verlassen!"[224]

B. KATALOG SPIRITUELLER KRISEN VON STANISLAV UND CHRISTINA GROF

Stanislav und Christina Grof haben einen Katalog spiritueller Krisen aufgestellt[225]. Sie berichten von spirituellen Krisen im Zusammenhang mit dem Erwachen der ‚Kundalini', dem Erleben des Einheitsbewußtseins, bei sensitiven Öffnungen, bei Erfahrungen aus früheren Leben und Nah- und Todeserfahrungen.

C. MANGELHAFTE ENTWICKLUNG DER ZWISCHENSTUFEN DES BEWUSSTSEINS

Bei einem Menschen, der an der Auflösung seines Egos arbeitet und dem Erleuchtungserfahrung zuteil wurde, kann es vorkommen, daß Zwischenstufen des persönlichen Bewußtseins nicht genügend entwickelt sind, da er sich den Anfor-

derungen des Lebens im personalen Bereich mit all seinen Problematiken nicht genügend gestellt und die ‚Lektionen' auf dieser Stufe noch nicht gemeistert hat. Dies tritt vor allem bei Menschen auf, die bei unterentwickeltem Ich eine Lösung ihrer Probleme in der Hinwendung zu einer höheren Instanz gesehen haben.
Es besteht ein Unterschied, ob ein Mensch durch Vollzug des Lebens sein personales Bewußtsein entwickelt hat und die mystische Erfahrung ein Höhepunkt in dieser Entwicklung darstellt, oder ob er nur gelegentlich Erleuchtung erfahren hat. Der Idealfall ist, daß der Mensch sich jeder gewählten Ebene des Bewußtseins anschließen, darin zeitweilig leben kann und die dort liegenden Erfahrungen kennt. Der Gipfel des menschlichen Bewußtseins ist das mystische oder kosmische Bewußtsein, jedoch ohne Verlust des Individuums.
Ichtod bedeutet nicht den Tod des Ichs, sondern die Fähigkeit, das Ich von einengenden Vorstellungen und Konzepten aus der personalen Stufe befreien zu können, um einer weiteren Sichtweise Raum zu geben.

2. Phänomene spiritueller Krisen

Die im Folgenden angeführten körperlichen, geistigen oder seelischen Phänomene, die auftreten können, entstammen teilweise der Praxiserfahrung, teilweise der mystischen Literatur. Sie sind als allgemeine Übersicht zu verstehen, die jedoch keine Vollständigkeit für sich beansprucht.

A. KÖRPERLICHE DYSFUNKTIONEN

a. Phänomene

Darunter fallen: Schütteln, Zittern, Rotieren des Kopfes, ‚Ameisenlaufen', Kribbeln, spontanes Verrenken der Glieder, Schlaflosigkeit, Appetitlosigkeit, Heißhunger, Kälte- und Hitzewellen, extremer Energieverlust oder Energiestau in einem Körperbereich (Chakra), diffuse Schmerzen, orgasmische sexuelle Gefühle, Muskelzuckungen, Weinen.

b. Ursachen

- Schlechte Haltung bzw. Sitztechnik, was zu Verspannungen, Schmerzen oder Taubheit in den Gliedern führen kann.

- Falsche Atemtechnik.
- Ungleichmäßige Entwicklung von Bewußtseinsfeldern.
- Vorübergehende energetische Fülle und Leere.
- Mangelhafte Erdung, also Kontakt mit der Erde, körperlich und psychisch verstanden.
- Blockaden im Körper oder in den Bewußtseinsfeldern, meist psychisch bedingt.
- Kundaliniphänomene.

B. PSYCHOSPIRITUELLE ERFAHRUNGEN

a. Phänomene

- Darunter fallen: Langanhaltendes Weinen, Lachen, Singen, Licht- und Klangerlebnisse, oder Ausstoßen anderer Tierlaute, Rezitieren unbekannter Texte in unbekannten Sprachen (Zungenreden) oder totale Sprachlosigkeit usw.. Träume verändern sich und können mehr luzid werden. Man hat Déjà-vu-Erlebnisse[226] und erfährt Gefühle wie Ehrfurcht, Heiligkeit, Erhabenheit, schier unerträgliche Liebe, Haß, Wut, Angst, ewige Verdammnis, Schuld (das Gefühl, der größte Sünder der Welt zu sein) und Ohnmacht. Außerdem Zustände von Hellsichtig- und Hellhörigkeit, einen extrem verfeinerten Geruchsinn, Transparenz der Materie, kosmische Licht- und Klangphänomene, Ekstasen, Erfahrungen außerhalb des Körpers, Telepathie, Verbundenheit oder totale Identifikation mit anderen Menschen, Tieren oder Naturkräften, vorgefertigte Visionen, Weltschmerz oder Trance.
- Von christlichen Mystikern sind Erfahrungen bekannt, wie beispielsweise die der Kreuzigung, mit vorübergehend sichtbaren oder subjektiv erfahrbaren Stigmata an Händen und Füßen, Dolchstöße durchs Herz, Liebespfeile, Höllentorturen, Erfahrung der Dunklen Nacht der Seele, Levitationen, extreme Freuden und Wonnen, das Hören von Stimmen, das Sehen von Auren, mystische Klänge („Om"), irrationale Gedanken, Entfremdung, Losgelöstheit.
- Es kann auch zu einer ‚mystischen Vision' kommen. Inhalt solcher Visionen sind meistens Figuren aus dem eigenen Glaubensbereich. Der Christ sieht Bilder von Jesus Christus, Maria, den Heiligen oder anderen ihm vertrauten religiösen Gestalten, der Buddhist erfährt Buddha oder Bodhisattvas aus dem buddhistischen Kanon. Bekannt sind auch Visionen ohne Kontakt zum Leben.
- Beim Schweben (Levitation) wird der Körper nicht mehr als fest empfunden, er ist ätherisch, es gibt keine Gravitation mehr.
- Die Schizophrenie kann auftreten, wenn ein Ungleichgewicht im Energiesystem vorliegt. Es kommt zur Spaltung der geistig-seelischen Einheit des Menschen, da die Energien nicht im Körper integriert werden können.
- Depressionen stellen ebenfalls ein beobachtbares Phänomen dar.

- Auch die sogenannte „Zen-Krankheit“ tritt auf, wenn sich der Übende im hohen Maße auf die Übung fixiert. Es entsteht eine Einseitigkeit der Person; sie hat keine Augen mehr für anderes. Dieser Zustand tritt besonders bei Menschen, die Zen üben, auf.

b. Erklärungshilfen für die Entstehung der psychospirituellen Erfahrungen

- Das im Gehirn gespeicherte Material aus verschiedensten Schichten kann vor die „Innere Leinwand“ treten[227]. Es kommt zu einer Überflutung des Tagesbewußtseins mit dem Material aus dem kollektiven Unterbewußtsein. Dies gilt vor allem auch für im Gehirn gespeicherte Glaubensinhalte, Symbole und Bilder, etwa von Buddha oder Christus, als Grundlage von Visionen. Nie hatte ein überzeugter Buddhist eine Vision von Christus oder umgekehrt.
- Durch willentliche starke Identifikation mit Vorbildern oder religiösen Führern kann es zu körperlich seelischen Veränderungen, wie z.B. Stigmatisierungen kommen.
- Durch Aktivierung von einzelnen Gehirnteilen können besondere Affekte entstehen, z.B. Weinen oder Lachen.
- Durch ungeordnete elektrische Gehirnströme, wie sie etwa durch Kundaliniphänomene auftreten können oder durch Verzerrung der Gehirnfrequenzen, kann es zu anormalen Phänomenen kommen. Dies kann ebenfalls durch den ungeordneten Aufstieg der Kundalini-Energie aufgrund von Chakrablockierungen geschehen.
- Auch Veränderungen des Gehirns während des spirituellen Weges, z.B. durch Aktivierung vor allem der linken Gehirnhälfte, durch Angleichung der Funktionen beider Gehirnhälften, durch Vergrößerung der Hirnanhangdrüse und der Zirbeldrüse, können zu solchen Phänomenen beitragen.
- Eine Umstimmung der menschlichen Aurafelder auf höhere Frequenzbereiche[228] und die Neuausrichtung auf höhere Schwingungsbereiche kann Disharmonien mit sich bringen. Bekannt sind Grippeanfälle, Kopfschmerzen und weitere Unpäßlichkeiten.
- Diskutiert wird auch eine Veränderung der DNS-Struktur[229]. Diese soll im spirituellen Prozeß nicht mehr zweistrangig bleiben, sondern zwölfstrangig werden, wodurch die Zellen gegen den Einstrom spiritueller Energie widerstandsfähiger werden.
- Durch Energieeinströmung über das Kopfchakra kann es zu Desorientiertheit und Ermüdungserscheinungen kommen, vielfach z.B. zu Kopfschmerzen, Sehstörungen oder vorübergehendem Gehörverlust.
- Die Erweiterung des Herzchakras kann zu vorübergehenden Beklemmungen und Angstzuständen führen.
- Durch Aktivierung der Gehirnzentren, speziell der Hypophyse und der Zirbeldrüse kann es zu Druck auf Stirn und Kopf kommen.

- Multidimensionalität des Bewußtseins erleben wir durch eine vollständig aktivierte Zirbeldrüse.
- Ängste entstehen, wenn das Ich losgelassen wird.

3. Hilfe bei spirituellen Krisen[230]

Ein Mensch in einer spirituellen Krise bedarf der Hilfe eines spirituellen Lehrers, Meisters oder auch eines kompetenten Seelsorgers, Geistlichen, Psychologen oder Psychiaters. Der Helfer muß aufgeschlossen sein für die Dimensionen transpersonaler Erfahrung und sollte auch über eigene Erfahrung verfügen. Das Erscheinungsbild echter spiritueller Krisen muß jedoch von pathologischen Bewußtseinszuständen unterschieden werden, wenn eine klare Abgrenzung überhaupt möglich ist. Dies sollte in schwerwiegenden Fällen in Zusammenarbeit mit einem Psychiater geschehen.
Jedoch ist darauf zu achten, daß psychosomatische Symptome, wenn überhaupt, nicht über das Maß des Notwendigen mit Medikamenten unterdrückt werden .
Die traditionelle Psychologie versucht in der Krisenbewältigung an verdrängte Kindheitsereignisse, Familienkonstellationen oder ähnlichem anzuknüpfen. Diese Hilfe reicht oftmals nicht aus. Menschen in spirituellen Krisen geraten so in immer größere Isolation. Nachdem sie oftmals von Therapeut zu Therapeut gegangen sind, ziehen sie sich zurück und haben Angst, für verrückt gehalten zu werden. Dieser Rückzug führt zu großer seelischer Vereinsamung und Not. In diesem Zustand sind geeignete Ansprechpartner notwendig:
Wer einer Gruppe, eventuell unter Leitung eines Lehrers oder Meisters angeschlossen ist, wird von da her genügend Hilfe und Unterstützung bekommen, bzw. Hinweise, an wen man sich wenden kann. Als Helfer bieten sich an:
- Seelsorger, Geistliche, Ärzte und Therapeuten mit Erfahrung auf diesem Gebiet.
- Transpersonale Psychotherapeuten
- Selbsthilfegruppen unter fachlicher Leitung
- Die Vereinigung des spirituellen Netzwerkes, SEN Deutschland e.V.[231] Diese Vereinigung kann erste Hilfe leisten und qualifizierte Beratung vermitteln.
- Angehörige, die in den Prozeß mit einbezogen werden.
- Spezielle Kliniken, die dafür besonders eingerichtet sind, beispielsweise die Klinik in Heiligenfeld[232].

4. Der Kundalini-Prozeß[233]

Das Kundaliniphänomen ist im Osten sehr bekannt, nicht nur als Begleiterscheinung spiritueller Wege, sondern auch als ein Weg im Yoga, dem Kundalini-Yoga

im Hinduismus. Im Westen ist eine zunehmende Ausweitung dieses Phänomens bei spirituellen Praktiken in den letzten zwanzig Jahren anzutreffen. Laut Aussagen von SEN, dem Netzwerk spiritueller Krisenbegleitung, steht die Kundalini-Krise an erster Stelle in der Liste der spirituellen Krisen. Alle folgenden Ausführungen über Kundalini sollen als Information und auch als Hilfestellung für Betroffene dienen.
Vom Yoga kommt die Vorstellung, daß die Kundalini, ein höchst dynamisches Energiefeld, wie eine Schlange um die Basis des ‚Sushumna-Nadi' gewickelt ist, die sich unterhalb des Wurzelchakras befindet. Ihre Kraft wird im Yoga ‚Shakti' genannt und als weibliche Kraft von den Gläubigen verehrt. Im Westen spricht man auch von der Schlangenkraft. Durch Hochführen dieser Kraft zum Stirnzentrum und Vereinigung der beiden Kräfte, der Shakti und der im Stirnzentrum anwesenden ‚Shiva-Kraft' soll Erleuchtung erfahren werden. Kundalini-Yoga wird auch der königliche Weg des Yoga genannt, da er die Beherrschung der anderen Yogawege voraussetzt, also den Umgang mit dem Körper, den Körperenergien, Gedanken und Kräften. Alle Experten empfehlen den Weg des Kundalini-Yoga, wenn überhaupt, nur mit Hilfe eines auf diesem Gebiet geschulten Meisters zu gehen.
Viele Mystiker verfügen über keine Kundalinierfahrungen. Dies ist verständlich, denn die Kundalini-Erscheinung ist, wie wir noch sehen werden, zunächst eine passive Reinigung der Bewußtseinsfelder durch die Kundalini-Energie. Auf dem mystischen Weg wird dieser Prozeß durch Reinigung und Läuterung des Egos erzielt. Zum anderen endet der Kundalini-Prozeß (bedingt durch das Ende der Sushumna) am Stirnchakra mit Aktivierung der dazu korrespondierenden Hypophyse[234]. Unserer Vorstellung entsprechend bezüglich der Abläufe während des Versenkungsweges wird hiermit das erreicht, was der Mystiker im Stadium 2 des mystischen Weges erreicht: das Phänomen der Erleuchtung mit den dazugehörigen Begleiterscheinungen. Übende, die von Kundaliniphänomenen überrascht werden, brauchen also nicht den mystischen Weg zu verlassen. In den meisten Fällen gehen die Phänomene zurück. Es muß aber auch betont werden, daß nicht alle Energiephänomene Kundaliniphänomene sind, sondern partiell körperlicher Art.

A. DAS PHÄNOMEN

Zur Erklärung des Kundaliniphänomens wird das Chakramodell[235] herangezogen, da das meiste Wissen über Kundalini aus dem indischen Kulturkreis stammt und über diese Modellvorstellung erklärt wird.
Kundalini, ein höchst dynamisches Energiefeld, ist um die Basis des ‚Sushumna Nadi' gewickelt, unterhalb des Wurzelchakras. Gewöhnlich spürt der Mensch die Anwesenheit der Kundalini-Energie nicht; die von ihr ständig abgegebenen Energieströme sind zu schwach. Wird diese ‚schlafende' Kraft jedoch geweckt, bewegt sie sich an der Wirbelsäule entlang. Die Energie kann spontan erweckt werden, durch Streß oder Schock, aber auch als Phänomen bei spirituellen Wegen, so auch beim mystischen Versenkungsweg. Die mit diesem Prozeß einhergehenden Phänomene rufen meist Unruhe und Angst hervor.

Die Kundalini-Energie steigt in der Sushumna, dem zentral liegenden Kanal im Rückenmark auf. Bei diesem Aufstieg passiert sie alle Chakren und reinigt und befreit diese mit ihrer Energie von Blockaden. Indem sie mit ihrer Energie die Chakren aktiviert, kommt es zum Wiedererleben vergangener Erfahrungen, Szenen, Situationen und Mustern im Bewußtsein. Erinnerungen kommen hoch und können vor dem ‚inneren Bildschirm' wieder auftauchen. Dies ist nicht verwunderlich, denn die Chakren stehen über die Nadis in engen Kontakt mit den Nerven und Gehirnfeldern[236]. So können traumatische Erfahrungen und Situationen wieder durchlebt und Situationen und Szenen, die zum Zeitpunkt des Erlebens für die Person zu schwierig waren, nochmals durchlebt und transzendiert werden. Es ist ein Läuterungsprozeß, der seelisch und körperlich sehr schmerzhaft sein kann. Streckenweise läuft der Prozeß völlig autonom ab und der Einzelne steht ihm zunächst hilflos gegenüber.
Auch wenn der Prozeß noch so heftig ist, sind sich Experten darüber einig, daß alle Geschehnisse zum Nutzen sind und eine große Chance der Befreiung darstellen, eine Befreiung von den Fesseln des Ichs.

B. DIE ERWECKUNG DER KUNDALINI

a. Ursache und Vorgang des Erweckens

Es gibt verschiedene Arten der Kundalini–Erweckung:
- Durch intensive spirituelle Übung wird das Wurzelchakra angeregt.
- Durch die Anwesenheit eines Meisters
- Durch Gnade
- Durch spirituelle Initiation
- Durch einen physischen emotionellen Schock
- Durch das Geborenwerden mit einem Kundalini-Prozeß, der das ganze Leben andauert.

Wird die Kundalini erweckt, so kommt es zu einer Dehnung des Wurzelchakras. Die Kundalini bewegt sich, meist unter Erzeugung von Wärme, steigt auf und durchbricht zunächst die oberste Stelle des Wurzelchakras. Wir erfahren dieses Erwachen als ein starkes Erlebnis, das einhergehen kann mit dem Gefühl der ‚Aufblähung' im Wurzelchakrabereich, mit Wärme, eventuell (durch Anregung des Sexualchakras) mit starken sexuellen Gefühlen, die beunruhigen können. Ist die Freigabe der Energie erfolgt, kann die Kundalini sechs verschiedene Wege gehen. Sie kann in einer der vier coaxialen Nadi[237], die um die zentrale Axe (Sushumna) liegen, aufsteigen, oder in zwei anderen Nadis, die etwas außerhalb liegen.
Swami Saraswati[238], erwähnt die Namen der Nadis:
- Brahma Nadi
- Citrini Nadi
- Sushumna Nadi
- Vajra Nadi

Und die beiden außerhalb liegenden Nadi:
- Saraswati Nadi
- Lakshmi Nadi

Es ist gut zu wissen, daß es sechs verschiedene Arten von Kundalini-Aufstiegen gibt; so kann die Kundalini jeweils eine der oben angeführten Bahnen verwenden.

Dabei ist es von Bedeutung, über welchen der sechs Nadikanäle die Kundalini-Erweckung stattfindet, und bis zu welcher Chakrenstufe sich die Kundalini bewegt. Die Symptome, die beim Kundalini-Prozeß auftreten, werden durch sogenannte ‚Vajius' ausgelöst. Vajius sind etwa vergleichbar mit Luft, die durch die Nadis strömt. Diese Strömung, die durch die Kraft der Kundalini verändert wird, ist es, die wir als Symptome wahrnehmen. Es kann auch vorkommen, daß die Vajius die Aura nur stimuliert haben und man nur das Gefühl hat, erleuchtet zu sein, während die Kundalini noch ruht. Man fühlt zwar Symptome, ähnlich einer Erleuchtung, aber eine solche hat nicht stattgefunden.

b. Arten des Erwachens der Kundalini

Es gibt drei Arten des Erwachens. Joan Shivarpita Harrigan[239], Ph. D., die als Psychologin in den USA ein Patanjali Kundalini Yoga Care Zentrum unterhält, sprach anläßlich einer 2-tägigen Tagung des SEN in Todtmoos über die Arten des Erwachens der Kundalini und unterscheidet dabei:
- Teilweises Erwachen: Hier ist die Kundalini im Wurzelchakra erweckt, hat aber nicht die Kraft durchzubrechen oder wird durch ein Nadi blockiert. In diesem Fall bewegt sich die Kundalini hin und her. Dies kann sehr beunruhigend sein.
- Zwischenerweckung: Hier ist die Kundalini über die Sushumna durch das Herzchakra hindurch vorgedrungen, aber noch nicht durch das Augenbrauen-Chakra gestoßen. Sie befindet sich im Halsbereich. Viele psychischen Kräfte werden freigesetzt, denen jedoch in der spirituellen Entwicklung keine Bedeutung gegeben wird.
- Volle Erweckung: Die Kundalini durchbricht das Stirnchakra und dringt über die Brahma Nadi, die dem neuroatomaren Schaltkreis gleichgesetzt werden kann, in den Kopfbereich. Zu diesem Zeitpunkt kann die Erfahrung des absoluten Bewußtseins geschehen.

c. Die Arten der Aufstiege

Die Stelle, an welcher es zur Interaktion zwischen absolutem Bewußtsein und im Gehirn ablaufenden Prozessen kommt, wird in der Wissenschaft des Yoga, die ‚Brahma-rhanda' genannt. Die Brahma-rhanda ist der Mittelkanal der Sushumna, sie wird im Hinduismus auch das ‚Einfallstor Gottes' genannt. Sie kann mit dem 8. Schaltkreis des Gehirns, dem neuroatomaren Schaltkreis[240] gleichgesetzt werden.

Hier ist die Plattform, auf der wir in Resonanz mit der absoluten Wahrheit treten können. Alle Übungswege zielen letztlich darauf ab, dieses ‚Einfallstor Gottes' zu erreichen.
Beim Kundalini-Prozeß wird dies durch die Energie der aufsteigenden Kundalini erreicht.

d. Die Wege im Detail

Joan Shivarpita Harrigan, Ph.D., spricht von 6 Wegen des Aufstiegs, Brahma Nadi, Saraswati Nadi, Vajra Nadi und Sushumna Nadi, Sushumna Nadi und Citrini Nadi.

(1) AUFSTIEG DURCH DIE BRAHMA NADI

Bewegt sich die Kundalini durch die Brahma Nadi, kommt es zu einer vollständige Erweckung. Der Lauf ist völlig problemlos, da die Kundalini ohne Hindernisse von dem Wurzelchakra sofort nach oben zieht. Dieser Fall ist sehr selten. In den meisten Fällen ist dieser Mensch bereits auf einer sehr hohen Entwicklungsstufe und damit einem hohen Bewußtseinszustand. Die Kundalini kann sich aber auch nochmals teilen und in den Gehirnbereich heruntergehen. Von dort aus werden die Gehirnzentren geöffnet und das Individuum erhält besondere Kräfte, da jedes Gehirnzentrum mit einem Chakra verbunden ist, das bekanntlich besondere Fähigkeiten (Siddhis) trägt.

(2) AUFSTIEG DURCH DIE CITRINI NADI

Der Aufstieg durch die Citrini Nadi ist ebenfalls sehr selten. Erfahrungsberichte von Yogis sprechen immer von einem stabilen Kundalini-Prozeß, ohne besondere Sensationen. Es ist ein kontinuierlicher Prozeß, der sich stufenweise bis zum Halschakra entwickelt und von dort weiter geht. Während dieses Prozesses wird jedes einzelne Chakra erweckt. Die Kundalini-Energie verweilt dort kurz, bevor die Kundalini weiter wandert. Dies ist deutlich zu spüren.
Es ist auch der Weg der Kundalini beim Kundalini-Yoga. Der Yogi erfährt hier die genaue Erfahrung der einzelnen Bewußtseinsstufen, die durch die Chakren repräsentiert werden.

(3) AUFSTIEG DURCH DIE SUSHUMNA NADI

Die Sushumna endet am Stirnchakra. Ist die Kundalini hier angekommen, kann sie weiter zum Stirnchakra strömen. Bei diesem Aufstieg verweilt die Kundalini an vielen Haltepunkten, mit vielen Erfahrungen für den Übenden.

(4) AUFSTIEG DURCH DIE VAJRA NADI

Auf diesem Weg kann es zu einem spirituellen Notfall kommen. Diese Nadi-Bahn erreicht nicht das Ziel, so daß es nicht zur Erfahrung des absoluten Bewußtseins kommen kann. Wegen der heftigen Einwirkung der Kraft nach oben und unten zeigen sich viele negative Symptome. Es kommt zu ungewöhnlichen Erfahrungen, da durch den Druck der Vajius viele Gehirnzentren geöffnet werden können und vorübergehend viele geistigen Kräfte entwickelt werden. Diese geistigen Kräfte sind jedoch kein erworbenes Gut und können nicht für das Alltagsleben nutzbar gemacht werden. Oftmals entsteht das Gefühl, etwas Besonderes zu sein. Diese Falle muß erkannt werden, um keiner Täuschung zu unterliegen.
Die Symptome bei diesem Aufstieg sind häufig unangenehm und man hat das Gefühl in einer Sackgasse zu stecken.

(5) AUFSTIEG DURCH DIE SARASWATI NADI

Der Weg verläuft außerhalb der Axe (Sushumna). Auch hier wird das Ziel nicht erreicht. Es kommt zu ungewöhnlichen und störenden Erfahrungen.

(6) AUFSTIEG DURCH DIE LAKSHIMI NADI

Dieser Aufstieg verläuft außerhalb der Axe.

C. KUNDALINI-PROZESS ALS HEILUNGSPROZESS

Mit dem Kundalini-Prozeß geht immer auch ein Heilungsprozeß einher. Die Kundalini-Energie behebt alle Schäden, auch diejenigen, die durch die eine ‚ungesunde' Erweckung entstanden sind. Sie harmonisiert und heilt viele Knoten in den Chakren, vor allen auch bei den teilweisen Erweckungen.
Ein Chakra stellt eine Modellvorstellung für ein Bewußtseinsfeld dar, das einen körperlichen, emotionalen, geistigen und transpersonalen Anteil beinhaltet.

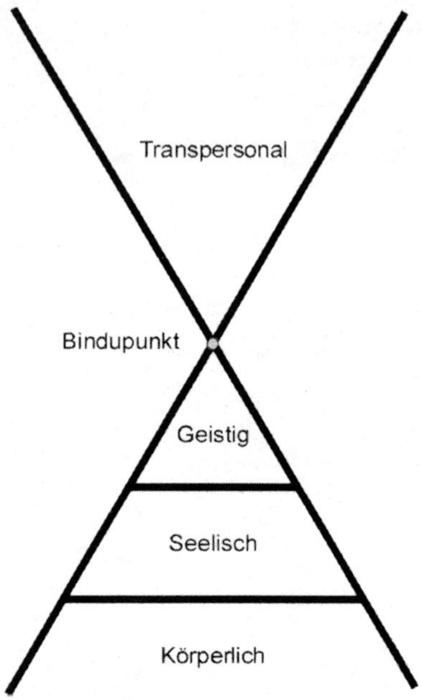

Abb. 6 Modellvorstellung von den verschiedenen Bewußtseinsanteilen eines Chakras

Sind diese Anteile durch Traumata oder psychische Störungen blockiert, so kann die hohe Kundalini-Energie diese Anteile durchfluten und ausrichten, so daß der Mensch von oftmals tiefsitzenden Verletzungen und psychischen Störungen befreit wird. Auch auf körperlicher Basis kann Heilung erfolgen, da es zu einer energetischen Durchflutung der mit den Chakren über das Nervensystem zusammenhängenden Organe kommt. Während der Periode der Heilung kommt es zu unangenehmen Gefühlen, die letztlich aber sehr positiv für den Heilungsprozeß sind. Dies zu wissen hilft, die Unannehmlichkeiten besser zu ertragen.

D. EXPERIMENTELLE UNTERSUCHUNGEN DER PHÄNOMENE

a. Das Physio-Kundalini-Modell

Auf der Grundlage von Untersuchungen mit Meditierenden stellten Dr. Sannella und Bentov das Physio-Kundalini-Modell[241] auf, das hier vereinfacht dargestellt werden soll. Sie nahmen Messungen der Gehirnwellen (EEG-Messungen) und Messungen des Herzrhythmus (EKG-Messungen) vor; das Ergebnis ergab einen beachtlichen Zuwachs der Ströme im Gehirn.

In tiefer Meditation werden um den Kopf Magnetfelder erzeugt. Kardiogramm-Untersuchungen ergaben, daß in der Aorta, im Unterschied zum Normalzustand, eine stehende Welle auftritt, die in Resonanz tritt mit den schwingungsfähigen Systemen des Körpers.

Der Körper besitzt vier resonanzfähige Systeme (Oszillatoren), nämlich Schädel, Hirnkammern mit Liquor, Aorta und normaler Energiestrom der Kundalini. Sind alle vier Oszillatoren im Gleichgewicht, dann erscheinen die Magnetfelder um den Kopf einheitlich und harmonisch verlaufend. Der Körper befindet sich in Ruhe und Harmonie. Wird jedoch das Resonanzsystem gestört, was im Experiment durch eine elektrische oder mechanische Stimulation des sensorischen Kortex (Hirnrinde) geschah, kommt es zu Fehlempfindungen, die in der Reihenfolge der Lage der Punkte an der Hirnrinde auftreten. Man geht von der Annahme aus, daß die Stimulation eine elektrische Polarisierung der Hirnrinde bewirkt. Denselben Effekt ruft der ‚Kundalini-Strom' im Gehirn hervor.

Der Kundalini-Strom fließt in geringer Menge andauernd im Körper und im senso-motorischen Kortex, wo die Organe und auch die Bewußtseinsfelder (Chakren) in wohlgeordneter Weise repräsentiert werden. Wird beim Meditierenden die Kundalini erweckt, kommt es zu einem vermehrten Fluß der Kundalini im Körper, und, aufgrund des eben Gesagten, auch im Gehirn. Existierende Blockaden, in Form von körperlich- und geistig-seelischen Verletzungen, sind diese auch in den entsprechenden Gehirnfeldern repräsentiert. Sie sind Hindernisse für das Weiterfließen der Kundalini-Energie. Dabei kommt es zu Schwankungen der elektromagnetischen Felder, und das Gleichgewicht der vier resonanzfähigen Systeme ist gestört. Die Folgen sind Verzerrungen, die durch Anregungen des Liquors zur Aktivierung verschiedener Gehirnfelder führen. Diese bewirken dann beim Meditierenden die bekannten Phänomene.

b. Die Zuordnung der Phänomene zu den korrespondierenden Gehirnteilen

Dr. Lee Sannella und Bentov konnten die oben genannten Phänome bestimmten Kortex-Bereichen zuordnen[242]:

Phänomene	Bedingt durch Stimulation von
Muskelzuckungen, Weinen, Schreien, Zittern	Motorischer Kortex
Veränderungen im Atemmuster, Lähmungen	Thalamus
Sensorische Phänomene: Jucken , Kribbeln, orgasmische Phänomene, Hitze-, Kälte-, Licht- und Klangerlebnisse	Motorischer Kortex Hypothalamus
Vorgefertigte Visionen: Stimmen, Aura	Stehende Wellen in den Hirnkammern
Zischlaute, Pfeifen, akustische Signale, mystischer Klang „Om“	Ausbreitung der Stimulation auf die angrenzenden assoziativen Bereiche für Sprechen, Hören und Sehen
Sonstige Phänomene: Extreme Emotionen, Ekstasen, Wonnen oder extreme Freude	Widerstände im Gehirn oder in den Chakren oder in subtiler Geistesebene gegen den erzeugten Strom
Verzerrung des Denkprozesses: Irrationale Gedanken, Entfremdung, Verwirrtheit, Losgelöstheit	Sensorische Felder, Lustzentren

- Nichtphysiologische Phänomene: (können physiologisch nicht erklärt werden)
- außerkörperliche Erfahrungen, paranormale Wahrnehmungen

E. HILFEN FÜR DEN KUNDALINI-PROZESS

Prinzipiell gilt alles, was bereits im Kapitel ‚Hilfen bei spirituellen Krisen' gesagt wurde.

Folgende Maßnahmen bringen jedoch zusätzliche Erleichterung:

- Gute Erdung, also bewußter Kontakt mit dem Boden.
- Massage bei eventuellen Verspannungen und Krisenzonen im Körper.
- Entspannende oder ausgleichende Körpertherapien, wie z.B. Shiatzu, Chi-gong.
- Auf einen harmonischen Atemfluß achten. Wer geübt ist in der Energielenkung durch den Atem, kann versuchen, in die jeweilige ‚Krisenzone' hineinzuatmen.
- Essen von Honig wird empfohlen, sowie eine ‚erdende' Kost, eventuell auch Fisch und Fleisch.
- Auflegen von Eisbeuteln bei stark erhitzter Kundalini im Unterleib kann erprobt werden.
- Bei intensiven Kundalini-Attacken soll mit der spirituellen Übung, gerade mit dem Stillsitzen, vorübergehend aufgehört werden, damit ein weiteres ‚Anheizen' der Kundalini-Energie unterbleibt.

VI. ERFAHRUNGSBERICHTE

1. Von Kontemplationsschülern und -schülerinnen

A. ERSTER BERICHT

„Da versenkte ich mich tief in mich. Die Gedanken weit hinter mir lassend, stieß ich vor in einen weiten Raum, unendliche Weite und Leere, die ich erlebte. Es überrieselte mich eine Helligkeit und Kraft, die wie durch Schleierschichten durchbrach und mich von innen her ganz durchdrang und diese unendliche Weite ausfüllte und nie aufhörte, mich von innen nach außen zu durchdringen.
Da gab es keinen Körper mehr, nichts mehr. Es war dieser Zustand, war Weite und Abstrahlung, es war glasklares Sein. Es war Weite, glasklares Sein, Abstrahlung voller Helligkeit. Es war unsagbare Klarheit,
Frieden, Harmonie und Fülle und Strahlung und Unfaßbares mehr.
Keine Zeit.
‚Es' strahlte in alles hinein, ‚es' war in allem, ich war nicht, ‚es' war in allem.
Als dieser Zustand verblaßte, tauchte mein Ich wieder auf.
Mein Gefühl: glückselig, liebevoll und frei. Weinend habe ich die ganze Welt umarmt.
Mein Wissen: Ich bin alles. Alle Herrlichkeit liegt in mir. Es ist die Herrlichkeit Gottes.
Meine Gedanken: Verzeiht mir, was ich Euch allen getan habe, was ich der Erde angetan habe, diesem Kosmos. Ich wußte es nicht.
Jetzt aber kann ich Euch sagen: ‚Wir sind alle untereinander eins,
unendliche Liebe umgibt uns'."[243]

B. ZWEITER BERICHT

„Raus, raus, nichts wie raus aus der Stadt.
Laufe über die grünen Wiesen, nur ein Weg und das Grün. Und eine Lerche trällernd am Himmel. Unendliche Weite erfaßt mich, überkommt mich, eine Innigkeit, die mich runter nimmt auf den Boden. Es war nur alles.
Ich bin ‚ES', die Du bist.
Ich bin das Leben.
Ich gehe in Dir über die Erde."[244]

C. DRITTER BERICHT

„Sitze hellwach in einer Leere. Nur eines ist da. Alles ist weggefallen, nur Sein, unendliches Sein.

Nichts stört. Kein Ding, kein Mensch. Sie laufen alle in ihren Bahnen.
Ich kann nur sein im Sein, jubilieren oder tanzen, oder segnen.
Sagen kann ich es nicht."[245]

D. VIERTER BERICHT

„Heute nacht war es wieder da. Erschreckt wache ich auf, in totaler Angst und totalem Schrecken.
Da war nur Angst und Schrecken. Da hielt mich nichts mehr und niemand mehr. Da war ich Angst und Schrecken. Nichts anderes blieb, und ich wurde wie hereingelegt in diese Angst und diesen Schrecken. Und da löste er sich auf und es war eine unendliche Tiefe und Weite, bis auch Tiefe und Weite nicht mehr waren, da war Nichts, da war kein Körper, da war ein Nichts; anders ist es nicht zu beschreiben. Ich war in dem Nichts das Nichts.
Irgendwann erblühte aus diesem Nichts das Leben, der Körper, der sich zu bewegen begann, der Atemzug.
Es war mir, als ob sich alles herausdrehte und herausschraubte aus diesem Nichts, Leben entwand sich, entsprang, jeder Atemzug, jede Bewegung, wie neu.
Da wurde mir bewußt, es lebt sich Leben in mir da, so komisch es sich jetzt anhört, ich erlebte Leben. Ich spürte, was Leben ist.
Betroffenheit erfüllte mich. Ich habe erstmals zu leben begonnen. Da war alles wie neu."[246]

E. FÜNFTER BERICHT

„ES erstrahlt in mir, von innen her, im Glanze, und nimmt alle mit.
Alle im Zendo gleiten vor meinem geistigen Auge, alle werden umhüllt.
Ich spreche Worte der Segnung.
Sie sind in diesem Strahlenglanze mit drinnen."[247]

F. SECHSTER BERICHT

„Der Weg ist ganz klar und durchlässig, jetzt eine Linie.
Ich sitze.
Ohne Gedanken, immer mehr.
Klares Sein, das sich ausbreitet.
Der Körper verschwindet.
Körperlos ist ES.
Energie steigt auf, Helligkeit und Licht ist es.
‚ES' sitzt da, wo mein Körper war.
Energiereiches helles Sein, sich selbst zum Inhalt."[248]

G. SIEBTER BERICHT

„Eines sitzt nur da, nein es sitzt nicht, ‚ES' ist. Nur eines. Es erfährt sich selbst, in dieser Form Mensch.
ES ist ich und löst auch dieses auf.
Zunächst konnte ich es noch erfassen. Ich bin ‚ES', wir sind eins, wir sind zusammengefallen. Dann war es nur Ewigkeit. Es ist alles. Zwei Liebende haben sich vereinigt.
Neu ist: ‚ES' hat mich erfaßt, nicht ich ‚ES'."[249]

H. ACHTER BERICHT

„[...] In einer nie dagewesenen Einheit saß ich da, vereint ohne denken,
geeint, rund und voll. ‚Sein in allem' - ich kann es nicht anders beschreiben, ich kann es auch für mich nicht anders beschreiben, so unsäglich total, so erfüllt war alles.
Ich weiß noch, wie es begann: Es begann mit einem starken ‚Kopfstrahl', einem Knistern im Kopf. Zuvor war ich in hoher Konzentration und Tränen liefen über mein Gesicht.
Es war ‚Gnade', alles nur Gnade. Nichts kam von mir. Es war Segen, totaler Segen, was da ablief in der Kapelle. Ich lag am Boden, nur ganz flach am Boden konnte ich dasein, nachdem ich wieder da war.
Nein, ich war nicht mehr da, ich war eine große Weite, ein großer kosmischer Körper. [...]
Und immer weiter und Energie und Licht strömte von oben und erfüllte mich mit unendlicher Fülle. Was sonst war, kann ich nicht sagen, aber ich hab es, ich weiß es auch [...] ohne es sagen zu können.
Hernach: Ich wollte nicht gehen, wollte da bleiben in diesem Raum, es war schon Nachtzeit. Aber ich hatte Sorge vor den anderen aufzufallen."[250]

2. Erfahrungsberichte bedeutender Mystiker

A. JESUS CHRISTUS

Die Berichte der Evangelisten schreiben:
- "Und ward verklärt vor ihnen, und sein Angesicht leuchtete wie die Sonne und seine Kleider wurden weiß wie das Licht."[251]
- „Und da er betete, ward die Gestalt seines Angesicht anders, und sein Kleid ward weiß und glänzte."[252]

B. BUDDHA

Im ‚Avatamsaka-Sutra' wird die Erleuchtung Buddhas beschrieben: „Sein Körper harmonierte mit allen Ländern in den zehn Himmelsrichtungen. Inmitten der Versammlungen von Bodhisattvas strahlte sein erhabenes Licht auf wie die aufgehende Sonnenscheibe, die die Welt erhellt. Sein grenzenloser Körper und sein vollkommenes Licht durchdrangen alles."[253]

C. THERESA VON AVILA

„Die Unio ist das gänzliche Verlorensein sämtlicher Seelenvermögen. Hier aber [...] merkt man gar nichts von einer Arbeit, sondern hat nur Genuß, ohne jedoch zu verstehen, was man genießt. Man erkennt zwar, daß man ein Gut genießt, in dem alle Güter zusammen eingeschlossen sind, aber man begreift nicht dieses Gut. Alle Sinne sind so sehr in diesem Genuß verschlungen, daß es keinem von ihnen möglich ist, sich, sei es innerlich oder äußerlich, mit etwas anderem zu beschäftigen."[254]
„Hier verschwinden alle Seelenkräfte und werden derart aufgehoben, daß man an ihnen [...] durchaus keine Tätigkeit wahrnimmt."[255]
Und an einer anderen Stelle sagt sie:
„Glaubt nicht, daß dies Gebet der Einigung wie das vorige (das der Ruhe) eine Art Traumzustand ist. Ich sage ‚Traumzustand', weil dort die Seele weder ganz schlafend noch ganz wach war, sondern dämmerte. Hier dagegen ist sie ganz entschlafen für die Dinge der Welt und für sich selbst. Denn sie bleibt in Wahrheit während der kurzen Zeit der Einigung wie ohne Empfindung und ohne die Fähigkeit zu denken, wenn sie auch wollte."[256]

D. HL. BENEDIKT

Der Hl. Benedikt war ein Mystiker. Papst Gregor, der von 590 -604 amtierte, berichtet über dessen größtes mystisches Erleben: „Benedikt stand am Fenster und betete zum allmächtigen Gott. Während er so in frühster Stunde hinausblickte, sah er plötzlich, wie sich ein Licht von oben her ergoß, die ganze Finsternis der Nacht verscheuchte und so hell aufleuchtete, daß dies in der Finsternis strahlende Licht den Tag übertraf. [...] Es wurde ihm, wie er später selbst erzählte, auch die ganze Welt wie in einem einzigen Sonnenstrahl vereint vor Augen geführt."
Gregor sagt hierzu zu Petrus: "Der Seele, die ihren Schöpfer sieht, schwindet die ganze Schöpfung zusammen [...], denn durch das Licht der inneren Beschauung wird das Innerste der Seele erweitert und dehnt sich so in die Welt aus, daß sie über die Welt hinaus gehoben wird."[257]

E. SHRI ANANDAMAYI MA

Als sie gefragt wurde, wie eine spirituelle Erfahrung in Begriffen weltlicher Ergebnisse interpretiert werden kann, sagte sie:
„Wenn man von Bindungen frei geworden ist, wenn das Zerstörbare zerstört wurde und nur der Geliebte erstrahlt - sagt, was kann man erblicken? Wenn Fesseln zerbrechen ist es nur das Zerbrechbare, das zerbricht. Doch das Band der Liebe zu Gott ist kein Zerbrechen dieser Art, es ist ein Losbinden. Darüberhinaus existiert im Brahmajnana (der Erkenntnis des Absoluten) die normale Verstandesfunktion nicht mehr, denn Verstehen bedeutet, eine Last abwerfen, nur um unter einer neuen zu stehen. Die Erkenntnis der höchsten Wirklichkeit ist jenseits von Gedanken und Sprache."[258]

F. JOHANNES VOM KREUZ

„Ich ging ins Unbewußte,
Wohnte drinnen ohne Wissen
Und doch über allem Wissen.
Wo ich eintrat war kein Wissen.
Aber als ich dort mich fand,
Ohne, wo ich stand zu wissen.
Große Dinge ich verstand.
Nicht sagt ich, was ich empfand:
Daß ich blieb, ohne zu wissen,
Und doch über allem Wissen."[259]

G. JACOB BÖHME

„In solchem meinem gar ernstlichen Suchen und Begehren [...] ist mir die Pforte eröffnet worden, daß ich in einer Viertelstunden mehr gesehen und gewußt habe, als wenn ich viel Jahr auf hohen Schulen gewesen, dessen ich mich hoch verwunderte; wußte nicht wie mir geschah und darüber mein Herz in Lob Gottes wendete. Denn ich sah und erkannte das Wesen aller Dinge, den Grund und Ungrund. [...]"[260]

H. LAOTSE

„Das Tao gießt alles aus ins Leben.
Es ist ein Füllhorn, das sich niemals erschöpft.
Es ist die tiefe Quelle aller Dinge -
selbst ist es nichts und ist doch in allem. [...]
Es gibt das Tao, das Tao ist,
doch woher es kommt, weiß ich nicht.
Es hat den Dingen Gestalt gegeben,
schon vor dem ersten Wesen,
schon vor dem Beginn der Zeit."[261]

I. SHRI RAMAKRISHNA

„Uh, in was für einem Zustand ich war! Mein Denken und Fühlen löste sich regelmäßig im Unteilbaren auf! Wie viele Tage lang! Der Bakti und den Baktas habe ich zu dieser Zeit ganz entsagt. Ich wurde leblos, ich spürte: Mein Kopf hatte keine Form mehr, die Lebenskraft verebbte. [...] Die Bilder und was noch im Zimmer war, habe ich alle wegbringen lassen. Und wenn ich zu Bewußtsein kam und mein Denken und Fühlen wieder zurückkehrt, schnappte ich nach Luft. Schließlich dachte ich: Womit soll ich weiterleben?"[262]

Zweiter Abschnitt:

ZEITGENÖSSISCHE DEUTUNG DES MYSTISCHEN WEGES

„Wir glauben, daß es die Aufgabe der Zukunft sein wird, den transzendenten Fähigkeiten der menschlichen Seele ihre Würde und soziale Bedeutung wiederzugeben, indem diese unter die Kontrolle der Wissenschaft gestellt werden und als Grundlage eine wirklich universelle, allen Wahrheiten offene Religion erhalten. Dann wird die durch den wirklichen Glauben und durch den Geist barmherziger Liebe wieder erneuerte Wissenschaft mit offenen Augen jene Sphären erreichen, in denen die spekulative Philosophie tastend und mit einer Binde auf den Augen umherirrt. Ja, die Wissenschaft wird sehend und erlösend werden in dem Maße, als in ihr das Bewußtsein und die Liebe zur Menschheit erstarken."[1]

Immer schon haben Menschen versucht den mystischen Weg zu deuten. In der Geschichte der Menschheit geschah dies durch Gleichnisse, Symbole, Parabeln, von denen die Heiligen Schriften aller Religionen berichten. Dabei wird jedoch ein mythisches Verständnis vorausgesetzt, das der gegenwärtigen Generation großenteils fehlt. Aber Naturwissenschaften, Bewußtseinsforschung und Psychologie bieten zeitgemäße Deutungen an, die von dem rational eingestellten Menschen leichter erfaßt werden können.

VII. PSYCHOLOGISCHE ASPEKTE DES MYSTISCHEN VERSENKUNGSWEGES

1. Das absolute Bewußtsein und seine Eingrenzung im Körper

„Die Seele ist geschaffen an einem Ort,
Zwischen Zeitlichkeit und Ewigkeit,
In die sie beide hineinragt.
Mit ihren höchsten Kräften,
Rührt sie an die Ewigkeit,
Aber mit ihren untersten Kräften,
Berührt sie die Zeitlichkeit.
Sehet, so wirkt sie in der Zeit
Nicht nach der Zeitlichkeit,
Sondern nach der Ewigkeit,
Die sie mit den Engeln gemein hat.“[2]

Wir kommen aus der Dimension des All-Seienden, aus dem absoluten Bewußtsein, welches die Omnipotenz aller Möglichkeiten beinhaltet. Wenn dieses sich in körperlicher Form äußert, kommt es zu einer Interaktion mit den Körperstrukturen. Jeder Mensch wird mit bestimmten Fähigkeiten, Lebensaufgaben und einem Lebensziel geboren, wodurch aber die Omnipotenz des absoluten Bewußtseins eingeschränkt wird. Nach der Inkorporation, bei der Zeugung, zieht sich das absolute Bewußtsein zusammen und verliert an Raum und Zeit.
Ab einem bestimmten Punkt, wenn sich die körperliche Wahrnehmung über die Sinne immer weiter entwickelt, wird das absolute Bewußtsein in eine tiefere Schicht des Bewußtseins, in das Unbewußte, gedrängt. In diesem Entwicklungsstadium entsteht eine Trennlinie zwischen Tagesbewußtsein oder Wachbewußtsein und Unbewußtem. Christlich religiös betrachtet ist dies der Sündenfall oder die Vertreibung aus dem Paradies. Bei diesem Prozeß verliert der sich entwickelnde Mensch langsam den Kontakt mit dem absoluten Bewußtsein. Er fängt jetzt an über den Körper die Welt zu erfahren, die er dann als die Wirklichkeit betrachtet. Somit erlebt der Mensch eingegrenzte Schein-Wirklichkeiten, auf die alle spirituellen Wege immer wieder hinweisen.[3]
Der Embryo lebt zunächst noch in der Wirklichkeit des absoluten Bewußtseins mit Zeit- und Raumlosigkeit. Aus den Augen eines Babys leuchtet das strahlende Wesen dieser Erscheinung, die Präsenz des absoluten Bewußtseins. Liebevoll, unbegrenzt, arglos und frei blicken diese Augen; ein Zustand, der wenig mit Raum-Zeitlichem, sprich Weltlichem, identifiziert ist. So leuchtet auch bei jedem Kleinkind diese helle Aura auf. Das Kind ist sich jedoch über seinen Bewußtseinszustand nicht im Klaren.

Diese Aura des Säuglings und Kleinkindes umgibt auch den erleuchteten Menschen. Im Unterschied zum Kleinkind ist er sich dessen jedoch meistens bewußt.[4]

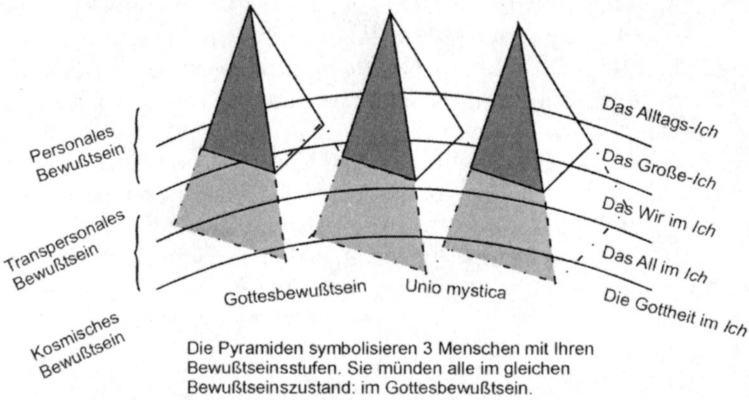

Abb. 7 Bewußtseinsstufen des Menschen

A. Entstehung des Ich

Das Kind lebt bis zur Geburt in Einheit mit der Mutter. Es gibt noch kein Gegenüber, kein Objekt. Nach der Geburt, wenn das Kind lernt mit den Sinnen Objekte wahrzunehmen, d.h. Objekte erfährt, wird es selbst zum Subjekt.
Zu Beginn unseres Lebens versuchen wir unsere Wesensnatur durch unbegrenzte Liebe, etwa in der engen Liebesbeziehung zur Mutter, sowie im Erproben und Demonstrieren unseres Willens und unserer Macht zu leben. Wir stoßen jedoch auf Grenzen. Die Liebeseinheit mit der Mutter kann nicht aufrecht erhalten werden. Das Ausleben des eigenen Willens und der Macht werden beeinträchtigt durch die Konfrontation mit Lebensumständen und anderen Menschen. Dieser Sozialisierungsprozeß trägt dazu bei, daß wir uns immer mehr einschränken. Die Entwicklung des Ich setzt ein.
Durch die Entwicklung der Wahrnehmungskanäle der Sinne und deren Reaktion auf das entsprechende Umfeld, durch Speicherung der Erfahrungen in Form von Schaltkreisen und Engrammen im Gehirn in Koordination mit entsprechenden Bewußtseinszentren, hat die Bildung eines Ichs begonnen. Es ist zunächst ein Funktionszentrum der sich entwickelnden Person.
Um körperlich, seelisch und geistig zu überleben, bilden sich Ich-Strukturen aus: Überzeugungen, Verhaltensweisen, Glaubenssysteme, Muster, Hilfen. Die Ich-Strukturen werden von der Kultur geprägt, in die wir hinein geboren sind. Auch unsere Glaubenssysteme sind zunächst Konditionierungen der Kindheit, gleich ob wir

Hindu, Christ, Moslem oder Jude, Naturwissenschaftler oder Philosoph sind. Das Ich beginnt sich weiter zu entwickeln und wird um eine Vielzahl von Ich-Funktionen vergrößert, so beispielsweise folgende: Denken (gedankliche Vorwegnahme des Handelns), Urteilen, die Fähigkeit mit Wünschen und Begierden umzugehen (Begierden in Schach halten, so daß man ihnen nicht haltlos ausgeliefert ist) oder die Fähigkeit traumatische Eindrücke zu verarbeiten. Auch die Aufnahme und Aufrechterhaltung von Beziehungen und der Umgang mit Emotionen gehört zu den erlernten Ich-Funktionen.
Durch die Ich-Instanz wird eine Kontinuität und Konstanz des Selbstbildes erlangt. Dies ist die Grundlage für die zwischenmenschliche Interaktion, da wir von anderen Menschen durch ein vorhersehbares Verhalten ‚erkannt' werden können. Das Ich beherrscht die Seele und greift alles an, was seine Herrschaft bedroht. Wird das Ich ‚entthront', wie es beim mystischen Versenkungsweg der Fall ist, kommt es oftmals zu Angstzuständen.

B. DAS ICHBEWUSSTSEIN IN DER PSYCHOLOGIE

Das Ichbewußtsein wird in der klassischen Psychologie, die größtenteils eine Ich-Psychologie ist, definiert als Bewußtheit des wachen, „bewußtseinsklaren Menschen"[5], der von sich sagt: „Ich bin ich selbst." Der Mensch erfährt sich als gerichtet, wahrnehmend, wünschend, bedürftig, getrieben, verlangend, fühlend, denkend und handelnd in der Kontinuität seiner Lebensgeschichte.

a. Die Aspekte

Die wesentlichsten Aspekte dieses Ichs sind folgende:

1. Ich-Vitalität: Der Mensch erfährt sich als lebendig und körperlich anwesend.
2. Ich-Aktivität: Der gesunde Mensch erfährt sich als ‚Aktor'. Er selbst ist es, der erfährt, wahrnimmt, denkt, spricht und handelt.
3. Ich-Konsistenz: Der Mensch erfährt sich als Einheit seiner Ich-Funktionen.
4. Ich-Demarkation: Der Mensch kann sich abgrenzen gegenüber dem, was er selbst nicht ist, gegen ein Nicht-Ich. Diese Abgrenzung ist bedeutsam für die Realitätskontrolle. Wird diese Grenze ohne Bewußtheit und Wissen um die Weite des Nicht-Ich durchbrochen, kann es zu psychopathogenen Zuständen kommen, zur Überflutung durch Nicht-Ich-Anteile. Auf dem mystischen Weg wird diese Abgrenzung durch die Übung des Versenkungsweges aufgelöst und die Erfahrungen des Nicht-Ich können in die gesamte Person integriert werden.[6]
5. Ich-Identität: Der Mensch ist sich seiner eigenen Identität und Kontinuität bewußt. Er ist derselbe Mensch, der von sich ‚Ich' sagen kann. Dazu gehören

Zeiterleben, Körpergefühl, Selbstbild und Ich-Stärke.

6. Selbstbild oder Selbstkonzept: Es zeigt, was der Mensch von sich selbst hält, wie er sich unter anderen Menschen fühlt, sich begreift und erfährt. Dazu gehört auch das Selbstwertgefühl.
7. Ich-Stärke: Sie wird charakterisiert durch das ‚in sich selbst ruhen' und das gesamte Auftreten eines Menschen und ist im wesentlichsten das Resultat aller vorher genannten Punkte.

b. Ich-Pathologie[7]

In der Psychologie wird von Ich-Pathologie gesprochen, wenn diese wesentlichsten Ich-Aspekte gestört sind. So beispielsweise von einer Depersonalisation als dem Gefühl, sich selbst entfremdet zu sein, oder dem Verlust der Ich-Vitalität, der bis zum Wahn gehen kann. Weitere Ich-Pathologien können die Einschränkung der Ich-Aktivität und der Verlust der Ich-Konsistenz sein. Diese gehen einher mit Zersplitterungs- und Auflösungserlebnissen, wie z.B. schizophrene Zustände und eine Auflösung der Ich-Demarkation, die sich unter Umständen durch Wahnvorstellungen wie ‚Weltverbesserungswahn' oder ‚Prophetenwahn' äußert. Es kann zur Auflösung der Ich-Identität kommen, zur Änderung des Selbstbildes in Form von Wesensveränderungen und Persönlichkeitswandel und zum Verlust oder zur Nicht-Entwicklung der Ich-Stärke.

C. UMGANG MIT DEM ICH IN OST UND WEST

Der Westen lebt im Glauben an das Ich. Die westliche Psychologie ist weitgehend eine Ich-Psychologie, wobei es um die Stabilisierung des Ichs geht, um den Anforderungen des Lebens gewachsen zu sein.
In der theistischen Mystik wird das Ich überwunden, indem man in der Unio mystica eins wird, mit dem Du, eins wird mit Gott.
Im Buddhismus kennt man kein für sich bestehendes, unabhängiges Ich. Die Lehre von ‚Anatta'[8], vom ‚Nicht-Selbst' oder ‚Nicht-Ich', ist eine der Kernlehren des Buddhismus und besagt, daß es weder innerhalb noch außerhalb der körperlichen und geistigen Daseinserscheinungen irgend etwas gibt, das man im höchsten Sinne als eine für sich bestehende, unabhängige Persönlichkeit bezeichnen könnte. Das Ich als Bewußtheit unseres Selbst, als eigenständige, abgelöste Wesenheit, ist eine Illusion, eine Verblendung. Indem wir durch den Intellekt und die Sinne einen Dualismus von einem Ich und Nicht-Ich kreieren, handeln und denken wir so, als seien wir getrennt von allem anderen und die Welt stehe uns gegenüber. Diese Ich-Vorstellung wird dominant und beherrscht unser Sein. Durch die spirituelle Erfahrung erkennt man, daß „alle zusammengesetzten Dinge leer, unbeständig, nicht wesenhaft und leidvoll sind. Alle Dinge sind nicht wesenhaft, d.h.

leer von einer Selbstnatur. [...] Shunyata trägt und durchdringt alle Phänomene und macht erst ihre Entwicklung möglich."[9]
Das, was wir Ich nennen, ist ein Lebensprozeß, der immer wieder in jedem Augenblick entsteht und vergeht und der sich durch körperliche, seelische und geistige Phänomene äußert.

2. Der mystische Weg als ein Wandlungs- und Befreiungsprozeß

„Menschsein bedeutet durch den Körper Erfahrungen in Raum und Zeit zu machen."

A. DIE BEDEUTUNG DES ICHS FÜR DEN MYSTISCHEN VERSENKUNGSWEG

„Die Seele ist [auf diesem Weg] ohne Person und in Gott gegründet, aber das Persönliche wird nicht vollständig negiert."[10]

Die Bedeutung des Ichs auf dem mystischen Weg ist ambivalent. Auf der einen Seite muß das Ich überschritten werden, da es den Menschen in der Erfahrensweise der Realität eingrenzt. Mystiker sprechen vom sogenannten ‚Ichtod'. Auf der anderen Seite ist ein stabiles starkes Ich nötig, geprägt durch Willen und das Vermögen, ein Ziel zu verfolgen.

a. Das Leiden am Ich

Das Ich war entwicklungsgeschichtlich zum Überleben des Menschen notwendig, zur Verteidigung, Durchsetzung, zum Planen und Überlegen. Jedoch bringt das Ich Leiden und Einschränkungen der menschlichen Fähigkeiten mit sich. Indem es sich vor allem mit dem Tagesbewußtsein befaßt, trennt es uns von unseren anderen Bewußtseinsdimensionen. Dies bedeutet eine Einschränkung unseres Seins. Indem durch das Ich Dualität geschaffen wird[11], trennt es uns von den Menschen. Es beherrscht uns mit Gedanken und Emotionen und hält uns im ‚Egotrip' gefangen. Indem der einzelne um die Durchsetzung seiner Ich-Wünsche kämpft, kommt es zu Haß, Neid, Gier, Aggressionen und Feindschaft der Menschen untereinander. Diese Ich-Struktur ist es auch, die unser Leiden bewirkt. Vieles, was nicht zu bewältigen ist, wird verdrängt, zum Beispiel Gefühle, die nicht ausgelebt wurden,

wie Wut, Aggression, Eifersucht, Haß und Verletzungen. Als Blockaden finden wir sie in unserem Körper wieder, vor allem als Blockaden in unserem Bewußtseinssystem, den Chakren, sowie im Unterbewußtsein, wo sie zusammen mit anderen Verdrängungen den Weg zu unseren tieferen Dimensionen versperren.
Dieses Leiden an unseren seelischen Verletzungen, Verstellungen und Abwehrmechanismen entfernt uns von der lichten, weiten Klarheit unseres wahren Seins, unserer Wesensnatur.
Sie wird immer weiter unter die Bewußtseinsschwelle verdrängt, wir sind aus der Einheit herausgefallen und hängen ‚am Kreuze', an dem Balken von Zeit und Raum. Dies hindert die Menschheit am Überleben in der Zukunft. Angesichts der globalen Krise, der drohenden Menschheitsvernichtung durch Atomwaffen und der wachsenden Umweltzerstörung, ist ein Überlebenskampf Einzelner oder ganzer Völker sinnlos geworden. Es geht darum, daß wir alle miteinander die Schwierigkeiten meistern und gemeinsam als große Völkerfamilie in Frieden auf diesem Planeten Erde leben.

b. ‚Ichtod'

Im ersten Stadium des mystischen Versenkungsweges, in der Phase der Reinigung oder Läuterung, ist in der mystischen Literatur vom Ichtod die Rede. Unter Ichtod ist nicht der Tod oder die Abwesenheit eines funktionierenden Ichs gemeint, es bedeutet vielmehr - und dies muß hier ganz klar betont werden -, daß man sich durch den Übungsprozeß von der Fixierung auf das Ich und dessen Eingrenzung gelöst hat. Man lebt in einer Weite, die alles umschließt, man ist losgelöst von den Verhaftungen an die Dinge. Es geht vor allem auch um eine Reinigung des Ichs von Konzepten und Glaubenssystemen oder Komplexen, die vielleicht zum Überleben notwendig waren, aber oftmals überholt und damit einer weiteren Entfaltung hinderlich sind. Es ist die Erkenntnis, die aus der Erfahrung des Versenkungsweges resultiert, daß das Ich leer ist, daß es aus sich selbst heraus nicht existent ist und sich jetzt als Scheinwirklichkeit entpuppt. Die Erweiterung der bisherigen Ich-Funktionen, die dem Menschen Halt gegeben haben, kann mit Angst einhergehen, oftmals auch dem Gefühl von Verlassenheit und Depression. Jedoch kann nur ein Geist, der sich von Gedanken und Bildern freimachen kann, in andere Bewußtseinsräume einbrechen. So ist der Ichtod die Voraussetzung, um zum All-Seienden vorzustoßen.

c. Phänomen der Ich-Losigkeit

Im Zustand der Ich-Losigkeit ist keine persönliche Identität mehr da, jedoch bleiben die Funktionen des Ichs erhalten und stehen zur Verfügung. Diese Funktionen sind entleert von der Person.
Im Buddhismus sind es die 5 Skandhas (Körperlichkeit, Empfindungen, Wahrnehmungen, psychische Formkräfte, Bewußtsein), die die Persönlichkeit ausmachen. Durch ihre Aktivität wird die Illusion eines stabilen Ichs vorgetäuscht.

Im Herzsutra heißt es:
„Bodhisattva Avalokiteshvara,
In der Übung der tiefen transzendenten Weisheit erkannte,
Daß alle fünf Skandhas leer sind,
Und überwand so alles Leiden. [...]
Daher ist in der Leere keine Form,
Weder Empfinden, Wahrnehmung, Wollen oder unterscheidendes Denken,
Weder Auge, Ohren, Nase, Zunge, Körper,
Weder Farbe, Ton, Duft oder Geschmack,
Weder Berührbares noch Vorstellung,
Weder ein Bereich der Sinnesorgane noch ein Bereich des Denkens,
Weder Unwissenheit noch Ende von Unwissenheit."[12]

Segal berichtet über ihre Erfahrung der Ich-Losigkeit:
„Man machte noch immer die gleichen Erfahrungen, doch es gab kein ‚Ich' mehr, dem sie geschahen. In gleicher Weise erschienen auch alle angemessenen Reaktionen, die aus sich selbst heraus aufstiegen und in sich selbst wieder absanken. Alles erschien und verging auf der großen Leinwand des Unendlichen - Interaktionen, Emotionen, Gespräche, Handlungen jeglicher Art. Ohne ein individuelles Selbst, welches die Handlungen und das Sprechen lenkte, eröffnete dies Konzept der Hilfe eine völlig neue Dimension [...] Es gab keine persönlichen Funktionen mehr, und doch funktionierte alles völlig unbeeinträchtigt weiter - eine gleichzeitige Präsenz von Funktion und Nicht-Funktion, Existenz und Nicht-Existenz. [...] Diese Funktionen erfüllen die Aufgabe, in der Welt zu leben und sind völlig frei von einem individuellen Selbst." [13]

d. Ich-Stärke

Zum Leben in der Welt ist eine bestimmte Ichreife unumgänglich. Dies gilt auch für Menschen, die einen mystischen Versenkungsweg einschlagen. Menschen mit geringer Ich-Stärke können Schwierigkeiten haben, den Übungsanweisungen zu folgen. Oftmals sind Konzentrationsfähigkeit und Durchhaltevermögen nicht genügend entwickelt.

Häufig sind jedoch Menschen mit schwacher Ich-Ausprägung auf den spirituellen Wegen anzutreffen. Diese Menschen fühlen sich von dem wesentlichen Aspekt des spirituellen Weges, dem Loslassen des Ichs angezogen. Die Erfahrung zeigt jedoch, daß ein stabiles Ich notwendig ist, sowohl für einen spirituellen Weg, als auch für den Alltag. Auch kann man nur loslassen, was man besitzt. Alle großen Mystiker/innen hatten ein starkes Ich, mit dem sie in der Welt wirkten. Ken Wilber spricht vom ‚reifen Ich': „Das Ich ist so etwas wie ein praktisches Postulat, das die Einheit und Geschlossenheit der Persönlichkeit, der Erfahrung und des Verhaltens ausmacht. Das ist es, was wir das reife Ich nennen." [14]

e. Bedeutung des Ich für den Alltag

Ein von seinen Verstrickungen gereinigtes Ich ist auch für unser Wirken im Alltag notwendig. Immer bleiben wir mit einem spezifischen Auftrag in der Welt zurück. Ich-Stärke ist gefragt, etwa in Form von Standfestigkeit im Leben, Selbständigkeit, Durchsetzungsvermögen, der Fähigkeit Ansprüche an die Umwelt zu stellen, dem Fertigwerden mit Widerwärtigkeiten oder der Resistenz gegen suggestive Induktionen. In der Welt der Erscheinungen müssen wir mit Zeitstrukturierung, mit Führungsfähigkeiten und dem gezielten Einsatz unserer Fähigkeiten umgehen können. Dazu gehört auch, daß wir in der Lage sind, unsere eigenen Probleme zu lösen, daß Liebe nicht Aufopferung bedeutet, sondern auch Härte, und daß wir uns nicht manipulieren lassen.

B. DIE ERWEITERUNG DER ICH-GRENZEN - WANDLUNGS- UND BEFREIUNGSPROZESS

Der mystische Weg geht einher mit einer Erweiterung des Ichs und einer Ausweitung der Ichfunktionen auf transpersonale Bereiche mit ihren Erfahrungen. Jedoch zielt der Versenkungsweg nicht auf den Aufbau der Person ab; dies ist Thema der verschiedenen psychologischen Richtungen.

Nicht nur Erkenntnisse aus der mystischen Erfahrung sind es, die zur Wandlung der Person führen. Bei diesem Prozeß kann es auch zur Integration persönlicher Schattenbereiche kommen, also der negativen, ungelebten Seiten. Diese wurden meistens im Laufe des Lebens in tiefere Bewußtseinschichten abgedrängt. Ein Bewußtwerden der Person kann in vielerlei Hinsicht einsetzen, etwa durch die Bewußtmachung unbewußter Bedürfnisse und Abhängigkeiten oder angstbesetzter Komplexbereiche oder durch die Bewußtheit der Fixierung an einseitige Werte und Vorstellungen. Es kann, während der Übung, zu einer besseren Differenzierung ungeübter Ich-Emotionen kommen, vor allem im Fühlen und Empfinden.

Die Persönlichkeit verfügt über den Mentalkörper, den Emotionalkörper und den physischen Körper mit den drei wesentlichen Aspekten Intelligenz/Liebe, Weisheit und Wille/Macht[15]. Auf der personalen Ichstufe werden diese Aspekte vorwiegend zum Überleben eingesetzt, um mit den Gegebenheiten des Lebens zurechtzukommen. Im Laufe des spirituellen Entwicklungsprozesses, einhergehend mit der Ausbildung höherer Körper- bzw. Bewußtseinsstufen, werden diese Aspekte verfeinert. Auf feinstofflicher Ebene etwa werden sie mit einer enormen intuitiven Ausweitung, als spirituelle Weisheit, Liebe und Wille erfahren. Im höchsten Zustand, dem absoluten oder dem kosmische Bewußtsein, sind die Funktionen Liebe und Weisheit, Erkenntnis und Kraft über alles Seiende ausgedehnt.

Die wesentlichsten drei Aspekte werden stufenweise erweitert, vom Ich über das Wir bis hin zu allen Lebewesen, allem Seienden.

C. BEITRÄGE AUS DER TRANSPERSONALEN PSYCHOLOGIE

Vertreter der transpersonalen Psychologie haben ihre Konzepte in den transpersonalen Raum erweitert und dem Ich einen anderen Stellenwert gegeben. Zwar wird dem Ich die Rolle eines Funktionszentrum für das Menschsein zugebilligt, es wird gebraucht für die Orientierung in der Welt, aber die wahre Identität des Menschen ist nicht dieses Ich, sie liegt hinter der Ich-Welt.

a. C.G. Jung

„Die Erkenntnisse, um die es mir ging, oder die ich suchte, waren in der Wissenschaft jener Tage noch nicht anzutreffen. Ich mußte selbst die Urerfahrung machen und mußte überdies versuchen, das Erfahrene auf den Boden der Wirklichkeit zu stellen, sonst wäre es im Zustand einer nicht lebensfähigen subjektiven Voraussetzung geblieben."[16]

C.G. Jung, Arzt und Psychologe, beschäftigte sich im besonderen Maße mit den Tiefendimensionen der Psychologie. Er war ein überaus religiöser Mensch, der über Träume und eigenes Erleben in tiefe Seinsdimensionen vorstieß. Ziel seiner Tiefenpsychologie ist das Einswerden mit sich selbst und damit zugleich auch mit der Menschheit. C.G. Jung erfuhr und erkannte, daß der Mensch letztlich auch die gesamte Menschheit ist. Diesen Reifungsprozeß hat er als Individuationsprozeß bezeichnet.

C.G. Jung war Psychoanalytiker; seine eigenen Erfahrungen und seine Lehre reichen an Erfahrungen und Lehren des mystischen Weges heran. Dazu gehören:

- Die Bewußtmachung des Unbewußten und das kollektive Unbewußte: C.G. Jung erkannte als erster Psychologe das ‚überindividuelle Bewußtsein', auch ‚kollektives Bewußtsein' genannt. Es ist ein Bereich der Psyche, der nicht auf das Individuum begrenzt ist, sondern kollektive Züge trägt. „Es ruht aber auf einer tieferen Schicht, welche nicht mehr persönlicher Erfahrung und Erwerbung entstammt, sondern angeboren ist. Diese tiefere Schicht ist das sogenannte kollektive Unbewußte."[17]

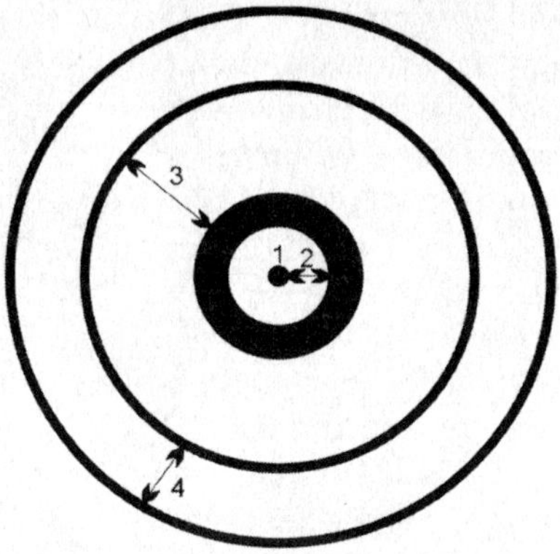

1 Ich
2 Bereich des Bewußtseins
3 Bereich des persönlichen Unbewußten
4 Bereich des kollektiven Unbewußten

Abb. 8 Modell des Bewußtseins nach C.G.Jung

C.G. Jung symbolisiert das ‚Ich' in der Abbildung mit dem schwarzen Punkt in der Mitte. Es ist das Organisationszentrum. Der nächste Kreis (2) ist der Bereich des Bewußten. Kreis 3 symbolisiert nach C.G. Jung die Sphäre des persönlich Unbewußten, nämlich Inhalte, die vom Menschen aus dem Bewußtsein abgedrängt wurden und die wieder in das Bewußtsein gehoben werden können. Kreis 4 steht für die Sphäre des ‚kollektiven Unbewußten'. Hier liegen ererbte Möglichkeiten des psychischen Funktionierens die in den Hirnstrukturen gespeichert sind. Dr. J. Jacobi[18] erwähnt in diesem Zusammenhang Situationen wie Angst, Gefahr, Kampf gegen Übermacht, Beziehung der Geschlechter, väterliche und mütterliche Gestalten, Haltungen wie Haß, Liebe, Geburt und Tod.

- Die Archetypen: Der Begriff Archetyp als die ‚Urform' oder ‚Urbild', tritt zu allen Zeiten und bei allen Völkern auf, bevorzugt in Mythen und Märchen. Archetypen symbolisieren sogenannte Bildekräfte hinter der Natur. C.G. Jung nimmt den Begriff des Archetypus in seiner Tiefenpsychologie auf und versteht darunter Inhalte des kollektiven Unbewußten. Er unterscheidet zwischen dem Archetyp per se, der potentiell jeder psychischen Struktur innewohnt und dem aktualisierten, ins Bewußtsein getretenen, wahrnehmbar gewordenen Archetyp, der als Bild, Vorstellung, Vorgang oder Prozeß auftritt, bevorzugt in Träumen oder Visionen. Dieser repräsentiert transpersonale Inhalte des seelischen Hintergrundes und bringt den Menschen auf bildhafte Weise Einsicht in stets wiederkehrende Grundstrukturen der Individualentwicklung[19]. Beispiele für Archetypen sind die Urmutter, die Meerfahrt, der Baum, der Erlöser, die Quelle, der Gottessohn und die Verwandlung.
- Die Bedeutung des Ich und des Selbst: Wie aus obiger Abbildung ersichtlich ist, ragt das Ich aus der Schicht des kollektiven und dem Anteil des individuellen Unbewußten heraus. C.G. Jung betrachtet es als Zentrum des Bewußtseins.

Er unterscheidet das Selbst vom Ich. Das Selbst ist eine dem Ich übergeordnete Größe. Es vereint Bewußtes und Unbewußtes zu einer Einheit. Es ist die Ganzheit und Einheit der gesamten Persönlichkeit und erfaßt Erfahrbares und noch nicht Erfahrbares. C.G. Jung spricht davon, daß dieses Selbst archetypischen Charakter hat und sich in Märchen, Träumen und Mythen darstellen kann, z.B. in Form von Führer-, Helden- oder Heilandsgestalten, sowie durch Symbole, beispielsweise Kreuz, Quadrat und Kreis.

- Der Individuationsprozeß, ein Wandlungsprozeß: Der Individuationsprozeß ist ein Prozeß der Selbstwerdung oder Selbstverwirklichung. Es ist ein psychischer Entwicklungsvorgang, um das Selbst von den Suggestionen unbewußter Bilder und den falschen Hüllen der Persona zu befreien.
  Der Individuationsprozeß kann teilweise in Analogie zum Prozeß der Läuterung des mystischen Versenkungsweges gesetzt werden; jedoch steht beim Individuationsprozeß eine psychische Bearbeitung archetypischer Bilder und deren Integration im Vordergrund. Diese Beschäftigung mit aus dem Unbewußten hochkommendem Material ist für den mystischen Weg nicht vordringlich.
  Es ging C.G. Jung vor allem darum, Gestalten, Träume, Bilder und Ideen, die aus der Tiefe des Unbewußten aufsteigen, zu betrachten, und in das Bewußtsein zu integrieren. Dies darf nur mit Hilfe einer geschulten Person, die Eigenerfahrungen in diesem Bereich besitzt und die weiß, wie damit innerhalb des Individuationsprozesses umzugehen ist, geschehen. Denn die Gefahr besteht, vom faszinierenden Einfluß der Archetypen überschwemmt und besetzt zu werden. Hierbei wird die Amplifikationsmethode eingesetzt. Bilder aus Träumen und Ideen werden mit dem analogen Material von Symbolen, Sagen und Mythen verglichen, bis Sinn und Bedeutung aufgedeckt sind und sie so in das Bewußtsein integriert werden können.
  C.G. Jung bedient sich in seinen Werken alchimistischer Symbole und Textbeispiele. Er vertritt die Umwandlung des eigenen Wesens, die Veredelung und die Erkenntnis das wahren Selbst. Es geht darum, den ‚Stein der Weisen', das Lebenselixier, zu bereiten, in Analogie zu dem Vorhaben der Alchimisten. Dieses Lebenselixier ist im Innersten zu finden und durch Verwandlung des eigenen Wesens zu erlangen. Es liegt im Unbewußten. C.G. Jung setzt diesen zu bereitenden philosophischen Stein - der ‚lapis philosophorum' genannt wird - in Parallele zu Christus und zur psychischen Ganzwerdung des Menschen. Alexander von Bernus schreibt hierzu: „Gewiß steht die Transmutationsidee im Mittelpunkt des alchimistischen Einweihungsweges, doch es geht nicht um die Verwandlung der Metalle, sondern um den inneren mystischen Transformationsprozeß."[20] C.G. Jung bediente sich der Symbole, Bilder und Gleichnisse der Alchimisten. In seinem Buch ‚Erinnerungen' schreibt er: „Damit war ich endlich auf dem Boden angelangt, der meinen eigenen Erfahrungen der Jahre 1913-1917 zugrunde lag; denn der Prozeß, durch den ich gegangen bin, entsprach dem chemischen Prozeß der Alchimisten."[21] Er stellte fest, daß auch das Unbewußte Prozesse durchläuft, die den Bildgehalten der Alchimisten ähnlich ist. C.G. Jung sieht darin eine Projektion des archetypischen, bezie-

hungsweise des kollektiven Unbewußten.
C.G. Jung hat sich intensiv mit den Mythologien aller Kulturen befaßt, mit Gnosis, mittelalterlicher Mystik, Alchimie und östlicher Philosophie. Es entstanden Werke wie: ‚Psychologie der Alchimie', ‚Aion', ‚Mysterium Conjunctionis', sowie Abhandlungen über östliche und westliche Philosophie.

- Integration der Gegensätze – Animus, Anima, Persona: Ein weiteres Anliegen von C.G. Jung war es, die Gegensatzproblematik aufzudecken und Gegensätze zu integrieren, um eine größere Gesamtheit herzustellen. Ihm geht es vor allem um die Gegensätze zwischen Bewußtem und Unbewußtem, Introversion und Extraversion, Animus und Anima im Menschen. Jung spricht von einer angeborenen psychischen Struktur bei Mann und Frau, wobei der Mann im Unbewußten ein Bild von der Frau trägt, das der Psychologe ‚Anima' nennt, und die Frau das Bild des Mannes, ‚Animus'. Er betrachtet diese Gegensatzspannung, aus der Energie erzeugt wird, als Weltengesetz und bringt selbst den Vergleich mit der Energie von Yin und Yang aus der chinesischen Philosophie.
  C.G. Jung betrachtet ‚Gott' ebenfalls von dieser Gegensatzspannung aus. Gott ist für ihn auf der einen Seite der Inbegriff des geistigen Lichts. Er bezeichnet ihn als „geistiges Erlösungsziel" und sieht in ihm die Vollendung allen Seins. Doch ist Gott auch die „dunkelste, unterste Ursache aller naturhaften Finsternisse."[22]
  Jung führt den Begriff ‚Persona' ein. Er bezeichnet damit die Maske, die der Mensch aufsetzt, um seine gesellschaftliche Rolle zu spielen. Die Persona verdeckt die wahre Natur des Individuums und ist darauf ausgerichtet, einen bestimmten Eindruck auf andere zu machen. Dies zu durchschauen ist auch Aufgabe des Individuationsprozesses.
- Einswerden mit sich selbst: Ziel der Jungschen Tiefenpsychologie ist das Einswerden mit sich selbst und zugleich mit der Menschheit, die der einzelne Mensch letztlich auch ist. Es ist dieser Reifungsprozeß, den er als Individuationsprozeß bezeichnet.
- Numinose Erfahrungen: Das Gottesbild ist für C.G. Jung ein Erlebnis, das spontan auftritt. Die Beziehung zwischen Gott und Seele besteht nach C.G. Jungs Ansicht darin, daß das Gottesbild als Archetyp in der Seele des Menschen ruht. Dieser Archetyp ist in jedem Menschen vorhanden und übt einen starken Einfluß auf den Menschen aus. Er spricht auch vom ‚inneren Gott' als wesenhafte Identität von Gott und Mensch und schreibt: „Da das Erlebnis dieses Archetypus die Eigenschaften der Numinosität hat, oft sogar im hohen Maße, kommt ihm der Rang einer religiösen Erfahrung zu."[23]
- Religion und Psychologie: Religion ist für ihn eine sorgfältige und gewissenhafte Beobachtung des Numinosen, eine dynamische Existenz oder Wirkung, die nicht von einem Willkürakt verursacht wird. Im Gegenteil: „Die Wirkung ergreift und beherrscht das menschliche Subjekt. Das Numinosum ist, was immer auch seine Ursache sein mag, eine Bedingung des Subjektes, die unabhängig ist von dessen Willen."[24]
- Östliche und westliche Spiritualität: Den Unterschied zwischen dem öst-

lichen und westlichen Menschen sieht C. G. Jung darin, „daß der westliche Mensch ich- und dingverhaftet ist. Der östliche Mensch dagegen erlebt die Einzeldingwelt, ja sogar sein Ich, wie einen Traum und wurzelt wesenhaft im Urgrund.“[25]
In diesem Zusammenhang kritisiert Jung das Christentum: „Die westliche objektbetonte Haltung neigt dazu, das ‚Vorbild‘ Christus in seinem gegenständlichen Aspekt zu belassen und ihn damit seiner gegenständlichen Beziehung zum inneren Menschen zu berauben.“[26] Christus als Mittler zu Gott wird nachgeahmt, aber es kommt nicht zu einer Änderung des Wesens durch Erfahrung des inneren Christus im Menschen. Er schreibt, daß es vorkommen kann, „daß ein Christ, der zwar an alle Heiligenfiguren glaubt, im Innersten der Seele unentwickelt und unverändert bleibt, weil er den ganzen Gott draußen hat und ihn nicht in der Seele erfährt.“[27] Im gleichen Werk spricht er davon, daß die Psychologie bei der Lösung dieses Problems helfen könne, denn es sei Aufgabe der Psychologie, die Realitäten zu sehen und zu verstehen.[28]

b. A. H. Almaas

Eine im ähnlichen Sinne immer weitere Entwicklung und Transformation der Person vertritt A. H. Almaas. Der Begriff ‚Essenz‘ steht bei ihm für das All-Seiende. „Die Verschiebung der Identität zu Essenz ist nichts als die Verwirklichung des wahren Selbst. Diese Erfahrung von Zeitlosigkeit, Raumlosigkeit und Nichtgeist ist auch der Eingang zum Jenseits, zum universellen unpersönlichen, dem Absoluten, dem Grund aller Existenz.“[29] „Jeder verwirklichte Mensch arbeitet weiter an seiner inneren Entwicklung. [...] Entwicklung und Entfaltung der Essenz haben kein Ende. [...] In dem Maße, in dem sich Essenz entwickelt, wird Persönlichkeit freigelegt und ihre Grenzen aufgelöst.“[30] A. H. Almaas schreibt, daß unsere Erfahrungen eine Auflösung von Selbstgrenzen oder Ich-Identitäten bewirken und spricht den verschiedenen Erfahrungsebenen und Identifikationsebenen innere Räume zu.[31]
„Je feiner und grundlegender die Selbstgrenzen werden, desto tiefreichender und mächtiger wird der auflösende Einfluß des Raumes. Das setzt sich so lange fort, bis wir fähig sind, die Wirklichkeit ohne Grenzen, ohne das Gefühl einer getrennten Identität und ohne die Empfindung individueller Erfahrung zu erleben. [...] Das ist das Ziel spiritueller Entwicklung [...], es ist mit höchster Befreiung und Erleuchtung gleichzusetzen.“[32]
Er beschreibt die Erfahrung der sechs Räume, die mit der Auflösung der Selbstgrenzen einhergehen. Sie sind durch das äußere Selbstbild, das innere Selbstbild, das äußere und das innere Körperbild bedingt.
Im folgenden wird eine knappe Zusammenfassung dieser Erfahrungsräume gegeben[33]:
1. Der klare Raum: Er stellt die Erfahrung „klarer, leerer, leichter und heller

Weite" dar. Dieser Raum ist dem Tagesbewußtsein am nächsten. Die Erfahrung ist besetzt mit der Furcht, uns aufzulösen.

2. Der schwarze Raum: Er ist die Erfahrung von Tiefe, Ruhe und Frieden, mit der Erfahrung des Identitätsverlustes und der Angst, nicht mehr zu wissen, wer wir sind.
3. Der klare, dichte Raum: Er wird erfahrbar als „kompakter, dichter Raum" mit den Erlebnis von Offenheit, Weite und voller Kraft.
4. Der schwarze, dichte Raum: Er wird erfahren im Zusammenhang mit unserem inneren Körperbild, und geht einher mit Angst, sogar Todesangst, den Körper zu verlieren.
5. Vernichtender Raum: Es kommt hier zur Auslöschung der Ich-Identität und der essentiellen Identität, mit Todesängsten und einem „Aufhören des Geistes". Ruhe, Stille und vollkommener Frieden sind eingetreten. Es ist ein Aufhören des Seins, es ist Nicht-Existenz, das Bewußtsein ist ausgelöscht. Jedoch ist diese Erfahrung immer noch selbstbezogen.
6. Die Leere: Es gibt kein Gefühl der individuellen Erfahrung. Es ist völlige Leere.

A. H. Almaas schreibt: „ [...] wir können diesen Raum nur durch das Erleben verstehen. In ihm ist die Erfahrung völlig offen." „Diese letzte Wirklichkeit, die über alle Konzepte hinaus besteht, ist unsere wahre Identität, unser letztes selbst. [...] Diese letzte Wirklichkeit bedeutet, sich selbst zu erkennen, indem ich selbst bin. Das ist Selbstverwirklichung."

c. Roberto Assagioli

„Ich habe einen Körper, aber ich bin nicht mein Körper, ich habe Gefühle, aber ich bin nicht meine Gefühle. Ich habe einen Verstand, aber ich bin nicht mein Verstand. [...] Was bin ich dann? Was bleibt, wenn ich mich von meinem Körper, meinen Wünschen, Sinneswahrnehmungen, Gefühlen und Handlungen disidentifiziert habe? Es bleibt das Wesen meiner Selbst. Ein Zentrum reiner Selbstbewußtheit."[34]

Roberto Assagioli, Vertreter der transpersonalen Psychologie und Gründer der Psychosynthese[35], wendet sich von dem Ich ab, um zum wahren Wesen vorzustoßen. In seinem Buch ‚Psychosynthese' stellt er Diagramme vor, die auch brauchbare Modellvorstellungen für den mystischen Versenkungsweg sind[36]. Obwohl die Psychosynthese überwiegend mit anderen Methoden und Techniken arbeitet als die Mystik, sind ihre Ziele ähnlich. Es geht um die Erweiterung des Ichfeldes in das Überbewußtsein, zum transpersonalen Selbst, um die Begriffe Assagiolis zu verwenden. Dieses transpersonale Selbst setzt Roberto Assagioli gleich „[...] mit den Erfahrungen des kosmischen Bewußtseins von Bucke oder dem Tertium Organum von Ouspensky, oder mit Erfahrungen, wie Eveline Underhill sie in dem Buch ‚Mystik' oder anderen Werken beschrieben hat."[37]

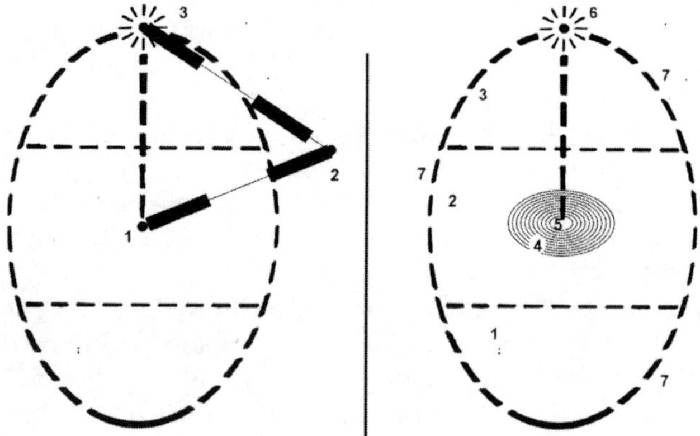

1. Das bewusste Selbst oder *Ich*
2. Das äussere vereinigende Zentrum
3. Das höhere (transpersonale) Selbst

1 Das tiefere Unbewusste
2 Das mittlere Unbewusste
3 Das höhere Unbewusste oder Über-bewusste
4 Das Bewusstseinsfeld
5 Das *Ich* oder bewusste Selbst
6 Das höhere (transpersonale) Selbst
7 Das kollektive Unbewusste

Abb. 9 Modellvorstellung zur Verbindung mit dem transpersonalen Selbst oder kosmischen Bewußtsein nach R. Assagioli

Hier ist das Bewußtseinsfeld 4, das den Teil der Persönlichkeit bezeichnet, dessen wir uns unmittelbar bewußt sind (Gedanken, Gefühle, Wünsche etc.). In dessen Zentrum steht das ‚Ich' (5), eingebettet in das Bewußtseinsfeld des ‚mittleren unbewußten Feldes' (2), das nach oben vom ‚überbewußten Feld' (3) und nach unten vom ‚tiefen unbewußten Feld' (1) umgeben ist.
Den Höhepunkt des eiförmigen Modells stellt das höhere, transpersonale Selbst (6) dar, das Assagioli mit den Erfahrungen des kosmischen, absoluten Bewußtseins gleichsetzt. Das Ich oder bewußte Selbst (5) hat eine direkte Verbindung zu diesem transpersonalen Selbst (6).[38]
Ziel der Psychosynthese ist es, durch Erweiterung des Bewußtseinsfeldes und Verschiebung in Richtung des transpersonalen Selbst[39], die Vereinigung von bewußtem Selbst und transpersonalem Selbst zu erreichen, was stufenweise geschieht.[40]
Roberto Assagioli betont besonders die Bedeutung der mystischen Erfahrung im Hinblick auf den Dienst in der Welt. Die mystische Erfahrung ist für ihn begrenzt, und sie ist nur eine Stufe, sowohl in der spirituellen Psychotherapie, als auch in der Entwicklung des Christen. Er schreibt: „Viele christliche Lehrer haben mit Recht darauf hingewiesen, daß das mystische Erlebnis nicht ein Ziel in sich selbst ist, sondern daß der Mensch aus ihm die Energie, den Enthusiasmus und den Anreiz ziehen muß, um zurück in die Welt zu kommen und Gott und seinen Mitmenschen zu dienen."[41]

d. Ken Wilber

Ken Wilber kennt zehn Stadien der Ich-Entwicklung.[42] Im folgenden gehe ich nur auf für uns wesentliche Stadien ein.

Das fünfte Stadium nennt er den „formalreflektiven Geist", der die Fähigkeit zur Selbstreflexion, als etwas Neues in der Ich-Entwicklung mit sich bringt. Die weiteren daran anschließenden Stadien sind charakterisiert durch eine zunehmende Transzendierung des übergeordneten Geistbewußtseins.

Das zehnte Stadium entspricht dem buddhistischen Erleuchtungsbewußtsein. Aus der Perspektive der Erleuchtung ist das Ich im absoluten Geist aufgegangen, es existiert nicht mehr. Aus der Perspektive der täglichen Welt ist das Ich ein Wagenlenker der Persönlichkeit.

Ken Wilber hat den Begriff Holon[43] eingeführt. Er betrachtet das Holon als ein Entwicklungsprinzip, das sowohl der körperlichen, als auch der geistigen und seelischen Entwicklung zugrunde liegt. Die Welt kann als Hierarchie ineinander geschachtelter Holons betrachtet werden.

Ein Holon ist einerseits ein Ganzes, andererseits auch ein Teil von etwas Größerem. So ist beispielsweise jede Zelle ein Ganzes, ein Holon, und gleichzeitig ist sie Teil eines Größeren, eines Organs. Jedes Organ ist selbst ein Ganzes und gleichzeitig Teil von etwas Größeren, nämlich dem Körper. Jede höhere Einheit hat einen anderen Bedeutungsinhalt, der sich nicht aus den Komponenten herleiten läßt.

Holons sind durch vier Grundvermögen charakterisiert, die einander entgegen gerichtete Tendenzen aufweisen: Die Tendenz der Selbsterhaltung (Agenz), die Tendenz der Selbst-Anpassung (Kommunion) an die Umgebung, die Tendenz der Selbsttranszendierung, die Fähigkeit also, als Baustein in ein Übergeordnetes einzugehen und die Tendenz der Selbstauflösung.

Jedes der von Ken Wilber konzipierten zehn Stadien der Ich-Entwicklung kann als Holon betrachtet werden und unterliegt der Spannung zwischen Selbsterhaltung und Anpassung, Transzendierung und Zerfall.

VIII. DER MYSTISCHE WEG IM SPIEGEL DER BEWUSSTSEINSMODELLE

Immer schon versuchten spirituelle Menschen ihre auf dem mystischen Weg gewonnenen Erfahrungen nicht nur durch Symbole, Parabeln oder Mythen auszudrücken und sie so anderen mitzuteilen, sondern sie auch mit Hilfe von Modellvorstellungen zu erfassen. Zugrunde lagen hierbei die Erfahrungen der verfeinerten Sinne, so etwa Hellsichtigkeit, Hellfühligkeit und Erfahrungen von Energien des Energiekörpers. Dieses Bestreben der Erklärbarkeit des mystischen Versenkungsweges finden wir in den mystischen Wegen fast aller Religionen. Letztlich brauchen wir zwar keine Erklärungen für das Sein, aber vielleicht hängt die Tendenz, etwas zu ergründen, das Ursachen- und Zusammenhänge-Suchen, mit dem mentalen Bewußtsein zusammen, das in unserer heutigen Zeit einen Höhepunkt erlebt. So versuchen Neurologen, Physiker und Bewußtseinsforscher die Bewußtseinszustände mit Hilfe von wissenschaftlichen Methoden sehr intensiv zu erforschen.[44] Ein Vergleich der einzelnen Modellvorstellungen zeigt wesentliche Übereinstimmungen.

Hier geht es darum, Grundzüge und Wissen der gängigen Bewußtseinsmodelle als Grundlage zum Verständnis der Interpretation des mystischen Versenkungsweges[45] und als Grundlage zur Erklärung von Phänomenen am spirituellen Weg und bei spirituellen Krisen aufzuzeigen.

1. Das Bewußtseinsmodell im Hinduismus, Buddhismus, Taoismus, Sufismus - das Chakrenmodell

Das Chakrenmodell ist ein Modell des feinstofflichen Körpers. Es stammt ursprünglich aus dem Hinduismus und Taoismus. Zwar variieren die Auffassungen bezüglich Anzahl, Lage und Funktionsweise der Chakren, aber im Grundsätzlichen stimmen sie überein. In anderer Beschreibung und Symbolik ist es in fast allen kulturellen und religiösen Gemeinschaften anzutreffen. So sprechen die Sufis von einem ‚lataif'-System und meinen ein „Energiesystem, das einen Übergang von der Ebene der Energie des Chakrasystems zu einer tieferen Ebene darstellt, die hinleitet zur Ebene essentieller Präsenz."[46] Im Rahmen dieses Buches kann nicht erschöpfend auf das enorme Wissen im Bereich der Chakren eingegangen werden, es existiert allerdings genügend weiterführende Literatur zu diesem Thema. Die kurz gefaßten Angaben dienen lediglich als Grundlage für das Verständnis der wichtigsten zugrunde liegenden Prozesse des Versenkungsweges und als Hilfestellung für das Verständnis spiritueller Krisen und Phänomene am Wege; sie sind in ihrer Auswahl und Aussage darauf ausgewählt und abgestimmt.

Das Chakrenmodell erfaßt verschiedene Bewußtseinsdimensionen, ein physisches, emotionales und mentales Bewußtsein, ein Liebesbewußtsein, ein höher

mentales und ein spirituelles Bewußtsein und repräsentiert diese durch die sogenannten ‚Chakren'. Der Begriff ‚Chakra' kommt aus dem Sanskrit und bedeutet wörtlich ‚Kreis' oder ‚Rad'. Es ist eine Bezeichnung für Zentren feinstofflicher Energie im Energiekörper des Menschen, welche die durch sie hindurchströmende Energie sammeln, transformieren und verteilen. Jedes der sieben Hauptzentren (Chakren) entspricht einem körperlichen, geistigen, seelischen und spirituellen Anteil. So kann beispielsweise die Dimension Liebe (Herzchakra) von verschiedenen Aspekten aus betrachtet werden: die mehr körperlich orientierte Liebe, die seelische Liebe, die mehr den Gefühlsbereich betrifft und die geistige Liebe, die unter dem Begriff platonische Liebe bekannt ist. Der höchste Aspekt wäre dann die All-Liebe des Mystikers, es wäre der spirituelle Anteil des ‚Liebesbewußtseins'.
Da jede Bewußtseinsdimension einen spirituellen Anteil enthält und damit in die spirituelle Dimension mündet, ist es verständlich, daß jeder der verschiedenen Wege zum All-Seienden führt. Sie alle münden in den transpersonellen, spirituellen Raum.

A. CHAKREN UND ERLEUCHTUNG - ERFAHRUNGSBERICHT

Der mystische Versenkungsweg geht einher mit einer Veränderung der Chakren[47], die intensiv erlebt wird. Stellvertretend für diese Erfahrung, hier ein Bericht von Motoyama[48], der über das Erwachen des Kronchakras (Sahasrara-Chakra) schreibt: „Das Erwachen setzte zunächst ein, als ein leuchtendes, goldenes Licht über dem Scheitel anfing, in meinen Körper einzudringen und wiederauszutreten; dabei hatte ich das Gefühl, als würde der Scheitel um zehn bis zwanzig Zentimeter anwachsen. [...] Langsam verlor ich die sinnliche Empfindung meines Körpers, spürte jedoch äußerst klar das Bewußtsein, das Überbewußtsein. [...] Dann erlebte ich einen wahrhaft unbeschreiblichen Zustand, in dem meine ganze spirituelle Existenz von einer außerordentlichen Ruhe erfüllt war. Nach einiger Zeit empfand ich es als unerläßlich, in die physische Welt zurückzukehren."[49] Motoyama berichtet weiter davon, daß dieses Erwachen des Kronchakras sich auch auf die anderen Chakren ausgewirkt hat, daß sich Fähigkeiten innerhalb anderer Chakren verstärkt haben und auf einer höheren Ebene zu wirken begonnen haben. Seine Erlebnisse führten ihn zu dem Schluß, daß Erleuchtung einhergeht mit dem Erwecken der Chakren, und zwar beginnend mit der Erweckung des Kronchakras und daß das Chakrasystem der Leitfaden für spirituelle Entwicklung ist.[50]
Die Erlebnisse und Schlußfolgerungen von Motoyama stehen in Übereinstimmung mit den Erfahrungen sehr vieler Menschen, die spirituell erwacht sind und dekken sich in wesentlichen Punkten auch mit der Interpretation des mystischen Versenkungsweges.[51]

B. GRUNDWISSEN ÜBER CHAKREN ZUM VERSTÄNDNIS DES MODELLS DES MYSTISCHEN VERSENKUNGSWEGES[52] [53]

a. Beschreibung, Lage und Zuordnung der Haupt-Chakren

- Das unterste Zentrum oder Chakra, das Wurzelchakra (Muladhara) repräsentiert das Erdelement (prithvi) und liegt in der Verlängerung des Steißbeins, der Erde zugewandt. Es steht für das physische, also mehr erdgebundene Bewußtsein. Es ist Sitz der Lebensenergie, auch Kundalini-Energie genannt, die den Körper ständig versorgt. Yogis sagen, daß hier auch ein ‚Gehirnspeicher' angelegt ist, ein Speicher für unbewußte Erfahrungen, für das kollektive Unbewußte und die Archetypen.
- Das nächste Zentrum, das Sexualchakra (in der indischen Terminologie als Swadhistana bezeichnet) repräsentiert das Element Wasser (Apas) und liegt in der Gegend der Geschlechtsorgane. Hier ist der Sitz des emotionalen Bewußtseins.
- Das Milzchakra (Manipura) repräsentiert das Element Feuer (Agni) und steht für das niedrige mentale Bewußtsein.
- Das Herzchakra (Anahata) ist dem Element Luft (Vaju) zugeordnet. Es repräsentiert Liebesfähigkeit.
- Das Halschakra (Visudha) verkörpert das Prinzip des Äthers (Akasha).
- Das Stirnchakra liegt zwischen den Augenbrauen, heißt Ajna und wird auch ‚drittes Auge' genannt; es repräsentiert den höheren Willen, den Verstand, Intellekt und übersinnliche Fähigkeiten.
- Das höchste und ‚göttliche' Zentrum ist das Scheitelzentrum, das ‚tausendblättrige Lotus' oder ‚Sahasrara', von dem alle anderen Kräfte der Zentren ausgehen und beeinflußt werden.
  Es ist das höchste Seinsprinzip, ist raum- und zeitlos, und die Ursachensphäre aus der alles entstanden ist. Theosophen sprechen von der ‚Akashachronik', der Sphäre, in der bereits alles in Form von Ideen und Gedanken vorliegt und aufgezeichnet ist. Religiös betrachtet ist es das göttliche Prinzip, für die Naturwissenschaft ist es das Prinzip des Quantenvakuums, für den Mystiker ist es das Prinzip der Leere in der mystischen Erfahrung[54].

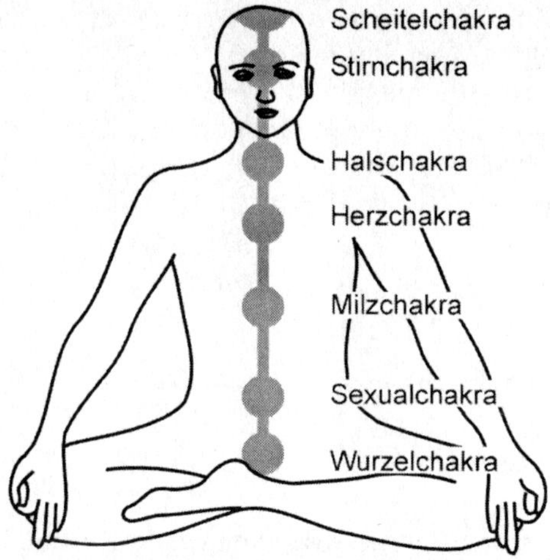

Abb. 10 Modellvorstellung der Chakra im Körper

b. Wirkungsweisen der Chakren

Jedes Chakra ist in sich selbst differenziert, in einen spirituellen, kausalen, mentalen, astralen und physischen Bereich. Außerdem ist jedes Chakra ist zuständig für einen bestimmten Bewußtseinsaspekt, der durch einen bestimmten Frequenzbereich und die dazugehörige Farbe kodiert ist. Die Chakren sind in der Lage, bestimmte Energiefrequenzen vom Kosmos aufzunehmen, die sie auch abstrahlen. Hellsichtige können sie an der Farbe erkennen, Wissenschaftler können sie mit Geräten sichtbar machen.

Sie strahlen die Energie ab und bilden so die Aura, eine Energiehülle um den Körper. Jedes Chakra ist zuständig für eine ‚Hülle', ‚Ebene' genannt; wir kennen eine physische Ebene oder Hülle, eine ätherische Ebene, eine emotionale Ebene, eine astrale Ebene und eine spirituelle Ebene. Die Ebenen vermischen sich zur gesamten Aura. Wie jedes Organsystem im Gehirn in bestimmten Gehirnfeldern repräsentiert wird, so sind auch die Chakren in bestimmten Teilen des Gehirns repräsentiert.

Ist ein bestimmter Bewußtseinszustand noch nicht entwickelt, so ist das dazu korrespondierende Chakra klein. Im Laufe der Bewußtseinsentwicklung wird es größer. Erreicht ein Chakra seine maximale Größe, treten die für dieses Chakra spezifischen übersinnlichen Fähigkeiten auf. Bei einem vollkommenen Menschen sind alle Bewußtseinsfelder voll entfaltet. Die Aura erstrahlt dann im ‚weißen Licht', da alle Chakrafrequenzen zusammen ein helles Licht ergeben. Dieses Ergebnis trat z.B. ein, als Jesus am Berg Tabor verherrlicht wurde. Es heißt: „[...] und sein Gewand wurde weiß wie Schnee."[55]

Chakren, die durch Atem- oder Mantratechnik oder Asanas beeinflußt werden, bleiben nur vorübergehend in diesem Zustand. Erst wenn die Erfahrungssituationen

akzeptiert und durchlebt wurden, gibt es konstante Ergebnisse.
Durch Traumata seelischer, geistiger und körperlicher Art und durch Probleme erleiden Bewußtseinsfelder Veränderungen bis hin zu Defekten. Chakren-Trichter können sich vom Hauptkanal, mit dem sie verbunden sind, lösen. Probleme, nicht bewältigte und nicht gelebte Erfahrungen, können sich als Energiefelder in den Energiefrequenzen der Chakren festsetzen. Auf dem spirituellen Weg werden durch den Läuterungsprozeß diese Blockaden bereinigt, so daß die Energie frei fließen kann.
Jeder Mensch ist in der Entwicklung seiner Bewußtseinsfelder einmalig. Man spricht auch von der individuellen Chakra-Leiter.

c. Die Verbindung der Zentren untereinander

Die Chakren sind durch drei Bahnen, Ida, Pingala und Sushumna, miteinander verbunden[56]. Sie haben auch Verbindung mit den Organen desjenigen Bereiches, in dem sie liegen und stimulieren durch die Energie im direkten Kontakt die im jeweiligen Segment liegenden Hormondrüsen.
Von dem obersten, dem höchsten Zentrum angefangen verläuft längs dem Rükken, bis in das tiefste Erdzentrum hinab, die sogenannte Sushumna, ein Nadikanal, flankiert von den Kanälen der Ida und Pingala. Die Sushumna repräsentiert das Akasha Prinzip. Sie verbindet alle Zentren miteinander, da die Chakren wie Trichter an diesen Kanal angeschlossen sind. In diesem Kanal kann sich die Energie der Kundalini (Schlangenkraft)[57] hochbewegen, wenn sie einmal erwacht ist. Dies kann durch Schock, durch gezieltes Üben im Kundalini-Yoga oder auch auf unserem Versenkungsweg geschehen.

(1) CHAKREN UND HORMONDRÜSEN

Die Beziehung zwischen Chakren und Hormondrüsen ist für den Mystiker von Bedeutung, da durch Anregung der entsprechenden Drüsen etwa durch Konzentration oder über Mantren eine Öffnung der Bewußtseinsfelder erfolgen kann.[58]
So wird dem Stirnchakra die Hypophyse zugeordnet, dem Scheitelchakra die Epiphyse, dem Halschakra die Schilddrüse, dem Herzchakra die Thymusdrüse, dem Milzchakra die Milz, dem Sexualchakra die Sexualorgane. Die Erkrankung einer Drüse hat eine Veränderung des Bewußtseinszustandes zur Folge, umgekehrt folgt auch auf die Veränderung eines Chakras[59] eine Minderfunktion der entsprechenden Hormondrüse und damit eine biologische Fehlversorgung der damit einhergehenden körperlichen Bereiche. Hier liegt die enge Nahtstelle zwischen Bewußtseinsprozessen und körperlichem Geschehen.

(2) GEHIRNZENTREN UND CHAKREN

Wie das Gehirn alle Organe und Gliedmassen repräsentiert und Speicherorgan sowie Schaltzentrale für den körperlichen, geistigen und seelischen Ausdruck des Menschen ist, sind auch die Bewußtseinszentren (Chakren) im Gehirn repräsentiert, und zwar sollen sie in der vorderen Zentralwindung der Großhirnrinde lokalisiert sein.[60] Auch das neurophysiologische Modell der Schaltkreise[61] deckt sich mit dieser Ansicht.

(3) DIE BEZIEHUNG DER CHAKREN ZUEINANDER

Die einzelnen Chakren hängen nicht nur über die Sushumna zusammen, sondern es sind jeweils zwei Chakren in besonderer Weise über eine Bahn (Nadi) einander zugeordnet. Das bedeutet, daß jede Änderung in einem Chakra eine energetische Veränderung im zugehörenden Chakra mit sich bringt und damit eine Änderung im körperlichen, seelischen, geistigen und spirituellen Bereich des jeweils entsprechenden Bewußtseinszustandes. Für den mystischen Versenkungsweg ist die Korrespondenz zwischen Stirnchakra und Milzchakra und zwischen Halschakra und Wurzelchakra von besonderem Interesse:

- Stirnchakra und Milzchakra: Wird das Stirnchakra und die ihm zugeordnete Hormondrüse Hypophyse angeregt, kommt es aufgrund eines Rückkopplungseffektes zu einer Energiedurchflutung des Milzchakras. Das Milzchakra, als Ort des mental-emotionalen Bewußtseins, kann ‚gereinigt' werden, wenn die Energie festsitzende Komplexe in diesem Bereich löst.[62] Umgekehrt ist es auf dem mystischen Übungsweg von Wichtigkeit, das Milzchakra von mental-emotionalem Ballast zu befreien, um in die spirituellen Dimensionen des Stirnchakras vorzustoßen. Dies wird durch den sogenannten Läuterungsprozeß des Übungsweges erreicht.
- Halschakra und Wurzelchakra: Über das Wurzelchakra kann das Halschakra beeinflußt werden. Das Halschakra wird in der Literatur auch ‚Mystikerchakra' genannt, da der Eintritt in den transpersonalen Raum und die Erfahrung der Leere ab diesem Chakra erfolgen. Durch die Betätigung dieses Bewußtseinsbereiches, etwa durch Schweigen und durch die Bewußtseinsentleerung, kommt es zu einer Anregung des Wurzelchakras. Dies kann zum Erwachen der schlafenden Kundalini-Energie führen und geht meistens einher mit den Kundaliniphänomenen.[63] So ist auch bekannt, daß besonders häufig bei Menschen, die an einer Dysfunktion der Schilddrüse leiden, Kundaliniphänomene auftreten.

2. Bewußtseinszentren im Christentum

Im Christentum finden sich diese sieben Bewußtseinsdimensionen ebenfalls: In der Apokalypse sind die sieben Dimensionen unter dem Namen ‚die sieben Gemeinden' bekannt. Wenn sich der Mensch vervollkommnet, kann er an diesen Zentren das göttliche Licht wahrnehmen. Die dort beschriebenen sternförmigen Lichter werden als die sieben Engel bezeichnet. Sie sind die Offenbarung des wahren Lichtes und können auch mit den Leuchtern identifiziert werden. Sie erscheinen nacheinander in der rechten Hand des Menschensohnes, d.h. auf seinem rechten Weg zur Göttlichkeit. Die sieben goldenen Leuchter sind die sieben Strahlungszentren im menschlichen Körper, die oben bereits beschrieben wurden.[64] Die Beschreibung des Höchsten, des Thronenden, in der Apokalypse ist ein Feld voll Energie und Kraft und kann durchaus zu dem Quantenfeld der modernen Naturwissenschaft in Analogie gesetzt werden. Auch die Heiligenscheine werden allgemein interpretiert als eine Abstrahlung des Kronchakras. Ebenso wird die Jakobsleiter im Christentum als Symbol einer stufenweisen Höherentwicklung betrachtet.

3. Der Lebensbaum der Kabbala

Das zentrale Symbol der Kabbala ist der Baum des Lebens.[65] Der Lebensbaum[66] gibt den Prozeß der Schöpfung wieder und die Identität von Mikro- und Makrokosmos. Der Aufbau des Baumes kann als das feinstoffliche System im menschlichen Körper mit seinen Kanälen und Zentren betrachtet werden.
Dion Fortune[67] zieht einen Vergleich zwischen den Sefiroth und den Chakren, der im folgenden dargestellt ist:

- Malkuth (die irdische Sphäre) entspricht dem Muladhara-Chakra, dem Wurzelchakra.
- Yesod entspricht dem Svadisthana-Chakra an der Wurzel der Geschlechtsorgane.
- Tifareth ist sowohl mit dem Manipura-Chakra als auch mit dem Anahata-Chakra verwandt, die sich in der Brust und am Solarplexus befinden.
- Binah wird mit dem Vishuddha-Chakra im Kehlkopf in Verbindung gebracht.
- Chochmah entspricht dem Ajna-Chakra.
- Kether stellt das Sahasrara-Chakra, den tausendblättrigen Lotos oder das Kronchakra dar.

Die zentrale Kraft fließt - in Analogie zur Sushumna - durch die vertikale Achse. Die Säulen auf der rechten und linken Seite umfassen den absteigenden Kreislauf, sie können in Analogie gesetzt werden zu den Kanälen der Ida und Pingala. Außer-

dem sind die Zentren (Sefiroth) in drei Gruppen aufgeteilt, eine obere, eine mittlere und eine untere, in derselben Form, wie wir sie von der buddhistischen Trikaya-Lehre[68] her kennen.
Auch die Bedeutungen jedes Sefirah entsprechen im wesentlichen denen der Chakren oder den Körperlehren in anderen Traditionen:

- Kether bezieht sich auf die Vereinigung mit Gott oder die Vollendung des großen Werkes.
- Chochmah wird die erleuchtende Intelligenz genannt, als Vision Gottes.
- Binah ist Symbol für die unterscheidende Vernunft.
- Tifareth steht in Verbindung mit dem Herzen und mit dem Geheimnis des Kreuzes und der Klugheit.
- Yesod wird mit der Vision der inneren Funktionen des Universums (der Schöpfung) assoziiert.
- Malkuth, das an der Basis lokalisiert ist, wo die Kundalini liegt, wird verschiedentlich auch ‚das Tor zum Garten Eden' oder ‚Malkah [die Königin]' genannt.

4. Die Lehre von den Körpern oder Existenzebenen

Bei einigen Bewußtseinsmodellen ist von Körpern die Rede, die auch Existenzebenen genannt werden. Hier liegt der Schwerpunkt der Betrachtung nicht bei den Chakren, sondern bei der Erfahrung der verschiedenen Körper, die als Aura-Abstrahlungen der Chakren betrachtet werden können.

A. SHRI RAJNEESH

Shri Rajneesh spricht von sieben Körpern[69] und schildert den Weg durch die Körper während der Versenkungsphasen. Alle sieben Körper müssen durchschritten werden, bevor das Bewußtsein in höhere Ebenen aufsteigen kann:

- Erster Körper - Physischer Körper: Dies ist der feste Körper.
- Zweiter Körper - Ätherischer Körper: Er ist nicht fest, es gibt für ihn keine Schwerkraft. Deshalb löst er sich in Meditation ab. Er ist beeinflußbar durch Suggestion und Hypnose.
- Dritter Körper - Astraler Körper
- Vierter Körper - Mentaler Körper
- Fünfter Körper - Spiritueller Körper
- Sechster Körper - Spiritueller Körper
- Siebter Körper - Spiritueller Körper: Hier beginnt das Eindringen in eine andere Ebene.

Shri Rajneesh vertritt die Ansicht, daß jeder Übungsweg an einem bestimmten Körper ansetzt. So beginnt Hatha-Yoga mit dem ersten Körper, Mantra-Yoga mit den zweiten, Bhakti-Yoga und Kontemplation mit dem dritten Körper und Raja-Yoga[70] mit dem vierten Körper.
Unsere Zivilisation bewegt sich auf die Entwicklung des vierten Körpers zu.
Der ‚Sprung' in den spirituellen Körper erfolgt ab dem vierten Körper. Es ist ein Zurücklassen des mentalen Körpers. Ab dem fünften Körper wird das Ego abgelegt. Es ist der Zustand vom Ego zum Nichtego, vom personalen zum transpersonalen Bewußtsein. Hierbei sind die Übungen des Zen sehr hilfreich, nämlich nur Sitzen und Nichtstun. Dadurch wird die Entwicklung vom fünften zum sechsten Körper vollzogen. Im sechsten Körper gibt es keine Dualität mehr. Es ist ein kosmischer Zustand. Im siebten Körper gibt es den Kosmos nicht mehr, es ist der Zustand des Nirvana, der Leere, des Himmels, des Ursprungs.
Sind die ersten vier Körper energetisch und bewußtseinsmäßig noch nicht entwickelt und erfolgt der Einstieg in die spirituelle Dimension zu früh, so kommt es zu Ungleichgewichten im Energiesystem. Diese können zu geistig-seelischen Störungen und zu Differenzen im Körpersystem führen, mit der Gefahr, daß entweder eine Schizophrenie entsteht oder andere psychische Probleme auftreten. Es kann zu einer Spaltung kommen, da die Körper nicht mehr harmonisch integriert werden können. Deshalb ist eine harmonische Entwicklung erstrebenswert.

B. ANN BRENNAN[71]

Die Physikerin und bekannte Heilerin befaßt sich besonders mit den Energiefeldern der einzelnen Körper, vor allem mit den Energiemustern der Charakterstrukturen, und sieht in ihrer Über- oder Unterfunktion die Ursache für Erkrankungen. Sie zeigt die Zusammenhänge der Energiefelder im Bezug auf die derzeitigen Erkenntnisse der modernen Physik auf. Der Reinigungsprozeß wird bei ihr als Lösung von Körperblockaden verstanden.
Wie viele spirituelle Heiler versucht Ann Brennan durch Visualisation von weißem Licht Anschluß an die spirituellen Ebenen zu bekommen. Erleuchtung wird erreicht, wenn wir die Illusion der Maya verlassen und durch Erweiterung unserer Wahrnehmung auf höhere Schwingungsebenen gelangen. Die für unser Anliegen wesentlichen spirituellen Ebenen ihres Systems sind folgende:

- Der himmlische Körper (6. Schicht), in welchem die Verbundenheit mit dem ganzen Universum über die bedingungslose Liebe zu Allen erfahren wird.
- Der kausale Körper (7. Schicht), dessen Frequenz nach ihren Angaben die des goldenen Lichts ist und auch den Lebensplan eines Menschen trägt.
- Der kosmische Körper (8. Schicht), dem Ann Brennan noch ein 8. und 9. Chakra zuordnet.

C. DIE DREIKÖRPERLEHRE (TRIKAYA) IM BUDDHISMUS

Ein Buddha[72] hat drei Körper, die auch Ebenen der Wirklichkeit genannt werden, wobei diese in wechselseitiger Beziehung stehen und ein Ganzes bilden. Buddha ist eins mit dem Absoluten (Ebene des Dharmakaya)[73] und manifestiert sich in der Welt des relativen Bewußtseins (Sambhogakaya). Er setzt sich aktiv mit Hilfe des Verwandlungskörpers oder Nirmanakaya[74] in der Welt zum Wohle aller Lebewesen ein.

Der spirituell Strebende entwickelt diese drei Körper in sich, während er auf dem Pfade voran schreitet:

- Dharmakaya, auch ‚Gesetzeskörper' genannt, symbolisiert Bewußtsein, das mit dem universellen Bewußtsein verschmolzen ist. Der Bodhisattva Vairocana, der All-Durchstrahlende, verkörpert diesen Aspekt des universellen Bewußtseins.
  Es ist das Erlebnis des kosmischen Bewußtseins, des Eins-Sein, das jenseits aller Begriffe liegt, zeitlos, unveränderlich, ohne Dualität. Er wird durch Weisheit (prajna) verwirklicht.
- Sambhogakaya wird der ‚Körper des Entzückens' genannt. Es ist der Körper, durch den das Erlebnis der Ekstase und der Erleuchtung erfahren wird. Amida-Buddha symbolisiert diesen Körper des Entzückens.
- Nirmanakaya wird der ‚Körper der Verwandlung' genannt. Der Verwandlungskörper ist in allen Richtungen tätig, um anderen zu helfen. Er verkörpert sich in den irdischen Buddhas und Bodhisattvas, deren Aufgabe es ist, die Lehre darzulegen. Er wird personifiziert durch Shakyamuni Buddha.

Durch das Trikaya Modell werden verschiedene Erfahrungsebenen der Erleuchtung ausgedrückt. Sambhogakaya und Nirmanakaya werden als Hilfsmittel angesehen, um die Erfahrung des Dharmakaya[75] zu erreichen.

In der Übersetzung früher chinesischer Zen-Texte von Bodhidharmas Lehre des Zen heißt es: „Die Lehre von den drei Körpern ist nur ein Hilfsmittel für das menschliche Verstehen, das oberflächlich, mittelmäßig oder tief sein kann. In Wahrheit gibt es nicht einmal einen Buddhakörper, geschweige denn drei."[76]

Ken Wilber nimmt folgende Gleichsetzungen vor:

- Nirmanakaya entspricht der psychischen Stufe.
- Sambhogakaya, die Stufe der Heiligen, entspricht der subtilen Stufe.
- Dharmakaya, die Stufe der vollkommen Erleuchteten, entspricht der kausalen Stufe.

D. EBENEN DES BEWUSSTSEINS IM BUDDHISMUS

Nach der buddhistischen Psychologie gibt es verschiedene Ebenen des Bewußtseins.
Unterhalb der sechs Sinne befindet sich die siebte Bewußtseinsebene, die Ebene der konstanten Ich-Wahrnehmung. Darunter ist die achte Stufe, im Sanskrit ‚alaya-vijnana'[77] genannt, das Lagerhaus aller Bewußtseinserfahungen. Unterhalb der achten befindet sich die neunte Bewußtseinsebene; dies ist unsere reine und klare Wesensnatur. Diese Ebene kann von den sechs Sinnen weder wahrgenommen, noch über Ideen oder Gedanken verstanden werden. Nur durch die Erfahrung der Erleuchtung kann sie begriffen werden. Dann erfahren wir, daß alle sechs Sinne und die siebte und achte Bewußtseinsebene nichts anderes sind, als diese neunte Ebene. Beim Tod werden die sechs Sinne zerstört und verschwinden zusammen mit dem Körper. Das Bewußtsein der siebten, achten und neunten Ebene jedoch bleibt bestehen.

E. DIE VIER BEWUSSTSEINSSTUFEN DER TRANSPERSONALEN PSYCHOLOGIE NACH KEN WILBER[78]

Auch moderne Interpreten differenzieren verschiedene Stufen der Bewußtseinsentwicklung, die den einzelnen Menschen und letztlich die gesamte Menschheit betreffen. Ken Wilber unterscheidet in diesem Zusammenhang vier Stufen des Bewußtseins. Er verwendet auch den Begriff ‚Welträume', die sich erst im Laufe der Entwicklung erschließen. Für jede dieser vier Stufen ist der Weltraum ein verschiedener.

a. Vorrationale Stufe (vorpersonale Stufe)

Zu dieser Stufe gehören Körperwahrnehmung, Sinneswahrnehmung, Emotionen, bildhafte und symbolische Erkenntnisse und mythische Vorstellungen, wobei noch keine klare rationale Erkenntnis vorliegt.

b. Rationale Stufe (personale Stufe)

Es ist die Stufe der Ich-Ebene, der Ebene klarer rationaler Vorstellungen und logischer Denkvorgänge. Die höchste Ebene auf dieser Stufe ist die integrale Persönlichkeit, die Schatten und Persona integriert hat.

c. Transrationale Stufe (transpersonale Stufe)

Ken Wilber unterteilt sie in drei Ebenen:

- Psychische Ebene: Man erkennt alle Lebewesen als Ausdruck des All-Seienden und erkennt in anderen unmittelbar sich selbst. Daraus entsteht spontan Mitgefühl. Das frühere Ringen mit moralischen Normen weicht dem natürlich erfahrenen Zusammengehörigkeitsgefühl.
- Feinstoffliche oder subtile Ebene: Parapsychologische Phänomene können auftreten, etwa Visionen, Prophetie, Sprachengabe. Das „Auge des Schauens", wie Ken Wilber es benennt, wird erst langsam geöffnet. Das Schauen ist noch nicht formlos, die Einsichten werden vielmehr in ganz bestimmten Strukturen, Symbolen, vielleicht auch Gottheiten erfahren. Ken Wilber setzt diese Stufe dem Nirmanakaya im Buddhismus gleich.
- Kausale Ebene: Sie stellt den Durchbruch zum reinen, nicht manifestierten und ungeborenen Geist dar. Es kommt zur Einheitserfahrung mit dem personalen Gott, an dem sich die Wesensnatur konkretisiert. Das Göttliche kann im archetypischen Bild im Bewußtsein auftreten.[79] Ken Wilber setzt diese Ebene dem Sambhogakaya im Buddhismus gleich.
- Nonduale Ebene oder kosmisches Bewußtsein: Auf dieser Stufe wird Identität mit allen Formen und das reine Sein in vollkommener Klarheit und Bewußtheit erfahren. Leere und Form sind die beiden Seiten einer Sache. Durch diese Erfahrung des kosmischen Bewußtseins ändert sich die Sicht des Menschen fundamental[80]. Ken Wilber setzt diese Ebene dem Dharmakaya im Buddhismus gleich.

Nach Ken Wilber liegt jeder Stufe der Bewußtseinsentwicklung ein eigenes Entwicklungsmuster zugrunde. Bezogen auf die transpersonalen Stufen (psychische, subtile, kausale und nichtduale) bedeutet dies:

- Jede Stufe ist eine in sich geschlossene Einheit (im heutigen Sprachgebrauch auch Holon) mit einer spezifischen Ausprägung.
- Jede Stufe besitzt ein höheres Ichgefühl[81] und bringt neue Antriebe, neue Sichtweisen und moralische Haltung mit sich.
- Jede Stufe besitzt eine Tiefenstruktur, die in allen Kulturen grundsätzlich dieselbe ist. Ken Wilber benützt hierfür auch den Begriff überkulturell.
- Jede Stufe hat die Anlage zu einer speziellen Pathogenese, also körperliche, seelische und geistige Schwierigkeiten, die auftreten können.[82]

5. Bewußtseinszentren in der modernen Naturwissenschaft

A. NEUROLOGISCHES MODELL DER GEHIRNSCHALTKREISE UND NETZWERKE

a. Das Gehirn als Speicher des Bewußtseins

Das Gehirn ist, wie jede Körperzelle auch, Speicherort für Bewußtseinsinhalte. Von Dr. Deepak Chopa stammt der Satz: „Zellen sind in Materie gekleidete Erinnerungen." Ort der Speicherung im Gehirn sind Nervennetze, also miteinander verbundene Nervenzellen, die sich im Laufe der Evolution aufgrund von Bedürfnissen und Erfahrungen geformt haben und miteinander sogenannte ‚Schaltkreise' bilden. Hervorragende Arbeit auf diesem Gebiet hat der Gehirnforscher und Nobelpreisträger Eccles[83] geleistet, des weiteren Forscher wie Pribram, auf deren Arbeiten leider nur hingewiesen werden kann[84].
Auch im neurologischen Modell wird, wie in der Psychologie, das Ich unter dem Aspekt eines Funktionszentrums im Gehirn betrachtet. Diesem Funktionszentrum im Gehirn sind Bahnen zugeordnet, die ein Überleben der Person gewährleisten; dies sind die bereits erwähnten Schaltkreise. Ihre Ausbildung beginnt bereits in der Kindheit aufgrund von individuell erworbenen Mustern, durch frühkindliche Prägungen etwa seitens der Eltern, sowie durch die Familienkonstellation und die Sozialisierung durch die jeweils vorhandene Gesellschaft. Es sind dies die Engramme, die im Läuterungsprozeß des mystischen Weges bereinigt werden. Das Gehirn ist auch ein Speicher für das Unterbewußtsein. Stanislaf Grof[85] hat aufgrund von Arbeiten mit LSD-Patienten eine Gehirnkarte für unterbewußte Prozesse entworfen. Indische Yogis[86] berichten davon, daß Teile des kollektiven Bewußtseins im Wurzelchakra abgespeichert sind.

b. Bezug zum mystischen Geschehen

Dieser Bezug ist für mystische Erfahrungen von Interesse, wenn im mystischen Prozeß Material des kollektiven Bewußtseins - etwa Archetypen oder Symbole - erscheinen. Man nimmt an, daß vor allem durch den in der Versenkung einsetzenden verstärkten Kundalini-Strom dieses Material in das Tagesbewußtsein des Gehirns befördert und hier wieder bewußt wird.
Das Gehirn ist der Resonanzboden für das kosmische Bewußtsein. Es ist in der Lage, unter den Bedingungen des Versenkungsweges im Stadium der Unio mystica, über den sogenannten neuroatomaren Schaltkreis[87] das kosmische Hologramm abzulesen, d.h. es interpretiert die Frequenzen des Kosmos und konstruiert die Realität der Dimension jenseits von Zeit und Raum.

c. Neurologisches Modell der Gehirnschaltkreise und Netzwerke

Im Laufe der Entwicklung, also während der Anpassung des Individuums an die Erdbedingungen, haben sich im anfänglich sehr einfach gestalteten Gehirn aus einfachen Nervenzellen hochkomplexe Gebilde aus miteinander vernetzten Neuronenketten gebildet. Dies sind die sogenannten Schaltkreise. Diese Netzwerke oder Schaltkreise wurden durch andauernde Betätigung von unserem Bewußtsein angelegt und für grundlegende Handlungen im Gehirn eingesetzt. Durch immer neue ‚Verdrahtung' werden immer mehr Netzwerke gebildet und ausgeweitet, dem neuartigen Sachverhalt und der Bewußtseinslage entsprechend.
So geht man in dem Modell der Neurophysiologie davon aus, daß auch den transpersonalen Stufen Schaltkreise zugrunde liegen, wobei die Übung der Meditation und Kontemplation unter diesem Aspekt betrachtet werden kann.
Das Hören von Gedichten und Sutren, der Vollzug von Ritualen als neue Verhaltensweisen, in Kombination mit Stille und dem Einüben der Gedankenleere, bewirkt ein Anlegen oder einen Ausbau von Netzwerken. Dazu kommen eigene Erwartungshaltungen, Gruppen- und Meisterfeedback, sowie die neue Erfahrung mit ihrer Integration in das normale Leben, was eine Assoziation des Neuen mit dem alten Gespeicherten bedeutet.
So kann ein Kontemplations- oder Zentraining von neurophysiologischer Seite her auch als ein Abrufen alter „göttlicher Ursprungsprogramme" der transpersonalen Ebene betrachtet werden, die in uns verdeckt liegen und einer Freilegung und Neuverknüpfung von Nervennetzen bedürfen. Dadurch rutscht der Übende letztlich in den neuroatomaren Schaltkreis, den Quantenschaltkreis hinein, der in der rechten Gehirnhälfte liegt und über den das Gehirn, laut Ansicht einiger Neurologen[88], mit dem absoluten Bewußtsein kommuniziert.
Mystik sagt immer wieder: „Alles ist in uns, wir brauchen es nur entdecken und du bist bereits Buddha, nur weißt du es nicht."
Die Schaltkreise sind untereinander und mit anderen Gehirnzentren verbunden und stehen in Kontakt mit den Bewußtseinszentren (Chakren), die ja auch in der Großhirnrinde des Gehirns repräsentiert sind. Robert Watson, Timothy Leary[89] u.a. postulieren aufgrund von Erfahrungen und Erkenntnissen acht solche Schaltkreise im Gehirn, die der Stufenleiter des Bewußtseins entsprechen, wie wir sie etwa von Bewußtseinsforschern wie Ken Wilber kennen[90]. Allgemein gilt: Die Schaltkreise der linken Gehirnhälfte, die bekanntlich dem Verstand zugeordnet ist, besitzen Ich-Inhalte. Die Schaltkreise der rechten Gehirnhälfte, die dem Gefühlsleben zugeordnet ist, haben Inhalte des transpersonalen Bewußtseins.
Die acht neuralen Schaltkreise auf der Stufenleiter des Bewußtseins werden folgendermaßen bezeichnet[91]:

- Oraler Bio-Überlebensschaltkreis: Dieser Schaltkreis prägt die Welt des Säuglings (Nahrung, Sicherheit, Verlangen nach der Mutter). Es geht um die Befriedigung von Primärbedürfnissen. Sein Sitz ist der Hirnstamm und das autonome Nervensystem, verbunden mit den endokrinen Drüsen.
- Analer gefühlsterritorialer Schaltkreis: Durch diesen Schaltkreis wird das Zwischenhirn mit dem willkürlichen Nervensystem und den Muskeln verbunden. Er entwickelt sich mit der Krabbelphase des Kleinkindes.

- Semantischer Schaltkreis: Hier findet das Erleben der Wirklichkeit in Form von Worten, Symbolen, Musik, Kunstwerken und Ritualen, Formeln und Gleichungen statt. Hier wird auch die Sprache gebildet, die der linken Gehirnhälfte zugeordnet ist.
- Moralisch sozio-sexueller Schaltkreis: Er soll im linken Neocortex liegen und enthält unter anderem konditionierte Verantwortung z.B. im Bereich der Elternschaft (Entstehung des Eltern-Über-Ichs) und im Bereich der Sexualität (z.B. Postulat der Keuschheit, sexuelle Tabus). Viele Menschen hängen in diesem Schaltkreis am stärksten an der Welt der Erscheinungen oder, buddhistisch gesprochen, im Samsara, und sind an das Rad des Karma gebunden.
- Neurosomatischer Schaltkreis: Er entspricht der Bewußtseinsstufe des Kehlchakras. Er liegt in der rechte Hirnrinde und steht in Verbindung mit dem ersten Schaltkreis und den Geschlechtsorganen. Hier ist die Fähigkeit, in Gestalt denken zu können, und die Intuition lokalisiert. Der neurosomatische Schaltkreis wird auch hedonistischer Schaltkreis genannt, da er körperliches Entzücken hervorruft, wahrscheinlich aufgrund der bekannten Verbindung Kehlchakra - Wurzelchakra (Kundalini). Musik regt diesen Schaltkreis an, ebenso tantrische Rituale.
- Neuroelektrischer Schaltkreis: Er entspricht der Bewußtseinsstufe des Stirnchakra. Das Gehirn handelt hier als Sender und Empfänger. Es nimmt die Informationssignale von den anderen fünf Schaltkreisen und der Umgebung entgegen. Der Mensch, der in diese Stufe eindringt, hat hellseherische, telepathische und prophetische Fähigkeiten. Für denjenigen, der solche Erfahrungen gemacht hat und Fähigkeiten besitzt, wird dieses Wissen gut sein.
- Neurogenetischer Schaltkreis: Das gesamte Nervensystem mit Gehirn ist durch den genetischen Code festgelegt. Die Molekularbiologie sagt uns, daß das genetische Material, die sogenannte DNS[92], Botenmoleküle in Form von RNS[93] aussendet, um dem Organismus Informationen zu übermitteln. Nach Popp und Bischof spielen bei dieser Übertragung Biophotonen eine wesentliche Rolle.[94] Dringt der Mensch mit seinem Bewußtsein in diesen Schaltkreis ein, werden diese DNS-Speicher auf dem inneren Bildschirm sichtbar. Es sind die Speicher der Jungschen Archetypen, des kollektiven Unterbewußtseins und der Akasha-Chronik. Sie stehen in Korrespondenz mit dem Wurzelchakra. Wer mit seinem Bewußtsein in diese Dimension eindringen kann, kann die Informationen dieses ‚universalen Hologramms' ablesen. Es ist auch die Ebene der morphogenetischen Felder von Sheldrake.[95]
- Neuroatomares Bewußtsein (Quantenschaltkreis): Die Bewußtseinsintelligenz benötigt hier keinen Körper, keine Neurone, keine DNS, also keine Materie mehr. Die Idee ist, daß das Universum eine Bewußtseinsintelligenz ist, wobei die subatomaren Strukturen wie neurale Basissignale wirken. Der Einstieg zum absoluten Bewußtsein soll über diesen Quantenschaltkreis laufen, der der rechten Gehirnhälfte, also der nicht-rationalen Hälfte, zuzuordnen ist. Damit dieser Schaltkreis in Aktion treten kann, sind Gedanken- und Gefühlsleere wichtig, was auch mit den Bedingungen des mystischen Weges

übereinstimmt. In der Wissenschaft sagt man, daß das Gehirn auf den Reduktionsplan gestellt[96] wird. Dies ist eine wesentliche Voraussetzung für die Erfahrung des absoluten Bewußtseins. Versuche von Eccles bestätigen: „Der Geist bewegt das Gehirn."
Im Bezug zum mystischen Geschehen wird also der neuroatomare Schaltkreis (Quantenschaltkreis) als Ort der Resonanz mit dem absoluten Bewußtsein angesehen. Über diesen Schaltkreis sollen wir Kontakt bekommen zu subatomaren Strukturen, die wie neurale Basissignale an den Raum-Zeitkoordinaten wirken und die dem absoluten Bewußtsein der Bewußtseinsforscher oder auch dem Quanten- oder Vakuumfeld der Physiker entsprechen. Es besteht die Annahme, daß die Übertragung schneller als Lichtgeschwindigkeit erfolgt, in unmittelbarer Kommunikation. Die Information soll über Quanten vermittelt werden und verbraucht keinerlei Energie.[97]
Vielleicht ist dieser Ort im Gehirn mit der Brahma-rhanda im Chakra-Yoga System, einem Nadikanal, der die Verbindung von der endenden Sushumna-Bahn im Stirnchakra bis zum Scheitelchakra darstellt, gleichzusetzen.
Im Taoismus kennt man für diesen Ort den Begriff des Nirvanafeldes.
Yogananda spricht in seinem Buch ‚Die Heilige Wissenschaft' von dem Ort Makarloka[98], der die Sphäre innerhalb eines Atoms kennzeichnet.
Voraussetzung für den Eintritt in dieses Feld sind die Bedingungen des Versenkungsweges, also eine hohe Konzentration und Zentrierung des Bewußtseins.

B. DAS MODELL VON DAVID HAWKINS

a. Meßbarkeit von Bewußtseinsfeldern[99]

Bewußtseinszustände sind Energiefelder und können neuerdings gemessen werden. Der Psychiater Dr. David Hawkins, der selbst den spirituellen Weg geht und über ein hohes Maß an spiritueller Erfahrung verfügt, übernahm die grundlegenden wissenschaftlichen Arbeiten von Goodhearts und D. John Diamond zu diesem Thema. Er arbeitete über 20 Jahre lang mit kinesiologischen Muskeltests an Bewußtseinszuständen im Zusammenhang mit spiritueller Entwicklung und konnte die Ebenen menschlichen Bewußtseins meßbaren Energiefeldern zuordnen. Besonders befaßte er sich mit der Zuordnung von den emotionalen Korrelaten der Energiefelder des Bewußtseins zu kinesiologischen Meßgrößen. Des weiteren arbeitete er mit Attraktorfeldern der Chaosforschung und dem Neuronenmodell der neuralen Netzwerke. Hawkins sagt: „In diesen Systemen wirkt ein Netzwerk untereinander verbundener Neuroneneinheiten innerhalb bestimmter Grenzen und bildet so Attraktormuster, von denen einige jetzt mit Psychopathologien identifiziert werden. Diese Art Modell korreliert Verhalten und Physiologie und läuft parallel mit den Ergebnissen unseres kinesiologischen Muskeltests, indem es die Verbindung zwischen Geist und Körper demonstriert."

b. Werteskala

Im Modell von David Hawkins hat die Liebe den Wert 500, der Friede den Wert 600, und die höheren Energieebenen entsprechen den Werten zwischen 700 und 1000 (Erleuchtung).
Seine Werte und Erkenntnisse decken sich mit den Erkenntnissen der neuralen Schaltkreise und denen der Chakramodelle. Hawkins kann nachweisen, daß diese höchste Ebene göttlicher Gnade von den großen spirituellen Persönlichkeiten der Geschichte, Jesus, Buddha und Krishna, erreicht wird. Sie haben die Identifikation mit dem Körper, dem Ich, abgelegt und sind in das göttliche Selbst aufgegangen.
Mit dieser Meßmethode können auch die Bewußtseinsinhalte aller kulturellen und religiösen Prozesse erfaßt und auf ihren Wahrheitsgehalt überprüft werden. So machte David Hawkins die interessante Beobachtung, daß der Wahrheitsgehalt der Lehren von Christus, Buddha, Krishna und Abraham ursprünglich um den Wert 1000 lagen, im Laufe der Zeit, aufgrund von individuellen Interpretationen, jedoch stark abfielen. Er sieht dies als den „Niedergang aller hohen spirituellen Lehren durch Fehlinterpretationen von Seiten weniger Erleuchteter" an und betrachtet die kinesiologische Meßmethode als Methode, mit der jede spirituelle Bewegung auf die Höhe ihrer Bewußtseinsstufe hin untersucht werden kann.

C. DIE BEWUSSTSEINSRÄUME NACH BURKHARD HEIM

„Die Behauptung mancher Wissenschaftler über ein unverstandenes Gebiet - das gibt es nicht - ist völlig unwissenschaftlich. Man kann allenfalls sagen: ‚ich weiß nichts darüber'."[100]

Der Physiker Burkhard Heim entwickelte eine Theorie über den kosmischen Erlebnisraum des Menschen , die Welt aus Organisationszuständen. Dr. W. Ludwig beschreibt Heims ‚Weltmodell' verständlich in dem Buch ‚Die erweiterte einheitliche Quantenfeldtheorie von Burkhard Heim'.[101] Aus dem Schlußkapitel dieses Buches werden hier einige Gedanken übernommen.
Heim kommt zu der Anschauung, daß sich die Welt aus Organisationszuständen entwickelt, welche sich im Laufe der Zeit aktualisieren. Die Zukunft liegt unscharf im Rahmen vieler Möglichkeiten fest. Sie wird geprägt durch das Eingreifen von ‚G4', was der höchste ‚Raum' ist, den er auch Hintergrundraum nennt. Eine Selbstorganisation entsteht nur scheinbar. In Wirklichkeit geschieht die Steuerung aus dem G4, der eine unermeßliche Intelligenz darstellt.
Dr. Ludwig schreibt: „Viele Physiker sind durch die Beschäftigung mit der mathematischen Physik zu Gott gekommen. Glauben heißt noch nicht wissen und ist die Vorstufe der Erkenntnis."
Burkhard Heim setzt die Weltsicht der Organisationszustände gegen die Weltan-

sicht des Determinismus, in der die Welt wie ein Uhrwerk funktioniert, und gegen die Weltanschauung des Indeterminismus, welche besagt, daß die Welt ein Zufall ist. Materielle Objekte sind Projektionen sechsdimensionaler Verzerrungen des Raumgitters, Heim nennt sie „Kondensationen“. Dem materiellen Geschehen liegt eine aus G4 kommende implizite Ordnung zugrunde, die unsichtbar die Ereignisse dieser Welt bestimmt. Der Mikrobereich wird durch Wahrscheinlichkeitsamplituden gesteuert; was die höchste Wahrscheinlichkeit hat, wird bevorzugt. Dr. Ludwig berichtet: „Die Entstehung von Lebewesen wurde in G4 vorbereitet und in den R4 übertragen.“[102] Er meint weiterhin: „[...] Dies stimmt, nebenbei gesagt, mit der Genesis überein: das 1. Kapitel beschreibt die Erschaffung der geistigen Urbilder, das 2. Kapitel die der Materie.“ Das gesamte Mikrogeschehen besteht aus Wahrscheinlichkeitswellen und wird von den Wahrscheinlichkeitsfeldern gesteuert“. Hier ein vereinfachtes Diagramm:

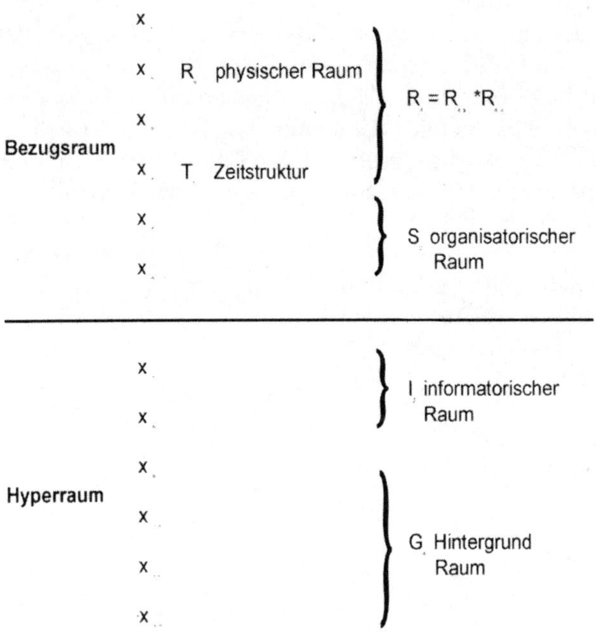

Abb. 11 Bewußtseinsräume nach Burkhard Heim

Heim gliedert den 12-dimensionalen Raum (x1 - x12) in folgende Räume:
- Unterraum (R3), mit den Koordinaten x1, x2, x3, welches die Raumkoordinaten unseres physischen Raumes sind.
- Raumzeit (R4), die aus R3 und der Zeitkoordinate x4 besteht.
- Der Organisatorische Raum (S4) besteht aus x5 und x6.
- Die Raumzeit R4 bildet mit dem organisatorischen Raum (auch Strukturraum genannt) zusammen den materiellen energetischen Raum.
- Jenseits dieser materiellen Welt liegt I2, der informatorische Raum mit den

Koordinaten x7 und x8, welche Informationen tragen.

- G4 ist der Hintergrundraum mit den Dimensionen x9 bis x12. Dieser Raum soll Energie und Materie steuern.

Setzt man dieses Modell in Bezug zur Mystik, so verlassen wir die Raumzeit x4 im Stadium 2 des mystischen Weges und treten in die Räume x5 und x6 ein, wenn wir den Durchbruch zur Transzendenz erreichen und die Erfahrung der Erleuchtung machen. Im Stadium 3, der Erfahrung der Unio mystica, Satori oder Samadhi, kommen wir in Annäherungen an den Hintergrundraum G4 (über die Räume x7 bis x12), den wir als Feld des All-Seienden betrachten. Er hängt von unseren konzentrativen Fähigkeiten ab, die ja durch die Praxis im mystischen Prozeß ausgebildet werden, sowie von einem Faktor, den wir ‚Gnade' nennen können und der aussagt, in welche Raumtiefe wir eindringen.

Interessant sind in diesem Zusammenhang auch die verschiedenen Samadhizustände im Yoga, deren Höchster der Nirvanakalpa-Samadhi ist. Ken Wilber[103] differenziert diese Dimensionen ebenfalls, wenn er von den psychischen, subtilen, kausalen, nichtdualen transpersonalen Stufen spricht und verschiedene Mystiker nach dieser Erlebnistiefe differenziert.

Der Mystiker Aurobindo spricht in diesem Zusammenhang von einem höheren Mental, dem erleuchteten Mental, dem intuitiven Mental, dem Übermental und schließlich von dem Supramental, wobei er den Begriff ‚Mental' übergeordnet verwendet, im Gegensatz zum üblichen Sprachgebrauch des Mentals als der Stufe der Gedanken.[104]

Wir befinden uns auf der mentalen Stufe. Die Erfahrung zählt und kann nicht beschrieben, nur umschrieben und, wie hier geschehen, in das zeitgenössische Gewand eines Modells verarbeitet werden.

„Halt an, wo läufst du hin
Der Himmel ist in Dir,
Suchst du Gott anderswo,
Du fehlst ihn für und für."[105]

6. Versuch einer Entsprechung der Modelle (Übersicht)

David Hawkins	*Chakramodell*	*3-Körperlehre*	*Trans-personale Therapie*	*Schaltkreis-*	*Kabbala Modell*	*Körperlehre*	*Burkhard Heim*
1000	Kronchakra	Dharmakaya	Nichtduale Stufe	Quanten-schalt-kreis	Kether	Spiritueller Körper	Hintergrund-raum x9-x12
							Informat. Raum x7-x8
500	Herzchakra	Sambogakaya	Personal		Tiphereth	astral-mental	Struktur-raum x5-x6
							Zeitstruktur x4
100	Wurzelchakra	Nirmanakaya	Personal	Bio-Überlebens-schaltkreis	Malkuth	Physischer Körper	Physischer Raum x1-x3

Abb. 12 Übersicht zu den Modellvorstellungen

7. Zusammenfassung

Die Modelle ähneln sich sehr stark. Das Chakramodell kommt mit mehr oder weniger starken Abänderungen in allen mystischen Richtungen vor, im Hinduismus-Taoismus, im Christentum, in der jüdischen Kabbala und im Sufismus. Da das Chakramodell sehr ‚modern' geworden ist, müssen wir uns allerdings hüten, das Modell mit der Erfahrung gleichzusetzen. Die höheren Stufen sind zwar rational erklärbar, aber nicht auf dem rationalen Weg spürbar. Sie sind nur aufgrund eines spirituellen Versenkungsweges, wie es der mystische Weg ist, erfahrbar.
Die naturwissenschaftlichen Modellvorstellungen stimmen im wesentlichen mit dem aus dem Osten kommenden Energiemodell überein. Indem sie spirituelle Erfahrungen und naturwissenschaftliche Erkenntnisse miteinander verbinden, helfen sie dem rational betonten Menschen des Westens spirituelle Prozesse mit den Metaphern des Zeitalters verständlicher zu machen. Besonders für Menschen, die spirituelle Wege außerhalb eines religiösen Rahmens gehen, können die Erkenntnisse aus den Naturwissenschaften sehr hilfreich sein, ebenso für Menschen in spirituellen Krisen.
Allerdings muß auch gesagt werden, daß die Naturwissenschaft erst am Anfang der Erforschung von höheren Bewußtseinszuständen steht.

IX. DER MYSTISCHE WEG UND ERKENNTNISSE AUS DER NATURWISSENSCHAFT

Keiner der großen spirituellen Meister der Weltgeschichte gab je eine Interpretation in Bezug auf den spirituellen Versenkungsweg. Immer waren es erst die Nachfolger, Lehrer und Schüler, die sich damit auseinandersetzten. Besonders in der östlichen Spiritualität, vor allem im Yoga und Taoismus, wurden im Zusammenhang mit der Erfassung des feinstofflichen Energiesystems (Chakrasystem)[106], Überlegungen und Untersuchungen getätigt, die die Grundlagen und Zusammenhänge des feinstofflichen körperlichen Geschehens sowie spirituelle Abläufe betreffen. Hierbei steht die Frage nach einer Beschleunigung des spirituellen Weges durch Optimierung der Bedingungen im Vordergrund. Auch im Westen wird gegenwärtig bei Teilen der Naturwissenschaft intensiv der Versuch unternommen, in die Dimensionen des Bewußtseins einzudringen. Dies ist nicht verwunderlich, ist doch die moderne Physik in einen Bereich jenseits der Materie[107] vorgestoßen und damit konfrontiert, sich mit den Grundfragen des Lebens auf einer Dimension jenseits des Meß- und Wägbaren auseinanderzusetzen.
Hier soll wesentlichen Versuchen und Ergebnissen von Naturwissenschaftlern zu diesem Thema nachgegangen werden. Zunächst wird auf das Erfassen der Bewußtseinsstufen im Experiment eingegangen, anschließend werden anhand von ausgewählten Versuchsergebnissen aus der Gehirnforschung, der Physik, der Chaosforschung und der Chakraforschung, die im Rahmen dieses Buches vereinfacht dargestellt werden, Möglichkeiten einer Interpretation der Stufen des Versenkungsweges aufgezeigt, sowie eine Modellvorstellung des mystischen Versenkungsweges gegeben.
Dem rationell gestimmten Menschen unseres Zeitalters soll ein Zugang zur Spiritualität von dieser Seite her zu ermöglicht, und dem Übenden ein Leitfaden für die ablaufenden Prozesse auf körperlicher Basis sowie Verstehenshilfen bei auftretenden sogenannten spirituellen Krisen[108] gegeben werden. Es geht weiter darum, die Bedeutung und Würdigung des Körpers als Resonanzort für Bewußtseinsprozesse aufzuzeigen und damit auch die immer noch bestehende Kluft zwischen Körper, Geist und Seele abzubauen, denn beim mystischen Prozeß sind alle Dimensionen gleichermaßen beteiligt
Auf exakte Wissenschaftlichkeit mußte zugunsten einer allgemeinen Verständlichkeit auf diesen oftmals schwierigen Gebieten verzichtet werden. Vielleicht gibt dies jedoch Anreiz für eine vertiefte Beschäftigung über den Rahmen des Buches hinaus.

1. Das absolute Bewußtsein in der Naturwissenschaft

A. DIE AKTUALITÄT DER FRAGE NACH DEM BEWUSSTSEIN IN DER HEUTIGEN ZEIT

Wissenschaft und Bewußtseinsforschung sprechen von dem absoluten Bewußtsein. Dieses wird gleichgesetzt mit dem göttlichen Bewußtsein, dem All-Seienden. Namhafte Persönlichkeiten haben versucht, die Parallelen zwischen Forschungsergebnissen und den Erfahrungen mystisch-transzendentaler Religionen aufzuzeigen – Persönlichkeiten wie Heisenberg, Bohr, Schrödinger, Einstein, Alan Watts, Fritjof Capra, John Welwood, John Battista, Ken Dychtwald, Marilyn Ferguson, Renee Weber und andere.[109] Mit dem Rätsel des Bewußtseins befassen sich eine Reihe wissenschaftlicher Disziplinen. Spezialisten sprechen bereits von einer Wissenschaft des Bewußtseins und sind sich einig, daß das Problem nur durch eine Zusammenarbeit einer Vielzahl von Disziplinen gelöst werden kann.
Da die Problematik des Bewußtseins so komplex ist, kommt es gegenwärtig zu einer immer stärker werdenden interdisziplinären Verflechtung der Bewußtseinsforschung mit anderen Wissenschaftsbereichen wie der Philosophie, der Neurowissenschaft, der Biochemie, den Kognitionswissenschaften und der Informatik in der Medizin.
Owen Flanagan[110] hat für die Zukunft das Projekt einer ‚Vereinheitlichten Theorie des Bewußtseins' formuliert. 1994 war die erste Internationale Konferenz an der Universität von Arizona „toward a scientific basis of consciousness". Im Moment jedoch gibt es noch keinen einheitlichen theoretischen Hintergrund hierfür, und der Schwerpunkt der Erforschung des Bewußtseins liegt noch im interdisziplinären Bereich.

B. KENNZEICHEN DES ABSOLUTEN BEWUSSTSEINS

In Fachkreisen wird vermehrt die Ansicht vertreten, daß das absolute Bewußtsein kein Produkt des Gehirns ist, sondern eine geistige Struktur, die ohne eine Bindung an den Raum oder an die Zeit existiert.[111] Dem absoluten Bewußtsein werden eigenständige Eigenschaften, Qualitäten und Fähigkeiten zugeordnet. Es hat die Fähigkeit über das Universum und über sich selbst zu reflektieren und ist überall; wir können daran teilnehmen oder in es eintauchen, wie es beim mystischen Versenkungsweg geschieht. Es kann Partikel und Energie erschaffen und Masse verändern. Raum, Materie, Energie und Zeit sind nur Aspekte des Bewußtseins. Es drückt sich qualitativ und dynamisch aus. Die Fähigkeit des Bewußtseins ist die der Beobachtung. Das Bewußtsein ist die Instanz, die alle Phänomene im Leben beobachtet und ihrer gewahr wird. Es ist inhaltslos. In der Modellvorstellung der Physik wird es dem Psi-Feld, dem Quantenfeld oder Quantenpotential gleichgesetzt, welches durch kleinste Teilchen die Materie bildet und beeinflußt.

Bewußtsein erschafft, nach dem Physiker David Bohm, als ‚implizite Ordnung', die ‚explizite Ordnung, die der für uns sichtbaren Welt entspricht. Es enthält die Information für alles Seiende, verpackt die Information in bestimmte Energie und bildet so spezifisch Materie. Der Physiker Dr. Walker sagt: „Das Bewußtsein ist wie Licht, ein farbloser Strahl, schneller als Lichtgeschwindigkeit." Diese Lichterfahrung und Theorie trifft sich auch mit der Erfahrung der Mystiker. Roger Bacon beispielsweise formuliert: „Licht ist sich selbst erzeugende Substanz und Träger der in der Natur wirkenden Kräfte". Bonaventura vertritt eine Lichtmetaphysik, nach der das Licht die allem Körperlichen gemeinsame Form darstellt. Durch das Licht erfolgt die allgemeine Formierung der Materie. Grossetestes Kosmogonie ist begründet auf der Ausbreitung des Lichtes, aus dem die Urmaterie und damit der Kosmos entstanden sein sollen. Alles ist eine Manifestation des Geistes.

C. BEWUSSTSEIN UND MATERIE, LEERE UND FORM

Bewußtseinsforscher und moderne Physik vertreten die Ansicht, daß es keinen wesentlichen Unterschied zwischen Bewußtsein und Materie gibt. Beides sind zwei Aspekte des All-Seienden, die aus Energie bestehen. Bewußtsein ist eine feinere und die Materie eine gröbere Schwingung. Der Unterschied besteht in der Schwingungszahl; es handelt sich also um einen Unterschied des Grades und nicht der Art.

Dieser Sachverhalt wird durch folgendes Beispiel verständlicher: Obwohl alle Schwingungen ihrer Beschaffenheit nach gleich sind, kann das menschliche Ohr nur die gröberen Töne von 16 bis 20 000 Schwingungen pro Sekunde aufnehmen, während weniger als 16 oder mehr als 20 000 Schwingungen pro Sekunde im allgemeinen nicht wahrgenommen werden können. Zwischen den hörbaren und unhörbaren Schwingungen besteht kein wesentlicher, sondern nur ein relativer Unterschied.

Genauso ist es mit Materie und Bewußtsein. Daher kommt es, daß der menschliche Geist im normalen Bewußtseinszustand keine Beziehung zwischen Materie und dem absoluten Bewußtsein erkennen kann.

D. EXPERIMENTELLE ERFASSUNG DER STADIEN DER VERSENKUNG

Bewußtseinsstufen können heutzutage mit wissenschaftlichen Methoden erfaßt werden.

a. Aura-Photographie

Feinstoffliche Energien des Aurafeldes können in neuerer Zeit durch die spezielle Methode der Aura-Photographie sichtbar gemacht werden. Hierbei entsprechen

die verschiedenen Frequenzen der Farben und der damit einhergehenden Energiezustände den verschiedenen Bewußtseinszuständen. Auch über einen großen Zeitraum hinweg können Bewußtseinszustände über die temporären Auraschwankungen in einem Monitor sichtbar gemacht werden.
Hellsichtige Menschen können die Aura sehen, Hellfühlige mit den Händen fühlen.

b. Messung einzelner Chakren

Hiroshi Motayama führte sie mit Hilfe von Elektroden einer sogenannten ‚Chakra-Maschine' durch.[112]

c. Kinesiologische Messungen von Bewußtseinfeldern

Hierbei handelt es sich um eine Messung der Bewußtseinszustände mit Hilfe von kinesiologischen Meßmethoden. [113]

d. Messung der Gehirnströme (EEG) während des Versenkungsweges

(1) EEG-MESSUNGEN WÄHREND DES VERSENKUNGSWEGES

In Experimenten wurden während des gesamten Versenkungsweges die Hirnströme gemessen. Die EEG-Ströme während des Versenkungsweges zeigen dabei deutliche Veränderungen gegenüber den EEG-Strömen von Personen in nur ruhenden Zuständen auf. Die Werte sind von der Tiefe der Versenkung abhängig. Die gesamte Bewußtseinsskala bewegt sich zwischen 0,5 und 40 Hertz und wird eingeteilt in Beta-Wellen, Alpha-Wellen, Theta-Wellen und Delta-Wellen. Die Bewußtseinsebenen können den gemessenen Schwingungen zugeordnet werden.

(2) BESCHREIBUNG DER EBENEN[114]

- Bewußte Ebene: Sie reicht von 40 - 14 Hertz und wird auch Beta-Zustand genannt. Es ist ein Zustand des Wachbewußtseins, in dem wir mit einem bewußten, denkenden Geist ein aktives Leben führen. Am Extremwert, bei 40 Hertz, erleben wir eine Überlastung des Nervensystems mit Streß und Panik, wobei sich das Bewußtsein nur noch an der Außenwelt orientiert.
- Kreative Ebene: Sie reicht von 14 -7 Hertz und wird auch Alpha-Zustand genannt. Es ist ein raum- und zeitloser Zustand, der auch im 2. Stadium des Versenkungsweges auftritt. Auf dieser Ebene arbeiten z.B. auch spirituelle Heiler. Die Ebene wird bei den traditionellen Entspannungsmethoden[115]

angestrebt. Für den Mystiker ist diese Ebene nur ein Durchgangsstadium. In diesem Zustand können außersinnliche Wahrnehmungen auftreten, welche im Osten unter dem Begriff Siddhis bekannt sind (Visionen, Hellsehen, Hellhören, Hellfühlen, Telepathie und Präkognition). Für den Mystiker sind diese parapsychischen Erfahrungen nicht von Bedeutung: sie können sogar hinderlich sein auf dem mystischen Weg zum absoluten Geist, wenn man an ihnen verhaftet bleibt.

- Unterbewußte Ebene: Sie reicht von 7 - 4 Hertz und wird auch Theta-Zustand genannt. Diese Ebene wird auch als Langzeitspeicher des Unterbewußtseins bezeichnet, da in ihr alles aufgezeichnet und gespeichert sein soll, sowohl alles Erlebniswissen als auch pränatale Erfahrungen. In der Literatur wird dieser Ebene auch die Programmierung aller Tätigkeiten zugeordnet, wie Herzschlag und Atmung, sowie zwanghafte Handlungen und geprägte Verhaltensweisen.
- Überbewußte Ebene: Sie reicht von 4 - 0.5 Hertz und wird auch Delta-Zustand genannt. Hier hat der Mensch Kontakt mit dem reinem Geist oder dem absoluten Bewußtsein, zum göttlichen Potential jenseits des Gehirns. Der Mensch hat das ‚Gefängnis' des Gehirns und des Körpers verlassen und ist zur Freiheit des Überbewußtseins gelangt. Es ist das 3. Stadium des Versenkungsweges, jenes Stadium, wo Unio mystica, Samadhi oder Satori erfahren werden.

(3) EEG-VERÄNDERUNGEN WÄHREND DER MYSTISCHEN VERSENKUNG

Kasamatsu, Hirai und Norbert Kuhn sprechen von vier auftretenden Phasen bei der Versenkung[116].

Zuerst kommt es zum Auftreten von Alpha-Wellen, zu einer Erhöhung der Amplitude, zu einer Abnahme der Frequenz und dann zu einem Einbruch von Theta-Wellen, die rhythmisch verlaufen. Weiter wurden in tiefer Versenkung zusätzlich Serien von Beta-Wellen beobachtet. Man nimmt an, daß zu diesem Zeitpunkt von Meditierenden besondere Erfahrungen gemacht werden. Bei noch weiterer Vertiefung im Laufe der Versenkung kommt es zu einer zunehmenden Synchronisierung (Gleichrichtung) der Gehirnhälften, und die Beta-Wellen verschwinden. Da die linke Gehirnhälfte mehr ratiobetont ist, die rechte mehr emotionell, scheint durch den Prozeß der Versenkung eine Ausrichtung in Richtung holographische Erfassung des Seins, also Erfahrung des Ganzheitserlebnisses, stattgefunden zu haben. Aufgrund der noch in geringem Umfang vorkommenden Beta-Wellen können Eindrücke von Bildern, intuitive Eingebungen oder kreative Vorstellungen ablaufen. Dies ist das 2. Stadium in der mystischen Erfahrung, das mit der Erfahrung der Leere einher geht. Im Modell von Ken Wilber ist es das subtile Bewußtsein.

Das 3. Stadium der Unio mystica, Satori, Samadhi oder Dharmakaya ist der Zustand der überbewußten Ebene (4-0,5 Hertz). Es ist der Zustand des absoluten Bewußtseins.

(4) DAS ENTSTEHEN DER GEHIRNFREQUENZEN

Die Bewußtseinsstufen korrelieren also mit bestimmten Energiefrequenzen und Gehirnströmen, die vom Gehirn emittiert werden. Llinas konnte dabei oszillierende Felder zwischen Thalamus und Hirnrinde (Cortex) messen und aufzeigen, daß diese oszillierenden Schwingungen aus der Interaktion zwischen verschiedenen Gehirnteilen entstehen. Hierbei hat der Thalamus eine besondere Rolle[117]. Er ist ein wesentlicher Schrittmacher für die Gehirnwellen, vor allem für den Theta-Bereich, der dem Bereich der Unio mystica zugeordnet wird.

2. Ansätze einer Wissenschaft der Mystik

A. KORRELATION VON KÖRPERLICHER UND MYSTISCHER ERFAHRUNG

Die mystische Erfahrung korreliert mit körperlichen Strukturen.
Ken Wilber erwähnt, „daß sie [die Entwicklungsstufen] allesamt solche körperlichen Korrelate haben - sogar der überindividuelle kausale Zeuge hat seine körperliche Entsprechung in der Herzgegend, etwas rechts der Körpermitte."[118]
Auch Michael Murphy berichtet in seinem Buch ‚Der Quanten-mensch' von körperlichen Korrelaten der Bewußtseins-Transformation und Evolution.[119]
Ken Wilber hat eine Zusammenschau von körperlichen Korrelaten und mystischer Erfahrung gefordert und dies im folgenden Diagram veranschaulicht:

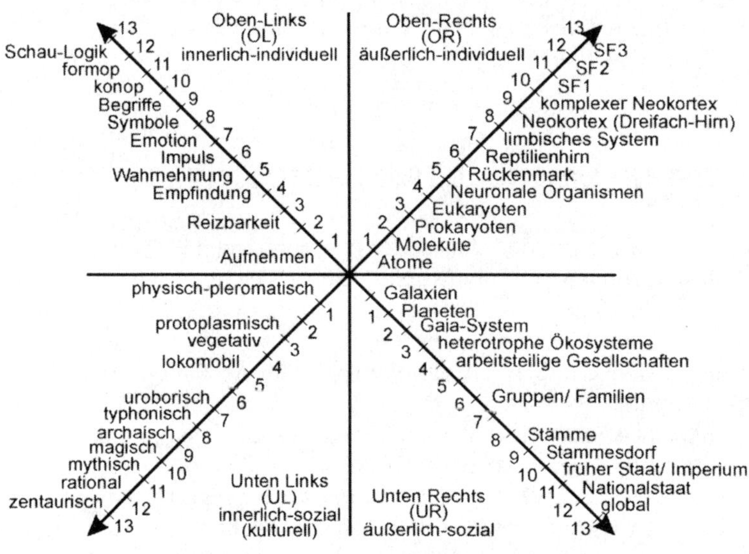

Abb. 13 Die vier Quadranten nach Ken Wilber

„Wo die Evolution im oberen rechten Quadranten in die
menschliche Sphäre eintritt, habe ich als Entwicklungsstufen
SF1, SF2 und SF3 eingetragen. Das sind die Strukturen und
Funktionen des menschlichen Gehirns, die dem
Konkret-Operationalen, dem Formal-Operationalen und der
Schau-Logik entsprechen. Diese Strukturen werden
gegenwärtig mit Positronenemissionstomographen und anderem hochgezüchteten Instrumentarium erkundet. Ich deute mit meinen Symbolen lediglich die Korrelation an, worin auch immer sie letztlich bestehen mag; daß es jedoch hirnphysiologische Entsprechungen geistiger Vorgänge und Zustände gibt, ist unbestritten."[120]

Auch in der indischen Tradition wurde der ‚Heilige Berg Meru' in die höchste Spitze des Gehirns verlegt. Vom dritten Auge (Stirnchakra) aus, gab es ‚Pilgerrouten' zu diesem Punkt.

Robert Fludd[121], ein Mystiker der Renaissance ließ Abbildungen anfertigen, in denen er im Gehirn die mystischen Erfahrungen lokalisierte. An der höchsten Stelle, am Scheitelchakra lokalisierte er den „Gipfel der Seele", also den Ort, wo der Geist mit Gott in Kontakt treten kann.

Interessant sind auch Überlieferungen aus dem Taoismus. Im ‚alten Buch der Unsterblichen über die große Klarheit' heißt es zur Übung des Versenkens: „Konzentriere dich auf jenen Punkt, der einen Zoll hinter dem Punkt zwischen den Augenbrauen im Inneren des Kopfes liegt. [...] Gehst du vom Punkt zwischen den Augenbrauen zwei Zoll nach innen, kommst du zum Palast des geheimen Raumes. Einen Zoll über diesen Palast befindet sich der Palast der allerletzten Wirklichkeit. [...] Vom Punkt zwischen den Augenbrauen gehe vier Zoll nach innen, dort liegt der Palast der flüssigen Perle. Einen Zoll darüber befindet sich der Palast des himmlischen Herrschers."[122]

Diese Orte entsprechen in etwa den Orten Epiphyse, Hypophyse, Thalamus und holographische Platte. Mit ihrer Hilfe kann die Modellvorstellung zum Versenkungsweg erläutert werden.[123]

B. BEWUSSTSEINSFORSCHUNG UND NEUROLOGIE

Neurologen beschäftigen sich in diesem Zusammenhang mit den Fragen: „Gibt es ein neuronales Korrelat von Bewußtsein?" und „Welche Formen von Informationsverarbeitung im Gehirn sind es, die zum Auftreten der Zustände führen, die wir als bewußte Erlebnisse bezeichnen?"

Es kristallisierten sich bei diesen Überlegungen drei Ansichten über das Bewußtsein heraus:

- Das Bewußtsein ist eine Begleiterscheinung des Gehirns.
- Das Bewußtsein ist reiner, körperloser Geist in Interaktion mit der Materie.
- Bewußtsein ist teils materieller Prozeß, aber auch mehr, da es sich vom relativ Manifesten zu immer größerer Subtilität, die nicht greifbar ist, entwickelt. Wir haben also eine wissenschaftlich greifbare Seite und eine nicht greifbare

Seite (geistiger Aspekt) vorliegen. Denn auch die unbelebte Materie hat einen gewissen geistigen Aspekt. Es gibt keinen Schnitt zwischen Bewußtsein, Leben und Materie.[124]

a. Interaktion zwischen Geist und Gehirn[125]

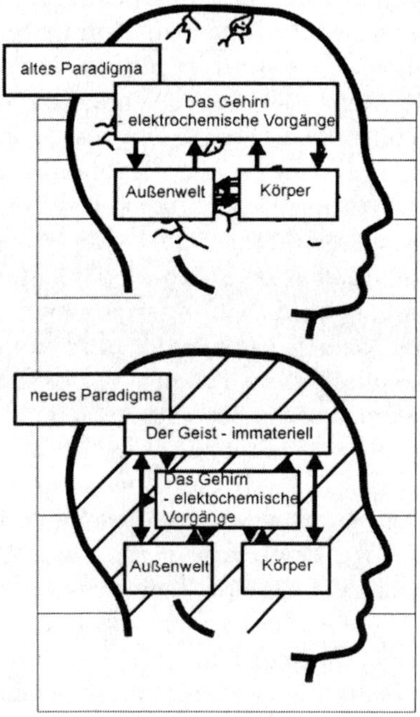

Abb. 14 Das neue Paradigma nach Eccles

Der Neurophysiologe und Nobelpreisträger Eccles spricht von einer Interaktion zwischen Geist und Gehirn und konnte experimentell nachweisen, daß an den Liaisonarealen beider Hemisphären des Gehirns eine Wechselwirkung zwischen Geist und Gehirn abläuft. Durch bahnbrechende Versuche konnte er zeigen, daß und wie der „zeitlose Geist" über sogenannte SMA-Felder Einfluß auf den „Gehirncomputer" hat und die Neuronen benutzt, um Befehle „abzufeuern". Eccles sagt: „Der immaterielle Geist bemächtigt sich des Gehirns".
Auf diese Versuche soll nun etwas näher eingegangen werden. Eccles ist der Ansicht, daß Bewußtsein ein „nichtstoffliches Etwas" ist, das in der Tat getrennt von unserem biologischen Selbst existiert und kausal bestimmt, welche unserer Neuronen im Gehirn aktiviert werden und welche nicht. Eccles ist in der Lage, den Ort der neurophysiologischen Interaktion zwischen Gehirn und Geist genau zu lokalisieren - er nennt ihn das „ergänzende motorische Feld" oder SMA für ‚sup-

plementary motor area', das sich an der oberen Spitze des Gehirns befinden soll. Die Entdeckung des SMA-Feldes wurde bereits früher von dem Neurophysiologen Hans Kornhuber gemacht. Kornhuber entwickelte eine Methode zur Messung von winzigen elektronischen Potentialen, die in verschiedenen Schädelregionen plaziert wurden. Er entdeckte eine elektrische Spannung im Gehirn, die heute als ‚Bereitschaftspotential' bekannt ist. Darunter versteht man, daß das menschliche Gehirn fast eine Sekunde, bevor eine einfache willentliche Bewegung ausgeführt wird, bereits ein negatives elektrisches Potential aufweist.
Es wurden neue Techniken verwendet, die es erlaubten, am lebenden Gehirn den Beweis für eine Beziehung zu mentalen Prozessen zu erbringen. Man geht davon aus, daß die Gehirnaktivität Energie und Sauerstoff verbraucht (genauso wie jede Muskelaktivität), daher wurde der Blutstrom aufgezeichnet und der Sauerstoffgehalt gemessen, der durch das Gehirn fließt, wenn Teile des Gehirns bei verschiedenen Übungen aktiv sind. Hierzu wurden die Patienten aufgefordert, den sogenannten ‚motor sequence test' zu machen. Dabei berührt der Daumen in rascher Aufeinanderfolge Finger 1 zweimal, Finger 2 einmal, Finger 3 dreimal und Finger 4 zweimal. Nach einer kurzen Pause wurden die Patienten gebeten, diese Reihenfolge nun umzukehren, dann sollte die Übung wieder in der ursprünglichen Reihenfolge durchgeführt werden, dann wieder in der umgekehrten Reihenfolge usw. Die Patienten durften die Reihenfolge vor dem Test üben, aber die Reihenfolgen waren absichtlich so schwierig, daß die Bewegungen eine ständige, bewußte Aufmerksamkeit erforderten und niemals automatisch wurden.
Nach diesem Test wurde eine Variation durchgeführt, welche „internal programming" hieß und bei der der Patient gebeten wurde, dieselbe Reihenfolge auszuführen, aber nur im Geiste und ohne eine damit verbundene Bewegung. Zwar konnte zu den motorischen Feldern des Gehirns kein verstärkter Blutstrom festgestellt werden, jedoch war das SMA-Feld fast genauso stark aktiviert worden, als ob die Bewegung tatsächlich ausgeführt worden wäre.
Eccles spricht in diesem Zusammenhang davon, daß verschiedene Akte mentaler Intention verschiedene Muster von neuraler Entladung in der SMA auslösen. Er schließt daraus, daß irgendein komplexer Code daran beteiligt ist und der nichtphysische Geist tatsächlich auf den ungefähr 50 Millionen Neuronen im Bereich der SMA ‚spielt', als wären sie die Tasten eines Klaviers.

b. Schaltkreise und Nervennetze

Wie bereits in vorigen Kapitel dargelegt, wird von einigen Forschern der neuroatomare Schaltkreis oder Quantenschaltkreis als Ort der Resonanz mit dem absoluten Bewußtsein angesehen. Namhafte Neurologen, wie Eccles, befassen sich mit den neuronalen Netzwerken und Schaltkreisen. Es wurden aufgrund von Erfahrungen und Erkenntnissen acht solcher Schaltkreise postuliert[126], die auch mit der Stufenleiter des Bewußtseins gleichgesetzt werden, wie wir sie von den Bewußtseinsmodellen her kennen.

c. Neurophysiologie und das holographische Bewußtsein

Ein Hologramm ist ein System, das alles gespeichert hat.[127] Jeder einzelne Teil eines Hologramms enthält das ganze Bild in verdichteter Form und das Ganze kann aus dem Teil rekonstruiert werden.

1971 erhielt Dennis Gabor den Nobelpreis für die Erfindung der Holographie. Holographie ist eine Photographie ohne Linse. Hierbei wird ein Gegenstand mit kohärentem Licht (Laser) beleuchtet und sein Wellenfeld als Interferenzbild auf einer Photoplatte gespeichert. Wird die Hologrammplatte bei der Wiedergabe mit einem Laserstrahl beleuchtet, dann erscheint das ursprüngliche Gesamtbild als dreidimensionales Gebilde. Dadurch konnte nachgewiesen werden, daß jeder Teil des Hologramms das Ganze in sich enthält.

Der Gehirnforscher Pribram sagt, daß alle Erfahrungen miteinander verbunden sind und eine zusammenhängende Ganzheit bilden, eben ein Hologramm. „Das Gehirn ist ein Hologramm, das ein holographisches Universum wahrnimmt und Zugang zu ihm hat. Im entfalteten und manifesten Bereich von Raum und Zeit sind die Dinge getrennt und geschieden voneinander, unter der Oberfläche jedoch, im eingefalteten Bereich oder Frequenzbereich sind alle Dinge raumlos, zeitlos und eins."[128] Diese Erkenntnis deckt sich mit der Erfahrung der Mystiker. Es ist die Erkenntnis der Einheit in der Vielfalt und die Vielfalt in der Einheit. Das Meer enthält alle Wellen und alle Wellen sind das Meer. Wir sind eins mit dem gesamten Sein und das gesamte Sein spiegelt sich in uns.

Das holistische Gewahrsam liegt jenseits von Zeit und Raum. Pribram[129] hat für das holographische Strukturieren des Gehirns Beweise gefunden. Bei Analysen von Gehirnfrequenzen stellte er fest, daß das Gehirn Sehen, Hören, Riechen und Schmecken holographisch strukturiert. Die Information wird dem ganzen System übermittelt, so daß jeder Teil die Information des Ganzen reproduzieren kann.

Pribram benutzt das Modell des Hologramms nicht nur für das Gehirn, sondern für das ganze Universum und meint, das Gehirn abstrahiere mittels eines holographischen Prozesses aus einem holographischen Bereich, der Raum und Zeit transzendiere. Alles ist für ihn immer allgegenwärtig, da alles ein dynamisches Gewebe zusammenhängender Energiemuster ist. Alle Erfahrungen sind miteinander verbunden

In der Tat wird hier von Naturwissenschaftlern, die einen wissenschaftlichen rationellen Ansatz vertreten, erforscht und ausgedrückt, was Mystiker aller Zeiten in der Einheitserfahrung der Unio mystica erfahren. Vielleicht wird dieses holographische Denken auch deshalb immer populärer, weil es der Wahrheit entspricht. Pribram sagt an einer Stelle seiner Arbeiten: „Wir müssen uns in der holographischen Erfahrung üben, um sie zu erkennen. Die Methoden dazu sind Meditation, Zen, Koan und der paradoxe Satz, der über das lineare Denken hinausführen soll."[130]

Keight Floy[131], ein Vertreter des holographischen Bewußtseinsmodells, hat mit seinem Mitarbeiterstab an der Kreuzung der Sehbahnen, am optischen Chiasma, einen Bereich entdeckt, den er die „holographische Platte" nennt. Diese holographische Platte übt ihre Funktion im Bereich der Zirbeldrüse (Epiphyse) und der Hypophyse aus[132]. Es wird vermutet, daß diese beiden bei der Erfassung des Seins und der Einheitserfahrung des mystischen Erlebens eine wesentliche Rolle spielen. Man nimmt an, daß es durch die hohe Konzentration, welche durch die Bewußtseinsvereinigung bedingt ist, zu einer Energiebereitstellung kommt. Dadurch wird über Hypo- und Epiphyse der Bereich der holographischen Platte auf ein Energieniveau angehoben, das in Resonanz treten kann mit dem absoluten Bewußtsein oder, im Modell der Schaltkreise gedacht, mit dem Quantenschaltkreis.

d. Das Gehirn und die Drüsen

Alle hier angeführten Drüsen bzw. Gehirnteile haben vielfältige Funktionen im menschlichen System. Es werden hier nur die Aspekte in knapper Form herausgestellt, von denen angenommen wird, daß sie mit den Phänomenen des Versenkungsweges zu tun haben.

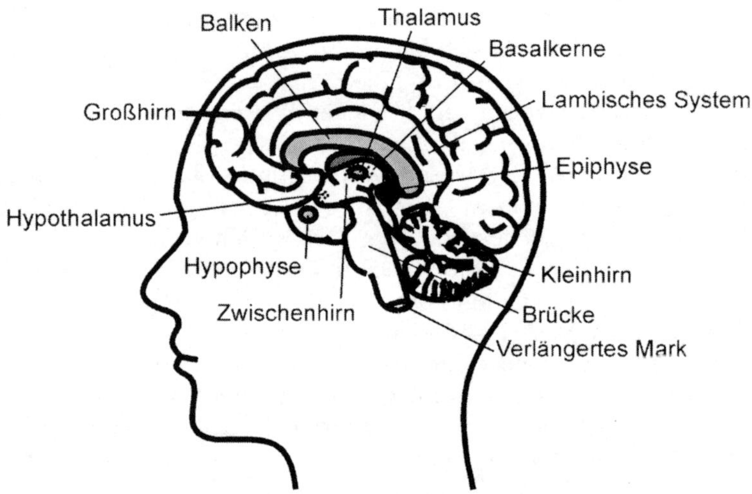

Abb. 15 Lage der wichtigsten Gehirnteile und Drüsen

(1) BEDEUTUNG VON HYPOPHYSE UND EPIPHYSE[133] AUF DEM VERSENKUNGSWEG

Die Hypophyse ist eine übergeordnete Hormondrüse mit verschiedensten, den Körper betreffenden Funktionen. Sie ist dem dritten Auge oder Stirnchakra zugeordnet. Die Epiphyse, auch Zirbeldrüse genannt, ist hingegen dem Kronchakra zugeordnet. Beide Drüsen sind zentraler Punkt der spirituellen Aura.
Es ist bekannt, daß Epiphyse, Hypophyse und limbisches System die höchsten Energiefrequenzen tragen, die in der Gehirnstruktur vorkommen.[134] Das bedeutet, daß

für ihre Aktivierung viel Energie aufgewendet werden muß. Im unerwachten Menschen sind diese Drüsen nicht voll aktiv. Durch die Bedingungen des mystischen Versenkungsweges werden sie jedoch in zunehmendem Maße aktiviert.
Ursprünglich war die Epiphyse ein Lichtsinnesorgan, welches bei Bestrahlung bzw. Energiezufuhr eine starke Lumineszenz aufwies. Es ist anzunehmen, daß die Epiphyse durch die einströmenden Energien des absoluten Bewußtseins, bei der Öffnung des Kronchakras im Stadium der Erleuchtung, stark angeregt wird und es zu den erfahrbaren Phänomen der Erleuchtung kommt. Die sogenannte ‚Erleuchtung' oder die Lichterlebnisse sind nur ein Indiz, daß wir zum absoluten Bewußtsein, dem All-Seienden, durchbrechen.

(2) BEDEUTUNG VON THALAMUS UND LIMBISCHEM SYSTEM[135]

Der Thalamus ist zuständig für die Wachsamkeit des Bewußtseins. Er ist der Schrittmacher der Gehirnaktivität, da er den Theta-Rhythmus des Gehirns steuert, der für die Erleuchtungszustände verantwortlich gemacht wird.[136] Der Thalamus fungiert als eine Koordinationsstelle von Reizen und geistigen Prozessen, wie Gefühlen und Gedanken.
Er ist ein Bereich innerhalb des Gehirns und bildet mit der Gehirnrinde (Kortex) eine Einheit. Anatomisch beinhaltet er Kerne, die aus Ansammlungen von Nervenzellen (Ganglien) bestehen. Diese Kerne bilden unter anderem das ‚Tor zum Tagesbewußtsein'. Der Thalamus soll vom gesamten Informationstransfer eine Kopie in Form von elektrischen Interferenzfeldern enthalten. Anhand der jeweils spezifischen vorliegenden Felder, die eine adäquate Information beinhalten, wird entschieden, ob sich das Tor zum Bewußtsein öffnet oder geschlossen bleibt. Das jeweilige Muster schlägt sich in einer ununterbrochenen Oszillatorrhythmik nieder, die dann die Gehirnaktivität über das EEG anzeigt. Die Frequenzen des Thalamus variieren zwischen 7Hz-8Hz. Im Schlaf, bei Entspannung, Meditation oder mystischer Versenkung werden die Wellen langsamer und das Tor für den Weiterlauf der Information ins Bewußtsein verschließt sich. Werden dagegen Informationen aus der Umwelt aufgenommen, wie es beim Tagesbewußtsein der Fall ist, und wird dadurch die Aufmerksamkeit auf diese Signale gelenkt, dann wird das Tor zum Bewußtsein weit geöffnet.[137]
Achtsamkeitsübungen[138], die das Bewußtsein erweitern, beruhen teilweise auf dieser Tatsache. Das Training der Achtsamkeit, das in allen spirituellen Disziplinen angestrebt wird, kann von biologischer Grundlage aus gesehen auch als ein Training des Thalamus und des mit ihm zusammenhängenden Informationsystems betrachtet werden. Bei einem teilweisen Ausfall dieses Bereiches, z.B. durch einen Unfall oder aufgrund anderer traumatischer Verletzungen, wie Verletzungen im Krieg, kommt es zu erheblichen Störungen des Bewußtseins und zur Verwirrung des Zeitsinnes. Daher wird angenommen, daß die Oszillationen des Thalamus mit der Zeit verbunden sind[139]. Unsere Gedanken, als Informationen an den Thalamus weitergegeben, bauen die Vorstellung von Zeit auf und bringen eine gewisse Ordnung. Hierin liegt vielleicht auch der Schlüssel für die Raum- und Zeitlosigkeit hoher spiritueller Bewußtseinszustände.

Ein wichtiger Teil des Thalamus ist der Hippokampus, eine Art Lernzentrum. Die Nervenzellen des Hippokampus sind die Schrittmacher einer ganz bestimmten Oszillation, des Theta-Rhythmus (4 bis 7 Hz). Bei Kindern ist dieser Rhythmus immer dominierend, bei Erwachsenen dagegen nur im Schlaf, bei tiefer Entspannung, Meditation und Versenkungszuständen. Der Rhythmus übergreift neben dem Hippokampus auch die Teile des limbischen Systems, das vor allem für Gefühle verantwortlich ist. Da das limbische System in Verbindung mit dem vegetativen Nervensystem und dem Hormonhaushalt steht, wird mit jeder Gefühlsregung der gesamte Körper beeinflußt, ebenso der Tonus unserer Skelettmuskulatur. So kommt es, daß im Theta-Rhythmus totale Entspannung des Körpers und der Gefühle sowie Gedankenlosigkeit vorliegt. Wir sind leer und offen für den höchsten Bewußtseinzustand.

e. Gehirn - Heilige Worte (Christus, Om, Amen) - Mantren - Koan

Beim mystischen Versenkungsweg haben Mantren und sogenannte ‚Heilige' Worte die Funktion eines Mediums für die Bewußtseinsverengung, indem das Bewußtsein von verschiedensten Gedanken und Gefühlen abgeschnitten wird und sich lediglich mit einem Wort identifiziert.

(1) HEILIGE WORTE UND MANTREN

Im ‚Mumonkan', einer Koansammlung, heißt es zum Wort ‚Mu': „Der tapfer Übende, der mit dem Wort Mu arbeitet, stürzt sich mit diesem scharfen Schwert in seine täuschenden Gedanken und Gefühle. Gibt er sich mit ganzem Herzen der Übung von Mu hin, werden alle täuschenden Gedanken und Gefühle abgeschnitten und verschwinden."[140]
Wir wissen, daß Worte Schwingungen und auch Klangkörper sind, die in Resonanz mit ähnlichen Strukturen schwingen können. Nach dem Gesetz der Schwingung und dem Gesetz der Resonanz schwingen Systeme gleicher Frequenz miteinander. Wir erleben beim Tönen etwa zu Beginn des Sitzens, wie unser Körpersystem angeregt wird, wie wir plötzlich wacher werden oder in bestimmten Gegenden unseres Körpers Energiezufuhr und Wärme spüren. Durch dieses Tönen werden Energieströme in unserem Körper aktiviert. Die östliche Energielehre spricht von der Chi-Energie, der Lebensenergie, die sich in den Akupunkturmeridianen bewegt.
John Blofeld[141] spricht Mantren und Worten eine schöpferische, verwandelnde, aber auch zerstörerische Macht zu. In anderem Zusammenhang vermutet er, daß das Geheimnis wohl darin liegen mag, daß eine Reaktion auf ein Mantra, auf eine feinstoffliche Reaktion des Objektes, auf die physikalische Schwingung vorliegt.[142]
So vertritt auch Hans Höting diese Ansicht, wenn er schreibt, daß es sechs Heilige Laute gibt, durch die „mit den ihnen innewohnenden Schwingungen, die der Körper umsetzt, Organe zum Schwingen gebracht werden. [...] Sie aktivieren die

Chi-Energie und bringen sie zum Zirkulieren."[143] Es sind dies der Leberlaut ‚Hsü', der Herzlaut ‚Ho', der Milzlaut ‚Hu', der Lungenlaut ‚Shö', der Nierenlaut ‚Tschui' und der Dreifacherwärmer ‚Hsi'.
Es wurden von mir Untersuchungen angestellt, in welchen Schwingungsbereichen die sogenannten ‚Heiligen Worte' liegen und mit welchen körperlichen Strukturen sie in Resonanzen treten. Hierbei wurden mit spagyrischen Methoden[144] von den jeweiligen Worten Cluster, also Energiemuster, hergestellt und diese in Resonanz mit bekannten vorliegenden Mustern von Organsystemen gebracht. Dabei kam es zu folgenden Ergebnissen:

- Das Wort „Christus": Es geht zu 43 Prozent mit dem Nervensystem und zu 100 Prozent mit dem Thalamus in Resonanz. Wie oben bereits geschildert wurde, ist der Thalamus das Tor für das Bewußtsein und der Schrittmacher des Theta-Rhythmus der Gehirnwellen. Wir haben weiterhin gesehen, daß angenommen wird, daß der Thetawellen-Bereich des Gehirns der Bereich der Unio mystica, des Samadhi oder Satori ist. So ist es vorstellbar, daß beim Üben und Einswerden mit dem Wort „Christus", etwa in der Kontemplation oder beim Herzensgebet, über die Beeinflussung des Thalamus, eben dieser Zustand erreicht wird. Auf dieser Basis bekommen die Worte von Jesus eine tiefe Bedeutung, wenn er sagt: „Ich bin Wort und Geist und Kraft"[145] und „ich bin die Tür des Lebens. Wer durch mich eingeht, geht in das Leben ein."[146]

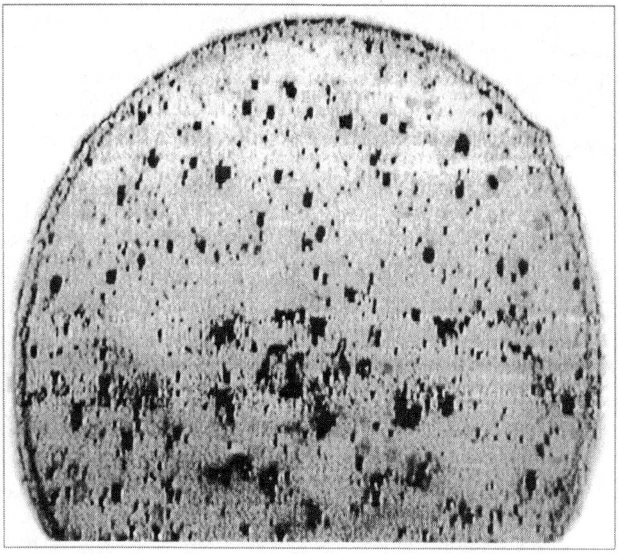

Abb. 16c Clusterbild vom Wort *CHRISTUS*

- Das Wort „Om“: Es geht zu 75% mit dem Nervensystem und zu 45% mit dem Großhirn in Resonanz, wobei noch keine differenziertere Aussage über die Ansatzstelle am Großhirn gemacht werden konnte. Das bedeutet, daß das gesprochene oder gedachte Wort „Om“, in hohem Maße Nervensystem und Großhirn anregt, was sich auf die Gehirnfrequenzen auswirkt.

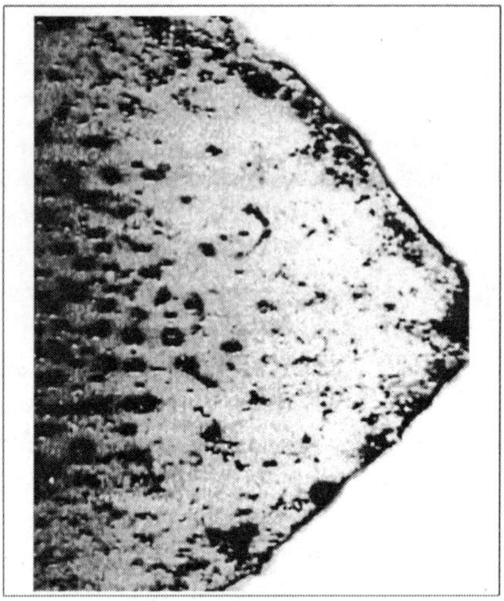

Abb. 16b Clusterbild vom Wort *OM*

„Vom Om-Hauch sind alle Dinge geschaffen;
Die Liebe ist seine körperliche Erscheinung.
Om ist selbst ohne Gestalt, ohne Eigenschaft
Ohne Vergehen:
Suche die Einigung mit ihm!“[147]

- Das Wort „Amen“: Es geht zu 75% mit dem zentralen Nervensystem und zu 74% mit dem Großhirn in Resonanz, was bedeutet, daß auch dieses gesprochene oder gedachte Wort, ebenso wie das Wort „Om“ oder das Wort „Christus“ in hohem Maß das Nervensystem und das Großhirn anregt. Man kann davon ausgehen, daß auch hierbei Gehirnfrequenzen verändert werden.

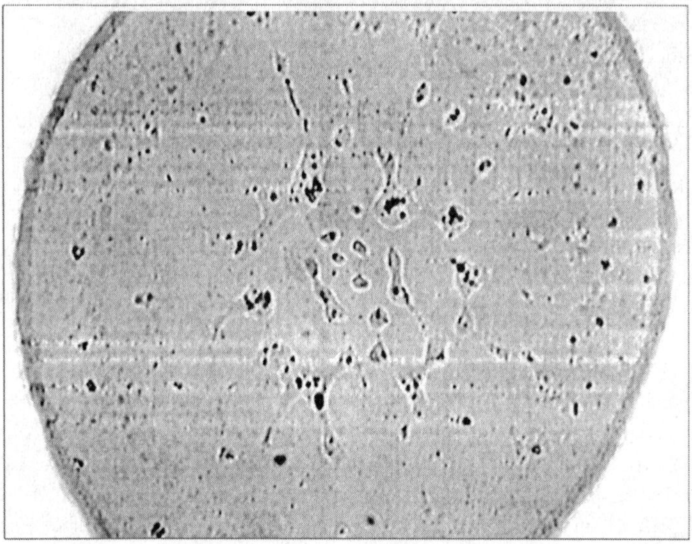

Abb. 16a Clusterbild vom Wort *Amen*

Vertreter der transzendentalen Meditation haben anhand gehirnphysiologischer Untersuchungen auch Zusammenhänge zwischen Mantren und Gehirnstrukturen gezeigt.[148]

(2) DAS KOAN

Auf Begriff und Inhalt eines Koans wurde bereits hingewiesen.[149]
Es ist bekannt, daß die beiden Hälften des Gehirns verschiedene Aufgabenbereiche und Funktionen haben. Die linke Gehirnhälfte ist mehr rational orientiert, ihr werden z.B. logisches Denken, Sprache und Intelligenz zugeordnet. Es ist die Yang-Seite oder auch männliche Seite des Wesens. Bei den Menschen des Westens ist diese Seite und die mit ihr verbundenen Fähigkeiten besser ausgebildet als die rechte Gehirnseite.
In der rechten Gehirnhälfte ist der Bereich des Gefühles angesiedelt, des Musischen, der Intuition, des Denkens in Bildern, der Irrationalität und der Sensibilität- um nur einige wenige Aspekte zu nennen. Es ist die Yin-Seite oder weibliche Seite des Wesens. Die Menschen des Ostens leben im Durchschnitt mehr in diesem Bereich. Sind beide Gehirnhälften gleich gut entwickelt, so ist der Mensch harmonisch ausgewogen, er wird allen Lebensaspekten gerecht und kann sie leben.
In diesem Zusammenhang hört man in spirituellen Kreisen oftmals, daß eine Hochzeit, eine Vermählung zwischen Ost und West, also zwischen den beiden Gehirnhälften, stattfinden muß.
Betrachten wir den mystischen Versenkungsweg, so zielt die Praxis auf eine Ent-

wicklung der rechten Gehirnhälfte ab. Das Loslassen der Gedanken und die Hingabe sind seine wesentlichen Elemente.
Von wissenschaftlicher Seite[150] aus soll durch ein Koan eine Synchronisation, eine Gleichschaltung beider Gehirnhälften erfolgen. Durch das rationell nicht zu erfassende Koan (z.B. das Koan „Mu"), durch das ständige ‚Drehen' des Koans im Kopf, erfolgt ein Einbruch in die andere Seinsweise, materiell repräsentiert durch die rechte Gehirnhälfte. Von unseren Modellvorstellungen aus betrachtet könnte man sagen, daß das Gehirn sich jetzt ganzheitlich, also holistisch, betätigt. Die Erfahrung der Unio mystica, Satori oder Samadhi, der Durchbruch in die andere Dimension, ist erfolgt.
Das ‚Lösen' eines Koans zeigt dem Lehrer oder Meister an, ob der Schüler zum Wesensgrund durchgedrungen ist und die Erfahrung oder das Faktum an Hand des Koans erfassen und demonstrieren kann.
Nebenbei gesagt ist es von Interesse, daß durch Untersuchungen und Vergleichen von Gehirnen japanischer Menschen festgestellt wurde, daß diese einen hohen Grad an Synchronisation der Gehirnhälften aufweisen, d.h. beide Gehirnhälften arbeiten harmonischer miteinander, als dies bei Europäern der Fall ist, wo die linke Gehirnhälfte überwiegend dominiert.[151] So ist es auch nicht verwunderlich, daß Zen im Osten seinen Ursprung hat.

(3) ZUSAMMENFASSUNG

Sogenannte Heilige Worte und Mantren wirken auf körperlicher Basis, durch spezifische Anregung von Gehirnfeldern. Sie aktivieren die Felder und erhöhen damit das Energiepotential. Durch den hohen Grad der Zentrierung kommt es zu Kumulation der mentalen Energie und über Hemisphären-Synchronisation zum Eintritt in das Energieniveau des Quantenschaltkreises oder auch Kronchakras oder ‚Ain Soph'[152], mit der Erfahrung des absoluten Bewußtseins.
In diesem Zusammenhang ist es von Interesse den Gebrauch der Worte bei den Sufis näher zu betrachten. Annemarie Schimmel berichtet in einem ihrer Bücher[153]: „Die Regeln für den Gebrauch dieses oder jenes göttlichen Namens sind von den Sufis sehr sorgfältig ausgearbeitet worden. Der Name al-Hadi, der Leitende, soll auf den Adepten einwirken, wenn er sich in seinem Dhikr Gott zuwendet. Der Name al-Latif, der Subtile, der Gütige, sollte vom Mystiker in der Klausur verwendet werden, um seinen Charakter zu verfeinern, al-Hafi, der Bewahrende, sollte gebraucht werden, wenn man seinen mystischen Zustand bewahren möchte." Das sind nur einige wenige Beispiele wie sie Ibn Ata Allah, der große Shadhiliyya-Lehrer in Ägypten, gegeben hat.

f. Gehirnsteuerung und moderne Mentaltechniken - Metaprogrammierung

Moderne psychologische Richtungen versuchen sich die neuesten Erkenntnisse aus der Gehirnforschung und Bewußtseinsforschung zu eigen zu machen, um spiri-

tuelle Wege auf dieser Grundlage zu gehen. Indem Bewußtsein als schöpferischer Prozeß wahrgenommen wird, ein Prozeß neuraler Veränderungen, in welchem man das Gehirn teilweise als Computer ansieht, operiert man auch im spirituellen Bereich direkt mit der Veränderung von im Gehirn gespeicherten Programmen oder mit den erwünschten neuen Programmen.
Dies trifft unter anderen auch für die Richtung des neurolinguistischen Programmierens (NLP)[154] zu. Religion und teilweise auch Spiritualität werden als Einspeicherung von Meta-Programmen betrachtet.
Durch spezielle Techniken wie positive Autosuggestion, Ankern, Refraiming, Chakraarbeit, Visualisierung und andere Methoden soll ein Neuprogrammieren der Großhirnrinde (Neoprogrammieren) erreicht werden. Dadurch soll die Kontrolle über den Geist, sowie Kontakt mit höheren Kräften und höheren Bewußtseinszuständen ermöglicht werden.
Johannes Holler berichtet über Erkenntnisse von Bewußtseinsforschern im Zusammenhang mit Metaprogrammierung und der Evolution des Menschen. Das Gehirn als menschlicher Biocomputer hat die Fähigkeit zur Metaprogrammierung. Dadurch erschafft es neue Realitäten, wenn es sich externer Reize entzieht. John Lilly[155] meint zu wissen, daß die Neurophysiologie des Biocomputers so beschaffen ist, daß er jeweils eine kognitive Homöostase anstrebt, d.h. das Nervensystem verhält sich so, daß es eine stabile Realität hervorbringt. Intelligenzsteigerung heißt Intelligenz, die von sich selbst lernt.
Für R. A. Wilson[156] ist Metaprogrammierung der Versuch, die subtileren, empfindlicheren und zukünftigen Ebenen des Bewußtseins und höherer Intelligenz zu entwickeln. Unter außergewöhnlichen Lebensumständen oder durch spezielle Meditations- oder Trancetechniken kann die Erschütterung des Nervensystems die gewohnten Wahrnehmungsbahnen überlisten. Ausgewählte Yogaübungen nehmen auf das Zentralnervensystem als realitätsstrukturierende Instanz insofern Einfluß, als sie die Energie entlang der Wirbelsäule und in den Feldern psychischer Energie (Chakren) beeinflussen. In der tibetanischen Mystik sind Übungen bekannt wie der Tanz des Chöd, ein Ritual, in dem der Schüler seine Visualisierungsfähigkeiten beweisen muß. Hierbei sieht er sich den schrecklichsten Dämonen gegenübergestellt. Wenn der Schüler der festen Überzeugung ist, daß die Realität der Dämonen traumartig oder unwirklich ist, wird er in keiner Weise verletzt. Wenn seine Überzeugung jedoch schwankt, riskiert er, wahnsinnig zu werden oder zu sterben.
Johannes Holler berichtet von dem „metaprogrammierenden Schaltkreis“[157], der in der Evolution einer der jüngsten Schaltkreise zu sein scheint und seinen funktionellen Platz im vorderen Stirnlappen haben soll. „Traditionelle Bewußtseinsübungen fixieren ihre Aufmerksamkeit gerade auf diesen Bereich, der wiederum die strukturell niedrigeren Ebenen des Nervensystems zu kontrollieren scheint. Yogis, Mathematiker und Musiker scheinen metaprogrammierendes Denken leichter zu entwickeln als andere. [...] Sobald man fähig wird, das Bewußtsein so auszudehnen, daß man seinen Geist als Geist entdeckt und dabei wahrnimmt, daß man selbst sein Bewußtsein betrachtet, das sich wiederum selbst betrachtet, ist man auf dem besten Weg, ein metaprogrammierendes Bewußtsein zu entwickeln.
Die Erkenntnisse der Bewußtseinsforscher zeigen: Metaprogrammierung ist er-

lernbar. Mit Hilfe neurologischer Techniken, wie Trance-Induktion, Reizentzug usw. können wir lernen, alte Muster zu entprägen. Metaprogrammierung ist hedonistisch. Je mehr Bewußtsein vom Bewußtsein man erlangt, desto mehr möchte man diese geistige Freiheit entfalten und ausbauen.
Metaprogrammierung ist überlebensnotwendig. Sie kann Ideologien, Überzeugungen und Werte überprüfen und ändern. Dies ist besonders wichtig in Politik, Ökologie und Medizin."

Es ist erwiesen, daß diese Techniken Veränderungen im personalen Bereich mit sich bringen können, den Beweis für einen Durchbruch zum transpersonalen Bereich haben sie noch nicht erbracht. Obwohl Meister unter den Mystikern immer wieder danach suchen, ob es in unserem Zeitalter nicht andere, vielleicht ‚modernere' Wege gibt, ist kaum einer der ‚Erleuchteten' von diesen neueren Strömungen überzeugt. Auch ist noch kein ‚Meister' aus diesen Bereichen hervorgegangen. Das Problem scheint darin zu liegen, daß zu stark versucht wird, transpersonale Erfahrungen zu machen. Dabei werden Wille und rationelles Denken betätigt, so daß die rationelle Ebene nicht verlassen wird und damit der Durchbruch in den transpersonellen Raum nicht erfolgen kann. Der Weg aber führt über das „Lassen".

Bislang scheinen alle modernen Mentaltechniken hierfür nicht geeignet zu sein, bis auf den in diesen Buch beschriebenen Übungsweg; dieser ist allerdings ebenso eine Wiedergabe der altbewährten mystischen Technik zu allen Zeiten bei allen Kulturen. Deshalb braucht sich auch der angehende Mystiker nicht verwirren zu lassen von diesen zeitgenössischen Strömungen. Wir müssen jedoch Bescheid wissen und informiert sein, wohin Wissenschaft und Forschung auf diesem Sektor gehen.

C. CHAOSFORSCHUNG - BEWUSSTSEINSENTWICKLUNG UND MYSTIK

Prigorine[158], der sich mit der Chaosstruktur des Gehirns und der Evolution befaßt, schreibt: „Mystiker haben gezeigt, daß es möglich ist, sich hinein zu entwickeln zur Bewußtheit der Bewußtheit. Auch der kreative, kontemplative Geist durchläuft immer wieder Chaos, um sich neu zu stabilisieren."[159]

Die dunklen Nächte des Mystikers, wie sie Johannes vom Kreuz[160] beschrieben hat, können als neue Strukturierungen des Gehirns betrachtet werden. Es ist ein Zustand zwischen Neuaufbau und Erlöschen im Gehirn. Das Gehirn als komplexe, dissipative Struktur ist instabil. Je komplexer und instabiler eine Struktur ist, um so leichter läßt sie sich verändern und entwickeln. Dies hat höchsten Evolutionswert für die Entwicklung des Menschen. „Die Lehren und Praktiken der mystischen Traditionen können als geschickte Mittel betrachtet werden, die zur Ausbildung einer größeren Wahrnehmung entwickelt und uns durch Symbole, Metaphern und Strukturen weitergegeben wurden, die der jeweiligen Kultur, aus der die mystische Wissenschaft hervorgegangen ist, entsprechen." [161]

Auch der Physiker Gerlach[162] vertritt die Ansicht der Chaosforschung, in deren Mittelpunkt die Selbstorganisation steht, und versucht die Funktionsvielfalt des Gehirn-Geist-Systems auf dieser Grundlage zu beschreiben. Jedes komplexe System, das aus vielen untereinander verbundenen Elementen besteht, unterliegt einer Selbstorganisation. Laut Gerlach zeigt sich beispielsweise die Selbstorganisation bei Atomen und Molekülen im Laser, im fraktalen Wachstum der Natur und in der Selbstorganisation neuraler Netzwerke im Gehirn. Um einen Übergang in eine höhere Gehirnstruktur zu erreichen, bedarf es eines äußeren Anstoßes (mit Hilfe spezieller Reize) und eines Ziels, das nicht genau definiert und kartographiert werden kann.

Johannes Holler sieht in den Zen-Koans ein Beispiel für den Anstoß des Gehirns. Er schreibt: "Die der normalen Logik wiedersprechenen Koan-Aussagen, wie z.B. ‚mit einer Hand klatschen', produzieren in einer bestimmten Übungssituation wilde Assoziationen, die einander selbstähnlich die Energie akkumulieren und aufstauen, um in einem höheren Erkenntnisvorgang den Sprung auf eine höhere dissipative Gehirnstruktur zu machen, um in eine höhere Ordnung zu gelangen."[163]

Interessant ist in diesem Zusammenhang der Ausspruch von dem Sufi-Mystiker Rumi:

„Neue Organe der Wahrnehmung entstehen als Ergebnis der Notwendigkeit. Deshalb, o Mensch, vergrößere deine Notwendigkeit, auf daß deine Wahrnehmung vergrößert werde."

D. MODERNE QUANTEN-PHYSIK

„Sie, die Aufbauelemente des Lebendigen, sind das feinste Meisterstück, das jemals nach dem Plan von Gottes Quantenmechanik vollendet wurde."

a. Das absolute Bewußtsein in der Physik

„Die moderne Naturwissenschaft leugnet den Geist nicht mehr. Wir kommen zu keiner schlüssigen Erklärung der Realität aus den Ergebnissen der Experimente der Physiker, ohne die grundlegende Annahme eines transzendenten zeit- und raumlosen Urgrundes. Dieser transzendente Urgrund, dessen unbestreitbare Existenz aufgrund der experimentell erzielten Daten notwendig erscheint, scheint der Beschreibung nach identisch zu sein mit dem zeitlosen und raumlosen Urgrund des Seins [Gottheit], wie ihn die großen Mystiker der Welt [Hinduisten, Buddhisten, Christen, Taoisten] beschrieben haben."[164]

Im zweiten Kapitel wurde bereits von dem Vakuumfeld und dem Superquantenpotential berichtet. Dieses Seinsfeld, auch Superquantenpotential genannt, wird dem absoluten Bewußtsein gleichgesetzt. „Es ist unbeobachtbar, in sich strukturiert und voller Information, holographisch verbindet es Quanten, besteht aus einem virtuellen Teilchenmeer beinahe aller Energien, schafft Ordnung und Konsistenz, gibt Struktur und Funktion."[165] Es ist die Dimension, in der Leere und Form ineinander umwandelbar sind. Es ist, um mit einigen Physikern zu sprechen, auch die Dimension, in der unter dem Einfluß von Wille und Bewußtsein Realitäten entstehen.[166]

b. Die Interaktion des menschlichen Gehirns mit dem Quantenfeld

Der Physiker David Boom, bekannt geworden durch seine Modellvorstellung der expliziten und impliziten Ordnung, schreibt: „Es ist bekannt, daß das Gehirn empfindlich genug ist, um Fluktuationen im Quantenfeld registrieren zu können. Das Psi-Feld [ein Bindeglied zum Quantenvakuum] reagiert mit den Quanten. [...] In chaotischen Zuständen gibt es auch eine Wechselwirkung mit makroskopischen biologischen Systemen. Es wäre unwahrscheinlich, wenn die neuronalen Netzwerke des menschlichen Gehirns, eines chaotischen und extrem empfindlichen Signal-Systems, eine Ausnahme bilden würden."[167]
„Die kognitive Variante der Feld-Hypothese unterstellt, daß das menschliche Gehirn in wesentlicher und nachprüfbarer Weise mit dem Psi-Feld wechselwirkt. Wir stellen uns diese Interaktion als ein ‚Ablesen' aus dem und ein ‚Einlesen' in das Psi-Feld vor. Der Einlesevorgang, mit dem die neuronalen Netze des Gehirns Spektraltransformierte im Quantenvakuum auslösen, erfolgt spontan und braucht nicht zum Bewußtsein durchdringen."

c. Leere und Form oder Realitätenbildung

Das Vakuum enthält alles an Möglichkeiten, was es überhaupt geben kann. Die Frage, wie Formen, also Realitäten entstehen[168], ist ein bedeutendes Thema nicht nur in der Genetik, sondern auch in der Physik geworden. Es wird gesagt[169], daß alles, was der normale Mensch als Realität ansieht, nur entstehen kann, wenn diese als Möglichkeit vorher im Vakuum angelegt war, als virtueller Zustand. Virtuelle Zustände wandeln sich in reale Zustände um, wenn das Vakuum durch Energiezufuhr angeregt wird. Hierbei geht es um die energetische Aufladung virtueller, fluktuierender Quanten im Vakuum. So muß man davon ausgehen, daß der klare Wille eines gereinigten Bewußtseins letztlich die Energiezufuhr im Vakuum bewirkt.
Dr. Ulrich Warnke schreibt: „Die Wechselwirkung der Elektronen untereinander durch Quanten und ihre Wechselwirkung mit der elektromagnetischen Strahlung, getragen vom Vakuum und offenbar moduliert und gesteuert durch das Bewußtsein, bestimmen nahezu alle Ereignisse in der Welt."
Warnke vertritt die Ansicht, daß der Geist - wozu Gedanken, Gefühle, Vorstellungen und Glaube gehören - die Spineinstellungen von kleinsten Teilchen beein-

flussen kann. Der Ort der Energieübertragung ist das Vakuum. Durch diese Energiezufuhr werden aus virtuellen Energiephänomenen durch Aufpfropfung auf virtuelle Photonen reale Zustände.
Im Evangelium heißt es: „Aber sprich nur ein Wort, so wird meine Seele gesund."[170]
Der tibetische Lama Ole Nydahl[171] schreibt: „So wie Wellen aus dem Wasser des Ozeans entstehen, darin spielend sich wieder auflösen, so kommen und gehen die Eindrücke im Geist. Sowohl innere Zustände als auch äußere Welten entstehen im Raum, entfalten sich dort, werden vom Raum erkannt und verschwinden wieder darin. Ihre Essenz ist der Raum, die Leerheit selbst."
Raja-Yogis hohen Grades sagen, daß in dem Moment, wo Zirbeldrüse und Hypophyse durch Mantren oder durch das Hypophysensignal[172] angeregt werden, ein Zustand erreicht ist, in dem jedes gesprochene oder gedachte Wort Realität wird. Betrachten wir dies unter dem obig angedeuteten wissenschaftlichen Aspekt, so ist dies durch folgende Modellvorstellung erklärbar: Werden Epiphyse und Hypophyse angeregt, so öffnet sich der neuroatomare Quantenschaltkreis[173] und damit der Zugang zum absoluten Bewußtsein.
Es gibt ein Koan im ZEN, das besagt: „Einer geht zum tiefsten Meeresgrund und schaufelt Sand und wirbelt eine Staubwolke auf. Der andere steht auf der Spitze des höchsten Berges und verursacht weiße Wolken, die bis zum Himmel emporschlagen."[174]
Mit dem höchsten Berg und dem tiefsten Meeresgrund ist die Welt des All-Seienden, der Leere, gemeint, der Bewußtseinszustand, in dem es keinen Wandel gibt, weder Subjekt noch Objekt. Es ist die Welt des Quantenpotentials. Mit dem Ausdruck ‚Sand schaufeln' und ‚eine Staubwolke aufwirbeln', sind die Phänomene gemeint, die bei Bewegung aus der Wesenswelt heraus entstehen. Im höchsten Bewußtseinszustand sind beide, phänomenale Welt und Welt der Leere, gleich.

3. Ein naturwissenschaftliches Modell des mystischen Versenkungsweges

„Die moderne Physik lehrt mich, daß die Natur außerstande ist, sich selbst zu ordnen. Das Universum stellt eine große Masse an Ordnung dar. Deshalb ist eine große erste Ursache erforderlich, die nicht dem zweiten Gesetz der Energieumwandlung unterworfen, die also übernatürlich ist."[175]
In diesem Kapitel wird[176] der Versenkungsweg interpretiert und ein Modell des mystischen Weges entworfen. Dies soll zu einem vertieften Verständnis des mystischen Weges führen. Es muß immer wieder betont werden, daß Wissenschaft lediglich beschreiben kann, was beim Prozeß des Versenkungsweges im Körper geschieht und daß sie nur mit Hilfe eines Modells Deutungen geben kann.
Die Bedeutung spiritueller Übungen scheint darin zu liegen, soviel Energie bereitzustellen, daß die Bewußtseinsfelder geöffnet werden und in Resonanz mit dem absoluten Bewußtsein treten können. Dies ist die Grundlage für die spirituelle Einheitserfahrung. Das absolute Bewußtsein liegt auf einem sehr hohen Energiepotential.

A. ERSTES STADIUM: LÄUTERUNG - REINIGUNG

Es muß demnach alles getan werden, daß die Energie im Körper zentriert und zu den höchst schwingungsfähigen Zentren hingelenkt wird, um in Resonanz mit diesem höchsten ‚göttlichen' Energiefeld, dem Feld des All-Seienden, zu treten. Voraussetzung ist die ‚Läuterung' oder ‚Reinigung' des menschlichen Geistes, denn ein Festkleben an Erfahrungen oder Erinnerungen, die in den Schaltkreisen des Gehirns festgelegt sind, bedeutet einen Energieabzug für den Prozeß des Versenkungsweges. Deshalb ist auch die Achtsamkeit auf ein Objekt als Methode des Weges so wichtig.

Es ist also die Hingabe des ganzen Ichs nötig, die Hingabe aller ablenkenden Gedanken, Wünsche und Gefühle, um in eine Gedankenleere einzutreten. Dazu gehört, daß alle Energien im Körper mobilisiert und durch das strenge Befolgen der Übung, beispielsweise durch störungsfreies Sitzen und Atmen, äußerliches und innerliches Schweigen, Zentrierung auf Wort, Mantra, Koan, ausgerichtet werden.

a. Die Sitzposition

Der gute Sitz bewirkt, daß die Energien frei fließen können. Das Becken ruht in Kontakt mit der Energie der Erde auf dem Kissen. Aus ihm trägt sich gerade die Wirbelsäule und das Haupt als Verlängerung. Die locker hängenden Arme schließen sich im Mudra der Hände. Es ist die optimale Haltung aller Energiebahnen. Der Rückenmarkkanal mit den Gefäßen der Ida, Pingala und Sushumna ist für den Aufstieg der Kundalini-Energien freigegeben. So können die Bewußtseinsfelder aktiviert und die nötige Energie für einen Durchbruch in das kosmische Feld über das Gehirn bereitgestellt werden. Alle Chakren können optimal kosmische Pranaenergie aufnehmen. Durch den Kontakt der Hände, die schalenförmig übereinander liegen, schließen sich die Kreisläufe der Meridianenergien und die Energie bewegt sich im Körpersystem.

b. Die Atemtechnik

Der bewußte Atem harmonisiert und verstärkt die Ausrichtungen der Energiefelder. Durch den Atem wird rhythmisch Prana[177] dem Körper zugeführt und durch die Parallelisierung werden elektrische Impulse im Körper gleichgerichtet. Dies trägt vor allem zur Harmonisierung des Nervensystems bei.

c. Die Zentrierung auf Wort, Mantra, Koan

Mantren, ‚Heilige Worte' und Koans haben neben der Funkton als Konzentrationsobjekt und damit als Medium zur Bewußtseinsvereinheitlichung noch eine besondere Bedeutung. Sie können die höchstschwingenden Bewußtseinsfelder öffnen.[178] Aufgrund von Resonanzeffekten werden Teile des Gehirns angeregt, was dazu führt, daß über diese Anregung von Nervenzentren (Thalamus, Epiphyse, Hypophyse oder holographische Platte) der Weg zum neuroatomaren Schaltkreis freigelegt wird, der in Resonanz mit dem absoluten Bewußtsein tritt[179]. Auch erfolgt eine Synchronisation der Gehirnhälften.

d. Zusammenfassung

Zusammenfassend kann gesagt werden, daß es durch Atem, Koan, Mantra oder Wort zu einer Fokusierung der Bewußtseinsenergie im Gehirn kommt, so daß über die holographische Platte oder über die Epiphyse die Energiefrequenz des absoluten Bewußtseins erreicht wird.[180]

Auch vielfältige Techniken der Körperarbeit tragen zur Anhebung des Energiepotentials im Körper bei und können so als weitere unterstützende Maßnahmen angesehen werden. Übungen des Chi-gong oder Tai Chi, sowie sakraler Tanz (Derwisch-Tanz), dienen zur Lockerung der tieferen Auraschichten. Dazu gehört auch das ‚liebende Aufmerken' in der Kontemplation, also das Bereitstellen der Liebesenergie des Herzens. Auch die Aktivierung des Kundalini-Prozesses im Wurzelchakra setzt Energie frei, die bekanntlich über die Sushumna in den Kopfbereich steigt und auf diesem Wege Bewußtseinsebenen reinigt. Yogis sagen, daß diese Energie als Ojas[181] im Gehirn gespeichert wird und der spirituellen Entwicklung zur Verfügung steht. Darin liegt auch der tiefere Grund für das Zölibat. Gebete, Verehrungen, Rituale und Schriftlesungen sind Hilfen, um in Kontakt mit höher frequenten Energiefeldern zu kommen. Sie tragen dazu bei, die eigenen, in jedem Menschen selbst liegenden Felder zu entwickeln und auszurichten.

Alle mystischen Wege der verschiedenen Religionen integrieren neben dem Versenkungsweg Zeremonien, kultische Handlungen und nehmen ‚Zuflucht' zu der von ihnen verehrten Gottheit. Als vorübergehender Identifikationsprozeß scheint dies für den Menschen wichtig zu sein. Im Christentum ist es die Hingabe an Jesus Christus, dessen Nachfolge der Mensch antritt, im Buddhismus die Zuflucht zu Buddha, Dharma und Sangha. Auch die Präsenz eines lebenden Meisters, in dessen Einflußbereich und Kraftfeld Durchbruch zur göttlichen Seins-Schicht aktiviert wird, ist von Bedeutung.

B. ZWEITES STADIUM: EINBRUCH IN DAS ABSOLUTE BEWUSSTSEIN (ERLEUCHTUNGSERFAHRUNG)

Durch die oben bereits beschriebenen Bedingungen der Übung und die Zentrierung aller verfügbaren Energie, kommt es zur Stimulierung von Hypophyse, Thalamus und holographischer Platte.[182] Durch die Stimulation der Hypophyse erwachen spirituelle Fähigkeiten des Stirnchakras.
Krishnamacharya[183] berichtet, daß es zur Abstrahlung der Hypophysen-Energie kommt und ein „leuchtendes Gewebe" gebildet wird, das von Sehern beschrieben und in der Literatur mit dem Namen Antahkarana bezeichnet wird. Diese ausstrahlende Hypophysen-Energie, auch Hypophysensignal genannt, wirkt sich auf den Solarplexus (Milzchakra) aus, der mit der Hypophyse über Nadis in Kontakt steht.[184] Krishnamacharya spricht von der Wirkung der reinigenden Energie der Hypophyse auf das Milzchakra, welches mit persönlicher Macht, Emotionen, Sympathie und Abneigung zu tun hat. Ist dieses Bewußtseinsfeld gereinigt, kann die vom Wurzelzentrum laufend hochsteigende Kundalini-Energie[185] weiter in das Herzchakra geleitet werden und wirkt dort als reine Liebesenergie.

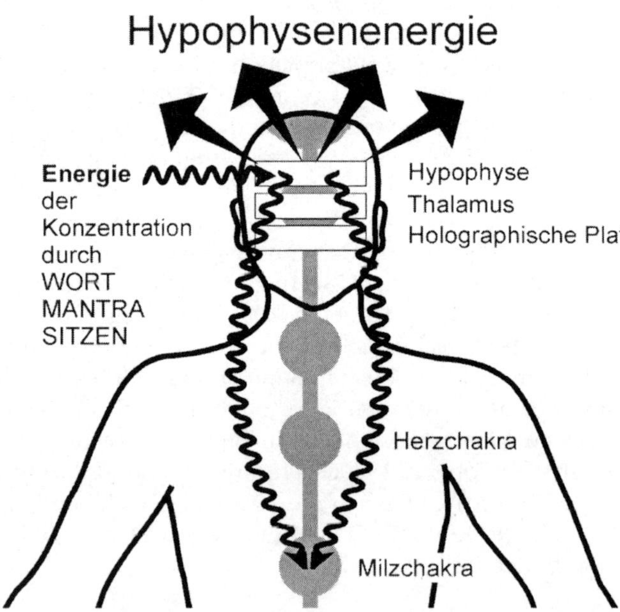

Abb. 17 Entstehung des Hypophysenlichtes, Reinigung des Milzchakras

Während des Versenkungsweges wird dieser Vorgang durch die Weitung des Herzchakras und vor allem durch das Einfließen von Energie in die Hände erfahren, die mit dem Herzchakra über den Herzmeridian in direkter Verbindung stehen. Die Handflächen werden heiß und wir öffnen meistens automatisch unsere Hände, um die Energie abzugeben. Es ist der Zustand, wo ein Mensch beginnt, Liebe auszuströmen. Sein Tun wird gespeist von der Herzensenergie. Für einen solchen Menschen ist alles Sein ‚vergöttlicht'. Angelus Silesius sagt: „Wenn du vergottet bist, so ißt und trinkst du Gott".[186]

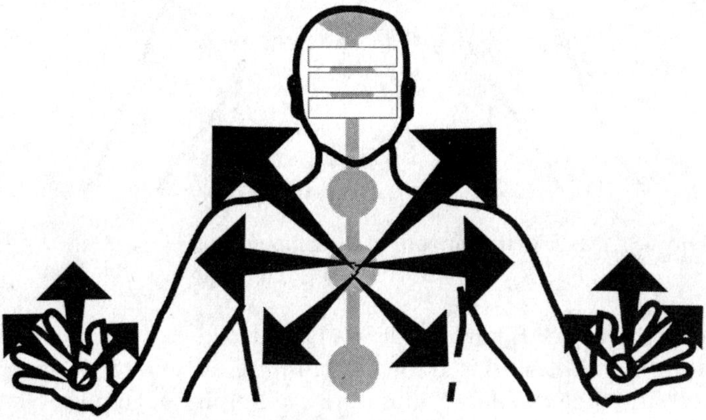

Abb. 19 Abstrahlung der Herzensenergie (Hände und Herzchakra)

Das Hypophysensignal aktiviert über das leuchtende Gewebe die Epiphyse[187], die in Resonanz mit dem Frequenzbereich des neuroatomaren Schaltkreises, mit dem All-Seienden, treten kann.
Durch die Energie der Konzentration und der hohen Erwartungshaltung kommt es um das Gehirn herum, im sogenannten Hyperneum, zu einer hohen Spannung, die ab einer bestimmten Stärke einen Impuls entläßt, der wie ein Blitz einschlägt. Ekkirala Krishnamacharya[188] interpretiert die Schriften seines Meisters und beschreibt diesen Vorgang als ‚electric hint'.

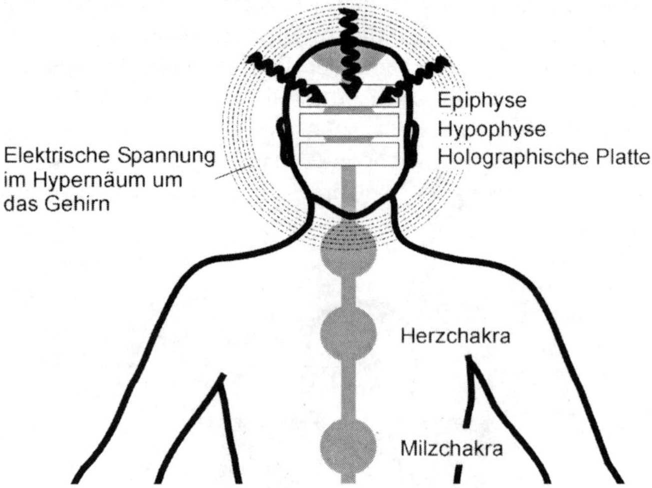

Abb. 18 Das Electric hint erregt die Epiphyse

Da danach oftmals in der Erfahrung dieses helle Licht, das ‚Erleuchtungslicht' erscheint, was zu dem Begriff der Erleuchtung führte, kann angenommen werden, daß dieser ‚electric hint' nochmals sehr stark die Epiphyse, Hypophyse und holographische Platte anregt. Wir haben bereits gehört, daß die Epiphyse als ursprüngliches Lichtsinnesorgan aus lichtempfindlichen Fasern zusammengesetzt ist und bei Anregung eine Biolumineszenz hervorbringt, die die gesamte Aura erstrahlen läßt.

Man könnte sagen, daß dieser ‚electric hint' den Durchbruch zum ‚torlosen Tor', wie es im Zen bezeichnet wird, oder den ‚Eintritt in das Himmelreich' im Christentum, also den Durchbruch in das kosmische Bewußtsein, bewirkt.

Naturwissenschaftlich gesehen könnte man sagen, daß das physiologische Gehirn ruht. Über den Quantenschaltkreis nimmt das absolute Bewußtsein sich über das entleerte Gehirn selbst wahr. Es ist das reine Bewußtsein. Im physikalischen Modell ausgedrückt ist dies der Ort der virtuellen Energien im Vakuumfeld. Wir sind dort angekommen oder dorthin, wo alles herkommt, zurückgekehrt.

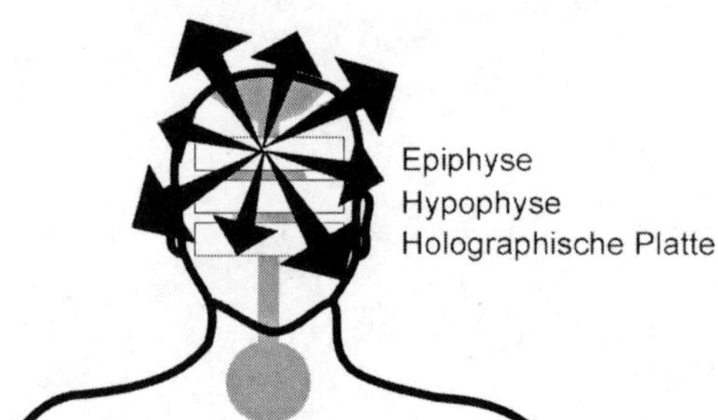

Abb. 20 Erleuchtungslicht

Die Öffnung des Kronchakras in Form von kribbelnder Energie und Einströmung der Energie wird mit einer unendlichen Weite in totaler, unbeschreiblicher Leere erfahren. Lichtphänomene können Begleiterscheinungen sein, die subjektiv wahrgenommen werden und wieder verschwinden. Im Aurabild erstrahlt der Mensch in der weißen Aura.
Mystik spricht vom „Licht der Erleuchtung", Johannes vom Kreuz von der „Flamme".
Hildegard von Bingen berichtet: „Im Jahre 1141 der Menschwerdung Jesu Christi, des Gottessohnes, als ich zweiundvierzig Jahre und sieben Monate alt war, kam ein feuriges Licht mit Blitzesleuchten vom offenen Himmel hernieder. Es durchströmte mein Gehirn und durchglühte mir Herz und Brust gleich einer Flamme, die jedoch nicht brannte, sondern wärmte, wie die Sonne den Gegenstand erwärmt, auf den sie ihre Strahlen legt."[189]

C. DRITTES STADIUM: UNIO MYSTICA - SATORI - SAMADHI

Das Phänomen des ‚Erleuchtungslichtes' ist nicht so sehr von Bedeutung. Wesentlich ist, was durch die Öffnung zum absoluten Bewußtsein im Menschen selbst geschieht. Durch den ‚electric hint' strömt Pranaenergie in das Kronchakra ein und trifft nicht nur auf das Lichtsinnesorgan der Epiphyse, sondern durchdringt die verschiedenen Bewußtseinsfelder (Chakren) die, wie wir wissen, auch im Gehirn lokalisiert sind.[190] Dadurch kommt es zur weiteren Reinigung der Bewußtseinszentren und zu einer fast optimalen Ausweitung, je nach Grundzustand und individueller Situation des betreffenden Menschen.
Unsere individuelle und karmische Bewußtseinssituation, mit der wir in diesem Leben angetreten sind, erfährt durch die einströmende Energie eine Bereinigung. Die verzerrten individuellen Muster treten für eine geraume Zeit zurück und das innere Bewußtsein des Übenden verschmilzt mit der zeitlosen Erfahrung. Dies ist das Erleben der Unio mystica, Samadhi, Mahamudra oder Satori. In diesem Moment spiegelt das Gehirn über die holographische Platte alles wieder, das ganze Sein, das Hologramm in seinem ursprünglichen Zustand der Leere, der alle Potenzen in sich trägt.

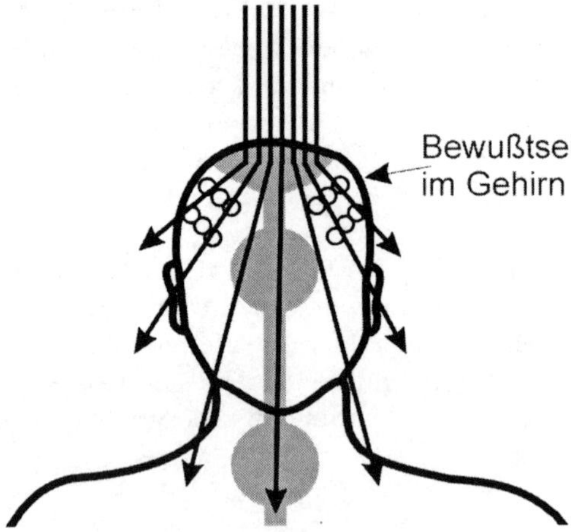

Abb. 21 Einströmen der kosmischen Energie in das Scheitelchakra. Durchbruch zum kosmischen Bewußtsein. Reinigung der Bewußtseinsfelder: Wandlung

Die Erfahrung ist nur schwer beschreibbar. Es wird eine allumfassende Einheit des Seins erfahren. Der Körper wird nicht mehr in Konturen empfunden, wir sind eins geworden mit der einströmenden Energie und sind im unendlichen Sein das Sein selbst. Der Andere bin ich. Ich bin in allem. Wenn man überhaupt von Gefühl sprechen kann, so ist es ein tiefer Frieden, eine Harmonie und ein heiteres Sein.

D. VIERTES STADIUM: INTEGRATION IN DEN ALLTAG - EIN NEUER MENSCH

Normalerweise kann ein Mensch diese hohen, mentalen Energien nicht für immer, ja nicht einmal für längere Zeit aufbringen, sodaß sich die Bewußtseinszustände der Erleuchtung und Unio nicht halten können. Ein Schleier legt sich darüber. Der Mensch lebt dann wieder vorwiegend im Alltagsbewußtsein, wo er, seiner Bestimmung gemäß, allerdings mit einer anderen Sichtweise, seine Aufgaben zu erfüllen hat. Wir kehren zum „Marktplatz"[191] zurück.
Im vorhergehenden Teil dieses Buches[192] wurde ausführlich über die ‚Früchte der Erfahrung' gesprochen. Einige Ergänzungen seien hier noch angefügt:

- Verändertes Bewußtsein: Wir durften erfahren, wer wir sind und durften alle inneren Räume durchwandern bis hin zum absoluten Bewußtsein. Damit sind wir den Weg gegangen, den alle großen Mystiker und Meister gegangen sind und woher ihre Kunde und ihr Zeugnis kamen.
- Veränderung der Übungssituation: Jedoch zeigt sich aus der Praxis, daß wir, immer leichter in diese Zustände hineingelangen, wenn wir die spirituelle

Übung fortsetzen. Je nach Situation des Menschen kommt es im Laufe der Zeit immer häufiger zu einer Verschiebung der Bewußtseinslage vom Tagesbewußtsein hin zu transpersonalen Bewußtseinszuständen. Dies bringt andere Qualitäten den Alltag zu leben mit sich, nämlich Ruhe, Geduld, Gelassenheit, Freude, Zufriedenheit, Toleranz.

- Andere Sichtweise der Dinge: Dies bewirkt, daß die Dinge anders gesehen werden, nämlich als Manifestation des All-Seienden, ohne Zugabe von individuell gefärbtem Gefühl oder persönlicher Meinung. Wir beginnen die Dinge zu sehen, wie sie sind. Alles hat seinen Platz, alles darf sein. Mit Gelassenheit können jetzt die Dinge betrachtet werden
- Reinigung der Bewußtseinsfelder: Bei jeder Erleuchtungserfahrung werden passiv die Bewußtseinsfelder immer mehr gereinigt. In uns liegende Fähigkeiten kommen verstärkt zum Tragen, andere Sichtweisen entstehen, Kräfte werden freigesetzt. Es sind ‚Gaben des Geistes', wie die Bibel es nennt oder ‚Erleuchtungskräfte' wie es im Buddhismus heißt.
- All-Liebe: Die Erfahrung der All-Liebe hinterläßt eine große Liebe und Mitgefühl zu allen Lebewesen. Wer erfahren hat, daß der andere mit mir verbunden ist, ja, daß ich der andere bin, kann dem anderen nichts Leidvolles mehr antun. Der Mensch mit Erleuchtungserfahrung hat den Wunsch, den anderen den Weg zu zeigen, um ähnliche Erfahrungen zu machen. Er beginnt die Ich-Funktionen, also sein Denken, Fühlen und Wollen zum Wohle aller Lebewesen einzusetzen.

Dritter Abschnitt:

EINHEIT MYSTISCHER WEGE UND ERFAHRUNGEN

X. MYSTISCHE WEGE MIT KONFESSIONELLER ORIENTIERUNG

Daß die mystischen Wege aller großen Religionen in dieselbe Erfahrung der Unio Mystica münden und trotz des jeweils unterschiedlichen kulturellen und geistigen Hintergrundes die gleiche strukturelle Gemeinsamkeit des Weges dorthin aufzeigen, kann anhand von Texten ausgewählter Mystiker/innen aufgezeigt werden. Dabei dienen als Kriterien:

- Die Gleichheit der vier Stufen des Versenkungsweges, Reinigung, Erleuchtung, Einswerdung und Integration in den Alltag.
- Die mystische Erfahrung, die eine formlose, raumlose, körperlose Erfahrung einer Leere darstellt, welche voll ist, von einer erfahrbaren Fülle. Alle anderen Erfahrungen sind lediglich Vorstufen dieser Erfahrung.

1. Christliche Mystik: Kontemplation

A. DER REICHTUM MYSTISCHEN ERFAHRUNGSGUTES IM CHRISTENTUM

Die christliche Mystik wird Kontemplation genannt.
Das Christentum ist eine Religion, die auf dem Glauben an Gott und Jesus Christus beruht, auf dem Glauben an die offenbarten Heiligen Schriften, im wesentlichen die Evangelien, und auf dem Glauben an die Lehren und Dogmen der Kirche.

Der Glaube steht im Mittelpunkt der religiösen Ausübung, im Unterschied zum größten Teil der östlichen Religionen, die meistens auf eigenen spirituellen Erfahrungen basieren. Jedoch wird auch im Christentum immer stärker die Bedeutung der geistlichen Hilfe einer Meditationspraxis erkannt, wobei auf eine reiche Fülle von überlieferten spirituellen Erfahrungen zurückgegriffen werden kann; beispielsweise auf das ‚ursprüngliche Christentum', auf die Erfahrungen und Anweisungen der Wüstenväter, auf das ‚Herzens-' oder ‚Jesusgebet' als kontemplative Gebetsform, auf Gebetsgebärden, die nicht nur den Christen der Ostkirche und der orthodoxen Kirche, sondern auch den Christen der Westkirche als Anleitung zur Gotteserfahrung dienten und auch im ‚Hesychiasmus'[1] eine zentrale Rolle einnehmen. Zusätzlich kann auf die Anleitungen und Erfahrungen einer großen Zahl christlicher Mystiker/innen zurückgegriffen werden, von denen im weiteren Text nur zum kleinen Teil die Rede sein wird.

a. Das ursprüngliche Christentum

Dietzfelbinger[2] berichtet, daß „das ursprüngliche Christentum seine Religion als Weg aufgefaßt hat, nicht als ein ‚Glaubensgut', sondern als geistig-seelischen Prozeß, der das Aufbrechen und Bewußtwerden bestimmter Schichten im Menschen beinhaltet, die bisher latent und unbewußt waren. Es ist eine Bewußtwerdung, mit der eine fundamentale Wesensveränderung des Menschen einhergeht. Der Mensch, in dem sich diese Prozesse abspielen, lebt aus anderen Kräften und einer anderen Ordnung als vorher und wird dadurch ein anderer." Er zeigt auf, daß Jesus Christus seinen Jüngern einen spirituellen Weg lehrte und interpretiert diesen als eine ‚Mysterienschule' in Anlehnung an die Gnosis und an damals existierende Mysterienschulen in Ägypten und Griechenland. Dietzfelbinger[3] zeichnet den spirituellen Weg des Christentums anhand der Überlieferungen der Evangelien, im speziellen Fall des Markusevangeliums, auf.

b. Die Wüstenväter und Wüstenmütter

Abbas Antonius (†356) ging in die ägyptische Wüste, um sich in der Stille ganz dem Gebet und der Hingabe an Gott zu widmen. Seinem Beispiel folgten Mönche und Nonnen in die Wüsten von Kleinasien, Palästina und Syrien. Sie wurden Wüstenväter und Wüstenmütter genannt. Das Werk ‚Apophthegmata Patrum' (Sprüche der Väter/ Weisungen der Väter)[4], welches gegen Ende des 5.Jahrhunderts geschrieben wurde, beinhaltet eine Zusammenfassung ihrer Erfahrungen.
Die Weisungen beziehen sich auf das Leben mit dem mystischen Gebet und können als Leitfaden der Mystik betrachtet werden. Berichtet wird von der Übung der Tugenden und von der Beherrschung der Leidenschaften als Grundlagen des Gebetsweges. Gewarnt wird vor den Gefahren des Weges, in Form von Überheblichkeit, Erfahrungen von Verzückung und Ekstase, unter Hinweis auf die Gabe der Unterscheidung (‚discretio').

c. Das Herzensgebet

Das Herzensgebet[5], auch Jesusgebet genannt, hat im Christentum eine weite geschichtliche Tradition. In der zweiten Hälfte des 19.Jahrhunderts wurde ein Büchlein mit den Erzählungen eines russischen ‚Strannik', das ist ein von Ort zu Ort ziehender Pilger, im Westen gefunden. Der anonyme Erzähler lehrt die Gebetstechnik beim ‚Herzensgebet', wobei er sich auf die ‚Philokalie' bezieht, ein mehrbändiges Sammelwerk mit Texten, die von Schriftstellern des christlichen Ostens zwischen dem 3. und dem 15. Jahrhundert zusammengestellt wurden. Das Herzensgebet findet sich auch in der Bewegung des Hesychiasmus wieder. Der Hesychiast sucht die Ruhe, das Schweigen und die Abgeschiedenheit, um dadurch zur Einheit mit Gott zu finden.
Gregor Palamas[6] schreibt über die Hesychia: „Hesychia ist Stillesein des Geistes und der Welt, vergessen des Niedrigen, geheimnisvolles Erkennen des Höheren, das Hingeben der Gedanken an etwas Besseres als sich selbst. So schauen die, die ihr Herz durch solch Heiliges Schweigen (Hesychia) gereinigt und sich auf unaussprechliche Weise mit dem alles Denken und Erkennen übersteigenden Lichte vereinigt haben, Gott in sich selbst wie in einem Spiegel."
Die Meditationsformel bei der Übung des Herzensgebetes lautet: „Herr Jesus Christus, erbarme dich meiner". Sie wird innerlich andauernd wiederholt, memoriert. Auch auf die richtige Körperhaltung und Atmung muß geachtet werden. Das spezielle Anliegen ist es, Christus bzw. das Christusbewußtsein im Herzen zu erwecken, um durch die Einkehr in das innerste Sein zu Gott vorzustoßen.[7]

B. DIE KONTEMPLATION

a. Begriff, Bedeutung und Inhalte der Kontemplation

Mit dem Begriff ‚Kontemplation'[8] wird der mystische Weg im Christentum bezeichnet. Das Grundelement dabei ist die Liebe, die liebende Vereinigung mit Gott. Daher spricht man auch von einer Liebesmystik.
Das Wort Kontemplation setzt sich aus den lateinischen Begriffen ‚con' und ‚templum' zusammen. ‚Con' bedeutet soviel wie ‚gemeinsam' oder ‚zusammen' und ‚templum' bezeichnet einen ‚Heiligen Ort', an den der Mensch sich zurückzieht. Dies kann sowohl ein äußerer Ort sein, als auch ein innerer Ort, wie etwa die Seelenburg der Heiligen Theresa von Avila, das ‚Allerheiligste' im Inneren eines Menschen oder der Wesenskern. Es ist der Ort, wo der Mensch am Göttlichen teilhaben kann und mit ihm eins wird. In der Kontemplation nehmen wir im Innersten unseres Seins, in unserer Mitte, teil an der letzten Wirklichkeit und erfahren durch liebende Hingabe die Einheit mit ihr. Bezugspunkt und Anführer auf dem kontemplativen Wege ist Jesus Christus.
In der christlichen Gebetslehre wurde die Kontemplation als eine Form des Gebetes bezeichnet.

Osuna unterscheidet drei Gebetsformen:

- Das mündliche Gebet (‚oratio')
- Das betrachtende Gebet (‚meditatio')
- Das kontemplative Gebet (‚contemplatio')

b. Unterschied: Meditation - Kontemplation

In der Meditation werden durch Betrachtung von Bildern, Gleichnissen oder Worten der Verstand, die Sinne und die seelische Kräfte angeregt.
Im kontemplativen Gebet dagegen läßt man die mentale Bewußtseinsebene zurück, man identifiziert sich weder mit Bildern, noch mit Gedanken oder Gefühlen. Der Kontemplative hält Gott passiv sein „nacktes Sein"[9] oder sein „offenes liebendes Herz"[10] hin, um vorzustoßen in die göttliche Dimension, jenseits von Worten, die nur erfahrbar und auch nicht beschreibbar ist, weil sich die Erfahrung im nicht-rationalen Bereich, jenseits von Sprache und Verstand abspielt. Evagrius Ponticus[11], ein Mönch aus der christlichen Tradition der Wüstenväter, schreibt: „Wenn du betest, dann stelle dir die Gottheit nicht als Bild vor. Halte deinen Geist frei von jeglicher Form und nähere dich ohne jede Materie dem immateriellen Wesen, denn so nur wirst du es erkennen." Der namentlich unbekannte christliche Schreiber der ‚Wolke des Nichtwissens' und des ‚Weges des Schweigens'[12] steht in der Tradition des Christentums und erwähnt die mystische Theologie des Dionysios: „[...] echte Kontemplation [ist] ehrfürchtige Liebe [...], eine reife Frucht des menschlichen Herzens, darüber schrieb ich dir bereits in meinem kurzen Brief über das Gebet. Dort sagte ich: ‚Kontemplation bedeutet die Wolke des Nichtwissens, die verborgene Liebe eines ungeteilten Herzens, die Bundeslade. Es ist dies die mystische Theologie des Dionysios, die er ‚seine Weisheit', seinen ‚Schatz', seine ‚leuchtende Dunkelheit' und sein ‚nichterkennendes Erkennen' nennt. Das führt dich in die Stille jenseits aller Gedanken und Worte und macht dein Gebet einfach und kurz. Und diese Theologie lehrt dich, allen Schein der Welt zu verlassen und abzuweisen und geschehen zu lassen."

c. Die Methode der Kontemplation

Die Methode der Kontemplation ist im Prinzip dieselbe wie in anderen mystischen Wegen. Auch hier haben wir die vier Stufen des Weges, nämlich: Läuterung (‚Via purgativa') – Erleuchtung (‚Via illuminativa') – Vereinigung (‚Unio mystica') - Integration in den Alltag.
Als Hilfsmittel der Bewußtseinszentrierung werden Worte oder Sätze aus dem christlichen Denken und Glaubensgut verwendet, beispielsweise „Jesus", „Christus", „Gott", „Maria", „Liebe". Im Herz-Jesusgebet wird der Satz „Herr Jesus Christus, erbarme Dich meiner"[13] empfohlen.

d. Bedeutende christliche Mystiker/innen

Darunter fallen: die Wüstenväter, Origines, Johannes Cassian, Dionysios, Evagrius Ponticus, Bonaventura, Ramon Llull, Johannes vom Kreuz, Meister Eckhart, Heinrich Seuse, Johannes Tauler, Hugo v. St. Viktor, Francisco de Osuna, Theresa von Avila, Margarete Porete, Mechthild von Magdeburg, Katharina von Siena, Angelus Silesius, Madame Guyon, der Schreiber der ‚Wolke des Nichtwissens', Hadewijch von Antwerpen, Jacob Böhme, Jan van Ruisbroek und Gerhard Tersteegen.

C. AUSZÜGE AUS DEN WEGBESCHREIBUNGEN CHRISTLICHER MYSTIKER/INNEN

a. Jesus Christus[14]

In dieser kurzen Darlegung ist es in keiner Weise möglich, Jesus Christus, seinem Leben und Wirken, gerecht zu werden. Jedoch kann sie dazu beitragen, Christen, Nichtchristen und Menschen ohne Religion oder Glauben die mystische Seite von Jesus Christus aufzuzeigen. Jesus Christus ist für den christlichen Mystiker Bezugspunkt und spirituelles Vorbild auf dem Weg zu Gott.

Jesus Christus ist der Prototyp des Mystikers. Er stand in bleibender Vereinigung mit dem ‚Vater', ist der Repräsentant des Christusbewußtseins, des Bewußtseins des All-Seienden. Er ist der Gottmensch, der ‚Erstgeborene', der zur Nachfolge aufruft. Leider gibt es keine Schriftstücke oder Worte, von denen man mit Sicherheit sagen kann, daß sie von Jesus selbst stammen. Jedoch muß man, aufgrund der vielen ihm zugeschriebenen Aussprüche vor allem in den Evangelien, davon ausgehen, daß es sich um die echte Wiedergabe des Sinnes seiner Lehren handelt.

Jesus spricht vom „Himmelreich" oder vom „Reiche Gottes" und nimmt in seinen Predigten darauf immer wieder Bezug. Aus der Fülle der Hinweise können hier nur eine wenigen angeführt werden.

- „Da er aber gefragt ward von den Pharisäern: ‚Wann kommt das Reich Gottes?', antwortete er ihnen und sprach: ‚Das Reich Gottes kommt nicht mit äußerlichen Gebärden. Man wird auch nicht sagen, siehe, hier oder da ist es. Denn sehet, das Reich ist Mitten in euch.'"[15]
- „Zu derselben Stunde traten die Jünger zu Jesu und sprachen: ‚Wer ist doch der Größte im Himmelreich?'. Jesus rief ein Kind zu sich und stellte es mitten unter sie und sprach: ‚Wahrlich, ich sage euch, es sei denn daß ihr euch umkehret und werdet wie die Kinder, so werdet ihr nicht in das Himmelreich kommen.'"[16]
- „Selig sind, die da geistlich arm sind, denn das Himmelreich ist ihrer."[17]
- „Trachtet am ersten nach dem Reich Gottes und seiner Gerechtigkeit, so wird euch solches alles zufallen."[18]

- „Mein Reich ist nicht von dieser Welt.[...] Ich bin dazu geboren und in die Welt gekommen, daß ich die Wahrheit zeugen soll. Wer aus der Wahrheit ist, der höret meine Stimme."[19]
- „Jesus sprach: ‚Wenn die Menschen euch fragen: Woher kommt ihr?
  So antwortet: Wir sind aus dem Licht gekommen,
  Von dort, wo das Licht aus sich selbst geboren ist.
  Wenn sie fragen: Wer seid ihr? So antwortet:
  Wir sind seine Söhne und die Auserkorenen des lebendigen Vaters.'"[20]

(1) SEIN LEBEN ALS STADIEN DES MYSTISCHEN WEGES

Betrachtet man das Leben Jesu Christi unter diesem Aspekt, so sind die Etappen seines Weges Symbol und Stufen des mystischen Weges zu Gott, dem All-Seienden:

- Die Geburt Jesu Christi symbolisiert dem Mystiker die Gottesgeburt in jedem Menschen, die Erinnerung an Gott in ihm als zutiefst Seiendem. Es ist die hoffnungsvolle Botschaft, wenn er sagt: „Das Himmelreich ist in Euch".
- Der Leidensweg Jesu Christi kann symbolisch als ein Prozeß der Reinigung und Läuterung betrachtet werden. Indem Jesus das Kreuz auf sich nahm, ist er dem Mystiker Vorbild, trotz aller Umstände den Weg der Läuterung zu gehen.
- Die Kreuzigung Jesu Christi kann Mut machen für den Prozeß des Ich-Todes, des ‚Abgehängtwerdens' vom Kreuz, von den Balken, von Zeit und Raum.
- Die Verklärung, das Stadium der Erleuchtung, mit dem Erscheinen des Verklärungsleibes Jesu Christi am Berge Tabor, kann als Hinweis für den Eintritt in die Dimension der Erleuchtung gesehen werden. Symbol dieses Zustandes sind im Christentum auch die ‚weißen Gewänder', so in der Apokalypse, wo Männer in weißen Gewändern um den Thron des Allerhöchsten stehen, und wo es dazu heißt: „...die aus der Dunkelheit gekommen sind."[21] Bei den frühen Christen war es Brauchtum, am Ostersonntag, dem Fest der Auferstehung, ein weißes Kleid zu tragen und es nach sieben Tagen, also am weißen Sonntag wieder abzulegen. Das Stadium der Auferstehung kann symbolisch als Stadium der ‚Unio mystica' verstanden werden. In der Bibel heißt es Jesus ist „auferstanden von den Toten", auferstanden zu denen, die ‚Sehen' und die Wahrheit erfahren haben.

(2) AUSSAGEN ZUM MYSTISCHEN WEG

- „Wie eng ist die Pforte und wie schmal der Weg, der zum Leben führt, und wenige sind`s, die ihn finden."[22]
- „Wer sein Leben erhalten will, der wird`s verlieren; wer aber sein Leben verliert um meinetwillen, der wird`s finden."[23]
- „Ich bin der Weg, die Wahrheit und das Leben; niemand kommt zum Vater,

denn durch mich."[24]
- „Und wo ich hingehe, den Weg wisst ihr."[25]
- „Wer mir nachfolgen will, der verleugne sich selbst und folge mir nach." [26]
- „Das Auge ist das Licht des Leibes. Wenn dein Auge lauter ist, so wird dein ganzer Leib licht sein. Wenn aber dein Auge böse ist, so wird dein ganzer Leib finster sein."[27]
- „Ich bin gekommen als ein Licht, damit, wer glaubt, nicht in der Finsternis bleibe." und
- „Gott ist Geist und die ihn anbeten, müssen ihn im Geiste und in der Wahrheit anbeten." [28]
- „Ihr werdet die Kraft des Heiligen Geistes empfangen, der auf euch kommen wird, und werdet meine Zeugen sein in Jerusalem und ganz Judäa und Samarien und bis an das Ende der Erde."
- „Wer unter euch der erste sein will, der sei euer Knecht, so wie der Menschensohn nicht gekommen ist, daß er sich dienen lasse, sondern daß er diene und gebe sein Leben zur Erlösung für viele."[29]

(3) DIE BERGPREDIGT

Die Bergpredigt mit den Seligpreisungen ist ein Vermächtnis Jesus Christus an die Menschheit.
„Als Jesus die vielen Menschen sah, stieg er auf einen Berg. Er setzte sich, und seine Jünger traten zu ihm. Dann begann er zu reden und lehrte sie:
Selig, die arm sind vor Gott; denn ihnen gehört das Himmelreich.
Selig die Trauernden; denn sie werden getröstet werden.
Selig, die keine Gewalt anwenden; denn sie werden das Land erben.
Selig, die hungern und dürsten nach der Gerechtigkeit; denn sie werden satt werden.
Selig die Barmherzigen; denn sie werden Erbarmen finden.
Selig, die ein reines Herz haben; denn sie werden Gott schauen.
Selig, die Frieden stiften; denn sie werden Söhne Gottes genannt werden.
Selig, die um der Gerechtigkeit willen verfolgt werden; denn ihnen gehört das Himmelreich."[30]

(4) DAS WORT JESUS CHRISTUS

„Das Licht kam in die Welt, aber die Welt hat es nicht erfaßt.
Allen, die ihn aufnahmen, gab er die Macht, Kinder Gottes zu werden."[31]
Das Wort ‚Jesus Christus'[32] ist Ausdruck des höchsten Bewußtseinszustandes.
Wir finden diesen Namen in vielen Sprachen, im Spanischen, Ägyptischen, Französischen oder auch im Hebräischen (‚Yo-Soy', ‚I-sis', ‚Je suis', ‚Jo-shua') und er heißt soviel wie ‚Ich bin'. Das hat wenig zu tun mit "Jesus"
„Je sus Kryst" bedeutet im Gotischen: „Ich bin der ‚kryst', also der Kristall, der Christus: durchsichtig, klar, spiegelnd farblos, göttlich, unveränderlich.
Im Griechischen heißt ‚Christos' der Gesalbte. In diesem Sinne steht die Bedeu-

Manfred 2023

tung der Eingeweihte, der durch Salbung Leuchtende, der Durchsichtige. Auch der ‚Chrestos', also der Kristall oder der Eiskristall, weisen in diese Richtung. Hier wird auf den Zustand des Christusbewußtseins hingewiesen.
Dies deckt sich mit der Erfahrung auf dem spirituellen Wege. Es ist die Erfahrung der Helligkeit, Leichtigkeit, des Lichtes, der Leere und Klarheit im Zustand des Christusbewußtseins. Wer diesen Zustand erreicht hat ist selbst diese Klarheit, dieses Licht, diese Reinheit. Er wird Zeuge der Welt, für alle.

(5) CHRISTUS ALS GEISTIGE KRAFT

Das Wort Christus schwingt in den höchsten Frequenzen[33]. Es ist in der Lage, über ein Resonanzphänomen mit Gehirnzentren das ‚Tor' zum höchsten Bewußtsein aufzuschließen, und uns im Stadium der Unio mystica mit Gott, dem All-Seienden, zu vereinigen. Christus ist demnach eine hohe geistige Kraft, die uns aus der Ich-Gebundenheit erlösen kann. Dieser Erlösungsprozeß ist ein „ ...‚Menschwerdungs-Prozeß', ein ‚Individuations-Prozeß', ein ‚Ganzwerdungs-Prozeß', ja ein ‚Gottwerdungs-Prozeß'", wie Willigis Jäger schreibt.[34]
Ein so ‚Erlöster', ist „auferstanden von den Toten" und hat die Nachfolge angetreten. Er ist selbst Träger dieses Christusbewußtseins geworden, ein ‚Gesalbter'.

b. Hadewijch von Antwerpen I [35]

„Ich weiß nicht, ob ich Wünsche habe, denn ich habe mich verloren in ein Nichtwissen ohne Grund. Ich bin verschlungen von seinem Mund, von wo es keine Rückkehr für mich gibt."[36]

(1) LEBEN UND WERK

Hadewijch von Antwerpen war Begine. Die Beginen leisteten in der religiösen Erneuerungsbewegung des 13. Jahrhunderts einen bedeutenden Beitrag. Mit tiefer Innerlichkeit, Unabhängigkeit und Weisheit gingen sie ihren Weg innerhalb des kirchlichen Rahmens.
Hadewijch von Antwerpen bringt in der Zeit von 1220 bis 1240 ihre mystischen Erfahrungen in Form von Briefen, Gedichten und Visionen zum Ausdruck, indem sie ihre eigene spirituelle Erkenntnis verdichtet. Ihre Schriften bezeugen, daß sie eine gebildete Frau war, sie muß Kenntnisse in Latein und Französisch besessen haben, sowie ein umfangreiches theologisches Wissen. Jan van Leeuwen, ein Schüler von Ruisbroec, schreibt von dieser Frau „als einer heiligen und verklärten Frau, genannt Hadewijch, einer wahrhaft geistlichen Lehrerin." Er fügt hinzu: „Ich halte ihre Lehre für richtig, aber sie ist nicht für einen jeden von gleichen Nutzen, da viele die Unterweisungen nicht verstehen können, weil ihr inneres Auge noch umnebelt ist."[37]
Das Besondere an Hadewijch von Antwerpen ist, daß sie sowohl den Weg der Liebe, als auch den Weg der Erkenntnis (genannt Wesensmystik) gegangen ist. Beide Wege sind

wesentliche Elemente in ihrer Mystik. Sie werden von ihr gleichzeitig gelebt, und beide münden in dem ‚Göttlichen Nichts', also jenseits aller Person in die Wesenheit. Hiermit rückt Hadewijch in die Nähe der östlichen Mystik. Wenn sie von ‚Leere' spricht, klingen ihre Worte so, als seien sie von einem Zenmeister geschrieben.
Auch wenn sie in der Liebe voll aufgeht, sagt sie, daß „...die Seele aus sich herausgeht. Sie verläßt sich und die Liebe, um in das Wesen der Liebe einzugehen."[38]

(2) DER MYSTISCHE WEG

Die Grundlagen für ihren Weg ist die Ausübung von Tugenden: „Wer nach Vereinigung mit der Gottheit strebt, muß sich mit allen Tugenden schmücken."[39] Die Demut steht bei ihr im Mittelpunkt.[40] Sie sagt: „Alles, was wir von Gott denken, verstehen oder uns irgendwie vorstellen können, ist nicht Gott. [...], aber jene, die vor Liebe brennen, die sind wie ER ewig und ohne Grund und Grenze."[41]
Im folgenden werden nun die Stadien der Läuterung auf dem Weg der Liebe - Ichtod beschrieben.
Wer „auf der Suche nach der grundlosen Tiefe der Liebe" ist, muß leiden. Es ist ein Weg voller Prüfungen und verlangt Geduld und Beharrlichkeit, denn „soviel Unglück trifft mich unterwegs, daß ich oft träumte zu sterben."[42] An anderer Stelle sagt sie: „Wer der Liebe treu bleiben will, muß lebend in den Tod eintreten, muß weiter mit Schmerzen eine endlose Wüste durchqueren, wo die Seele verzerrt wird und untergeht in ihrem abgrundtiefen Wesen [...] muß ständig zugrunde gehen [...] in der tiefen und hohen Finsternis der Liebe, ohne etwas zu wissen oder zu sehen oder verstehen, außer dem einen, mit ihm vereint zu sein."[43]
- Stadium der Erleuchtung
Hadewijch bringt den Zustand jenseits aller Dualität zum Ausdruck, indem sie über die mystische Erfahrung schreibt, daß sie „...sich vollzieht in einem umfassenden Augenblick, einem Blitz, der das Licht der Liebe ist."[44]
- Stadium der Einheit - Nichts
Hadewijch stellt fest: „Ich gehöre nicht mehr mir, es bleibt mir nichts mehr von mir selbst." und „Christus hat die Substanz meines Geistes verschlungen."[45]
In ihrem 19. Brief schreibt sie: „Die Seele wird mit Gott genau das, was er ist.", oder: „In der Erfüllung der Liebe ist man Gott geworden."[46]
Sie berichtet über die Erfahrung der Einheit: „An Epiphania [...] wurde ich im Geiste entrückt, [...]. Und ich sah den, den ich suchte. Sein Angesicht offenbarte sich [...] und in diesem Angesichte sah ich alle Geschöpfe."[47] Und weiter schreibt sie: „wenn die Seele nichts anderes als Gott hat, wenn sie vernichtet, verschlungen ist, sich in Nichts aufgelöst hat, so wird sie mit ihm gänzlich dasselbe, was Er ist."[48]
- Integration in den Alltag
Ziel von Hadewijch ist es, „die Menschlichkeit und die Göttlichkeit des Herrn Jesus zu leben."[49] Es ist ein Leben, das im religiösen Leben mit ‚Nachfolge Christi' bezeichnet wird. Sie berichtet von ihren inneren Erfahrungen in Form von einer Vision: „Ich möchte, daß mein irdisches Leben in Dir so völlig in allen Tugenden gelebt wird, daß ich seine Fülle in Dir erleben kann [...] Erkenne, daß ich völlig als Mensch gelebt, in meinem Leib gelitten, mit meinen Händen gearbeitet, mei-

ne Liebe an alle Menschen ausgeteilt habe [...] Ebenso mußt auch du dich völlig als Mensch inmitten aller Drangsal fühlen."[50]
Anderenorts sagt sie, daß „man seine Menschlichkeit lieben muß, um seine Göttlichkeit zu erlangen, und die beiden auf richtige Weise wahrnehmen muß, als zu einer einzigen Natur gehörend."[51]

c. Hadewijch II

Die Literatur erwähnt auch eine Hadewijch II, eine „Pseudo-Hadewijch"[52]. Dabei ist unsicher, ob es sich um eine andere flämische Begine handelt. Der Theologe Ruisbroec zitiert beide Hadewijch, ohne einen Unterschied zu machen.
Hadewijch II verarbeitet ihre mystischen Erfahrungen in den sogenannten Mengeldichten, das sind Gedichte in Reimpaaren. Odette Baumer-Despeigne ordnet Hadewijch II inhaltlich der spekulativen Mystik oder Wesensmystik zu, die stärker den Weg des Erkennens betont.
Hadewijch II schreibt in einer klaren, spekulativen Sprache, mit eher metaphysischem Wortschatz. So schreibt sie vom „Nichtwissen, in das man eintauchen muß, jenseits allen Erfassens, aller Gefühle."[53] Sie schreibt: „Frei in jeder Weise, fremd einem jeden Bild: ein solches Leben führen hienieden die Armen im Geiste."[54]

(1) DER MYSTISCHE WEG

„Wenn euch Erkenntnis fehlt, sucht im Inneren, in Eurer Einfachheit. Dort findet ihr den klaren Spiegel immer bereit, daraus ein edles Licht sanft leuchtet [...] ein reiner Funke, Leben des Lebens unserer Seele, immer vereint mit der göttlichen Quelle, dort wo Gott sein ewiges Licht leuchten läßt."[55]

Im folgenden stelle ich die Weisung ihres Weges dar:

- Liebe
  „Nun also höret die Weisung, die Gott selbst uns gibt: wie wir ihn mit unseren ganzen Kräften und unserer ganzen Seele lieben sollen. Diese Seele muß durch die Liebe ihrem eigenen Sein entrissen und in den Abgrund der Höhe geworfen werden."[56]
- Schweigen
  „Möge Deine Seele mir schweigend lauschen: meine Worte sind nur im Schweigen klar."[57]
  „Der Tumult des Verstandes, der Form und der Bilder" müssen schweigen. „Frei von allem, sammle dich in der reinen Liebe ohne Unterscheidung, in der Einheit, die die Begriffe übersteigt."[58]
- Reinigung
  Die Seele muß sich einer strengen Reinigung unterziehen, sich von jedem Bild und jeder Form freimachen, sie muß „drinnen und draußen bewußtlos sein, wie eine Tote."[59] Weiter schreibt sie: „Aber der Weg ist lang. Ich weiß es wohl und manche Leiden erduldet der, der ihn ganz durchlaufen will."[60]

- Vereinigung - reines nacktes Nichts
  „Bleibe dort, ohne Furcht, in diesem Abgrund in der Höhe, denn das ist dein Teil: sei ewig glücklich in deinem Ursprung.“[61]
  Hadewijch spricht vom reinen nackten Nichts, wie es auch in der östlichen Mystik anzutreffen ist: „Wenn die Seele allein steht in der uferlosen Ewigkeit, weit geworden, gerettet durch die Einheit, die sie aufnimmt, dann wird ihr etwas Einfaches enthüllt, das Unaussprechliche, das reine, nackte Nichts.“[62] Über die Qualität dieses Nichts schreibt sie:
  „Ah! Gott, welche Hoheit, diese freie Leerheit, wo die Liebe alles andere liebevoll hingibt.“[63] Sie schreibt, daß dieses „reine und nackte Nichts“ das Geheimnis des göttlichen Wesens ist: „In der Gottheit kein Erscheinen der Person. Die Drei in einem sind reine Blossheit.“[64]

d. Jeanne-Marie Guyon[65] (1648 - 1717)

Jeanne-Marie Guyon, in der Literatur auch Madame Guyon genannt, zeigt den christlichen Weg in die Erfahrung der letzten Wirklichkeit auf. Jeder Mensch hat dieselben Erfahrungen zu machen, die Jesus Christus gemacht hat. Auf diesem Weg soll jeder Mensch in der Erfahrung des Göttlichen Jesus Christus gleich werden. Ihre Mystik gipfelt letztlich in einer transkonfessionellen christlichen Innerlichkeit, die einhergeht mit innerer Leere und göttlicher Ruhe. Bereits zu ihrer Zeit korrigiert sie falsche Auffassungen über die Mystik. Ihrer Ansicht nach hindern außerordentliche Erlebnisse (z.B. Visionen, Entzückungen) an einer tiefen Erfahrung der Wirklichkeit. Madame Guyon betont, daß Mystik nichts zu tun hat mit Askese und Weltflucht, da Gott in der mystischen Erfahrung in allen Dingen gefunden wird.

(1) DER MYSTISCHE WEG

In ihrer Lehre kennt Madame Guyon drei Wege zu Gott: Den aktiven Lichtweg, den passiven Lichtweg und den Nachtweg.
Für Madame Guyon ist der Nachtweg der eigentliche mystische Weg zu Gott. Er gliedert sich in vier Stufen, die im wesentlichen den vier Stadien des mystischen Versenkungsweges aller konfessionellen und transkonfessionellen mystischen Wege entsprechen:
1. Stufe: Aktive Reinigung
2. Stufe: Eintritt in den passiven Reinigungsprozeß
3. Stufe: Enteignung mit mystischem Tod
4. Stufe: Auferstehung in Gott
Willigis Jäger beschreibt detailliert diesen Weg[66]. In unserer heutigen Zeit ist die Integration der Erfahrungswege zu Gott in die christliche Lehre von großer Bedeutung. Hierbei kann Madame Guyon Lehrerin sein, da ihre Schriften zur göttlichen Erfahrung führen, Hilfen zur Deutung bieten und so zu einem vertieften Verständnis des christlichen Glaubens und zur Erneuerung der christlichen Kirche beitragen.

e. Theresa von Avila (1515 -1582)

„Nichts soll dich ängstigen, nichts dich erschrecken.
Alles vergeht, Gott bleibt derselbe.
Geduld erreicht alles.
Wer Gott besitzt, dem kann nichts fehlen.
Gott nur genügt.“[67]

(1) LEBEN UND WIRKEN

Theresa von Avila[68] war spanische Kirchenlehrerin der katholischen Kirche, Heilige und Mystikerin des Karmeliterordens, zu dessen zentralen Gestalten neben ihr auch Johannes vom Kreuz zählt. Die Blütezeit der Karmelitermystik erstreckte sich in die Zeit von 1570 bis 1625. In der Karmelitermystik wird der Aufstieg der Seele zur Unio Mystica als eine Abfolge von aktiven und passiven Gebetsstufen bzw. von erwerbbarer und eingegebener Kontemplation gesehen, verbunden mit einer unabdingbaren Notwendigkeit des Strebens nach Tugend und Nächstenliebe und der Nachfolge Christi.
Theresa, diese „Heilige Frau“, stand voll Schaffenskraft im Leben. Biographien berichten von einer humorvollen, aber auch klugen und strengen Person, deren Gemüt von einer heiligen Natürlichkeit war.
Zu einer Zeit, wo eine Frau gerne von öffentlichen Ämtern ferngehalten wurde, gründete und reformierte sie mit großer Zielstrebigkeit, Organisationstalent und Standhaftigkeit in Spanien 17 Klöster. Sie bewirkte, daß der von ihr reformierte unbeschuhte Karmeliterorden zum unabhängigen Orden gegenüber den beschuhten Karmeliterinnen gemacht wurde. Der päpstliche Nuntius nannte sie „ein unruhiges, vagabundierendes Frauenzimmer“. Sie legte sich an mit geistlichen Würdenträgern, sogar mit dem König von Spanien, und bewirkte beispielsweise, daß Phillipp II. die Reform des Karmels vor der Zerstörung rettete.
Dies alles geschah teilweise unter großen Schwierigkeiten: Berichtet wird von Einschüchterungen ihrer Mitschwestern, Ausschluß vom Gottesdienst, Verweigerung der Absolution. Theresa von Avila wurde wegen ihrer Reformbemühungen, ihrer Schriften und wegen ihres mystischen Erlebens verfolgt. Ihre Schriften wurden der Inquisition übergeben, die sie jahrelang prüfte.

(2) DER MYSTISCHE WEG - DIE SEELENBURG[69]

Theresa von Avila versuchte schon in frühen Jahren so gut sie konnte, Jesus Christus immer in sich gegenwärtig zu halten. Inspiration für ihren geistlichen Werdegang erhielt sie durch das Buch ‚Drittes geistliches ABC‘ des Franziskanerpaters Francisco de Osuna. Dieses Werk kann als Einführung in das innere Gebet betrachtet werden.
Sie praktizierte das ‚geistige Gebet‘ (oracion mental) und erlebte dabei tiefe mystische Erfahrungen. Theresa beschreibt ihr mystisches Gebet mit Hilfe eines kla-

ren Grundschemas. Sie vergleicht die Seele mit einer Burg mit verschiedenen Gemächern. Dabei bringt sie den Vergleich mit einer „Seelenburg“, in der sie sieben Räume oder auch Wohnungen (morada) unterscheidet:
Die Wohnungen 1 bis 3 rechnet Theresa von Avila dem asketischen und aktiven Bereich zu. Wohnung 1 beinhaltet die Selbsterkenntnis; Wohnung 2 die Freiheit; Wohnung 3 die Trockenheit.
In der 4. Wohnung setzt das „passive Gebet“ mit der inneren Sammlung ein; dies führt dann zum „Ruhegebet“. Laut Theresa übernimmt Gott hier die Führung und Aktivität.
Die ‚Unio mystica‘ setzt bei Theresa von Avila in der 5. Wohnung ein. Diese Wohnung ist durch ein völliges Loslassen gekennzeichnet, welches das Gebet der Vereinigung erst ermöglicht. Sie unterscheidet zwischen dem „desposorio“ (Verlöbnis) und der „geistlichen Hochzeit“ (matrimonio espiritual). Auf diesem Weg werden gemäß der Vorstellung von Theresa der Verstand, die Vorstellungskraft und der Wille schrittweise gebunden. Es ist ein Prozeß, der in der Unio mystica vervollkommnet ist. Theresa bezieht zwar in dieses Grundschema auch die Freuden, die Wonnen, Ekstasen und Visionen mit ein, die sie als „außergewöhnliche Begnadungen“ betrachtet. Jedoch bewegt sich ihre Mystik nicht auf wechselnden Gefühlen, sondern Theresa betrachtet sie als Erfüllung göttlichen Willens und hatte stets festes Land unter ihren Füßen. Sie sagt: „Der höchste Grad der Vollkommenheit besteht offenbar nicht in innerlichen Tröstungen und erhabenen Verzückungen, auch nicht in Visionen oder Weissagung, sondern nur in einer Gleichförmigkeit unseres Willens mit dem Göttlichen Willen.“ Immer bleibt sie offen für Gott: „Dein bin ich, geboren zu dir [...].Gib mir Reichtum oder Armut, gib mir Frohlocken oder Trauer. Süßes Leben, Sonne ohne Schleier, da ich ganz mich hingab: Was verfügst Du zu tun mit mir?“
Jedoch ist Theresas Mystik keine abgehobene Mystik. Ihre Mystik hat einen universalen Zug und umfaßt die gesamte Schöpfung. Für sie gibt es kein sakrales und profanes Dasein. Wie alle großen Mystiker/innen sah sie Gott in allen Dingen, in der Eucharistie gleichsam wie in der Seele, aber auch in der gesamten Schöpfung. „Eines Tages sah ich, wie Gott in allen Dingen und besonders in der Seele gegenwärtig ist.“

f. Johannes vom Kreuz (1542-1591)

„Ich vergesse das Geschaffene im Gedanken an den Schöpfer
Und bin im tiefsten Seelengrunde voll Aufmerksamkeit,
Als Liebender ganz dem Geliebten hingegeben.“[70]

(1) LEBEN UND WERK

Johannes vom Kreuz war einer der größten christlichen Mystiker. Er war ein der Welt zugewandter Mönch, der in Spanien lebte. Zu Lebzeiten wurde er von der Kirche verfolgt. Erst spät würdigte man seine Größe und er wurde 1926 von der

Kirche zum ‚Doktor mysticus', zum Kirchenlehrer der Mystik erhoben.
Seine Sprache ist symbolisch; seine Mystik eine Liebesmystik, deren Ziel die liebende Vereinigung mit Gott ist. Wie fast alle Mystiker versucht er seine übernatürlichen Erfahrungen in Symbolen, Metaphern, Bildern oder Allegorien auszudrücken. Bekannt ist das Symbol der Nacht für den Läuterungsprozeß, das Symbol der Liebesflamme und das Symbol der mystischen Ehe, als Symbol der Vereinigung zwischen der Seele und Gott.
In seinem Werk ‚Cantico Espiritual' (‚Der geistliche Gesang') beschreibt er die Tiefe der Liebesbeziehung und der liebenden Vereinigung zwischen der Seele und Gott. In seinem Werk ‚Llama de amor viva' (‚Die lebendige Liebesflamme') besingt Johannes vom Kreuz, wie Gott mit seiner Liebe die Seele tödlich verletzt hat und schildert den quälenden Wunsch nach ewiger Vereinigung der Seele mit Gott.
Der einzige Führer zur Vereinigung mit Gott bleibt für Johannes vom Kreuz Jesus Christus. Jesus, der „...die Welt in seinem Fleische annahm..."[71], ist für ihn der Maßstab seiner Erfahrungen. Man spricht im Zusammenhang mit Johannes vom Kreuz auch von Christusmystik. Sein ganzes Leben war ein Leben für den Gekreuzigten, das Kreuz war ihm Lebensweg und Verpflichtung: „Christus ist unser Weg und dieser Weg ist ein Sterben unserer sinnlichen und geistigen Natur [...], darin ist er uns Beispiel und Licht". Christus erscheint als „Bräutigam der Seele."
Wie alle Mystiker spricht Johannes vom Kreuz von der Unbeschreibbarkeit der Erfahrung:
„Wer kann beschreiben, was eine von Liebe erfüllte Seele, in der ‚er' wohnt, erfahren darf?"
Wer kann es in Worte fassen, was ‚er' sie fühlen läßt?"[72] Die Erfahrungen des Lebens mit Gott können nicht angemessen erklärt werden, da „...sie ja aus überquellender mystischer Einsicht entstanden sind."[73]

(2) GRUNDLAGEN UND STADIEN DES VERSENKUNGSWEGES

- Voraussetzung des Weges
  Voraussetzung für den Weg ist Schweigen. Wir müssen, so sagt Johannes vom Kreuz, „vor dem großen Gott mit unseren Neigungen und unserer Zunge schweigen. Die Sprache, die er hört, ist einzig die schweigende Liebe."[74]
  Johannes vom Kreuz spricht auch von der Besitzlosigkeit: Der Liebende darf sich von nichts aufhalten lassen, um den Geliebten, also Gott, zu finden: „Willst Du dorthin gelangen, wo Du alles besitzt, mußt du nichts besitzen wollen."
  Er besingt das sehnsüchtige Verlangen nach Gott und vergleicht es mit einem Liebespfeil, der die Seele tödlich verletzt: „Wohin hast [Du] Dich versteckt, mein Geliebter, und ließest mich in sehnsüchtigem Verlangen zurück?"[75]

- Der Weg

1.Stufe: Reinigung der Sinne und des Geistes
  Johannes vom Kreuz prägt das Symbol der dunklen Nacht (Noche oscura)

und benutzt dieses Symbol für den Läuterungsprozeß, auf dem der Mensch sich aller Dinge entledigen muß. Die Phasen der Nacht werden den Stadien dieses Läuterungsprozesses gleichgesetzt. Dabei beschreibt er die beiden Arten passiver Reinigung des Menschen auf dem Weg zur mystischen Vereinigung mit Gott: die Reinigung der Sinne (noche passiva de los sentidos) und die Passive Nacht des Geistes (noche passiva de espiritu).
In seinem Werk ‚Aufstieg zum Berge Karmel' schreibt er von der „aktiven Reinigung des Verstandes und des Gedächtnisses [...]"[76] durch Glaube, Hoffnung, und den Willen der Liebe. Bei dieser Reinigung wird der Mensch ergriffen im tiefsten Wesen seines Seelengrundes. Er erfährt Tiefe, Verlassenheit, Qualen und das Gefühl der Einsamkeit. Johannes vom Kreuz fordert eine radikale Selbstverleugnung als Grundlage für die „Reinigung der Sinne" durch Gott selbst in der dunklen Nacht der Sinne.
Die Kennzeichen der Läuterung beschreibt Johannes vom Kreuz dramatisch als bitter und schrecklich für die Sinnlichkeit, als schrecklich und entsetzlich für den Geist, als eine Trockenheit der Sinne voller Pein und Qual: „Ein Gefühl, daß Gott die Seele verworfen hat, daß er sie in Finsternis verstoßen hat. [...] die Seele fühlt aufs lebendigste die Todesschatten, Todesseufzer und Qualen der Hölle, denn sie fühlt sich gottlos, von Gott gestraft, verworfen, Gegenstand seines Unwollens und Zornes."[77]

2. Stufe und 3. Stufe: Die Liebesvereinigung mit Gott, mystische Ehe oder ‚Unio Mystica'
Johannes vom Kreuz besingt im seinem Werk ‚Der geistliche Gesang' die Vereinigung aus Liebe (Union por amor) in der Symbolik des Lichtes, der Flamme, der Schönheit und der Liebe und erfaßt die tiefe Liebesbeziehung zwischen Gott und der Seele, bis hin zum Symbolismus einer mystischen Ehe (matrimonio espiritual): „Und dies bewirkt in der Seele eine so intensive, zärtliche und tiefe Wonne, die man mit sterblicher Zunge nicht ausdrücken kann und die alles menschliche Verstehen übersteigt. [...], denn eine in Gott geeinte und verwandelte Seele atmet in Gott zu Gott die gleiche göttliche Sehnsucht, wie Gott sie atmet in sich selbst zur Seele."[78]
Zwar versucht er in Gedichtform seine Erfahrungen zu beschreiben und zu kommentieren, sagt aber gleichzeitig: „Ich halte es für richtiger, die Darlegungen der Liebe mehr in ihrer Weite zu erklären, damit jeder sie auf seine Weise und nach seinem geistigen Vermögen gebrauche."[79]

Der Weg nach Hause
„Ich trat ein und wußt' nicht wo,
Und ich blieb auch ohne Wissen,
Alles Wissen übersteigend.

Wo ich eintrat, wußt' ich nicht.
Doch als ich mich dort gewahrte,
Ohne Kenntnis meiner Bleibe,

Hörte ich von großen Dingen.
Was ich hörte, sag' ich nicht.
Blieb ich doch ganz ohne Wissen,
Alles Wissen übersteigend.

Frieden war's mit Gott und Welt,
Wovon ich zutiefst erfuhr,
Ganz allein in meinem Herzen.
Klar wart mir der rechte Weg.
Alles war so voll Geheimnis,
Daß ich nur noch stammeln konnte,
Alles Wissen übersteigend.

Trunken war ich, wie von Sinnen,
Hingerissen, außer mir.
Blieb dabei doch mein Empfinden,
Jeglicher Empfindung bar.
Und der Geist sah sich beschenket
Mit Verstehn, das nicht verstand,
Alles Wissen übersteigend.

Jeder, der dorthin gelangt,
Wird ganz irre an sich selbst.
Alles, was er vorher wußte,
Scheint ihm jetzt verschwindend klein.
Und sein Wissen wächst so sehr,
Daß er ohne Wissen bleibt,
Alles Wissen übersteigend.

Doch je höher man dort steigt,
Desto weniger versteht man,
Daß die dunkle Wolke kommt,
Um die Nacht uns zu erhellen.
Wer sie kennt, die dunkle Wolke,
Der bleibt immer ohne Wissen,
Alles Wissen übersteigend.

Dieses Wissen, das nicht weiß,
Ist von großer Mächtigkeit,
Und die Weisen können nie,
Denkend sich's zu eigen machen.
All ihr Wissen reicht nicht hin,
Nicht verstehend zu verstehen,
Alles Wissen übersteigend.

Jenes allerhöchste Wissen
Ist so überhoch erhaben,
Daß kein Können und kein Wissen
Jemals es begreifen kann;
Nur wer selber sich besiegte
Durch ein Wissen, das nicht weiß,
Wird's für immer übersteigen.

Doch wer hören will, der höre:
Dieses allerhöchste Wissen
Ist Empfinden hoch erhaben.
Gottes eig'ner Wesenheit;
Diese wirkt in ihrer Güte
Und läßt nicht verstehend bleiben,
Alles Wissen übersteigend."[80]

4. Stufe: Alltag
Johannes vom Kreuz war ein weltzugewandter Mönch. Es drängte ihn zu einer Tätigkeit in der Welt und zu den Menschen. Der Rückzug in seine Zelle war für ihn nur notwendig, um sich der Welt wieder ‚reiner' zuwenden zu können und ihr die Erfahrung der Liebe, Gottes und Jesus Christus verkünden zu können.
In seinem Werk ‚Aufstieg zum Berg Karmel' warnt er vor reiner geistiger Selbstbefriedigung in Gott. Er schreibt: „[...] doch Gott um Seinetwillen suchen heißt, nicht nur von all dem frei zu sein für Gott, sondern für Christus das Unangenehme auf sich zu nehmen, sowohl von Seiten Gottes als auch von der Welt. Dies ist Liebe zu Gott."

g. Der (unbekannte) Mystiker und die "Wolke des Nichtwissens"[81]

(1) LEBEN UND WERK[82]

Ein englischer Mystiker des 14. Jahrhunderts, dessen Name nicht bekannt ist, beschreibt den mystischen Weg, den er auch „den inneren Weg zur Gottesschau" nennt, sehr klar in seinen beiden Schriften: ‚Wolke des Nichtwissens' und ‚Weg des Schweigens'.
Der Schreiber steht in der Tradition des Christentums und erwähnt die mystische Theologie des Dionysios: „Kontemplation bedeutet die Wolke des Nichtwissens, die verborgene Liebe eines ungeteilten Herzens, die Bundeslade. [...] Das führt dich in die Stille jenseits aller Gedanken und Worte und macht dein Gebet einfach und kurz. Diese Theologie lehrt dich, allen Schein der Welt zu verlassen und abzuweisen."
Er betrachtet das kontemplative Gebet als Teil der Nachfolge Christi: „Im Zu-

sammenhang mit allem, was wir über Kontemplation gesagt haben, ist es, als ob Christus sagen würde: ‚Wer mir nachfolgen will - nicht wer mit mir, sondern hinter mir geht - wird zu den Freuden der Ewigkeit oder auf den Berg der Vollendung gelangen. Christus ging uns voraus, das war seine natürliche Bestimmung. Wir folgen ihm kraft der Gnade. Seine göttliche Natur hat einen höheren Rang als die Gnade, und die Gnade wiederum einen höheren als unsere menschliche Natur. Mit diesen Worten sagt er uns, wir sollen ihm auf den Gipfel der Vollendung folgen, wie sie in der Kontemplation erfahren wird. Allerdings muß er uns zuerst rufen."
Die zentrale Stellung nimmt die Liebe zu Gott ein: „Dahinter steht die Erkenntnis, daß unser Denken Gott niemals fassen kann, doch unsere Liebeskraft sich ihm einen kann, da sie gleichsam Liebe ist von seiner Liebe, und Gott nach unserer Einheit mit ihm sucht."
Diese Einheit wird als die höchste uns mögliche Vollendung gesehen: „Das ist der Weg jeder echten Liebe. Der Liebende will alles für seine Geliebte geben, sogar sein eigenes Selbst. Er kann an nichts mehr denken als an seine Geliebte. [...] Unser Herr meint das gleiche, wenn er sagt: ‚Jeder, der mich liebt, verleugne sich selbst.'. Er will sagen: ‚Wer wirklich von meiner Liebe umkleidet werden möchte, muß sein Selbst ausziehen.'"

(2) GRUNDLAGEN UND STADIEN DES VERSENKUNGSWEGES

Über die Übung schreibt dieser englische Mystiker: „Sie gewährt inneren Frieden in dieser schlichten lauteren Übung der Versunkenheit. Eine Übung, so einfach, daß selbst ein Mensch ohne viel Bildung dadurch zu einer echten Vereinigung mit Gott finden kann, in der erfüllenden Ungeteiltheit vollkommener Liebe."
Über den Gebrauch des Wortes zur Zentrierung des Bewußtseins gibt er folgende Hinweise:
„ [...] nimm ein kurzes einsilbiges Wort, eines mit einer Silbe ist besser als eines mit zwei Silben, und je kürzer es ist, um so mehr hilft es dir auf deinem geistlichen Weg. Ein solches Wort ist z.B. ‚Gott'. Wähle davon, welches du willst, oder ein anderes. Achte aber darauf, daß es eine Silbe hat. Verankere dieses Wort fest in deinem Herzen, damit es bei dir ist, was immer auch kommen mag. Es sei dein Schild und dein Speer im Kampf und in der Ruhe. Mit diesem Wort schlage auf die Wolke und das Dunkel überdies. Wehre ab mit ihm jede Art von Gedanken und stoße ihn unter die Wolke."

Die Stadien des Weges: Auch hier zeigt sich der Übungsweg in vier Stadien

1.Stadium: Loslösung von Gedanken und Gefühlen als Bewußtseinszentrierung
   Als Voraussetzungen dafür erwähnt der Schreiber der Wolke eine tiefe Sehnsucht nach Gott, ein tiefes Vertrauen, eine freie Aufmerksamkeit und Selbsthingabe: „Was ich bin, bringe ich Dir, Herr, ohne nach einer deiner Eigenschaften zu fragen, nur darauf schauend, daß du bist. Nur das verlange ich, sonst nichts."
   „Der Meditierende soll allen Ballast an Gedanken, Wahrnehmungen und

Erinnerungen unter die Wolke des Vergessens bringen." „Der Kopf steckt in der Wolke des Nichtwissens, d.h. er verzichtet völlig auf Nachdenken und Begreifenwollen, sein Bewußtsein wird frei von eigener Aktivität."
„Halte dein Denken leer, dein Fühlen unabhängig und dich selbst in reiner Gegenwärtigkeit, damit Gnade Dich anrühren und dich kräftigen kann mit der Erfahrung der wirklichen Gegenwart Gottes."
„Die ganze Kraft der Person sammelt sich im Herzen, das blind sich nach Gott sehnt, sich nach ihm aufrichtet, sich ihm öffnet und hinhält. Dabei muß jedes Gottesbild aufgegeben werden, denn es geht um Gott in seiner Unfaßbarkeit, in seiner Wirklichkeit jenseits aller Gestalt."

2. Stadium: Wahrnehmung des eigenen Seins
„Laß tiefe Dunkelheit dein ganzes Bewußtsein erfüllen und sie wie ein Spiegel sein, in den du schaust. Ich möchte gern, daß das Bewußtsein deiner selbst so unmittelbar und einfach sei wie dein Bewußtsein von Gott, damit du geistig eins mit ihm bist, ohne daß du innerlich gespalten und zerstreut wirst. Gott ist dein Sein und in ihm bist du, was du bist."
Und an einer anderen Stelle sagt er: „Tue nichts anderes, sondern ruhe in diesem reinen, einfachen Bewußtsein: ‚Ich bin'. Fährst du in dieser Betrachtung fort, bis du zum Grund des Erkennens vorgestoßen bist, wirst du dich auf deinem Seinsgrund wiederfinden in der reinen Wahrnehmung und bildlosen Schau deines eigenen Seins."

3. Stadium: Vereinigung mit Gott in verzehrender Liebe
„Biete ihm nun deine Erstlingsfrucht an, dein reines nacktes Sein [...] Halte diese Wahrnehmung deines Seins frei von allem Denken an dessen Eigenschaften."
„Ehre den Herrn deinen Gott mit deinem ganzen Wesen. Bringe ihm dein wahres Selbst dar: dich völlig und ganz, wie du bist und was du bist. Nimm keinen Bereich deines Seins gesondert heraus, damit er mir später ‚in die Herrlichkeit folgen' kann oder zum ‚Gipfel der Vollendung'." „Voll Liebe wirst du dein nacktes Sein dem strahlenden Sein Gottes hingeben. Gott und du, von Natur aus verschieden, sind dann eins in der Gnade."

4. Stadium: Integration der Erfahrung in den Alltag
„Ich sagte dir schon, diese Übung ist kein Hindernis für deine tägliche Arbeit. Du wirst deiner täglichen Arbeit nachgehen und zugleich mit deiner ganzen Aufmerksamkeit auf die dunkle Wahrnehmung deines Seins gerichtet sein, das mit Gottes Sein vereint ist. Du wirst essen, trinken, schlafen, wachen, gehen, kommen, sprechen, hören, liegen und aufstehen, wirst stehen, knien und laufen, reiten, arbeiten und ruhen. Diese Übung wird die Mitte all deines Tuns, ob aktiv oder kontemplativ. Daraus ergeben sich Folgerungen in der Lebensführung:

- Liebe im Verhalten mit den Mitmenschen
  „Im Innern findest du Frieden, weil du in der Liebe Gottes ruhst. Nach außen wird die Schönheit deiner Liebe durch deine ganze Person hindurch

strahlen. Mit unfehlbarer Sicherheit findest du kraft dieser Liebe das richtige Verhalten im Umgang mit deinen Mitmenschen ... ."

- Stärke in Gott
  „Jeder, der aus Liebe bereit ist, sich selbst zu einem Nichts zu machen, und nur ein Verlangen kennt, daß Gott alles in allem sei, wird von seiner Güte gegen innere und äußere Anfechtungen des Feindes geschützt. Für seine Verteidigung braucht er nicht selbst zu sorgen. Mit einer seiner Güte entsprechenden Treue wird er die schützen, die, in der Übung der liebenden Hingabe versunken, alle Sorgen um sich vergessen ... ."

- Ein Leben zum Wachstum für die Menschen
  „Nähre mit deiner Erstlingsfrucht die Armen und die ganze Menschheit."
  „Alle dir von Gott geschenkten Gaben, gleichsam Früchte, sind nicht für dich allein, sondern für deine leiblichen und geistigen Brüder und Schwestern, um sie im Wachstum zu fördern."

h. Meister Eckhart (1260 - 1328)

Meister Eckhart war Philosoph und Theologe. Heute wird er als ein herausragender christlicher Mystiker geehrt.

(1) LEBEN UND WERK[83]

Als 14-jähriger trat er in den Dominikanerorden ein. Er studierte dort die ‚Artes liberales'und besaß daher eine fundierte philosophische Ausbildung, als er mit dem Studium der Theologie begann. Seine späteren Wirkungsorte waren Paris, wo er an der Universität lehrte, Erfurt und Köln, wo er einen Lehrstuhl innehatte. Er war ein begeisterter Prediger und Seelsorger auf dem spirituellen Gebiet. 1326 wurde gegen ihn ein Inquisitionsverfahren eingeleitet.

- Gott und Gottheit
  Es gibt für Meister Eckhart zwei Formen göttlichen Seins: Gott und die Gottheit. Eckhart sagt: „Der Gott wirkt, die Gottheit wirkt nie."[84]
  Gott ist der Gott der Schöpfung, der im Lichte wirkt, die Gottheit ist für ihn reines Sein. In der Gottheit herrscht vollkommene Stille - sie ist der Abgrund: „Ich bete zu Gott, um mich von Gott zu befreien."[85]

- Der natürliche Mensch - der gottgeborene Mensch
  In seinen Schriften spricht Meister Eckhart über die innere Einkehr und von dem ‚gottgeborenen Menschen' im Unterschied zum ‚natürlichen Menschen'[86]. Der gottgeborene Mensch lebt in Einheit mit Gott. Zu diesem Menschen, der für Eckhart der wahre Mensch ist, will er führen. Es ist ein

Mensch, der ganz im Leben steht.
Eckhart sagt, daß unsere Geburt aus der Gottheit fließt und unser Tod eine Rückkehr zur Gottheit ist.

- Sinn des Lebens
  Meister Eckhart sagt uns, wir sollten das „Noch nicht"[87], das Ungeborene, unser ungeborenes Selbst werden. Das geschieht, wenn wir im kontemplativen Gebet zu den Ursprüngen zurückkehren. „Gott ist novissimus"[88], das Neueste im Universum. „Wenn du zu Gott zurückkehrst, kehrst du an den Anfang zurück."[89]
  „Ich lebe darum, daß ich lebe. Das kommt daher, weil das Leben aus seinem eigenen Grunde lebt und aus seinem Eigenen quillt; darum lebt es ohne Warum, eben darin, daß es (für) sich selbst lebt."[90]

- Alles ist ein reines Nichts
  „Was immer du mit Gott suchst, das ist nichts, was es auch sei, sei's Nutzen oder Lohn oder Innerlichkeit oder was es auch sei; du suchst ein Nichts, darum findest du auch ein Nichts. Daß du ein Nichts findest, ist nur dadurch verursacht, daß du ein Nichts suchst. Alle Kreaturen sind ein reines Nichts. Ich sage nicht, daß sie geringwertig oder überhaupt etwas seien: sie sind ein reines Nichts. Was kein Sein hat, das ist nichts. Alle Kreaturen (nun) haben kein Sein, denn ihr Sein hängt an der Gegenwart Gottes. Kehrte sich Gott nur einen Augenblick von allen Kreaturen ab, so würden sie zunichte."[91]

- Innerer Grund
  „So wahr der Vater in seiner einfältigen Natur seinen Sohn natürlich gebiert, so wahr gebiert er ihn in des Geistes Innigstes, und dies ist die innere Welt. Hier ist Gottes Grund, mein Grund, und mein Grund ist Gottes Grund. Hier lebe ich aus meinem Eigenen, wie Gott aus seinem Eigenen lebt. [...] Aus diesem innersten Grunde sollst du alle deine Werke wirken ohne Warum. Ich sage fürwahr: ‚Solange du deine Werke wirkst um des Himmelreiches oder um Gottes oder um deiner ewigen Seligkeit willen, [also] von außen her, so ist es wahrlich nicht recht um dich bestellt.'"[92]

(2) GRUNDLAGEN UND STADIEN DES VERSENKUNGSWEGES

- Die Innere Übung
  Meister Eckhart hat keinen systematischen Übungsweg, er spricht von ‚innerer Übung', von ‚innerer Einkehr'. Die Elemente dieser inneren Einkehr sind im wesentlichen auch die Elemente, wie sie bei anderen Mystikern zu finden sind, nämlich Ruhe, Sammlung und Gelassenheit: „Entziehe dich der Unruhe äußerer Werke! Fliehe weiterhin und verbirg Dich vor dem Gestürm innerer Gedanken."[93]

- Weg zu Gott
  „Dies kann der Mensch nicht durch Fliehen lernen, indem er vor den Dingen flüchtet und sich äußerlich in die Einsamkeit kehrt; er muß vielmehr eine innere Einsamkeit lernen, wo und bei wem er auch sei. Er muß lernen, die Dinge zu durchbrechen und seinen Gott darin zu ergreifen und den kraftvoll in einer wesenhaften Weise in sich hineinbilden zu können."[94]

- Gedanken zum Stadium 1: Reinigung, Läuterung
  Die Erfahrung Gottes tritt dann ein, „... wenn der Mensch sich leer gemacht hat, von allen Kreaturen"[95], wenn er „... der Zeit und des Raumes ledig ist"[96], wenn er „... sich seiner selbst ganz entäußert"[97] hat und „... sich selbst und alle Dinge gelassen"[98] hat.
  „Laß also dein Denken und Fühlen auf ihn hin eins werden, indem du versuchst, alles Nachdenken über ihn und über dich aufzugeben. Halte dein Denken leer, dein Fühlen unabhängig und dich selbst in reiner Gegenwärtigkeit, damit Gnade dich anrühren und dich kräftigen kann mit der Erfahrung der wirklichen Gegenwart Gottes. [...] Tue nichts anderes, sondern ruhe in diesem reinen, einfachen Bewußtsein: ‚Ich bin'."[99]
  „Wo die Kreatur endet, da beginnt Gott zu sein. Nun begehrt Gott nichts mehr von dir, als daß du aus dir selbst ausgehest deiner kreatürlichen Seinsweise nach und Gott in dir sein läßt. Das geringste kreatürliche Bild, das sich je in dich einbildet, das ist so groß, wie Gott groß ist. Warum? Weil es dich an einem ganzen Gott hindert. Eben da, wo dieses Bild (in dich) eingeht, da muß Gott weichen und seine ganze Gottheit. Wo aber dieses Bild ausgeht, da geht Gott ein. Gott begehrt so sehr danach, daß du deiner kreatürlichen Seinsweise nach aus dir selber ausgehest, als ob seine ganze Seligkeit daran läge."

- Gedanken zum Stadium 2: Erleuchtung
  „Wenn ich die Pforten meiner fünf Sinne verschlossen habe und ich Gottes mit ganzer Ernsthaftigkeit begehre, so finde ich Gott in meiner Seele ebenso strahlend und froh, wie er im ewigen Leben ist."[100] „Wenn sich aber der Mensch abkehrt von zeitlichen Dingen, und zurück in sich selbst wendet, da nimmt er ein himmlisches Licht wahr, das von den Himmeln gekommen ist."[101]
  „Das Licht, das Gott ist, fließt aus und verfinstert alles andere Licht. [...] Dadurch, daß er von jenem Licht umfangen war, sah er sonst nichts. Denn alles, was zu seiner Seele gehörte, war bekümmert und beschäftigt mit dem Lichte, das Gott ist, sodaß er sonst nichts wahrzunehmen vermochte."[102]

- Gedanken zum Stadium 3: Unio mystica
  Das Hauptthema und Anliegen Eckharts ist die Befreiung des Menschen durch Einswerdung mit Gott. Wenn die Erfahrung Gottes eintritt, dann „... sendet der Vater seinen Sohn in die Seele." und Gott spricht: „... im Herzen der Seele das ewige Wort." Dann erkennt der Mensch sich als nicht nur vereint, sondern als eins mit Gott. Er erkennt sich „... als dasselbe unnenn-

bare Eine, das Gott ‚von Natur' ist."[103]
Diese Unio besteht jenseits von Raum und Zeit: „Wenn die Seele der Zeit und des Raumes ledig ist, so sendet der Vater seinen Sohn in die Seele. Nun, dies bedeutet das Wort: ‚Die allerbeste Gabe und Vollkommenheit kommen von oben herab vom Vater der Lichter'."[104]

- Gedanken zum Stadium 4: Integration in den Alltag
Meister Eckhart predigt keine Verachtung der Welt oder Flucht aus der Welt. Vielmehr predigt er, die Welt der Dualität im Bewußtsein zu überwinden und sich den Aufgaben des Lebens zu stellen. Das bedeutet im Wirken ungebunden zu sein und sich von den Verhaftungen in der Welt zu lösen und in allem Gott zu erkennen: „Der Mensch soll Gott in allen Dingen ergreifen und soll sein Gemüt daran gewöhnen, Gott allzeit gegenwärtig zu haben im Gemüt und im Streben und in der Liebe. Achte darauf, wie du deinem Gott zugekehrt bist, wenn du in der Kirche bist oder in der Zelle: diese selbe Gestimmtheit behalte und trage sie unter die Menge und in die Unruhe und in die Ungleichheit."
Die Suche nach Gott beschreibt Meister Eckhart folgendermaßen: „Denn wahrlich, wenn einer wähnt, in Innerlichkeit, Andacht, süßer Verzücktheit und in besonderer Begnadung Gottes mehr zu bekommen als beim Herdfeuer oder im Stalle, so tust du nicht anders, als ob du Gott nähmest, wendest ihm einen Mantel um das Haupt und schöbest ihn unter eine Bank. Denn wer Gott in einer (bestimmten) Weise sucht, der nimmt die Weise und verfehlt Gott, der in der Weise verborgen ist. Wer aber Gott ohne Weise sucht, der erfaßt ihn, wie er in sich selbst ist; und ein solcher Mensch lebt mit dem Sohne, und er ist das Leben selbst."[105] „Wer aber recht daran ist, der hat Gott in Wahrheit bei sich; wer aber Gott recht in Wahrheit hat, der hat ihn an allen Stätten und auf der Straße und bei allen Leuten ebensogut wie in der Kirche oder in der Einöde oder in der Zelle; wenn anders er ihn recht und nur ihn hat, so kann einen solchen Menschen niemand behindern."

D. ERLEUCHTETE FRAUEN IM CHRISTENTUM - FRAUENMYSTIK

a. Situation der spirituellen Frauen der Frauenmystik

Erleuchtete Frauen sind zur Tiefe einer bild-, raum- und zeitlosen Gotteserfahrung vorgedrungen, in die indifferente Leere der omnipotenten Fülle Gottes.
In diesem Sinne sind nur wenig erleuchtete Frauen im Christentum bekannt, obwohl wir viele Zeugnisse haben von mystisch begabten Frauen, vor allem im Mittelalter.[106]
Die Gründe hierfür sind mannigfaltig. Im Mittelalter wurde den Frauen eine hö-

here Schulbildung verwehrt, so daß sie ihre Erfahrungen nicht in der Gelehrten- und Theologensprache Latein festzuhalten vermochten. Sie mußten sich daher in ihrer natürlichen Volkssprache ausdrücken, die eher emotional als rational geprägt war. Verschwindend klein ist bei ihnen daher das rationale Denken über Gott ausgeprägt. Wollten Frauen am religiösen Leben aktiv teilnehmen, konnten sie nur in ein Kloster eintreten, wo sie strenger Aufsicht unterlagen. Ihre ‚Seelenführer und Beichtväter' waren meist Geistliche, die selbst geringe mystische Erfahrungen gemacht hatten. So erhielten diese Frauen nur wenig Führung und blieben oftmals auf Vorstufen mystischer Erfahrung beschränkt. Phänomene, die bei mystisch hochbegabten Frauen auftraten, beispielsweise Visionen oder Einsprachen wurden als besondere ‚Gaben Gottes' angesehen, obwohl sie häufig im Zusammenhang mit dem mystischen Weg zu finden sind.
Die christliche Frauenmystik stellt sich meistens als Liebes- oder Einheitsmystik dar, es treten häufig prophetische Visionen auf. Im Mittelpunkt steht die liebende Verschmelzung mit Jesus Christus oder die Nachvollziehung seines leidvollen Todes.

b. Schicksale bedeutender spiritueller Frauen

Peter Dinzelbacher[107] sieht in der Frauenmystik des Mittelalters eine gesamteuropäische Erscheinung und berichtet in einer Zusammenfassung von mehr als 100 bedeutenden Frauen aus dem europäischen Raum. Ein Großteil der Mystikerinnen lebte in Klöstern und Orden. Sie alle zu betrachten, würde den Rahmen dieses Buches sprengen, es soll aber mit Hilfe weniger Beispiele Mut gemacht und das Interesse für dieses Thema geweckt werden.
Zu den mystisch hochbegabten Frauen zählen: Birgitta von Schweden, die Heilige Klara von Assisi von dem Orden der Klarissinnen, die Zisterzienserin Luitgard von Tongeren, Mechthild von Hackeborn, Beatrijs von Nazareth, die Dominikanerin Katharina von Siena, die Karmeliterinnen Theresa von Avila und Theresia von Lisieux, die Benediktinerinnen Hildegard von Bingen und Elisabeth von Schönau.
In freierer Lebensform lebende Mystikerinnen waren die Beginen[108], die sich selbst „mulieres religiosae" nannten. Diese Frauen machten sich frei für ein intensives religiöses Leben, ohne lebenslänglich durch ein monastisches Gelübde gebunden zu sein. Ausgewählte Vertreterinnen sind: Hadewijch von Antwerpen[109], Margarete Porete, Mechthild von Magdeburg, Gertrud van Oosten oder Blannbekin.
Ein Teil dieser Frauen konnte sich durch ihre spirituellen Erfahrungen Gehör verschaffen und wurde von der patriarchalen gesellschaftlichen Struktur der Kirchen zögernd anerkannt, da sie dem kirchlichen Rahmen treu blieben. Einige errichteten Klöster und brachten sich und ihre Fähigkeiten in den sozialen Bereich ein. So wurde zum Beispiel Birgitta von Schweden, die zahlreiche Klöster gründete, im Jahre 1391 von Papst Bonifatius IX heilig gesprochen. Katharina von Siena war Ratgeberin von Fürsten und Streiterin für die Einheit der Kirche, auch Theresa von Avila ist als Gründerin mehrerer Karmelitenklöster bekannt.

Diejenigen Frauen aber, die ihre Erfahrungen und Lehren nicht in den kirchlichen Kontext integrierten, wurden, ebenso wie die Männer, verfolgt und verurteilt. So wurde Theresa von Avila verdächtigt eine Häretikerin zu sein, Madame Guyon wurde sechs Jahre lang in der Bastille gefangengehalten, Margarete Porete erlitt das Schicksal vieler Mystiker und wurde auf dem Scheiterhaufen verbrannt. Ihr Werk ‚Spiegel der einfachen Seelen', das ihre erfahrene mystische Lehre widerspiegelt, und das europaweit Aufsehen erregte, wurde von der Kirche strengstens verboten. Sie selbst wurde deswegen als Ketzerin verurteilt und hingerichtet.

c. Mystische Pseudoerfahrungen - Gefahr für spirituell begabte Frauen

Die spirituellen Erfahrungen, die Frauen der Frauenmystik hatten, werden den Maßstäben der echten Mystik größtenteils nicht gerecht. Der überwiegende Teil dieser spirituell hochbegabten Frauen blieb bei den für die Frauenmystik des Mittelalters charakteristischen Phänomenen wie ekstatisches Erleben, Visionen, Erscheinungen, tiefes Fühlen mit den Kräften von Leib und Seele oder Prophetie[110], stehen. Diese Phänomene sind auf dem mystischen Weg nicht erstrebenswert. Es sind Hindernisse am Wege, Makyo, wie es im Zen heißt, die den Strebenden vom letztlichen Ziel abhalten. Dies kann nicht laut genug betont werden, denn in der heutigen Zeit sollten sich Frauen, die den größten Anteil der spirituell Suchenden unserer Tage darstellen, auch kritisch mit den Vertreterinnen der Frauenmystik und mit dem echten Weg der Mystik auseinandersetzen. In diesem Zusammenhang kann man von pseudomystischen Erfahrungen sprechen. Einige wenige sollen beispielhaft erwähnt werden.

- Beispiel 1:
  Thomas von Cantimpre, der Beichtvater Luitgards von Tongeren, berichtet über ihre Christusbegegnung: „Eines Tages erschien ihr, als sie das Mariensponsorium sang, daß Christus sich in Gestalt eines Lammes sich solcherart auf ihre Brust setzte, daß es ein Bein über ihre rechte Schulter, das andere über ihre linke Schulter, und seinen Mund auf ihren Mund legte."[111]
  Wir sehen, wie hier das Lammsymbol, das in ihrem Glauben gegenwärtig ist, in ihrer ‚Vision' verarbeitet wurde.

- Beispiel 2:
  Zum selben Thema hatte Agnes Blannbekin eine Christuserscheinung, von der ihr Beichtvater berichtet: „In ihrer Betkammer erschien ihr ein Lamm, groß wie ein Kalb von einem Jahr, und angetan mit menschlichem Fleisch, nackt, ein menschliches Antlitz besitzend, [...] Und siehe, plötzlich fand sie das Lamm bei sich stehen, das ihre Wange mit seinem Mund abküßte. Aus der Berührung mit ihm wurde sie süß entflammt, sogar körperlich."[112]
  In diesem Beispiel finden wir sexuell-erotische, menschliche Züge mit der

'Vision' vermengt. Vom psychologischen Standpunkt aus betrachtet, könnte interpretiert werden, daß bei dieser Art von Vision das im Gehirn gespeicherte Christussymbol in Form des Lammes abgerufen wurde, verquickt mit dem Wunschdenken und vielleicht unterdrückten Begierden bezüglich einer liebenden Vereinigung der Frau. Werden dazu auch noch die Speicherfelder der akustischen Wahrnehmung angeregt, kann es weiterhin sogenannte 'Einsprachen' geben, also von meist religiösen Texten, etwa der Bibel, mit denen sich die Person gerade besonders beschäftigte.
Vom heutigen Standpunkt aus gehören diese Phänomene bestenfalls in den Bereich der Parapsychologie auf der Grundlage eines abnormalen, verdrängten Seelenlebens. Schwester Maria Pieller[113] schreibt in diesem Zusammenhang, daß auch viele 'Christkindvisionen' auf krankhafte Äußerungen eines unerfüllten Sexual- und Fortpflanzungstriebes zurückzuführen sind.

- Beispiel 3:
  Auch die Christus-Minne spielte sich oftmals noch zu sehr im emotionalen Bereich ab. Bisweilen erlitt sie Entartungen und ist dann meistens sexualpsychologisch zu sehen.
  So dichtet beispielsweise Mechthild von Magdeburg:
  „O du gießender Gott in deiner Gabe!
  O du fließender Gott in deiner Minne!
  O du brennender Gott in deiner Sehnsucht!
  O du verschmelzender Gott in der Einigung mit deinem Leib!
  O du ruhender Gott an meinen Brüsten!
  Ohne Dich kann ich nicht mehr sein.“[114]

Als überragende Mystikerinnen und Vorbilder für Frauen auf dem mystischen Wege können Hadewijch von Antwerpen, Madame Guyon und Theresa von Avila betrachtet werden, auf die oben bereits genauer eingegangen worden ist. In der Frauenmystik zeigt sich auch, wie wichtig die beratende Rolle eines 'Seelenführers' oder Meisters ist.

Die Mystik erlebt in diesen Zeiten einen Aufschwung und überall werden von verschiedenen Religionen Mystiker zitiert. So schreibt Reinhard Körner in seinem Buch 'Mystik konkret': „Die spirituelle Tradition des Karmelitenordens erweist sich als eine solide Schule für die Christen aller 'Stände' unserer Zeit.“[115] Jedoch stellt er, anstatt eines echten mystischen Weges die karmelitischen Exerzitien, die für sich sehr wertvolle Exerzitien sind und als solche am Glauben ansetzen, heraus. Echte Mystik jedoch legt auf ihrem Weg der Erfahrung zunächst jegliche Glaubensinhalte ab, um in der Erfahrung des 'Schauens in das nackte Sein' Gott unvoreingenommen entgegenzutreten.

2. Islamische Mystik: Sufismus

„Ich habe die ganze Welt auf der Suche nach Gott durchwandert und ihn nirgendwo gefunden. Als ich wieder nach Hause kam, sah ich ihn an der Türe meines Herzens stehen, und er sprach: ‚Hier warte ich auf dich seit Ewigkeiten!' Da bin ich mit ihm ins Haus gegangen."[116]

A. ALLGEMEINES

Der mystische Weg im Islam wird Sufismus genannt. Die Wurzel des Wortes Sufismus bildet das Wort „safa", welches mit ‚Reinheit' übersetzen werden kann. Eine Sufi-Weisheit sagt: „Wer durch Liebe gereinigt ist, ist rein, aber wer durch den Geliebten gereinigt ist, ist ein Sufi." Die Inhalte des Sufismus sind: die Liebe zum „Geliebten", also zu Gott, und das Gebet. Sufis sind Liebende und Verliebte, ihre Gedichte sprechen von Sehnsucht nach Liebe und dem göttlichen Geliebten.

So dichtet Rumi:
„O mein Geliebter!
Nimm mich hin, erlöse meine Seele, erfülle mich mit Deiner Liebe
Und mache mich frei von Himmel und Erde.
Wenn ich mein Herz auf etwas and´res richte als auf Dich,
Verbrenne mich dann von Innen,
O Feuer!

O mein Geliebter,
Trenne mich von meinen Wünschen,
Löse mich aus meinem Tun
Und schaffe alles weg,
Was mich von Dir entfernt."[117]

Auch im Sufismus ist der Ausgangspunkt der Suche nach Gott die Erkenntnis, daß der Mensch die Verbindung mit Gott verloren hat. Der Sufi versucht diese Verbindung durch Hingabe an ‚den Geliebten' wiederherzustellen. Es ist eine Liebe in äußerster Besitzlosigkeit; das bedeutet, nichts zu besitzen und von nichts besessen zu werden. Ekstatisches Gebet und Tanz verwandeln und lassen die Vereinigung mit dem ‚Geliebten' erfahren.
Somit ist die Mystik der Sufis eine Liebesmystik, adäquat der christlichen Kontemplation und dem Bhakti-Yoga im Hinduismus.
Die Sufis gruppierten sich in Bruderschaften. Zu Beginn der islamischen Mystik waren es kleine Gruppen von Asketen, die sich in einfache Schafswollkittel (‚suf') kleideten[118]. Ihre Mitglieder wurden mit dem persischen Begriff ‚Derwisch', was soviel wie Bettler bedeutet, bezeichnet. Hujwiri[119] schreibt über die mystische Bedeutung des Derwisch-Gewandes: „Sein Kragen ist die Vernichtung des Umgan-

ges mit Menschen; seine beiden Ärmel sind Beobachtungen der Regeln der Enthaltsamkeit; seine beiden Zwickel sind Armut und Reinheit; sein Gürtel ist dauernde Kontemplation, sein Saum ist Friede in Gottes Gegenwart und seine Fransen wohnen in der Wohnstätte der Einigung."

a. Das All-Seiende - Gott

Im Sufismus werden Gott 99 Attribute zugeordnet[120], die den 99 im Islam bekannten Gottesnamen entsprechen. Sie dienen als Hilfsmittel für den Menschen, da sie mögliche Wege zur Annäherung an Gott bezeichnen. Sie helfen, die transzendente Identität Gottes so gut als möglich zu erfassen. Denn der Wunsch, Gott zu begreifen, führt beim Menschen zum Versuch, sich mit den göttlichen Eigenschaften zu identifizieren. Die Meditation der Namen oder deren ‚Gedenken', was die Sufis als ‚dhikr' bezeichnen, ist daher ein Weg zur Vereinigung mit Gott.
So ist Gott beispielsweise ‚Qidam', d.h. er ist der ‚Nicht Gekommene', der ‚Immer Gewesene'. Er ist ‚Baqii', d.h. er ist ‚nach dem Nachher', er ‚wird immer sein'. Er ist ‚Wahdaniyya', d.h. er ist einzig, ohne Gefährten, die ihm gleichen, er ist der Ursprung von allem. Alles bedarf seiner, er bedarf nichts. Er ist ‚Muhalafatun lil-hawadith', also auch der Schöpfer aller Dinge, der absolute ‚Schöpfer-Erfinder'. Er ist ‚Qiyam bi-nafsihi', der aus sich selbst Bestehende, der nichts benötigt. Er ist der Offenkundige und der Verborgene.

b. Bekannte Mystiker/innen im Sufismus:

Als bedeutende Mystiker/innen im Sufismus[121] sind bekannt: Ferid eddin`Attar, Rabyia al-Adawiya aus Basra, Husain Al-Halladsch, Dschelal-ed-din Rumi, Ibn Al-Farid, Ibn Al-Arabi, Bajazid al Bistami.
Auch im Islam führte theologisches Mißtrauen zur Verfolgung und Verurteilung der Sufiorden, wie es zum Beispiel das Schicksal von Al-Halladsch zeigt, der im Jahr 922 ermordet wurde. Sein Ausspruch „ana-l-haqq"[122] („Ich bin die Wahrheit"), führte zu seinem Todesurteil.

B. METHODE DES WEGES UND SEINE STUFEN

a. Methoden der Bewußtseinserweiterung bzw. der Bewußtseinsvereinigung

Die gebräuchlichsten Methoden im Sufismus sind Ritualgebete, das freie Gebet, der Tanz und der ‚dhikr', also das Gedenken an Gott durch laute oder schweigende Anrufung seines Namens.

(1) DER TANZ

Er ist nicht nur Ausdruck der höchsten Lebensfreude, sondern durch dieses Medium findet der Sufi über das ‚Entwerden' (Fana[123]), was einem Loslassen des Ich und Vergessen aller Dinge entspricht, zur Verbindung mit Gott. Für ihn ist die Vereinigung mit dem Geliebten ein Tanz mit ihm. Der Körper wird dabei zum Gebet. Für Rumi ist alle Schöpfung Tanz. Er bekennt: „Wer die Kraft des Reigens kennt, lebt in Gott." und „Ein Zweig vom Himmelstanze ist aller Reigen hier auf Erden."[124]
Auch der Mevlevi-Derwisch-Tanz[125] führt zur Verbindung mit Gott. Die Bewegung der Tänzer im Reigen (‚sema') stellt die Bewegung der Planeten um den Ursprung, die Sonne, dar. Gleichzeitig dreht sich jeder Tänzer auch um sich selbst, ebenfalls wie es jeder Planet tut. Getanzt wird gegen den Uhrzeigersinn, wodurch ein Aufheben der Zeit symbolisiert werden soll.
Der Tanz kann zu einem Trancezustand führen und einhergehen mit einen Verlust der willentlich gesteuerten Bewegungskontrolle. Er kann auch Visionen oder Halluzinationen hervorrufen.
Einen Streitpunkt zwischen den verschiedenen Schulen im Sufismus ist die Frage, ob der Tanz selbst eine echte mystische Äußerung ist, oder als Versuch anzusehen ist „durch Anstrengung einen Zustand zu erreichen, den nur ‚Gott' schenken darf"[126]. Darf der Lauschende sich also gestatten, durch Musik und Tanz entrückt zu werden? Orthodoxe Sufiorden lehnen meist alle musikalischen und rhythmischen Möglichkeiten ab, andere sehen darin eine große Hilfe, religiöse Gefühle in die richtigen Bahnen zu lenken.
Umar Al-Suhrawardi[127] hat den Standpunkt der klassischen Sufi-Theologen definiert:
„Die gewöhnlichen Menschen lauschen auf Musik, entsprechend ihrer Natur, und die Novizen lauschen mit Sehnen und Ehrfurcht, während das Lauschen der Heiligen ihnen die Schau der göttlichen Gaben und Gnaden gibt, und das sind die Erkennenden, für die Lauschen Kontemplation bedeutet. Aber schließlich gibt es noch das Lauschen der geistig Vollendeten, denen sich Gott unverschleiert durch Musik enthüllt."[128]

(2) DER ‚DHIKR'

Es handelt sich dabei um die Rezitation eines Gottesnamens, auch bei gemeinschaftlichen Veranstaltungen. Von den 99 Gottesnamen, die der Islam kennt[129], stehen an erster Stelle der Name ‚Allah', sowie der Wortlaut des islamischen Glaubensbekenntnisses: „Ilah illaha ila Ilah" („Es gibt keinen Gott außer Gott."). Die Anrufung seines Namens, die schweigend oder laut vollzogen werden kann, stellt die geistige Speise des Sufi[130] dar und soll dazu beitragen, daß der Gläubige ständig in Gedanken mit Gott verbunden bleibt. Viele tausend Male wird der dhikr wiederholt, oftmals unterstützt durch eine wiegende Körperbewegung nach vorn und zurück, anschließend nach rechts und nach links, oder auch von rhythmischer Musik begleitet.
Der dhikr führt zum völligen Vergessen aller Dinge, zum Entwerden (Fana). Das Ziel des dhikr ist es, den dhikr zu vergessen, da dadurch die Dualität, die immer noch bei der Anrede Gottes besteht, aufgelöst wird. Am Ende ist für den Sufi nur noch die Liebe Gottes vorhanden; er wird somit unabhängig von der Welt.

(3) DAS GEBET

Auch das Gebet ist für den Sufi ein Entwerden für Gott in Gott. Dieses Entwerden im Gebet zieht einen Abbau der Dominanz des Ich nach sich (Ichtod). Al-Halladsch[131] jedoch weist darauf hin, daß die reinen Techniken des Gebetes die Liebe nicht ersetzen können. Litaneien, Anrufungen des Namens Gottes, verbunden mit Atemtechniken, Meditationshaltungen, Tanz und Musik erzeugen lediglich Konzentration bis zur Ekstase.
Durch das Loslassen des Ich und die liebende Hingabe an Gott im Gebet gelangt der Sufi über die Ebene des Herzens (in der Modellvorstellung über das Herzchakra) in den transpersonalen Bewußtseinsraum. Auch die schnelle Tanzbewegung als monotone periodische Bewegung um die eigene Achse bewirkt einen erleichterten Eintritt in den spirituellen Körper.

b. Die Stadien des Weges[132]

Auch im Sufismus wird der Weg eingeteilt in verschiedene Stufen. Annemarie Schimmel[133] schreibt von einer Einteilung in ‚shari´a', ‚tariqua' und ‚haqiqa', was ‚die breite Straße', ‚der Weg' und ‚die inneren Zustände' bedeutet. Sie zieht eine Parallele zum christlichen Weg mit den Stadien der ‚Via purgativa', ‚Via contemplativa' und ‚Via illuminativa'. Hierbei wird der Schüler ebenfalls durch verschiedene Stationen (‚maquam') geführt, bis er das höchste Ziel erreicht hat, die ‚tauhid', die Erfahrung und Erkenntnis, daß Gott alles ist.
In den Handbüchern der Sufis werden auch noch andere Namen für diese Stationen erwähnt, im Prinzip jedoch handelt es sich um einen vierstufigen Weg, der über Entwerdung (oder Reinigung), Armut, Gottvertrauen und Liebe zur Einheit mit dem geliebten Gott führt.

(1) ERSTES STADIUM: LÄUTERUNG - FANA - ENTWERDEN

Fana bedeutet Entwerden und kann als ein Loslassen vom Ich, als Ichtod betrachtet werden. Es ist ein Entwerden des Mystikers in die göttliche Gegenwart und entspricht dem Läuterungs- und Reinigungsprozeß aller mystischen Wege. Der Weg dazu führt über ‚Tauba'(Reue), die Abwendung von allem Weltlichen und ein neues Ausrichten des Herzens auf den Geliebten[134]. Dies geschieht durch Enthaltsamkeit und durch die Läuterung der ‚Nafs', der niedrigen Triebe, wie Gier, sinnliche Gelüste, Heuchelei, falsche Frömmigkeit und Faulheit. Diese sollen durch entsprechende gute Eigenschaften ersetzt werden[135].

Lieben lernen ist ein mühsamer, läuternder Weg. Wer den Pfad der Liebe geht, muß alte Muster und Sicherheiten aufgeben. Es ist ein Sich-Öffnen und Nach-innen-Gehen, in die Mitte des Herzens. Verstand und Sinne müssen schweigen, soll die Qualität der Liebesenergie im Herzen und im gesamten Sein gespürt werden. Den Weg der Liebe gehen bedeutet, ohne Bewertung zu lieben, aufzuhören mit der ständigen Beurteilung von anderen, geben ohne nach Vorteil zu fragen. Es bedeutet, den anderen sein zu lassen in seiner Eigenart, ohne ihn ändern zu wollen. Lieben lernen heißt auch lernen, sich selbst anzunehmen mit seinen Fehlern und Schwächen, Geduld und liebevolle Nachsicht mit sich selbst zu haben.

Denn nur wer sich selbst liebt, kann lieben. Letztlich geht es darum, das Herz so weit zu öffnen, daß alles, was uns begegnet, bedingungslos darin Platz hat, um in allen Erscheinungen das All-Seiende als reine Liebe zu erfahren.

Rumi dichtet in diesem Sinne:

„Du möchtest also dein Haus
In das Joch der Liebe legen?
Gut, doch klage nicht über Schmerzen und Qual,
Ertrage sie mit ruhigem Sinn.
Zuletzt wird deine rostige Kette
Ein goldenes Geschmeide sein."[136]

Die Erfahrung des Fana gipfelt in „der völligen Aufhebung des Ichbewußtseins"[137]. Auch die Sufis sprechen von der Erfahrung des ‚schwarzen Lichtes'. Denn „alle Dinge verschwinden und werden unsichtbar, wenn das göttliche Licht im Bewußtsein des Mystikers erscheint."[138] Eugene Cernan[139] schreibt: „Wenn die Sonne in den Raum scheint, ist er schwarz; einfach deshalb, weil das Licht auf nichts trifft. Das Licht trifft auf Nichts und so ist alles, was man sieht schwarz". Es herrscht Dunkelheit, weil nichts da ist, was das Licht reflektieren könnte.

(2) ZWEITES STADIUM: ERLEUCHTUNG - WAJD

Wajd bedeutet ‚das Finden Gottes'. Es geht oftmals mit Ekstase einher, mit dem Verlust des Bewußtseins und der Sinne und wird - wie auch bei Johannes vom Kreuz in der christlichen Kontemplation - mit dem Symbol einer Flamme beschrieben. Attar schreibt: „Was ist Wajd? Glücklich zu werden dank dem wahren Morgen, Feuer werden, ohne daß die Sonne da ist."

Der Sufi Suhrawaedi Maqtul, in der Literatur als Meister der Philosophie der Erleuchtung bekannt, verkündete eine Lehre der Lichttheologie. Er schreibt: „Was metaphysisch als Existenz begriffen wird, fällt mit dem zusammen, was in der Urerfahrung als Licht erfahren wird. Existenz ist Licht."[140] Er beschreibt seine Haupttheorie folgendermaßen: „Gott schenkt fortwährend Erleuchtung, wodurch sie immer deutlicher manifestiert wird, und bringt alle Dinge ins Sein, indem er sie durch ihre Strahlen mit Licht begabt. Alles in der Welt ist von dem Licht seiner Existenz begleitet und alle Schönheit und Vollkommenheit sind die Gaben seiner Güte; diese Erleuchtung vollkommen zu erreichen ist das Heil."[141]

(3) DRITTES STADIUM: EINHEITSERFAHRUNG - BAQUA - TAUHID - MAHABBA - MA`RIFA

Jeder religiösen Erfahrung liegt das Einheitsbekenntnis zugrunde.
Rumi dichtet:
„Gibt es einen Liebenden in dieser Welt,
Dann bin ich es; [...]
Der Bodensatz des Weines, Mundschenk und Sänger,
Harfe und Musik, der Geliebte und die Kerze,
Der Trunk und des Trunkenen Freude bin ich; [...]
Jedes Bekenntnis, jede Sekte bin ich,
Erde und Luft, Wasser und Feuer, Körper und Seele
Bin ich [...]
Wahrheit und Falschheit, gut und böse, Wohlsein und Drangsal
Vom Anfang bis zum Ende bin ich [...]

Dieser Himmel, diese Erde und alles, was sie bergen, die gesamte Menschheit bin ich."[142]

‚Baqua' ist der Zustand des dauernden Verbleibens in Gott, in der Einheit des Seins. Es ist die totale Einheitserfahrung mit Gott. In diesem Zustand handelt der Mystiker ganz aus Gott. Dieser Zustand wird auch ‚Jam' genannt, was soviel wie Vereinigung bedeutet. Er stellt die Rückkehr zu dem Augenblick dar, wenn nur Gott und nichts außer ihm vorhanden ist. Baqua ist charakterisiert durch Liebe und Erkenntnis: Mahabba und Ma`rifa. Ghazzali sagt: „Mahabba [Liebe] ohne Erkenntnis ist unmöglich, man kann nur lieben, was man erkennt."[143] ‚Ma`rifa' ist ein höheres Erkennen und Verständnis des göttlichen Seins durch Liebe. Es kann mit der Ratio nicht erreicht werden, denn die Liebe ist für den Sufi der höchstmögliche Seinszustand; ihr wendet er sich ausschließlich zu. So lautet auch das Gebet des Propheten: „O Gott, gib mir Liebe zu Dir und Liebe zu denen, die Dich lieben, und die Liebe zu dem, was mich Deiner Liebe näher bringt, und mache mir Liebe zu Dir lieber als kühles Wasser."[144]

Auch die Sufi-Mystiker betonen, daß die Einigung mit Gott ein Geschenk ist: „Gott allein wählt, Gott allein ruft, Gott allein baut den Weg über das Nichtgangbare. Der Mensch kommt an in Gott, wenn Gott und weil Gott ankommt im Menschen."[145]

Auch der Begriff ‚Tauhid' weist auf die unfaßbare Beschreibung Gottes hin. Gott ist eines und alles in allem. Nur er besitzt wirkliche Existenz, nur er hat das Recht, „Ich“ zu sagen. Muhammad Ibn Wasi` schreibt: „Ich habe niemals etwas gesehen, ohne Gott darin zu sehen.“[146]

(4) VIERTES STADIUM: INTEGRATION IN DEN ALLTAG

Abu saìd Ibn Abi`l-Khair war der erste Sufi, der nur vorläufige Mönchsregeln für seine Schüler aufstellte. Er sagt: „Der wahre Heilige geht unter dem Volke aus und ein, schläft und ißt mit ihm, kauft und verkauft auf dem Markte und beteiligt sich an der Unterhaltung, und vergißt doch Gott keinen einzigen Augenblick. [...] denn die Konzentration des Mystikers kann durch Äußerlichkeiten nicht gestört oder verändert werden.“[147]

C. ERLEUCHTETE FRAUEN IM SUFISMUS

Fromme Frauen spielen im Sufismus eine große Rolle. Sufi-Frauen betätigten sich als Künstlerinnen, Sängerinnen und Dichterinnen, sie waren selbst auch Lehrerinnen von Sufis und Schülerinnen von Sufi-Meistern.
Von dem Propheten Muhammad stammt der Ausspruch: „Mir wurden lieb gemacht von eurer Welt, die Frauen und der Duft, und mein Augentrost ist im Gebet.“[148]
Der mystische Dichter Ibn Arabi spricht sich für die Anerkennung der Frau aus, indem er erklärt, daß die schöpferische Essenz ‚dhat‘ sich in der Frau manifestiere. Er sagt: „Die Frau ist nicht nur geschaffen, sondern ist darüber hinaus Schöpferin.“[149]
Andererseits gibt es auch im Sufismus frauenfeindliche Tendenzen. Teilweise wurde die Frau als Ablenkung und weibliche Versuchung auf dem mystischen Weg betrachtet. Häufig bestand die Ansicht, Frauen seien für die Härte und Strenge des mystischen Weges nicht geeignet und nicht stark genug, die Strapazen des Weges auf sich zu nehmen.
Annemarie Schimmel berichtet über die Bedeutung des Weiblichen und der Frauen im Islam und weist auf den großen Anteil der Frauen am Entstehen der mystischen Orden des Islam hin, etwa auf die Frauen des Propheten, deren „Überlegungen und Interpretationen des Korans eine wesentliche Quelle von Islam und Sufismus bildeten“[150]. Es gab auch Frauenkonvente, in denen nur Frauen zugelassen waren.
Unter den vielen Frauen in der klassischen mystischen Dichtung fiel Rabiya Al-Adabiya[151] oder Rabiya von Basra (nach ihrer Heimatstadt) eine herausragende Rolle zu, da sie am Anfang der eigentlichen Mystik im Islam steht. Aber auch andere Mystikerinnen genossen Anerkennung aufgrund ihrer herausragenden Frömmigkeit und Askese. Maria-Gabriele Woisien berichtet in diesem Zusammenhang von sogenannten ‚Scheikhas‘, das sind Frauen, die als Führerinnen des mystischen Weges in Syrien und Ägypten auftraten[152].

Rabiya Al-Adabiya gab sich ganz der Gottesliebe hin und wurde bereits zu Lebzeiten von den Sufis verehrt. Ihr wird die Umwandlung des düsteren Asketentums in eine echte Liebesmystik zugeschrieben[153].

Sie dichtet:
„Ich liebe Dich mit zwei Arten Liebe,
mit einer eigennützigen, und einer Liebe,
die das Dir geben will, das Deiner würdig ist.
In meiner eigennützigen Liebe beschäftigt einzig mich,
an Dich allein zu denken, an gar nichts andres sonst.
In meiner Liebe aber, die das Dir geben will, das Deiner
würdig ist - ach, daß ich doch nicht irgendein Geschöpf
mehr sähe, stets nur Dich!“[154]

Die großen Hagiographen der islamischen Welt haben Rabiya lange Berichte gewidmet. Heute noch wird eine fromme Frau im Sufismus als ‚zweite Rabiya‘ bezeichnet.
Zu ihrem Wirken gibt es einige Anekdoten: Rabiya lief eines Tages, in der einen Hand mit einer brennenden Fackel und in der anderen Hand mit einem Topf voll Wasser, auf dem Marktplatz herum. Als sie nach dem Sinn ihres Vorhabens gefragt wurde, sagte sie: „Ich will Wasser in die Hölle gießen und Feuer ans Paradies legen, damit diese beiden Schleier verschwinden und niemand mehr Gott aus Furcht vor der Hölle oder in Hoffnung aufs Paradies anbete, sondern nur noch um Seiner ewigen Schönheit willen.“[155]
Eine andere Geschichte spielt sich wie folgt ab: Rabiya kam eines Tages an dem Ort vorbei, wo der gelehrte Mystiker Junnaid vor der Moschee saß und unter Tränen betete, die Hände zu Gott empor gestreckt: „Öffne die Türen, mein Gott. Wann wirst du sie mir öffnen? Ich bin ein schwacher Mensch und meine Geduld ist nicht unerschöpflich!“ Rabiya schlug ihn auf den Kopf und sagte: „Die Türen Gottes sind immer geöffnet! Geh hinein. Das sage ich aus eigener Erfahrung, da ich ständig ein und aus gehe.“[156]
Mit dieser dritten Anekdote möchte ich schließen: Rabiya blieb an einem schönen Frühlingstag in ihrer Kammer, und als ihre Dienerin sie ermunterte, doch Gottes herrliche Schöpfung in den Gärten zu bewundern, sagte sie, die Schönheit Gottes sei im Innern, während die äußere Schönheit nur eine Widerspiegelung der inneren Schönheit sei.[157]

3. Jüdische Mystik

Die Entwicklung der jüdischen Mystik ist reich an Etappen und Stadien und enthält eine großen Anzahl von Lehrsystemen und Schulen. Gershom Scholem[158] schreibt, daß die religiösen Werte des Judentums selbst als mystische Werte zu verstehen sind. Dazu gehören neben der mystischen Versenkung in die Vielfalt des göttlichen Lebens auch die mystische Verbundenheit mit den Geheimnissen um Schöpfung, Offenbarung und Erlösung, das mystische Verständnis der Thora, des Heiligen Buches, und der mystische Sinn der hebräischen Sprache.

A. DIE ARTEN DER MYSTIK

a. Merkaba-Mystik und Metatron-Mystik

Die älteste jüdische Mystik ist die Merkaba-Mystik[159], bekannt auch unter dem Namen Thronmystik. Merkaba-Visionäre schildern, daß Gegenstand und Ziel mystischen Schauens um die Erscheinung Gottes auf seinem Thron mit dem himmlischen Hofstaat kreisen. Auch das Buch Ezechiel spricht davon. Der mystische Weg führt den Schauenden durch die sieben Himmelssphären und Paläste zum göttlichen Thron. Es wird berichtet, daß der Adept mit einem durch Fasten und Askese vorbereiteten und durch Hymnen und Gesänge entrückten Seelenzustand in tiefer Versunkenheit die Wanderung angetreten hat.

Höhepunkt ist die ekstatische Schau des Thrones, die im Mittelpunkt des Erlebnisses steht.

Man kann hier nicht vom immanenten Gott sprechen, da Schöpfer und Geschöpf sich bei diesem gewaltigen Erleben noch gegenüberstehen. In der Merkaba-Mystik findet sich auch die Spekulation des ‚Schiur-Koma‘, was soviel wie ‚das Maß des Körpers‘ bedeutet. Gemeint ist die mystische Schau auf eine erdachte Gestalt Gottes, der bestimmte Maße zugeordnet werden.[160]

Auch die Metatron-Mystik gehört zur Merkaba-Mystik. Sie zentriert sich um Henoch, einen Engel, der nach seiner ‚himmlischen Verwandlung‘ den Namen Metatron erhalten hat.

Einige Detailangaben zur Metatron-Mystik folgen noch.

b. Zahlen- und Sprachmystik

Für die Zahlen- und Sprachmystik ist das Buch Jezira von Bedeutung. Es berichtet von den 10 Sefiroth, den 10 Urzahlen und den 22 Buchstaben des hebräischen Alphabetes. Den Zahlen und Buchstaben werden verborgene Kräfte zugesagt, die am Aufbau der Schöpfung beteiligt sind.[161]

c. Chassidismus

Die jüdische Mystik breitete sich im 18. Jahrhundert in Italien, Spanien, Frankreich und Deutschland aus. In Deutschland entwickelte sich dabei der Chassidismus, in Anlehnung an Gedanken der Merkaba-Mystik und an das Buch Jezira, aufgrund von neuplatonischen Einflüssen und asketischen Tendenzen. Der Chassidismus, der die jüdische Volksfrömmigkeit darstellt, kann als Volksbewegung betrachtet werden[162]. Drei Männer können dabei als Repräsentanten des deutschen Chassidismus angesehen werden, nämlich Samuel der Chassid, sein Sohn Juda der Chassid aus Worms und dessen Schüler Eleasar ben Juda. Der Terminus ‚Chassid' kann übersetzt werden mit ‚der Fromme', er stellt einen religiösen Idealtyp dar.
Eines der bedeutendsten Werke ist ‚Das Buch der Frommen' des Rabbi Juda Chassid. In ihm wird der Chassid durch 3 Eigenschaften bestimmt, der asketischen Abwendung von den Dingen der Welt, einem vollkommenen seelischen Gleichgewicht und einem extremen Altruismus. Im Zentrum steht die Liebe zu Gott. Die irdische Liebe, auch die sinnliche, ist ein Abbild der göttlichen Liebe.
Die Mystik im Chassidismus ist geprägt von Selbstaufgabe und Demut; es ist eine meditative beschauliche, demütige Versenkung in das allgegenwärtige unendliche Sein. Es wird auch eine Gebetsmystik gepflegt, die mit ‚Kawwana' bezeichnet wird. Dabei handelt es sich um eine Gebetsform aus der Kabbala, die über das Wort des Gebetes meditiert, während das Gebet gesprochen wird[163].
Die Bewegung des östlichen Chassidismus breitete sich Mitte des 18. Jahrhunderts von Polen nach Rußland, Rumänien und Ungarn aus. Sie wurde von dem Rabbiner Israel Baal-Schem-Tov gegründet, um den Glauben wieder aufblühen zu lassen. Baal-Schem betont, daß jeder Mensch in der Lage sei, sich Gott zu nähern und ein ‚Zaddik', ein Gerechter, werden könne.[164] Die Mission des Rabbiners bestand darin, dem Volke den Weg zu Gott aufzuzeigen.
Martin Buber[165] berichtet in seinem Buch ‚Die Erzählungen der Chassidim' von den chassidischen Legenden. Er sieht die chassidische Lehre als einen „Hinweis auf ein Leben in Begeisterung, in begeisterter Freude."[166]

d. Kabbala

Zwischen dem 12. und 17. Jahrhundert entstand die Strömung der Kabbala.

(1) ZUM KABBALISTISCHEN GOTTESBEGRIFF

Die Kabbala hat die Schilderung der Thronwelt, wie sie in der Merkaba-Mystik noch vorherrschend war, überschritten, und ist zu einer tieferen Schicht der Betrachtung vorgestoßen. Es geht um eine vertiefte Schau Gottes, um eine ‚innere Merkaba', die über Symbole sichtbar und erfahrbar gemacht werden kann[167]. Gegenüber dem traditionellen jüdischen Gottesbild mit seiner Auffassung von der Unbewegtheit und Unveränderlichkeit Gottes ist das kabbalistische Gottesbild geprägt

von einer dynamischen Auffassung Gottes, die sich durch Lebendigkeit und Schöpferkraft in allem Geschaffenen entfaltet und in sich selbst zurückströmt.
Im Buch Sohar[168] wird Gott mit ‚En-Sof' bezeichnet, was die verborgene, unfaßbare Grundlage des Seins bedeutet, die in 10 dynamischen Aspekten, den 10 Sefiroth, erscheint. Diese bilden den sogenannten Lebensbaum. Bedeutsam ist, daß Gott sowohl in seinen weiblichen als auch männlichen Zügen erfaßt wird. So ist die linke Säule im Lebensbaum mit den Sefiroth Binah, Geburah und Hod die Säule der aktiven, männlichen, Aspekte, während die rechte Säule mit Chochmah, Chesed und Netzach die Säule der passiven, weiblichen Aspekte darstellt. Im Buch Sohar findet sich eine ausgeprägte Sexualsymbolik und eine Ehemystik auf der Grundlage eines androgynen Mythos.

(2) GRUNDLEGENDE WERKE

Grundlegende Werke der Kabbala sind das Buch ‚Sefer Ha-Bahir' (Buch des Hellen) und das Buch ‚Sefer Ha-Sohar' (Buch des Glanzes). Letzteres hat zusammen mit dem Talmud[169] und der Bibel große Bedeutung. Der spanische Kabbalist Moses de Leon[170] soll der Verfasser gewesen sein. Die Themen im Sohar kreisen um Gott, die Welt und den Menschen in den verschiedensten Bezügen, woraus eine mystische Theologie, eine mystische Kosmologie und eine mystische Anthropologie resultieren.

(3) BEDEUTENDE KABBALISTEN[171]

Abraham Abulafia, Verehrer der Philosophie, der Lehren und der Mystik des Maimonides, lehrte eine ‚prophetische Kabbala', wobei Buchstaben als Versenkungsobjekt benutzt werden.
Moses ben Jakob Cordovero und Isaak Luria zählen ebenfalls zu den bedeutendsten Kabbalisten. Letzterer besaß eine visionäre Kraft und versammelte um sich eine große Schülerschaft.
Unter Graf Giovanni Pico de la Mirandola wurde der Versuch unternommen, das Gedankengut der Kabbala und die kabbalistische Lehre in das christliche Glaubensgut zu integrieren. Ansätze einer christlichen Kabbala zeichneten sich ab. Das Bestreben einer Annäherung wurde jedoch von beiden Seiten zurückgewiesen.
Jacob Böhme[172] gilt als Vertreter einer christlichen Kabbala. Er verbindet christliches und kabbalistisches Ideengut.
Rabbi Israel Baal-Schem-Tov steht für die Begründung des östlichen Chassidismus.
In besonderem Maße sind Martin Buber als Vertreter des Chassidismus und Gershom Scholem Kenner und Spezialisten auf dem Gebiet jüdischer Mystik. Scholem, der als Professor für Mystik an der Universität Jerusalem lehrte, gibt in seinen Büchern hervorragende Einblicke in die Strömungen und Inhalte jüdischer Mystik.

(4) EINTEILUNG DER KABBALA[173]

Die Kabbala kann eingeteilt werden in mündliche Überlieferung, schriftliche Kabbala, Buchstaben- oder kryptische Kabbala, praktische Kabbala, symbolische Kabbala und christliche Kabbala.

- Mündliche Überlieferung
  Sind Mystiker immer schon zaghaft mit der schriftlichen Niederlegung ihrer mystischen Erfahrungen, so trifft dies im besonderen Maße auf die Vertreter jüdischer Mystik zu.
  Die mündliche Überlieferung wird in Schulen oder sogenannten Sekten von Lehrer zu Schüler mündlich weitergegeben. Bei Gemeinschaften, in denen die Kabbala gelehrt wird, muß - gemäß klassisch jüdischer Tradition - ein Mann über vierzig Jahre alt sein, Familie haben und gute Kenntnisse der Heiligen Schriften besitzen, um sich mit ihr beschäftigen zu dürfen. Bei den Theologen ist die Kabbala umstritten, sie wird häufig mit Aberglauben in Verbindung gebracht und verboten.

- Schriftliche Kabbala
  Sie besteht aus den Niederschriften der mündlichen Kabbala und aus Kommentaren, die im wesentlichen aus vier Quellen stammen: dem ‚Sepher Jetzirah', dem Buch der Weltformung, das um 120 n. Chr. entstand, dem ‚Sepher ha Zohar'[174],den Kommentaren über die 10 Sefiroth von Rabbi Ezta und aus der Apokalypse des Johannes, dem letzten Buch der Bibel. Es gibt heute Hunderte von Büchern über die Kabbala. Ihre wesentlichsten Inhalte sind Mitteilungen über die Weltenordnung der Dinge, über den Schöpfer ‚Ain Soph', über Erscheinung und Inhalte der 10 Sefiroth und ihre vieldimensionalen Aussagen und Beziehungen zueinander.

- Buchstabenkabbala
  Sie befaßt sich mit der Entschlüsselung von Informationen in den Heiligen Schriften. Jeder Buchstabe im Hebräischen ist nicht nur Buchstabe, sondern auch Zahl oder Wort, das ein Objekt beschreibt. Jeder Buchstabe (Sefirah) ist Repräsentant einer archetypischen Idee und hat eine Beziehung zu einem Element und Planeten. Im Baum des Lebens hat jede Sefirah einen bestimmten Platz und ist über einen sogenannten ‚Weg' oder ‚Pfad', mit einem anderen verbunden. Der Weg deutet eine bestimmte Beziehung zwischen den Gottesaspekten an. Die Buchstabenkabbala versucht, auf diesen Grundlagen die Heiligen Schriften zu entschlüsseln.

- Die praktische Kabbala
  Mit der praktischen Kabbala sind Astrologie, Alchimie und Magie verbunden. Es wird versucht, die Kraft der Heiligen Namen zu magischen Zwecken zu verwenden.

- Die symbolische Kabbala mit dem Lebensbaum[175]
  Der Baum des Lebens ‚Otz chiim' ist die symbolische Grundlage der Kabbala. Es ist ein Seinsplan, dessen Grundstruktur aus 10 Kreisen, Sefiroth genannt, besteht, die die dynamischen Aspekte Gottes darstellen. Sefirah kann mit Licht, Ausfluß, Emanation oder Intelligenz, die ‚Ain Soph' ausstrahlt, beschrieben werden. Jede Sefirah hat einen Namen und eine Zahl, die ihre Stelle in der Schöpfung andeuten. Die Sefiroth sind über 22 Pfade verbunden, wobei jede Zahl einem Buchstaben des hebräischen Alphabets entspricht. Es wird gesagt, daß jeder Sefirah dem Sein des Schöpfers entspringt. Die Versenkung in das Symbol einer Sefirah verhilft dem Gottsucher, in tiefere Bewußtseinsschichten vorzustoßen und spezielle Erfahrungen zu machen, die mit der jeweiligen Sefirah verbunden sind.
  In diesem Leitfaden können nur kurze Andeutungen über die wesentlichsten Inhalte der symbolischen Kabbala gemacht werden:
  Gott, das All-Seiende, wird in der jüdischen Mystik mit ‚Ain Soph' bezeichnet; es bedeutet endlos oder grenzenlos und kann weder verstanden noch beschrieben werden. In bezug auf das Denken existiert es nicht. Ain Soph wird als indirekter Schöpfer der Welt angesehen, es macht sich erfahrbar in der geschaffenen Erscheinungswelt über die 10 Sefiroth, die von ihm ausstrahlen.
  Ein kabbalistischer Text schreibt über die Schöpfung: „Der Alte der Alten, der Verborgene der Verborgenen, hat eine Gestalt und hat auch keine Gestalt, weil er nicht begriffen werden kann. Als er zuerst Gestalt annahm (als erste Sefirah), ließ er neun glänzende Lichter aus sich austreten, welche, leuchtend durch ihn, nach allen Seiten helles Licht verbreiteten, so wie ein erhobenes Licht Strahlen in alle Richtungen aussendet. Wenn wir herantreten, um diese Strahlen zu erfassen, so begreifen wir weiter nichts, als daß sie alle jenem Licht entströmen. So ist der Heilige Alte ein absolutes Licht, selbst aber verborgen und unfaßlich. Wir können ihn nur durch die leuchtenden Lichter erfassen, die zum Teil sichtbar, zum Teil verborgen sind, und die den Heiligen Namen Gottes ausmachen."[176]
  Die erste Substanz oder Intelligenz, die Ain Soph ausstrahlt, ist ‚Kether', die Krone. Sie wird in der Bibel mit dem Heiligen Namen ‚Ehieh' oder ‚Ich bin' umschrieben, da sie absolutes Sein und das Unendliche im Gegensatz zum Endlichen repräsentiert. Diese erste Sefirah enthält die anderen neun und läßt sie aus sich entstehen.
  Die zweite Sefirah ist ‚Chochmah', die Weisheit; die dritte ist ‚Binah', Verstehen oder auch ‚Heiligende Intelligenz' genannt. Ihre Aspekte sind weiblich, empfangend; sie ist auch als Große Mutter bekannt. Diese ersten drei Sefiroth werden ‚Höhere' genannt und sind getrennt von den folgenden sieben Sefiroth, den ‚Niederen', und zwar durch den sogenannten ‚Abgrund'. Der Abgrund ist eine metaphysische Kluft und zeigt an, daß es sich hier um höchste Bewußtseinsstufen handelt.
  Die vierte Sefirah ist ‚Chessed', die Liebe oder die Gnade Gottes. Die fünfte Sefirah wird mit ‚Gebura' oder ‚Din' bezeichnet und ist Symbol für die Macht Gottes, die als richtende Gewalt verstanden werden soll. Die sechste

Sefirah ist ‚Tifereth', die ausgleichende Barmherzigkeit Gottes. Die siebte Sefirah heißt ‚Netach', die beständige Dauer Gottes, die achte Sefirah ist ‚Hod', die Majestät Gottes, die neunte ‚Jessod', der Grund aller wirkenden und zeugenden Kräfte Gottes. Die zehnte Sefirah trägt den Namen ‚Malkuth' oder ‚Schechina' und bezeichnet das Reich Gottes, das mystische Urbild der Gemeinde Gottes.
Diese 10 Sefiroth bilden die Einheit der göttlichen Welt. Gershom Scholem spricht von den „Archetypen des Seins"[177], die alle Seiten des Ain Soph enthalten: das Männliche und das Weibliche, das Helle und das Dunkle.
Im Lebensbaum der Kabbala ergeben sich die Zusammenhänge aller Wechselbeziehungen der Sefiroth zueinander durch die 22 Wege. Gershom Scholem betont, daß der Lebensbaum einen Prozeß darstellt, der in Gott selbst abläuft.

- Christliche Kabbala
  Von der Kabbala gingen starke Impulse auch auf das Christentum über. Der Humanist Johannes Reuchlin[178] betrachtet die jüdische Kabbala als eine Uroffenbarung der Menschheit, die durch Christus ihre Krönung erhalten hat. Giovanni Pico de la Mirandola[179] war bedeutender Vertreter der christlichen Kabbala, ebenso wie Christian Knorr von Rosenroth[180] und Jakob Böhme.

B. STADIEN DES MYSTISCHEN WEGES BEI ABULAFIA (PROPHETISCHE KABBALA) UND IN DER ‚RABBINISCHEN KABBALA'

a. Der mystische Weg über die Namen - prophetische Kabbala

Abraham Abulafia[181], ein Verehrer der Philosophie und der Lehren und Mystik des Maimonides, versuchte als einer der Wenigen den mystischen Weg darzustellen, damit ihn jeder Interessierte verfolgen könne. Er studierte jahrelang in mystischen Studien der rabbinischen Kabbala[182] das Buch Jezira. Beim Niederschreiben seiner Erkenntnisse war er der starken Zensur ausgesetzt. Er schreibt selbst: „Ich will es niederschreiben und darf es nicht, will es nicht niederschreiben und kann es doch nicht gänzlich sein lassen."[183]
Gershom Scholem berichtet, daß Abulafia im Alter von 31 Jahren vom prophetischen Geist erhellt wurde. Er erlangte die Erkenntnis des wahren Namen Gottes und hatte Visionen, von denen er aber selbst erkannte, daß sie von „Dämonen" geschickt wurden. Von der Wahrheit seiner prophetischen Erkenntnisse war er jedoch voll überzeugt.
Abraham Abulafia gab in verschiedenen Handbüchern praktische Anweisungen für den mystischen Weg. Diese praktische Mystik nannte Abulafia selbst eine „prophetische Mystik"[184]. Seine Schriften konnten jedoch nicht von jedem gelesen werde, da man auch damals schon um die Gefahren der Mystik wußte und versuchte,

sie nur rabbinischen Gelehrten zugänglich zu machen. Leider sind seine Bücher größtenteils verloren gegangen.

(1) ERSTES STADIUM: REINIGUNG DER SEELE - DAS AUFLÖSEN DER KNOTEN

Ziel Abulafias ist es, die Seele zu entsiegeln, „die Knoten aufzulösen, die sie binden."[185] Sind diese Knoten gelöst, fließt die Kraft, die fixiert war „zu ihrem Ursprung hin, der einer ist ohne jede Zweiheit und der die unendliche Vielfalt in sich faßt." Die Scheidewände, die das individuelle Leben der menschlichen Seele von dem Strome kosmischen Lebens abtrennen, müssen gelöst werden. Sie sind durch das gewöhnliche Leben des Menschen, durch Wahrnehmung sinnlicher Formen oder Bilder, errichtet worden. „Eine Seele, die von solchen Formen und Affekten angefüllt ist, hat es schwer zur Anschauung der göttlichen Dinge zu gelangen."[186]
Abulafia sucht Formen und Vorstellungsbilder, die die tieferen Schichten der Seele zur Wirkung bringen. Er fand sie in den Buchstaben und hat so die Methode der mystischen Versenkung über Buchstaben und ihre Kombination als Elemente des Namens Gottes entwickelt. Scholem zitiert Abulafia: „Wer dazu gelangt, diese großen Namen Gottes zum Gegenstand der Versenkung zu machen, ist auf dem richtigen Weg, auf dem das verborgene Leben in der Seele geöffnet werden kann."[187]
‚Chochmath ha-Zeruf' nennt Abulafia diese Methode der Kombination von Buchstaben. Hierbei geht es um das Aussprechen, das Schreiben und das Denken von Buchstaben, um auf den geistigen Kern der Buchstaben zu stoßen.
Durch die Methode des ‚Springens' - eine lockere Assoziation zwischen einzelnen Buchstaben - soll eine Ausweitung des Bewußtseins erzielt werden.

(2) ZWEITES STADIUM: ERLEUCHTUNG - ENTZÜCKUNG UND EKSTASE

Abulafia berichtet, daß dieses Stadium mit Entzückung und Ekstase einhergeht. „Wenn durch solche Übungen die Knoten oder Siegel der Seele gelöst sind, bricht plötzlich der verborgene Quell des göttlichen Lebens in ihr auf und strömt auf sie herab. Es tötet die solcherart vorbereitete Seele nicht, und verwirrt sie nicht, vielmehr steht der Mensch im vollen Bewußtsein in der Welt des göttlichen Lichtes, das ihn erleuchtet und heilt. Das ist die Stufe der Prophetie, in der die unaussprechlichen Geheimnisse von Gottes Namen und die ganze Herrlichkeit seines Reiches sich erschließen."[188]

(3) DRITTES STADIUM: DEBEKUTH

Der Erfahrung der Unio mystica im Christentum entspricht der Zustand und das Wort ‚Debekuth'. Es bedeutet wörtlich das ‚Anhängen' an Gott und das Verbundensein mit ihm. Es ist ein ständiges ‚Bei-Gott-Sein', eine ständige Liebe. Es ist die höchste Stufe des mystischen kontemplativen Erlebens. Gleichzeitig stellt es den höchsten religiösen Wert in der jüdischen Mystik dar.

b. Der Weg der Sefiroth - rabbinische Kabbala

(1) VERSENKUNG IN DIE SEFIROTHE

Eine andere Methode der Kabbalisten ist die, die mythischen Attribute Gottes, die Sefiroth, im Lebensbaum zu kontemplieren. Besonders das Buch Sohar[189] setzt sich damit auseinander. Der Schüler versenkt sich dabei in die Betrachtung der 10 Sefiroth, denn auch in den Sefiroth eröffnen sich nach Abulafia die „Tiefen des ‚intellectus agens', jener kosmischen Kraft, die für den Mystiker mit dem Glanz der Schechina zusammenfällt."[190]

„Die mystischen Attribute sind Stufen göttlichen Seins und göttlicher Manifestationen, in denen sich das verborgene Leben Gottes ausströmt, es sind Lichtwelten, in denen das Wesen von En-Sof sich manifestiert. Es sind ebenfalls die zehn Stufen, in denen das Leben Gottes als eine Bewegung aus ihm selbst und zu ihm selbst hin- und herströmt."[191]

(2) EKSTASE

Der Sohar hat für Ekstase wenig übrig. Zwar wird darauf hingewiesen, aber sie spielt keine bedeutende Rolle in der rabbinischen Mystik, da sie nicht als wirkliche Vereinigung mit Gott betrachtet wird. Immer noch besteht eine Distanz zwischen Gott und dem Menschen.

(3) DEBEKUTH - DER GERECHTE, DER ZADDIK

Debekuth ist die höchste Stufe kontemplativen Erlebens. Wer Debekuth mit Gott verwirklicht hat und in ständiger Verbundenheit mit Gott lebt, ist ein ‚Zaddik', ein Gerechter.

In der jüdischen Tradition kennt man drei Bezeichnungen für herausragende religiöse Persönlichkeiten: erstens der ‚Zaddik' oder der Gerechte, zweitens der ‚Talmid', ‚Chacham' oder Schriftgelehrte und drittens der ‚Chassid' oder der Fromme. Während der Schriftgelehrte sich mehr mit den Heiligen Schriften intellektuell auseinandersetzt, vor allem mit der Thora, haben der Zaddik und der Chassid eine besondere Qualität im Vollzug der Inhalte der Thora erlangt.

Der Fromme wird in die Reihe der Charismatiker eingereiht, er verlangt von sich in radikaler Weise alles, und lebt damit sehr extrem.[192]

Über den Gerechten schreibt Martin Buber: „Alle Sinne des Chassids werden durch den Zaddik zur Vollendung gebracht [...] dadurch, daß man ihn betrachtet, vollendet sich der Sinn des Gesichtes, und dadurch, daß man ihm lauscht, der Sinn des Gehörs. Nicht die Lehre des Zaddiks, sondern sein Dasein übt die entscheidende Wirkung aus. [...] sein Dasein als vollständiger Mensch, sein ganzes leibliches Dasein, in dem sich die Vollständigkeit des Menschen bewährt. ‚Ich habe', sagt ein Zaddik, ‚von allen Gliedern meines Lehrers Thora, Gotteslehre, gelernt.'"[193]

Martin Buber schreibt weiter, daß für die Wirkung auf die vielen, auf das Volk, das reine Dasein des Zaddiks nicht ausreicht. Er muß „an der Volksmenge teilnehmen" und die Lehre so gestalten, daß sie dem Volke zueigen wird. Um sie zu ihrer Vollendung zu bringen, muß er somit „von seiner Stufe fallen". „Wenn einer in den Sumpf geraten ist", sagt der Baalschem „und sein Gefährte will ihn herauszuziehen, muß er sich ein wenig schmutzig machen."

(4) INTEGRATION VON DEBEKUTH IN DEN ALLTAG

Im Sohar, dem Heiligen Buch der Kabbala, wird berichtet, daß es von übergeordnetem Wert ist, den Zustand der Debekuth im normalen Leben des einzelnen innerhalb der Gemeinschaft zu verwirklichen.
Alle anderen Werte wie Gebet, Studium, Wohltätigkeit, Gottesliebe oder Reinheit sind ihm untergeordnet.

C. FRAUEN IN DER JÜDISCHEN MYSTIK

Die Geschichte der jüdischen Mystik der Kabbala kennt keine Kabbalistinnen. Sie wird vom männlichen Charakter geprägt und ist, wie Gershom Scholem schreibt, „von Männern für Männer gemacht."[194]
Das hängt vor allem mit der sozialen Situation der Frauen in früheren Zeiten im Judentum zusammen, wie wir sie analog im Islam und im christlichen Mittelalter finden. Nur sehr wenigen Frauen war der Zugang zum Studium des Talmud oder eine Verbreitung der Lehre in einem öffentlichen Amt möglich.
Es gab auch keine Frauen, die die mystische Lehre weitertragen konnten, wie etwa mystisch begabte Frauen im Christentum. Gershom Scholem sieht die Gründe hierfür auch in der Symbolik des Weiblichen. Denn das Weibliche bedeutet im kabbalistischen Symbolismus nicht das Zarte, sondern das Strenge, Richtende und Dämonische, das aus der Weiblichkeit entsprungen sein soll. Allerdings kam es nicht zu einer gänzlichen Abwertung des Weiblichen, wie es das Konzept einer Schechina, der Idee eines weiblichen Anteil Gottes, zeigt.
Außerdem kennzeichnet die jüdischen Mystiker im besonderen Maße eine Abneigung gegen jegliches Zurschaustellen mystischer Erlebnisse.

4. Hinduistische Mystik - Yoga

A. ALLGEMEINE GRUNDLAGEN

a. Religion[195]

Der Name Hinduismus steht für die traditionellen religiösen und gesellschaftlichen Strukturen der Inder und ist ein Verbund verschiedener religiöser Strömungen, die in Indien auch unter ‚Sanatana-Dharma', die ‚Ewige Religion', zusammengefaßt werden. Im Hinduismus sind nicht nur die Aspekte der Wahrheitslehren und die Erfahrungen der großen indischen Weisen, der sogenannten ‚Rishis' oder Seher enthalten, sondern durch die Jahrhunderte hindurch kamen auch Einflüsse aus dem Islam, dem Buddhismus, dem Christentum, der Jains und der Parsen hinzu. Im Hinduismus gibt es weder einen Religionsstifter, wie etwa im Buddhismus, Islam oder Christentum, noch einen unveränderlichen Kanon. Jedoch ist das Gesetz der Karmalehre ein dem gesamten Hinduismus gemeinsames Element, ebenso die drei Grundprinzipien der Existenz in ihrer Trinität Brahman, Vishnu und Shiva. Brahman symbolisiert den Schöpfer und Ursprung des Universums, Shiva den Zerstörer und Vishnu den Hüter des Dharma. Bereits in den Puranas wird die Trinität erwähnt. Für den Hindu sind Buddha und alle großen Erleuchteten Inkarnationen des göttlichen Bewußtseins auf Erden. Zahlreiche lokale Kulte und Traditionen der Götterverehrung und der Glaubensauffassung leben im Hinduismus mit- und nebeneinander. Vaishnavismus, Shaivismus, Brahmanismus, Shaktismus, Tantrismus, Buddhismus und Jainismus sind die wichtigsten heutigen Bewegungen.

b. Bedeutendste Schriften

Der Vedanta gilt als das maßgeblichste und älteste Werk indischer Philosophen. Es wird um das Jahr 800 v. Chr. datiert. Gläubige Hindus sehen darin den Ursprung und das höchste schriftlich niedergelegte Zeugnis des Glaubens und den Ausdruck göttlicher Wahrheit. Seher, Heilige und Avatare haben in den Shrutis (Offenbarungen) ihre Erkenntnisse und Weisheiten niedergelegt: in den Veden und Upanischaden, in den Itihasas mit den Epen Ramayana und Mahabharata, in der Bhagavad-Gita und in den Puranas, die von Sagen und Legenden über spirituelle Erkenntnisse berichten.

Der Weg der Gotteserfahrung und -erkenntnis wird im Hinduismus als ‚Yoga' bezeichnet, wobei es verschiedene Wege gibt, die der jeweiligen Veranlagung des Yogi angepaßt sind.

Das grundlegende Werk des Yoga sind die klassischen Lehrsprüche des Patanchali, auch „Yogasutra" genannt, die Grundlage für alle Yogasysteme sind.[196]

B. ZEUGNISSE MYSTISCHER ERKENNTNISSE UND ERFAHRUNGEN

a. Grundlagen

‚Atman' und ‚Brahman' sind die beiden Worte im Hinduismus, mit denen die mystische Urerfahrung als Identitätserlebnis ausgesprochen wird. Das Wort Atman hat seinen Ursprung in der Sanskritwurzel und bedeutet: Schreiten, All-Durchschreiten. Es ist auch das Wort für das Personalpronomen ‚sich', was die Zurückwendung des Menschen auf sich selbst andeutet. Der Atman ist das von aller Unwissenheit und Verblendung völlig befreite Ich, das unsterbliche Selbst des Menschen, vergleichbar etwa mit der Seele des Menschen im Christentum. „Der Atman ist der unbeteiligte Zuschauer, jenseits von Körper und Denken und als absolutes Bewußtsein identisch mit Brahman."[197]
Brahman bedeutet Schöpferkraft und der Ursprung allen Seins. Er durchzieht alle Dinge und Erscheinungen. Brahman ist der „Inbegriff des universellen Geistes, der allgegenwärtigen Macht des Bewußtseins, an dem Menschen und Götter und Tiere teilhaben, die aber nur im vollendeten Heiligen und Erleuchteten zum Ganzheitserlebnis wird."[198] Das innerste Sein ist Brahman. In der tiefsten Versenkungserfahrung sagt der Mensch: „aham brahmasmi - ich bin Brahman" und erfährt „tat tvam asi", was bedeutet: „Das bist Du." Dieses Wissen ist jedoch nur durch die Erfahrung im mystischen Versenkungsweg möglich, wo die Schau in das eigene Sein und die Schau in den Weltengrund des Seins identisch sind. Die Einheitserfahrung wird in den Upanishaden mit dem Ausdruck „Sat-cit-ananda" beschrieben. Das Wort setzt sich zusammen aus ‚Sat'-‚Cit'-‚Ananda', was bedeutet ‚Sein'-‚Bewußtsein'-‚Seligkeit'. Es ist der Versuch einer Beschreibung des mystischen Erfahrungszustandes, der Vereinigung mit dem ewigen, universalen Absoluten, das letztlich nicht mit Worten zum Ausdruck gebracht werden kann.
In den Veden wird auch der Begriff ‚Advaita' für den Zustand der ‚Nichtzweiheit' gebraucht, dem nondualen Zustand, dem Brahman zugeschrieben wird. Indische Rishis[199] erkannten, daß die Wirklichkeit Advaita ist, also daß die gesamte Erscheinungswelt, Atman und Brahman, identisch ist. Im Yoga wird dieser nonduale Zustande ‚Samadhi' genannt. Es ist die mystische Erfahrung der letzten Stufe auf dem achtgliedrigen Pfad des Yogaweges. Alle vorhergehenden Stufen können als Reinigungs- oder Läuterungsübungen betrachtet werden, als psycho-physiologische Übungen.
Ein weiterer Begriff, der immer wieder im indischen Denken und der Philosophie auftritt, ist der Begriff ‚Maya'. Maya steht für Täuschung, Einbildung oder Phantasie. Die Welt der Erscheinungen ist für den Inder Maya, eine Täuschung, da sie in sich keine eigene Existenz hat.

b. Zeugnisse mystischer Erkenntnisse und Erfahrungen

(1) AUS VEDEN UND UPANISCHADEN[200]

- Aus der Rik-Veda
  „Wende Sinne, Gedanken und Gefühle nach innen zum Herzenslotos. Meditiere über Brahman mit Hilfe des Lautes ‚Om'. Überquere die gefahrvollen Strömungen des Ozeans der Weltlichkeit mit dem Fahrzeug Brahmans - der Heiligen Silbe ‚Om'. Mit ernstem Streben zügle deine Sinne. Gleichmäßig atmend, überwache die inneren Tätigkeiten. Wie ein Wagenlenker seinen widerspenstigen Rossen gebietet, so gebietet ein ausharrender Gottessucher Einhalt dem Strome der in ihm flutenden Gedanken und Gefühle."

- Aus der Swetasvatara Upanischad
  „Zieh dich zurück an einen einsamen Platz, in eine Berghöhle oder an irgend eine Heilige Stätte. [...] Dort laß dich nieder und widme dich der Meditation und anderen geistlichen Übungen. Während solcher Übungen mögen dir als Visionen Formen erscheinen, die aussehen wie Schnee, Kristalle, Wind, Rauch, Feuer, Blitz, Leuchtkäfer, Sonne oder Mond. Nimm sie als Zeichen dafür, daß du dich auf dem rechten Wege zur Offenbarung Brahmans befindest."
  „Willst du Gott finden, so zügle erst die Sinne, die nach außen streben. Sitz aufrecht, halte Brust, Hals und Kopf gerade. Dann sammle die Gedanken und konzentriere sie auf das Licht, das inmitten der Flamme des Feuers leuchtet. [...] Nimm dieses Licht als Symbol des reinen Bewußtseins, ohne Bewußtseinsinhalt, also verschieden vom gewöhnlichen Bewußtsein. Wer so meditiert, dem wird sich die göttliche Wirklichkeit, die in der sinnlich wahrnehmbaren Erscheinung verborgen ist, im Innern offenbaren. [...] Bringe den Strom der Gefühle und Gedanken unter deine Herrschaft, damit die höchste Wirklichkeit, der aus sich selbst leuchtende Herr, sich dir offenbare. [...] Benütze Verstand und Urteilskraft dazu, die Sinne davon abzuhalten, den Dingen des Genusses anzuhaften. Sie werden alsdann geläutert werden vom Lichte der göttlichen Wirklichkeit im Innern, und dieses Licht wird sich dir offenbaren."
  „Das, was in tiefer Versenkung, jenseits der Welt von Ursache und Wirkung, im Inneren geschaut wird, ist, wie uns die Heiligen Schriften ausdrücklich sagen, der allerhöchste Brahman. [...] Brahman ist die eine Wirklichkeit hinter jeder Erscheinung, und deshalb beten sie ihn an. Sie gehen völlig in ihm auf und erlangen so die Freiheit. [...] Erkenne Gott, und alle Fesseln fallen. Den Geist in ihn versenkt, vom Leibe völlig losgelöst, wirst deine Einheit du erfahren mit dem Herrn des Alls, vergehen in ihm, der Eines ist ohne ein Zweites."

- Aus der Katha Upanischad
  „Feuer, obgleich im Reibholz gegenwärtig, wird erst wahrgenommen, wenn man ein Holz gegen das andere reibt. Das Selbst ist wie das Feuer, durch Meditieren über die Heilige Silbe ‚Om' nimmt man es wahr im Leibe. Dein Körper sei das eine Holz, der Heilige Laut ‚Om' das andere. Durch Meditation reibe das eine gegen das andere, und du wirst Gott erkennen, der im Leibe verborgen weilt, wie das Feuer im Holz."

- Aus der Mundaka Upanischad
  „Nachdem man als Bogen die große Waffe der Geheimlehre [upanischad] genommen hat,
  lege man auf ihn den von ständiger Meditation geschärften Pfeil. Mit einem Geist, der von jenem [universellen Bewußtsein, dem Brahman] erfüllt ist, wird er gespannt und durchdringt, edler Jüngling, jenes Unvergängliche als das Ziel. Om ist der Bogen, der Pfeil ist das Selbst.
  Und Brahman ist das Ziel. Mit Achtsamkeit wird es durchdrungen. Man muß mit ihm einswerden, wie der Pfeil mit dem Ziel."[201]

(2) AUS DER BHAGAVAD-GITA[202]

In der Bhagavad-Gita, dem berühmten ‚Gesang des Hinduismus', spricht der Gott Krishna, als Inkarnation Gottes, zu Arjuna, seinem Schüler, und gibt ihm Unterweisungen. Krishna, die Symbolfigur für das absolute, höchste Bewußtsein, allgegenwärtig und ungeboren, beschreibt den mystischen Weg:
„Und dies sind die Stufen auf dem Weg zum erhabenen Unendlichen, frei sein von der Verwirrung durch die niedere Maya, frei sein von Ichhaftigkeit, den großen Fehler der Verhaftung überwunden, alles Verlangen zur Ruhe gebracht, den Gegensatz von Freude und Leid ausgetrieben haben und immer fest verankert sein in einem reinen spirituellen Bewußtsein."[203]

- Hingabe
  „Weihe mir alles, was Du bist, gib all dein Handeln im Bewußtsein auf und versenke es in mir. Mache Gebrauch vom Yoga des Willens und der Vernunft und sei ohne Unterlaß im Herz und Bewußtsein eins mit mir!"
  „Bist du zu allen Zeiten eins mit mir in Herz und Bewußtsein, dann wirst Du durch meine Gnade sicher durch jeden schwierigen und gefährlichen Engpaß schreiten."[204]

- Befreiung
  „Auf diese Weise sollst du befreit werden von guten und bösen Ergebnissen, die die Fesseln unseres Handelns begründen. Wenn Deine Seele durch solche Entsagung im Einssein mit dem Göttlichen ist, wirst Du frei werden und zu mir gelangen."[205]

- Einheit
  „Ich [der Ewige, der ihnen innewohnt], bin der gleiche in allen Wesen. Keines ist mir lieb und keines ist mir verhaßt. Jene aber, die sich mit Liebe und Hingabe mir zuwenden, die sind in mir, und ich bin auch in ihnen."[206]

„Wer so mich ehrt, und meine Gegenwart
In allen Wesen sieht und in der Kraft
Des Guten lebend, sich des Daseins freut
Der geht am Ende in mich ein."[207]

C. YOGA ALS MYSTISCHER VERSENKUNGSWEG

a. Die Arten des Yoga

Im Hinduismus wird der Erfahrungsweg zu Gott als Yoga bezeichnet. Yoga bedeutet wörtlich ‚Joch', d.h. ‚sich mit Gott verbinden', um letztlich, nach dem Durchlaufen verschiedener Stadien, die Vereinigung mit ihm zu erlangen. Somit kann Yoga auch als mystischer Versenkungsweg bezeichnet werden.
Es gibt verschiedene Yogawege, die den jeweiligen Veranlagungen und Bewußtseinszuständen der Yogis entgegenkommen. Jeder Yogaweg kann zur Erleuchtung, im Yoga ‚Samadhi' genannt, führen. Hier eine Übersicht der Yogawege:

- Hatha-Yoga (Körperyoga):
  Seine Übungen zielen mehr auf das Körperbewußtsein ab. Der Körper wird gereinigt, vor allem das Energiesystem mit den Nadis und Chakren.[208] Dies geschieht durch körperliche Übungen, sogenannte ‚Asanas' in Verbindung mit Atemübungen (‚Pranayama') und Bewußtseinslenkung. Hatha-Yoga gilt in Indien mehr als eine Vorbereitungsübung für die geistigen Yogaformen.

- Bhakti-Yoga (Yoga der Hingabe und der Liebe):
  Es ist der Weg des Herzens und korreliert mit dem Öffnen des Herzchakra.

- Kundalini-Yoga:
  Hierbei wird die im Wurzelchakra latent ruhende Energie der Kundalini (Shakti) erweckt und zum Kronchakra (Shiva) hinauf geführt, wo es zu einer Vereinigung der Energie des Wurzelchakras mit der des Kronchakras kommt. Durch diesen Prozeß wird die Dualität aufgehoben und der Zustand des Samadhi erreicht, ein Prozeß, der auch dem Shaktismus zugrunde liegt.

- Tantra-Yoga:
  Das Prinzip des Kundalini-Yoga liegt auch im indischen Tantrismus.[209]

- Kriya-Yoga:
  Im Kriya-Yoga werden durch Atem- Körper- und Konzentrationsübungen Körper, Geist und Seele entwickelt und Lebensenergie in kosmisches Bewußtsein transformiert. „Kri“ bedeutet „handeln“ und „Ya“ bedeutet Seele. Kriya ist das Wahrnehmen der Göttlichkeit in allen Wesen, Dingen und Vorgängen.

- Karma-Yoga:
  Es ist der Yoga der guten Taten, des selbstlosen Handelns. Im Karma-Yoga werden alle Taten Gott geweiht und in Hingabe und göttlicher Anbetung durchgeführt. Somit wird jede Handlung im Alltag Hingabe an Gott.

- Jnana-Yoga:
  Es ist der Yoga der abstrakten Erkenntnis und intellektuellen Analyse, der mehr den rationalen Menschen auf der vernunftbetonten Bewußtseinsstufe anspricht und ebenfalls zum Samadhi führt. Der Yogi übt sich im Unterscheidungsvermögen der Wirklichkeit von der Erscheinungswelt und kommt zu der Erkenntnis, daß es nur eine Wirklichkeit, Brahman, gibt.

- Mantra-Yoga:
  Ein Yoga, der durch lautes oder leises Rezitieren von Heiligen Worten, Japa[210] oder Mantren genannt, den Energiekörper des Menschen in Schwingung versetzt. Auf einer hohen Stufe wird Samadhi, der Durchbruch zum kosmischen Bewußtsein, erfahren.

- Raja-Yoga:
  Der Yoga der Beherrschung der Gedanken durch Einüben von Gedankenkontrolle. Im gedankenlosen Zustand wird Brahman erreicht.

b. Patanyali und der achtgliedrige Pfad

Patanyali[211] beschreibt den mystischen Versenkungsweg im Yogasutra[212], dem ältesten Textbuch des Yogasystems, seinem grundlegenden Werk zum Yoga. Hier finden wir alle wesentlichen Elemente eines mystischen Versenkungsweges wieder. Lediglich die Integration in den Alltag, so wie sie die Mystik fordert, wird nicht erwähnt, was jedoch aus der Zeit heraus verständlich ist. Indische Yogis der neueren Zeit, etwa Aurobindo oder Maharshi, geben der Integration in den Alltag jedoch sehr große Beachtung. Einen breiten Raum nimmt im Yogasutra auch das Aufzählen und Entstehen von Siddhis (Wunderkräften) ein, die während des Versenkungsweges auftreten können.[213] Patanchali betont jedoch, daß Samadhi nur dann erreicht werden kann, wenn keine Verhaftung an diese okkulten Kräfte vorliegt.

(1) DER ACHTGLIEDRIGE PFAD UND DIE MYSTISCHE ERFAHRUNG (SAMADHI)

Patanyali fordert für die Befreiung des Menschen einen Weg der Askese, der Meditation und der Versenkung, einen Weg, der acht Glieder enthält: der achtgliedrige Pfad.
Diesen achtgliedrigen Pfad beschreibt er in Form von Aphorismen in dem Werk Yogasutra.[214] Die letzte Stufe dieses Weges, die Stufe des Samadhi, ist die eigentliche mystische Erfahrung. Alle vorhergehenden Stufen können als Reinigungs- oder Läuterungsübungen betrachtet werden, als psycho-physiologische Übungen.

Die Stufen des Weges:

- Stufe 1 und 2: ‚Yama' und ‚Niyama'
  Bei diesen Stufen geht es um die Beherrschung der physischen Ebene. Yama und Niyama beinhalten die Einhaltung von moralisch richtigem Verhalten und von Verhaltensnormen, wie Askese, Genügsamkeit und das Studium der Heiligen Schriften. Dadurch wird die äußere und innere Disziplin verwirklicht.

- Stufe 3 und 4: ‚Asana' und ‚Pranayama'
  Unter ‚Asana' werden Körperhaltung und Yogastellungen zusammengefaßt, die den Leib völlig in den Dienst des Geistes stellen. Pranayama heißt die Kontrolle des Atems durch Atemübungen. Dabei kann der Rhythmus Einatmen, Festhalten und Ausatmen auch verbunden sein mit einem Heiligen Wort, etwa ‚Om'. Der Yogi übt sich also in der Bewußtseinssammlung des mystischen Weges.

- Stufe 5: ‚Pratyahara' (Beherrschung der Sinne und Emotionen)
  Diese Stufe beinhaltet die Fähigkeit, die Sinnesorgane von den Kontakten in der Sinneswelt abziehen zu können und die Beherrschung über die Sinne zu erlangen.

- Stufe 6, 7 und 8: ‚Samyama' (Dharana, Dhyana und Samadhi = Samyama)
  Die drei Stufen ‚Dharana', ‚Dhyana', und ‚Samadhi' stellen den eigentlichen Versenkungsweg dar. Sie werden zusammen auch als ‚Samyama' bezeichnet. Dharana bedeutet Fesselung. Gemeint ist, das Bewußtsein, befreit von den Kontakten der Sinnesorgane, ungeteilt an einem Punkt verweilen zu lassen. Dies wird erreicht durch ununterbrochene Konzentration auf ein Objekt. Unter Dhyana ist die intensive Versenkung in das Innere zu verstehen. Beim Samadhi erfolgt dann durch weitere Versenkung die Verschmelzung mit dem absoluten Bewußtsein. Subjekt und Objekt verschwinden, nur das Wesen bleibt und wird erfahren.

Vereinfacht läßt sich sagen: Die Stufen 1 bis 5 haben mehr Bezug zum physischen System, die Stufen 6 bis 8 haben Geistiges zum Inhalt.

- Stadium 1: Läuterung - Reinigung
  Beherrschung der Sinne, der Gefühle und Impulse, Erreichen innerer Ruhe

und Ausgeglichenheit, bewußte Kontrolle über den Atem, Ausschalten äußerer Vorgänge auf unser Denken.

- Stadium 2 und 3: Erleuchtungserfahrung und Samadhi
  Ungeteilte Konzentration, Bewußtseinsvereinheitlichung, Versenkung in die eigene Wirklichkeit, Samadhi.

(2) TEXTE AUS DEM YOGASUTRA DES PATANCHALI[215]

- Loslösung vom Ichfeld
  Patanchali beschreibt das Ichfeld mit Intelligenz, Gefühl, Wille und Empfindung. Es erschöpft sich in den Bewegungen von Raum, Zeit, Ursache und Wirkung, ist bedingt durch das Umfeld, die Umgebung des Menschen, mit der sie in wechselseitiger Verbindung steht. Der normale Mensch ist befangen von den Kräften des Ichfeldes. Er hält fälschlicherweise die Kräfte der Intelligenz für sein Bewußtsein und für die letztendliche Wirklichkeit der Welt und identifiziert sich damit.
  Durch Zentrierung auf die verschiedenen Meditationsobjekte oder durch die Übung der vollkommenen Gedankenruhe während der Yogaübung erlangt der Yogi eine Loslösung vom Ich. Er erkennt die Begrenztheit des Ichs und macht Erfahrungen jenseits des Ichfeldes. Dieser Raum ist für Patanchali der Raum des Ursprungs oder Urfeldes, eine Dimension unabhängig von allen Strebungen des Ichfeldes, unabhängig von Gefühlen, Sinneseindrücken und Handlungen.

- Methode und Stufen des Versenkungsweges
  Im 1.Kapitel des Yogasutra[216] beschreibt Patanchali die Grundlagen des Versenkungsweges.

  - Körperhaltung:
    „Die von dem Übenden eingenommene Körperhaltung muß beständig und angenehm sein."[217]
  - Hingabe:
    „Durch rechte Hingabe an den Innengott entsteht Vollkommenheit der Versenkung."[218]
  - Konzentration:
    „Yoga ist die Unterdrückung der Funktion [vrtti] der Denksubstanz [citta]."[219]
    „Beständiges Ringen, sie [die vrttis] vollkommen in Schranken zu halten"[220], ist Übung.
    „Es gibt einen Samadhi, der durch ständiges Üben des Aufhörens aller geistigen Tätigkeit erreicht wird, und in welchem das Citta nur die unmanifestierten Eindrücke zurückbehält."[221]
  - Das Wort:
    „Die Wiederholung dieses ‚Om' und das Meditieren seiner Bedeutung ist der Weg."[222]

„Dadurch wird die Innenschau gewonnen und die Zerstörung von Hindernissen erreicht."[223]

- Der Atem:
  „Das geschieht durch Ausstoßen und Einbehalten des Atems."[224]
- Die Erleuchtung:
  „Samana kann betrachtet werden als die Ätherkraft, die Energie der spirituellen Aura, die im ‚Stadium der Erleuchtung durchbricht und Licht verbreitet'; im Samana ist er [der Yogi] vom Lichtglanz umgeben."[225]
  - Über die Versenkungsstufen zum Samadhi:
  „Ist die Konzentration ohne Unterscheidung geläutert, so gewinnt das Citta einen festen Stand."[226]
  „In diesem Falle besteht jene Erkenntnis der Wahrheit, die vom Irrtum vollkommen frei ist."[227]
  „Vor der dann unendlich werdenden Erkenntnis, von der die Hüllen und alle Unreinheiten entfernt sind, wird alles Erkennbare zu einem Nichts."[228]
  „Nunmehr werden alle einzelnen Teile des Weges und die einzelnen Stufen des Vorwärtsschreitens in ihrer Aufeinanderfolge als ein Ganzes und als dasselbe erkannt."[229]
  „Wenn auch diese Erkenntnis zum Schweigen gebracht wird, tritt die sorglose Versenkung, die innere Einheit ein."[230]
  „Wenn das Bewußtsein so in sich selbst und auf einen Punkt vereinigt ist, daß kein Nebengedanke an Ort, Eigenschaft oder Beziehung eines Gegenstandes mehr möglich ist, so ist die Stufe erreicht, die man innere Einheit nennt."[231]

Im Yogasutra wird beschrieben, daß das unendliche Bewußtsein der unbewegte Drahtzieher aller Dinge ist. Es ist stets und allgegenwärtig, diesseitig und gleichzeitig jenseitig ‚transzendent' zu verstehen. Es ist der Schöpfer aller Erscheinungen und wirkt und waltet in allen Dingen.
Es ist allwissend, ist identisch mit allem und hat sich in allem eingegrenzt, auch in der Einzelhaftigkeit des Ichfeldes. Das All ist das Bewußtsein, es ist das Urfeld.

(3) VERSCHIEDENE ARTEN VON SAMADHI

Patanchali benennt zwei Arten von Samadhi:

- Samprajnat-Samadhi: Samadhi mit Samen
  Dieser Samadhi ist meist ein vorübergehender Zustand. Hier existiert noch Dualität, da noch Denkvorgänge, sowie Anhänglichkeiten und Wünsche vorhanden sind, die ‚Klesas' genannt werden. Deshalb ist dieser Samadhi noch keimhaft, d.h. die Klesas existieren noch im Keim und können wieder auftauchen.
- Asamprajnata-Samadhi: Samadhi ohne Samen
  Der Asamprajnata-Samadhi ist keimlos. Es gibt keine Hindernisse in Form von Wünschen oder Neigungen mehr, keine Dualität tritt auf, keine Spaltung in Subjekt und Objekt. Alle Denkvorgänge sind ausgeschaltet. Eine

vollständige Vereinigung mit dem höchsten Bewußtsein ist erreicht. Es erfordert große Kraft und Kontrolle, diesen Zustand zu erreichen

c. Shri Aurobindo[232] - der integrale Yoga

(1) WELTSICHT UND ANLIEGEN

Das Konzept des integralen Yoga von Shri Aurobindo zeigt eine Erweiterung gegenüber der traditionellen indischen Mystik, deren Schwerpunkt in der Befreiung (Moksha) der Seele von allen weltlichen Bindungen, vom Karma und Samsara[233] und ihrer Vereinigung mit Gott liegt.
Ihm geht es nicht nur um Befreiung der Einzelseele, sondern auch um die Erfüllung der Ziele Gottes in der Welt, der Selbstentfaltung Gottes im Menschen, um die Integration des durch den Versenkungsweg gewandelten Menschen in der Welt. Dies entspricht in etwa dem vierten Stadium des mystischen Weges.
Die gegenwärtige Entwicklungskrise der Menschheit resultiert für Shri Aurobindo aus dem Ungleichgewicht der begrenzten mentalen, ethischen und spirituellen Fähigkeiten des Menschen gegenüber den technischen und wirtschaftlichen Mitteln, die ihm zur Verfügung stehen. Er vertritt die Ansicht, daß der Mensch ohne innere Wandlung mit der gigantischen Entwicklung seines äußeren Lebens nicht mehr fertig werden kann.
In der Entwicklung des Bewußtseins sieht Shri Aurobindo den inneren Beweggrund des irdischen Daseins. Die Menschheit steht vor einer neuen Entwicklungsstufe des Bewußtseins und die Sehnsucht des Menschen nach Spiritualität weist auf die Verwirklichung dieser nächsten Stufe hin.
Religion ist für Shri Aurobindo eine spirituelle Religion, ist Hinwendung zum innewohnenden, allgegenwärtigen Göttlichen. Dogmen, Kulte, moralische Gesetze sind nur Hilfen, die man den Menschen anbieten kann.
Spiritualität bedeutet für Aurobindo ein Erwachen zur inneren Wirklichkeit unseres Daseins, zum Geist, zum Selbst und zur Seele, die sich von unserem mentalen Wesen, von unserem vitalen Wesen und unserem Körper unterscheiden. Dies äußert sich als die Sehnsucht, mit einer größeren Wirklichkeit in uns und über uns in Kontakt zu treten, mit ihr zu verschmelzen und so eine Geburt in ein neues Sein zu erfahren. Jedoch geht es Shri Aurobindo nicht nur um eine Erfahrung der höchsten Wirklichkeit des Menschen; sondern es ist eine grundsätzliche Änderung der ganzen Person nötig. Im Konzept des integralen Yoga führen die Entwicklungsstadien vom ‚höheren Mentalen' zum ‚erleuchteten Mentalen' und schließlich zum ‚Übermentalen' oder ‚Supramentalen'. Aurobindo versucht den Aufstieg in das göttliche Bewußtsein mit dem Absteigen des göttlichen Prinzips in die Materie zu verbinden. Auch die Vervollkommnung des Körpers hat einen hohen Stellenwert, indem auf das Erwachen des Körperbewußtseins und ein vielseitiges Erwecken und Erziehen seiner Fähigkeiten wert gelegt wird.[234]

(2) ZIELE DES INTEGRALEN YOGA[235]

Shri Aurobindo sagt, das erste Ziel des Yoga müsse die Befreiung der Seele des Menschen aus ihrer gegenwärtigen naturhaften Unwissenheit und Begrenztheit sein. Sie soll in das spirituelle Wesen freigelassen und mit dem höchsten und göttlichen Wesen eins werden.
Sein zweites Ziel ist die Teilnahme am kosmischen Sein des göttlichen Wesens. Daraus ergibt sich ein drittes Ziel, wonach der Mensch die Bedeutung der göttlichen Einheit mit allen Wesen dadurch wirksam machen soll, daß er mitfühlend und aktiv an der spirituellen Absicht teilnimmt, die das göttliche Wesen mit der Menschheit hat.

- Transformationsphasen[236]

Shri Aurobindo schreibt in seinem Konzept des integralen Yoga von der dreifachen Umwandlung in Phasen oder Transformationen. Die drei Phasen entsprechen den drei Stufen des mystischen Versenkungsweges.

- Die erste Phase: die psychische Transformation

Es ist ein Zurückziehen des Bewußtseins nach innen. Alles, was falsch und dunkel ist, soll die Seele zurückweisen. Es geht hierbei um eine Läuterung von Leib, Geist und Leben. Dies geschieht am besten durch selbstlose Hingabe an Gott und an das göttliche Licht. Shri Aurobindo betont die Wichtigkeit der Reinigung des positiven Gedächtnisses, die wesentlich ist für die Befreiung, Läuterung und vollkommene Sichtweise. Man muß Passivität gegenüber der ruhelosen Flut der Gedankenempfindungen zuwege bringen, die unabhängig von unserem Willen aus dem Gedächtnis aufsteigen.
Shri Aurobindo geht es um keine Entpersönlichung, um kein Entwerden, wie in der indischen Alleinheits- und Ewigkeitslehre, vielmehr um eine wahre Personwerdung. Der Ichtod ist für ihn der ‚Tod' der eingeschränkten Person. Der Mensch soll, bereichert um die Qualitäten, die am Übungsweg erworben wurden, in dieser Welt ein ‚göttliches Leben' führen. Somit gibt es für ihn auch keine Flucht aus der Sinnenwelt.
Im Ablauf dieser psychischen Transformation wird die dreifache Welt von Geist, Leben und Körper ständig bewußter und die höheren und tieferen Ebenen des Geistes, des Lebens und des Körpers erschließen sich. Eine Integration mit dem höheren Mentalen, dem Übermentalen, mit den okkulten Wirklichkeiten und dem feinstofflichen Bereich stellt sich her. Diese Phase entspricht der Reinigung oder Läuterung.

- Die zweite Phase: die spirituelle Umwandlung

Hierbei öffnen sich innere Tore zum Unendlichen im Menschen, zum grenzenlosen Selbst, zum unbegrenzten Bewußtsein. Das überbewußte Sein steigt herab, tritt in uns ein, hebt uns empor und das niedere Bewußtsein steigt zu dem höheren Bewußtsein hinauf.
Shri Aurobindo beschreibt, wie ein breiter, spiritueller Erfahrungsstrom von oben her einfließt: „Erfahrungen des eigenen Wesens, Erfahrungen

kosmischer Bewußtheit, ein direktes Berührtwerden von kosmischen Kräften, [...] Einheit, Verbundenheit und Wechselbeziehungen aller Art mit anderen Wesen und mit der Natur überhaupt, Erleuchtung des Geistes durch Erkenntnis, Erleuchtung des Herzens durch Liebe, und spirituelle Hingabe [...], eine Gewißheit des göttlichen Lichtes, Herzens und einer geläuterten Seele [...].“[237]

„Vor der unermüdlichen Ausdauer eures Bemühens wird sich plötzlich ein inneres Tor öffnen, und ihr werdet in eine blendende Pracht eintreten, die euch die Gewißheit der Unsterblichkeit bringt, die konkrete Erfahrung, daß ihr schon immer gelebt habt und immer leben werdet, daß allein die Formen vergehen und daß die Formen im Verhältnis zu dem, was ihr wirklich seid, die Umhänge sind, die weggeworfen werden, wenn sie abgenützt sind.“[238]

Als Wegmarkierungen beschreibt Shri Aurobindo „auftauchende Formen und Farben, Bilder und symbolische Zeichen.“[239] Die Befreiung des Menschen geschieht aber nicht durch eigene Tat, sondern nur durch „die Ankunft des herabsteigenden Übergeistes.“[240]

- Die dritte Phase: die supramentale Wandlung und das Entstehen des supramentalen Wesens

Hier geht es um das Aufleuchten des supramentalen Wesens im Menschen, das in unserer irdischen Natur verborgen liegt. „Die Mächte dieses Überbewußtseins müssen zu uns herabsteigen, und unser Wesen verwandeln. Es ist der Übergang vom Geist zum Übergeist, ein Durchgang durch die Natur zur Übernatur.“[241]

Qualitäten dieses neuen Bewußtseins sind: eine supramentale Vernunft, ein supramentales Denken, ein supramentales Auge und Ohr, supramentales Fühlen, Reden, ein supramentales Gedächtnis und Urteil und der supramentale oder sechste Sinn. Das wahre Selbst, das supramentale Wesen, muß zum Mittelpunkt unseres ganzen Wesens werden. Laut Shri Aurobindo wird das individuelle Selbst mit dem kosmischen Willen und dem kosmischen Wirken in Einklang gebracht.

Shri Aurobindo charakterisiert das Supramentale mit den Begriffen „ewige Realität des göttlichen Seins und der göttlichen Natur“[242], „gnostische Existenz“[243], „reales, weil totales Wissen“[244], und wertet es als kosmisches Bewußtsein und universales Bewußtsein. Im supramentalen Bewußtsein zu sein, bedeutet für Shri Aurobindo das Unendliche und Ewige zu leben, jenseits von Zeit und Raum. Alle Ich-Haftigkeit muß beseitigt sein.

Shri Aurobindo betrachtet Materie als ein Werkzeug der Offenbarung des Geistes, wobei auch der Körper als ein „fähiges und treues Instrument“ dem Geist gehorcht.

- Die vierte Phase: ein göttliches Leben in der Welt

Eine neue Konzeption des Menschen erlischt nach Aurobindos Sichtweise nicht in einem Nirvana; er verliert nicht seine spirituelle

Individualität. Der Mensch lebt in der Fülle des Daseins, da er mit dem Bewußtsein des Alls, seiner Kraft und seines Wirkens eins geworden ist. Die Freiheit dieses Bewußtseins und die Ordnung als Grundlage des alltäglichen menschlichen Lebens werden miteinander ausgesöhnt sein. Es ist ein Gehorsam gegenüber den Gesetzen der universellen und höchsten Wahrheit. Shri Aurbindo spricht in diesem Zusammenhang von einem göttlichen Leben auf Erden[245] sowie von dem Ideal einer geeinten Menschheit auf Erden.[246]

d. Shri Ramana Maharshi[247]

„Meditiere nicht - sei!
Denke nicht, daß du bist - sei!
Denke nicht über das Sein nach - du bist!"[248]

Ramana Maharshi war einer der größten indischen Heiligen der Neuzeit. Er schrieb keine eigenen Bücher. An Publikationen existieren nur Wiedergaben von aufgezeichneten Gesprächen. Wie alle Vollkommenen ist sein Geist jenseits der Konfessionen angesiedelt, da er alle religiösen Einzelbekenntnisse und alle philosophischen Systeme transzendierte. So sind seine Aussagen über das Wesen der Wirklichkeit und über den von ihm gelehrten Weg der Selbstergründung für alle spirituell Suchenden, gleich welcher Konfession und Kultur, gültig.
Mit 18 Jahren hatte er eine tiefe Erfahrung des Atmans und lebte in dauernder Verbindung mit dem absoluten Bewußtseinszustand, dem Brahman, im dauernden Zustand des Advaita.[249] Ramana Maharshi benutzte kein besonderes Lehrsystem, sondern legte seine eigenen Erfahrungen dar.

(1) DER PFAD DER SELBSTERGRÜNDUNG[250]

Seine besondere Methode der Unterweisung besteht darin, den Suchenden auf das wahre Selbst zu verweisen. Er nennt es die Methode der Selbstergründung. Die Frage „Wer bin ich?" ist die Schlüsselfrage zur Erfahrung des Wesens. Dadurch wird die Erinnerung an das wahre Wesen lebendig gehalten.

- Über die Methoden[251]:
  „Alle Methoden sind gut, da sie zu unserem wahren Wesen führen. Sie sind nur verschiedene Anstrengungen, Unwirklichkeiten auszuschalten."
  „Wir sind besessen von der Unwirklichkeit. Aber unser wahres Wesen ist die Wirklichkeit. Wir hängen an der Unwirklichkeit, an weltlichen Tätigkeiten. Hören diese auf, wird die Wahrheit offenbar. Durch die Übungen beseitigen wir Hindernisse, die die Offenbarung unseres wahren Seins verhindern. Nichts Neues braucht erlangt werden, wir haben, was wir suchen."

- Yoga:
  „Yoga bedeutet Vereinigung. Alle Yogaarten, Bhakti, Jnana, Karma, Raja sind nur verschiedene Entwicklungsstufen zu Gott für verschiedene Charaktere."

- Charakteristika höchster Realität:
  „Die Verwirklichung der höchsten Realität ist eine direkte Erfahrung. Alles ist die höchste Realität. Es gibt weder Objekt noch Subjekt. Reines Bewußtsein liegt jenseits von Grenzen."

- Samadhi:
  „Samadhi ist die letzte Stufe des Yoga. Es bedeutet bei der Wirklichkeit zu verweilen. Nur Samadhi enthüllt die Wahrheit. Es bedeutet in der Wirklichkeit aufgehen und der Welt nicht gewahr sein, ohne Anstrengung im reinen natürlichen Zustand sein. Das Denken deckt einen Schleier über die Wirklichkeit. Im Samadhi herrscht nur das Gefühl: ich bin. Keine Gedanken, es ist ein friedvolles Bewußtsein mit innere Klarheit."

(2) FORMEN VON SAMADHI

Ramana Maharshi unterscheidet verschiedene Formen von Samadhi[252]:
- Sahaja-Nirvikalpa Samadhi
  Nirvikalpa ist formloses absolutes Bewußtsein und vollkommener Friede (Chit). Es bedeutet ohne Unterschied zu sein. Somit gibt es keinen Unterschied zwischen mir und dem anderen, zwischen mir und der Welt. Alles ist eine Manifestation des Selbst. Das Ego ist total ausgelöscht. Es ist keine Bewegung in ihm. Alles gehört zu ihm.
- Kevala-Nirvikalpa Samadhi
  Hier ist der Übende noch Suchender. Es ist ein vorübergehendes Selbstgewahrsein; das Ego ist noch nicht vollständig ausgeschaltet.
- Savikalpa-Samadhi
  Durch ständige Anstrengung wird Selbstgewahrsein erhalten. Dieses ist abhängig von der Anstrengung des Übenden.

(3) ALLTAG UND SELBSTVERWIRKLICHUNG

„Es gibt keinen Konflikt zwischen Arbeit und Weisheit [...]. Nur spirituelle Anfänger brauchen eine besondere Zeit für die Meditation. Wer weiter fortgeschritten ist, beginnt die tiefere Seligkeit zu genießen, ob er arbeitet oder nicht. Während seine Hände in der Gesellschaft wirken, behält er seinen klaren Kopf in der Einsamkeit."[253] „Eine andere Einstellung zur Arbeit ist nötig. Wer bin Ich? Wer arbeitet, den bindet die Arbeit nicht mehr. Was geschehen soll wird geschehen. Alles ist der höheren Macht überlassen. Das Selbst ist alles. Die Arbeit geht von selbst weiter. Alles ist Gottes Handlungen, und damit recht. Die Quelle der Aktivität ist das Selbst. Keine Eile, keine Hast, die Erinnerung an das wahre Wesen lebendig halten. Ohne Hast und mit Sammlung arbeiten. Der Weise hat die Wahrheit erkannt, daß jede Tätigkeit in seiner bloßen Anwesenheit stattfindet, er aber tut nichts. Er ist der schweigende Zuschauer aller Aktionen. Wir müssen unsere Rolle auf der Lebensbühne spielen."[254]

(4) SIDDHIS UND WUNDERKRÄFTE

„Sie sind Produkte des Geistes und alle Siddhis betätigen die Funktionen des Geistes. Wir befinden uns im Bereich der Sinne. Sie sind Hindernisse auf dem Weg zur höchsten Wirklichkeit und sollten keinesfalls willentlich gesucht werden. Stellen sie sich spontan ein, können sie Hinweis sein, daß man am Weg der fortschreitenden Entwicklung ist, sie sollen aber nicht beachtet werden."

e. Shri Ramakrishna[255]

Shri Ramakrishna wird von gläubigen Hindus als Heiliger und Inkarnation Gottes verehrt. Beachtenswert ist, daß er sich 14 Jahre lang, unter Anleitung verschiedener Gurus, den spirituellen Übungen verschiedenster Religionen unterzogen hat und auf jedem dieser Wege Erleuchtung erfahren hatte. Shri Ramakrishna war sich demnach bewußt, daß die letzte Wirklichkeit in allen Religionen als dieselbe erfahren werden kann. Er sagt in einem Gespräch mit seinem Schüler Goswami: „Wer in seinem Innersten gesammelt lebt, kann innerhalb aller Religionen Gott erreichen. Auch die Vishnuiten werden Gott erreichen, auch die Saktas, auch die Vedantins, die Brahmo-Jnanis; die Mohammedaner und die Christen, die werden ihn auch erreichen. Alle, die im Innern gesammelt leben, werden ihn erreichen. [...] Man kann Gott auf verschiedenen Wegen erreichen."[256]
Shri Ramakrishna und der von ihm gegründete Ramakrishna-Orden bezogen in ihr mystisches Leben stark auch die soziale Hilfe zum Nächsten mit ein. So werden viele Krankenhäuser, Apotheken und Schulen unter der Aufsicht des Ordens geführt. Es wird also Hilfe auf transkonfessioneller Basis angeboten.

(1) AUS GESPRÄCHEN VON SHRI RAMAKRISHNA MIT SEINEN SCHÜLERN[257]

- Shri Ramakrishna sagt: Gott ist alles geworden
  „Dann entwickelt er sich in der Gegenrichtung weiter, er wird alles [als Manifestation Gottes] annehmen. Wer die Schale der Bananenstaude eine nach der anderen abzieht, kommt ans Mark. Die Schalen sind eines, das Mark ein anderes. [...], doch zum Schluß sieht man: die Schalen bilden eine Einheit mit dem Mark. Gott ist die 24 Lebensprinzipien (tattva) geworden, er selbst ist Mensch geworden."[258]
- Shri Ramakrishna sagt über die vier Merkmale der Schau Gottes:
  „Aber ob einer die Schau Gottes hatte oder nicht, dafür gibt es Merkmale. Manchmal ist er wie ein Narr: er lacht, weint, tanzt, singt. Manchmal wie ein kleiner Junge, er hat das Benehmen eines Fünfjährigen: einfältig, großherzig,

ohne Ichsucht, ohne Gier für irgendwelche Dinge, von keinem Guna beherrscht, immer voll Freude. Manchmal ist er wie ein Unhold: er nimmt nicht mehr den Unterschied von heilig und nicht heilig wahr, was die Heiligen Schriften vorschreiben und verbieten, wird eins. Manchmal ist er auch wie leblos, er blickt stumpf drein. Darum kann er überhaupt keine Arbeit tun, er kann sich für nichts einsetzen.“[259]

- Shri Ramakrishna sagt über Brahman:
  „Brahman ist wie der leere Raum [akasha]. Im Brahman gibt es keine Veränderungen, so wie Feuer überhaupt keine Farbe hat. Doch durch Sakti ist Brahman vielfältig geworden. Sattva, rajas, tamas, diese drei Gunas sind die Gunas von Sakti. Wenn du Weißes ins Feuer wirfst, zeigt das Feuer sich weiß; wenn du Rotes hineinwirfst, zeigt das Feuer sich rot; wenn du Schwarzes hineinwirfst, zeigt es sich schwarz. Brahman ist jenseits der drei Gunas. Was es ist, ist unaussprechlich. Es ist jenseits von Worten. Was [nach dem Prozeß von] neti neti[260] übrigbleibt und wo Glückseligkeit [ananda] herrscht, das ist Brahman.“[261]
- Shri Ramakrishna sagt über die Erfahrung des ungeteilten göttlichen Bewußtseins:
  „Einmal habe ich gesehen: ein Bewußtsein – undifferenziert. Zuerst zeigte es mir, daß es viele Menschen, Tiere und Lebewesen gibt. Unter ihnen waren Bäbus, Engländer, Muslime, ich selbst, Latrinenfeger, Hunde und ein bärtiger Muslim, der in der Hand einen Teller mit Reis hielt. Von diesem Reis gab er jedem ein wenig in den Mund. Ich habe auch ein wenig gekostet.
  Ein anderes Mal hat es mir gezeigt: Kot, Urin, Reis, gekochtes Gemüse, alle Arten von Essenssachen, alles lag da. Plötzlich kam die Seele aus meinem Innersten heraus und kostet von allem wie mit einer Feuerzunge. [...] Kot, Urin, alles hat sie gekostet! Es hat mir gezeigt, daß alles eins ist, undifferenziert!“[262]
- Shri Ramakrishna sagt über Sadhana (Versenkung):
  „Um Gottes Schau zu bekommen, ist Sadhana notwenig. [...] Ich mußte harte Sadhana üben. Wie viele Arten von Sadhana habe ich unter dem Bel-Baum geübt! Dort habe ich ausgeharrt und gerufen: ‚Ma, zeig dich mir‘. Mein Körper wurde von meinen Tränen überschwemmt.“[263]
- Shri Ramakrishna sagt über das Spiel der Welt:
  „In Gott gibt es beides: Wissen und Unwissen. [...] Das Spiel des Wissens ist Jnana, Bhakti, Barmherzigkeit, Entsagung. Wer zu ihnen Zuflucht nimmt, kommt Gott nahe. Noch eine Stufe höher, und man erreicht Gott, Brahma-Jnana. In diesem Zustand hat man das deutliche Bewußtsein, sieht man genau: er ist alles geworden. Es gibt nichts, was aufgegeben oder angenommen wird. Man ist unfähig, über jemanden Zorn zu empfinden. Ich fuhr einmal durch die Stadt. Auf einer Veranda sah ich zwei Prostituierte stehen. Ich sah in ihnen die Muttergottheit selbst, sogleich grüßte ich sie verehrungsvoll. Als ich das erste Mal in diesem Zustand war, konnte ich für Ma Kali keinen Gottesdienst mehr feiern und ihr keine Reismahlzeiten anbieten. Haladhari und Hriday sagten: ‚Der Kassierer [des Tempels] hat gesagt: Wenn der Brahmane der Gottheit keine Reismahlzeit opfert, warum ist er dann über-

haupt hier?' Als ich diese gemeinen Worte hörte, lachte ich nur, ich war kein bißchen ärgerlich. Erreiche Brahma-Jnana, dann schweife umher und koste diese Lila [das göttliche Spiel in der Welt] aus."[264]

D. SAMADHI DURCH VERSENKUNG IN DAS INDISCHE KULTBILD (YANTRA UND MANTRA)

Zur Bewußtseinsvereinheitlichung werden sowohl im Hinduismus als auch im tibetischen Buddhismus Yantras und Mandalas verwendet. Unter Yantra versteht man ein meist aus geometrischen Formen gestaltetes Diagramm, das als Hilfsmittel verwendet wird, um durch Konzentration auf dieses Yantra zum Göttlichen vorzustoßen. Der Indologe Heinrich Zimmer[265] schreibt: „Sie [die Yantras] sind nur Durchgangspunkt zum Ziele der Andachtsübung, die reine, ungespaltene, unanschauliche Geistigkeit zu erfahren, sich als sie zu erfahren." An anderer Stelle meint er: „Erhebt sie [die reine göttliche Geistigkeit] sich aber zum Willen, ihr zu unterschiedlicher Fülle auseinander getretenes Wesen als Totalität und Einheit zu erfahren, zur Ruhe in sich selbst einzugehen, so dienen eben Bildwerk und Zeichen als Werkzeug [Yantra], um die Ineinsetzung [Samadhi] von Seher und Gesicht zu bewirken."[266]
Das Shri-yantra ist das wohl bekannteste indische Kultbild.

E. ERLEUCHTETE FRAUEN IM HINDUISMUS

Auch im Hinduismus ist, wie in allen Religionen, die Rolle der Frau stark abhängig von dem gegebenen religiösen, kulturellen und politischen Hintergrund. Im Hinduismus sind es vor allen der Shaktismus[267] und die Bhakti-Bewegung[268], die die Rolle der spirituellen Frau aufwerteten.

a. Shaktismus

Vorwiegend im 7. und 8. Jahrhundert kam eine große Bewegung „zur Andacht der göttlichen Frau" auf. Die Frau wird als Repräsentantin der ‚Shakti', der weiblichen Göttin und Energie, betrachtet, die durch die sexuelle Kraft oder auch Kundalini-Shakti repräsentiert wird. Die Shakti wird als allem zugrunde liegende Schöpferkraft betrachtet[269]. Shaktismus und tantrischer Buddhismus in Indien teilten die Verehrung von Göttinnen und Frauen als Verkörperung weiblicher Gottheit. Beide Bewegungen vertreten die Ansicht, daß das Universum durch die weibliche Schöpferkraft entstanden ist.

Im Chandramaharo-Shana-Tantra heißt es:
„Frauen sollen geehrt werden.
Frauen sind der Himmel,
Frauen sind die Wahrheit,
Frauen sind das höchste Feuer der Transformation.
Frauen sind der Buddha,
Frauen sind die religiöse Gemeinschaft,
Frauen sind die Vollendung der Weisheit.“[270]

Miranda Shaw schreibt über die Stellung der Frau im tantrischen Buddhismus und ihre gleichberechtigte Rolle, sowohl in der indischen als auch in der tibetischen Richtung. Gleichberechtigte Partner, die beide in gleicher Weise nach Erleuchtung streben und dieselbe meditative Schulung aufweisen, sind für diesen Weg Voraussetzung. Sie berichtet von erleuchteten Yoginis, tantrischen Meisterinnen und von weiblichen Buddhas, wie z.B. Vajra-Yogini, Simhamukha oder Buddha Tara. Es gab auch erleuchtete weibliche Yoginis als Gurus, die gelehrt und höchste Einweihung gegeben haben.[271]

b. Die Bhakti-Bewegung

Eine weitere Bewegung, die eine Aufwertung der Rolle der Frau mit sich brachte, war die Bhakti-Bewegung. Als ein Gegenpol zur brahmanischen Tradition entwickelte sie sich um das 6. Jahrhundert in Indien, als Bewegung der liebenden Hingabe zum Höchsten. Sie unterscheidet sich von der patriarchalischen brahmanischen Tradition durch ihre Einstellung zur Rolle von Mann und Frau, zum Kastenwesen und zur vorherrschenden Theologie. Die spirituelle Frau wurde als ‚göttliche Mutter‘, oder ‚Ma‘ verehrt. Dadurch wurde es Frauen ermöglicht, im alltäglichen Leben und im sozialen Bereich spirituelle Verwirklichung zu erlangen, da der Gott-Liebende in der Bhakti-Bewegung keinen Unterschied zwischen der religiösen und der sozialen Sphäre machte.
Herausragendes Beispiel und Symbol des Bhakti-Yoga ist das Liebespaar Radha und Krishna. Ihr Liebesspiel ist das Symbol für die Transzendierung weltlicher Gefühle und Liebe. Es wird sich an eine allumfassende göttliche Liebe hingegeben[272]. Jedoch kennt man auch im Hinduismus die Tendenz, daß die Frau von spirituellen Hindus gemieden wurde. Dahinter steckte die Angst, durch die Frau in die Gefahrenquelle der ‚Maya‘ herabgezogen zu werden. Selbst Shri Ramakrishna schreibt: „Wenn eine Frau meinen Körper berührt, werde ich krank. An der Stelle, wo sie mich berührt, habe ich prickelnde Schmerzen. [...] Durch Frauen schafft man sich ein Leben voller Maya. Dadurch vergißt man Gott. [...] Die Weltenmutter selbst ist jedoch diese Maya-Gestalt, sie hat die Gestalt einer Frau angenommen. Wer das recht begriffen hat, hat kein Bedürfnis nach einem Leben voller Maya.“[273]

c. Shri Anandamayi Ma[274]

Man nennt sie „die von Seligkeit durchdrungene Mutter". Sie war eine der bedeutendsten indischen Heiligen und eine der wenigen weiblichen Gurus. Sie setzte sich für die spirituelle Erneuerung des Hinduismus ein und war bemüht, eine Verbindung aller Glaubensrichtungen, Philosophien und Yogawege herzustellen, wobei sie selbst jenseits davon und darüber stand.
Ihre Eltern gehörten der Brahmanenkaste an und gaben ihr den Namen Nirmala Sundari Devi, was die Reine und Schöne bedeutet. Mit zwölf Jahren wurde sie verheiratet, zeigte aber von früher Jugend an ausschließliches Interesse am spirituellen Leben. Innerhalb von sechs Jahren durchlief sie alle Yogawege, die zur Erleuchtung führen. Ma erlangte Zustände tiefer Erleuchtung, jahrelang übte sie sich im Samadhi. Nach ihrer Erleuchtung erhielt sie den Namen Anandamayi Ma. Sie erlangte Erleuchtung ohne Guru und ohne Studium der Heiligen Schriften. 1929 wurde von ihren Schülern in Dacca ein erster Ashram für sie errichtet. Sie reiste jahrzehntelang durch ganz Indien, um spirituell Suchenden aller Schichten Trost und Hilfe zu bringen. Es entstanden zahlreiche Ashramas unter ihrem Namen.
Sie sprach von sich selbst als ‚dieser Körper' oder ‚diese kleine Schwester'. Ihre Anhänger nannten sie ‚Mataji' (verehrte Mutter) und ‚Ma' (Mutter). Sie pflegte zu sagen: „Dieser Körper ist wie ein Musikinstrument; was ihr hört, hängt davon ab, wie ihr darauf spielt."[275]

(1) AUS GESPRÄCHEN VON SHRI ANANDAMAYI MA MIT IHREN SCHÜLER/INNEN[276]

- Jeder und alles ist immer gegenwärtig
  Als die Schüler sich von Anandamayi Ma verabschiedeten, einer nach dem anderen, sagte Swami Akhandananda zu ihr: ‚Nun sind alle gegangen!' Ma bemerkte lachend: ‚Wenn gesagt wird: Jeder ist fortgegangen!, muß man verstehen, daß von einer Sicht her niemand gegangen ist, da es in Wirklichkeit kein Kommen und Geben gibt. Jeder und alles ist immer gegenwärtig. Auf der Ebene der Ganzheit trifft die Aussage, daß etwas existiert und nicht existiert. nicht zu, und doch ist wiederum alles richtig. [...] Denn was existiert, existiert gleichzeitig nicht, und das wiederum, was nicht existiert, existiert."
- Die Frage nach Gott
  Nach Gott gefragt, sagte sie: „Wasser und Eis - wo liegt wirklich der Unterschied zwischen beiden? Weißt Du es? Folglich ist nur ‚er', ‚er' allein und kein anderer. Der ‚eine'. Das reine Bewußtsein und die reine Intelligenz hat viele Formen und ist gleichzeitig formlos. Aus diesem Grund sind sowohl das, was ihr weltliche Handlungen nennt, als auch die Handlung des Suchers, beide ‚das'."
  „Der intensive Wunsch nach Gottesverwirklichung ist in sich selbst bereits der Weg."
  „Ich bin sowohl bedingt als auch unbedingt. Ich bin weder begrenzt noch unbegrenzt. Ich bin beides zugleich."
  „Im ganzen Universum, in allen Daseinszuständen, in allen Formen ist er.

Alle Namen sind seine Namen, alle Formen sind seine Formen, alle Eigenschaften seine Eigenschaften und alle Existenzweisen sind wahrlich die Seinen."

„Ich spreche zu niemanden, ich gehe zu niemandes Haus, noch esse ich jemandes Nahrung. Alle Namen und alle Eigenschaften sind ‚dein'."

„Wenn die Hingabe eurer selbst vollkommen wird, genau in dem Moment offenbart sich die unteilbare, unversehrte Vollkommenheit, die ständig durch das Selbst offenbart wird."

„Wie lange wollt ihr noch in einem Gasthaus am Weg verweilen? Wollt ihr nicht nach Hause gehen? Wie köstlich das alles ist. [...] Man ist im eigenen Selbst, der Wanderer, der Verbannte, der Heimkehrer und das Heim. [...] Man ist alles, was existiert."

„In was für Umstände du auch immer gerätst, betrachte es so: es ist alles richtig, dies war notwendig für mich; es ist sein Weg, mich zu seinen Füßen zu ziehen, und versuche zufrieden zu bleiben. Von ihm allein sollte dein Herz eingenommen sein."

„Die Bestimmung jedes menschlichen Wesens ist es, den Schleier, den sein eigenes Selbst verhüllt, zu zerreißen. Sein Selbst zu verwirklichen bedeutet Gott zu verwirklichen, und Gott zu verwirklichen bedeutet, sein Selbst zu verwirklichen."

- Über die Rolle des Gurus

  Als weiblicher Guru sagt sie: „Ich sage nie: ‚Ich werde dieses tun und jenes nicht'. Ihr seid es, die mich eurer Fähigkeit entsprechend dazu bringt, irgendetwas zu tun."

  „Der Guru manifestiert sich in Wirklichkeit von Innen. Wenn deine Suche aufrichtig ist, muß er einfach erscheinen, es gibt gar keine andere Möglichkeit. Der Eine, der selbst die Gestalt des Guru annimmt, veranlaßt von selbst seine Offenbarung oder wird offenbar."

  „Ich bin immer bei jedem von euch, wo auch immer ihr gerade sein mögt. Aber euer Blick wird von weltlichen Angelegenheiten gefesselt, und ihr habt wenig Zeit, eure Aufmerksamkeit in all euren Gedanken und Handlungen auf diesen Körper zu richten. Was kann ich tun? Aber seid sicher, daß alles, was ihr denkt oder tut, ob ihr nah oder weit fort seid, meiner Aufmerksamkeit niemals entgeht. [...] So wie eure Gesichter beim Aufleuchten eines Lichtes in lichten Umrissen erglänzen, so erscheinen all eure Gesichtsausdrücke vor mir, wenn ihr über mich nachsinnt oder über mich sprecht oder euch niedersetzt, um zu mir zu beten. Oft ist es geschehen, daß dieser Körper den Ruf ‚Ma' aus weit entfernten Ländern gehört hat. Wo der Begriff von Entfernung nicht existiert, sind Raum und Zeit keine Hindernisse."

5. Buddhistische Mystik

„Buddha sprach: Diese meine Lehre ist im gegenwärtigen Dasein wirksam, sie ist an keine Zeit gebunden, sie lädt ein zur Kontemplation, sie führt zum Ziel der Befreiung und sie ist von den Einsichtigen aus eigener Kraft zu verstehen."[277]

A. ALLGEMEINE GRUNDLAGEN

a. Die drei Fahrzeuge

Obwohl Shakyamuni Buddha selbst keine Religion gründen wollte, wurden seine Lehren zentraler Punkt des Buddhismus, der heute zu den großen Weltreligionen gehört.

Die Grundgedanken Buddhas finden sich in allen buddhistischen Schulen wieder, wurden aber nach dem Tode Buddhas unterschiedlich interpretiert, vor allem in Bezug auf die ‚Rettungsmöglichkeiten', d.h. auf die Wege, wie Menschen zur Erkenntnis der Wahrheit, zum Nirvana, geführt werden können. Seine Gedanken lieferten die Basis für verschiedene buddhistische Systeme, wie sie sich geschichtlich ausgebildet und durch die Verbreitung in verschiedene Länder und Anpassung an lokale Strömungen differenziert haben.

Shakyamuni Buddha vergleicht seine Lehre mit einem Floß, das den Menschen beim Übersetzen über den Fluß hilft. Sobald der Fluß überquert ist, ist das Floß unnütz geworden. So kam es zu dem Begriff des ‚Fahrzeugs' als Hilfsmittel. Im Buddhismus unterscheidet man zwischen den drei ‚Fahrzeugen', die entsprechend dem jeweiligen geistigen Vermögen und den unterschiedlichen Interessen der Schüler gelehrt werden[278].

- ‚Theravada' (kleines Fahrzeug)
  Es handelt sich dabei um die ursprüngliche Richtung, die auch als ‚Hinayana' oder ‚kleines Fahrzeug' bezeichnet wird. Theravada ist die ältere Form des Buddhismus und beruht auf einer Sammlung von Lehren, die nach dem Tod Shakiamuni Buddhas bestätigt wurden. Im Hinayana ‚rettet' jeder sich selbst, das Ideal ist der ‚Arhat', ein Heiliger, meist ein Mönch, der aus eigener Kraft die Erlösung für sich selbst erlangt hat.
- ‚Mahayana' (großes Fahrzeug)
  Sie hat als Grundlage die gegenseitige Hilfe zur Befreiung für alle. Das Ideal im Mahayana ist der Bodhisattva, dessen Ziel es ist, erst dann in das Nirvana einzugehen, wenn auch der letzte Mensch die Befreiung erreicht hat. Die bedeutendsten Schulen des Mahayana sind: der Ch`an-Buddhismus, im Japanischen auch Zen genannt und der tibetische Buddhismus.
- ‚Vajrayana' oder ‚Diamantfahrzeug'
  Sie hat als Ziel, den geistigen Zustand Buddhas, der gleich dem eines Diamanten (vajra) ist, zu erlangen.

b. Zum Begriff Buddha

Das Wort Buddha bedeutet auf Sanskrit ‚der Erwachte'. Spricht man von Buddha, so gilt es zwischen verschiedenen Bedeutungen des Wortes zu unterscheiden. Zum einen ist damit der historische Buddha, der auch den Namen ‚Gautama Buddha' oder ‚Shakyamuni Buddha' trägt, gemeint. Aber auch andere Bedeutungen sind möglich: Buddha als Bezeichnung für einen ‚erwachten Menschen', der vollkommene Erleuchtung erlangt hat und das ‚Buddhawesen' oder die ‚Buddhanatur' als eigenschaftslose letzte Wirklichkeit eines jeden Menschen.

(1) DER HISTORISCHE BUDDHA: SHAKYAMUNI BUDDHA[279]

Geboren wurde er im heutigen Nepal als Siddharta Gotama aus dem Adelsgeschlecht der Sakya. Bis zu seinem 30. Lebensjahr blieb er im Luxus des väterlichen Palastes. Begegnungen mit menschlicher Not erschütterten ihn so sehr, daß er ein Asket wurde und Heimat und Familie verließ. Mit 35 Jahren soll er Erleuchtung erlangt und zu predigen begonnen haben. Seine Lehre ist vor allem die der Befreiung vom Leiden. Er selbst hinterließ keine Schriften, jedoch wurden Sprüche und Schriften von seinen Schülern im Palikanon aufgezeichnet.
In tiefer Erleuchtungserfahrung erkannte er, daß diese Welt vergänglich ist, und daß das Begehren, Gier, Haß und Verblendung nach sich zieht und die Ursache für das Leiden und für die Probleme der Menschen darstellt. Erlöschen des Begehrens führt zum Erlöschen des Leidens. Begehren hält das Rad der Wiedergeburt in Gang. Sind die drei Gifte Gier, Haß und Verblendung besiegt, dann erlangt der Mensch den Zustand des Nirvana[280].
Shakyamuni Buddha lehrte, ohne jede Autorität zu beanspruchen. Er richtete sich an die Kaste der Brahmanen, sowie an jeden einzelnen, den Weg zur Erleuchtung zu gehen. „Jeder ist eine Lampe für sich selbst" soll er gesagt haben. Der Schüler wird angehalten, selbst zu prüfen und die Qualität der gelebten Erfahrung ist für ihn der Prüfstein. Frauen und Männer sind in gleicher Weise fähig zur Erfahrung der Erleuchtung. Im Anguttara Sutra[281] heißt es: „Der Buddha sprach: ‚Richtet euch nicht nach dem, was ihr nur vom Hörensagen kennt, nach dem, was ein anderer euch gesagt hat, nach Heiligen Schriften, nach Meinungen und spitzfindigen Schlußfolgerungen, nicht nach äußeren Erwägungen und nicht nach eingewurzelten Anschauungen, nicht nach dem, was so aussieht, als sei es richtig, und nicht nach dem Wort eines verehrten Meisters. Richtet euch nach dem, was ihr selbst als gut erkannt habt, und laßt von dem, was ihr als schlecht erkannt habt.'"
In den Schriften wird Buddha als überweltliches Wesen betrachtet, das dauernd im Samadhi verweilt. Es wird ihm ein unendlicher Körper, unendliche Macht, ein unendliches Leben und Allwissenheit zugeschrieben.

(2) BUDDHA ALS GEISTESZUSTAND DES ZUR WIRKLICHKEIT ERWACHTEN WESENS

Anliegen eines Buddhisten ist es, den Zustand eines Buddha zu erreichen. Auch der Begriff Tathagata wird für Buddha verwendet. Er ist der ‚Erwachte' oder ‚Angekommene'. Ein Buddha ist ein Wesen, das die vollkommene Erleuchtung erlangt hat und die wahre Wirklichkeit verkörpert. Diese höchste Wirklichkeit wird auch ‚Dharma' genannt. Der Begriff Dharma umfaßt aber auch alle Lehren, die zur persönlichen Verwirklichung dieser Wirklichkeit führen, sowie Phänomene, beispielsweise Dinge, Gedanken, Begriffe und Vorstellungen, die aus dem Urgrund des Geistes hervorgehen.
Jeder Mensch besitzt bereits von Natur aus die Buddhanatur oder Dharmanatur, die reine lichthafte Essenz des Geistes, die allen Phänomenen zugrunde liegt und die durch Verunreinigungen verdeckt ist.

(3) DIE TRIKAYALEHRE (DREI-KÖRPER-LEHRE)

Die drei Aspekte des Buddha werden die ‚trikaya' (dreifacher Körper) genannt und in der Trikayalehre formuliert[282]. Als Grundlage der Trikayalehre dient die Überzeugung, daß Buddha eins ist mit dem Absoluten und sich in der Welt des Relativen manifestiert, um sich aktiv für das Heil aller Wesen einzusetzen. Es werden drei Körper unterschieden: der Dharmakaya, der Sambogakaya und der Nirmanakaya.
Der Dharmakaya, Gesetzeskörper oder Körper der großen Ordnung genannt, ist das reine Buddhaprinzip, er ist unsichtbar, formlos und reine Wirklichkeit. Er ist frei von Verdunkelungen und ist Zeichen uneingeschränkter Weisheit. Symbolisiert wird er des öfteren durch einen unendlichen Ozean, ruhig und ohne Wellen, aus welchem Nebelwolken aufsteigen, die den Sambhogakaya symbolisieren. Dieser wird auch Kompensationskörper oder Körper der Entzückung genannt, da er den Glanz der Seligkeit ausdrückt und reflektierte und begrenzte Weisheit verkörpert. Der Nirmanakaya, auch Verwandlungskörper genannt, ist der veränderliche irdische Körper des Menschen, der im Samsara, in der weltlichen Existenz, lebt. Er verkörpert praktische und inkarnierte Weisheit.[283]
Dieses Trikayakonzept erfährt im Zen und im tibetischen Buddhismus abweichende Interpretationen.[284] Im Zen spricht man von Trinitätsprinzip mit den Aspekten Buddha, Dharma (die Schriften) und Sangha (Gemeinschaft).[285]

c. Grundelemente der Lehre

(1) WERKE

Buddha selbst hat keine Schriften hinterlassen, jedoch wurden seine Reden und Aussprüche von seinen Schülern im ‚Palikanon'[286] aufgezeichnet. Er besteht aus drei Abschnitten, den ‚drei Körben' (Tipitaka, Dreikorb). Der erste Korb, der ‚Korb der Disziplin', regelt das Zusammenleben der Mönche. Der zweite Korb, der ‚Korb

der Lehrreden‘, enthält die Lehrreden, die von Buddha selbst oder seinen ersten Schülern stammen sollen. Sie betreffen das Leben Buddhas, die Lehre der Reinkarnation und ihre Grundregeln. Der dritte Korb, der ‚Korb der Metaphysik‘, befaßt sich mit buddhistischer Philosophie und Psychologie.
Nach der Spaltung in einzelne Schulen wurden Teile des ursprünglichen Kanons den Bedürfnissen entsprechend verändert, so daß es zu einer Aufsplitterung kam. Der ‚Dhammapada‘[287] ist der älteste buddhistische Text. Er enthält die vier Wahrheiten, den achtgliedrigen Pfad und Lehren zur Moral, zur Selbstdisziplin und zur Versenkung.

(2) BEGRIFFE

- Nirvana
  Der Begriff Nirvana, der im Sanskrit ‚Verwehen‘ oder ‚Verlöschen‘ bedeutet, beschreibt einen Zustand, der gekennzeichnet ist durch die Abwesenheit jeglicher Verblendung. Er symbolisiert den höchsten Bewußtseinszustand, den Zustand der vollkommenen Befreiung, und kann dem Samadhi im Yoga, dem Satori im Zen und der Unio mystica in der Kontemplation gleichgesetzt werden. Es ist die Erfahrung des Einsseins mit dem Absoluten, die höchste Stufe auf dem mystischen Weg. Nirvana bedeutet kein Vernichten, wie im Westen oftmals fälschlicherweise gemeint wurde, sondern weist auf die Erfahrung des Absoluten hin.

- Bodhichitta
  Bodhichitta, der Erleuchtungsgeist, ist der Geist im Menschen, der nach der vollkommenen Erleuchtung strebt.

- Bodhisattva
  Ein Wesen, das seine ganze Existenz dem Streben nach der vollkommenen Erleuchtung und der Erlösung aller Wesen geweiht hat, ist ein Bodhisattva (‚Erleuchtungswesen‘). Auf dem Weg zum Buddha durchläuft er zehn Stufen.[288] Dann ist sein Körper das All (Dharmakaya), seine Rede das mantrische Wort, das Wort der Wahrheit und der geistigen Machtvollkommenheit. Sein ‚Geist‘ wird das universelle Bewußtsein.[289]

(3) LEHRE

- Die Vier Edlen Wahrheiten[290]
  Die Inhalte der Lehre Buddhas, die auf seiner Erleuchtungserfahrung basieren, sind vor allem als „Die Vier Edlen Wahrheiten“ niedergelegt.
  - Die erste Wahrheit sagt, daß das Leben Leiden ist. Der Schmerz des Leidens kommt besonders bei der Geburt, bei mit dem Alter verbundenen Erkrankungen, beim Tode, beim Anhaften an unliebsame Dinge und Umstände, beim Getrenntsein von dem, was man liebt und beim

Nichterlangen von dem, was man begehrt, zum tragen.
- Die zweite Wahrheit besagt, daß die Ursachen für diese Leiden das Begehren nach Sinneslust und andere egoistische Verlangen sind, die den Menschen von der Größe und Freiheit des All-Seienden trennen und ihn an den Kreislauf des Daseins, Samsara, binden.
- Die dritte Wahrheit besagt, daß die Erlösung vom Leiden durch die Aufhebung des Begehrens erfolgt.
- Die vierte Wahrheit zeigt als Mittel zur Befreiung den achtfachen Pfad an.

- Der Edle Achtfache Pfad (Magga):
„Einst weilte der ehrwürdige Sariputta in Nalakagamaka im Lande Magadha. Da kam der Wanderasket Dschambukhadaka zu ihm, setzte sich und sprach: ‚Gibt es einen Weg oder Pfad, auf dem man zu diesem Nirvana gelangen kann?‘ - ‚Ja, den gibt es.‘ - ‚Und worin besteht er?‘ - ‚Es ist dieser Edle Achtfache Pfad, der da besteht in vollkommener Einsicht, vollkommener Gesinnung, vollkommener Rede, vollkommenem Handeln, vollkommener Lebensführung, vollkommener Bemühung, vollkommener Achtsamkeit und vollkommener Versenkung.‘“[291]
„Vollkommene Einsicht bedeutet: die Vier Edlen Wahrheiten verstehen, das Leid, den Ursprung des Leids, das Ende des Leids und den zum Ende des Leids führenden Pfad.
Vollkommene Gesinnung bedeutet: der Welt entsagen, kein Übelwollen hegen, kein Leid verursachen wollen.
Vollkommene Rede bedeutet: nicht lügen, keine üble Nachrede führen, keine rohen Worte benutzen, nicht unnütz schwatzen.
Vollkommenes Handeln bedeutet: kein Leben zerstören, nichts nehmen, was nicht gegeben wird, keinen unkeuschen Lebenswandel führen.
Vollkommene Lebensführung bedeutet: falsche Lebensführung[292] vermeiden.
Vollkommene Bemühung ist: mit aller Kraft ringen und seinen Geist antreiben, um in sich den Willen zu erzeugen, keine schlechten, unheilsamen Gedanken aufkommen zu lassen, vorhandene schlechte, unheilsame Gedanken zu vertreiben, rechte Gedanken zu erwecken und, wenn sie da sind, festzuhalten.
Vollkommene Achtsamkeit heißt: eifrig, mit klarem Geist, besonnen, alle Wünsche und Sorgen vergessend, über den Körper, über die Gefühle, über die Gedanken und über die Gegenstände der Lehre nachsinnen.
Vollkommene Versenkung bedeutet: die erste, die zweite, die dritte und die vierte Stufe der meditativen Versenkung üben.“[293]

- Anatta
Darunter versteht man die Lehre von der Unpersönlichkeit, dem Nicht-Selbst oder Nicht-Ich. Sie besagt, „daß es weder innerhalb noch außerhalb der körperlichen und geistigen Daseinserscheinungen irgend etwas gibt, das man als eine für sich bestehende unabhängige Ich-Wesenheit oder Persönlichkeit bezeichnen könnte.“[294]

- Die Karma-Lehre
  Im Dhammapada heißt es über das Karma: „Das, was wir heute sind, folgt aus den Gedanken, die wir gestern pflegten, und unser gegenwärtiges Denken baut unser Leben, wie es morgen ist. [...] Die Schöpfung unseres Bewußtseins, das ist unser Leben. Jede körperliche [Handlung ist] eine sprachliche oder geistige Aktivität, die ein bestimmtes Ergebnis zeigt; [es gilt] das kosmische Gesetz, dem zufolge jede Handlung Auswirkungen nach sich zieht, die weitgehend von der Natur eben dieser Handlung bestimmt werden."[295]

- Die Lehre von der Reinkarnation (Seelenwanderung, Wiedergeburt)
  Wiedergeburt oder Reinkarnation bedeutet, daß der Mensch mehr als nur ein sterblicher Körper ist, und daß dieses mehr, welches mit Seele, Geist, Bewußtsein oder sich ewig wandelndem Lebensstrom umschrieben werden kann, immer wieder einen Körper aufsucht und in einem Körper geboren (inkarniert) wird. Ein Grundgedanke ist, daß die Seele ewig ist und durch die Inkarnation zu verschiedenen Zeiten an Wissen und Verständnis und Bewußtsein wächst, bis sie das höchste Bewußtsein erreicht und somit eine weitere Inkarnation ihren Sinn verloren hat.
  Die Vorstellung einer Wiedergeburt bestand zu allen Zeiten bei vielen Völkern als Teil eines philosophischen oder religiösen Systems, z.B. im alten Griechenland (u.a. bei Plutarch und Plato), bei den Kelten, indianischen Völkern Nordamerikas und bei vielen Stämmen Afrikas und Asiens. Der Glaube der frühen Christen an die Wiedergeburt wurde in den Konzilen abgeschafft und aus den Texten entfernt, angefangen beim Konzil in Nicäa (im Jahr 325) bis zum zweiten Konzil von Konstantinopel (das fünfte Konzil insgesamt).
  Die Reinkarnationslehre ist auch im Buddhismus nicht einheitlich geklärt. Die Frage geht dahin, ob die Lehre wörtlich, also exoterisch interpretiert werden soll, oder symbolisch, also esoterisch. Letzteres beruht auf durch Erfahrung erworbenes Wissen und fordert demnach keinen Glauben oder eine schriftliche Autorität.
  Es wird berichtet, daß Buddha hierzu folgendes gesagt hat: „Wenn er [der Suchende] sich die Fähigkeit wünscht, seine verschiedenen zeitweisen Zustände aus vergangenen Tagen ins Gedächtnis zu rufen, als da sind eine Geburt, zwei Geburten oder tausend Geburten, [...sodaß er sagen kann]: an diesem Ort war dies mein Name, dies meine Familie [...] dies das Ende meines Lebens [...] - in solchem Zustand der Selbstkonzentration wird, wenn der Geist fest auf die Erreichung irgendeines Gegenstandes gerichtet ist, dieser Gegenstand erlangt werden. Wenn er sich reine und himmlische Schau wünscht, die jene der Menschen übertrifft, [...] niedere oder edle Wesen [...], in diesem Zustand der Selbstkonzentration wird, wenn der Geist fest auf die Erreichung irgendeines Gegenstandes gerichtet ist, dieser Gegenstand erlangt werden."[296]
  Interessant ist in diesem Zusammenhang eine Stelle im Brahmana Vagga, Anguttara-Nikaya, wo die Wiederaufdeckung der Inhalte des

Unterbewußtseins auch beschrieben wird: „So ruft er sich die verschiedenen Erscheinungen und Formen seiner früheren Geburten zurück. Dies ist die erste Stufe seines Wissens; seine Unkenntnis ist vergangen, und das Licht ist erschienen, als das Ergebnis, das dem zukommt, der in Meditation lebt und seine Leidenschaften sogleich unterdrückt."[297]

Im Milindapanha heißt es: „Der König Milinda fragte den Weisen Nagasena: ‚Ist der, der wiedergeboren wird, derselbe, der gestorben ist, oder ist er ein anderer?'. Der Weise antwortete ihm: ‚Er ist weder derselbe noch ein anderer. So wie der Säugling nicht derselbe ist wie der Erwachsene, so wie die Flamme in der ersten Nachtwache nicht dieselbe ist wie die Flamme in der zweiten und der dritten Nachtwache, so wie die frische Milch nicht dieselbe ist wie die saure Milch, so ist der Gestorbene nicht derselbe wie der Wiedergeborene - und doch ist hier eine Kette von Daseinsfaktoren in ungebrochener Kontinuität aneinandergereiht.'"[298]

B. DER MYSTISCHE VERSENKUNGSWEG

a. Dhyana (Methode der Versenkung) - Stufen der Versenkung

(1) DHYANA - DIE METHODE DER VERSENKUNG

Die letzte Stufe des Edlen Achtfachen Pfades[299] bezieht sich auf die Versenkung und den Weg der Versenkung. Sie wird mit ‚Dhyana' bezeichnet. Dhyana bedeutet aber auch ein durch Sammlung hervorgerufener Versenkungszustand des Geistes, der dadurch erreicht wird, daß die gesamte Aufmerksamkeit unablässig bei einem körperlichen oder geistigen Meditationsobjekt verweilt. Der Zustand von Dhyana ist der einer tiefen Versenkung und inneren Schau und führt zum Samadhi.[300] Der Geist durchläuft dabei verschiedene Stadien, wodurch die Egobestrebungen allmählich abgebaut werden[301].

Dhyana wird in vier Versenkungsstufen eingeteilt, die zum Verschwinden der geistig-seelischen Befleckungen (Klesas) führten. Die höchste Stufe ist die des Samadhi. Dabei wird zwischen einem überweltlichen Samadhi, der das Nirvana zum Objekt hat, und einem weltlichen Samadhi, der die Versenkung in allen anderen Bewußtseinstufen beinhaltet, unterschieden.[302]

Samadhi gehört neben Achtsamkeit, Gesetzesergründung, Willenskraft, Verzükkung, Gestilltheit und Gleichmut, auch zu den ‚sieben Erleuchtungsgliedern'. Die Erleuchtungsglieder sind ein Teil der 37 Dinge, die zur Erleuchtung gehören und die im Prinzip die gesamte Lehre des Buddhismus umfassen. Dabei handelt es sich um die vier Grundlagen der Achtsamkeit, die vier rechten Anstrengungen, die vier Machtgefährten, die fünf geistigen Fähigkeiten und die fünf geistigen Kräfte, die sieben Erleuchtungsglieder und der Edle Achtfache Pfad.

Ein weiterer für die Erleuchtung wesentlicher Faktor ist ‚Vipassana'. Vipassana bedeutet Einsicht oder Hellblick. Es ist ein intuitives Erkennen der Hauptmerkmale des Daseins, der Vergänglichkeit, der Leidhaftigkeit und der Unpersönlichkeit aller körperlichen und geistigen Erscheinungen. Durch die Vipassana-Meditation[303] wird das Entstehen von neuen Anhänglichkeiten verhindert, da der Übende durch die Meditation zum wahren Wesen der Dinge, der Leere, ‚Shunyata', geführt wird.[304]

(2) DIE VIER STUFEN DER MEDITATIVEN VERSENKUNG

- Erste Stufe der Versenkung
  „Der Meditierende löst sich ab von dem Verlangen nach Sinnesgenüssen und von unheilsamen Regungen und erreicht die mit Nachdenken und Überlegen verbundene, aus der Ablösung entstandene, von Freude und Wohlbehagen erfüllte erste Stufe der Versenkung und bleibt darin."[305]

- Zweite Stufe der Versenkung
  „Dann bringt er das Nachdenken und Überlegen zur Ruhe, in seinem Inneren wird es still, sein Geist ist auf einen einzigen Gegenstand gerichtet, und so erreicht er die aus der Geistessammlung entstandene, von Nachdenken und Überlegen freie, von Freude und Wohlbehagen erfüllte zweite Stufe der Versenkung und bleibt darin."[306]

- Dritte Stufe der Versenkung
  „Wenn dann die freudige Erregung abgeklungen ist, bleibt er gleichmütig, andächtig und wissensklar und empfindet körperlich ein Wohlbehagen, von dem die Edlen sagen: Bei Gleichmut und Andacht fühlt man sich beglückt. So erreicht er die dritte Stufe der Versenkung und bleibt darin."[307]

- Vierte Stufe der Versenkung
  „Dann geht er über Wohlbehagen und Mißbehagen hinaus, auch die Erinnerung an frühere frohe und trübe Stimmungen schwindet dahin, und er erreicht die über Wohlbehagen und Mißbehagen erhabene vierte Stufe der Versenkung, bei der Gleichmut und Andacht in höchster Reinheit bestehen, und bleibt darin."[308]

b. Zur Praxis der Versenkung

Die Mittel und Methoden, wie sie zum Erreichen von Sammlung und ‚Einspitzigkeit' (Konzentration) des Geistes erforderlich sind, sind im Buddhismus, den Wegen entsprechend, zahlreich. Mit ‚Upaya'[309] bezeichnet man die Geschicklichkeit der Methode, die als besondere Fähigkeit einem Bodhisattva zukommt, andere Lebewesen zur Erlangen der Befreiung zu führen. Ziel des Einsatzes von Hilfsmethoden ist letztlich jedoch immer das Erreichen der höchsten Realität, die mit Samadhi oder Nirvana, mit Wesensnatur, Buddhageist oder Dharma bezeichnet werden kann. Neben der Versenkung in das Innere, der geistigen Sammlung durch Versenkung in eine Form oder Nichtform, wie sie in den vier Stadien der Versenkung und vor allem im Mahayana-Buddhismus praktiziert wird, gibt es im Buddhismus in den verschiedenen Schulen spezielle Körperübungen und geistige Techniken, die zur Sammlung des Geistes führen.

- Im Vipassana sind es Achtsamkeitsübungen.[310] Die Methode des Sattipathana[311] wird hier angewendet.
- Im Zen-Buddhismus ist es die Konzentration auf ein Koan oder nur auf die Leere, Shikantazza genannt.
- Im Vajrayana und im tibetischen Buddhismus werden zur Konzentration des Geistes und zur Vereinheitlichung des Bewußtseins verschiedene Methoden eingesetzt:
- Die Rezitation von Heiligen Silben, die Mantren genannt werden[312].
- Die Betrachtung und Herstellung von ‚Mandalas' und ‚Yantras', also in geometrischer Form aufgebaute Kultbilder, mit denen sich durch Visualisierung die Aspekte und Kräfte des Göttlichen in innerer Schau vergegenwärtigen lassen[313].
- Die Anwendung spezieller ritueller Gesten, Mudras, meist mit Hilfe von Händen oder bestimmten Körperstellungen.
- Auch stark durch Ikonographie bestimmte Maithunaszenen[314] werden eingesetzt, wobei der Sexualakt einen hohen spirituellen Wert besitzt und die Einheit der Dualität symbolisiert.
- Rezitation von Tantras, also von schriftlich fixierten Texten.

Besonders der tibetische Buddhismus ist gekennzeichnet durch ein reiches Ritualwesen[315], was als psychologische Methode zu verstehen ist. Oftmals weiht ein Meister seine Schüler in eine bestimmte mit einer Gottheit verbundene meditative Praxis ein. Meditation auf den Lehrer und den Karmapa (Halter einer Übertragungslinie) wird eingesetzt als Hilfe für den Schüler, sich dem Segen der Übertragungslinie zu öffnen[316], ebenso die Visualisationen von sogenannten ‚Yidam', das sind persönliche Gottheiten, die bei meditativen Übungen als Schutzgottheiten oder als Hilfsmittel zur Transformation des Übenden visualisiert werden.

c. Einssein: Samadhi - Shunyata - Nirvana - Buddhageist - Mahamudra[317]

Alle Begriffe bezeichnen die höchste zu erreichende Bewußtseinsstufe. In den einzelnen Schulen werden jedoch unterschiedliche Begriffe verwendet, meistens um verschiedene Aspekte zu erleuchten:

- Shunyata, die Erfahrung, daß alle Dinge leer, unbeständig und nicht wesenhaft sind. Sie sind leer von einer Selbstnatur, sind nichts als reine Erscheinungen und existieren nicht außerhalb der Leere. Shunyata durchdringt und trägt alle Phänomene und macht ihr Entstehen und ihre Entwicklung möglich. Nyanatiloka zitiert: „Im höchsten Sinne nämlich hat man alle vier Wahrheiten als leer zu betrachten, weil es da keinen [das

Leiden] Fühlenden gibt, keinen [die Leidentstehung bewirkenden] Täter, keinen [die Leiderlösung erlebenden oder in das Nirvana eingehenden] Erlösten und keinen auf dem Pfade Wandelnden."[318]
- Animitta bedeutet die Merkmallosigkeit aller Dharmas, als Kennzeichen der absoluten Wahrheit.[319]
- Nirvana, „ [...] der Zustand, in dem man sich befindet, wenn Begierde, Haß und Verblendung verschwunden sind."[320] Nirvana ist der meist gebrauchte Begriff für das höchste und letzte Ziel der buddhistischen Praxis aller Richtungen. „Es ist die Erfahrung des Einsseins mit dem Absoluten, der Einheit des Samsara mit dem Transzendenten, sowie ein Verweilen in der Erfahrung mit dem Absoluten. Es ist der Zustand der Buddhanatur. Es wird als Zustand der Befreiung bezeichnet, als Aussteigen aus dem Kreislauf der Wiedergeburten (Samsara) und als ein Eingehen in eine andere Existenzweise. Es ist keine Vernichtung, kein Auslöschen, sondern Eingehen in eine andere Existenzweise. Diese ist gekennzeichnet durch das Auslöschen von Gier, Haß und Verblendung und vom Willenstrieb, der sich krampfhaft an das Leben klammert. Damit einher geht laut Buddhistischer Philosophie die endgültige, restlose Befreiung vom Wiedergeborenwerden. In den einzelnen Schulen gehen die Auffassungen von Nirvana auseinander."[321]

d. Integration der Erfahrungen ins Leben - der Bodhisattva

Der Übende bringt seine Erfahrungen und Erkenntnisse in das Leben ein, um die Not der leidenden Lebewesen zu lindern und ihnen zu helfen. Ab einem bestimmten Zeitpunkt der Entwicklung legt er das ‚Bodhisattvagelübde' ab.
Der Begriff ‚Bodhisattva' bezeichnet ein ‚Erleuchtungswesen' und ist ein zur Buddhaschaft bestimmtes Wesen, ein zukünftiger Buddha. Er hat das Gelöbnis abgelegt, solange auf das Eingehen in Nirvana zu verzichten, bis alle Wesen erlöst sind. Er ist bereit, das Leiden aller Wesen auf sich zu nehmen. Er geht den Weg der Ausübung der Vollkommenheiten in den Tugenden, des Erbarmens, der höchsten Einsicht und Weisheit.
Der Weg eines Bodhisattva gliedert sich in vier Pfade von jeweils 10 Stufen[322]. Auf dem vierten Pfad, dem Pfad der Entwicklung, befinden sich die zehn Ebenen, die ein Bodhisattva zu überwinden hat, um nach dem Erreichen der zehnten die vollkommene Erleuchtung zu erlangen. Die zehn Ebenen sind folgendermaßen eingeteilt[323]:

1. Das Freudige
2. Das Reine
3. Das Lichtbringende
4. Das Strahlende
5. Das Unüberwindliche
6. Das Vorwärtsbringende

7. Das Weitausholende
8. Das Unerschütterliche
9. Das Segensreiche
10. Die Wolke des Dharma

Sind geistige Vollkommenheit und selbstloses Handeln, Weisheit und Barmherzigkeit, vollständig, und durch Vollkommenheit in allen Stadien der Versenkung und der daraus resultierenden Kenntnisse entwickelt, so ist der Bodhisattva befreit von allen Begrenzungen und erreicht den höchsten Zustand, die Buddhaschaft, er ist zu einem Buddha geworden.
Transzendente Buddhas haben vollkommene Buddhaschaft erlangt. Sie sind nicht mehr dem Samsara (Erdendasein) unterworfen und werden als Wegweiser und Helfer in der Not und auf dem spirituellen Weg verehrt, wie z.B. Avalokiteshvara[324] oder Manjushri[325].

C. VERSCHIEDENE RICHTUNGEN (AUSWAHL)

a. Der tibetische Buddhismus

(1) ALLGEMEINES

Der tibetische Buddhismus, als Form des Mahayana Buddhismus, entwickelte sich im 8. Jahrhundert unter Integration der alten Mönchsregeln zum Vajrayana, des Diamantweges[326]. Der Gelehrte Padmasambhava[327], der auch unter dem Namen Guru Rimpoche verehrt wird, war wesentlicher Begründer. Er integrierte die Lehren der Tantras und missionierte Tibet von Naturreligionen und dem Bön-Glauben. Es gibt vier große Lehrtraditionen, die sich durch die unterschiedliche Synthese von philosophischer Theorie und Meditationsübungen unterscheiden[328]. Jedoch bilden die Mahayanalehren, vor allem die des Nagarjuna, und bestimmte Disziplinarregeln die Grundpfeiler des tibetischen Buddhismus[329].

(2) MYSTIK IN DER DZOGCHEN-LEHRE

In Tibet war die Bön-Religion die vorbuddhistische religiöse Tradition. Nach der Einführung des Buddhismus in Tibet[330] kam es zu einer Durchdringung und zum Austausch der verschiedenen Elemente beider Lehren. Dalai Lama hat Bön zur fünften großen Schule des tibetischen Buddhismus erklärt.
Die alte Bön-Lehre stellt innerhalb ihrer Dzogchen-Lehre (Große Vollendung) einen Versenkungsweg dar. Nach den Dzogchen-Lehren gibt es nichts, was erreicht werden muß, weil der Geist, von Natur aus vollkommen, nicht befleckt werden kann. ‚Rigpa', das unmittelbare Gewahrsein, das reine Gegenwärtigsein, das Gewahrsein der Natur des eigenen Geistes ist stets in uns anwesend. Tenzin Wangyal, ein Lama der Bön-Tradition, beschreibt den Dzogchen-Weg als Kontemplationsweg[331]. In der Kontemplation wird die Erfahrung der Leerheit und

Klarheit des natürlichen Geisteszustandes angestrebt, der die Beschaffenheit von klarem Licht, sogenanntem Regenbogenlicht, hat. Es ist die Energie des ursprünglichen Zustandes und die Ursache von Samsara[332]. Im ‚Zhang Zhung Nyan Gyud', dem ältesten Meditationssystem des Bön, werden neun Methoden aufgeführt, mit denen die Erfahrung der Kontemplation erreicht werden kann[333]. Lama A. Govinda geht in seinem Buch Grundlagen tibetischer Mystik[334] intensiv auf die Aspekte tibetischer Mystik ein. Ebenso geben die Bücher des jetzigen 14. Dalai Lama, der seit 1959 im Exil lebt und die spirituelle und politische Autorität des tibetischen Volkes in sich vereint, Informationen[335]. Ein Dalai Lama wird als Inkarnation des Avalokiteshvara betrachtet, die einzelnen Dalai Lamas werden als jeweilige Wiedergeburten des jeweils vorhandenen Dalai Lama angesehen[336].

b. Der Diamantweg (Vajrayana)

(1) ALLGEMEINE

Symbol ist der Vajra , der ‚Diamant'. Es steht für das Unzerstörbare, als Symbol für die Wirklichkeit, für das Wesen alles Seienden, für die makellose, reine Leere (Shunyata). Der Vajrayana entwickelte sich besonders in Indien und Tibet aus der Lehre des Mahayana und zeichnet sich durch ein ausgeprägtes Ritualwesen aus. Im Vajrayana werden Mantras[337] und Mudras, also Gesten der Hände eingesetzt, sowie Mandalas und Yantras[338], in Form von Bewußtseinsbildern. Grundlage der Lehre ist das Verständnis der Prajnaparamitalehren (Weisheitslehren), der Vajrayanalehren (Tantras), sowie der Lehre von Mahamudra.
Der Kern des Vajrayana sind die Tantras, welche die Theorie und Praxis des Diamantweges beschreiben.

- Tantra[339]
  Der Name ‚Tantra' bedeutet ‚Spinngewebe', und drückt aus, daß alles miteinander verwoben und vernetzt ist. Wer die Welt verneint, wendet sich ab vom Schöpfer und den Geschöpfen. Auch Askese, wie sie im Yoga zu finden ist, wird abgelehnt. Tantra kommt im Hinduismus, im tibetischen Buddhismus und im Vajrayana vor. Tantrische Texte (Tantras) befassen sich mit der ‚Verwobenheit'. Die gegenseitigen Beziehungen der Dinge zur Welt, vor allem diejenigen der Körper, der Rede und des Geistes stehen im Mittelpunkt. Dem Körper wird ein hoher Stellenwert zugesprochen, reflektiert er doch den darin wohnenden Geist. Tantra sagt, daß ein Körper, der den universellen Geist beherbergt, selbst das Universum darstellen muß.
  „Die Funktionen unsres Körpers entsprechen den Funktionen und Gesetzen des Universums, die sich langsam entfalten und in uns bewußt werden."
  „[Haben wir die essentielle Einheit verwirklicht], werden wir wissen, daß das Universum selbst unser wahrer Körper ist und daß wir nicht auf unsere gegenwärtige Körperlichkeit beschränkt sind, in der unser universeller Körper auf der zeitlichen dreidimensionalen Ebene seinen Ausdruck sucht."[340]

Tantras (tantrische Schriften) werden als die höchste Stufe der Belehrungen Buddhas angesehen. Ihr Inhalt ist die Läuterung von Geist und Körper, und das Erfahren und Verständnis der Leerheit. Es werden verschiedene Tantraklassen unterschieden.
Die unteren Tantraklassen befassen sich vor allem mit der Konzentration und dem Erreichen von Weisheit und Frieden. Dabei geht es um das Potential der Erleuchtung.
Die höheren Tantraklassen beschäftigen sich mehr mit der Konzentration auf Energie und Kraft der Erleuchtung. Da es im tantrischen Buddhismus um die Aufhebung und Synthese der Gegensätze geht, kommt dem Ritus der sexuellen Vereinigung (maithuna) eine besondere Bedeutung zu. So ist die Aufhebung der Dualität von männlichem und weiblichem Prinzip durch Einswerdung eines der Merkmale der höheren Tantraklasse. Im Tantra wird der Aufbau der Welt als ein System männlicher und weiblicher Kräfte beschrieben. Tantrische Sexualität hat die Einheit zum Ziel, ein gemeinsames Erfahren durch gemeinsamen Genuß der ,Wonne des Absoluten'. Im „Aspekt der großen Lust" (mahasukha), in welcher ein Buddha mit seiner Shakti vereint ist (Yab-Yum Aspekt)[341], wird das Entstehen eines ,vierten Körpers', eines Buddha gesehen, der noch den Dharmakayakörper[342] überragt. Die Yab-Yum Darstellungen symbolisieren die Einheit des männlichen und weiblichen Prinzips, in der die Einheit der großen Glückseligkeit und die Leere der realisierenden Weisheit erfahren wird. Denn wo ich und Du nicht mehr getrennt erlebt werden, wird das Duale von Ich und Du in Form einer äußeren Welt erkannt. Auch das Meditationsystem des Kalachakra[343] wird dieser höheren Tantraklasse zugerechnet. Besonderes Anliegen ist auch hier die Einbeziehung von Körper, Geist und Rede, durch die Identität des Wesens eines Individuums und des Wesens des Universums (die Identität von Mikrokosmos und Makrokosmos). Im einzelnen Menschen offenbart sich kosmische Kraft. Körperliche Energien werden dabei zu Strömen kanalisiert, die den Geist vorantragen. So wird von Tantrikern auch die Libidoenergie in spirituell bewußte Energie umgesetzt.

- Mahamudras

Mahamudra (,großes Siegel' im Sanskrit) wird beschrieben als die Erfahrung und das Wissen um die Leere (Shunyata), die Freiheit vom Erdendasein (Samsara) und die Zusammengehörigkeit dieser beiden Zustände.
Die Lehre des Mahamudra wurde von Tilopa[344] geoffenbart und gelangte über Milarepa nach Tibet. Die Übungen des Mahamudra kreisen um die drei Aspekte, nämlich Schau, Meditation und geistige Freiheit bei allem Tun. Mit Schau ist die Erfahrung, daß letztlich alle Dinge das ,Siegel des Geistes' - nämlich Leere und Klarheit - tragen, gemeint,. Dies wird durch Versenkung in spezielle Übungen kontemplativer Verinnerlichung erfahren. Wer Mahamudra erfahren hat, ist frei von jeglichen Abhängigkeiten.
Tilopa (,Großer Beherrscher vollkommener Fähigkeiten'), ein ,Mahasiddha'[345], beschreibt in seinem ,Gesang des Tilopa' die Aspekte des Versenkungsweges:

„Tu nichts mit dem Körper - entspanne Dich nur,
Verschließe fest den Mund und sei nun still.
Entleere deinen Geist und denk an nichts.
Laß deinen Geist leicht wie ein hohler Bambus ruhen.
Kein Geben und Nehmen: der Geist ruht,
Mahamudra ist wie ein Geist, der sich an nichts mehr klammert.
Wenn du dich darin übst, erreichst du bald die Buddhaschaft.

Wer sich an den Geist klammert,
Erkennt die Wahrheit nicht, die jenseits davon ist.
Wer sich bemüht, das Dharma einzuüben,
Erkennt die Wahrheit nicht, die jenseits aller Übung ist.
Wer wissen will, was jenseits von Geist und Übung ist
Durchhaut mit einem Schlag die Wurzeln seines Geistes,
Und starrt mit nacktem Blick.
So wirst du frei von aller Unterscheidung
Und ruhst in dir.

Mahamudra ist jenseits aller Worte und Symbole,
Aber dir, Naropa, aufrichtig und treu,
Sei dennoch so viel gesagt:
Die Leere braucht keine Stützen,
Mahamudra ruht auf dem Nichts
Ohne jede Anstrengung,
Einfach nur, indem du gelöst und natürlich bleibst,
Kannst du das Joch zerbrechen - und Befreiung erlangen.

Wenn Du vor dir im Raume nichts mehr siehst,
Und dann mit deinem eigenen Geist den eigenen Geist betrachtest,
Verschwinden alle Unterscheidungen,
Und du gelangst zur Buddhaschaft.
Solange der Geist sich selbst erkannt hat,
Hört jede Unterscheidung auf.
Formen und Farben bilden sich im Raum,
Aber weder schwarz noch weiß,
Hinterlassen in ihm Spuren
Aus diesem Geist des Geistes entstehen alle Dinge.
Weder Tugend noch Laster beflecken ihn."[346]

(2) GRUNDÜBUNGEN DES DIAMANTWEGES

- Allgemeines

  Alle Übungen dienen dazu, die Hindernisse auf dem Weg zu diesem höchsten Zustand, der Befreiung der Buddhanatur, zu beseitigen. Sie sollen den Geist freilegen, der in diamantener Schönheit erstrahlt, klar, weit, unbegrenzt, offen, ohne Farbe, Form und Gewicht, voller Fähigkeiten, mit totaler Unerschütterlichkeit.

  Lama Ole Nydahl spricht über die Hilfen, Mittel und Übungen des Diamantweges:

  „Als Hilfen dienen Mittel, die oft wiederholt werden müssen. Dazu gehören Belehrungen über die wesentlichsten Grundlagen, so die Erklärung des Gesetzes von Ursache und Wirkung, Belehrungen über Mitgefühl und Weisheit, Mittel für die, die auf der absoluten Ebene arbeiten und Belehrungen über die wichtigsten Erkenntnisse. Die wichtigsten Erkenntnisse sind die Erkenntnis der Leerheit, nämlich, daß nichts aus sich heraus existiert und die Erkenntnis, daß es vom jeweiligen Geisteszustand abhängt, wie wir die Dinge erleben."[347]

  Um dies zu erreichen, sind Ansammlungen und Übungen zur Sammlung nötig.

- Ansammlungen und Übungen zur Sammlung

  Unter Ansammlung versteht man Ansammlungen nützlicher Eindrücke im Speicherbewußtsein, die unerschütterlich und kraftvoll sind und auf die zurückgegriffen werden kann, z.B. durch Rezitation von Sutren oder auch Mantren. Übungen zur Sammlung haben zum Ziel, die Dinge klar und ohne Filter zu sehen, und die Fähigkeit zu erlangen, in dem zu ruhen, was da ist. Dies funktioniert, indem wir im ersten Augenblick des Erlebens, noch bevor wir beginnen die Eindrücke zwischen Mögen und Nicht-Mögen aufzuteilen, den Geist ausdehnen und alles frisch und direkt erleben. Dadurch wird der Geist mühelos und spontan.

  Ole Nydahl stellt vier Arten von Übungen vor[348]:

  1. Zufluchtnahme: Der Übende nimmt Zuflucht zum zeitlosen geistigen Wesen. Reinigungen der inneren Energiebahnen werden durchgeführt und Kraft und Vertrauen werden aufgebaut.
  2. Diamantmeditation zur Entwicklung von Weisheit: Der Diamantgeist dringt als reinigende Kraft aller Buddhas in die untersten Schichten des Bewußtseins vor und löst alle leidbringenden Eindrücke auf, so daß die Klarheitsaugenblicke im Geiste stärker werden.
  3. Mandalagaben: Die Mandalagaben werden Buddha gewidmet, sowie dem Wohle aller Lebewesen. Weisheit und positive Handlungen werden dadurch aufgebaut. Buddha und das eigene Innere werden als Einheit erlebt.
  4. Hingabe an den Lama: Es erfolgt eine Hingabe an den Lama und hohe Verehrung.

Der Weg ist gekennzeichnet durch folgende Anliegen:

1. Den Zustand des Nirvana zu erreichen, das weder Festhalten an einer bedingten Existenz, noch an einem Zustand der Leere beinhaltet. Beides ist der Reichtum des Geistes. Geschieht nichts, so ist das der Raum des Geistes sein Potential. Geschieht etwas, so wird es als Klarheit und freies Spiel des Geistes angesehen.
2. Hingabe aller Verdienste an alle Lebewesen. Der Übende schenkt alle Erlebnisse, Vorkommnisse, Mandalas, alle Liebe, allen inneren Reichtum allen Lebewesen. Er ist erfüllt vom Geist des Schenkens.

c. Zen

„Es gibt eine Wirklichkeit, die vor Himmel und Erde steht.
Sie hat keine Form, geschweige denn einen Namen.
Augen können sie nicht sehen.
Lautlos ist sie, nicht wahrnehmbar für Ohren.
Sie Geist oder Buddha zu nennen, entspricht nicht ihrer Natur,
Wie das Trugbild einer Blume wäre sie dann.
Nicht Geist noch Buddha ist sie;
Vollkommen ruhig erleuchtet sie in wunderbarer Weise.
Nur dem klaren Auge ist sie wahrnehmbar.
Das Dharma ist sie und wirklich jenseits von Form und Klang.
Das Tao ist sie, und Worte haben nichts mit ihr zu tun.
In der Absicht, Blinde anzuziehen,
Ließ Buddha seinem goldenen Munde spielerische Worte entspringen;
Seitdem sind Himmel und Erde überwuchert mit dichtem Dornengebüsch.
O meine lieben und ehrenwerten Freunde, die ihr hier versammelt seid:
Wenn ihr euch danach sehnt, die donnernde Stimme des Dharma zu hören,
Gebt eure Worte auf, entleert eure Gedanken,
Dann kommt ihr so weit, das eine Sein zu erkennen."[349]

(1) ALLGEMEINES

‚Zen' ist die chinesisch-japanische Sonderform des Mahayana. Es entstand im 6. bis 8. Jahrhundert in China aus der Begegnung und gegenseitigen Befruchtung von Dhyana-Buddhismus und Taoismus. Zen ist das japanische Wort für das chinesische ‚Ch'an'. Ch'an wiederum bedeutet übersetzt das indische Wort ‚Dhyana'. Alle drei bedeuten ‚Versenkung' oder ‚Sammlung des Geistes'.
Bodhi Dharma[350] brachte den Buddhismus von Indien nach China. Er ist der erste Patriarch des chinesischen Zen. In der Folgezeit wurde es vor allem von Hui-Neng[351], dem sechsten Patriarchen verbreitet, zu einem Zeitpunkt, als die Ethik des Konfuzius und die mystische Tao-Lehre Laotses in China bestimmend waren. Unter Dogen Zenji erlebte Japan eine Blüte des Zen.

Im Laufe der Zeit entstanden verschiedene Schulrichtungen des Zen; die beiden Zenschulen, die Rinzai-Schule und die Soto-Schule, sind heute noch die wesentlichsten Schulen. Ein besonderer Verdienst der Soto-Richtung war es, daß Zen von den Klöstern in die Laienschaft getragen wurde.

- Bedeutung von Zen im Westen
  Zen hat im Westen an Bedeutung gewonnen, deshalb wird auf diesen Weg hier näher eingegangen. Die Methode des Zen ist unabhängig von der Konfession und damit gut in jede Religion integrierbar. So ist es verständlich, daß dieser mystische Versenkungsweg auch im Westen an Zuwachs gewinnt[352]. Besonders im Christentum haben viele Menschen den Zenweg eingeschlagen, man denke in diesem Zusammenhang an die Verdienste von Hugo-M. Enomiya-Lassalle, dem Jesuitenpater, der Impulse aus Japan in den Westen gebracht hat und dadurch in hohem Maße zu einer Wiederbelebung des mystischen christlichen Weges, der Kontemplation, beigetragen hat. Außerdem sollen die Verdienste von Benediktinerpater und Zenmeister Willigis Jäger erwähnt werden, dem 1997 als erstem Europäer eine Dharma-Nachfolge von Yamada Roshi übertragen wurde.

(2) METHODE UND PRAXIS DES VERSENKUNGSWEGES IM ZEN

- Zazen[353]
  Das Sitzen in der Stille und Versunkenheit, Zazen genannt, ist die wesentlichste Praxis. Zazen bedeutet Sitzmeditation. Oft sitzen die Mönche und Übenden stundenlang schweigend auf ihren Sitzkissen. Sie sitzen, um zu sitzen. Sitzen ist Leben, ‚ES' sitzt. Sie gehen in „Kinhin" (Gehmeditation), denn auch im Gehen offenbart ‚ES' sich. Sind wir beispielsweise im Gehen und Sitzen bewußt, so erfahren wir in diesem Augenblick das Sein. Es ist ein Gehen, ohne anzukommen. Darüber hinaus ist gerade das Sitzen die optimale Haltung für den Versenkungsweg. An weiteren Hilfen für die Versenkung (Methoden der Bewußtseinsvereinheitlichung und der Bewußtseinserweiterung) gibt es im Zen das Mondo, das Koan und Shikantazza.

- Mondo
  Das Mondo war früher üblicher. Der Schüler stellt eine Frage (mon), der Lehrer gibt Antwort (to oder do).

- Koan
  Das Koan[354] bedeutet wörtlich ‚eine öffentliche Urkunde; ein Urteilsstandard wird aufstellt. Etymologisch bedeutet der Begriff Koan: ‚der Ort, an dem die Wahrheit ist'. Ein Koan entsteht als unmittelbarer Ausdruck der Zenerfahrung, einer Erfahrung, die nicht unmittelbar begrifflich erfaßbar ist, die jenseits des Verstehens und Denkens liegt.
  Das Koan wird mit voller Konzentration im Geiste andauernd wiederholt. Es

ist verstandesmäßig nicht zu begreifen, es ist in sich widersprüchlich. Über 1700 Koanbeispiele sind aus dem Chinesischen überliefert. Jedes löst eine Erfahrung des eigenen Wesens aus. Zen betont, daß diese erfahrene Erkenntnis wesentlich ist. Mit Hilfe eines Koans kann man die Schranke, die die Ratio aufgebaut hat, durchbrechen; die Fixierung auf Ichverhaftungen und auf die Sinneswelt kann gelöst, und es kann in die Dimension des ‚Ungeborenen', zur Wesensnatur, zur Buddhanatur, zum All-Seienden vorgestoßen werden. Im Zen spricht man auch vom ‚Öffnen des Dharmaauges ' für die Wirklichkeit oder auch von ‚Schau in das eigene Wesen', im Zen ‚Satori' genannt.
Das bedeutendste Koan ist ‚Mu'. Es ist ein chinesisches Schriftzeichen und bedeutet Nichts-sein oder Nichts-haben. Es ist die Wahrheit selbst und führt zu dieser hin. Mumon belehrt, wie mit dem Wort ‚Mu' zu üben ist: „Willst du die Schranke überwinden? Dann konzentriere dich mit deinen [360] Knochen und 84 000 Poren auf dieses ‚Mu' und verwandle deinen ganzen Leib in ein großes Suchen. Mit aller Macht arbeite an diesem ‚Mu' und sei ‚Mu'. Sei aus Leibeskräften nichts als ‚Mu' [...]. ‚Mu' zu sein heißt, alles, dich selbst und das ganze Universum mit hineingeben."[355] „Wenn du nicht aufhörst in deinem Kampf und nicht wankst, dann wirst du sehen, wie die Dunkelheit sich sogleich erhellt." Mumon fährt mit seinen Unterweisungen fort: „Sei niemals - auch nicht einen Augenblick - nachlässig, sondern widme Tag und Nacht dem Zazen und dem Koan. Wenn wir das Koan nicht in uns selbst erfassen, so wie wir hier und jetzt leben, hört es auf, ein wirkliches Koan zu sein. [...] du selbst mußt direkt ‚Mu' sein. [...] Nicht nur dies, auch du selbst und das ganze Universum sind nichts als ‚Mu'."
Vom naturwissenschaftlichen Standpunkt aus weiß man heute, daß durch das Koan die linke, ratiobestimmte Gehirnhälfte in ihrer dominanten Tätigkeit eingeschränkt wird, zugunsten einer vermehrten Aktivität der rechten Hälfte, die mehr kreative musische Fähigkeiten repräsentiert. Dadurch kommt es zur Synchronisation der Gehirnhälften, das Gehirn schwingt im ausgewogeneren Verhältnis und ist somit in der Lage, andere Erfahrungswerte zu produzieren, und das Hologramm des Kosmos widerzuspiegeln.[356]

- Shikantazza
  Es ist ein absichtsloses Schauen in die Leere, ein Sich-leer-Machen von allen Gedanken.

(3) DAS ZIEL

Der Weg selbst ist das Ziel. Auch Zen führt letztlich in die höchste Erfahrung, die mit Worten nicht mehr zu beschreiben ist[357]. Es ist die Erfahrung der Wesens- oder Buddhanatur, bzw. ‚Satori'; es ist die Befreiung des Geistes[358]. Verstand und Worte können der Wirklichkeit nicht gerecht werden, ja sie verstellen sogar die Wirklichkeit. Worte und Bilder können immer nur auf diese höchste Wirklichkeit hinweisen. Zen räumt rituellen, religiösen Übungen und intellektueller Auseinandersetzung mit der Lehre keinen hohen Stellenwert ein. Po Huang schreibt: „Wenn du nicht vollkommen überzeugt bist, daß der Geist Buddha ist, sondern noch an Formen, Übungen und verdienstvollen Taten hängst, ist deine Art zu denken falsch und völlig unvereinbar mit dem Weg [...] Der Geist ist Buddha. Es gibt keine anderen Buddhas oder irgend einen anderen Geist. Er ist strahlend und fleckenlos wie die Leere und hat überhaupt keine Form noch Erscheinung. [...] Der Ewig-Seiende-Buddha hat keine Gestalt und ist kein Gegenstand der Bindung. Die Übung der sechs Paramitas und Myriaden ähnlicher Übungen, die dazu führen sollen, ein Buddha zu werden, bedeuten ein stufenweises Voranschreiten. Der Ewig-Seiende-Buddha aber ist kein Buddha der Stufen. Erwachst du bloß zum einen Geist, so gibt es nichts anderes mehr zu verwirklichen. Dies ist der wirkliche Buddha. Der Buddha und alle lebenden Wesen sind der eine Geist und nichts anderes."[359]

„Weder beschrieben kann es werden noch gemalt.
Hör auf, es mit dem Kopf begreifen zu wollen!
Das uranfängliche Angesicht ist nie verborgen.
Selbst wenn die Welt zugrunde geht, bleibt´s unzerstörbar."[360]

(4) DIE STUFEN DES VERSENKUNGSWEGES IM ZEN

Der chinesische Meister Tung-shan, der von 807 - 869 lebte, formulierte die 5 Grade für den Weg. Hierbei kommen die beiden Begriffe ‚Wirklichkeit' und ‚Erscheinungswelt' vor.
Die Erscheinungswelt (Hen) wird auch ‚Form' genannt, es ist die Welt der Dinge, ‚Sambhogakaya', ‚Nirvanakaya' oder ‚Sein'. Das Wirkliche oder das Wesentliche (Sho) werden im Zen auch ‚Buddhanatur', ‚Dharmakaya', ‚Wesensnatur', ‚Mu', ‚das ursprüngliche Gesicht', ‚Leerheit', ‚das Nichts', ‚das Prinzip' oder ‚das Faktum' genannt.

- Die fünf Grade[361]
  In den sogenannten fünf Graden wird die Durchdringung von Erscheinungswelt und Wesensnatur in fünf Stufen dargestellt.
  1. Die Erscheinungswelt in der Wirklichkeit: Hierbei wird erfahren, daß die gesamte Welt der Erscheinungen, mit allen Formen, Tätigkeiten und Fähigkeiten, wie sie den Sinnen zugänglich sind, in der Wesensnatur integriert sind, ja Ausdruck oder ‚Offenbarung' von ihr sind. Darunter fallen beispielsweise das Gehen, das Stehen, das Sitzen, Liegen, Essen, das Lachen oder Weinen und die Phänomene. Zen sagt: ‚Die Welle erlebt sich als Wasser'. Die Wirklichkeit liegt der Erscheinungswelt zugrunde.
  2. Die Wirklichkeit in der Erscheinungswelt: Jedes Phänomen der Erscheinungswelt ist bereits das Ganze, es gibt keine andere davon getrennte Welt. Ein Phänomen drückt vollkommen die gesamte

Wesensnatur aus. Es gibt nichts von dieser Welt Getrenntes. Zen sagt: ‚Das Wasser erlebt sich als Welle.'

3. Aus der Wirklichkeit kommend: Hier wird der Zustand der Wesensnatur erfahren, bevor er sich in der Erscheinungswelt offenbart. Es gibt kein Ding mehr, nur Wirklichkeit, Leere. Zen sagt: ‚Es ist nur Wasser'.
4. In der Erscheinungswelt ankommend: Die bloße Erscheinung ist die ganze Wirklichkeit. Es gibt keine Dualität mehr. Subjekt und Objekt sind zusammengefallen und bilden eine Einheit. Darüber hinaus gibt es nichts. Es ist ein Zustand der Leere, ohne Gedanken. So kann man alles in sich aufnehmen. Alles ist, wie es ist. Zen sagt: ‚Es ist nur Welle'.
5. Innen gleichzeitig ankommend: Auf dieser Stufe bewegt man sich weder im Sein, noch im Nichtsein. Man ist mit Allem in Einklang. Es ist ein Verweilen in allem. Es ist und das ist Es. Zen sagt: ‚Ist es Wasser, ist es Welle?'

Die vier Stadien des Versenkungsweges im Zen bezogen auf die fünf Grade:

1. Stadium: Reinigung, Läuterung
   - Grad der Orientierung (ko-i)

   Es ist die Stufe der Übung. Man macht sich vertraut mit der Übung, der Lehre und mit der Führung eines Meisters. Noch lebt man in der Dualität und ist getrennt von der Wesensnatur, weil die trennenden Schleier noch nicht gefallen sind. Die Wesensnatur ist noch ein Objekt. Im Ochsenbild ausgedrückt sehen wir die Spur des Ochsen.
   - Grad des Dienens (bu-i)

   Es geht darum, sich aufrichtig der Übung hinzugeben und sich der trügerischen Gedanken und Gefühle zu entledigen. Verblendungen fallen ab. Wir erfahren den ersten Einblick in die Wesensnatur (Kensho). Im Ochsenbild ausgedrückt erspähen wir den Ochsen.

2. Stadium: Durchbruch, Erleuchtung
- Grad des Erfolges (ko-i)

Es erfolgt hier die große Erleuchtung, genannt ‚daigo tettei' (den großen Tod sterben). Es ist die Welt des Satori, die Welt der Leerheit. In diesem Moment wird die ‚große Schranke', das Tor, das ein Nichttor ist, durchbrochen. Das absolute Nichts, das Mu, erwacht in uns, zu sich selbst. Mumon sagt von seiner Satori-Erfahrung: „Alle Wesen auf der Erde haben ihre Augen aufgemacht." Der Gegensatz von Subjekt und Objekt ist aufgehoben. Alles ist, wie es ist, und alles ist gut. Jedoch sind wir meist unfrei wegen der Erfahrung des Satori und gefangen in der Weite und Reinheit der Erleuchtung.

Im Ochsenbild ausgedrückt fangen wir den Ochsen.
Im Vers heißt es:
„Der große Weg ist ohne Tor
Tausend verschiedene Straßen gibt es.
Wer einmal diese Schranke durchschritt,
Spaziert in Freiheit im Weltall umher."[362]

3. Stadium: Satori
   - Grad des Mehrerfolges (gu-ko-i)
   Alle Dinge sind die Offenbarung der reinen Wahrheit. Es ist ein Freisein von allem.
   Im Ochsenbild ausgedrückt ist der Ochse gefangen, er läuft nicht mehr weg.

4. Stadium: Verwirklichung in der Welt - Alltag
   - Der Grad des zweifachen Erfolges (ko-ko-i)
   Es ist das Ende der großen Suche, die Rückkehr in die Welt. In die Welt zurückgekehrt, ist das dualistische Denken in Subjekt und Objekt verschwunden.
   Alles ist vollkommen und vollendet in uns. Wir sind frei, das Endziel ist erreicht. Jedoch erleben wir die Verstrickungen der noch unfreien Menschen um uns herum und erinnern uns der Gelübde: „Die Lebewesen sind zahlreich, ich gelobe, sie alle zu retten.“[363]
   Im Ochsenbild ausgedrückt ist es die Rückkehr des Hirten.

- Zen und das alltägliche Leben
  Zen ist gegen eine mystische Jenseitsorientierung. Alles geschieht im Hier und Jetzt.
  „Jeder spirituelle Weg, der nicht in den Alltag führt, ist ein Irrweg.“ heißt es. Zen distanziert sich nicht von der Welt, zieht sich auch nicht von ihr zurück, sondern hat zum Ziel, die Erleuchtungserfahrung in den Alltag zu bringen. Es gilt, die Besonderheit des Augenblickes im Alltag zu erfahren, zu erfahren, wie die Dinge sich gegenseitig durchdringen, und zu erkennen, daß jeder und alles eine Manifestation des Höchsten ist. Die Schönheit des Seins, all die alltäglichen Dinge sollen erkannt werden; denn wenn man ihnen die nötige Achtsamkeit schenkt, wird es möglich, die Dinge einfach zu sehen, wie sie sind.
  „Ein Mönch fragte Joshu in allem Ernst: ‚Gerade bin ich erst in dieses Kloster eingetreten. Ich ersuche Euch, Meister, gebt mir bitte Unterweisung!‘ Joshu fragte: ‚Hast du schon deinen Reisbrei gegessen?‘ Der Mönch antwortete: ‚Ja, das habe ich.‘ Joshu sagte: ‚Dann wasche deine Eßschalen.‘ Da erlangte der Mönch eine gewisse Erleuchtung.“[364]
  Und ein Kommentar im Mumonkan berichtet: „Wenn du den Sinn des Lebens in einer einfachen Handlung wie Geschirr spülen nicht finden kannst, wirst du ihn nirgendwo finden.“ Wir bekommen eine objektive Sichtweise der Dinge. Wir erfahren das Sein der Dinge, damit einher geht die Haltung, alles anzunehmen, so, wie es ist, Freude, Schmerz und Leid. Auch die Gegensätze wie Du und Ich, oder Leben und Tod, werden überwunden.
  „In jeder Lage kein Widerstand, kein Konflikt [...], Wasser zu zapfen, Holz zu tragen,
  Das ist übernatürliche Kraft, das ist die wunderbare Handlung.“[365]

- Die Ochsenbilder - Symbole des Versenkungsweges

  Kakuan malte die zehn Bilder des Ochsen. Die Ochsenbilder zeigen in Bild und Dichtung die Stadien der Verwirklichung der eigenen wahren Natur auf dem spirituellen Weg. Die Suche nach dem Ochsen ist die Suche nach dem wirklichen Leben, nach dem ewigen Lebensprinzip, das nicht sterben kann. Der spirituelle Übungsweg geht über verschiedene Stufen dorthin. ‚Peitsche' und ‚Strick' als Mittel hoher Disziplin sind nötig, um dies zu erreichen. Es ist ein mühsamer, oftmals schmerzhafter Weg, auf dem alle Verstellungen und Täuschungen des Ichs in Form von Begierden, Wünschen, persönlichen Mustern zurückgelassen werden müssen. Es ist ein Reinigungsprozeß, auf dessen Höhepunkt das klare Wesen des Menschen in Erscheinung tritt, das ewig ungeboren ist. Mit dieser Erfahrung kommt der Mensch in den Alltag zurück, „auf den Marktplatz", wie es in den Ochsenbildern heißt.

Der Ochs und sein Hirte[366]

I. Die Suche nach dem Ochsen:
Verlassen in endloser Wildnis schreitet der Hirte
Dahin durch wucherndes Gras und sucht seinen Ochsen.
Weit fließt der Fluß, fern ragen die Gebirge,
Und immer tiefer ins Verwachsene läuft der Pfad.
Der Leib zu Tode erschöpft und verzweifelt das Herz.
Doch findet der suchende Hirt keine geleitende Richtung.
Im Dämmer des Abends hört er nur Zikaden auf dem Ahorn singen.

II. Das Finden der Ochsenspur
Unter den Bäumen am Wassergestade sind hier und dort
Die Spuren des Ochsen dicht hinterlassen.
Hat der Hirte den Weg gefunden, inmitten des dicht wuchernden, duftenden Grases?
Wie weit auch der Ochse laufen mag, bis in den hintersten Ort des tiefen Gebirges
Reicht doch seine Nase in den weiten Himmel, daß er sich nicht verbergen kann.

III. Das Finden des Ochsen
Auf einmal erklingt des Buschsängers helle Stimme oben im Wipfel.
Die Sonne strahlt warm, mild weht der Wind, am Ufer grünen die Weiden.
Es ist kein Ort mehr, da hinein der Ochse sich entziehen könnte.
So schön das herrliche Haupt mit den ragenden Hörnern,
Daß es kein Maler erreichte.

IV. Das Fangen des Ochsen
Nach höchsten Mühen hat der Hirte den Ochsen gefangen.
Zu heftig noch dessen Sinn, die Kraft noch zu wütend,
Um leicht seine Wildheit zu bannen.

Bald zieht der Ochse dahin, steigt fern auf die hohen Ebenen.
Bald läuft er weit in tiefe Stätten der Nebel und Wolken und
Will sich verbergen.

V. Das Zähmen des Ochsen
Von Peitsche und Zügel darf der Hirte seine Hand keinen Augenblick lassen.
Sonst stieße der Ochse mit rasenden Schritten vor in den Staub.
Ist aber der Ochs geduldig gezähmt und zur Sanftmut gebracht,
Folgt er von selbst ohne Fessel und Kette dem Hirten.

VI. Die Heimkehr auf dem Rücken des Ochsen
Der Hirte kehrt heim auf dem Rücken des Ochsen, gelassen und müßig.
In den fern hinziehenden Abendnebel klingt weit der Gesang seiner Flöte.
Takt auf Takt und Vers auf Vers tönt die grenzenlose Stimme des Hirten.
Hört einer auf den Gesang, braucht er nicht noch zu sagen,
Wie dem Hirten zumute.

VII. Der Ochs ist vergessen, der Hirte bleibt.
Schon ist der Hirte heimgekehrt auf dem Rücken des Ochsen.
Es gibt keinen Ochsen mehr. Allein sitzt der Hirte, müßig und still.
Ruhig schlummert er noch, da doch die rot brennende Sonne schon hoch am Himmel steht.
Nutzlose Peitsche und Zügel, weggeworfen unter das strohene Dach.

VIII. Die vollkommene Vergessenheit von Ochs und Hirte
Peitsche und Zügel, Ochse und Hirt sind spurlos zu Nichts geworden.
In den weiten blauen Himmel reicht niemals ein Wort, ihn zu ermessen.
Wie könnte der Schnee auf der rötlichen Flamme des brennenden Herdes Verweilen.
Erst wenn ein Mensch in diesen Ort gelangt ist, kann er den alten Meistern Entsprechen.

IX. Zurückgekehrt in den Grund und Ursprung
In den Grund und Ursprung zurückgekehrt, hat der Hirte schon alles vollbracht.
Nichts ist besser, als jäh auf der Stelle wie blind zu sein und taub.
In seiner Hütte sitzt er und sieht keine Dinge da draußen.
Grenzenlos fließt der Fluß, wie er fließt. Rot blüht die Blume, wie sie blüht.

X. Das Hereinkommen auf den Markt mit offenen Händen
Mit entblößter Brust und nackten Füßen kommt er herein auf den Markt.
Das Gesicht mit Erde beschmiert, der Kopf mit Asche über und über bestreut.
Seine Wangen überströmt von mächtigem Lachen.
Ohne Geheimnis und Wunder zu mühen,
Läßt er jäh die dürren Bäume erblühen."

D. ERLEUCHTETE FRAUEN IN DER BUDDHISTISCHEN MYSTIK

a. Im Hinayana und Mahayana

Buddha lehnt Frauen zwar nicht ab, aber er soll sie aus sozialen und organisatorischen Gründen aus der Gruppe seiner Nachfolger ausgeschlossen haben. Jedoch sollen auch Frauen in seinem Gefolge gewesen sein, so etwa seine Pflegemutter und seine Frau.

Hinayana- und Mahayana-Buddhismus lehren die Fähigkeit der Frauen zur Erleuchtung, verneinen aber die Möglichkeit eines weiblichen Buddhas. Der Mahayana-Buddhismus räumt jedoch immerhin ein, daß eine Frau, wenn sie vollkommene Erleuchtung erlangt, zu einem männlichen Buddha werden soll. Dies geschieht, indem sie als Mann wiedergeboren wird. Allerdings steht dies im Widerspruch zur Erleuchtungserfahrung mit der Erfahrung der leeren Einheit in allen Dingen und der Tatsache, daß alle Lebewesen Buddhanatur haben.

In einem Text aus dem 4. Jahrhundert, dem Bodhisattvabhumi[367] steht:
„Vollständig vervollkommnete Buddhas sind niemals Frauen. Und warum? Eben weil ein Bodhisattva[368] [..] den Zustand der Weiblichkeit vollständig aufgegeben hat. In seinem Aufstieg zum höchsten Thron der Erleuchtung wird er nie wieder als Frau geboren. Alle Frauen sind von Natur aus voller Befleckungen und von schwacher Intelligenz. Und niemals wird ein Wesen vollendete Buddhaschaft erlangen, das von Natur aus voller Befleckungen ist und von schwacher Intelligenz."
An anderer Stelle heißt es: „Es ist unmöglich, es kann niemals geschehen, daß eine Frau, auch wenn sie eine Vollkommene ist, ein vollständiger und vollkommener Buddha würde."[369]

b. Im tantrischen Buddhismus

Unter dem Einfluß des tantrischen Buddhismus wurden auch weibliche Buddhas eingeführt.

Ausdrücklich wurde bestätigt, daß es auch möglich sei, Buddhaschaft in einem weiblichen Körper zu erlangen. Das Erscheinen weiblicher Buddhas in der tantrischen Ikonographie wirkte sich in verschiedener Hinsicht positiv auf die Stellung der Frau aus. Besonders förderlich war dabei die tantrische Lehre, nach der die Buddhaschaft im gegenwärtigen Leben und damit im gegenwärtigen Körper erlangt werden kann. Sowohl Männer als auch Frauen wurden als weibliche Buddhas gesehen. Im Chandamaharhoshana-Tantra verkündet ein männlicher Buddha im Gespräch mit einem weiblichen Buddha:

„Ich bin der Sohn der Maya [d.h. Shakyamuni-Buddha],
In der Erscheinung des Chandamaharhoshana.
Du bist die erhabene Gopa [Shakyamunis Frau],
Die Herrin ‚Vollkommenheit der Weisheit'.
Alle Frauen im Universum
Sind deine Verkörperungen,
Und alle Männer sind meine Verkörperungen."[370]

Frauen, die alle Ebenen der tantrisch-buddhistischen Praxis und Erkenntnis gemeistert hatten, übernahmen auch die Rolle von Gurus oder erleuchteten Lehrerinnen. Da die religiöse Autorität auf der persönlichen Verwirklichung beruhte, gab es keine institutionellen Schranken für Frauen. Miranda Shaw[371] berichtet von vielen weiblichen Meisterinnen, etwa einer Yogini, die unter dem Namen Pfeilemacherin bekannt wurde und die Saraha einweihte, sowie von vielen anderen weiblichen Gurus: Padmalochana, Jnanalochana, Gangabhadri, Kumuda, Laksmi, Padmapada, Chinta, Vimala und anderen.

Frauen dieser Art sind in der tantrischen Literatur nicht ungewöhnlich. Alle diese Frauen standen nicht im Schatten der Männer, sondern lehrten eigenständig, gaben Initiationen, hatten ihre Schülerschaft und waren den männlichen Gurus gleichgestellt.

(1) VAJRAYOGINI

Ein herausragender weiblicher Buddha ist VajraYogini. Sie wird meist allein dargestellt, manchmal aber auch mit einem Gefolge von Yoginis, und gelegentlich mit einem männlichen Partner (Nairatmya) oder einem anderen weiblichen Buddha, was symbolisiert, daß sie die selbstzentrierte Existenzweise überschritten hat. Mit ihrem hoch erhobenen sichelförmigen Messer schneidet sie alle egozentrischen Zustände des Geistes ab.

Die Abbildungen von Yogis und Yoginis mit Knochen, Schädeln, rasenden Gesichtszügen deuten allgemein auf die Überwindung von Dämonen in Form von Angst, Leidenschaften und Aggressionen hin und bezeichnen so alle Negativitäten, die es hinter sich zu lassen gilt. Der Meditierende muß aufhören, furchterregende und feindliche Erscheinungen als Bedrohung für das Ich zu sehen. Im Wesen sind sie reine Energie, frei von Negativität.

(2) DIE TARA

Auch der weibliche Buddha, die ‚Tara' (‚Retterin' auf Sanskrit), erlangte große Bedeutung vor allem im tibetischen Buddhismus. Sie verkörpert im Gegensatz zu Avalokitesvara den weiblichen Aspekt des Erbarmens und erscheint in 21 Formen,

wobei die grüne und die weiße Tara die bedeutendsten sind.
„Visualisiere die Buddhas der zehn Himmelsrichtungen
In der Form der Tara.
Sie reinigt alle Wesen mit Strahlen von Weisheitslicht,
Und läßt sie zu Buddhas werden.
Bete von jetzt an bis zur vollständigen Erleuchtung darum, schnell Buddha Tara zu werden."[372]

(3) BUDDHAPAARE - SYMBOL EKSTATISCHER ERLEUCHTUNG

Buddhapaare bestehen aus einem männlichen und einem weiblichen Buddha in geheiligter Vereinigung (maithuna). Es gibt auch andere göttliche Paare, die meist in der neueren tantrischen Ikonographie dargestellt sind. Die Buddhapaare symbolisieren ekstatische Erleuchtung. Sie erscheinen sowohl in milder, als auch in grimmiger Form abgebildet. Dennoch spiegeln ihre Gesichtszüge Zärtlichkeit und Frieden. Es ist der Ausdruck der vollkommenen Reife ihrer Weisheit. Die Glückseligkeit der Maithuna wurde auf eine höhere Ebene transformiert. Ihr haftet keine selbstsüchtige oder neurotische Motivation an.

(4) DIE PFEILEMACHERIN[373]

Einer der überragenden Gründer des tantrischen Buddhismus ist der Adept Saraha, ein ehemaliger Hindu-Priester und Gelehrter. Sarahas Leben nahm die entscheidende Wendung, als er auf dem Marktplatz unter den Pfeilmachern dort eine Frau entdeckte, die ihre Pfeile mit einer Behutsamkeit und Gewandtheit herstellte, die von einer tiefen meditativen Sammlung zeugte. Völlig vertieft in ihre Arbeit, ließ sie sich nicht ablenken. Saraha versuchte die Frau anzusprechen und fragte, ob sie eine Pfeilemacherin sein. Man erzählt, daß sie laut gelacht und gesagt haben soll: „Du dummer Brahmane. Du verehrst die Sprüche Buddhas, das Dhammapada, jedoch die tiefe Bedeutung der Lehre Buddhas kann durch Symbole und Handlungen erkannt werden, nicht jedoch durch Worte und Bücher. Du kannst nur lernen, wenn du handelst." Da erkannte Saraha die spirituelle Bedeutung ihres Tuns und den Ausspruch Buddhas: „Etwas ganz tun heißt, frei sein von allem Tun." Beim Prüfen der Pfeile hatte sie weder nach rechts noch nach links geschaut, sondern gerade auf eine undefinierbare Mitte. Hier, in der Mitte geschieht die Transzendenz. Ihre totale Versunkenheit in das, was sie tat, ließ Saraha ahnen, was wirkliche Meditation ist. Es bedeutet voll im Leben, am Marktplatz zu stehen, mit einer Hingabe an die einfachen Dinge beschäftigt, deren Tiefe sich in jedem Moment offenbart. Und diese restlose Hingabe verlieh ihr eine Schönheit, die aus der Harmonie mit dem Mittelpunkt des Wesens kam.
Saraha legte seine Mönchsroben ab und die Pfeilmacherin nahm ihn als Schüler und Geliebten an. Sie lehrte ihn die wahre Bedeutung der Dinge und befähigte ihn, die Wirklichkeit zu sehen, wie sie ist. Saraha wurde für seine spirituellen Verse berühmt.

So schrieb er über ihre erleuchtete Präsenz:

„Das Handeln dieser Yogini ist ohnegleichen.
Sie vernichtet den Haushälter,
Und erleuchtete Spontaneität scheint auf.
Jenseits von Leidenschaft und Nichtleidenschaft,
Sitzt sie entrückt, den Geist zerstört -
So habe ich die Yogini gesehen.“

c. Im Zen

Im Zen wird die Kannon, auch Kanzeon genannt, die weibliche Form des Avalokiteshvara, als weibliche Form des Erbarmens und der Weisheit hoch geehrt. Frauen spielen seit der Einführung des Zen in Japan eine bedeutende Rolle. Die folgenden Inhalte sind größtenteils einem Manuskript von Willigis Jäger über Frauen und Zen entnommen[374].
In einigen Koans spiegelt sich die Bedeutung der Frau wieder:

- Ein Mönch besuchte einst Mihu. Auf dem Weg traf er eine Frau, die in einer Hütte lebte. Der Mönch fragte: „Hast du Schüler?“ Sie antwortete: „Ja.“ Der Mönch fragte: „Wo sind sie?“ Sie antwortete: „Die Berge, die Flüsse und die Erde, die Pflanzen und die Bäume sind alle meine Schüler.“ Der Mönch fragte: „Bist du eine Nonne?“ Sie sagte: „Für was hältst du mich?“ „Eine Laienperson.“, antwortete der Mönch. Sie entgegnete: „Du kannst kein Mönch sein!“ Der Mönch sagte: „Du solltest den Buddhismus nicht vermischen.“ Sie antwortete: „Ich vermische den Buddhismus nicht.“ Er meinte: „Mischst du nicht Buddhismus auf diese Art?“ Sie sagte: “Ich bin eine Frau, du bist ein Mann, wo war da ein Vermischen? Wenn wir alle Konzepte fahren lassen, ist alles ganz klar. Was soll da ein Vermischen sein?“
  Dieses Koan zeigt die tiefe Erleuchtung dieser Frau, die das eine Leben (die Leerheit) in allen Formen erfährt. Der Mönch ist noch dem Dualismus, dem Tagesbewußtsein verhaftet.
- Dogen Zenji war der spirituellen Frau gegenüber positiv eingestellt. So schreibt er unter anderem: „Wenn ein Mönch, der den Weg in die buddhistische Brüderschaft sucht, einer Nonne begegnet, die den Weg und den Dharma erlangt hat, soll er vor ihr Niederwerfungen vollziehen und sie über das Gesetz befragen.“ In Shobogenzo[375] gibt es viele Überlieferungen von Nonnen, die Mönche gelehrt haben. So sagt Dogen Zenji: „Deshalb sollen Hauptpriester und Mönche in der heutigen Zeit, wenn ihnen das Verständnis fehlt, Nonnen, die das Dharma erlangt haben, bitten zu kommen und sie zu unterweisen.“
- „Nur daß du ein Mann bist, macht dich nicht edel. Schließlich ist die universale Lehre universale Lehre, die vier Elemente sind die vier Elemente, und die fünf Skandhas sind die fünf Skandhas; Frauen sind das gleiche - die Erlangung des Weges kann von Männern und Frauen erreicht werden.“

Daß jedoch, trotz aller Anerkennung, Nonnen nicht durchweg sehr angesehen waren, liegt an verschiedenen Umständen, vor allem an der religiösen Einstellung gegenüber der Frau. In der Shintoreligion mit ihrer Einstellung zu Mutterschaft und Menstruation und den sich daraus ergebenen Ritualen ist die Frau ein mysteriöses Wesen, das blutet, ohne zu sterben. Blut galt als etwas Unreines, und Frauen wurden während der Menstruation in getrennten Hütten gehalten, damit sie die Heiligkeit des Lebens nicht beeinträchtigen.

Ein weiterer Grund für die Mißachtung der Frau liegt im Konfuzianismus, da dort die Frau an unterster Stelle steht, sogar unter ihrem eigenen Sohn. Dabei ist die Position einer Nonne noch tiefer als die einer verheirateten Frau.

Es soll zur Zeit kaum mehr als 1000 Nonnen in Japan geben, obwohl es in jüngster Zeit eine buddhistische Frauenbewegung gibt, die an der Gleichstellung der Frau und der Nonne arbeitet.

Frauen aus dem Westen haben das japanische Zen herausgefordert. Sie werden heute gleichberechtigt neben den Männern zur Zenschulung zugelassen.

Beispielhaft wird die Erleuchtungserfahrung der Zen-Nonne Rengetsu weiter gegeben:

Nur sehr wenige Frauen haben im Zen das höchste Ziel erreicht. Rengetsu gehörte dazu.

Von ihrer Erleuchtung erzählt man sich folgendes: Als Rengetsu auf ihrer Pilgerreise spät abends in ein Dorf kam und um Unterkunft für die Nacht ersuchte, verwehrte man ihr dieses. Es wurde Nacht und Rengetsu war müde und hungrig. Sie entschloß, unter einem Kirschbaum auf dem Feld zu nächtigen. Es war eine eiskalte Nacht, und es war auch wegen der wilden Tiere gefährlich. Als sie um Mitternacht von der Kälte erwachte, sah sie am nächtlichen Himmel des beginnenden Frühlings den vollen Mond, der mit seinem Licht einen voll erblühten Kirschbaum umspielte. Von dieser Schönheit überwältigt stand sie auf und verneigte sich in Richtung des Dorfes und sprach: „Durch ihre Güte, mir die Unterkunft zu verwehren, fand ich mich unter den Blüten in der Nacht des verschleierten Mondes."

Rengetsu bedankt sich bei den Menschen, daß sie ihr keine Unterkunft gewährt haben, denn sonst hätte sie nicht die Stille der Nacht mit den Kirschblüten und dem Mond erleben können.

Der erwachte Mensch akzeptiert alles, was das Leben bringt in Dankbarkeit.

6. Taoismus - Mystik in China

A. ALLGEMEINE GRUNDLAGEN

Der Taoismus ist die ursprüngliche Überlieferung von Lebenskunst, Wissen und Weisheit aus dem alten China, dessen Anfänge in das 3. Jahrtausend v.Chr. zurückgehen. Das Wort Taoismus bedeutet ‚auf dem Weg sein' und ‚den natürlichen Gesetzen Folge leisten'. Im Taoismus vereinigen sich zwei Strömungen: die der chinesischen Philosophie, die als Tao-chia bezeichnet wird, und die der Religion, Tao-chiao.

a. Tao-chia - chinesische Philosophie

Das Tao-chia ist letztlich eine mystische Lehre, in der eine mystische Vereinigung mit dem Tao im Tun und in meditativer Versenkung erstrebt wird. Ihre bedeutendsten Vertreter sind Lao-tzu und Chuang-tzu. Im Mittelpunkt dieser Lehre stehen die Begriffe ‚Tao' oder auch ‚Dao', das allumfassende Prinzip, und ‚Wu-wei', das absichtslose Handeln. Im ‚Tao Te King', dem Werk des Laotse, welches Grundstein und anerkannter Kanon des Taoismus ist, heißt es:

„Das Dao wirkt in Ewigkeit durch Wu-wei, durch Nichttun,
Und doch bleibt nichts ungetan.
Wie ist das möglich? Es wirkt, indem es ist,
Und weil es alles ist, wirkt es.
Wo Volk und Herrscher danach leben,
Ist es um alle Lebewesen gut bestellt."[376]

In der Han-Dynastie[377] verlor der politische Taoismus an Bedeutung, als Kaiser Wu-ti den Konfuzianismus als Staatsreligion einsetzte. Es kam jedoch in der Folgezeit zur Verschmelzung zwischen dem Gedankengut des Taoismus, des Buddhismus und des Konfuzianismus.

b. Tao-chiao - der religiöse Taoismus

Tao-chiao, der religiöse Taoismus, zeigt ein ausgeprägtes Streben nach Unsterblichkeit.

Die Lehre zentriert sich auf die Vorstellung des Tao, als leerem Urgrund allen Seins, aus dem alles entstanden ist. Verschiedene Schulen existieren, in denen vor allem Methoden und Übungen gelehrt werden, um Unsterblichkeit zu erlangen, unter anderem Meditation, Praktiken der Atemübung und andere Techniken. Die Fünf-Elementelehre[378] entstand, verbunden mit dem Forschen nach dem Elixier des Lebens und der Unsterblichkeit (Nei-tan). So entwickelten sich die Praktiken des

‚Inneren Elixiers' und des ‚Inneren Atems'[379].
Verehrt werden die ‚Drei Sterne', der ‚Stern des Glückes', der ‚Stern der Würden und der ‚Stern der Langlebigkeit' als personifizierte Symbole des Tao, außerdem die sogenannten ‚Himmlischen Ehrwürdigen', deren bedeutendster Lao-tzu (Laotse) ist.

c. BEGRIFFE

(1) DAS TAO[380]

„Das Tao, das mit dem Namen genannt wird,
Ist nicht das ewige Tao.
Der Name, der sich aussprechen läßt,
Ist nicht der ewige Name."[381]

Lao-tzu betrachtet in seinem Werk ‚Tao Te-king' das Tao als das allumfassende erste Prinzip, aus dem die ganze Welt der Erscheinungen entsteht. Er charakterisiert das Tao als klanglos, formlos, aus sich bestehend und wandellos, namenlos und nicht benennbar. Es wirkt spontan und sein Handeln ist ohne Absicht (Wu-wei); es ist unsichtbar, unhörbar, unergründlich, ewig und durch keine äußeren Einflüsse veränderbar[382]. ‚Sein' ist die Funktion des Tao, ‚Nicht-Sein' seine Essenz. Es ist das große Eine, in dem alle Gegensätze aufgehoben sind.
Chuang-tzu sagt: „Tao ist ohne Anfang und ohne Ende. [...] Es existiert aus und durch sich selbst. Es war vor Himmel und Erde und es wird wahrlich in alle Ewigkeit sein."[383]

(2) WU-WEI

Auch der Begriff ‚Wu-wei' ist, wie der Begriff des „Tao", schwer in Worte zu fassen. Es ist ein ‚Nicht-Eingreifen' oder auch ‚Geschehen-lassen'. Es kann bedeuten: „‚Leben- und Lebenlassen', das Zulassen eines Höchstmaßes an persönlicher Freiheit und Verständnis für den anderen; das Nachgeben des ständig fordernden Ego; Wunschlosigkeit oder Leidenschaftslosigkeit; eine spontane Anpassung; die Einstimmung und vollkommene Hinnahme einer Situation; ein Handeln in völliger Harmonie mit der Natur; ein ‚tatenloses Tun', da diese Aktivität um das Zentrum der Ruhe schwingt und nur jene Bewegung verlangt, die in Übereinstimmung mit den Bewegungen des Himmels ist."[384] Das einzig nötige ‚Tun' besteht darin, in Übereinstimmung mit dem Tao zu sein. Es ist Hinnehmen und Zulassen von Lebenssituationen, ein Warten auf die rechte Zeit und hat mit Gleichgültigkeit, Fatalismus und Entsagung oder Apathie nichts zu tun.
J.C. Cooper spricht vom „humorvollen Entzücken an allem, was das Leben zu bieten hat" und schreibt, daß Wu-wei eine Sache des offenen Herzens und des reinen Geistes sei und sich spontan jeder Richtung anpassen und jeder Situation

entsprechen könne. Chuang-tzu meint, daß die Weisen fröhlich ihre ihnen bestimmten Rollen spielen. Eine Folge von Wu-wei sind Nicht-Widerstand und Gewaltlosigkeit, die nur dem möglich sind, der Mut und Klugheit besitzt, Vergeltung zu überwinden. Dies ist auch die Grundlage für die Lehre im Taoismus, in der Böses mit Gutem vergolten wird.[385]

d. Zur Mystik des Taoismus

Der Taoist ist bestrebt, ein Einssein mit dem Tao zu verwirklichen, indem er in sich selbst die Einheit, Einfachheit und Leerheit des Tao verwirklicht. J.C. Cooper schreibt: „Es ist das Eintreten in das Reich des Unendlichen, die Rückkehr in die Mitte und ein Sich-Lösen von der Vorstellung der Getrenntheit, um das scheinbare Selbst in Einem zu verlieren. In taoistischer Ausdrucksweise heißt das, seine eigene wahre Natur zu finden."[386]
Über die Mystik des Taoismus schreibt Cooper: „Der Taoismus kennt die emotionale Ausdrucksweise westlicher Mystik nicht. In ihm gibt es nicht die Qualen der Niedergeschlagenheit, keine Trübsal, keine erotische Symbolik und keine hysterischen Auswüchse des Gefühls. Dies ist im Sinne des Taoismus eine Vergewaltigung der Natur. Der Körper hat ebenso wie die Seele seine Rechte als Instrument und muß sein Gleichgewicht und seine Harmonie erhalten. [...] Die Mystik der Taoisten ist eine intellektuelle, nicht eine emotionale Übung. Sie kennt keinen persönlichen Gott, von dem sie angenommen oder zurückgestoßen werden könnte. Sie ist vielmehr eine ruhige Kontemplation der erhabenen Unermeßlichkeit des Universums und der winzigsten Details der Natur."[387]

B. DER MYSTISCHE VERSENKUNGSWEG IM TAOISMUS

Viele Hinweise auf Versenkungsübungen finden sich bei Laotse im 16. Kapitel des ‚Tao Te- king' und bei Chuang-tzu in diversen Schriften[388]. Nach taoistischer Auffassung führen zwei Wege zur Erleuchtung: ‚ming' oder ontologische Erkenntnis, und ‚ching', die Stille.

a. Die Bedeutung des Atems[389]

Von besonderer Bedeutung sind in China meditative Atemübungen, die nicht nur zur Verlängerung des Lebens, sondern vor allem zur Unterstützung des meditativen Vorgangs und zur Verwirklichung des Tao empfohlen werden. So beschreibt Ch´u Yüan[390] bereits um ca. 300 v. Chr. in einem Gedicht mit dem Titel ‚In der Ferne wandern' die Andeutung einer Technik zur Erlangung des Tao durch kontrolliertes Atmen:
„Sammle dich im Atem, und Tao wird, auch in der tiefen Nacht, bei dir verweilen.
Höre nicht mit deinen Ohren, sondern höre mit deinem Geist;
Nicht mit deinem Geist, sondern mit deinem Atem.
Laß das Hören nicht weiter gehen als bis zu den Ohren;

Laß den Geist nicht weiter gehen als bis zu seinen Bildern.
Atmen heißt, sich leer zu machen und das Tao zu erwarten.
Tao verweilt nur in der Leere.
Diese Leere ist das Fasten des Geistes. [...]
Schau doch die Leere! In ihrer Kammer entsteht das Licht!"

Chuang Tzu warnt allerdings davor, „den Atem als rein physische Übungen aufzufassen, ohne gleichzeitig die taoistische Philosophie zu studieren und anzuwenden." Ohne ein wirkliches Verständnis dieser Philosophie würden solche Disziplinen nicht zur Erlangung transzendentaler Weisheit führen.

Wie Pe-yang schreibt in seinem Buch über meditatives Atmen, daß „der Mensch sich die geheimen Kräfte von Himmel und Erde zunutze macht, um damit für sich selbst das große Elixier der goldenen Flüssigkeit zu destillieren, und so mit Himmel und Erde von Anbeginn zu sein." Der Atem in Form von Chi nimmt eine besondere Stellung ein. Im Westen wurden in diesem Zusammenhang vor allem Tai-chi und Chi-gong-Praktiken bekannt.

b. Die Bedeutung der Sammlung

„Bringst du deinen Körper in die richtige Haltung und konzentrierst dich auf das Eine, dann wird die himmlische Harmonie über dich kommen. Halte fest an deiner inneren Bewußtheit und vereinige dich mit dem Absoluten. Gott wird so in dir wohnen und du wirst im Tao verweilen. Das zu erlangen, wird dich mit Freude erfüllen. Du wirst sein wie ein neugeborenes Kalb, das mit großen Augen in die Welt schaut, ohne seinen Blick an irgend etwas zu heften."[391]

„Gib dich hin der äußersten Leere;
Versenke dich inbrünstig in Stille.
Alle Dinge sind zusammen in Aktion.
Doch ich schaue ihre Nichtaktion.
Denn die Dinge sind stets in Bewegung, ruhelos.
Und doch kehrt ein jedes zurück in seinen Ursprung.
Zum Ursprung zurückkehren, das ist Stille."[392]

c. Die Stufen der Verwirklichung bei Chu-ang Tzu

Der folgende Text aus dem Werk des Chu-ang Tzu beschreibt seine Erfahrung der Stufen der Verwirklichung:

„Innerhalb von drei Tagen war es ihm möglich, sich von der Welt zu befreien. Innerhalb weiterer sieben Tage war er von allen Äußerlichkeiten frei. Und in weiteren neun Tagen war er frei von seiner eigenen Existenz.

Von seiner Existenz befreit, hatte er eine Vision der aufgehenden Sonne. Daraufhin konnte er die Einheit erfahren. Als nächstes gab es keine Unterscheidung von Vergangenheit und Gegenwart mehr für ihn. Dann erreichte er den Zustand jenseits von Leben und Tod. So wußte er, daß die Zerstörung des Lebens nicht den Tod bedeutet, und daß die Geburt nicht Leben bedeutet. Er ging mit allen Dingen um und nahm alle Dinge an. Alle Dinge schreiten fort zur Zerstörung, und alle Dinge schreiten fort zum Aufbau. Dies nennt man die Beruhigung in der Verwirrung. Beruhigung in der Verwirrung bedeutet Verwirklichung durch das Chaos."[393]

d. Die Stadien des Weges im Tao Te King

(1) ERSTES STADIUM: REINIGUNG[394]

Die Lehre des Selbstvergessens, wie sie Chu-ang Tzu benennt und die Lehre vom Verlieren und Vergessen von Laotse sind wichtige Bestandteile des taoistischen Lehrsystems zum Erlangen des Tao. Indem sich der Übende von allen Verwirrungen des Geistes befreit, sich geistig von allen Dingen und Anhänglichkeiten loslösen kann, erreicht er das Tao. Das ist mit Verlieren und Vergessen gemeint.
In der Einleitung zum Sutra über das Atmen des berühmten buddhistischen Meisters Tao-an findet sich folgender Abschnitt: „Mit Atemübungen durchschreiten wir die sechs Stadien auf dem Weg zur Integration. Körperliche Übungen führen durch vier Stadien zur Sammlung. Diese Schritte bestehen im ‚Verlieren und Verlieren', bis wir das Wu-wei, das Nichthandeln erreicht haben, oder im ‚Vergessen und Vergessen', bis wir uns aller Leidenschaften entledigt haben. Durch Nichthandeln kommen wir in Übereinstimmung mit den Dingen. Durch Leidenschaftslosigkeit kommt Harmonie in unser Tun. Stimmen wir mit den Dingen überein, dann schauen wir ihr Wesen. Durch Harmonie in unserem Tun können wir unsere Aufgabe erfüllen. Wir erfüllen unsere Aufgabe, indem wir alles, was ist, sich selbst als alles andere sehen lassen. Das Wesen der Dinge schauend, machen wir die ganze Welt selbstvergessen. Damit beseitigen wir das Andere und beseitigen das Selbst. Dies bedeutet, die Integration in das Eine zu erreichen."
Yen Huei, ein Schüler des Konfuzius, berichtete diesem eines Tages über die Stadien seiner Versenkung: Er sagte: „Ich vergesse die moralische Unterscheidung von Güte und Gerechtigkeit." Der Meister sagte: „Gut, aber noch nicht genug." An einem anderen Tag sagte Yen Huei: „Ich vergesse Riten und Musik." Der Meister sprach: „Sehr gut, aber immer noch nicht vollkommen." Beim dritten Mal kam dieser eifrige Schüler zum Meister und sagte: „Ich vergesse mich selbst beim Sitzen." Der Meister war überrascht und fragte: „Was soll das heißen, du vergißt dich selbst beim Sitzen?" Der Schüler antwortete: „Das bedeutet, sich von der körperlichen Form zu befreien und Sehen und Hören keine Beachtung mehr zu schenken. Durch die Transzendierung der körperlichen Form und die Ausschaltung der Sinneswahrnehmungen wird man eins mit dem Unendlichen. Das meine ich, wenn ich sage, ich vergesse mich selbst beim Sitzen."

(2) ZWEITES STADIUM: ERLEUCHTUNG (‚TE')

Die Verwirklichung der Erleuchtung durch Meditation nennen die Taoisten Te. „Solange man Te nicht erreicht hat, kann man das vollkommene Tao nicht erlangen." Das Wort Te ist schwer zu erfassen. Es wird allgemein mit ‚Tugend' übersetzt und ist das Symbol für das Tao oder den Weg. Es entspricht teils dem Wort Kraft, teils hat Te die Bedeutung: ‚den Geist beobachten'. Im Zusammenhang mit dem Ablauf der Versenkungsstadien könnte es auch interpretiert werden als geistige Kraft, die aus der Konzentration auf den Geist entsteht, oder als Konzentrationsfähigkeit.

„Erleuchtung ist die Freisetzung unbekannter Kräfte des Geistes. In unserem Geist gibt es unbekannte Tiefen, die jenseits der Schwelle der begrifflich zusammengesetzten Bewußtheit liegen. Plötzliche Erleuchtung ist ein Einsturz der begrifflichen Struktur des Bewußtseins, der die in den Tiefen des Unbewußten begrabenen Kräfte freisetzt."

Als Symbol für Te steht auch der Drache. Den eigenen Geist als Drachen zu offenbaren, besagt symbolisch, die Erleuchtung verwirklicht zu haben. Das Licht, das von einem so vergeistigten Wesen ausstrahlt, nennt Chu-ang Tzu den Drachen. So schreibt er: „Wenn ein Mensch äußerste Stille bewahrt, dann tritt das himmlische Licht hervor. Wer dieses himmlische Licht ausstrahlt, der sieht sein wahres Selbst. Pflegt man sein wahres Selbst, erreicht man das Absolute. Erreicht jemand das Absolute, dann fallen alle menschlichen Attribute von ihm ab; die himmlischen Eigenschaften aber werden ihm beistehen."

(3) DRITTES STADIUM: VERSCHMELZUNG

Im Buch ‚Tao Te King' wird der weitere Weg der Versenkung in die Stille beschrieben.

Durch Nichthandeln wird die absolute Stille erreicht und man erkennt sein eigenes ursprüngliches Wesen.

In dieser Wesensschau verschmilzt man mit allen Dingen und wird eins mit ihnen. Diese Verschmelzung des eigenen Seins mit den Dingen ist all-durchdringend und all-umfangend. In einem solchen Zustand ist man selbstlos, man ist Ich-los. Damit wird das Bewußtsein des Nichts oder der Leere erreicht. Es ist das transzendentale Bewußtsein.

„Gib dich hin der äußersten Leere;
Versenke dich inbrünstig in Stille.
Alle Dinge sind zusammen in Aktion,
Doch ich schaue ihre Nichtaktion.
Denn die Dinge sind stets in Bewegung, ruhelos,
Und doch kehrt ein jedes zurück in seinen Ursprung.
Zum Ursprung zurückkehren, das ist Stille.
In Stille sein heißt, das ‚Für-sich-sein' schauen.
‚Für-sich-sein', ist das all-verwandelnde Wandellose.
Das all-verwandelnde Wandellose zu begreifen, heißt, erleuchtet sein.
Das all-verwandelnde Wandellose umfängt alle Dinge.

Alle Dinge zu umfangen, das heißt selbstlos sein.
Selbstlos sein, heißt, all-durchdringend sein.
All-durchdringend sein, heißt transzendental sein."[395]

(4) VIERTES STADIUM: ALLTAG

Der Mensch wird im Taoismus als ein mikrokosmisches Universum betrachtet. Erstrebenswert ist es, die Harmonie, die natürliche Integration seines Seins mit dem makrokosmischen Universum zu erlangen, eine universale Einheit, das Tao. Alle taoistischen Schriften betonen diese Integration und sehen darin des Menschen Bestimmung. Es ist auch die Vereinigung der Pole ‚Yin' und ‚Yang'. Yin und Yang sind die zwei großen Kräfte des Universums, die negative und die positive, die weibliche und die männliche, die in Harmonie und Ausgewogenheit bleiben müssen. Der Mensch ist das Wesen zwischen Himmel (Yang) und Erde (Yin). Der Himmel steht als Symbol für Ideale, wie Grenzenlosigkeit, Zeitlosigkeit, kreative Kraft. Erde ist das Symbol für das Leben in der Welt der Erscheinungen und Formen, dieser relativen Wirklichkeit, die das Leben nährt und erhält.
Der Mensch ist berufen als Bindeglied zwischen diesen beiden Polen und Kräften Harmonie herzustellen, also im Alltag das himmlische Leben zu manifestieren.

e. Versenkungsübung zur Entwicklung des ‚inneren Elixiers' (Nei-tan)[396]

Eine ausgeprägte Erscheinungsform im Taoismus ist die Wissenschaft von der ‚inneren Alchemie', der Entwicklung des alchimistischen Elixiers. Es ist eine Technik, die aus den drei Kräften Ching (Essenz), Chi (Lebensenergie) und Shen (Geist) eine ‚unsterbliche Seele' erschafft und durch Ausgleich der Kräfte von Yin und Yang die Vereinigung mit dem Tao im menschlichen Körper erreicht.
Der taoistische Meister Chen schreibt: „Chen der Verwehte hat gesagt: ‚Sitzt einfach ruhig in tiefer Versenkung, ohne mit den Gedanken bei den Gedanken zu sein. Ist dies Werk ohne Fehl und Tadel, so tretet ihr in die Einheit ein und seid den ganzen Tag über in Stille wie eine Henne, die auf ihren Eiern sitzt. Dann erblickt ihr natürlicherweise, wie der geheimnisvolle Paß sich öffnet, so enorm weit, daß es kein Außerhalb gibt; so winzig klein, daß es kein Innerhalb gibt. Daraus bezieht ihr die vollkommen reine Urenergie, den Nährboden des alchimistischen Elixiers. Übt euch hingebungsvoll, und ihr werdet fähig sein, es den Weisen der Vorzeit gleichzutun."[397]
„Wer gesammelt in heiterer Gemütsruhe verweilt, strahlt das Licht des Himmels aus."[398]

f. Die Erfassung des Tao in der chinesischen Dichtkunst[399]

Immer wieder haben Dichter diese tiefen Erfahrungen und Weisheiten verdichtet. Der Dichter ist in der Lage, die innere Erfahrung in Sprache zu fassen; je höher die Stufe der Durchdringung eines Dichters ist, desto tiefer ist seine Dichtung. Vielleicht ist die Dichtkunst das geeignetste Mittel, um auszudrücken, was erfahren wurde, denn hier kann das Erfahrene aus der Tiefe frei und spontan wirken, ohne gedankliche Einengung, ohne Verzerrung und Einschränkung durch ein rationelles Bewußtsein. Lebt ein Dichter im Ich-losen Zustand, sieht er alle Dinge, wie sie sind und spricht sie aus, wie sie sind. Einfachheit, Freude, leichtes heiteres Sein werden so in Direktheit und Transparenz widergespiegelt und bilden die Grundlage des dichterischen Ausdruckes.

(1) LI PO

„Ihr fragt, zu welchem Zweck ich denn
In den blauen Bergen lebe.
Ich lächle, doch entgegne nichts,
Das Herz voll Seelenruh.

Die Pfirsichblüten treiben auf dem Strom
Davon in weite Ferne
Andere Himmel gibt`s und Erden
Als die der Welt der Sterblichen."

(2) ANONYMUS

„Wenn der Mond aufsteigt zum Herzen des Himmels,
Und ein leichter Wind des Teiches spiegelgleiche Fläche streift,
Das ist fürwahr ein Augenblick der reinsten Freude,
Nur wenige Menschen spüren dies!"

(3) ANONYMUS

„Wenn die Vögel in den Wipfeln singen,
Dann ist ihr Lied die Lehre aller Patriarchen;
Wenn die wilden Blumen blühn,
Bringt uns ihr Duft des Tao tiefsten Sinn."

C. ASPEKTE DES TAOISTISCHEN WELTBILDES

Das taoistische Weltbild ist ein holistisches, ein einheitliches System, in das der Mensch vollständig integriert ist. Es betrachtet die großen Kreisläufe der Natur und des Geistes, zwischen Himmel und Erde. Alle Bereiche des Lebens werden umfaßt und integriert.

Leider können hier nur einige wesentliche Aspekte angedeutet werden.

Die Taoisten betrachten das ganze Leben als Ausdruck einer Energie, die ‚Chi' genannt wird.

Technik und Wissenschaft des meditativen Atmens in Form von ‚Tai Chi', ‚Chi Gong' und den Atemkreisläufen sind bei uns populär geworden, ebenso wie die Theorie und Praxis des I-Ging, das Buch der Wandlungen, mit seinem uralten Weisheitssystem.

Alles Seiende wird repräsentiert durch die schöpferischen Prinzipien von Yin und Yang, die als Zeichen des Weiblichen und Männlichen jeglicher Dualität dem Aufbau des Universums zugrunde liegen.

Yin wird von der Qualität des Wassers beherrscht, es ist ruhig, sanft, gefühlsbetont, nährend und heilend. Es steht für das Sein, die Stille und auch das Geschehenlassen.

Die Yangqualität wird vom Feuer beherrscht und ist heftig, erregend, intensiv, mental. Es ist der Zustand der Energie, der Kontrolle, der Bewegung und des Tuns. Erst die Vereinigung beider ergibt das Ganze. Da die Grundlage für die Yangqualität die Yinqualität ist, ist die Ausbildung beider Qualitäten wichtig.

Das Werk der chinesischen Alchimisten, Numerologen und Weissager, vor allem aber die chinesischen kosmologischen Theorien und die makrokosmisch-mikrokosmische Anschauung, die das gesamte Universum im Menschen enthalten sieht, sind Inhalte taoistischer Lehren. Dies gilt auch für die Elementenlehre, die die Elemente (Holz, Feuer, Erde, Metall, Wasser) in ihre Beziehung zum Menschen über die Organe (Leber, Herz, Milz, Lunge, Niere) setzt, in Übereinstimmung mit ihren Beziehungen zu Yin und Yang und den Wandlungsphasen.

Von Bedeutung ist auch die chinesische Lehre von den Bewußtseinszentren und die Lehre von den Meridianen[400], welche die Grundlage für das Lehrsystem der Akupunktur darstellen. Beide dienen heute auch im Westen als Erklärungshilfe bei der Betrachtung des feinstofflichen Körpers und seinen Reaktionen.

Der Mensch im Taoismus ist ein mikrokosmisches Universum. Durch den meditativen Versenkungsweg erreicht er die natürliche Integration seines Selbst in das Universum; er erlangt eine universale Einheit. Alle taoistischen Schriften betonen diese Integration und sagen, daß dies des Menschen Bestimmung ist. So erreicht der Übende die innere Harmonie seines ‚inneren mikrokosmischen Universums' mit dem ‚äußeren makrokosmischen Universum'.

XI. MYSTISCHE WEGE UND ERFAHRUNGEN IM TRANSKONFESSIONELLEN RAHMEN

Mystische Erfahrung ist unabhängig von einem religiösen Kontext. Zu allen Zeiten gab es ‚Erleuchtete' oder ‚Mystiker', die mystische Erfahrungen unabhängig von einem konfessionellen Hintergrund gemacht haben. Zwar gibt es häufiger Mystiker, die religiöse Wege gehen; dies ist jedoch nicht verwunderlich, da sie ja meistens ihr Leben ganz der Gottsuche gewidmet haben.

1. Beispiele

A. AUS DER ANTIKE

a. Hermes Trismegistos

Hermes Trismegistos war ein ‚Eingeweihter' und lebte zur Zeit der ältesten ägyptischen Dynastie. Trismegistos bedeutet ‚der dreimal Große'. Hermes leitet sich ab von hermetisch, was mit ‚geheim' übersetzt werden kann. Ägypter und Griechen haben ihn zum Hermes, dem Gott der Weisheit, ernannt. Grundzüge der hermetischen Philosophie sind zwar bei allen großen Philosophen und in den Religionen aller Länder zu finden, sie übersteigen jedoch jegliche Religion oder Philosophie und können somit als transkonfessionell bezeichnet werden.

Von Hermes Trismegistos stammen die sieben Prinzipien der hermetischen Philosophie, die den Schlüssel zur Weisheit der Erscheinungswelt darstellen. In seinem Buch ‚Erkenntnis der Natur und des sich darin offenbarenden großen Gottes'[401], greift Hermes das Thema der Wiedergeburt, worunter er die ‚Rückkehr in das Gemüte Gottes' versteht, die mit einem mystischen Weg bzw. mystischer Erfahrung gleichzusetzen ist, auf. Er bezeichnet es als ein Geborenwerden in das ‚Gemüte Gottes' und erläutert seinem Sohn den Weg dorthin und die daraus folgende Einheit mit allem.

Es sollen im folgenden Ausschnitte aus dem Dialog mit seinem Sohn Tatius wiedergegeben werden:

- Von der Wiedergeburt, der Rückkehr in das Gemüte Gottes
  Tatius: „Vater, du wolltest mir erklären die Weise der Wiedergeburt."
  Hermes Trismegistos: „Mein Sohn, was soll ich sagen? Ich habe nichts zu sagen, denn allein dies, daß ich in mir sehe ein ungebildetes Gesicht, welches aus der Barmherzigkeit Gottes ist geworden. Und ich bin von mir ausgegangen in einem unsterblichen Leibe, und ich bin nun nicht derjenige, der ich zuvor war, sondern geboren in dem Gemüte. Dies Ding läßt sich nicht lernen, auch kann man mit diesem gebildeten Leibe nicht kommen zu

der Beschaulichkeit, darum habe ich meine zusammengesetzte Gestalt verlassen."[402]
Tatius: „Sage mir auch das, wer ist es, der die Wiedergeburt wirket?"
Hermes Trismegistos: „Gottes Sohn, der einige Mensch durch den Willen Gottes."[403]

- Die Methode: Reinigung von Untugenden
  Hermes Trismegistos: „Wie wolltest du solches mit den Sinnen verstehen, das nicht hart ist, das nicht feucht ist, das man nicht fühlet, das nicht durchdringend ist, das allein durch Kraft und Wirkung wird verstanden? Das Gemüt ist mir nöthig, welches die Geburt, die in Gott ist, kann verstehen."
  Tatius: „So vermag ich das nicht, Vater?"
  Hermes Trismegistos: „Das sei ferne mein Sohn! Kehre in dich selbst, so wird es kommen, wolle nur, so wird es geschehen, vernichte die Sinnen des Leibes, reinige dich von den unvernünftigen Untugenden der Materien." [404]
  Als Untugenden führt er an: Unwissenheit, Traurigkeit, Unmäßigkeit, Begierlichkeit, Ungerechtigkeit, Geiz, Betrug und Verführung, Neid, List, Zorn, Verwegenheit, Bosheit.[405]

- Entwicklung von zehn Kräften
  Hermes spricht davon, daß zehn Kräfte eintreten und die Untugenden vertreiben. Dabei handelt es sich um: Erkenntnis der Freude, Mäßigkeit, Enthaltung, Gerechtigkeit, Freigebigkeit, Wahrheit.
  Hermes Trismegistos: „Also hast du nun erkannt, Sohn, die Art der Wiedergeburt, denn die zehn (Kräfte) sind eingegangen, so ist die verständliche Geburt vollzogen, und treiben die Zwölfe aus, und dann sind wir gekommen zu der Beschauung von dieser Geburt."

- Einheit mit allem
  Hermes Trismegistos: „Derohalben, wer nun durch Gottes Barmherzigkeit die Geburt durch Gott hat erreicht, derselbe verläßt den leiblichen Sinn und erkennet sich, daß er aus dem Göttlichen besteht, und lebt in Frieden und Fröhlichkeit, als seiend von Gott unbeweglich gemacht."
  Tatius: „Vater ich stehe gegenwärtig in der Beschauung, nicht mit dem Gesichte der Augen, sondern mit dem verständlichen Wirken der Kräfte. Ich bin in dem Himmel, auf Erden, im Wasser, in der Luft, ich bin in den Thieren; in der Pflanzung, in der Mutter, vor der Mutter überall."[406]

- Schweigen
  „Nachdem du nun solches von mir hast gelernet, so versiegle dessen Tugend mit Stillschweigen, und offenbare niemanden die Vorstellung der Wiedergeburt, auf daß wir nicht werden für Lästerer geachtet."[407]

- Es gibt keinen Tod
  „In keinem von diesen werdenden Dingen wird der Tod gefunden, aber der Tod ist nur ein Wort, damit man sich den Tod einbildet, oder ein Name

ohne Werk, ohne Wesen, welcher vielleicht darum Thanathos [Tod] genannt wird, weil man die ersten Buchstaben von Anathanatos [unsterblich] ausgelassen."[408]

„Denn der Tod weist an, einen Untergang. Es geht aber von den Dingen der Welt nichts unter, denn nachdem die Welt der zweite Gott und ein unsterbliches Tier ist, so ist es unmöglich, daß von diesem unsterblichen Tiere einiger Teil kann untergehen."[409]

- Gott, der ewig Ungeborene
  „Denn der erste von allen, welcher ewig ungeboren und ein Werkmeister ist von allen Dingen, ist Gott."[410]
  „Weil dieses also ist, so muß es ein Wesen sein, welches von aller Bewegung und Gott frei ist; [...] es hat um sich eine standfeste Wirkung, die nichts bedarf und ganz voll und ausfließend ist."[411]

- Das Gemüt als Wesen Gottes:
  „Das Gemüt, lieber Tatius, ist aus Gottes Wesen selbst, erkennt sich selbst allein vollkommentlich. Darum ist das Gemüt nicht unterschieden von dem Wesen Gottes, sondern mit demselben vereinigt, gleich als das Licht mit der Sonne. Und dasselbe Gemüt ist in dem Menschen ein Gott, darum sind etliche Menschen göttlich, und ihre Menschheit ist nahe der Gottheit."[412]

b. Pythagoras[413]

Pythagoras war ein griechischer Philosoph, der eine philosophisch-religiöse Gemeinschaft und Schülerschaft, die sogenannten Pythagoräer, um sich sammelte. Diese Gemeinschaft kann als Mysterienschule[414] betrachtet werden, da sie dem Zweck diente, ihren Schülern den Zugang zur geistigen Welt zu vermitteln.
Pythagoras Philosophie hatte eine starke Auswirkung auf Platon. Er befaßte sich vor allem mit mathematischen Gesetzmäßigkeiten des Kosmos, indem er Kosmos und kosmische Gesetzmäßigkeiten in Zahlen und mathematischen Zusammenhängen ausdrückte. Alles ist für ihn Zahl. Er betrachtete den gesamten Kosmos als göttliches, unsterbliches Wesen. Auch die Seele des Menschen ist unsterblich. Solange sie in den Körper eingesperrt ist, bleibt der Mensch gespalten. Eine Reinigung der Seele ist nötig, will der Mensch sich mit dem Kosmos vereinigen. In seinem Werk ‚Die goldenen Verse'[415] beschreibt er den Weg des Menschen zurück zum Ursprung. Dieser Weg zur göttlichen Vollkommenheit kann nach Pythagoras in drei Abschnitte gegliedert werden.

- Vorbereitung
  Hierbei geht es um die Anrufung der unsterblichen Götter durch Verehrung, Opferung und das Heilighalten von Gelübden.

- Die Reinigung, auch Läuterung und Weihe
  Hierbei geht es im wesentlichen um allgemeine Lebensregeln: lautere

Gesinnung, besonnenes Handeln, Gelassenheit, disziplinierte Lebensweise und Rechenschaft ablegen über Taten..

- Gedanken
  Pythagoras schreibt:
  „Aus freiem Willen bemühe dich,
  Aus freiem Willen übe sorgfältig,
  All dies sollst Du in Liebe pflegen.
  So wirst Du auf dem Weg zur göttlichen Vollkommenheit wandeln." [416]

- Die Vollendung durch Einigung
  Dabei geht es um das Erkennen und Aufsteigen in die Freiheit des Äthers und um die Selbsterkenntnis, die eine Erkenntnis der Einheit allen Seins, in der alle Gegensätze aufgehoben sind, ist. Dieses ‚Erkenne Dich Selbst' hat auch am Apollotempel in Delphi gestanden und kann gleichgesetzt werden mit der Erkenntnis im Hinduismus „Tat Twam Asi", was bedeutet „Das bist Du selbst".
  Pythagoras schreibt:
  „Du wirst erkennen - soweit es Dir nach göttlicher Ordnung gebührt, daß die Natur in allem, gleichen Wesens ist."[417]
  „Du wirst erkennen, daß die Menschen selbstverschuldetes Leid tragen."[418]
  „Vor allem sei getrost, da ja die Sterblichen göttlicher Herkunft sind,
  und die Natur ihnen das Heilige offenbart und sie alles schauen läßt.
  Wenn dir wahrhaftig solches zuteil wird, wirst du meistern, was ich Dich heiße zu tun."[419]
  „Du wirst dich von oben her leiten lassen durch edelste Einsicht, Absicht und geistiges Vermögen.
  Wenn Du aber den Körper verläßt, mögest du die Freiheit des Äthers erreichen.
  Du wirst nicht mehr zu den Sterblichen gehören, du wirst ein unsterblicher Gott sein,
  herrlich und heilig."[420]

c. Platon[421] - das Höhlengleichnis

(1) DAS HÖHLENGLEICHNIS

Der griechische Philosoph Platon spricht von der Erfahrung mit dem Höchsten in Form eines Gleichnisses, das als Höhlengleichnis bekannt wurde. Damit hüllt er das Unaussprechbare, in das man sich nur „Hineinleben"[422] kann, in ein Gleichnis, das in Form eines Dialoges zwischen Sokrates und seinem Schüler Glaukon erhalten ist:
Menschen existieren in einer unterirdischen höhlenartigen Behausung, die einen aufwärts, gegen das Licht geöffneten Zugang hat. Die Menschen sind seit ihrer Kindheit gefesselt an Hals und Beinen, so daß sie auf demselben Fleck bleiben müs-

sen und nur nach vorne schauen können. Licht erhalten sie von einem Feuer, das hinter ihnen brennt. Zwischen dem Feuer und den Gefangenen verläuft ein Weg an einer Mauer entlang. Dort befinden sich Menschen mit allerlei Gefäßen, Bildsäulen und steinernen und hölzernen Bildern.

Wie Platon meint, gleichen die Gefangenen den Menschen. Sie sehen von sich selbst und voneinander nur die Schatten, die das Feuer auf die Wand der Höhle wirft. Und sie sehen von den vorbeigetragenen Gegenständen auch nur die Schatten, da sie durch die Fesselung gezwungen sind, den Kopf nur geradeaus zu halten.

Wenn sie miteinander reden, so reden sie nur über diese Schatten der Dinge. Und sie würden diese Schatten für das Wahre halten.

Nun wirft Platon die Fragen auf:

Was würde geschehen, wenn einer der Gefangenen befreit würden, den Hals umwenden, gehen und nach dem Licht blicken könnten?

Antwort: Das Licht täte ihm weh und er wäre wegen des Flimmerns nicht imstande, die Gegenstände zu sehen, deren Schatten er vorher gesehen hat.

Und was würde er sagen, wenn man ihm sagen würde, er hätte damals nur Nichtigkeiten gesehen, jetzt aber stehe er vor Dingen, die dem Sein in höherem Grade entsprechen und wenn er sich diesen Dingen zuwendete, sähe er richtiger?

Antwort: „Und wenn man ihn sogar in das Licht selbst zu sehen nötigte, würden ihn wohl die Augen schmerzen und er würde fliehen und zu jenem zurückkehren, was er anzusehen imstande ist und er sei fest überzeugt, dies sei viel wirklicher, als was er zuletzt gesehen hat."

„Und wenn ihn einer mit Gewalt von dort durch den unwegsamen und steilen Aufgang schleppte, und nicht losließe, bis er ihn an das Licht der Sonne gebracht hätte, wird er nicht viel Schmerzen haben und sich gar ungern schleppen lassen?"

Antwort: „Und wenn er nun an das Licht kommt und die Augen voll Strahlen hat, wird er Schmerzen haben und nichts sehen können von dem, was ihm nun für das Wahre gegeben ist. [...] Gewöhnung also, meine ich, wird er nötig haben, um das obere zu sehen." Zuletzt aber schreibt Platon, wird er die Sonne selbst sehen können, nicht Bilder von ihr im Wasser oder anderwärts, sondern sie selbst an ihrer eigenen Stelle anzusehen und zu betrachten imstande sein. Und er würde zu der Erkenntnis gelangen, daß die Sonne die Ursache, die Wirklichkeit, ist.

Platon schildert hier die Situation des Menschen und die Schwierigkeiten, zur Wahrheit vorzustoßen. Angesprochen wird in diesem Gleichnis vor allem der Prozeß der Läuterung, Reinigung und des Ichtodes, des mystischen Weges. Dieser Prozeß ist die Voraussetzung für den Durchbruch zur Erfahrung des All-Seienden.

Gefangen und gefesselt sitzt der Mensch in einer Höhle. Die Höhle kann auch als Symbol für das Unbewußte verstanden werden. Da ist der Mensch, der im Tagesbewußtsein gefangen ist und nichts anderes kennt. Da sind, auf dem Wege zur Befreiung, die Mühsale und Hindernisse, die auf dem Wege zur Erfahrung und Erkenntnis des All-Seienden, zum Einstieg in transpersonale Bewußtseinszustände; zu bewältigen sind, nämlich Schmerz, Unsicherheit, Verletzung, das Lösen der Fesseln, die Frage nach dem Sinn, das Schauen in das nackte Sein, die Blendung vom Licht, Zweifel, die Annahme des eigenen Schattens und die Durchhaltekraft, um sich daran zu gewöhnen zu sich selbst stehen, trotz gegenteiliger Meinung der anderen.

(2) AUFSTIEG UND ABSTIEG DES GEISTES

Ken Wilber[423] interpretiert am Beispiel des Höhlengleichnisses Aufstieg und Abstieg des Geistes als die beiden Bewegungen, die mit der Annäherung an den ‚unaussprechlichen Einen' einhergehen.
Die eine Bewegung ist der Aufstieg zum Einen, der „Geist als der Welt transzendent." Es ist die Philosophie einer ‚Jenseits-Richtung'.
Die andere Bewegung ist der Abstieg des Einen in die Welt der Vielen, „die Rückkehr aus der Vielheit, welche die Welt des Vielen schafft, so daß dieses Viele, die ganze geschaffene manifestierte Welt nur als Schatten oder Illusion betrachtet werden kann, nur als Abbild einer Wirklichkeit und des Lichtes, jenseits der Höhle."
Platon bleibt jedoch hier nicht stehen. Er erhebt diese materielle Welt, die Welt der Schatten und sagt, daß sie Ausstrahlung oder Verkörperung des Geistes ist, vom Guten und von Liebe durchzogen. Es ist der Geist, der der Welt immanent ist. So kommt auch Platon, „nach dem Aufstieg zum Einen" zurück zu einer freudigen Annahme der geschaffenen Welt. Alles Manifestierte ist eine Ausstrahlung des Geistes. Die Dualität von Aufstieg und Abstieg fallen zusammen. Diesseits und Jenseits, Aufstieg und Abstieg sind nur die beiden Seiten einer Münze.
Wird jedoch nur eine Seite betont, wie oftmals in der Geschichte der Religionen, bleiben wir in der Dualität stecken. Wer nur das Licht sehen möchte und die Schöpfung als böse und sündhaft ansieht, bleibt in der Höhle von Platon sitzen. Das gleiche gilt für jemanden, der nur die materielle, geschaffene Welt sieht. Wichtig ist, die Balance zu halten und sich weder in der Welt der Schöpfung noch in der Welt der transzendenten Erfahrung zu verlieren. So bekommt auch die diesseitige Welt ihre Bedeutung.
Dies deckt sich mit allen mystischen Wegen. Es ist das in diesem Buch erwähnte vierte Stadium des mystischen Weges, die Rückkehr in den Alltag, wie jede mystische Richtung sie kennt.

B. AUS DER NEUZEIT

a. Richard Bucke[424]

Richard Bucke, Geisteswissenschaftler und Psychologe, war seiner Zeit voraus, indem er das Phänomen der Erleuchtung als klar definierbaren geistigen Zustand behandelt, der untersucht werden kann. Anlaß dazu gab ihm seine eigene Erleuchtungserfahrung, das intensive Studium sogenannter ‚Erleuchter' oder, wie er es ausdrückt, Menschen, die zum kosmischen Bewußtsein durchgebrochen sind. Auch sein Kontakt mit Walt Whitman[425] trug zu seinen Untersuchungen und Erkenntnissen bei. In seinem Buch ‚Kosmisches Bewußtsein'[426] befaßt sich Richard Bucke mit den Bewußtseinsstufen und untersucht und beschreibt die Erfahrungen des kosmischen Bewußtseins vieler Persönlichkeiten

(1) ‚ERLEUCHTETE' BEI RICHARD BUCKE

Darunter fallen: Moses, Gideon, Jesaja, Laotse, Gautama (Buddha), Sokrates, Jesus Christus, Paulus, Plotin, Mohammed, Roger Bacon, Dante, St. Johann vom Kreuz, Francis Bacon, Jakob Böhme, Blaise Pascal, Spinoza, Emanuel von Swedenborg, William Blake, Honore de Balzac, Ramakrishna, Walt Whitman und Edwart Carpenter.

Bucke untersuchte die Häufigkeit der Erfahrungen in den letzten 3000 Jahren und schloß aus der ansteigenden Häufigkeit der Erfahrungen, daß die gesamte Menschheit sich langsam auf ein dem Ichbewußtsein überlegenes Bewußtsein zu bewegt, welches sie von Unsicherheiten und Ängsten befreien wird. Er schreibt: „daß diese neue, vierte Bewußtseinsstufe den Menschen befähigen wird, den Kosmos als Ganzheit zu begreifen und durch sie die Gegenwart des Schöpfers zu spüren [...] und zu wissen, daß das Grundprinzip des Kosmos Liebe ist. Die Stufe des kosmischen Bewußtseins wird am Ende zur geistigen Standardausrüstung der Menschheit gehören."[427]

William James[428], der bekannte amerikanische Psychologe, schreibt an Richard Bukke: „Allen haben Sie diese Art von Bewußtsein so endgültig und so unausweichlich unter die Nase gerieben, daß es sich künftig nicht mehr wegdenken oder beiseite wischen läßt. [...] es ist ein Geschenk für alle."[429]

Inzwischen wurde dem mystischen Bewußtseinszustand das Fluidum eines pathologischen Bewußtseinszustandes entzogen und eindeutig als eigener Bewußtseinszustand deklariert, der mit Geistesstörung, Hysterie oder sonstigen abweichenden seelischen Phänomenen nichts zu tun hat.

(2) DIE SPONTANE ERLEUCHTUNGSERFAHRUNG

Richard Bucke beschreibt seinen eigenen Durchbruch zum kosmischen Bewußtsein folgendermaßen: „Es war im Frühjahr zu Beginn seines sechsunddreißigsten Lebensjahres, und er befand sich eben in England. Es war Nacht; er hatte zusammen mit zwei Freunden Wordsworth, Shelley, Keats, Browning und insbesondere Whitman gelesen. Da geschah es: Völlig unvermittelt fühlte er sich wie von einer flammenden Wolke erfaßt. Im ersten Augenblick dachte er an eine plötzliche Feuersbrunst in der Stadt, doch dann erkannte er, daß dieses gleißende Licht aus seinem eigenen Innern hervorgebrochen war. Von Frohlocken gewiegt, von Seligkeit durchflutet, erfuhren seine Verstandeskräfte jene totale Durchlichtung, die mit Worten unmöglich wiederzugeben ist. Es war Brahmans Glanz, der seinen Geist für die Dauer eines Augenblicks blitzartig erleuchtete und der seitdem nicht aufgehört hat, ihm ein Licht auf seinem Lebensweg zu sein. Unter anderem schaute und erkannte er, daß der Kosmos keine tote Materie, sondern lebendige Gegenwart ist; daß die menschliche Seele unsterblich ist; daß das Grundprinzip der Welt das ist, was wir Liebe nennen, und daß die Seligkeit eines jeden letzten Endes eine Gewißheit ist. Der Autor weiß, daß er in den kurzen Augenblicken der Erleuchtung mehr lernte als in allen vorangegangenen Jahren, und daß sie ihm darüber hinaus so manches erschloß, das ihm kein Studium je hätte beweisen können.
Die Erleuchtung währte nur wenige Augenblicke, doch die Wirkung erwies sich

unauslöschlich. Nie konnte er vergessen, was er geschaut und erkannt hatte, noch hat er an dem, was sich ihm damals als Wahrheit offenbarte, je zweifeln können. Das Erlebnis jener Nacht war seine wahre und einzige Einweihung in ein neues und höheres Leben. - Doch war es bloß eine Einweihung? - Er hatte das Licht geschaut, wußte aber damals ebensowenig, woher es kam und was es bedeutete, wie vor ihm die ersten menschlichen Wesen, die das Licht der Sonne erblickten. Als er sich daraufhin in der Welt des Geistes umzuschauen begann, erkannte er die Bedeutung des inneren Lichts in den Erfahrungen des Paulus und Mohammed wieder."[430] Richhard Bucke datiert seine erste Erleuchtung in das Jahr 1853 oder 1854.

b. Walt Whitman[431]

Walt Whitman war Dichter und Künstler. Er schildert unmittelbar den Moment, in dem er in die Dimension des absoluten Bewußtseins durchbrach. Er schreibt über diesen Zustand: „Staunend wandre ich in meiner eigenen Leichtigkeit und Freude."[432]

(1) ERFAHRUNG DER ‚ERLEUCHTUNG'

Whitman schreibt über dieses Bewußtsein als ‚Erleuchtung wirklichen Schauens': „In unseren besten Stunden steigt ein Bewußtsein, ein Gedanke in uns auf, unabhängig, hoch über allem anderen, gelassen wie die Sterne, in ewigem Glanz. Das ist der Gedanke der Identität - der deinigen für dich, wer du auch seist, wie der meinigen für mich. Wunder der Wunder, über allen Ausdruck erhaben, geistigster und duftigster aller Erdenträume, und doch die festeste Grundtatsache und der einzige Zugang zu allem Geschehen. In solchen andächtigen Stunden, inmitten der bedeutsamen Wunder von Himmel und Erde fallen alle Glaubensbekenntnisse und Konventionen ab und werden belanglos vor dieser einfachen Idee. In der Erleuchtung wirklichen Schauens nimmt sie allein Besitz von uns und hat allein Wert für uns. Wie der schattenhafte Zwerg im Märchen dehnt sie sich, einmal entfesselt und erkannt, über die ganze Erde aus und reicht bis an das Dach des Himmels." [433]

Whitman versucht ebenfalls, seine Erleuchtungserfahrung in einem Gedicht zu beschreiben:

„Alsbald erhob und breitete sich um mich der Friede und das
Wissen, das höher ist als alle Beweisgründe der Erde,
Und ich weiß, daß der Geist Gottes der Bruder meines
Eignen Geistes ist,
Und daß alle Männer, die je geboren, auch meine Brüder
Sind, und die Frauen meine Schwestern und Liebsten,
Und daß der Richtkiel der Schöpfung Liebe ist."[434]

„Und wie in einem Taumel blendet mich für die Dauer eines Augenblicks
Eine andere Sonne, unsäglich voll.
Und alle Himmelskörper, die ich je gekannt habe, und
Leuchtende, neue Himmelskörper.
Ein Augenblick vom Land der Zukunft, Himmelsland."

„Hast du nie eine Stunde erlebt,
Einen jähen, göttlichen Strahl, unter dem all diese
Seifenblasen, Moden, Wohlstand.
Diese emsig verfolgten Ziele - Bücher, Politik, Kunst, Liebschaften
Zu einem schieren Nichts zerbarsten?"[435]

(2) RELIGION UND ERLEUCHTUNGSERFAHRUNG

„Ich möchte in der Tat behaupten, daß einzig in der vollkommenen, unbeflekkten Einsamkeit der Individualität die eigentliche Geistigkeit der Religion wirklich in Erscheinung zu treten vermag. Nur in ihr ist tiefe Betrachtung, andächtige Ekstase und Aufschwung der Seele möglich, nur in ihr eine wahre Kommunion mit den Mysterien, den ewigen Rätseln des Woher und Wohin. Aus einsamer, andächtiger Versenkung in das Gefühl der Identität schwingt sich die Seele empor, und alle Satzungen, Kirchen, Predigten verwehen wie Dunst. In einsamen, schweigenden Gedanken der Ehrfurcht und Sehnsucht läßt das innere Bewußtsein seine wunderbaren Linien, gleichwie eine bisher unsichtbare Schrift in magischer Tinte, aufleuchten für den Geist. Bibeln mögen Überlieferung bringen und Priester mögen sie auslegen, aber einzig und allein dem lautlosen Wirken des einsamen Ich ist es vergönnt, in den reinen Äther der Anbetung einzugehen, die Höhe Gottes zu erreichen und mit dem Unaussprechlichen Zwiesprache zu pflegen."[436]

(3) ÜBER DIE BEWUSSTHEIT DES KOSMOS UND SEINES EWIGEN LEBENS

„Sieh auf die Natur [dieses einzige vollkommene, wirkliche Gedicht], die so gelassen inmitten des göttlichen Planes ruht, allumfassend, zufrieden, unbekümmert um alle Eintagskritik und alle die endlosen, wortreichen Schwätzer. Und höre auf das Bewußtsein der Seele, die ewige Identität, den Gedanken, das Etwas, vor dem selbst die Bedeutung von Demokratie, Kunst, Literatur usw. zusammenschrumpft und partiell und meßbar wird. - Das Etwas, das vollkommen befriedigt [was jene nicht tun]. Dieses Etwas ist das All und das Bewußtsein des Alls, zugleich mit dem Bewußtsein der Ewigkeit und dem Bewußtsein der Seele von sich selbst, die, immerdar, fröhlich obenauf durch den Raum segelt zu allen Bereichen hin wie ein Schiff auf See. Und nochmals: höre auf den Herzschlag in aller Materie und allem Geist, wie er unablässig klopft, die ewigen Pulsschläge, die ewige Systole und Diastole des Lebens in den Dingen, daran ich fühle und erkenne, daß Tod nicht, wie man glaubte, das Ende ist, sondern der wahre Anfang, und daß nichts je verlorengegangen ist oder verlorengehen kann, weder Seele noch Stoff."[437]

(4) DAS ALLTÄGLICHE IST DAS AUßERGEWÖHNLICHE

„Und genau das scheint mir der Kern aller seiner Aussagen: daß das Alltägliche das Allergroßartigste ist; daß das Außergewöhnliche in allen seinen Ausprägungen in keiner Weise besser, schöner oder kostbarer ist als das Übliche und daß das, was wir wirklich
brauchen, nicht irgendein ferner Besitz ist, der uns gegenwärtig fehlt, sondern offene Augen und Herzen, um zu sehen und zu fühlen, was da ist."

(5) AUS DEM ‚GEBET DES KOLUMBUS'

„Noch einmal erhebe ich mich zu dir
- Mein Altar dieser kahle Sand;
Daß du, o Gott, mein Leben erleuchtet hast,
Mit stetigem Strahl unnennbaren Lichts aus deiner Gnade,
Unsagbar herrlichem Licht, Licht alles Lichts.
Hoch über allen Zeichen, Namen, Sprachen,
Dafür, o Gott, mit meinem letzten Wort, hier auf den Knien,
Alt, arm, gelähmt, sag ich dir Dank."[438]

(6) VOLLKOMMENHEIT

„Ich lobsinge mit elektrischer Stimme,
Denn ich sehe nicht eine Unvollkommenheit im Weltall,
Und ich sehe nicht eine Ursache oder Wirkung im Weltall,
Die zu beklagen wäre.
O sinkende Sonne! Obwohl meine Stunde erfüllt ist,
Schmettre ich doch unter dir, wenn keiner es tut,
Unbändige Gebete."[439]

c. Edward Carpenter[440]

„Wie der Raum sich überallhin ausbreitet und alle Dinge sich
Im Raum bewegen und wandeln, der Raum aber unbeweglich
Und unwandelbar ist,
So bin Ich der Raum in der Seele, von dem der äußere Raum
Nur Sinnbild und Gleichnis ist;
Kannst du meiner innewerden, so besitzest du Zugang zu
Allem Leben - der Tod wird dich fortan nicht mehr scheiden von
Dem, den du liebst.
Ich bin die Sonne, die von innen her alle Wesen bescheint -
Schauest du mich an, so wirst du mit ewiger Freude erfüllt
Werden.

Laß dich nicht verwirren! Bald wird diese äußere Welt
Hinsterben - du wirst sie abwerfen wie eine Schlangenhaut, wie
Ein Mensch seinen sterblichen Leib ablegt.
Lerne schon jetzt, deine Flügel zum Fluge in jene andere Welt
Auszubreiten - die Welt der Einheit -, in meinem Meere der
Liebe zu schwimmen, mein Kind."[441]

Edward Carpenter ist in Brighton geboren. Er wurde Pfarrer, weil er überzeugt war, daß die Kirche sich von innen heraus erweitern und erneuern lassen würde. Inspiriert von Walt Whitman vermehrte sich sein Unbehagen über die Umstände, da er der Ansicht war, daß die Gesellschaft auf den falschen Grundlagen aufgebaut war und sich in die falsche Richtung entwickelte. Letztendlich gab er sein geistliches Amt auf.

(1) ERFAHRUNG DES KOSMISCHEN BEWUSSTSEINS

Mit siebenunddreißig Jahren erlebte Carpenter den Durchbruch zum kosmischen Bewußtsein. Ab diesem Zeitpunkt war es sein Wunsch, als Arbeiter unter den Armen zu leben. Somit folgte er Gautama Buddha, Jesus Christus, Paulus und Whitman. Als ein erklärter und radikaler Sozialist, vielleicht sogar Anarchist war er eins mit dem Volk, dem ‚Mann auf der Straße'.

Nach seiner Erleuchtung schrieb er das Buch ‚Towards Democracy'[442], worin er dem interessierten Leser einen Einblick in das kosmische Bewußtsein vermitteln will. Auf Anfrage seines Verlegers schreibt er: „Ich bin wirklich nicht in der Lage, Ihnen Näheres mitzuteilen, ohne die Sache selbst zu verfälschen oder zu verdunkeln. Ich habe mein Bestes getan, das alles in ‚Towards Democracy' niederzulegen. Ein direktes physisches Licht habe ich selbst nicht erfahren. Die Erfahrung scheint die zu sein, daß alle Sinne zu einem einzigen Sinn verschmelzen, in welchen Du selbst zum Objekt wirst. Aber das ist unverständlich vom intellektuellen Standpunkt. Ich glaube nicht, daß wir die Sache jetzt schon definieren können; aber darüber zu schreiben, wird ihr sicherlich nicht schaden."[443]

In seinem Buch ‚Die Zivilisation, ihre Ursachen und ihre Heilung' finden sich Ausführungen zu dem gleichen Thema. Carpenter sagt, daß im Menschen ebenso tief das Bewußtsein des Göttlichen liegt, wie das Bewußtsein seiner Füße. „Das ganze Bewußtsein des Menschen vermag sich von einem bloß lokalen und zeitweiligen, zu einem göttlichen und universellen zu erheben. Es gibt Bewußtseinsphasen in uns, die die Schranken der körperlichen Sinne überschreiten. Sollte es nicht in uns die Bedingungen einer Wahrnehmung und eines Wissens geben, die nicht nur an diesen Körper, der hier und jetzt existiert, gebunden sind, sondern die für alle Zeit und alle Orte gelten? Gibt es nicht in Wahrheit, wie wir bereits angedeutet haben, eine innere Erleuchtung, von der das, was wir das Licht in der Außenwelt nennen, nur eine Teiloffenbarung ist?"

In seinem Werk ‚From Adam's Peak to Elephanta' gibt Carpenter seine Vorstellung vom Sinn des kosmischen Bewußtseins wieder. Er schreibt: „Was ist die Natur dieser Erfahrung? Aber schon bei dem Versuch einer Beantwortung dieser Frage fühle ich mich einigermaßen zerrissen aus demselben, schon erwähnten Grunde - weil

es so schwierig, wenn nicht unmöglich ist, einen wahrheitsgemäßen Bericht von einer Erfahrung zu geben, die ein anderer gemacht hat."[444]
„Und wenn du Liebe genießest, es sei denn, daß Ich zwischen den Geliebten weile - so ist Diese Liebe nur Qual und Unrast;
Und wenn du Reichtum, Freunde und ein Heim besitzest - so werden alle kommen und Gehen, es gibt nichts Bleibendes und Sicheres, das nicht von einem genommen würde.
Ich allein aber, Ich bleibe, Ich wandle mich nicht."[445]

d. Ralph Waldo Emerson[446]

„Ein feine Kette zahlloser Ringe
Verbindet die nächsten und fernsten Dinge;
Der Blick liest Omen, wohin er auch fällt,
Die Rose spricht Sprachen der Welt;
Und durch die Spirale der Formen auf Erden,
Windet der Wurm sich, zum Menschen zu werden."[447]

Ralph Waldo Emerson ist Philosoph. Seine Einsichten und Erweckungserfahrungen zeigen, daß er die Dimension des Kausalen und Nichtdualen erreicht hat.

(1) DIE SEELE - ÜBERSEELE

„Die Seele ist an kein Individuum gebunden, keine Kultur, keine Tradition. Sie entsteht in jedem Menschen neu, weil sie jenseits alles Personenhaften ist und einer Wahrheit entspringt und sich nichts und niemanden in der Welt von Zeit, Ort und Geschichte beugt. Wir müssen uns selbst die Leuchte sein, eine andere Möglichkeit gibt es nicht."[448]
Emerson schreibt über die Seele, die er häufig ‚Überseele' oder das ‚uranfängliche Selbst' nennt:
„Der einzige Prophet dessen, was zu sein hat, ist diese große Natur, in der wir ruhen, wie die Erde in den sanften Armen der Atmosphäre liegt; diese Einheit, diese Überseele, worin jedes Menschen besonderes Sein enthalten und mit allem anderen geeint ist; [dieses gemeinsame Herz, dem alles ernsthafte Gespräch huldigt, dem alles rechte Handeln sich unterwirft; dieses Übermächtige, das unsere Winkelzüge und Geschicklichkeiten zunichte macht und einen jeden nötigt, als das zu gelten, was er ist, seinen Charakter, nicht seine Zunge sprechen zu lassen, und das immer mehr in unsere Stirn einzugehen trachtet, um Weisheit und Tugend und Kraft und Schönheit zu werden.]
Und dies, weil das Herz in dir das Herz aller ist. Weder Klappen noch Wände noch Überschneidungen gibt es irgendwo in der Natur, sondern ein und dasselbe Blut strömt ununterbrochen in endlosem Kreislauf durch alle Menschen, wie auch die Wasser des Globus ein Meer mit einem Gezeitenstrom sind. Ein Licht strahlt aus

tausend Sternen. Eine Seele belebt alle Menschen. Die Gesamtzahl der Seelen ist eins."[449]

(2) KOSMISCHES BEWUSSTSEIN - AUFHEBUNG DES SUBJEKT-OBJEKT-DUALISMUS

„Dieses kosmische Bewußtsein ist nicht Poesie [wenngleich er es häufig in sehr poetischem Ausdruck schildert], sondern ein direktes Erkennen jenes letzten Faktums, hinter das Analyse nicht zurückgehen kann und in dem alle Dinge ihren gemeinsamen Ursprung finden." „Dieses kosmische Bewußtsein aber, das ist eine Aufhebung des Subjekt-Objekt-Dualismus. [...] Wir sehen die Welt Stück für Stück, etwa die Sonne, den Mond, das Tier, den Baum. Das Ganze jedoch, wovon diese nur die sich zeigenden Teile sind, ist die Seele. Und diese tiefe Kraft, in der wir sind und deren höchster Segen sich uns gänzlich darbietet, ist nicht nur sich selbst genug und in jeder Stunde vollkommen, sondern das Sehen und das Gesehene, das Sehende und der Anblick, das Subjekt und das Objekt sind eins."[450]

(3) ENTFALTUNG DES KOSMISCHEN BEWUSSTSEINS IN DER NATUR

Emerson spricht über die Vereinigung der Seele mit der Natur und vom Vermögen der Natur, dieses kosmische Bewußtsein zu entfachen, wenn man sich ihr in rechter Weise nähert.

„Die meisten Menschen sehen die Sonne nicht. Zumindest ist es ein sehr oberflächliches Sehen [...] Beim Überqueren eines kahlen Grundstücks, im Schneematsch, in der Dämmerung, unter bewölktem Himmel und ohne daß irgendein besonderer Glücksfall mein Denken beschäftigte, habe ich vollkommene Heiterkeit erfahren, Freude, daß ich mich beinah schon fürchte. In diesen Pflanzungen Gottes herrschen Anmut und Heiligkeit, ein immerwährendes Fest ist ausgerichtet, und der Gast wüßte nicht, wie er dessen in tausend Jahren müde werden sollte. [...] Auf dem nackten Erdboden stehend, mein Kopf von der linden Luft umfächelt, emporgehoben in den unendlichen Raum, schwindet alle kleinliche Selbstsucht. Ich werde ein durchsichtiger ‚Augapfel'. Ich bin nichts. Ich sehe alles. Die Ströme des universalen Seins nehmen ihre Bahn durch mich. Ich bin Wesensbestandteil Gottes."[451]

(4) DIE NATUR IST AUSDRUCK DES GEISTES

Emerson, als Vertreter der Naturmystik, sieht die Natur als Ausdruck von Geist. Sie ist nicht Geist selbst. Emerson weiß um diesen Unterschied. „Die Schönheit der Natur ist nicht das Höchste. Sie ist Künderin einer inneren und ewigen Schönheit, aber nicht in sich selbst schon ein eigenes, genügendes Gut."[452]

„Die Natur ist ein Symbol des Geistes. Die gesamte Natur, ohne die kleinste Ausnahme, ist im Geist; alles ist durchtränkt mit Geist und umschlossen von Geist."[453]

(5) DIE OFFENBARUNGEN DER SEELE

„Vor den Offenbarungen der Seele werden Zeit, Raum und Natur verschwindend klein. In der Stunde der Schau gibt es nichts, was Dankbarkeit, noch eigentlich Freude zu nennen wäre. Die über alle Leidenschaft erhobene Seele schaut Identität und ewige Kausalität, gewahrt die Selbstexistenz des Wahren und Rechten und ist getrost in dem Wissen, daß alle Dinge ihren rechten Verlauf nehmen. Ungeheure Weiten der Natur, der Atlantische Ozean, die Südsee; große Zeiträume, Jahre, Jahrhunderte, sie sind ohne Bedeutung."

„Bestürzen und verblüffen wir das aufdringliche Geschwätz der Menschen und Bücher und Institutionen durch eine simple Deklaration des göttlichen Faktums. Mögen die Aufdringlichen ihre Schuhe abstreifen, denn hier, innen, ist Gott. Laßt ein Haften an den Sinnen und der Natur uns nicht blind machen für die Intuitionen der Überseele. Den Sinnen und dem nicht neu geborenen Verstand eignet eine Art instinktiver Glaube an die absolute Existenz der Natur. Sie sehen Mensch und Natur untrennbar verbunden. Dinge sind letzte Gegebenheiten, und sie blicken nie über ihren Horizont hinaus."

„Die besten Augenblicke im Leben sind diese köstlichen Erweckungen höherer Kräfte, das ehrfurchtsvolle Zurückweichen der Natur vor ihrem Gott."[454]

2. Neomystik - Sprache und Poesie

Die bevorzugte mystische Rede ist das Lied und das Gedicht. Die Schrift kann aus der mentalen, kognitiven, rationalen Ebene kommen, aber auch aus der Dimension der transpersonalen Ebene. Das Wort ist dann direkter Ausdruck des All-Seienden, es ist das ursprüngliche Wort. Heilige Schriften und Bücher sind nur zum geringen Teil ursprüngliches Wort, sie wurden in vielen Fällen nachträglich ergänzt und abgeändert. Hierbei wurden mystische Erfahrungen in Symbole oder Bilder gekleidet, um sie verständlich zu machen. Außerdem gibt es Beispiele mystischer Schriften, die dogmatisch oder moralisch verändert, gekürzt, erweitert oder erst gar nicht zugelassen wurden, je nachdem, in welche religiöse Landschaft sie zu passen hatten.

A. SPRACHE UND MYSTISCHE ERFAHRUNG

- Carl Albrecht, Arzt, Psychologe und Philosoph, untersucht das Sprechen im Zustand der Versunkenheit. Er sagt: „Das Geheimnis spricht sich nur als Geheimnis aus"[455] und meint weiterhin, daß dies in menschlicher Sprache geschehen kann. Um solche Aussagen, die während der Versunkenheit gemacht wurden, lesen zu können, gibt Albrecht Hinweise: „Diese Aussagen bitte ich vorerst wie einen musikalischen Ablauf, nicht nur lesend, sondern nach Möglichkeit sprechend und hörend aufzunehmen. Versuche, solche mystischen Wortwendungen irgendwie zu analysieren, verhelfen nicht zum besseren Verständnis. Das Erleben, das Laut geworden ist, will als Klang- und Sinngestalt, als wirkliche Sprache, vernommen werden.

‚Wer soll das benennen,
Was vor allen Räumen Raum war,
Was vor aller Nähe nah war,
Was vor allem Licht erleuchtet war:
Der Urkelch des Sagens.'"[456]

- Satprem schreibt über Sprache und mystische Erfahrung: „Das mystische Wort stammt aus dem transpersonalen erleuchteten Bewußtseinszustand, der bildlos und strukturlos ist, und wird erst beim Eintritt in den personalen Bewußtseinsraum artikuliert. Dichtung ist das nächstliegende Mittel zum besseren Verständnis dieser höheren Bewußtseinsebenen. Es enthält noch die Schwingung des Ursprungs und der Dichter überträgt sie in Dichtung, genauso wie der Maler in einem solchen Bewußtseinszustand das Bild auf seine Leinwand überträgt oder der Musiker."[457]
  An einer anderen Stelle schreibt Satprem: „Das, was im wesentlichen die Werke, die von dieser Ebene kommen, von anderen unterscheidet, ist, was Shri Aurobindo ‚a luminous sweep', eine plötzliche Lichtflut, genannt hat. Diese Schwingung ist mit keiner anderen vergleichbar. Eine momentane Erschütterung entsteht, die dann, einer Stimmgabel ähnlich, nachschwingt. Selten erhält sie sich jedoch über ein ganzes Werk hindurch in ungetrübtem Zustand, denn der Rhythmus des Werkes folgt dem Rhythmus des Bewußtseins und - wenn dies nicht durch eine besondere Disziplin stabilisiert wird - all dessen Höhen und Tiefen."[458]

- Aurobindo schreibt: „Erleuchtete Dichtung überträgt sich durch eine Flut von Bildern und offenbarenden Worten [der Gesichts- und der Gehörsinn öffnen sich häufig auf dieser Ebene], geradezu eine Lawine von üppigen, oft zusammenhanglosen Bildern, als wäre das Bewußtsein überfordert, die Lichtflut und die ungewohnte Steigerung der Intensität aufzunehmen - sie ist zu umfassend."[459]
  Und an einer anderen Stelle sagt er: „Dichtung ist das nächstliegende Mittel zum besseren Verständnis dieser höheren Bewußtseinsebenen. In dem Rhythmus eines Gedichtes lassen sich Schwingungen leicht erfassen. Im höchsten Bewußtsein öffnen sich Ebenen und wir empfangen Blitze, aber das ist nicht seine gewohnte Aktionshöhe. Seine mentale Substanz ist darauf angelegt, das Licht zu zersetzen."[460]

- Rimbaud[461] fordert: „Unsere mentale Sprache ist schlecht geeignet [...] das Transzendente zu erfassen, wir brauchten die Sprache eines Visionärs oder Dichters - eine andere Sprache."

B. NEOMYSTIK - MYSTIK OHNE EINEN PERSÖNLICHEN GOTT IN DER DEUTSCHEN LITERATUR DER JAHRHUNDERTWENDE

„Der Punkt, wo Philosophie, Religion und Kunst sich berühren, ist die Mystik. Mystik [...] ist das unmittelbare Gefühl des Einssein mit der Welt und Gott. Kunst ist angewandte Mystik."[462]

In der modernen Literatur der Jahrhundertwende treten Begriffe auf wie: Lebensmystik, Mystik der Moderne, Entgrenzung, Epiphanie. Uwe Spörl macht in seinem Buch ‚Gottlose Mystik in der deutschen Literatur der Jahrhundertwende' den Versuch, die verschiedenen Begriffe übergeordnet unter dem Begriff Neomystik zusammenzufassen.

a. Der Begriff Neomystik

Es ist eine Mystik ohne einen persönlichen Gott. Neomystisch bedeutet nach Spörl, das, „[...] was als Erfahrung oder Erlebnis [Gedanke, Theorie, Weltanschauung] der mystischen Unio strukturell gleicht, ohne auf einen persönlichen Gott oder einen anderen transzendenten Gegenstand bezogen zu sein." [463]

b. Gleichheit zwischen klassischer Mystik und Neomystik

„Die strukturelle Identität mit der mystischen Unio betrifft dabei insbesondere den unbezweifelbaren Wahrheits- und Erkenntnischarakter, die grenzenlose Einheit oder unmittelbare Nähe stiftende Funktion, die Opposition zur rationalen und empirischen Erkenntnis und zur Alltags - und Wissenschaftssprache, die transitorische Augenblickshaftigkeit, die psychische wie physische Affektivität und Eindringlichkeit, sowie die Problematik eines adäquaten künstlerischen Ausdruckes von mystischer Unioerfahrung und neomystischem Erleben."[464]

c. Unterschiede zwischen klassischer Mystik und Neomystik[465]

Anstelle von Gott oder einem transzendenten Gegenstand der mystischen Einheitserfahrung, wie es von der konfessionsgebundenen Mystik her bekannt ist, tritt entweder „[...] das [lebensphilosophisch verstandene] Leben oder die Natur als Gesamtheit, ein anderer Mensch bzw. seine ‚Seele' oder einzelne Dinge oder Gegenstände, jeweils betrachtet unter einer lebensphilosophischen oder verwandten Perspektive."

„Der wesentliche Gegensatz von mystischer Erfahrung und neomystischem Erlebnis besteht also vor allem darin, daß der Gegenstand der Mystik transzendent ist und erst in der Unio-Erfahrung immanent gegeben ist, während der Gegenstand der Neomystik von vornherein weltimmanent ist, aber dennoch durch das neomystische Erlebnis oder die neomystische Betrachtungsweise andere, für gewöhnlich vom erlebenden Subjekt höher bewertete Qualitäten an dem jeweiligen Gegenstand zum Vorschein kommen." Die entscheidende Frage für den Mystiker ist die, ob diese Dichter und Denker, die Spörl in seinem Buch in die Gruppe der Neomystiker einreiht, wirklich in der Lage waren, die mystische Tiefe einer Unio mystica direkt am ‚weltlichen Gegenstand' zu erfahren, also „am Leben selbst, an der Gesamtheit der Natur, Menschen, Gegenstände."

In der Mystik kennt man zwei Wege zum mystischen Erleben:
- Auf der einen Seite das Phänomen der spontanen Erleuchtung am Objekt, sei es im Alltag beim Spülen oder Kochen, bei Betrachtung eines Menschen oder Sonnenunterganges. Hier ist der Gegenstand auch ‚weltimmanent'. Dieser Weg würde dem neomystischen Weg von Uwe Spörl entsprechen. Hier gibt es den „wesentlichsten Gegensatz zwischen mystischer Erfahrung und neomystischem Erleben nicht", wie Uwe Spörl schreibt.
- Der andere Weg geht über die Ausklammerung von grobstofflichen, weltlichen Objekten [Natur, Welt, Mensch], jedoch teilweise unter Zuhilfenahme von feinstofflichen Objekten, z.B. dem Wort oder Mantra, zur Erfahrung der Unio. Die mystische Erkenntnis ist, daß in allen Dingen die Tiefe des erfahrenen Seins schlummert. Hier kommen wir also über die Transzendenz zur Immanenz.

Spörl sieht seine einführende Bestimmung des Terminus ‚Neomystik' als „natürlich vorläufig" an und sagt: „Er soll deshalb nun differenziert, exemplifiziert und in historische, literaturhistorische, philosophische und geistesgeschichtliche Zusammenhänge gestellt werden."

d. Vertreter der Neomystik

Aus Gründen der Begrenzung des Themas kann hier leider nur ein Hinweis auf die im Buch angeführten Neomystiker gegeben werden, mit denen Spörl sich inhaltlich auseinandersetzt.
Der Hinweis erscheint jedoch hilfreich für Übende, da eine plötzlich auftretende dichterische Fähigkeit bei vielen Menschen im Laufe des Übungsweges auftritt und viele große Mystiker ihre Erfahrungen nur literarisch, vor allem lyrisch, am adäquatesten ausdrücken konnten.
So spricht Uwe Spörl in seinem Buch u.a. über Gustav Landauer und die Wege von der Skepsis zur Mystik, über Fritz Mauthner als Mystiker, über Wilhelm Bölsche und den Wert der Mystik in der heutigen Zeit, über Martin Bubers Auffassung von Mystik als Ekstase, über Maurice Maeterlinck als Mystiker, über Rudolf Kassner und ‚die Mystik, die Künstler und das Leben', über Rudolf Steiners Mystik

und Weltanschauung und über Nietzsche als Denker und Dichter, seine Vielheit in der Einheit und seine Philosophie der Kunst, als Metaphysik des Ur-Einen. Er behandelt Heinrich Mann und das neomystische Erleben im Künstlertum, Robert Musil und das neomystische Erleben in seinem Werk ‚Verwirrungen des Zöglings Törleß' und Rainer Maria Rilke als Dichter von All-Einheit und neomystischen Erleben. Des weiteren geht er auf Gerhard Hauptmann und die künstlerische Phänomenologie der Religiosität ein und beschäftigt sich mit Hugo von Hoffmannsthal und dessen ‚Chandos Briefen' als einem Spiel mit dem neomystischen Erlebnis.

e. Exemplarischer Text aus dem Stundenbuch von Rilke[466]

„Ich bin derselbe noch, der kniete
Vor dir in mönchischem Gewand:
Der tiefe, dienende Levite,
Den du erfüllst, der dich erfand.
Die Stimme einer stillen Zelle,
An der die Welt vorüberweht, -
Und du bist immer noch die Welle
Die über alle Dinge geht.
Es ist nichts andres. Nur ein Meer,
Aus dem die Länder manchmal steigen.
Es ist nichts andres denn ein Schweigen,
Von schönen Engeln und von Geigen,
Und der Verschwiegene ist der,
Zu dem sich alle Dinge neigen,
Von seiner Stärke Strahlen schwer.

Bist du denn Alles - ich der Eine,
Der sich ergibt und sich empört?
Bin ich denn nicht das Allgemeine,
Bin ich nicht Alles, wenn ich weine,
Und du der Eine, der es hört?"

„Falle nicht, Gott, aus deinem Gleichgewicht.
Auch der dich liebt und der dein Angesicht
Erkennt im Dunkel, wenn er wie ein Licht
In deinem Atem schwankt, - besitzt dich nicht.
Und wenn dich einer in der Nacht erfaßt,
So daß du kommen mußt in sein Gebet:
Du bist der Gast,
Der wieder weiter geht.
Wer kann dich halten, Gott? Denn du bist dein,
Von keines Eigentümers Hand gestört,

So wie der noch nicht ausgereifte Wein,
Der immer süßer wird, sich selbst gehört."[467]

„Lösch mir die Augen aus: ich kann dich sehn,
Wirf mir die Ohren zu: ich kann dich hören,
Und ohne Füße kann ich zu dir gehn,
Und ohne Mund noch kann ich dich beschwören.
Brich mir die Arme ab, ich fasse dich,
Mit meinem Herzen, wie mit meiner Hand
Halt mir das Herz zu, und mein Hirn wird schlagen,
Und wirfst du in mein Hirn den Brand,
So werd ich dich auf meinem Blute tragen."[468]

3. Alles kann zur mystischen Erfahrung werden

A. DER KÖRPER ALS WEG ZUM ALL-SEIENDEN

Bewußtseinssammlung ist auch durch den Körper als Ganzes möglich. Geeignet sind Gebetsgebärden, der sakrale Tanz und auch Körperübungen wie Tai-chi, Chigong oder Hatha-Yoga. Diese Handlungen und Gesten, bewußt und mit Präsenz vollzogen, haben eine befreiende Wirkung auf den ‚Panzer', den sich der Mensch im Laufe seiner Entwicklung in Form von Muskelverspannungen angelegt hat und die seine individuelle und soziale Prägung darstellen. Wir werden befreit von den Fesseln unserer Persönlichkeit, das Ego kann sich auflösen. Bewußtseinszentren und feinstoffliche Energiebahnen werden angeregt. Hierbei kann es ebenfalls zum Durchbruch in die transpersonalen Bewußtseinsräume kommen.
Die große Tänzerin Mary Wigman[469] schreibt über ihre Empfindungen beim Tanz: „Immer wieder gab ich mich dem Rausch dieser Erfahrung hin, dieser fast lustvollen Zerstörung des Körpers, die mich für Sekunden mit dem Kosmos eins werden ließ. Ich drehte und drehte mich, bis ich das Geheimnis entdeckt hatte."
Der indische Tänzer Ram Gopal berichtet: „Ich fiel [beim Tanz] in eine tiefe Trance. Nur noch kurze Augenblicke nahm ich die Musik und die stillen Gesichter der indischen Zuschauer wahr, dann lösten sie sich langsam auf, und ich sah nur noch Nebel und war zurückgekehrt zum Anfang der Schöpfung, als der menschliche Körper ekstatisch durch die stumme Sprache des Tanzes sang."[470]
Auch das Körpergebet, das in neuerer Zeit wieder vermehrt praktiziert wird, stellt eine Bewußtseinssammlung durch den Körper dar und kann zu mystischen Erfahrungen führen.
Willigis Jäger und Beatrice Grimm[471] schreiben: „Allen Menschen sind Urgebetsgebärden bekannt, gleichviel welcher Kultur und welcher Zeit sie angehören. Die Gebärde ist nicht nur Ausdruck der Verbindung mit dem Göttlichen. Sie ist diese

Verbindung. Die Arbeit mit dem Körpergebet führt durch die präsente Körperlichkeit unmittelbar ins Hier und Jetzt, um das Sakrament des Augenblicks zu erfahren, jenem Raum, wo ich Gebet bin. Darin liegt der Sinn dieses Augenblicks. Dieser unmittelbare Zustand ist das einzige, was wir Gott, was wir der Liebe und dem Leben selbst geben können, indem wir ‚es' sind."

B. SEXUALITÄT UND MYSTIK

a. Die Polarität der Geschlechter

„Wer das Männliche kennt und sich dennoch an das Weibliche hält, wird zum tiefen Tal, das alle Dinge zwischen Himmel und Erde empfängt."[472]

Polarität durchzieht unser ganzes Sein. In den Schöpfungsmythen wird von den zugrunde liegenden universellen weiblichen und männlichen Kräften berichtet, die im Gleichgewicht zu halten sind; so das Gleichgewicht zwischen Himmel und Erde, Sonne und Mond, Bewegung und Ruhe, männlichen und weiblichen Kräften.

Bereits 2852-2738 v. Chr. wurde das Prinzip der Dualität von Fu-hsi[473], dem ersten historisch belegten chinesischen Herrscher, beschrieben. Es wurde mit Yin-Yang bezeichnet und zum kosmischen Symbol der Ureinheit und zum Symbol der beiden großen Kräfte in der Welt der Phänomene erklärt[474]. Yin symbolisiert das weibliche Prinzip und hat die Ausprägung des Empfangenden, Weichen, Passiven, Gefühlvollen, Intuitiven und des Schöpferischen; es ist der ‚Mutteraspekt' mit Barmherzigkeit und Weisheit. Yang repräsentiert das Aktive, Dynamische, Intellektuelle, Rationale, Harte, also das ‚Männliche'. Es wird auch als der ‚Vateraspekt' bezeichnet.

Jeder Mensch enthält beide Qualitäten, jedoch überwiegt bei der Frau der Yin-Aspekt, beim Mann der Yang-Aspekt. Es ist eine Erfahrungstatsache, daß zum Wohlbefinden und zur Harmonie im Menschen die Yin- und Yang-Qualitäten in Gleichgewicht gehalten werden müssen. Es ist das Gleichgewicht von Geist und Gefühl, Kopf und Herz. In den chinesischen Schriften, im Taoismus und im Konfuzianismus, ist es der weise Mensch, der in Harmonie mit den Yin- und Yang-Kräften lebt und so das Tao verwirklicht[475]. Alle Lebewesen unterliegen dieser Polarität und ihrer Gesetzmäßigkeit, so auch der Mensch in seiner Ausgestaltung als zwei Geschlechter, als Mann und Frau, in den verschiedenen körperlichen, geistigen und seelischen Ausprägungen, die die Grundlage für die Anziehungskraft der Geschlechter sind[476]. Es ist die in jedem Lebewesen liegende Sexualität, die zum Ausgleich drängt.

b. Spirituelle Sexualität

„Das Mysterium coniunctionis ist die Angelegenheit des Menschen. Er ist der nymphagogos [Brautführer] der himmlischen Hochzeit. Wie kann sich ein Mensch von diesem Geschehen distanzieren?“[477]

Sexualität in der heutigen Zeit wird größtenteils mißverstanden, trivialisiert oder verpönt. Sie verflacht immer mehr zum Geschäft; die Vorstellungen von Sexualität sind irreführend und einseitig, reduziert auf Lustgewinn und Triebbefriedigung. Die Bewußtheit des Heiligen ist verlorengegangen.
Das war nicht immer so. Früher und heute noch in einigen Kulturen, sowie in der im Westen neu aufkommenden Strömung z.B. einer tantrischen Sexualität, hat oder bekommt Sexualität einen anderen Stellenwert. Sie wird damit wieder in den Bereich der ‚Heiligen Hochzeit' bzw. ‚Heiligen Sexualität' gerückt, wo sie auch vielerorts in der Menschheitsgeschichte zu finden ist[478].
Die Grundlage der Heiligen Sexualität ist in der Symbolik zu finden, einer Symbolik, die die Polaritäten aufhebt und übersteigt. Dadurch ist auch die Sexualität ein Weg, in mystische Dimension vorzustoßen.
Die sexuelle Begegnung von Mann und Frau hat auf den verschiedensten Ebenen verschiedene Bedeutungen. Grundlegend scheint es so zu sein, daß die Sehnsucht nach sexueller Erfüllung gleichbedeutend ist mit der Sehnsucht nach Freiheit, Erlösung oder ‚Auferstehung' und damit eher spirituellen als rein sexuellen Charakter hat.
Auf der physischen Ebene der Sexualität geht es stärker um Befriedigung des Sexualtriebes mit Lust, Freude, Wonne, Ekstase, Energieaustausch und um Nachkommenschaft. Auf der spirituellen Ebene der Sexualität geht es um die Vereinigung von Gegensätzen, um Glückseligkeit, Erfahrung der Erleuchtung und Einheit. Sexualität wird gefeiert und praktiziert als Möglichkeit zur geistigen Erleuchtung und damit zum persönlichen Wachstum. Swami Prem Nirvano schreibt dazu:
„Die moderne Physik sagt, daß es keine Materie gibt, daß alle Materie nur Schein ist, daß im Grunde, an der Wurzel der Existenz, nichts als Elektrizität existiert, also keine Materie. Dringst du zu diesem tiefsten Kern deines Körpers vor, wo alle Materie aufhört und nur noch Energiequellen übrigbleiben, dann wirst du zu einer tanzenden, vibrierenden Energie. Plötzlich verlierst du alle Grenzen - es ist einfach ein Pulsieren, ein substanzloses Pulsieren. Und dein Partner pulsiert mit dir. Und nach und nach, je mehr sie sich lieben und sich gegenseitig hingeben, desto mehr geben sie sich diesem Augenblick des Pulsierens, des Vibrierens, der Auflösung in reine Energie hin, verlieren sie alle Furcht davor - obwohl es wie ein Tod ist. Nur in tiefer Liebe kommst du an diesen Punkt. Liebe ist wie Tod: was stirbt, ist dein materielles Bild von dir, du stirbst als das, was du für deinen Körper hältst; du stirbst als Körper und wirst zu Energie, zu Lebensenergie. Und wenn Mann und Frau, oder die Liebenden, oder die Partner, zu einem vibrierendem Rhythmus werden, dann vereinigen sich die Pulsschläge ihrer Herzen und ihrer Körper, dann werden sie zu einer einzigen Harmonie, zum Orgasmus, und beide sind nicht mehr. Jetzt bilden sie einen Kreis und pulsieren gemeinsam, werden zu einem ge-

meinsamen Rhythmus. Ihre Herzen sind nicht mehr getrennt, ihre Herzschläge fallen zusammen; sie sind zu einer Melodie, zu Harmonie geworden."[479]

c. Sexualität als mystischer Weg

„So, wie die sexuelle Energie den Menschen vom spirituellen Zustand in den Körper verholfen hat, kann sie ihm auch helfen, sich seines ursprünglichen Zustandes von göttlicher Ganzheit wieder voll bewußt zu werden."[480]

Auch beim sexuellen Akt begegnen wir den Stadien eines mystischen Weges: temporäre Auflösung des Ichs und Erfahrung des Absoluten in Bruchteilen von Sekunden in der Ekstase eines Orgasmus.

(1) DIE AUFLÖSUNG DES ICHS

Sie läuft überwiegend über die Dimension des Körperlichen und Sinnlichen. Es sind körperliche und seelische Prozesse im Miteinander und Ausgleich der Energiefelder von zwei sich liebenden Menschen, meistens von Mann und Frau, verbunden mit einer psychischen Qualität von Begierde, Lust und bejahender Lebensfreude. Diese Phase führt zum Abbau des Ichs. Man erreicht einen raum- und zeitlosen Zustand, dessen Qualität vom Bewußtseinsgrad und von den Intentionen des Paares abhängt.
Der normale Mensch genießt Freude, Liebe, Lust, Begierde und die Triebbefriedigung des liebenden Zusammenseins oder betrachtet zusätzlich den Prozeß als Möglichkeit für Nachkommenschaft, wenn Kinderwunsch besteht.
Für den Menschen auf dem spirituellen Weg bedeutet diese Phase jedoch den Beginn einer gemeinsamen Reise in die Tiefen des Seins, einen Vorstoß in das Absolute, in das Reich des All-Seienden. Wird der ichlose Zustand verlängert, so verändert sich die Qualität des liebenden Zusammenseins.

(2) ICHLOSIGKEIT

In diesem ich-losen Zustand erfolgt ein Hineingleiten in das Zeitlose. Obwohl ein körperlicher Prozeß oder nur ein Ruhen in sich noch ablaufen kann, ist diese Hingabe immer subtiler und wird zur Hingabe an das All-Seiende. Erlebt werden Zeitlosigkeit, Raumlosigkeit, Freude, Energie und Glückseligkeit, die zum Eintritt in den Höhepunkt führen können. Es ist die Auflösung des unerleuchteten Ego, die Auflösung des konventionellen Selbst, um Leerheit und Glückseligkeit zu erfahren.

(3) EINHEITSERFAHRUNG

Der Eintritt in die Phase des Höhepunktes kann mit oder ohne Orgasmus erfolgen und je nach Bewußtseinszustand oder Intention des Paares ausgedehnt werden. Im Hier und Jetzt werden, in voller Bewußtheit, diese körperlichen, seelischen und spirituellen Prozesse erfahren, in Achtung des Göttlichen, des tiefsten Seins, neben gemeinsamer Freude und Lust. Es ist der gemeinsame Versenkungsweg zweier Liebender, der begleitet wird von Anbetung, Verehrung und Erfahrung, der tiefsten uns möglichen Dimension des Seins. In der Literatur wird von Erleuchtungserfahrungen berichtet, die dieselbe Qualität haben, wie bei den anderen Versenkungswegen.[481]

d. Beispiele aus verschiedenen Kulturen

Sexualität und die Hingabe von Mann und Frau waren seit archaischen Zeiten immer verbunden mit einer Heiligkeit zu Ehren Gottes oder der Göttin. Früher beteten noch viele Menschen vor oder während der Vereinigung. Dafür steht auch der Begriff der ‚Heiligen Hochzeit', Hagios Gamos. Dies war beispielsweise in Griechenland, in den Mysterienkulten, im Judentum, in der Alchemie, in Indien mit dem Shiva-Shakti-Kult, im Taoismus mit der Vereinigung von Yin und Yang und im Tantrismus verbreitet. Auch im Kundalini-Yoga wurden sexuelle Energien für die spirituelle Entwicklung zur Verfügung gestellt, wobei die Vereinigung der Energien im Kopf, im Kronchakra, stattfindet und eine sexuelle Vereinigung nicht erstrebt wird.

(1) AUS DER JÜDISCHEN MYSTIK: KABBALA

Bei der ‚Heiligen Hochzeit' geht es um die Vereinigung der Gegensätze. Die jüdische Mystik vertritt die Auffassung, daß das Geheimnis der Geschlechtlichkeit in Gott selbst zu finden sei. Die Ehe ist ein Heiliges Mysterium und wird als symbolische Verwirklichung der Vereinigung Gottes mit der Schechina, dem weiblichen Anteil Gottes, betrachtet. So hat die Ehe einen mystischen Sinn. Die Aufgabe des Frommen ist es, diesen Akt ebenfalls zu vollziehen und zwar spirituell und körperlich.[482] Von daher ist die in rechter Hinneigung und Sammlung vollzogene eheliche Vereinigung ein Mittel, um die männlichen und weiblichen Sefiroth zusammenzuführen. Der alte hermetische Grundsatz „wie oben, so unten" gilt auch hier: Der auf die mystische Gotteshingabe bedachte Mensch bewirkt in der oberen Welt, was er in der unteren Welt real-symbolisch vollzieht.
Darauf deuten die Sohar-Verse hin: „Wann spricht man von ‚Vereinigung' beim Menschen? Wenn der Mann zusammen mit der Frau und höchst geheiligt ist und eifrig Heiligung begehrt. Dann und nur dann wird er ‚eins' genannt ohne irgendeinen Mangel. Somit sollen ein Mann und seine Frau eine einzige Neigung haben in der Stunde ihrer Vereinigung [...] So zusammen bilden sie eine Seele und einen Körper. Eine einzige Seele durch ihre Zuneigung. Ein einziger Körper sein, denn nur,

wenn Mann und Frau verbunden sind, bilden sie einen einzigen Körper. Wenn Mann und Frau verbunden sind, wohnt Gott auf dem ‚Einen' und schenkt ihm seinen Heiligen Geist."[483]

(2) TANTRISCH-INDISCHE TRADITION: SHAKTISMUS

In der tantrischen Praxis wird eine Verbindung vom Mann und Frau unter dem göttlichen Aspekt gesehen, wodurch der Individualgedanke eliminiert wird. In der liebenden Vereinigung kommt es zum Stillstand aller störenden Gedanken- und Begehrensfunktionen.[484] Die zwei Prinzipien, das männliche Shiva und die weibliche Shakti, welche die Weisheit verkörpert, verschmelzen als Paar.
Der Ritualcharakter steht im Vordergrund. Kultfeiern sind bekannt, die meistens mit Fruchtbarkeitsgedanken verbunden werden.[485]
Im Yoga ist auch der Aspekt der Transformation von sexuellen Kräften von Bedeutung, so im Kriya-Yoga und im Kundalini-Yoga.

(3) TANTRA IM TIBETISCHEN BUDDHISMUS

Im tantrischen Buddhismus gibt es eine Richtung, die über den Weg der Sexualität in Form einer Kulthandlung Befreiung oder Gott-Verwirklichung sucht. Hierbei werden die geistigen, seelischen und körperlichen Kräfte, vor allem die Kundalinikraft, eingesetzt, um über den Weg der Vereinigung der Gegensätze zum Nirvana zu gelangen. Im Zustand der Ekstase kommt es für Bruchteile von Sekunden zum Durchbruch in mystische Bewußtseinsdimensionen. Die Sexualität ist der einzige Vorgang im biologischen Bereich, der dazu führt.
Im Tantrismus ist Sexualität eingebettet in einen spirituellen Rahmen und in die weltanschaulich-religiöse Sicht des gesamten Universums. Die ikonographischen Darstellungen von Yab-Yum-Bildern, Abbildungen von Buddhapaaren in geheiligter Vereinigung (maithuna), wie wir sie aus vielen Tempelskulpturen und Abbildungen kennen, symbolisieren die überindividuelle Polarität aller Erscheinungen und dienen als Symbol für ekstatische Erleuchtung. In ihren Gesichtern spiegelt sich die Erfahrung von Ekstase und Glückseligkeit, Frieden und einer gewissen Reife ihrer Weisheit.
Guenther schreibt:
„Die Geschlechtlichkeit des Menschen ist nur eine Ausdrucksform seines Seins und dessen, was im Körper ausgedrückt wird und gleicherweise Geist ist. Als Ausdruck für eine tiefe Begegnung ist Karmamudra [sexuelle Vereinigung] mehr Symbol als Zeichen und weist nicht ausschließlich auf die Frau der physischen Welt hin, sondern auf Ereignisse, deren Symbol die Frau und die Begegnung mit ihr ist. [...] Hier ist Sexualität wertvoll für die Manifestation des absolut wirklichen und nicht wandelbaren Seins in festgelegter, zeitlich bedingter und begrenzter Form. Wenn ein starkes Gefühl der Verbundenheit und harmonischer Ergänzung vorliegt, werden beide Partner zur tiefstmöglichen Erfahrung des Seins geführt."[486]

(4) AUS DEM TAOISMUS

Wie bereits oben erwähnt, geht es im Taoismus um einen Integrationsprozeß der Gegensätze durch die Harmonisierung der Yin-Yang-Kräfte im Menschen, in Korrespondenz zum gesamten Universum. Ziel ist es, den Körper in ein höheres geistiges Wesen zu verwandeln. Dieser Zustand wird auch als ‚goldene Blüte' oder ‚Einheit der dreifachen Gleichung' bezeichnet, die der Integration von Himmel und Erde entspricht.[487]

Die Transformation sexueller Energie in spirituelle Energie ist in diesen Prozeß einbezogen. Das körperliche Zusammensein zweier Liebender ist auch ein Prozeß gegenseitigen Energieaustausches mit dem Ziel die ‚Ching-Energie', die Sexualenergie, umzuwandeln und sie zu ‚Shin' oder Geist zu veredeln. So wird Sexualität zum Weg, um den Zustand des Tao zu erlangen.

Mantak Chia schreibt: „Veredelt man die Samenessenz zu einer höheren Stufe spiritueller Ausrichtung, so verwandelt sie sich in eine Lichtessenz oder einen Licht-Samen, der den ganzen Pfad durchs Leben und darüber hinaus erhellt. Das ist die taoistische Erleuchtung."[488]

(5) AUS DEM SUFISMUS

„Man wird niemals Gott direkt schauen können
Ohne Vermittlung [entweder sinnlicher oder spiritueller Art],
Weil Gott in sich,
Unabhängig ist von der Welt. [...]
Die Schau Gottes in den Frauen
Ist die intensivste und vollkommenste;
Und die noch intensivere Vereinigung [unter dem Sinnlichen, das zur Unterstützung
dieser Schau dient],
Ist der Liebesakt."[489]

„Man fragte eines Tages die Rabia,
Wie sie die Liebe sehe:
‚Zwischen dem Liebenden und dem Geliebten', sagte sie,
‚Gibt es keinen Unterschied.
Kein Wort ist stark genug der Macht des Verlangens,
Oder der Lust,
Ausdruck zu verleihen.
Wer diese Lust genossen hat, hat sie erkannt,
Und wer sie beschrieben hat,
Hat sich nicht selbst beschrieben.
Wahrhaftig,
Wie kannst du etwas beschreiben,
Wenn du angesichts seiner Gegenwart abwesend bist, angesichts seiner Existenz du aber Nicht existierst,
Wenn du angesichts seiner Versenkung nicht ergriffen wirst,

Wenn du angesichts seiner Reinheit berauscht bist,
Wenn du dich in deiner Hilflosigkeit auf dem Gipfel deines Glückes wähnst,
Wenn du angesichts deiner Freude dich verlierst?'"[490]

e. Die Schattenseiten ‚geheiligter' Sexualität

Alle Phänomene der Erscheinungswelt unterliegen der Dualität, so auch die Sexualität.

Gerade im Westen wurde durch die Versachlichung des Lebens und die allgemeine Rationalisierung die Sexualität ihrem Ursprung entrissen und, außer wenn es um reine Fortpflanzung geht, als gegenseitiger Lustgewinn betrachtet und ‚vermarktet'.

Zwischen Heiligkeit, Verteufelung und Mißbrauch von Sexualität finden sich in der Geschichte der Menschheit alle Abstufungen. Durch die Verteufelung der Sexualität, und damit einhergehend, dem Aufbau des Feindbildes ‚Frau', sowie durch die Glorifizierung weiblicher Reinheitsbilder und Keuschheitsideale, erfuhr dieser Bereich des menschlichen Seins eine Verzerrung und wurde in den kollektiven Schatten abgerückt, mit einem hohen Potential von angestauter unbefriedigter sexueller Triebenergie.

Nach den klinischen Erfahrungen von Wilhelm Reich[491] leiden 60% der Männer und 90% der Frauen an nervösen und sexuellen Störungen. In seiner Untersuchung über den Ursprung der sexuellen (Zwangs-)Moral kommt der Autor zu folgendem Schluß: „Das wohl wichtigste Ergebnis [...] für die zukünftigen Untersuchungen auf dem Gebiet der Sexualsoziologie ist vielleicht die Entdeckung, daß die sexuelle Unterdrückung eines der schlagkräftigsten Mittel jener ist, derer sich das herrschende Geschlecht im ersten Moment und später die herrschende Klasse bedient, um die arbeitende Bevölkerung [und an erster Stelle die Frau] zu unterwerfen. Das Problem des sexuellen Stresses der Bevölkerung kann nicht gelöst werden, ohne daß man sich von allen anderen möglichen Formen der Unterdrückung befreit."[492]

Im Osten finden wir als Schattenseite die einseitige Ausnützung weiblicher Energien, meist zur Stärkung der ‚Lebenskräfte' und zur ‚Verlängerung des Lebens', wie es im Taoismus bekannt sind. Hier liegt die Gefahr eines einseitigen Gebrauchs von meist weiblichen Energien.

Im tibetischen Buddhismus zeigen sich ähnliche Phänomene. Viktor und Viktoria Trimondi stellen folgende Hypothese auf, die sie anhand von vielen Beispielen zu bestätigen versuchen: „Das Mysterium des tantrischen Buddhismus besteht in der Aufopferung des weiblichen Prinzips und in der Manipulation des Eros zur Erlangung universeller androzentrischer Macht. [...] Wir konnten jedoch nachweisen, daß diese Umkehrung des Frauenbildes für den Yogi nur ein Mittel zum Zweck darstellt, um die in ihr als Göttin verdichtete weibliche Energie [Gynergie] zu rauben. [...] Das Ziel dieses weiblichen Sakrifiziums und das Abzweigen der Gynergie ist die Produktion eines übermenschlichen androgynen Wesens, das in sich beide Kräfte, die männlichen mit den weiblichen, vereinigt. Eine solche Kombination beider Geschlechterenergien in einer einzigen Person gilt für den buddh-

istischen Tantriker als der Ausdruck höchster Macht."[493]
Letztendlich ist es das Ziel der Mystik, die Vereinigung mit dem All-Seienden zu erreichen. Dabei benötigt derjenige, der wirklich an das göttliche Licht angeschlossen ist, andere Geschöpfe nicht zum eigenen Machtgewinn. Er ist Träger göttlicher Kräfte geworden und hilft anderen denselben Zustand zu erreichen.

C. DER PROZESS DES STERBENS ALS MYSTISCHER WEG

Bereits Plutarch erwähnt, daß im Augenblick des Todes die Seele dasselbe erlebt wie die Eingeweihten der großen Mysterien. Die Eingeweihten gehen, noch lebend, im Akt der Einweihung durch die Pforten des Todes.
Das Leben des Menschen ist ein ständiger Prozeß von ‚Stirb und Werde', wie es Goethe formuliert hat. In unserer Entwicklung müssen wir immer wieder Situationen annehmen und sie wieder loslassen, unser ganzes Leben besteht aus solchen Schritten.
Auch beim Sterben müssen wir unser gesamtes Erddasein als Mensch loslassen, um in eine andere Dimension einzutreten. Totenbücher berichten davon, daß wir während des Sterbeprozesses nochmals mit gelebten Ereignissen konfrontiert werden; so berichtet das tibetische Totenbuch[494] von Lehren und Erfahrungen. Das Bardo Thödol, ein Werk von Padamasambhava, bezeichnet drei Zwischenzustände (Bardo). Der Sterbeprozeß selbst wird als schrittweises Auflösen der Körperorganisation betrachtet. Im Bardo des Augenblicks des Todes, so wird berichtet, soll unmittelbar das wahre Wesen des Geistes als helles strahlendes Licht erfahren werden, wobei eine Identifikation mit diesem Licht erstrebenswert ist.[495]
Somit kann der Sterbensprozeß selbst als mystischer Weg betrachtet werden. Wir üben letztlich auch für dieses Loslassen von allem, was uns gegeben wurde, was zu erfüllen und zu erfahren war.
So gesehen bekommt die Einmaligkeit unseres Lebens auf diesem Planeten Erde eine andere Bedeutung. Wir erfahren die Kostbarkeit unseres Lebens. Kleine Probleme zerschellen vor der Frage: Habe ich gewirkt und gelebt, wie es mit mir gemeint war? Wie bin ich umgegangen mit dem, was mir gegeben wurde? Was habe ich zurückgelassen?

D. MUSIKHÖREN ALS MYSTISCHER WEG

Durch ein Musikstück kann unser Bewußtsein so konzentriert werden, daß wir in transpersonale Bewußtseinszustände eindringen.
Der Musiker Michael Vetter[496] schreibt:
„Wahrhaft hören bedeutet ganz Ohr sein. Alle Sinne darauf konzentrieren, wahrzunehmen, was gerade auf einen zu kommt. [...] Aber nicht mal allein um Töne

geht es, sondern ganz allgemein um alles, was sich bewegt. Mehr und mehr versteht sich das Universum mikro- wie makrokosmisch als ein unendlich komplexes und differenziertes Zusammenwirken schöpferischer Bewegungen."

Dabei gibt Michael Vetter folgende Anweisungen:
„Höre eine Musik, die sich jenseits von Leben und Tod zu ereignen scheint.
Lausche rückhaltlos,
Über die Grenzen alles Verstehenwollens hinweg.
[...]
Höre eine Musik des Triumphes über den Tod,
Während du mit offenen Augen
Am Rand deines persönlichen Abgrundes stehst.
[...]
„Höre eine Musik tiefster Einsamkeit
Und spüre:
‚Tiefer kannst du nicht verbunden sein
Mit dem Wesen der Liebe, des Seins,
der Dinge, des Lebens.
[...]
Höre eine Musik frappierendster Verwandlungskunst
Und spüre:
‚Da ist nichts, was ich nicht sein könnte.'"[497]

Vierter Abschnitt:

MYSTIK UND MENSCHHEIT

XII. DIE BEDEUTUNG DER MYSTIK FÜR DIE EVOLUTION DER MENSCHHEIT

1. Stufen der Bewußtseins-Evolution der Menschheit

A. STUFEN DER BEWUSSTSEINS-EVOLUTION DER MENSCHHEIT NACH JEAN GEBSER

Im Laufe der menschlichen Evolution hat sich das Bewußtsein immer wieder verändert.
Der Kulturphänomenologe Jean Gebser[1] unterscheidet fünf Strukturen des Bewußtseins, die sich im Laufe der Entwicklungsgeschichte des Menschen entwikkelt haben, die archaische, die magische, die mythische, die mentale und die integrale Struktur des menschlichen Bewußtseins.
Die einzelnen Stufen gehen zwar ineinander über, aber jede Stufe bringt etwas wesentlich Neues, das nicht Folge einer langsamen, kontinuierlichen Entwicklung ist, sondern einen plötzlichen Sprung in eine andere Bewußtseinsdimension mit ihren spezifischen Charakteristika darstellt. Diese Erfahrung kann mit Möbeln, die innerhalb eines Hauses in ein neues Stockwerk gebracht werden, verglichen werden. Das neue Stockwerk war immer schon da, es wurde nur noch nicht bewohnt.

a. Die archaische Struktur des Bewußtseins

Sie ist das Bewußtsein des Wesens, das sich im Übergang vom Tier zum Menschen befand.
Man nimmt an, daß dieser Frühmensch, von Instinkten geleitet, zwischen sich und dem All noch nicht unterscheiden konnte. Er lebte in einer Einheit mit allem Sein, dessen er sich nicht bewußt war, raumlos und ichlos. Man spricht bei diesem Zustand auch von der Null-Dimension.

b. Die magische Struktur des Bewußtseins

Erste Anzeichen eines Bewußtseins, der Bewußtwerdung der Natur, kündigen sich im Menschen an. Ichlosigkeit, Raumlosigkeit und Zeitlosigkeit charakterisieren noch seine Welt. Er ist noch eingeflochten in das kosmische Geschehen.
Jedoch beginnt der Mensch sich aus der Identität mit dem Ganzen herauszulösen, erlebt zunehmend die Welt als Gegenüber und sieht sich notwendigerweise gezwungen, sich auf seine Art zu schützen. Er versucht die Natur zu bannen, zu lenken und unabhängig von ihr zu werden. Damit beginnt er zu wünschen. Beschwörung, Bannen, Totem und Tabu sind seine natürlichen Mittel, um seinem Eingeflochten- und Gebanntsein in der Natur zu entfliehen. Jean Gebser betont, daß zu diesem Zeitpunkt der nicht mehr enden wollende Kampf um die Macht begonnen hat. Hier wird der Mensch zum Macher. Letztlich entspringt auch unsere Machtpolitik dieser magischen Wurzel. Natur, Umwelt andere Menschen müssen beherrscht werden, damit man nicht von ihnen beherrscht wird. Der magische Mensch war in der Lage, Vorkommnisse direkt wahrzunehmen; ein hohes Maß an ‚magischen Fähigkeiten' zeichnet ihn aus, so zum Beispiel Telepathie. Die religiöse Ausdrucksform war für den magischen Menschen das Ritual. Auch das in letzter Zeit wieder aufgekommene Interesse an Ritualen hat hier seine Wurzel.
Jede Bewußtseinsstufe ist in uns vorhanden, allerdings individuell in verschiedenen Anteilen, so auch die der sogenannten magischen Fähigkeiten. Auch die Wissenschaft hat sich in den letzten Jahren dieser Gebiete angenommen. Dem neuen kosmischen Bewußtsein und dem magischen Bewußtsein ist gemeinsam, daß beide jenseits des rationalen Denkens liegen. Jedoch bringt ein Zurückfallen in das irrationale magischen Bewußtsein keine Lösung für die Menschheit. Im Zusammenhang mit der magischen Struktur spricht man auch von der eindimensionalen Einheit oder kurz der ersten Dimension.

c. Die mythische Struktur des Bewußtseins

Das Charakteristikum der mythischen Struktur ist die Bewußtwerdung der Seele, der Innenwelt des Menschen. Es ist das schweigende, nach innen gerichtete Schauen und Hören, um die Seele zu erfahren, die gesehen, dargestellt und hörbar gemacht werden kann. Die mythische Struktur wird durch ein imaginäres Bildbewußtsein geprägt. Damit geht die Ausbildung des Gemüts und des Vorstellungsvermögens einher, sowie das Erwachen des Ichbewußtseins. Symbol für Lebensvollzüge und seelische Prozesse wurden die Mythen, die wir besonders in Märchen und auch in unseren Heiligen Schriften wiederfinden.[2] Mythen geben uns Hinweise über seelische Zustände und Lebenssituationen und spiegeln uns den Bewußtwerdungsprozeß der Seele wieder. Die mythische Bewußtseinsstufe wird auch zweite Dimension genannt.

d. Die mentale Struktur des Bewußtseins

Mit der zunehmenden Entwicklung des Denkens wurden dem Menschen ungeahnte Möglichkeiten erschlossen. Der Mensch bemächtigte sich der Natur und ihrer Gesetze, er machte sich selbst zum Mittelpunkt. Die mentale Struktur entstammt der Welt des Menschen, in der er selbst denkt und sein Denken ausrichtet, eine Welt, die er mißt und wägt, eine materielle Welt, auf die der Satz von Pythagoras zutrifft: „Der Mensch ist das Maß aller Dinge."[3] Wir sprechen von der mentalen oder auch rationalen Bewußtseinsstufe oder auch nur der dritten Dimension.
Bezeichnend ist ein abstraktes, zielgerichtetes Denken, das sich auf Wägbares und Meßbares stützt. Seelische Kräfte der Emotion oder Imagination wurden nur in geringem Maße miteinbezogen; Maschine und Computer wurden eingesetzt.
Das rationale Denken durchdrang die westliche Zivilisation. Im religiösen Bereich entstand eine Kluft zwischen Glauben und Wissen, verständlich aus der Tatsache, daß jede Religion stark bestimmt wird von archaischen, magischen und mythischen Elementen. Jedoch versucht man in letzter Zeit, auch wissenschaftliche Aspekte in die Religion zu integrieren.
Zwischen Religion und Wissenschaft wird immer eine Kluft bestehen bleiben, da die tiefsten Erfahrungen rational nicht erfaßt werden können. Naturwissenschaft kann eine Modellvorstellung von der letzten Wirklichkeit geben, aber die Erfahrungen dieser letzten Wirklichkeit sind nur emotional erfaßbar. Sie liegen im Bereich des Transrationalen.
Wir leben heute überwiegend im mentalen Bewußtseinszustand, jedoch zeichnet sich ein Niedergang dieser Bewußtseinsperiode ab, denn das Aufkommen und Überwiegen der Ratio, sowie die Rationalisierung und Technisierung aller Bereiche hat nicht zu dem erhofften Glück geführt. Dem Fortschritt in Technik und Industrie stehen Umweltkatastrophen gegenüber, die diesen Globus an den Rand seiner Existenz bringen können. Dies hat bewirkt, daß ein Umdenken breiter Schichten der Bevölkerung begonnen hat.

e. Die integrale Struktur des Bewußtseins: kosmisches Bewußtsein - mystisches Bewußtsein

Dies ist die vierte Dimension, die sich bereits seit einiger Zeit in verstärktem Maße anbahnt.
In dieser Dimension sind, wie in allen anderen Dimensionen auch, alle vorliegenden Dimensionen integriert. Jean Gebser spricht von der „Wiederherstellung des unverletzten ursprünglichen Zustandes unter bereicherndem Einbezug aller bisherigen Leistungen. [...] Es ist der integrale Versuch, die ‚Größe' des Menschen so weit aus ihren Teilen wiederherzustellen, daß sie sich selbst bewußt dem Ganzen integrieren kann."[4] Der Mensch wird sich klar über die ihn bestimmenden Komponenten aus allen Bewußtseinsstufen. Auf dieser Bewußtseinsstufe wird die Erfahrung des ursprünglichen Zustandes gemacht, der Ganzheitlichkeit, so wie es die Mystik aller Zeiten in der mystischen Erfahrung der Unio mystica beschrieben hat. Die Verwirklichung dieser Erfahrung im alltäglichen Leben ist die Hoffnung für den Menschen des Überganges in einen neuen Bewußtseinszustand. Die vierte Dimension ist raumfrei und zeitfrei.

B. DIE BEDEUTUNG EINER KONTINUIERLICHEN ENTWICKLUNG

Alle spirituellen Persönlichkeiten sind sich darüber einig, daß der Mensch alle Entwicklungsstadien in sich selbst entwickelt. Aurobindo schreibt hierzu: „[...] es geht darum, die Entwicklungslinie [der Bewußtseinsevolution] nicht zu unterbrechen. Wird die Entwicklungslinie unterbrochen oder geht die Individualität verloren, erleiden wir einen Rückfall in mystische und kosmische Zerstreuung und verlieren unser kostbares Bindeglied zur Erde. Das Bewußtsein der Einheit und der Transzendenz müssen unter Berücksichtigung der evolutionären Kontinuität erreicht werden."[5] „Die spirituelle Evolution folgt der Logik einer schrittweisen Entfaltung; sie kann einen entscheidend neuen Schritt erst dann tun, wenn die vorausgehende Hauptstufe wirklich in Besitz genommen wurde. Selbst wenn gewisse Zwischenschritte wegfallen oder kleinere Stufen übersprungen werden, muß das Bewußtsein sich dann doch zurückwenden, um sicherzustellen, daß die bewältigte Strecke wirklich ganz in die neue Verfassung eingegangen ist."[6]
Auch Ken Wilber spricht sich für eine systematische Bewußtseinsentwicklung aus: „Daher ist es wichtig, daß keine Stufe übersprungen werden kann, und auch solche spirituellen Traditionen, die unmittelbar auf das Kausale oder Nichtkausale abzielen, setzten die niedrigeren Entwicklungsstufen des Psychischen und Subtilen voraus, auch wenn sie deren Phänomenen keine eigene Bedeutung mehr beimessen."[7]

2. Das kosmische Bewußtsein - eine neue Bewußtseinsdimension der Menschheit

Robert Bucke[8] verfolgte bereits vor 100 Jahren die Häufigkeit mystischer Erfahrungen, oder, wie er es nennt, den Durchbruch in das kosmische Bewußtsein in den letzten 3000 Jahren. Auch er schloß aus der ansteigenden Häufigkeit der Erfahrungen, daß die gesamte Menschheit sich langsam einem dem Ichbewußtsein überlegenen Bewußtsein entgegen bewegt, welches sie aus Unsicherheiten und Ängsten befreien wird. Er schreibt, „daß diese neue, vierte Bewußtseinsstufe den Menschen befähigen wird, den Kosmos als Ganzheit zu begreifen und durch sie die Gegenwart des Schöpfers zu spüren [...] und zu wissen, daß das Grundprinzip des Kosmos Liebe ist. Die Stufe des kosmischen Bewußtseins wird am Ende zur geistigen Standardausrüstung der Menschheit gehören."[9]
William James, ein bekannter amerikanischer Psychologe schreibt zum Thema Mystik in seiner Vorlesung: „Aber es gibt noch mehr zu sagen, denn die religiöse Mystik ist nur die eine Hälfte der Mystik. Die andere Hälfte verfügt über keine gesammelte Tradition, außer über das, was uns die psychiatrischen Lehrbücher überliefern."[10]
Nach Erscheinen dessen Buches äußerte er sich gegenüber Robert Bucke: „All jenen, die sich für Geisteswissenschaft interessieren, haben Sie diese Art von Bewußtsein so endgültig und so unausweichlich unter die Nase gerieben, daß es sich künftig nicht mehr wegdenken oder beiseite wischen läßt. Im ganzen sehe ich in Ihrem Buch einen ungemein wichtigen Beitrag zur Psychologie und ein Geschenk für alle."[11]
Inzwischen wurde der mystische Bewußtseinszustand dem Fluidum eines pathologischen Bewußtseinszustandes entzogen und eindeutig als eigener Bewußtseinszustand deklariert, der mit Geistesstörung, Hysterie oder sonstigen krankhaften seelischen Phänomenen nichts zu tun hat.

XIII. DIE BEDEUTUNG DER MYSTIK IN DER GESELLSCHAFT

1. Die Erfahrungen des einzelnen Menschen und ihre Bedeutung für die Menschheit

Die moderne Naturwissenschaft geht davon aus, daß jeder Mensch über ein feinstoffliches Netzwerk mit allen anderen Menschen verbunden ist. Rupert Sheldrake erwähnt in diesem Zusammenhang Energiefelder, die miteinander in Resonanz stehen.[12] Wer in der Stille sitzt, übt für alle und bringt seine Erfahrungen, im optimalen Fall Harmonie, Frieden und Liebe, in dieses Netzwerk, das alle verbindet, mit ein. Er ist auf feinstofflicher Ebene mit der ganzen Welt verbunden, denn das All-Seiende ist raum- und zeitlos; es durchdringt alles. Somit wirkt er harmonisierend und wird zum Gegenpol einer hektischen Welt.
Wer zum absoluten, kosmischen Bewußtsein durchgedrungen ist, wird zum Träger der Qualitäten des All-Seienden und trägt diese zum Segen für alle in die Welt. Christus sagt: „Was ihr einem der geringsten meiner Brüder getan habt, das habt ihr mir getan“[13] und weist damit auch auf die Identität von Gott, Welt und Mensch hin. Zu seinen (und unseren) ‚geringsten Brüdern‘ gehören alle Schmerz und Freude erfahrenden Wesen, auch die Tiere.
Im Christentum spricht man vom mystischen Leib Christi, der wir alle sind und vom kosmischen Christus.
Im Hinduismus kennt man das Symbol des Perlennetzes des indischen Himmelgottes Indra. Es ist das Symbol des gegenseitigen endlosen Durchdringens aller Dinge. In diesem Perlennetz ist jede einzelne Perle mit allen zahllosen Perlen verbunden, die ihrerseits wieder jede einzelne Perle wiederspiegeln, so daß es zu einem endlosen gegenseitigen Widerspiegeln aller Perlen kommt.
Im Buddhismus wird im Hua-Yän-Sutra[14] von den vier Dharma-Welten gesprochen. Die vierte Welt meint „die Welt des unbehinderten Übergangs der Dinglichkeiten, die dadurch gekennzeichnet ist, daß jedes Ding in alle Dinge eingeht und alle Dinge in alle übrigen hineingenommen sind.“[15] So wird auch gesagt: „Gerät ein Staubkorn in Bewegung, so wird die gesamte Erde mit einbezogen; und jedes einzelne Staubkorn enthält die gesamte Welt in ihrer Grenzenlosigkeit.“[16]

2. Integration in Wirtschaft und Politik

Wer einen mystischen oder sonstigen spirituellen Weg geht, wird seine Erfahrungen in Form einer geänderten Gesinnung auch in die Gesellschaft hinein tragen. Oftmals entstehen aus kleinen lokalen Interessengruppen größere Zusammenschlüsse. Beispielhaft können hier nur einige Aktionen beschrieben werden, die dem Übenden zeigen sollen, wie weit bereits Vernetzung und Anwendung der spirituellen Erfahrungen zum Wohle der gesamten Menschheit stattfinden und zum Tragen kommen.

A. SPIRITUALITÄT UND ÖKOLOGIE

Als Beispiel für Aktivitäten in diesem Bereich kann das interreligiöse Pfingstsymposium in Salzburg[17] angeführt werden, welches in Kooperation mit dem Europäischen Netzwerk für Buddhistisch-Christliche Studien 1999 stattfand.
Hier ein Auszug aus den Zielsetzungen des Kongresses:
„Das westliche Entwicklungsmodell, orientiert an Begriffen wie ‚Fortschritt', ‚Wachstum' und ‚Konsum', hat sich als gefährlicher Irrweg erwiesen. Die ökologische Krise, aber auch die vergrößerte Kluft zwischen den Ländern des Nordens und des Südens macht dies auf dramatische Weise deutlich. Täglich vermehrt sich das Datenmaterial, [das beweißt,] daß das Wirtschaftswachstum bereits an seiner biophysikalischen Grenze [an]stößt. [...] Wie können wir Natur wieder als lebendiges Wesen, dessen Integrität nicht verletzt werden darf, und nicht als passive, vermarktbare ‚Umwelt' erfahren?
Das Symposium geht von der Überzeugung aus, daß die notwendige Umgestaltung unseres Wirtschafts- und Lebensstils nicht ohne spirituelle Transformation möglich sein wird. Wo liegen die Ansatzpunkte gegenüber dem Leben in den spirituellen Traditionen des Buddhismus und Christentums?
Bei diesem Symposium wurden verschiedene Perspektiven gebündelt, die im folgenden genannt werden:
- Tiefenökologie, in der ein ganzheitliches, spirituelles Verständnis von Natur Ausdruck findet.
- Kritische Ökonomie, die auf ökologischer, ethischer und religiöser Basis eine neue Vision für unsere Wirtschaft erarbeitet.
- Dialog zwischen Christen und Buddhisten zum Abbau von Vorurteilen und besserem Verständnis."[18]

Mitwirkende auf der Tagung waren u.a.:
- John B. Cobb aus Los Angeles, eine Schlüsselfigur des Dialogs zwischen Buddhisten und Christen in den USA.
- Sulak Sivaraksa aus Thailand, ein wichtiger Gesellschaftskritiker seines Landes, der eine radikale Wende der industriellen Wirtschafts- und Lebensstruktur auf buddhistischer Grundlage fordert und 1995 den Alternativen Nobelpreis erhielt.
- Ursula Baatz aus Österreich, die Lehrbeauftragte für Religionsphilosophie an der Universität Wien, die über eine langjährige Zenpraxis verfügt. Sie ist Verfasserin der Biographie von P. Hugo M. Enomiya Lassalle.
- Jose Antonio Lutzenberger aus Brasilien, der als das ‚grüne Gewissen Brasiliens' gilt und sich im Kampf um den Regenwald höchste Verdienste erworben hat.

- Michael von Brück aus Deutschland, Religionsprofessor an der Universität München, und einer der maßgebenden Moderatoren des Dialoges der Religionen. Er ist selbst als Zen- und Yogalehrer tätig.

B. SPIRITUALITÄT IM MANAGEMENT

In dem Bewußtsein, daß wir Ko-Kreatoren bei der Gestaltung unserer Zukunft und der Zukunft der Erde sind, kommt dem Management in der Wirtschaft eine bedeutende Rolle zu. Dabei muß Management als ein System verstanden werden, welches Prozesse, Strukturen und Ressourcen in Unternehmen steuert und aufrechterhält und von Menschen getragen wird. In diesem Bereich möchte Spiritualität zu einer Neuorientierung, vor allem der Werte in der Mitarbeiterführung und Unternehmensleitung, hinführen. Friedrich Assländer[19] meint dazu: „Da in der mystischen Praxis diese ethischen Werte nicht von außen her, in der Form als ‚du darfst' oder ‚du sollst' gemacht werden, sondern als dauerhaft vom inneren Menschen her erfahren werden, als Werte, die ein liebendes Miteinander beinhalten, scheint auf dieser Grundlage eine Neuorientierung erfolgversprechend zu sein. Angestrebt wird eine Erneuerung und ein Wandel durch eine spirituelle Ausrichtung des Managements, verstanden als Dienst am Ganzen."
Unter der Leitung von Hubert Tesch, Dr. Friedrich Assländer, Dr. Thomas Siefer und dem Benediktinerpater und Zenmeister Willigis Jäger entstand, neben Zen-Trainingskursen für Manager/innen, ein Forum ‚Spiritualität im Management' im Würzburger Zentrum für Transkonfessionelle Wege. Zentraler Mittelpunkt der Tagungen und Seminare ist das Einüben des spirituellen Weges mit der sich daraus ergebenden Neuorientierung des einzelnen, wie beispielsweise Sinn und Ethik des Handelns, Neuorientierung der Werte in der Arbeit, Entfaltung und Förderung von Talenten im Unternehmen und Entfaltung der Persönlichkeit durch die spirituelle Übung. Spirituelle Ausrichtung wird als eine echte Alternative zum Wettbewerbs- und Konkurrenzdenken angesehen
Auch das Lassalle-Haus in Bad Schönbrunn[20], das den Geist des verstorbenen Jesuitenpaters und Zenmeisters Hugo Enomiya Lassalle trägt, befaßt sich in dem 1995 gegründeten ‚Institut für spirituelle Bewußtseinsbildung in Politik und Wirtschaft' unter Führung von Niklaus Brantschen, Jesuit und autorisierter Zen-Lehrer, mit Fragen der interreligiösen Spiritualität und ihrer politischen, wirtschaftlichen und auch ökologischen Dimension. In diesem Geiste werden auch im Lassalle-Haus Seminare für Führungskräfte in Politik und Wirtschaft abgehalten, sowie Symposien unter Beteiligung zahlreicher Gäste aus dem In- und Ausland und Referenten aus Europa, Japan, und den USA, beispielsweise über ‚Menschenrechte und Menschenpflichten' oder zum Thema ‚Dialog statt Krieg'.

C. MYSTIK UND POLITISCHES ENGAGEMENT

Es gibt bereits eine Reihe spirituell-mystischer Bewegungen in unserer Zeit, die sich auf der Basis der Erkenntnisse mystischer Praxis für soziale Gerechtigkeit und Frieden einsetzen. Ihre Zielsetzung ist eine Verhaltensänderung im politischen Handeln und Denken, ein Umdenken und eine Neuorientierung für unsere Gesellschaft.

a. Bewegungen

(1) GREYSTON FOUNDATION

Ein soziales Netzwerk, dessen Begründer Bernard Tetsugen Glassman Roshi sich aus seiner spiritellen Erfahrung heraus für Gerechtigkeit und Frieden in der Welt einsetzt. Er wurde vor allem durch eine zeitgemäße Anpassung der Zenpraxis an die Situation des städtischen Lebens, seinen Einsatz für den interreligiösen Dialog und durch seine Arbeit mit Obdachlosen bekannt. Für ihn gehören Spiritualität, soziales Bewußtsein und Engagement zusammen.[21]

(2) INTERFAITH PEACEMAKER ASSEMBLY

Die Vereinigung wurde von Glassman Roshi und seiner Frau Jishu Holmes gegründet.
Das Institut leistet „einen Beitrag für die notwendige ökologische, politische und wirtschaftliche Wende, die sich auf der individuell persönlichen, der nationalen und der globalen Ebene vollzieht, [...] und ihre Wurzeln in einer interreligiösen spirituellen Praxis und Erfahrung hat.".

(3) LASALLE-HAUS

Im Lassalle-Haus in Schönbrunn, benannt zu Ehren des bekannten Jesuiten und Zenlehrers Hugo Enomiya Lassalle (1898 -1990)[22], werden unter der Leitung des Jesuiten und Zenlehrers Niklaus Brantschen[23] und der Zen-Lehrerin Pia Gyger regelmäßig internationale Symposien zum interreligiösen Dialog, sowie Tagungen zu sozialpolitischen Themen durchgeführt[24].
Integriert ist das Institut für spirituelle Bewußtseinsbildung in Politik und Wirtschaft (ISPW).

(4) INTERNATIONAL PEACEMAKER MOVEMENT

‚Peacemaker' ist eine Vereinigung von Menschen, die aus einer spirituellen Motivation heraus an einer gerechteren und friedvolleren Welt arbeiten wollen. Die Bewegung verpflichtet sich, die fundamentalen Regeln eines Weltethos, wie sie in verschiedenen Abwandlungen in allen Religionen zu finden sind, einzuhalten. Dabei übernimmt sie folgende vier Verpflichtungen: die Verpflichtung für eine Kultur der Gewaltlosigkeit und der Ehrfurcht vor dem Leben, die Verpflichtung für eine Kultur der Solidarität und eine gerechte Wirtschaftsordnung, die Verpflichtung für eine Kultur der Toleranz und ein Leben in Wahrhaftigkeit und die Verpflichtung für eine Kultur der Gleichberechtigung und die Partnerschaft von Mann und Frau.

(5) CHRISTLICHES GEMEINSCHAFTSWERK ST. KATHARINA IN BASEL

Es steht unter dem Motto, „Dienst an der Versöhnung für das Wachstum von Einheit und Liebe in der Welt“[25] und wird von Pia Gyger geleitet.

(6) PARLAMENT DER WELTRELIGIONEN

Es wurde am 2. September 1993 in Chicago gegründet und hat sich auf ein Minimum an ethischen Weisungen geeinigt. Es setzt sich für die Erweckung der spirituellen Kräfte durch Reflexion, Meditation, Gebet und positives Denken ein und appelliert in der Erklärung zum Weltethos an alle Menschen: “Unsere Erde kann nicht zum Besseren verändert werden, ohne daß das Bewußtsein des einzelnen geändert wird. Wir plädieren für einen individuellen und kollektiven Bewußtseinswandel.“[26]

(7) KOMITEE DER RELIGIÖSEN NICHTREGIERUNGS-ORGANISATIONEN (NGO) DER UNO

Es stellt ein Forum für den Dialog über die Rolle spiritueller und ethischer Werte in der Organisation der UNO dar.

(8) DIE ÖKUMENISCHE GEMEINSCHAFT

Sie befindet sich in dem Ort Taizé, in Frankreich.

(9) DIE ARCHE

Sie wird geleitet von Lanzo del Vasto in Italien.

(10) DIE ARBEITERGESCHWISTERBEWEGUNG

Sie stammt aus Deutschland.

(11) DER ORDEN ‚TEP HIEN‘

Der in Plum Village, Frankreich, ansässige Orden steht unter der Leitung von Thich Nhat Hanh.

Der Theologe Hans Küng schreibt in seinem Buch ‚Projekt Weltethos: „Immer deutlicher wurde mir in den letzten Jahren, daß die eine Welt, in der wir leben, nur dann ein Chance zum Überleben hat, wenn in ihr nicht länger Räume unterschiedlicher, widersprüchlicher oder gar sich bekämpfender Ethiken existieren; diese eine Weltgesellschaft braucht keine Einheitsreligion und Einheitsideologie, wohl aber einige verbindende und verbindliche Normen, Werte, Ideale, Ziele.“[27]

b. Mystiker/innen im politischen Leben

„Das höchste Gebet des Menschen
bittet nicht um den Sieg,
sondern um den Frieden."[28]

(1) DAG HAMMARSKJÖLD

Der Schwede Dag Hammarskjöld[29] war, bis er bei einem mysteriösen Flugzeugabsturz am 17.September 1961 ums Leben kam, unermüdlich tätig, Konflikte ohne Waffengewalt zu lösen und die UNO als friedensstiftende Völkerorganisation aufzubauen. Ihm wurde postum der Friedensnobelpreis verliehen, als Menschenrechtler, Initiator der UNO-Blauhelmtruppen und als Anwalt der Dritten Welt beim Prozeß der Entkolonialisierung.

Dag Hammarskjöld versuchte eine neue Menschheits-Ethik auf kosmopolitischer Grundlage zu vermitteln. Er setzte sich für eine überkonfessionelle ‚Menschheits-Religiosität' jenseits aller Gruppenegoismen ein, und strebte nach einer universellen Brüderlichkeit, einer echten Verbundenheit aller Völker und einem allgemeinen Bewußtsein von Menschlichkeit.

So endete beispielsweise seine Rede vom 20.August 1954 mit den Worten: " [...] in dem Gefühl universaler Brüderlichkeit [...], welche wir eines Tages wieder zu finden hoffen, in einer Welt von Nationen wahrhaftig vereint."[30] In derselben Rede sagte er: „Aber unserer Arbeit für den Frieden sollte mit einer Ausdauer nachgegangen werden von einem, der keine Angst wegen der Ereignisse hat, da er in der stillen Selbsthingabe des Glaubens handelt."

Dag Hammarskjöld lebte aus einem tiefen Glauben und spirituellen Erleben heraus. In der New Yorker Rundfunksendung ‚That I believe' vom April 1953 sagte er öffentlich: "Die Erklärung aber, wie der Mensch ein Leben aktiven gesellschaftlichen Dienens in vollkommener Übereinstimmung mit sich selbst als Mitglied der Gemeinschaft des Geistes leben soll, habe ich in den Schriften der [...] Mystiker gefunden. Für sie war Selbsthingabe der Weg der Selbstverwirklichung. [...] Sie fanden in der Einsamkeit des Geistes und in der Innerlichkeit die Kraft, Ja zu sagen. [...] Liebe, dieses oft mißbrauchte und falsch verstandene Wort, bedeutete für sie nichts als das Überfließen der Kraft, von der sie sich erfüllt fühlten, wenn sie im wahrhaften Selbstvergessen lebten."[31] Erst nach seinem Tod stellte sich aufgrund seiner Tagebuchaufzeichnungen heraus, daß dieser weltweit respektierte Politiker ein Mystiker war, der im Geiste von Meister Eckhart und Johannes vom Kreuz lebte[32]. Seine Mystik war nicht abgehoben, sondern stellte eine diesseitige Mystik, deren Erkenntnisse und Erfahrungen sich in seinem Handeln niederschlugen, dar. Der Weg zur Heilung „geht in unserer Zeit notwendig über das Handeln"[33].

Seine Tagebucheintragungen weisen an vielen Stellen auf tiefe mystische Erfahrungen hin, so beispielsweise die Eintragung vom Frühjahr 1951: „Licht [...] eines Tages [...] tauversilbert. Jetzt. Da ich die Furcht überwunden - vor den anderen, vor mir, vor der Dunkelheit darunter, an der Grenze des Unerhörten: hier endet

das Bekannte. Aber vom Jenseits her erfüllt etwas mein Wesen, mit seines Ursprungs Möglichkeit."[34]
An seinem Geburtstag am 29. Juli 1956 schreibt er über die Tragik des Menschen, „dem dieses Licht leuchtet, das der verborgene Gott ist: dann gibt es keinen Weg mehr, mittelmäßig zu leben."[35]
Seine letzten Zeilen im Tagebuch, vielleicht kurz vor dem Absturz geschrieben, enden mit: „Liebe ist Verantwortung eines Ichs für ein Du. Hierin besteht [...] die Gleichheit aller Liebenden. Zu dem lebenslang ans Kreuz der Welt Geschlagenen, der das Ungeheuere vermag und wagt: die Menschen zu lieben."[36]
Dag Hammarskjöld hat nie öffentlich über seine spirituellen Erfahrungen gesprochen. Jedoch hat er seine geistigen Erfahrungen in sein öffentliches Wirken hineinfließen lassen. Im Herbst 1955 schreibt er in sein Tagebuch: „[...] als den, der Du in deinem Innersten sein mußt, um Deine Aufgabe zu erfüllen, darfst Du dich nicht zeigen, damit man Dir gestattet, sie zu erfüllen."[37]

(2) DOROTHEE SÖLLE

Dorothee Sölle, geb.1929, Theologin und Professorin, weist in ihren Schriften darauf hin, daß angesichts eines geistlosen Materialismus Mystik in unseren Tagen wichtiger ist denn je. Sie zeigt die Kluft zwischen einer rationellen Gotteserkenntnis und der Erfahrung Gottes, also die Kluft zwischen Religion und Mystik, auf. Wie viele ihrer Zeitgenossen ist auch Dorothee Sölle der Ansicht, daß die Religion in Zukunft entweder eine mystische sein oder absterben wird.
Ihr Buch ‚Mystik und Widerstand'[38] bewegt sich um die Frage der Integration der mystischen Erfahrung in den Alltag des Lebens, wobei Dorothee Sölle insbesondere das soziale Leben in der Gesellschaft meint. Ihr Interesse gilt den Ausdrucksformen des mystischen Bewußtseins im Leben von Gemeinschaften und im Leben von einzelnen jenseits von Weltflucht, Abgeschiedenheit und Einsamkeit. Sie fragt sich, ob diese wirklich das mystisch-adäquate Verhalten darstellen und geht auf das Verhältnis der Mystiker zur Welt und zur Gesamtgesellschaft ein.
Zu der Frage, wie Mystik in der Gesellschaft gelebt werden kann, schreibt sie: „Meine Fragestellung ist auf die soziale Realität bezogen. Das bedeutet, ich versuche die Unterscheidung von mystischem Innen und Außen aufzuheben, um des Inneren willen. [...] Alles Innere ist zu veräußern, sonst verdirbt es wie das auf Vorrat gesammelte Manna in der Wüste."[39]
In den möglichen Weltbeziehungen der Mystiker stößt sie auf verschiedene Möglichkeiten, die „zwischen dem Rückzug von der Welt und ihrer revolutionären Veränderung anzusiedeln sind." All diese Formen stellen für Dorothee Sölle ein Nein zur Welt dar, wie sie jetzt ist, und sie betitelt daher eines ihre Bücher ‚Mystik und Widerstand'. Spiritualität ist nur durch Integration der sozialen Realitäten möglich. Somit ist für sie Mystik der Weg zu einem befreiten Leben. Unter Widerstand versteht Dorothee Sölle einen Widerstand, der sich in der Erinnerung festmacht, also an dem europäischen Widerstand gegen Nationalismus, Militarismus, Stalinismus und Menschenrechtsverletzungen im real sozialistischen Machtbereich.[40] Zentral ist für sie die Frage, wie man beides, „das innere Licht des Einsseins mit allem und

den Widerstand gegen die Todesmaschine"[41] zusammen bekommt. Damit greift Dorothee Sölle den wichtigsten Punkt des mystischen Weges auf, nämlich die Integration in den Alltag, mit ihren Worten, die Integration der Erfahrung in das soziale Leben von Gesellschaft und Politik.
„Eine Spiritualität, die nicht in den Alltag mündet, ist ein Irrweg", sagt Willigis Jäger. Ein mystischer Weg ist erst dann geglückt, wenn dies erfüllt ist, darin sind sich alle Mystiker einig. Zeiten der Abgeschiedenheit, Einsamkeit oder des Rückzuges sind vorübergehende Stadien auf dem Wege, die notwendig sind, das eigene Denken zu klären und zu reinigen. Sie müssen aber überschritten werden.

(3) MAHATMA GANDHI

Im außereuropäischen Raum hat sich in seinem Bemühen für den Frieden in besonderem Maße Mahatma Gandhi verdient gemacht. Er war indischer Politiker, trat für die Zusammenarbeit zwischen Islamiten und Hindus ein und erstrebte eine Befreiung Indiens durch passiven Widerstand. Zentrales Thema war für Gandhi der Begriff ‚ahimsa', was mit Liebe zu allen Geschöpfen übersetzt werden kann.

3. Mystik und Religion - Religion in der Zukunft

A. DIE MYSTIK ALS WURZEL ALLER RELIGIONEN

Die mystische Erfahrung ist zentraler Kern aller Religionen. Jede Religion hat ihre eigenen mystischen Erfahrungen. Daher sind diese das Band, das alle Glaubensrichtungen trotz verschiedener religiöser und kultureller Ausprägung verbinden kann. Mystische Erfahrung liegt allerdings auch jenseits theologischer Systeme.
Die großen religiösen Genies aller Zeiten, deren Erfahrung man später als Religionen festgeschrieben hat, besaßen eine kosmische Religiosität. Sie lehrten, daß der Mensch nach dem Bilde Gottes geschaffen sei und daß sich dieses universale göttliche Leben im Menschen als Mensch manifestiere. Dies zu erfahren und zu leben, ist Ziel des mystischen Weges.
Im Augenblick scheint die religiöse Entwicklung zu einer transkonfessionellen Spiritualität zu gehen. Die mystische Erfahrung mit der direkten Erfahrung des ‚All-Seienden' spielt hierbei sicherlich eine große Rolle.

B. BEDEUTUNG DER RELIGIONEN

Religionen weisen auf das göttliche Gesetz hin. Sie sind, wie Willigis Jäger immer wieder sagt, „Glasfenster, die das göttliche Licht hindurchlassen, aber sie sind nicht das göttliche Licht."[42]
Religionen sind kognitive Glaubenssysteme, die dazu beitragen können, religiö-

se Dinge und Erfahrungen mit dem begrifflich bildlichen Ich zu erfassen und mitzuteilen. Sie geben dem nach der Wahrheit suchenden Menschen eine Leitlinie an die Hand, um selbst die Wahrheit zu erfahren. Sie weisen auf ein Ziel hin, das über die personale Welt hinaus reicht auf eine Wirklichkeit, die anderen Gesetzen unterliegt und nicht an Raum und Zeit gebunden ist. Mit Hilfe von Bildern, Metaphern, Symbolen und Parabeln, mit Riten und Zeremonien, mit Hl. Schriften und Dogmen versuchen die Religionslehren, etwas über diese Wirklichkeit auszusagen. Es werden von der Theologie also Modelle über die letzte Wirklichkeit entworfen.

Religionen beschäftigen sich mit den Grundfragen des Lebens: Wer bin ich? Was ist nach dem Tode? Was ist gut und böse? Warum leiden Menschen? Sie geben Antworten im Rahmen ihrer Glaubenssysteme und spenden dadurch Trost und Hoffnung.

Mehr noch, sie bieten eine Sinndeutung des Lebens an. Denn je mehr Geist im Laufe der Evolution der Mensch entwickelt hat, umso mehr fragt er nach dem Warum, Woher und Wohin. Dies trifft vor allem auch in der heutigen Zeit zu, wo angesichts der Umweltsituation und der Rationalisierung in der Wirtschaft Menschen angstvoll und unsicher geworden sind. Indem Religion Antworten gibt und ein besseres Sein verspricht, befriedigt sie Sehnsüchte, baut Ängste des Ichs ab und gibt dem Menschen Hoffnung und Zuversicht. Sie stärkt das Vertrauen in die göttliche Macht, an die man sich im Unglück, bei Krankheiten und beim Tod, aber auch bei freudigen Ereignissen wie Geburt, Hochzeit oder sonstigen Jubiläen wenden kann. Die Religion verspricht Teilhabe am Reich Gottes in Form eines Himmels bzw. Paradieses oder in Form von Befreiung vom ewigen Kreislauf des Leidens im Nirwana.

Religion zeigt außerdem Leitbilder, die die Welt und den Menschen in Zukunft verändern werden, so wie der jüdische Messias, der wiederkommende Christus, der buddhistische Maitrea. Es sind dies Bilder der Hoffnung, des Trostes und des Zuspruches für das Ich. Mit ihnen kann das Ich überleben und sich an ihnen festhalten.

Religiöse Institutionen[43] haben einen Reichtum an Literatur, Musik, Malerei, Skulptur und Architektur in das Leben gerufen, die auf die Dimensionen des Göttlichen hinweisen. Dazu gehören beispielsweise jüdische Synagogen, christliche Kirchen, muslimische Moscheen, indische Tempel und die buddhistischen Stupas.

Religion vollzieht sich in einer Gemeinschaft. Sie gibt ein religiöses Zusammengehörigkeitsgefühl, das dem Menschen Halt und Hilfe bieten kann. Dazu gehört auch das Praktizieren religiöser Handlungen verschiedenster Art, beispielsweise das Gebet in vielen Varianten, als Anrufung und Beschwörung der Götter, als Lob und Preis Gottes, als Dank für erfahrene Wohltaten, als Bitte um Hilfe, Vergebung und Rettung, als Klage und Anklage, als Bekenntnis des Glaubens. Es gibt Gottesdienste, Wallfahrten, Fasten, Bußübungen, Sündenbekenntnis und Schuldvergebung, priesterliche Aufgaben des Segnens und Weihens, politische Gestaltung der Welt aus religiöser Überzeugung.

In allen Religionen hat sich ein reichhaltiges Brauchtum, einhergehend auch mit einer Fülle von Ritualen, entwickelt, wie sie beispielsweise an Weihnachten, Ostern und Pfingsten, bei Geburt, Hochzeit, Taufe und Tod durchgeführt werden.

Durch Gesetze, Gebote und Weisungen geben Religionen Orientierung bei allen Ereignissen im Leben. Sie versuchen im politischen, sozialen und persönlichen Bereich Lebenshilfe zu bieten. Es gibt soziale Netze für Arme und Notleidende; in politischen Parteien kommt die religiöse Gesinnung zum Ausdruck und religiöse Organisationen bieten Lebenshilfe bei persönlichen Krisen an. Hier kann sich der Einzelne seinen Fähigkeiten entsprechend einbringen.Was jedoch auf einer personalen Stufe Hilfe sein kann, ist hemmend für die Weiterentwicklung des Menschen, wenn es darum geht, in Erfahrungen jenseits des Ichs zu gelangen, also dorthin, wo Religion hinweist und auch hinführen sollte. Hierzu ist gerade die Erfahrung des ‚Ichtodes' notwendig, da die Verdrängung des Ichtodes eine Verdrängung Gottes ist. Willigis Jäger schreibt davon, daß „[...] die Angst vor der Auflösung des Ichs die Schwelle ist, die uns an der Erfahrung des wahren Wesens hindert."[44] In der mystischen Praxis werden die Konzepte des Ichs aufgelöst. Gotteserfahrung ist nur möglich, wenn das Ich alles losläßt, auch seine Glaubenssysteme.

Wir neigen heute dazu, die Bedeutung von Religionen zu unterschätzen. Ein Mystiker wird auf seinem Weg zur Unio mystica gegenüber den Religionen nicht negativ eingestellt sein, sondern sich bemühen, ihre Erfahrungen in diesen Weg zu integrieren. In der Vergangenheit und auch in der Gegenwart gab es leider immer wieder Mißverständnisse zwischen Anhängern des mystischen Weges und Vertretern von Religionen.

C. ANSÄTZE EINER FRIEDLICHEN KOEXISTENZ DER RELIGIONEN - DER INTERRELIGIÖSE DIALOG

Es ist festzustellen, daß sich die Religionen inzwischen in zunehmendem Maße um eine friedliche Koexistenz bemühen. Vor allem wird der interreligiöse Dialog gesucht. Die Dialogabteilung des Ökomenischen Rates der Kirchen (ÖRK) erarbeitete Verstehensebenen, um die Anerkennung der Religionen untereinander zu fördern.

Dabei werden verschiedene Ebenen der Verständigung untereinander betont:

Die historisch-kulturelle Ebene, die die Relativität aller Glaubensformen aufzeigt.

Die theologisch-mystische Ebene, die auf das Geheimnis hinweist, das die letzte Wirklichkeit umgibt, die sich jedoch unterschiedlich kulturell äußert.

Die ethisch-praktische Ebene, die Gerechtigkeit beinhaltet, denn sie ist der Zugangsweg, damit Menschen wieder Hoffnung schöpfen können und das ‚Jenseits' nicht zur billigen Vertröstung wird.

Auf dieser Basis entstanden interreligiöse, vorurteilsfreie Bewegungen, die zum Teil international, zum Teil regional wirken. Hier können nur die wesentlichsten erwähnt werden:

Das Parlament der Weltreligionen im Rahmen der Weltausstellung in Chicago 1893

Der Temple of Understanding mit Zentren in Charlottesville/Virginia und New York,

in welchem die wichtigsten religiösen Traditionen mit ihren fünf Symbolen repräsentiert sind
Der World Congress of Faiths (WCF) „Interreligiöses Netzwerk" (Interfaith Network) in Großbritannien
Die Weltkonferenz der Religionen für den Frieden (WCRP)
Die International Association for Religious Freedom (IARF)
Beispielsweise haben IARF, WCRP, WCF und der Temple of Understanding ein Koordinierungskomitee gebildet und das Jahr 1993 als Jahr der interreligiösen Begegnung weltweit begangen.
Daneben sind an dieser Stelle auch die Aktivitäten der Katholischen Kirche und des Weltrates der Kirchen (Ökumenischer Rat der Kirchen/ÖRK) zu erwähnen.
Alle diese Bestrebungen stellen im Hinblick auf religiöse Toleranz einen großen Fortschritt dar. Jedoch zeigt sich immer wieder, daß dies allein nicht ausreicht, um den Menschen einen wahren Frieden und ein friedliches Zusammenleben zu ermöglichen. Oft sitzen weiterhin aggressive Muster, Vormachtsbestrebungen, Missionsdrang oder Rechtgläubigkeit in uns, und brechen trotz bester Absichten immer wieder durch. Außerdem bewegen wir uns beim interreligiösen Dialog meistens auf der mentalen Schiene, die allein aber keine Wandlung mit sich bringen kann. Hier sehe ich im mystischen Weg eine Chance: Denn durch die mit dem Fortschreiten des Weges einhergehende Wandlung der Persönlichkeit, durch die Integration von Schattenanteilen, durch die Erfahrung der Einheit aller Lebewesen und die mit dieser Erkenntnis einhergehende bedingungslose Liebe kann der Mensch von innen heraus den anderen nicht mehr übervorteilen, bekriegen, verleumden, da der andere zum eigenen Ich geworden ist.

D. RELIGION UND DAS GESETZ DER EVOLUTION

Bruder K. John Martin[45] (Swami Sahajananda), der in Indien das von dem Benediktiner Bede Griffith[46] errichtete Kloster (Ashram) weiterführt, sagt, daß die Evolution auch vor der Religion nicht Halt macht. Er betont, daß die Evolution der Religion vier Stadien durchläuft und in der vierten Stufe, der Stufe der Einheit mit dem All-Seienden, ihren Höhepunkt findet. Die einzelnen Stadien existieren nebeneinander und stehen je nach Bedarf bzw. Bewußtseinslage dem Menschen zur Verfügung.
Religionen basieren zwar auf einer gemeinsamen Grundlage; doch das Entscheidende ist, auf welcher Bewußtseinsstufe die jeweilige Religion als Ganzes angesiedelt ist.
So kann man auch von den Religionen das sagen, was für den einzelnen Menschen gilt: Sie unterscheiden sich in der jeweiligen Bewußtseinsstufe und in der unterschiedlichen Anteiligkeit an allen möglichen Bewußtseinsstufen, denn diese sind in jeder Religion vorhanden. Wenn nun eine Religion sich durch Dogmen und eine feste Lehrweise charakterisiert, so legt sie sich damit auf eine bestimmte Stufe fest. Für denjenigen, der gerade auf dieser Stufe steht, ist dies hilfreich und sta-

bilisierend, für eine andere Person allerdings vielleicht einschränkend. Da der Mensch ein multidimensionales Bewußtsein besitzt und die Evolution nach höheren Bewußtseinsstufen jenseits der personalen Stufen strebt, wäre es wünschenswert, daß die Religionen sich für diese Tendenz öffnen.

E. KRISE DER RELIGION UND ERNEUERUNG

Die Religionen sind gekennzeichnet vom Weltbild, von der Erziehung, dem Bildungsstand und vor allem von der jeweiligen Bewußtseinsstufe ihrer Gründer. Hierin scheint ein großes Problem zu liegen: Denn wächst eine Religion nicht parallel mit der Entwicklung der Menschen, kann sie in Lehrmeinungen erstarren, die nicht mehr verstanden werden. Werden die religiösen Wahrheiten nicht zeitgemäß interpretiert, kann Religion dem suchenden Menschen möglicherweise nicht mehr genügend Hilfe sein.

Vielleicht zeigen die Zeichen der Zeit auch deshalb in Richtung Eigenerfahrung. Der Mensch entdeckt für sich selbst den kosmischen Raum, die Transzendenz, den ‚inneren Gott', mit oder ohne konfessionelle Färbung. In der heutigen Zeit macht die Menschheit einen großen Sprung in die transpersonale Dimension, in die neue Struktur des Bewußtseins. Damit einher geht eine Suche nach Verstehen und Erfahren dieser Vorgänge. Dies erklärt auch den großen Zulauf zu Meditation, Spiritualität und Esoterik.

Religion könnte gewiß dem Menschen in dieser spirituellen Entwicklung beistehen, ihm helfen, hier eigene Erfahrungen zu machen, so daß er auf seiner Suche keine unnötigen Umwege, Gefahren und Wirrungen ertragen muß.

Gefragt ist also die esoterische Seite der Religion.[47] Wir brauchen die Religion, damit die Menschheit als Ganzes in die Erfahrungsebene der Unio mystica vordringen kann. Es ist bedauerlich, wenn der spirituell suchende Christ bei den esoterischen Wegen anderer Religionen Anleihe nehmen muß, obwohl er gleiche Strömungen auch in seiner eigenen religiösen Kultur und Tradition finden könnte.

Bei seinem Anliegen will der Gläubige von der Kirche nicht im Stich gelassen werden. So verfügt das Christentum über reiche Erfahrungen auf dem Gebiet der Kontemplation. Diese gilt es dem suchenden Gläubigen anzubieten und in das vorhandene religiöse Lehrgebäude zu integrieren. Klöster und Kirchen könnten so zu Orten werden, wo dieser Weg zu Gott eingeübt werden kann und nicht - wie immer mehr der Fall - leer stehen, während auf privater Ebene spirituelle Häuser gebaut werden.

Kommt es zu keiner Veränderung, besteht die Gefahr, daß sich der spirituelle Aufbruch der Christenheit an der Kirche vorbei entwickelt. In privaten Gruppen verschiedenster Gemeinschaften, die meist spirituell-esoterischen Charakter tragen und vor allem aus jüngeren suchenden Menschen bestehen, wird Meditation und Kontemplation gepflegt. Diese Menschen stehen teilweise vollkommen hinter der Weisheit von Jesus Christus, haben jedoch damit begonnen, die Kirche und ihre Konfession abzulehnen, oder sie sind tiefreligiös, gehören aber keinem Glau-

bensbekenntnis an. Sie sind auf der Suche nach Lebenshilfe und situationsgerechter Deutung der Welt und suchen einen Rahmen, in dem sie sich spirituell verwirklichen können. Diesen Rahmen könnte die christliche Kirche geben.
Die Religion ist aufgrund dieser Entwicklung gefordert, sich weiterzuentwickeln. Dann wird es ihr möglich sein, sich einer geeinten Menschheit im göttlichen Geiste zu öffnen. Dies ist der große Beitrag der Konfessionen zum Weltfrieden. Kulturelle Gepflogenheiten, Heilige Schriften und Rituale können verschieden sein und bleiben, aber sie werden in dem einen Weg der Erfahrung zum All-Seienden vereint sein.

F. KOSMISCHE RELIGIOSITÄT - TRANSKONFESSIONELLE RELIGIOSITÄT

Die eigentliche spirituelle oder mystische Erfahrung ist die Erfahrung der Einheit mit dem kosmischen Geschehen. Sie ist der Höhepunkt der mystischen Erfahrungen aller Religionen und verbindet die Menschen aller Zeiten und Völker. Unser wahres Wesen ist das All-Seiende, das wir Abendländer ‚Gott' nennen und das sich im Menschen als unsere menschliche Struktur, im Tier als Tier und im Kosmos als dieser Kosmos offenbart. Der Mensch, der eins geworden ist, kann sagen: „Ich bin Gott", „Ich bin das All-Seiende". So sagte Christus: „Ich und der Vater sind eins." oder „Wer mich sieht, sieht den Vater."[48]
Diese Erfahrung ist unabhängig von jeglicher Konfession und jedem Menschen zugänglich. Es ist eine transkonfessionelle Erfahrung. Wenn heutzutage von kosmischer Religiosität gesprochen wird, so ist diese Art der Religiosität gemeint.
Die Menschheit scheint sich zu einer transkonfessionellen Religiosität oder auch kosmischen Religiosität, die alle Religionen umschließt, zu entwickeln.[49] Dies hebt jedoch die Bedeutung der einzelnen Religionen nicht auf.

Die kosmische Religiosität liegt im Sein. Dabei geht es immer wieder nicht nur um die Erleuchtungs- oder Einheitserfahrung, sondern es geht um die Verwandlung der gesamten Persönlichkeit des Menschen und um die Integration der Erfahrungen in das alltägliche Leben.

XIV. DIE BEDEUTUNG DER MYSTIK FÜR DEN FRIEDEN AUF ERDEN

Die mystische Erfahrung und Erkenntnis bilden die Grundlage für ein Überleben der Menschheit. Denn aus ihr resultiert eine natürliche Ethik, die von innen kommt. Der Mensch weiß von innen heraus um die grenzenlose Liebe zu allem Seienden und die Verantwortung für das gesamte Universum. Die Gesellschaft muß dann nicht mehr durch Gebote von außen geschützt werden. Dann kann Friede unter den Völkern herrschen.

„Dann sah ich einen neuen Himmel und eine neue Erde.
Der erste Himmel und die erste Erde sind vergangen, auch das
Meer ist nicht mehr. Und ich, Johannes, sah die Heilige
Stadt, das neue Jerusalem, aus dem Himmel von Gott herniedersteigen.
Die war ausgestattet wie eine für ihren Mann
Geschmückte Braut. Ich hörte eine laute Stimme vom
Throne her sprechen:
‚Siehe, das Zelt Gottes unter den
Menschen, und er wird unter ihnen zelten. Sie werden seine
Völker sein, und Gott selbst wird mit ihnen sein.
Alle Tränen wird er von ihren Augen abwischen. Der Tod wird
Nicht mehr sein, kein Leid, kein Kummer und kein
Schmerz. Denn das Erste ist vergangen.‘
Der auf dem Throne saß, sprach: ‚Siehe, ich mache alles
Neu.“[50]

Anmerkungen

1 Ornstein, Robert: Evolution des Bewußtseins. Ursprünge und Perspektiven. Verlag für Àngewandte Kinesiologie Freiburg im Breisgau 1991.

ERSTER ABSCHNITT:
Wesen, Methode und Praxis des mystischen Weges

I. WESEN UND INHALTE DER MYSTIK

1 Dionysios Areopagita: Mystische Theologie
2 Paulus Evangelium
3 Laotse: Tao Te Ching
4 Dietzfelbinger, Konrad: Lexikon

5 Schütz, Christian: Lexikon der Spiritualität
6 Ken Wilber: Vom Tier zu den Göttern
7 Quint, Josef: Meister Eckhart
8 Tauler, Johannes: Predigten. Bd.1. Lebte um 1300 - 1361
9 Dinzelbacher, Peter: Wörterbuch der Mystik
10 Tersteegen, Gerhard: Ich bete an die Macht der Liebe
11 Steindl-Rast, D. / Aitken, R.: Der spirituelle Weg
12 Jäger, Willigis: Suche nach der Wahrheit
13 Jäger, Willigis: Suche nach der Wahrheit
14 Ken Wilber: Eros, Kosmos, Logos, S. 348
15 Dinzelbacher, P.: Wörterbuch der Mystik. De l`unité transcendante des religions, P. 1948
16 Huang Po: Zu den Quellen des Zen, S. 32
17 Jäger, Willigis: Suche nach dem Sinn des Lebens
18 Ebd., S. 77
19 Vgl. Kap. III
20 Spörl, Uwe: Neomystik, Vgl. Kap. XI, Neomystik
21 Teilauszug eines Gedichtes eines unbekannten Dichter, der sich von Ken Wilber inspirieren ließ
22 Osho: Vigyan Bhairav Tantra
23 Reps, Paul: Ohne Worte- ohne Schweigen
24 Albrecht, Carl: Psychologie des mystischen Bewußtseins
25 Ebd.
26 Ebd.: Das mystische Erkennen
27 Vgl. Kap. V
28 Quint, Josef: Meister Eckhart
29 Boldt, Johannes: Johannes von Kreuz
30 Vgl. XII und XIII

II. DAS ALL-SEIENDE UND SEINE SCHÖPFUNG

31 Bibelzitat
32 Dalai Lama: Das Auge der Weisheit
33 Jäger, Willigis: Suche nach dem Sinn des Lebens
34 dtv - Atlas Philosphie
35 Ken Wilber: Eros, Logos, Kosmos
36 Quint, Josef: Meister Eckhart. Deutsche Predigten und Traktate
37 Tao Te Ching Kap. VI
38 Kabir: Im Garten der Gottesliebe
39 Love, Jeff: Die Quantengötter
40 Nernst, Walter (Physiker; Nobelpreisträger). In: Frankenberger, Ernst: Gottbekenntnisse großer Naturforscher. 15., Johannes Verlag Leutesdorf 1994
41 Planck, Max (Physiker; Begründer der Quantentheorie). In: Frankenberger, Ernst: Gottbekenntnisse großer Naturforscher. 15., Johannes Verlag Leutesdorf 1994
42 Eccles, John C.: Gehirn und Geist
43 Schrödinger, Max. In: Frankenberger, Ernst: Gottbekenntnisse großer Naturforscher. 15., Johannes Verlag Leutesdorf 1994
44 Einstein. In: Fritzsch, Harald: Eine Formel verändert die Welt; Hawking, Stephen W.: Einsteins Traum;
45 Capra, F.: Das Tao der Physik;

Ebd.: Das neue Denken;
Bohm, David / Capra, Fritjof / Ferguson, Marilyn / Pribram, Karl H.: Das holographische Weltbild;
Bohm, David: Das Neue Weltbild

46 Warnke, Ulrich: Gehirnmagie, S. 39

47 Ebd.

48 Don Paris / Köhne, Peter: Die vorletzten Geheimnisse. Radionik Euro Verlag 1969
Das Diagramm und der Text sind inhaltlich diesem Buch entnommen
(Vgl. 96 / 67)

49 Sheldrake, Rupert: Das schöpferische Universum. Die Theorie des morphogenetischen Feldes

50 Warnke, Ulrich: Gehirnmagie

51 Bibelzitat

52 Das Herzsutra. In: Jäger, Willigis: Geh den inneren Weg, S. 77

53 Bibelzitat

54 Laotse: Tao Te Ching

55 Lexikon östlicher Weisheitslehren

56 Vithouklas, Georgos: Die wissenschaftliche Homöopathie. Verlag Burgdorf 1986
Von dem Homöopathen Herbert Fritsche stammt der Satz: „Auch der Mensch muß empor potenziert werden, bis er ein Simillimum Gottes ist....". In: Erlösung durch die Schlange. Klett Verlag;
Das „göttlichste" Simillimum ist Liebe und Licht, wie es von allen Erleuchteten erfahren wird. Auch Wissenschaftler, wie beispielsweise Charon, Popp, Einstein, Lakhowsky (Vgl. Literaturverzeichnis), sagen, daß es Liebe und Licht sind, die das Innerste der kleinsten Materiepartikel ausmachen.. Charon spricht von geisttragenden Elektronen, die im Tiefsten von All-Liebe erfüllt sind (Vgl. Charon: Geist und Materie).
Für medizinisch Interessierte ist das Buch Fred Alan Wolf:
Körper, Geist und neue Physik. Eine Synthese der neuesten Erkenntnisse von Medizin und moderner Naturwissenschaft, zu empfehlen.

57 Mandel, Peter: Esogetik. 2., Energetik - Verlag Sulzbach 1994, S. 64 ff. und Seminarvorträge zum Thema Kirlian-Photographie. Brahma im Hinduismus, ist der schaffende formerzeugende Geist im Universum, also der Schöpfer des Universums. Vishnu ist das durchdringende, erhaltende, hohevolle Prinzip, auch Hüter des Universums genannt und Shiva ist das Prinzip der Untätigkeit und der Zersetzung, auch Zerstörer des Universums genannt. Es sind auch die drei Zustände in der Natur und sie bilden die drei Grundeigenschaften (Gunas): Rajas, Satwa und Tamas.

58 Boorstein, Seymour: Transpersonale Psychotherapie

59 Ebd., S. 9

60 Vgl. Literaturverzeichnis

61 NLP-Handbuch der Spiritualität

62 Connirae: Der Weg zur inneren Quelle

63 Moser, Franz / Narodoslawsky, Michael: Bewußtsein in Raum und Zeit
Metzinger, Thomas: Bewußtsein. Beiträge aus der Gegenwartsphilosophie
Neumann, Erich: Ursprungsgeschichte des Bewußtseins
Ornstein, Robert: Evolution des Bewußtseins
Roth, Gerhard: Das Gehirn und seine Wirklichkeit

64 Norretranders, Tor: Die Wissenschaft des Bewußtseins

65 Peitgen / Jürgens / Saupe: Chaos
Prigogine, Ilya: Die Gesetze des Chaos
Cohen, Jack / Stewart, Ian: Chaos- Antichaos

66 Eccles, John / Popper, John: Das Ich und sein Gehirn

67 Eccles, John: Die Evolution des Gehirns

68 Grof, Stanislav: Kosmos und Psyche

69 Bohm, David: Das holographische Weltbild

70 Bacon, Roger: Vgl. dtv - Atlas Philosophie

71 Buenaventura: Vgl. dtv - Atlas Philosophie

72 Shinjin - Mei. In: Jäger, Willigis: Geh den inneren Weg, S. 143

73 Hazrat Inayat Khan: Die Sprache des Kosmos
Murphy, Joseph: Die Gesetze des Denkens und Glaubens
Meyer, Hermann: Die Gesetze des Schicksals
Ferguson, Kitty: Gottes Freiheit und die Gesetze der Schöpfung
Omraam Mikhael Aivanhov: Die Harmonie
Wright, Robert: Diesseits von Gut und Böse. Die biologischen Grundlagen unserer Ethik

74 Sheldrake, Rupert / Fox, Matthew: Die Seele ist ein Feld

75 Bibelzitat

76 Bibelzitat

77 Vgl. Kap. VIII - IX

78 Ken Wilber: Eros, Kosmos, Logos, S. 63
79 Shri Anandamayi Ma: Glückseligkeit und Erleuchtung, S. 225
80 Angelus Silesius. In: Jäger, Willigis: Geh den inneren Weg, S. 129 / 131;
Vers 37 / 55

III. DIE METHODE DES MYSTISCHEN WEGES UND SEINE STUFEN

81 Bodhidarma: Lehre des Zen
82 Skodoka. In: Jäger, Willigis: Geh den inneren Weg, Vers 31, S. 113
83 Bibelzitat
84 Yamada, Koan: Mumonkan. Koan-Sammlung, Fall 5, Teisho zum Fall, S. 52
85 Osho: Das Buch der Frauen. Chiyono. 2., Wilhelm Heyne Verlag München 1998, S. 606 ff.
86 Holler, Johannes: Das Neue Gehirn
87 Enomija - Lassalle: Der Weg der Versenkung
Lipsett, Peter: Wege zur Transzendenzerfahrung
Dürckheim, Karlfried: Durchbruch zum Wesen
88 Shinjin-Mei: Verse über den Glaubensgeist von Seng-t´san. In: Jäger, Willigis: Geh den inneren Weg
89 Jäger, Willigis: Suche nach dem Sinn des Lebens
90 z.B. Sakraler Tanz, Körpergebet und Derwisch -Tänze der Sufi
91 in der östlichen Tradition Mantra genannt
92 Daio Kokushi: Über Zen. In: Jäger, Willigis: Geh den inneren Weg, S. 97
93 Rilke, Rainer M.: Gesammelte Werke, S. 103
94 Bibelzitat
95 Bibelzitat
96 Bibelzitat
97 Johannes von Kreuz: Die dunkle Nacht. 6. Kap.
98 Vgl. Kap. X, Zen in buddhistischer Mystik
99 Makyo bedeutet im Zen „Teufelswerk"
100 Yamada, Koun: Mumonkan. Koan - Sammlung, S. 85
101 Vgl. Kap. X, Taoismus
102 Yutang, Lin: Laotse
103 Vgl. Kap. X, Sufismus
104 Vgl. Kap. X, Hinduismus
105 Aurobindo, Shri: The Synthesis of Yoga, S. 342
106 Vgl. Kap. X, Jüdische Mystik
107 Vgl. Kap. VIII, Das Chakra - Modell
108 Vgl. Kap. VIII, Modelle der Schaltkreise
109 Vgl. Kap. VIII
110 Vgl. Kap. VIII
111 Ruysbeek, E. van / Messing, M.:Thomasevangelium, 50, S. 118
112 Johannes von Kreuz: Der Weg nach Hause. In: Jäger, Willigis: Geh den inneren Weg, S. 102
113 Sangharakshita: Erleuchtung
114 Bibelzitat
115 Vgl. Kap. X, Shri Aurobindo: Hinduistische Mystik
116 Satprem: Shri Aurobindo, S. 183 / 342
117 Ebd., S. 182
118 Näheres zu den jeweiligen verschiedenen mystischen Richtungen ist in Kap. X nachzulesen.
119 Bibelzitat
120 Ruysbeek, E. van / Messing, M.: Thomasevangelium, 61
121 Angelus Silesius. In: Jäger, Willigis: Geh den inneren Weg, S. 125
122 Yamada, Koun: Mumonkan. Koan - Sammlung, S. 85
123 Kochanek, S. 212
124 Avatamasaka - Sutra: Alles ist reiner Geist
125 Der Lichtkörper. In: Omraam Mikhael Aivanhov: Die neue Erde, S. 222
126 Dietzfelbinger: Mysterienkulte
127 Aurobindo, Shri: Savitri, S. 91
128 Vgl. Kap. IX
129 Stier, Fridolin: Geh verlaß die Heimat. In: Jäger, Willigis: Geh den inneren Weg, S. 43
130 Jürgens, Heinrich: Esoterische Auslegung des Evangelium Johannes. Hermann Bauer Verlag Freiburg im Breisgau 1959
131 Vgl. Kap. X
132 Ruysbeek, E. van / Messing, M.: Thomasevangelium, 22
133 Yamada, Koun: Mumonkan. Koan-Sammlung

134 Schimmel, Annemarie: Al - Halladsch - „O Leute rettet mich"
135 Wolf, Katja: Der kabbalistische Baum
136 Huang Po: Der Geist des Zen
137 Begriffe und Modelle sind im Kapitel XIII ausführlich behandelt
138 Jäger, Willigis: Vom Sinn des Lebens
139 Yamada, Koun: Mumonkan. Koan-Sammlung 46
140 Vetter, Michael: Psychologie des Seins
141 Ruysbeek, E. van / Messing, M.: Thomasevangelium, 77
142 Bucke, R.: Kosmisches Bewußtsein, S. 128
143 Ebd.
144 Ebd., S. 129
145 Vgl. Kap. IV / V: Die Übung der Integration
146 Yamada, Koun: Mumonkan. Koan-Sammlung
147 Aurobindo, Shri: Stufen des Bewußtseins. Satprem S. 185
148 Skodoka, 30. In: Jäger, Willigis: Geh den inneren Weg
149 Brück, Michael von: Dalai Lama. Weisheit der Lehre
150 Jäger, Willigis: Zitat aus seinen Vorträgen
151 Causade: Hingabe an Gottes Vorsehnung. Zürich 1981, S. 146
152 Whiteman Walt. In: Bucke, R.: Kosmisches Bewußtsein, S. 196; Vgl. auch Kap. XI
153 Meister Lin Yiming. In: Die drei Schätze des Dao, S. 25
154 Bibelzitat
155 Gedicht eines mir unbekannten Autors. Inspiriert durch den Text von Ken Wilber: The Eye of Spirit
156 Gotteslob. Katholisches Gebetsbuch der Bischöfe von Deutschland und Österreich. Echter Verlag Würzburg, S. 71
157 Metta-Sutra. In: Jäger, Willigis: Geh den inneren Weg, S. 137
158 Bibelzitat
159 Bibelzitat
160 Zitat von Suzuki Daisetsu

IV. DIE PRAXIS DES MYSTISCHEN WEGES
161 Cassian, Johannes: Spannkraft der Seele
162 Hebr. 1, Ursa 11, 6
163 Vgl. Kap. IX, Realitätenbildung
164 Warnke, Ulrich: Gehirn-Magie
165 Vgl. Kap. XIII, Bewußtseinsmodell der Schaltkreise
166 Krusche, Roland: Die Übung des Schweigens
167 Assagioli, R.: Psychosynthese
168 Ramana Maharshi. In: Zimmer, Heinrich: Der Weg zum Selbst Kap. X, Hinduistische Mystik
169 Thich Nhat Hanh: Das Wunder der Achtsamkeit
170 Vgl. Kap. IX, Naturwissenschaft
171 Angelus Silesius, 30. In: Jäger, Willigis: Geh den inneren Weg
172 Samyutta-Nikaya 47, 1. In: Die großen Weisheiten des Buddha
173 Nyanaponika: Geistestraining durch Achtsamkeit
174 Kornfield, Jack: Einsicht durch Meditation
175 Vgl. Kap. IV, Phänomene des Versenkungsweges,
Kap. V, spirituelle Krisen
176 Maharshi, Ramana: Sei, was du bist!
177 Kabir. In: Jäger, Willigis: Geh den inneren Weg, S. 39
178 1. Korinther 6, 19 und 20
179 Gemeint ist die Vertikalachse des Rückenmarks, umgeben von den sieben „Inselkontinenten" (Chakren- oder Energiezentren)
180 Mundaka Upanischade III 2,8
181 Wosien, Maria - Gabriele: Sakraler Tanz
182 Vgl. Tatzky, B. / Trökes, A. / Pinter-Neise, J.: Theorie und Praxis des Hatha-Yoga. Verlag Via Nova Petersberg 1995;
Carrington, Patricia: Das grosse Buch der Meditation. 2., O. W. Barth Verlag München 1982
183 Jäger, Willigis: Sinn des Lebens
184 Hecker, Hellmuth: -Das hab ich gehört-, S. 543
185 Ebd., S. 431
186 Skodoka. In: Jäger, Willigis: Geh den inneren Weg
187 Vgl. Kap. X, Kontemplation
188 Die schönsten Upanischaden

189 Yamada, Koun: Mumonkan. Koan-Sammlung
190 Prolog des Johannesevangeliums
191 Jäger, Willigis: Die Wolke des Nichtwissens, S. 158 Nr. 27
192 Vgl. Kap. VIII / Kap. IX, Naturwissenschaften
193 Wangyal, Tenzin: Der kurze Weg der Erleuchtung
194 Ebd., S. 114
195 Ebd., S. 115
196 Sheldrake, R. / Fox, M.: Die Seele ist ein Feld
197 Vgl. Kap. VIII, Bewußtseinsmodelle von Hawkins
198 Die vier großen Gelübde des Buddhismus. In: Jäger, Willigis: Geh den inneren Weg, S. 53
199 Cassian, Johannes: Spannkraft der Seele
200 Vgl. Kap. VIII, Modelle des Bewußtseins, Schaltkreise
201 Waddington, C. H.,
Don Paris / Köhne, P.: Die vorletzten Geheimnisse, S. 65
202 Schelp, Hasso: Meister Eckhart
203 Skodoka. In: Jäger, Willigis: Geh den inneren Weg, S. 113
204 Vgl. Literaturverzeichnis
205 Vgl. Literaturverzeichnis
206 Jäger, Willigis: Sinn des Lebens
207 Die großen Weisheiten des Buddha
208 Shaw, Miranda: Erleuchtung durch Ekstase. Frauen im tantrischen Buddhismus, S. 35
209 Campbell, June: Göttinnen, Dakinis und ganz normale Frauen
210 Vgl. Kap. VIII, Modelle des Bewußtseins
211 Dinzelbacher, Peter: Lexikon der Mystik
212 Makyo im Zen bedeutet „Teufelswerk"
213 Ausspruch von Theresa von Avila
214 Ken Wilber: Eros, Kosmos, Logos
215 Grof, Stanislav: Spirituelle Krisen
Grof, Stanislav: Die Welt der Psyche
216 Asagioli, Roberto: Psychosynthese, S. 227
217 Narayanananda, Swami: Das Geheimnis der Geisteskontrolle
218 Sannella, Lee: Kundalini Erfahrungen
219 Skodoka. In: Jäger, Willigis: Geh den inneren Weg
220 Yamada, Koun: Mumonkan. Koan-Sammlung, S. 242
221 Ebd., S. 242
222 Ken Wilber / u.a.: Meister, Gurus, Menschenfänger;
Biser, Eugen: Der inwendige Lehrer;
Huzur Maharaj Sawan Singh: Philosophie der Meister;
Dürckheim, Karlfried: Der Ruf nach dem Meister;
Dreisbach, Uta: Meister und Schüler
223 Ken Wilber: Eros, Kosmos, Logos

V. SPIRITUELLE KRISEN

224 Bibelzitat
225 Vgl. Anmerkung 228
226 entspricht ein Wiedererkennen vergangener Erlebnisse
227 Vgl. Kap. VIII, Schaltkreismodell des Gehirns und dessen Inhalte
228 Vgl. Kap. VIII, Bewußtseinsmodelle von Hawkin
229 DNS ist die genetische Erbsubstanz in den Chromosomen der Zellen
230 Scharfetter, Christian: Der spirituelle Weg und seine Gefahren;
Bragdon, Emma: Spirituelle Krisen;
Grof, Stanislav und Christina: Spirituelle Krisen;
Blöchinger, Erika: Hilfe und Selbsthilfe für Menschen in spiritullen Krisen
231 SEN ist ein Netzwerk spiritueller Krisenbegleitung, Graf-Dürckheim-Weg 5, D- 79682 Todtmoos-Rütte
232 Fachklinik Heiligenfeld in Bad Kissingen, Dr. Joachim Galuska
233 Mookerjee, Ajit: Kundalini;
Sannella, Lee: Kundalini Erfahrung und die neuen Wissenschaften;
Saraswati, Swami: Swara Yoga;
Woodroffe, John Sir: Introduction to Tantra Sastra;
Avalon, Arthur: Die Schlangenkraft
234 Vgl. Kap. VIII, Chakramodelle
235 Ebd.

236 Vgl. Kap. VIII, Neurologisches Modell
237 Nadi sind feinstoffliche Bahnen, in denen Energie im Ätherkörper fließt
238 Saraswati, Swami: Swara Yoga
239 Shivarpita Harrigan, Joan: Vortrag anläßlich des Kundalini-Kongresses des SEN (spirituelles Netzwerk) in Todtmoos 1996. Sie ist Psychologin und leitet in den USA ein Patanjali Kundalini Joga Care Zentrum.
240 Vgl. Kap. VIII, Neurologisches Modell
241 Sannella, Lee: Kundalini Erfahrung und die neuen Wissenschaften
242 Ebd.

VI. ERFAHRUNGSBERICHTE

243 Gardet, Louis: Mystische Erfahrungen in nicht-christlichen Ländern;
Barz, Helmut: Selbsterfahrung;
Roberts, Bernadette: Jenseits von Ego und Selbst;
Dürckheim, Karlfried: Durchbruch zum Wesen;
Jäger, Willigis: Suche nach dem Sinn des Lebens, S. 239 - 260;
Trappe, Tobias: Transzendentale Erfahrung
244 Erfahrungsberichte von Kontemplationsschülern /Innen, die namentlich nicht genannt werden möchten
245 Ebd.
246 Ebd.
247 Ebd.
248 Ebd.
249 Ebd.
250 Ebd.
251 Matth. 17, 2
252 Luk. 9, 29
253 Avatamsaka-Sutra: Alles ist reiner Geist
254 Theresa von Avila, sowie Kap. X, Kontemplation
255 Underhill, E.: Mystik
256 Ebd., S. 463
257 Benedikt von Nursia. In: Nigg, Walter: Benedikt von Nursia
258 Anandamayi Ma, Shri: Glückseligkeit und Erleuchtung, S. 82; Kap. X, Hinduistische Mystik
259 Johannes vom Kreuz. In: Braun, Feliy: Die dunkle Nacht der Seele, sowie Kap. X, Kontemplation
260 Böhme, Jacob. In: Bucke, Richard: Theosophische Sendbriefe
261 Laotse: Tao Te Ching. Kap. 4
262 Ramakrishna: Ein Werkzeug Gottes, S. 106

ZWEITER ABSCHNITT:
Zeitgenössische Deutung des mystischen Weges

1 Schuré, Edourd: Die großen Eingeweihten

VII. PSYCHOLOGISCHE ASPEKTE DES MYSTISCHEN VERSENKUNGSWEGES

2 Meister Eckhart. In: Jäger, Willigis: Geh den inneren Weg
3 Im Osten spricht man von Maya oder Täuschung und sagt, daß der Mensch in Unwissenheit lebt.
4 Fißlinger, Johannes: Auravisionen
5 Scharfetter, Christian: Allgemeine Psychopathologie
6 Im Zen spricht man vom „Durchbrechen der Schranke" oder auch vom „torlosen Tor".
7 Vgl. Anm. 5
8 Nyanatiloka: Buddhistisches Wörterbuch
9 Vgl. Lexikon der östlichen Weisheitslehren
10 Ken Wilber: Eros, Kosmos, Logos, S. 346
11 Da dem Ich ein Du gegenübersteht, dem Subjekt also ein Objekt
12 Thich Nhat Hanh: Mit dem Herzen verstehen
13 Segal. Kollision mit dem Unendlichen, S.114
14 Ken Wilber: Spektrum des Bewußtseins
15 Vgl. Kap. VIII, Modelle des Bewußtseins
16 Wehr, Gerhard: C. G. Jung
17 C. G. Jung: Von den Wurzeln des Bewußtseins. Zürich 1954, S. 4
18 Jacobi, J.: Die Psychologie von C. G. Jung
19 Ebd.
20 Wehr, Gerhard: C. G. Jung, S. 72

21 Ebd., S. 214
22 Ebd., S. 45
23 Ebd., S. 66
24 Ebd., S. 61
25 C. G. Jung: Psychologie und Alchemie, S. 19
26 Ebd.
27 Ebd.
28 Ebd., Allgemeine Literatur zu C. G. Jung bei Walter Verlag
29 Almaas, A. H.: Essenz, S. 85
30 Ebd., S. 54
31 Ebd.: Die Leere
32 Ebd.: Essentielle Befreiung
33 Ebd.: Die Leere, S. 134 ff.
34 Ebd.: Schulung des Willens, S. 187
35 Assagioli, R.: Psychosynthese
36 Ebd.: Psychosynthese, S. 127
37 Ebd., S. 31
38 Im Diagramm ist es die mittlere senkrechte Linie.
39 Das Bewußtseinsfeld des transpersonellen Selbstes entspricht dem kosmischen Bewußtsein.
40 Vgl. Diagramme
41 Assagioli, R.: Psychosynthese, S. 233
42 Ken Wilber: Eros, Kosmos, Logos, S. 323
43 Ebd., S. 64 ff.

VIII. DER MYSTISCHE WEG IM SPIEGEL DER BEWUSSTSEINSMODELLE

44 Vgl. Kap. IX
45 Vgl. Kap. IX
46 Almaas, A. H.: Essenz, S. 74
47 Vgl. Kap. IX, 3
48 Motoyama, Hiroshi Dr.: Chakra-Physiologie
49 Weltzien, Diane von: Das große Praxisbuch der Aura- und Chakren-Arbeit, S. 249
50 Motoyama, Hiroshi: Chakra-Physiologie
51 Vgl. Kap. IX, 3
52 Vgl. Kap. IX, 3
53 Dychtwald, Ken: Körperbewusstsein;
Tansley, David V.: Die Aura des Menschen;
Fißlinger, Johannes: Aura Visionen;
Saraswati, Swami: Swara Yoga;
Mann, John / Short, Lar: Der feinstoffliche Körper
54 Vgl. Kap. IX
55 Bibelzitat
56 Vgl. Chakra im Literaturverzeichnis
57 Vgl. Yoga des Erweckens der Kundalinikraft im Wurzelchakra; Vgl. Yoga Kap. X, Hinduismus
58 Vgl. Kap. IX
59 Sannella, Lee: Kundalini-Erfahrungen
60 Ebd.
61 Vgl. Neurologisches Bewußtseinsmodell
62 Vgl. Modell der Erleuchtung, Kap. IX
63 Vgl. Kap. V, spirituelle Krisen
64 Offenbarung 1, 12. 13. 16 - 20; 2
65 Wolff, Katja: Der kabbalistische Baum
66 Eine Abbildung des Lebensbaumes befindet sich im Kap. X, Jüdische Mystik
67 Fortune, Dion: Die mystische Kabbala
68 Vgl. Die Dreikörperlehre (Trikaya) im Buddhismus
69 Osho: In the search of the miracolous. Published by Rebel Publishing House
70 Vgl. Kap. X, Hinduismus, Yoga
71 Brennan, Barbara Ann: Licht-Arbeit;
Brennan, Barbara Ann: Licht-Heilung
72 Vgl. Kap. X, Buddhismus A, b und c
73 Ebd.
74 Ebd.
75 Kapleau: Drei Pfeiler des Zen;

Lexikon der östlichen Weisheitslehren
76 Red, Pine: Bodhidharmas Lehre des Zen, S. 62
77 Vgl. Lexikon des Buddhismus
78 Vgl. Ken Wilbers Werke
79 C. G. Jung, auch Kap. VII
80 Vgl. Kap. III. D. c.
81 Bezüglich Liebe, Identität und Wirklichkeit
82 Vgl. Kap. V
83 Eccles, John C.: Die Evolution des Gehirns;
Eccles, John C.: Gehirn und Geist
84 Holler, Johannes: Das Neue Gehirn
85 Grof, Stanislav: Topographie des Unbewussten
86 Narayanananda, Swami: Das Geheimnis der Geisteskontrolle
87 Vgl. Neurologisches Modell der Gehirnschaltkreise und Netzwerke, sowie Kap. IX
88 Vgl. Anmerkung 89
89 Leary, Timothey: Totenbuch
90 Wilson, Robert Anton: Der neue Prometheus
91 Holler, Johannes: Das Neue Gehirn
92 DNS bedeutet Desoxiribonukleinsäure, die die genetische Information in den Chromosomen enthält
93 Ribonukleinsäure; Nach neuesten Erkenntnissen von Marco Bischof spielen hierbei Biophotonen eine maßgebliche Rolle.
94 In: Bischof, Marco: Biophotonen. Das Licht in unseren Zellen;
Popp, Fritz-Albert: Neue Horizonte in der Medizin. 2., Haug Verlag Heidelberg 1987
95 Sheldrake, Rupert: Die Seele ist ein Feld
96 Holler, Johannes: Das Neue Gehirn
97 Wehr, Gerhard: Gehirnmagie
98 Yogananda, P.: Die Heilige Wissenschaft. 6., O. W. Barth Verlag München 1981
99 Hawkins, David R.: Die Ebenen des Bewußtseins
100 Ludwig Dr. In: Heim, Burkhard: Der kosmische Erlebnisraum des Menschen
101 Heim, Burkhard: Die erweiterte einheitliche Quantenfeldtheorie. Resch Verlag Innsbruck
102 Ebd., S. 26
103 Vgl. Kap. X, Hinduistische Mystik, Yoga
104 Aurobindo, Shri. In: Das Abenteuer des Bewußtseins
105 Angelus Silesius. In: Jäger, Willigis: Geh den inneren Weg

IX. DER MYSTISCHE WEG UND ERKENNTNISSE AUS DER NATURWISSENSCHAFT

106 Vgl. Kap. VIII, Chakra-Modell
107 Vgl. Kap. II. 1. D.
108 Vgl. Kap. V, spirituelle Krisen
109 Vgl. Literaturverzeichnis
110 Flanagan, Owen. In: Metzinger, Thomas: Bewußtsein, S. 455;
Flanagan, Owen: Consciouness Reconsidered. Cambridge, MA: MIT Press;
Roger Penrose befürwortet- nachdem der Ruf nach einer neuen Wissenschaft des Bewußtseins laut geworden ist- die Gründung einer eigenen Wissenschaft des Bewußtseins. Jedoch besteht nach Aussagen von Thomas Metzinger „derzeit noch kein einheitlicher theoretischer Hintergrund von dem wirklich so etwas wie eine Wissenschaft des Bewußtseins entstehen könnte". Aus Metzinger: Bewußtsein, S. 17 ff.
111 Namhafte Vertreter dieser Ansicht sind: Bergson / James / Schiller;
James, William: Die Vielfalt religiöser Erfahrung;
Fernerhin zur Problematik Geist-Gehirn: Vgl. Roth, Gerhard: Die Natur ist unser Modell von ihr
112 Motoyama, Hiroshi / Brown, Rande: Chakraphysiologie;
Weinmann, H.-M.: Zugang zum Verständnis höherer Hirnfunktionen durch das EEG. W. Zuckschwerdt Verlag 1987
113 Genaue Beschreibung der Methode mit Ergebnissen siehe Kap. VIII. 5. B.: Das Modell von Hawkins
114 Freier, Norbert: Physiologie der kontemplativen Versenkung;
Holler, Johannes: Das zweite Gehirn;
Eccles, John C.: Die Evolution des Gehirns;
Murphy, Michael: Der Quantenmensch;
Condrau, Gion: Die Psychologie des 20. Jahrhunderts;
Rohen, J. W.: Funktionelle Anatomie des Nervensystems
115 z.B. Autogenes Training, Meditation, Yoga
116 Holler, Johannes: Das zweite Gehirn;

Freier, Norbert: Physiologie der kontemplativen Versenkung
117 Arbeiten von Llinas und Crick. In: Metzinger, Thomas: Bewußtsein, S. 481 ff.;
Vgl. Das Gehirn und die Drüsen
118 Ken Wilber: Eros, Kosmos, Logos, S. 8 mit Diagramm
119 Murphy, Michael: Der Quantenmensch
120 Da Avabhasa / Da Free John. In: Vgl. Anmerkung 117, Anhang Nr. 4. 40
121 1574 –1637
122 Fludd Robert, in: Mystik. Hg. v. Bruno Borchert, Herder Freiburg 1997, S.357.
Cleary Thomas: Die drei Schätze des Dao, S.178-179.
123 Kapitel IX.3
124 Roth, Gerhard: Das Gehirn und seine Wirklichkeit;
Holler, Johannes: Das Neue Gehirn
125 Aus den Werken von Eccles, speziell: Die Evolution des Gehirns;
Holler, Johannes: Das Neue Gehirn, S. 316 / 317;
Lurija, Alexander R.: Das Gehirn in Aktion;
Pöppel, Ernst: Gehirn und Bewußtsein;
Roth, Gerhard: Das Gehirn und seine Wirklichkeit;
Popper, Karl R. / Eccles, John C.: Das Ich und sein Gehirn
126 Vgl. Kap. VIII. 5. c.;
Wilson, Robert Anton: Der neue Prometheus
127 Holos bedeutet im Griechischen: das Ganze / die Einheit.
128 Bohm, David: Das holographische Weltbild;
Talbot, Michael: Das Holographische Universum
129 Pribram, Karl. In: Talbot, Michael: Das Holographische Universum, S. 34 ff.
130 Ebd. und Ken Wilber: Das holographische Weltbild, S. 12 / 18
131 Keight Floy. In: Holler, Johannes: Das Neue Gehirn
132 Vgl. Kap. d, Das Gehirn und die Drüsen
133 Mandel, Peter: Esogetik, S. 51 ff. (Steuerorgane)
134 Tansley, David: Radionik-Energetische Diagnose;
Ebd.: Der feinstoffliche Mensch
135 Vgl. Anmerkung 129;
Rohen, J. W. Funktionelle Anatomie des Nervensystems
136 Vgl. EEG-Messung in diesem Kapitel (D. d.)
137 Zusammenfassende Betrachtung aus den Hypothesen von Llinas, Arbeiten von Eccles und Erkenntnisse über die EEG-Tätigkeit des Gehirns (vgl. Kap. D. d), sowie Schaltkreismodell von Robert Wilson;
Vester, Frederic: Neuland des Denkens. Kap. die Dynamik der Regelkreise, S. 50 ff. dtv-Sachbuch München 1983
138 Vgl. Kap. IV
139 Vgl. vorangegangene Aussagen zum Thalamus und Literatur zum Thema Steuerungsorgane im Gehirn, speziell Thalamus
140Yamada, Koun: Mumonkan. Koan-Sammlung
141 Blofeld, John: Die Macht des Heiligen Lautes, S. 126;
Garfield, Laeh Maggie: Der Heilende Klang. Das wunderbare Netz von Stimme, Ton und Gesang. Goldmann Verlag München 1989
142 Ebd., S. 127
143 Höting, Hans: Die sechs Heiligen Laute, S. 67
144 Heinz, Ulrich: Cluster-Medizin, Spagyrik
145 Bibelzitat
146 Verborgene Worte Jesu. Verlag Herder Freiburg im Breisgau
147 Kabir: Im Garten der Gottesliebe
148 Murphy, Michael: Der Quantenmensch
149 Vgl. Kap. X. 5. C. c., Zen
150 Holler, Johannes: Das Neue Gehirn
Springer, Sally P. / Deutsch, Georg: Linkes Rechtes Gehirn
151 Holler, Johannes: Das Neue Gehirn
152 Vgl. Kap. X, Jüdische Mystik, Modell des Lebensbaumes
153 Formen der Anbetung. In: Schimmel, Annemarie: Mystische Dimensionen des Islam, S. 215 ff.
154 Genauere Hinweise zu den verschiedenen Methoden befinden sich in folgenden Büchern:
Ornstein, Robert: Multimind;
Das Wörterbuch des NLP. Junfermann Verlag Paderborn 1997;
Kline, Peter: Das alltägliche Genie. 2., Junfermann Verlag Paderborn 1997;
Gerken: Metaprogrammierung des Bewußtseins. In: Holler, Johannes: Das Neue Gehirn, S. 35 ff.

155 Lilly, John C.: Simulation Gottes;
Ebd.: Das tiefe Selbst. Sphinx Verlag 1988
156 Vgl. Anmerkung 90
157 Holler, Johannes: Das Neue Genie, S. 441 f.;
Literaturquellen zum nachfolgenden Text:
Ritchie, David: Gehirn und Computer- Die Evolution einer neuen Intelligenz. Klett-Cotta 1984;
Wilson, Colin: Frankensteins Schloß: Die Evolution des Geistes. Synchron 1989;
Young, Arthur: Der kreative Kosmos. Kösel Verlag 1987
158 Prigorine, I.: Die Gesetze des Chaos;
Küppers, Günter: Chaos und Ordnung
159 Prigorine, I.: Die Gesetze des Chaos
160 Johannes vom Kreuz: Die dunkle Nacht
161 Prigorine, I.: Die Gesetze des Chaos
162 Gerlach, Gerd: Die Geburt der neuen Kultur. Econ Verlag 1988
163 Holler, Johannes: Das Neue Genie, S. 432 ff.
164 Zitat von Capra
165 Wehr, Gerhard: Gehirnmagie
166 Ebd.
167 Ruß, Hans Günther: Der neue Mystizismus
168 Watzlawick, Paul: Wie wirklich ist die Wirklichkeit
169 Die nächsten Zitate stammen aus Ulrich Warnke: Gehirnmagie
170 Bibelzitat
171 Nydal, Ole: Die vier Grundübungen. S. 49 Kap. X, Tibetischer Buddhismus
172 Vgl. Kap. 3. B.
173 Vgl. Kap. VIII, Neurologisches Modell
174 Yamada, Koun: Mumonkan. Koan-Sammlung
175 Hathaway, Claude Macy: Schöpfer des Elektronengehirns. In: Frankenberger, Ernst: Gottbekenntnisse grosser Naturforscher
176 Auf der Grundlage von Kap. VIII und IX
177 Prana bedeutet Energie des Atems
178 Vgl. Kap. VIII
179 Vgl.Grundlagen vorhergehender Kapitel
180 Ebd.
181 Ojas sind spirituelle Kräfte, die meist durch Sublimation andere Energieformen, beispielsweise Energie der Sexualität, Energie von Gefühlen, entstanden und im Gehirn gespeichert sind.
182 Vgl. Grundlagen vorhergehender Kapitel
183 Krishnamacharya, Ekkirala: Mystische Mantren von Meister C. V. V.
184 Vgl. Kap. VIII. 1
185 Vgl. Kap. V. 4
186 Angelus Silesius. In: Jäger, Willigis: Geh den inneren Weg, S. 125
187 Vgl. Kap. IX. B. d.
188 Vgl. Anmerkung 179. Hierauf beziehen sich auch die weiteren Erörterungen.
189 Bingen, Hildegard von: Wisse die Wege
190 Vgl. Kap. VIII, Modelle des Bewußtseins, Chakra-Modell
191 Ausspruch im Zen, der das normale Leben jedes Menschen bedeutet
192 Vgl. Kap. III. D. c.

DRITTER ABSCHNITT:
Einheit mystischer Wege und Erfahrungen

X. MYSTISCHE WEGE MIT KONFESSIONELLER ORIENTIERUNG

1 Vgl. folgendes Kap. c.
2 Dietzfelbinger: Mysterienschule, S. 173
3 Ebd.: Der spirituelle Weg des Christentums
4 Miller, Bonifaz: Apophthegmata Patrum
5 Rosenberger, Alfons: Die Meditation des Herzensgebetes
6 Jungclaussen, E.: Aufrichtige Erzählungen eines russischen Pilgers
7 Jungclaussen, E.: Das Jesusgebet
8 Jäger, Willigis: Gebet des Schweigens;
Ebd.: Kontemplatives Beten;
Ebd.: Kontemplation. Gottesbegegnung heute;
Johnstone, William: Der Weg des Schweigens;

Lorenz, Erika: Praxis der Kontemplation;
Ebd.: Wort im Schweigen;
Massa, Willi: Kontemplative Meditation;
Sudbrack, Josef: Meditative Erfahrung
Lexikon der Spiritualität
9 Wolke des Nichtwissens (Autor unbekannt)
10 Ausspruch von Johannes vom Kreuz
11 Grün, Anselm: Über das Gebet. Kap. 66
12 Vgl. 1. C. g.
13 Cassian, Johannes: Texte zum Nachdenken
14 Pelikan, J.: Jesus Christus;
Riemann, G.: Die Botschaft Jesu;
Leong, Kenneth S.: Jesus- der Zenlehrer;
Borg, Marcus J.: Jesus. Der neue Mensch;
Bibelzitate teilweise entnommen aus: Buchwald, Albert: Alle Jesus-Worte von A bis Z;
15 Luk. 17, 20
16 Matth. 18, 1
17 Matth. 5, 3
18 Matth. 6, 33
19 Joh. 18, 36
20 Ruysbek, E. van / Messing, M.: Das Thomasevangelium, S. 118
21 Schick, Eduard: Die Apokalypse. Patmos Verlag Düsseldorf 1971
22 Matth. 7, 14
23 Luk. 9, 24
24 Joh. 14, 6
25 Joh. 14,4
26 Mk. 8, 34
27 Matth. 6, 22
28 Joh. 12, 19
29 Apostelgeschichte 1, 8
30 Matth. 5, 1-10;
Vgl. auch Emmet, Fox: Die Bergpredigt
31 Prolog des Johannes-Evangeliums
32 Bibra, V. O. S.: Der Name Jesu;
Jürgens, Heinrich: Esoterische Auslegung des Evangelium Johannes, S. 52 / 73 f.
33 Vgl. Kap. IX, Mantren und Heilige Worte
34 Jäger, Willigis: Kontemplatives Beten, S. 45
35 Alle folgenden Zitate von Hadewijch von Antwerpen sind dem Büchlein von Odette Bäumer-Despeigne 1988 entnommen. Alle Rechte liegen bei Haus St. Benedikt, Würzburg.
36 Bäumer-Despeigne, Odette. In: Ruusbroec: Die zwölf Beginen, S. 8
37 Ebd., S. 10
38 Ebd., S. 14
39 Ebd., S. 30
40 Ebd., S. 18 „Seid gut und mitfühlend gegenüber jeder Not, aber kümmert euch um niemanden"
41 Ebd., S. 31, Brief 12
42 Ebd., S. 20
43 Ebd.
44 Ebd., S. 23
45 Ebd., S. 20
46 Ebd.; S. 17
47 Ebd., S. 22
48 Ebd., S. 23
49 Ebd., S. 20
50 Ebd.
51 Ebd., S. 21
52 Ebd.
53 Ebd. Mgd. 19, S. 25
54 Ebd., Ged. 26
55 Ebd., Ged. 27
56 Ebd.
57 Mgd. 18, S. 29
58 Mgd. 23, S. 30

59 Mgd. 19
60 Mgd. 26, S. 32
61 Mgd. 18, S. 28
62 Mgd. 17, S. 31
63 Mgd. 27, S. 31
64 Mgd. 20, S. 32
65 Egner-Walter, Ute: Das innere Gebet der Madame Guyon. Vier-Türme-Verlag Münsterschwarzach 1989;
66 Jäger, Willigis: Suche nach dem Sinn des Lebens, S. 105 ff.
67 Zitat von Theresa von Avila
68 Nigg, Walter: Theresa von Avila;
Vogelgsang, Fritz: Teresa von Avila: Die innere Burg. Henry Goverts Verlag Stuttgart 1979
Sagardoy O. C. D, Antonio Pater: Gott hat mich überwältigt. Die Autobiographie der Heiligen Theresa von Avila. Verlag Herder Freiburg im Breisgau 1981;
Dinzelbacher, Peter: Wörterbuch der Mystik
Lorenz, E.: Theresa von Avila. Licht und Schatten. Schaffhausen 1988
69 Nigg, Walter: Theresa von Avila
Theresa de Jesus. In: Behn, Irene: Spanische Mystik, S. 264 ff.
70 Boldt, Johannes: Johannes vom Kreuz. Gotteserfahrung heute
Behn, Irene: Spanische Mystik, S. 463 ff. Joan de la Cruz- sein Leben
71 Ebd.
72 Johannes vom Kreuz: Geistliches Lied. Prolog 1
73 Ebd.: Prolog 2
74 Avisos Odichos (Anweisung und Ratschläge)
75 Johannes vom Kreuz: Cantico espiritual
76 Ebd.: Empor den Karmelberg
77 Ebd.: Die dunkle Nacht. 6. Kap.
78 Ebd.: Cantionis 39
79 Ebd.: Der geistliche Gesang. Prolog 2
80 Jäger, Willigis: Geh den inneren Weg, S. 102
81 Die Wolke des Nichtwissens (unbekannter christlicher Mystiker), Übertragen von Riehle, Wolfgang. Johannes Verlag Einsiedeln 1991;
Massa, Willi: Der Weg des Schweigens
82 Alle Zitate und Anweisungen in diesem Kapitel sind den beiden vorhergehenden Werken entnommen.
83 Quint, Josef: Meister Eckhart. Deutsche Predigten und Traktate. Die genannten Zitate stammen aus diesem Buch.
84 aus Kap. 6
85 Ebd.
86 Ebd.
87 Ebd.
88 Ebd.
89 Ebd.
90 Ebd.
91 aus Kap. 5
92 Ebd.
93 Ebd.
94 Ebd.
95 Meister Eckhart: Wo Gott keinen Namen hat
96 Ebd.
97 Ebd.
98 Ebd.
99 aus Kap. 4
100 Schelp, Hasso: Meister Eckhart. Wo Gott keinen Namen hat, S. 25
101 Meister Eckhart: Die Seele ist geschaffen an einem Ort. Textbuch zur Kontemplation aus dem Hause St. Benedikt, Würzburg, S. 20
102 Schmid, Georg: Die Mystik der Weltreligionen, S. 47
103 Vgl. Anmerkung 100, S. 23
104 Predigten und Traktate. Kap. 6
105 Ebd.
106 Schirmer, Eva: Mystik und Minne;
Eliass, Claudia: Die Frau ist die Quelle der Weisheit;
107 Dinzelbacher, Peter: Frauenmystik, S. 22 f.
108 Ebd.; mulieres religiosae bedeutet übersetzt „Heilige Frauen"

109 Vgl. Kap. X. C. b.
110 Benz, Ernst: Die Vision
111 Vgl. Anmerkung 107, S. 174
112 Ebd., S. 177
113 Ebd., S. 70
114 Mechthild von Magdeburg. In: Ich tanze, wenn du mich führst. Verlag Herder Freiburg im Breisgau 1977.
115 Körner, Reinhard: Mystik konkret. Impulse aus dem Karmel für das geistige Leben heute
116 Rumi. In: Kontemplationsheft des Hauses St. Benedikt, Würzburg S.6O
117 Rumi: Das Lied der Liebe. Heine Verlag 1992
118 Dinzelbacher, Peter: Wörterbuch der Mystik, S.258
119 Schimmel, Annemarie: Mystische Dimensionen des Islam, S. 154
Bücher zum Thema: Islam Lexikon;
Der Koran. Heine Verlag 1992
120 Mandel, Gabriele: Gott hat 99 Namen, S. 16
121 Topper, Uwe: Sufis und Heilige;
Dinzelbacher, Peter: Wörterbuch der Mystik;
Schimmel, Annemarie: Mystische Dimensionen des Islam
122 Schimmel, Annemarie: Al-Halladsch- „O Leute, rettet mich vor Gott"
123 Wosien, Maria-Gabriele: Die Sufis und das Gebet in Bewegung
124 Ebd., S. 63
125 Ebd.
126 Ebd.
127 Ebd.
128 Ebd., S. 68
129 Mandel, Gabriele: Gott hat 99 Namen
130 Islam Lexikon
131 Toppers, Uwe: Sufis und Heilige
132 Die grundlegende Literatur wurde aus dem Werk, Schimmel, Annemarie: Mystische Dimensionen des Islam, S.148 ff., entnommen.
133 Ebd., S. 148
134 Vaughan-Lee, Llewellyn: Der Liebesbund, S. 17
135 Schimmel, Annemarie, S. 137
136 Rumi: Das Lied der Liebe, S. 120
137 Toshihiko Izutsu. In: Schimmel, Annemarie: Mystische Dimensionen des Islam, S. 208
138 Ebd., S. 210
139 Vaughan-Lee, Llewellyn: Der Liebesbund., S. 108
140 Schimmel, Annemarie: Mystische Dimensionen des Islam, S. 363
141 Ebd., S. 370
142 Wosien, Gabriele: Die Sufis und das Gebet in Bewegung, S. 21
143 Schimmel, Annemarie: Mystische Dimensionen des Islam, S. 191
144 Ebd., S. 192
145 Resch, Andreas: Mystik, S. 83
146 Schimmel, Annemarie: Mystische Dimensionen des Islam, S. 113
147 Ebd., S. 345
148 Schimmel, Annemarie: Meine Seele ist eine Frau, S. 50
149 Ebd.
150 Ebd.
151 Osho: Das Buch der Frauen. Heyne Verlag München 1997
152 Wosien, Gabriele: Die Sufis und das Gebet in Bewegung, S. 39
153 Schimmel, Annemarie: Meine Seele ist eine Frau
154 Gardet, Louis: Mystische Erfahrung in nicht-christlichen Ländern, S. 129
155Eisele, Petra: Worte weiser Frauen, S. 11
156 Osho: Das Buch der Frauen. Heyne Verlag München 1997, S. 586
157 Ebd.
158 Kabir: Im Garten der Gottesliebe. Hermes Verlag 1993
159 Scholem, Gershom: Die jüdische Mystik
160 Scholem, Gershom: Von der mystischen Gestalt der Gottheit
161 Scholem, Gershom: Die jüdische Mystik
162 Wehr, Gerhard: Europäische Mystik
163 Scholem, Gershom: Die jüdische Mystik, S. 110
164 Buber, Martin: Die Erzählungen des Chassidim

165 Ebd.
166 Buber, Martin: Hundert chassidische Geschichten
167 Scholem, Gershom: Die jüdische Mystik, S. 226
168 Günther, Michael: Der Sohar
169 Mayer, Reinhold: Der Talmud
170 Maier, Johann: Geschichte der jüdischen Religion
171 Ebd.; Jüdische Mystik. In: Dinzelbacher, Peter: Wörterbuch der Mystik
172 Böhme. In: Tesch, H.: Vom dreifachen Leben. Ein geistiges Portrait des Mystikers Georg Böhme. 1971
173 Scholem, Gershom: Die jüdische Mystik;
Maier, Johann: Geschichte der jüdischen Religion
174 Günther, Michael: Der Sohar
175 Folgende Ausführungen zum Thema Lebensbaum folgender Literatur entnommen:
Fortune, Dion: Die mystische Kabbala;
Günther, Michael: Der Sohar;
Wolff, Katja: Der kabbalistische Baum;
Love, Jeff: Quantengötter
176 Scholem, Gerscholm: Von der mystischen Gestalt der Gottheit
177 Scholem, Gershom: Die jüdische Mystik
178 1455 -1522
179 1463 -1494
180 1636-1689
181 geb. 124O
182 vgl. Kap. X.3.B.b
183 Scholem, Gershom: Die jüdische Mystik
184 Ebd.
185 Ebd., S. 142
186 Ebd.
187 Ebd., S. 144
188 Ebd., S. 150
189 Günther, Michael: Der Sohar
190 Scholem, Gershom: Die jüdische Mystik, S. 156
191 Ebd., S. 228
192 Scholem, Gershom: Von der mystischen Gestalt der Gottheit, S. 131
193 Buber, Martin: Die Erzählungen der Chassidim. Manesse Verlag Zürich 1949 und laufende Zitate im folgenden Kapitel
194 Scholem, Gershom: Die jüdische Mystik, S. 40
195 Glasenapp, Helmuth von: Die fünf Weltreligionen;
Eliade, Mircea: Geschichte der religiösen Ideen;
Smith, Huston: Eine Wahrheit- viele Wege. Die großen Religionen der Welt;
Hardon, John A.: Gott in den Religionen der Welt
196 Bäumer, Bettina: Patanjali. Die Wurzeln des Yoga
197 Vgl. Lexikon der östlichen Weisheitslehren
198 Govinda, A. Lama: Grundlagen tibetischer Mystik
199 Rishi bezeichnet man im Hinduismus einen Seher
200 Die schönsten Upanischaden, der Hauch des Ewigen. Folgende Upanischaden sind diesem Werk entnommen
201 Govinda, A. Lama: Grundlagen tibetischer Mystik, S. 10
202 Brück, Michael von: Bhagavad Gita
203 Ebd.
204 Ebd., S. 57
205 Ebd., S. 28
206 Ebd., S.98
207 Aurobindo, Shri: Bhagavad Gita. Herder Verlag, S. 150
208 Vgl. Kap.VIII, 1.A
209 Vgl. Kap. XI. 3. d. (1), Tantrisch indische Tradition; Kap. X. 5. C. a.
210 Japa ist die fortwährende Wiederholung Heiliger Namen
211 Patnajali lebte 200 v Chr.
212 Feuerabendt, Dickmung: Das Yoga-Sutra
Eliade, Mircea: Yoga. Unsterblichkeit und Freiheit
213 Vive Kananda: Raja-Yoga mit den Aphorismen des Patanjali, S. 246 ff.
214 Vgl. Anmerkung 212
215 Ebd.

216 Die folgenden Zahlen der Zitate beziehen sich auf das Buch von Anmerkung 212.
217 II, 46
218 II, 45
219 I, 1
220 I, 13
221 I, 18
222 I, 28
223 I, 29
224 I, 34
225 III, 41
226 I, 47
227 I, 48
228 IV, 30
229 S. 279
230 I, 51
231 III, 12
232 lebte von 1872-1950
233 Vgl. Lexikon der östlichen Weisheit
234 Satprem: Aurobindo, Shri: Das Abenteuer des Bewußtseins
235 Die folgenden dargelegten Transformationsphasen sind den Büchern von Aurobindo, Shri: Stufen der Vollendung, Der integrale Yoga und Das göttliche Leben entnommen.
236 Ebd.
237 Aurobindo, Shri: Der integrale Yoga, S. 113
238 Ebd.
239 Ebd., S. 100
240 Ebd.
241 Ebd., S. 116
242 Ebd., S. 107
243 Ebd., S. 104
244 Ebd., S. 105
245 Ebd., S. 129
246 Aurobindo, Shri: Das Ideal einer geeinten Menschheit
247 Ramana Maharshi lebte von 1879–1950
248 Zitat von Ramana Maharshi
249 Zimmer, Heinrich: Der Weg zum Selbst. Leben und Lehre des Shri Ramana Maharshi
250 Ramana Maharshi: Sei was du bist!
251 Alle folgenden Zitate sind, teilweise gekürzt, aus dem Buch: Sei was du bist!
252 Zimmer, Heinrich: Der Weg zum Selbst, S. 117
253 Vgl. Anmerkung 250, S. 78
254 Ebd., S. 166 f.
255 lebte von 1863-1886
256 Ramakrishna, Shri: Ein Werkzeug Gottes sein, S. 51
257 Ebd.
258 Ebd., S. 111
259 Ebd., S. 135
260 bedeutet auf deutsch: es ist nicht das und auch nicht das
261 Ebd., S. 137
262 Ebd., S. 140
263 Ebd., S. 71
264 Ebd., S. 171
265 Zimmer, Heinrich: Kunstform und Yoga im indischen Kultbild, S. 43
266 Ebd., S. 45
267 eine spirituelle Richtung, die die Chakti verehrt (weibliche Kraft), die auch als Göttin verehrt wird. Im Gegensatz zu Shiva, der die männliche Kraft und Gottheit darstellt.
268 liebendes Hinwenden zu Gott
269 Zimmer, Heinrich: Kunstform und Yoga im indischen Kultbild, S. 233
270 Shaw, Miranda: Erleuchtung durch Ekstase. Frauen im tantrischen Buddhismus, S. 48
271 Ebd., S. 135
272 Eliade, Mircea: Yoga, Unsterblichkeit und Freiheit, S. 273
273 Ramakrishna, Shri: Ein Werkzeug Gottes sein
274 lebte 1896-1982
275 Lexikon der östlichen Weisheitslehren

Religionen der Welt, S. 278
276 Alle Zitate in diesem Kapitel sind den Werken entnommen:
Anandamayi Ma, Shri: Worte der glückseligen Mutter. Heiligkreuzsteinach 1980;
Darshan, Matri: Ein Photo-Album über Shri Anandamayi Ma (ohne Seitennummerierung)
277 Samyutta-Nikaya: Die großen Weisheiten des Buddha, S. 10
278 Führer durch die Weltreligionen, Myrtle Langley, Brockhaus Verlag, S. 33
279 563-483 v. Chr.
280 Begriffsklärung vgl. unten
281 Samyutta-Nikaya: Die großen Weisheiten des Buddha, S. 48
282 Vgl. Kap. VIII 4. C.
283 Evans-Wentz: Das tibetanische Totenbuch, S. 88
284 Lexikon der östlichen Weisheiten
285 Vgl. Kap. II. 1. C. b. / VIII 4. C.
286 Nyanatiloka: Die Lehrreden des Buddha;
Dahlke, Paul: Buddha. Auswahl aus dem Palikanon
287 Dhammapada: Die Grundlagen der buddhistischen Lehre. Th. Knaur Verlag München 1998
288 Vgl. Bodhisattva
289 Govinda, Anagarika Lama: Schöpferische Meditation und Multidimensionales Bewußtsein, S. 74
290 Nyanatiloka: Die Lehrreden des Buddha
291 Samyutta-Nikaya: Die großen Weisheiten des Buddha
292 Unter falscher Lebensführung versteht man Unaufrichtigkeit, Verrat, Verdächtigung, Aushorchen, Wucher, Handel mit Waffen, mit lebenden Tieren, mit Fleisch, mit berauschenden Substanzen und mit Gift.
293 Samyutta-Nikaya: Die großen Weisheiten des Buddha
294 Nyanatiloka: Buddhistisches Wörterbuch
295 Samyutta-Nikaya: Die großen Weisheiten des Buddha, S. 47
296 Lonaphala Vagga: Anguttara-Nikaya. In: Evans-Wentz: Das tibetanische Totenbuch, S. 116
297 Ebd.
298 Samyutta-Nikaya: Die großen Weisheiten des Buddha
299 Vgl. oben
300 Govinda, Anagarika Lama: Schöpferische Meditation und Multidimensionales Bewußtsein, S. 163 f.
301 Lexikon der östlichen Weisheitslehren
302 Buddhistisches Wörterbuch
303 Kornfield, Jack / Goldstein Joseph: Einsicht durch Meditation
304 Hart, William: Die Kunst des Lebens
305 Samyutta-Nikaya: Die großen Weisheiten des Buddha
306 Ebd.
307 Ebd.
308 Ebd.
309 Lexikon der östlichen Weisheitslehren
310 Kornfield, Jack / Goldstein Joseph: Einsicht durch Meditation
311 Vgl. Kap. IV. E.
312 Vgl. Kap. IX
313 Zimmer, Heinrich: Kunstform und Yoga im indischen Kultbild
314 Szenen der sexuellen Vereinigung
315 Blofeld, John: Der Weg zur Macht, S. 193
316 Nydahl, Ole Lama: Das große Siegel, S. 21
317 Lexikon der östlichen Weisheitslehren und andere Schriften
318 Buddhistisches Wörterbuch
319 Lexikon der östlichen Weisheitslehren
320 Samyutta-Nikaya: Die großen Weisheiten des Buddha
321 Lexikon der östlichen Weisheitslehren
322 Avatamasaka-Sutra: Alles ist reiner Geist
323 Dalai Lama: Das Auge der Weisheit, S. 128
324 Bodhisattvas: Buddha des Erbarmens und der Weisheit
325 Ebd.
326 Lexikon der östlichen Weisheitslehren
327 Tsogyal, Yeshe: Der Lotosgeborene im Land des Schnees. Wie Padmasambhava den Buddhismus nach Tibet brachte. Fischer Verlag Frankfurt a. M. 1996
328 Wangyal, Tenzin: Der kurze Weg zur Erleuchtung
329 Lexikon der östlichen Weisheitslehren
330 Tsogyal, Yeshe: Der Lotosgeborene im Land des Schnees. Wie Padmasambhava den Buddhismus nach

Tibet brachte. Fischer Verlag Frankfurt a. M. 1996
331 Wangyal, Tenzin: Der kurze Weg zur Erleuchtung
332 Vgl. Kap. IV, 5
333 Wangyal, Tenzin: Der kurze Weg zur Erleuchtung, S. 101
334 Govinda, Anagarika Lama: Grundlagen tibetischer Mystik
335 Dalai Lama: Den Geist erwecken, das Herz erleuchten. Zentrale tibetisch-buddhistische Lehren. Th. Knaur Verlag München 1996 und andere Werke von Dalai Lama
336 Lhündub Söpa, Geshe / Hopkins, Jeffrey: Der tibetische Buddhismus. Diederichs gelbe Reihe 1981; Blofeld, John: Der Weg zur Macht. Praktische Einführung in Mystik und Meditation des Tantrischen Buddhismus
337 Vgl. Kap. IX. 2. B. e / Kap. III. B.
338 Vgl. Kap. 4. B. d.
339 Guenther, Herbert von: Tantra als Lebensanschauung;
Barathi, A.: Die Tantra-Tradition. Aurum Verlag Freiburg 1977;
Glasenapp, Helmuth von: Pfad zur Erleuchtung
340 Govinda, Anagarika Lama: Schöpferische Meditation und Multidimensionales Bewußtsein
341 Glasenapp, Helmuth von: Pfad zur Erleuchtung, S. 14
342 Vgl. Kap. VII, 4. C., sowie Trikayalehre
343 Henes, Michael: Kalachakra
344 lebte 988-1069
345 ein Eingeweihter, der hohe Fähigkeiten besitzt
346 Rajneesh, Sree: Tantra. Die höchste Einsicht. Sannyas Verlag
347 Nydahl, Ole Lama: Das große Siegel
348 Ebd.: Die vier Grundübungen
349 Daio Kokushi: Über Zen. In: Jäger, Willigis: Geh den inneren Weg
350 528 n. Chr. / Bodhidharmas Lehre des Zen
351 638 - 713
352 Enomiya-Lasalle, Hugo M.: Der Versenkungsweg. Zen Meditation und christliche Mystik
353 Daisetz T. Suzuki: Zazen
Kapleau, Philip: Die drei Pfeiler des Zen
354 Daisetz T. Suzuki: Koan
355 Yamada, Koan: Mumonkan. Koan-Sammlung
356 Vgl. Kap. IX, Holographisches Weltbild
357 Cleary, Thomas: Transmission of Light
358 Shunryu Suzuki: Zen-Geist - Anfänger-Geist
359 Po Huang: Der Geist des Zen
360 Yamada, Koun: Mumonkan. Die torlose Schranke
361 aus der Koan-Schulung
362 Yamada, Koun: Mumonkan. Die torlose Schranke, S. 24
363 Ebd., S. 24
364 Ebd.
365 Ebd., S. 57
366 Der Ochs und sein Hirte. In: Jäger, Willigis: Geh den inneren Weg
367 Shaw, Miranda: Erleuchtung durch Ekstase, S. 31
368 Vgl. Bodhisattva zu Beginn des Kapitels Buddhismus
369 Bahudhatuka-Suttra 3. S. 65
370 Ebd., S. 31
371 Vgl. Literatur
372 Shaw, Miranda: Erleuchtung durch Ekstase, S. 147
373 Ebd., S. 186
Raijaneesh, Shree: Das Buch der Frauen, S. 605;
alle Zitate in diesem Kapitel sind diesen beiden Büchern entnommen
374 Das Manuskript ist im Buchladen St. Benedikt, Würzburg erhältlich.
375 Shobogenzo Kap. 61
376 Laotse: Tao Te Ching. Kap. 37
377 Lexikon der östlichen Weisheitslehren
378 156-87 v. Chr.
379 Wilhelm, Richard / C. G. Jung: Geheimnis der Goldenen Blüte
Cleary, Thomas: Die Drei Schätze des Dao
380 Smullyan, Raymond: Das Tao der Stille
381 Laotse: Tao Te Ching. Kap. 1
382 Ebd., Kap. 14

383 Cooper, J. C.: Der Weg des Tao, S. 15
384 Ebd.
385 Ebd., S. 101
386 Ebd., S. 98
387 Ebd., S. 71
388 Ebd., S. 73
389 Middendorf: Der erfahrbare Atem
390 Chuang Tzu. In: Cooper, J. C.: Der Weg des Tao
391 Ausspruch von Chuang Tzu
392 Zitat aus Chang Chung-yuan: Tao, Zen und schöpferische Kraft, S. 44
393 Vgl. Kap. VI
394 Alle folgenden Zitate sind aus Chang Chung-yuan: Tao, Zen und schöpferische Kraft. Diederichs Verlag Köln 1987
395 Laotse: Tao Te Ching
396 Ausführliche Beschreibung zum Nei-tan befinden sich in dem Buch: Das Geheimnis der Goldenen Blüte und von Chang Chung-yuan: Tao, Zen und schöpferische Kraft
397 Cleary, Thomas: Taoistische Praxis, S. 93
398 Ebd., S. 35
399 Vgl. Anmerkung 393
400 Vgl. Kap. VIII 1.

XI. MYSTISCHE WEGE UND ERFAHRUNGEN IM TRANSKONFESSIONELLEN RAHMEN

401 Herausgeberkollektiv: Hermes Trismegistos. Erkenntnis aus der Natur und des darin sich offenbarenden großen Gottes. Edis GmbH Sauerlach bei München 1997
402 Ebd., Kap. 14. 15. 16
403 Ebd., Kap. 14. S. 21 f.
404 Vgl. Kap. 14. S. 28 ff.
405Vgl. Kap. 14. S. 32 ff.
406 Vgl. Kap. 14. S. 49 f.
407 Vgl. Kap. 14
408 Vgl. Kap. 9. 2
409 Vgl. Kap. 9. 3
410 Vgl. Kap. 9. 5
411 Vgl. Kap. 10. 1. 2.
412 Vgl. Kap. 13. 1. 2. 3.
413 6. Jh. v. Chr. Vgl. Enzyklopädisches Lexikon der Philosophie
414 Dietzfelbinger, Konrad: Mysterienschulen, S. 103
415 Wedemeyer, Inge von: Die Goldenen Verse des Pythagoras
416 Ebd., S. 21
417 Vers 52
418 Vers 54
419 Vers 63-65
420 Vers 69-71
421 lebte 428-348 v. Chr. Vgl. Lexikon der Philosophie
422 Zitat zum Höhlengleichnis aus:
Kytzler, Bernhard: Platons Mythen, S. 185;
Nestle, Wilhelm: Platon. Hauptwerke, S. 211
423 Zitate und Inhalt des Kapitels:
Ken Wilber: Eros, Kosmos, Logos
424 lebte 1837-1899
425 Vgl. weiter unten
426 Bucke, R.: Kosmisches Bewußtsein
427 Ebd., S. 10
428 James, William: Die Vielfalt religiöser Erfahrungen, S. 383
429 Bucke, R.: Kosmisches Bewußtsein, S. 11
430 Ebd., S. 22
431 lebte 1819-1892
432 Bucke, R.: Kosmisches Bewußtsein, S. 190
433 Walt Whitman. In: Bucke, R.: Kosmisches Bewußtsein, S. 389
434 Walt Whitman. In: Bucke, R.: Gesang von mir selbst
435 Ebd.: Kosmisches Bewußtsein, S. 192

436 Ebd., S. 193
437 Ebd., S. 118
438 Ebd., S. 198
439 Ebd., S. 118
440 lebte 1844-1929
441 Lexikon der Philosophie
442 Bucke, R.: Kosmisches Bewußtsein, S. 198
443 Ebd., S. 193
444 Ebd.
445 Ebd.
446 18.-19. Jh., Philosoph
447 Emerson: Aus der Natur. Diogenes Verlag 1849
448 Ken Wilber: Eros, Kosmos, Logos, S. 348
449 Ebd., S. 350 / 679
450 Ebd., S. 10 f.
451 Vgl. Anm. 448
452 Ken Wilber: Eros, Kosmos, Logos., S. 352
453 Ebd., S. 392
454 Ebd., S. 682
455 Albrecht, Carl: Das mystische Wort
456 Ebd., S. 238
457 Satprem: Shri Aurobindo oder das Abenteuer des Bewußtseins
458 Ebd.
459 Ebd.
460 Ebd.
461 Ebd.
462 Zitat von Ricarda Huch
463 Spörl, Uwe: Gottlose Mystik in der deutschen Literatur der Jahrhundertwende
464 Ebd.
465 Alle folgenden Zitate und Inhalte sind dem Buch Spörl, Uwe: Gottlose Mystik in der deutschen Literatur der Jahrhundertwende, entnommen.
466 Rilke, Rainer Maria: Gesammelte Gedichte, S. 102
467 Ebd., S. 95
468 Ebd.
469 Ferrucci, Piero: Unermeßlicher Reichtum. Rowohlt Verlag 1989, S. 158
470 Ebd., S. 159
471 Jäger, Willigis / Grimm, Beatrice: Der Himmel ist in dir
472 Laotse: Tao Te Ching
473 Cooper, J. C.: Der Weg des Tao, S. 31
474 Fiedeler, Frank: Yin und Yang. Das kosmische Grundmuster in den Kulturformen Chinas
475 Vgl. Kap. IX, Taoismus
476 Vgl. Kap. II. 2. C.
Grün, Anselm: Eros und Mystik
477 Zitat von C. G. Jung. In: Wehr, Gerhard: Heilige Hochzeit, S. 7
478 Zitat von C. G. Jung. In: Wehr, Gerhard: Heilige Hochzeit
479 Osho: Vom Sex zum kosmischen Bewußtsein
480 Haich, Elisabeth: Sexuelle Kraft und Yoga
481 Nitschke, Günter: The Silent Orgasm
482 Sohar. Das Heilige Buch der Kabbala
483 Ebd. S. 144 f.
Scholem, Gershom: Die jüdische Mystik, S. 256
484 Mookerjee, Ajit: Kundalini;
Juwel im Lotus;
Sunyata Swaraswati / Avinestra, Bodhi: Tantrischer Krija Yoga;
Haich, Elisabeth: Sexuelle Kraft und Yoga
485 Meier-Seethaler, Carola: Göttliche Löwin, männliche Macht. Schlangengöttin, S. 94
486 Guenther, Herbert v.: Tantra als Lebensanschauung
487 Mann, A. T. / Lyle, Jane: Mystische Sexualität. Edition Astroterra;
Mantak Chia: Das Tao-Yoga System
488 Mantak, Chia Tao: Yoga der Liebe, Ansata-Verlag 2000, S. 291.
489 Ibn` Arabi, ein mystischer andalusischer Dichter (1165-1240). In: Khémir, Nacer: Notizen der Weisheit Islam

490 Rabi`a Al-Adawiya, eine moslemische Mystikerin aus Basra (8. Jh.). In: Khémir, Nacer: Notizen der Weisheit Islam
491 Wilhelm Reich: L` irruption de la morale sexuelle. Paris Payot 1972, S. 27
492 Ebd.
493 Trimondi, Viktor und Victoria: Der Schatten des Dalai Lama, S. 31
494 Evans-Wentz: Das tibetanische Totenbuch
495 Rinpoche, Sogyal: Das tibetische Buch vom Leben und vom Sterben
496 Vetter, Michael: Seinserfahrungen- das Buch von der Liebe zum Leben
497 Vetter, Michael: Musik

VIERTER ABSCHNITT:
Mystik und Menschheit

XII. DIE BEDEUTUNG DER MYSTIK FÜR DIE EVOLUTION DER MENSCHHEIT

1 Gebser, Jean: Verfall und Teilhabe, S. 55 ff.
Gebser, Jean: Ursprung und Gegenwart, S. 80 ff
2 beispielsweise das Leben Jesus Christus als Mythos, die Jungfrauen-Geburt, die Überfahrt zum anderen Ufer, die Höllenfahrt, der Mythos von der Meeres als Bewußtwerdungs-Prozess der eigenen Seele
3 Lexikon der Philosophie
4 Gebser, Jean: Ursprung und Gegenwart, S. 167
5 Satprem: Shri Aurobindo. Das Abenteuer des Bewußtseins, S. 178
6 Aurobindo, Shri: Das göttliche Leben II, S. 26
7 Ken Wilber: Eros, Kosmos, Logos, S. 682
8 Bucke, R.: Kosmisches Bewußtsein
9 Ebd., S. 10
10 William, James: Die Vielfalt religiöser Erfahrungen, S. 421
11 Bucke, R.: Kosmisches Bewußtsein, S. 11

XIII. DIE BEDEUTUNG DER MYSTIK IN DER GESELLSCHAFT

12 Sheldrake, Rupert: Die Seele ist ein Feld
13 Bibelzitat
14 Schwarz, Ernst: Bi-Yän-Lu. Kösel Verlag 1999, S. 442
15 Ebd.
16 Ebd.
17 Zitat aus dem Prospekt St. Virgil Bildungshaus Salzburg, zum interreligiösen Symposium: Spiritualität und Ökologie
18 Ebd.
19 Auszug aus einer Schrift des „Forum Spiritualität im Management", Haus St. Benedikt, Würzburg
20 Schweiz
21 Glassman, Bernard / Fields, Rick: Anweisungen für den Koch. Hoffmann und Campe 1997
22 Enomiya Lassalle, Hugo M.: Der Versenkungsweg
23 Brantschen, Niklaus: Du selbst bist die Welt. Benzinger Verlag 1997, S. 133
24 Niklaus Brantschen: Der Weg ist in Dir. Zürich 1996
25 Gyger, Pia: Die Erde ruft. Ein Prozeß spiritueller und politischer Bewußtseinsbildung bei jungen Menschen. Stuttgart 1996
26 Küng, Hans: Projekt Weltethos;
Küng, Hans / Kuschel, Josef: Erklärung zum Weltethos. Die Deklaration des Parlaments der Weltreligionen München 1993
27 Küng, Hans: Projekt Weltethos
28 Worte der Antrittsrede von Dag Hammarskjöld vor der UNO-Vollversammlung am 10. April 1953
29 lebte 1905-1961, Generalsekretär der Vereinten Nationen
30 Hammerskjöld, Dag: Visionen einer Menschheitsethik. Urachhaus 1999, S. 89
31 Ebd., S. 167
32 Hammerskjöld, Dag: Zeichen am Weg. München 1965
33 Sölle, Dorothee: Mystik und Widerstand, S. 282
34 Hammerskjöld, Dag: Visionen einer Menschheitsethik. Urachhaus 1999, S. 63
35 Ebd.
36 Ebd., S. 39
37 Ebd., S. 94
38 Sölle, Dorothee: Mystik und Widerstand; aus diesem Buch sind folgende wesentliche Gedanken

entnommen.
39 Ebd., S. 18
40 Ebd., S. 19
41 Ebd., S. 20
Hammerskjöld, Dag: Zusammenfassung aus der Einführung des Buches Mystik und Widerstand von Dorothee Söller, S. 17
42 Jäger, Willigis: Vom Sinn des Lebens
43 Religionen der Welt. Orbis Verlag München 1996;
Religionen der Welt. 4., Heyne Verlag München 1995;
Trutwin, Werner: Wege zum Licht. Die Weltreligionen. Patmos Verlag Düsseldorf 1996;
Stierlin, Henry: Islam. Taschen Verlag Köln 1996
44 Ebd.: Suche nach der Wahrheit
45 A New Vision of Christianity, Bruder John Martin 1998. Saccidananda Ashram Kulithalai 1998.
46 Griffith, Bede: Leben im christlichen Ashram
47 Vgl. Kap. I, Mystik und Religion
48 Bibelzitat
49 Jäger, Willigis: Suche nach der Wahrheit

XIV. DIE BEDEUTUNG DER MYSTIK FÜR DEN FRIEDEN AUF ERDEN

50 Zitat aus der Offenbarung des Johannes, letztes Buch des Neuen Testamentes

Literatur

LEXIKA

Alle Jesusworte von A - Z. Albert Buchwald. Kreuz Verlag 1996.
Buddhistisches Wörterbuch. 5., Verlag Beyerlein & Steinschulte 1999.
Das Wörterbuch des NLP. Walter Ötsch / Thies Stahl. Junfermann Verlag Paderborn 1997.
dtv - Atlas Philosophie. 7., Deutscher Taschenbuch Verlag München 1998.
Eliade, Mircea: Geschichte der religiösen Ideen . 4 Bände. Verlag Herder Freiburg im Breisgau 1979.
Handbuch der spirituellen Wege. Wilhelm Heine Verlag München 1995.
Hirschberger, Johannes: Geschichte der Philosophie, Band I und II, Zwei tausendeins Frankfurt 198O.
Islam - Lexikon. Geschichte - Ideen - Gestalten. Verlag Herder Freiburg im Breisgau 1991.
Kleines spirituelles Wörterbuch. Rosemarie Roloff. Sathya Sai Vereinigung e.V. Bonn 1990.
Lexikon der Ethik. Ottfried Höffe. Verlag C. H. Beck München 1977.
Lexikon der östlichen Weisheitslehren. 3., Otto Wilhelm Barth Verlag München 1995.
Philosophie - Lexikon. Anton Hügli / Poul Lübcke. 2., Rowohlt Verlag Reinbek bei Hamburg 1998.
Physik für Mediziner und Pharmazeuten. Volker Harms. 11., Harms Verlag Kiel 1989.
Praktisches Lexikon der Spiritualität. Verlag Herder Freiburg im Breisgau 1992.
Störig, Hans Joachim: Kleine Weltgeschichte der Philosophie. Fischer Verlag Frankfurt a. M. 1998.
Wörterbuch des Christentums. Orbis Verlag 1995.
Wörterbuch der Mystik. Peter Dinzelbacher. 2., Alfred Kröner Verlag Stuttgart 1998.

ALLGEMEINE LITERATUR

Aitken, Robert / Steindl-Rast, David: Der spirituelle Weg. Zen-Buddhismus und Christentum im täglichen Leben. Th. Knaur München 1996.
Aitken, Robert: Ethik des Zen. 2., Eugen Diederichs Verlag München 1995.
Albrecht, Carl: Das mystische Erkennen. Gnoseologie und philosophische Relevanz der mystischen Relation. Carl Schünemann Verlag Bremen 1958.
Albrecht, Carl: Das mystische Wort. Erleben und Sprechen in Versunkenheit. Matthias-Grünewald-Verlag Mainz 1974.
Albrecht, Carl: Psychologie des mystischen Bewußtseins. Carl Schünemann Verlag Bremen 1951.
Alethopilus: Hermes Trismegistos. Erkenntnis der Natur und des darin sich offenbarenden großen Gottes. EDIS GmbH Sauerlach bei München 1997.
Almaas, A. H.: Das Elixier der Erleuchtung. Arbor Verlag Freiamt 1983.
Almaas, A. H.: Die Leere. Transform Verlag Oldenburg 1992.
Almaas, A. H.: Essentielle Befreiung. Arbor Verlag Freiamt 1999.
Almaas, A. H.: Essentielle Verwirklichung. Arbor Verlag Freiamt 1987.
Almaas, A. H.: Essenz. Der diamantene Weg zur inneren Verwirklichung. Transform Verlag Oldenburg 1994.
Anandamayi Ma, Shri: Worte der glückseligen Mutter. Heiligenkreuzsteinach 1980.
Anandamayi Ma, Shri: Glückseligkeit und Erleuchtung.
Assagioli, Roberto: Die Schulung des Willens. Methoden der Psychotherapie und der Selbsttherapie. Junfermann-Verlag Paderborn 1984.
Assagioli, Roberto: Psychosynthese. 2., Verlag Astrologisch-Psychologisches Institut Adliswil / Zürich 1988.
Aurobindo, Sri: Das Göttliche Leben. Hinder + Deelmann Verlag Gladenbach 1974.
Aurobindo, Sri: Das Ideal einer geeinten Menschheit. 2., Hinder + Deelmann Verlag Gladenbach 1982.
Aurobindo, Sri: Der integrale Yoga. Rowohlt Verlag Hamburg 1957.
Aurobindo, Sri: Die Mutter. Über sich selbst. 2., Hinder + Deelmann Verlag Gladenbach 1995.
Aurobindo, Sri: Die Offenbarung des Supramentalen. Sri Aurobindo Ashram 1987.
Aurobindo, Sri: Savitri. Legende und Sinnbild. 2., Hinder + Deelmann Verlag Gladenbach 1992.
Aurobindo, Sri: Stufen der Vollendung. Die Entfaltung neuer Bewußtseinskräfte. O. W. Barth Verlag München 1962.
Avalon, Arthur: Die Schlangenkraft. Die Entfaltung schöpferischer Kräfte im Menschen. 4., O. W. Barth Verlag München 1988.
Avatamsaka-Sutra: Alles ist reiner Geist. Die Stufen der Erkenntnis und der erhabene Zustand der Buddhaschaft. O. W. Barth Verlag München 1997.
Bailey, A.: Das Bewußtsein des Atoms. Verlag Lucis Genf 1990.
Barz, Helmut: Selbst-Erfahrung. Tiefenpsychologie und christlicher Glaube. 3., Kreuz Verlag Stuttgart 1973.
Bateson, Gregory: Ökologie des Geistes. Anthropologische, psychologische, biologische und epistemologische Perspektiven. 5., Suhrkamp Frankfurt a. M. 1994.
Bäumer-Despeigne, Hadewijch v. Antwerpen, Copr.: Bannhalde 25, CH- 8500 Frauenfeld. Alle Rechte liegen bei Haus St. Benedikt, Würzburg.

Bäumer, Bettina: Patanjali. Die Wurzeln des Yoga. 8., O. W. Barth Verlag München 1995.
Behn, Irene: Spanische Mystik. Patmos-Verlag Düsseldorf 1957.
Benedikt von Nursia: Der Vater des abendländischen Mönchtums. Herder Verlag Freiburg im Breisgau 1979.
Benz, Ernst: Die Vision. Erfahrungsformen und Bilderwelt. Ernst Klett Verlag Stuttgart 1969.
Bharati, Agehananda: Die Tantra-Tradition. Aurum Verlag Freiburg im Breisgau 1977.
Bingen, Hildegard von: Wisse die Wege.
Bischof, Marco: Biophotonen. Das Licht in unseren Zellen. 3., Zweitausendeins Frankfurt a. M. 1995.
Biser, Eugen: Der inwendige Lehrer. Der Weg zu Selbstfindung und Heilung. Piper Verlag München 1994.
Björkman, Rut: Erleuchtete und Heilige. Licht einer anderen Dimension. Aurum Verlag Freiburg im Breisgau 1977.
Blitz, Gérard: Der Yogaweg des Patanjali. Ein Leitfaden für Übende und Lehrende. Verlag Via Nova Petersberg.
Blöchlinger, Erica: Hilfe und Selbsthilfe für Menschen in spirituellen Krisen. Bern.
Blofeld, John: Der Weg zur Macht. Praktische Einführung in Mystik und Meditation des Tantrischen Buddhismus. Ullstein Verlag Berlin 1981.
Blofeld, John: Die Macht des heiligen Lautes. Die geheime Tradition des Mantra. Goldmann Verlag München 1986.
Bodhidharmas Lehre des Zen. Theseus Verlag München 1987.
Bohm, David / Peat, F. David: Das neue Weltbild. Naturwissenschaft, Ordnung und Kreativität. Goldmann Verlag München 1990.
Böhme, Wolfgang / Sudbrack, Josef: Der Christ von morgen- ein Mystiker? Echter Verlag Würzburg 1989.
Boorstein, Seymour: Transpersonale Psychotherapie. Scherz Verlag München 1988.
Borchert, Bruno: Mystik. Verlag Herder Freiburg im Breisgau 1997.
Borg, Marcus J.: Jesus. Der neue Mensch. Verlag Herder Freiburg im Breisgau 1993.
Boulad, Henri: Der mystische Leib. Kosmischer Zugang zur Eucharistie. 3., Edition Tau 1995.
Boulad, Henri: Mystische Erfahrungen und soziales Engagement. Otto Müller Verlag Wien 1997.
Bragdon, Emma: Spirituelle Krisen. Wendepunkt im Leben. Verlag Hermann Bauer Freiburg im Breisgau 1991.
Braitenberg, Valentin / Hosp, Inga: Evolution. Entwicklung und Organisation in der Natur. Rowohlt Verlag Reinbek bei Hamburg 1994.
Brantschen, Niklaus: Du selbst bist die Welt. Spiritualität und sozial-politisches Engagement. 2., Benziger Verlag Düsseldorf 1997.
Brantschen, Niklaus: Der Weg ist in Dir. Zürich 1996.
Brennan, Barbara Ann: Licht-Arbeit. Das große Handbuch der Heilung mit körpereigenen Energiefeldern. Goldmann Verlag München 1990.
Bresch, Carsten: Zwischenstufe Leben. Evolution ohne Ziel? Piper Verlag München 1977.
Brück, Michael von: Bhagavad Gita. Kösel Verlag München 1993.
Brück, Michael von : Dalai Lama. Weisheit der Lehre. Wilhelm Heyne Verlag München 1992.
Buber, Martin: Hundert chassidische Geschichten. Manesse Verlag Zürich.
Buber, Martin: Die Erzählungen der Chassidim. Manesse Verlag Zürich 1949.
Bucke, R.: Kosmisches Bewußtsein. Zur Evolution des Geistes. Insel Verlag Frankfurt a. M. 1993.
Bürgel, J. Chr.: Allmacht und Mächtigkeit. Religion und Welt im Islam. Verlag C. H. Beck München 1991.
Campbell, June: Göttinnen, Dakins und ganz normale Frauen. Theseus Verlag Berlin 1997.
Capra, Fritjof: Lebensnetz. Ein neues Verständnis der lebendigen Welt. Scherz Verlag Bern 1996.
Cassian, Johannes: Aufstieg der Seele. Einweisung in das christliche Leben II. Verlag Herder Freiburg im Breisgau 1982.
Chang Chung-yuan: Tao, Zen und schöpferische Kraft. Diederichs Verlag Köln 1987.
Chang, Stephen T.: Das Tao der Sexualität. Von der tieferen Weisheit des Liebens. Goldmann Verlag München 1992.
Charon, Jean E.: Der Geist der Materie. Paul Zsolnay Verlag Hamburg 1979.
Chia, Mantak: Tao Yoga der Liebe. Der geheime Weg zur unvergänglichen Liebeskraft. 9., Econ Ullstein List Verlag München 2000.
Chinmaya, Swami Yoga: In search of the miraculous. Rebel Publishing House.
Cleary, Thomas: Taoistische Praxis.
Cleary, Thomas: Die Drei Schätze des Dao. Fischer Verlag Frankfurt a. M. 1996.
Cleary, Thomas: Transmission of Light. Zen in the Art of Enlightenment by Zen Master Keizan. 1990.
Cleary, Thomas: Zen-Geschichten. Begegnung zwischen Schülern und Meistern. Eugen Diederichs Verlag München 1997.
Cohen, Andrew: Erleuchtung ist ein Geheimnis. Ch. Falk Verlag Seeon 1994.
Cohen, Jack / Stuart, Ian: Chaos- Antichaos. Ein Ausblick auf die Wissenschaft des 21. Jahrhunderts. Byblos Verlag Berlin 1997.

Colegrave, Sukie: Yin und Yang. Die Kräfte des Weiblichen und Männlichen. Fischer Verlag Frankfurt a. M. 1991.
Condrau, Gion: Die Psychologie des 20. Jahrhunderts. Bd. XV. Kindler Verlag Zürich 1979.
Connirae: Der Weg zur inneren Quelle. Paderborn 1995.
Cooper, J. C.: Der Weg des Tao. Eine Einführung in die alte Lebenskunst und Weisheitslehre der Chinesen. 2., O. W. Barth Verlag München 1981.
Cramer, Friedrich: Chaos und Ordnung. Die komplexe Struktur des Lebendigen. Stuttgart 1986.
Cruze, Jean de la: Das Leben des Mystikers Johannes vom Kreuz.
Dahlke, Paul: Buddha. Auswahl aus dem Palikanon. 2., Fourier Verlag Wiesbaden 1994.
Daido Loori, John: Hat ein Hund Buddha-Natur? Die Koan-Praxis im Zen. Fischer Verlag Frankfurt a. M. 1996.
Daiker, Angelika: Kontemplativ in der Welt. Die kleinen Schwestern Jesu. Herder Verlag 1992.
Daisetz T. Suzuki: Koan. Der Sprung ins Grenzenlose. 2., O. W. Barth Verlag München 1994.
Daisetz T. Suzuki: Zazen. O. W. Barth Verlag München 1994.
Daisetz T. Suzuki: Die grosse Befreiung. Einführung in den Zen-Buddhismus. 14., O. W. Barth Verlag München 1990.
Dalai Lama: Das Auge der Weisheit. Grundzüge der buddhistischen Lehre für den westlichen Leser. 2., O. W. Barth Verlag München 1978.
Dalai Lama: Das Herz der Religionen ist eins. Hoffmann und Campe Verlag 1998.
Dalai Lama: Den Geist erwecken, das Herz erleuchten. Zentrale tibetisch-buddhistische Lehren. Th. Knaur Verlag München 1996.
Darschanam, Kaivalya: Die Heilige Wissenschaft. 7., Otto Wilhelm Barth Verlag München 1984.
Darshan, Matri: Ein Photo-Album über Shri Anandamayi Ma. MAngalam Verlag Lauterbach 1997.
Davidson, John: Am Anfang ist der Geist. Die Geburt von Materie und Leben aus dem schöpferischen Geist. Scherz Verlag München 1994.
Davidson, John: Das Geheimnis des Vakuums. Schöpfungstanz, Bewußtsein und Freie Energie. Omega Verlag Düsseldorf 1996.
Demmer, Klaus: Zumutung aus dem Ewigen. Gedanken zum priesterlichen Zölibat. Verlag Herder Freiburg im Breisgau 1991.
Dhammapada, Buddha: Die Grundlagen der buddhistischen Lehre. Th. Knaur Verlag München 1998.
Devananda, Vishnu: Meditation und Mantras. Eine Darstellung der großen Yoga Systeme in Theorie und Praxis. Kailash Buch München 1986.
Dietzfelbinger, Konrad: Apokryphe Evangelien aus Nag Hammadi. 3., Dingfelder Verlag Andechs 1991.
Dietzfelbinger, Konrad: Der spirituelle Weg des Christentums. Das Markusevangelium als Modell. Eugen Diederichs Verlag München 1998.
Dietzfelbinger, Konrad: Erleuchtung. Texte aus Nag Hammadi. Dingfelder Verlag Andechs 1994.
Dietzfelbinger, Konrad: Mysterienschulen. Vom alten Ägypten über das Urchristentum bis zu den Rosenkreuzern der Neuzeit. 2., Eugen Diederichs Verlag München 1998.
Dietzfelbinger, Konrad: Schöpfungsberichte aus Nag Hammadi. 2., Dingfelder Verlag Andechs 1996.
Dilts, Robert B.: Einstein. Geniale Denkstrukturen und Neurolinguistisches Programmieren. Jungfermann Verlag Paderborn 1992.
Dinzelbacher, Peter: Wörterbuch der Mystik. 2., Alfred Kröner Verlag Stuttgart 1998.
Dinzelbacher, Peter: Mittelalterliche Frauenmystik. Ferdinand Schöningh Paderborn 1993.
Dispeker, Frank: Die schönsten Upanischaden. Der Hauch des Ewigen. Hermann Bauer Verlag Freiburg im Breisgau 1994.
Don Paris / Peter Köhne: Die vorletzten Geheimnisse. Radionik- Wo Wissenschaft und Weisheitslehre zusammenfließen. Euro-Verlag Nieby 1996.
Draayer, Hetty: Zu neuen Räumen des Bewußtseins. Durch meditative Übungen zur Ganzheit. Kösel Verlag München 1989.
Drehsen, Volker / Hermann, Häring / Karl-Josef, Kuschel / Helge, Siemers. Wörterbuch des Christentums. Orbis Verlag 1995.
Dreisbach, Uta: Meister und Schüler. Wo das Herz des Zen kocht. Würzburg 1999.
Drucker, Peter: Umbruch im Management. Düsseldorf 1996.
Dürckheim, Karlfried: Durchbruch zum Wesen. 4., Verlag Hans Huber Bern 1954.
Dürckheim, Karlfried: Der Ruf nach dem Meister. O. W. Barth Verlag München 1986.
Dürckheim, Karlfried: Übung des Leibes. Verlag Martin Lurz München 1978.
Eccles, John C. / Zeier, Hans: Gehirn und Geist. Biologische Erkenntnisse über Vorgeschichte, Wesen und Zukunft des Menschen. Fischer Verlag Frankfurt a. M. 1987.
Eccles, John C.: Die Evolution des Gehirns- die Erschaffung des Selbst. 3., Piper Verlag München 1994.
Einheitsübersetzung der Heiligen Schrift. Das Neue Testament. 8., Katholische Bibelanstalt Stuttgart 1991.
Einstein, Albert / Infeld, Leopold: Die Evolution der Physik. Rowohlt Verlag Reinbek bei Hamburg 1995.
Einstein: Religion und Wissenschaft. In: Seeling, Carl: Mein Weltbild. Zürich 1953.

Eisele, Petra: Worte weiser Frauen. Erkenntnisse, Visionen und spririituelle Erfahrungen aus Ost und West. O. W. Barth Verlag München.
Eliade, Mircea: Geschichte der religiösen Ideen. Bd. 3 / 1. Verlag Herder Freiburg im Breisgau 1993.
Eliade, Mircea: Yoga. Unsterblichkeit und Freiheit. Suhrkamp Verlag Frankfurt a. M. 1985.
Eliass, Claudia: Die Frau ist die Quelle der Weisheit. Weibliches Selbstverständnis in der Frauenmystik des 12. und 13. Jahrhunderts. Centaurus Verlagsgesellschaft Pfaffenweiler 1995.
Emerson, Ralph Waldo: Repräsentanten der Menschheit. Plato, Swedenborg, Montaigne, Shakespeare, Napoleon, Goethe. Diogenes Verlag Zürich 1989.
Enomiya-Lassalle, Hugo M.: Der Versenkungsweg. Zen-Meditation und christliche Mystik. Verlag Herder Freiburg im Breisgau 1992.
Enomiya-Lassalle, Hugo M.: Erleuchtung ist erst der Anfang. Verlag Herder Freiburg im Breisgau 1991.
Enomiya-Lassalle, Hugo M.: Zen-Weg zur Erleuchtung. 3., Verlag Herder Freiburg im Breisgau 1992.
Enomiya-Lassalle, Hugo M.: Am Morgen einer besseren Welt. Der Mensch im Durchbruch zu einem neuen Bewußtsein. Herderbücherei, Benzinger Verlag Zürich Köln 1988.
Epstein, Mark: Gedanken ohne Denker. Das Wechselspiel von Buddhismus und Psychotherapie. Fischer Verlag Frankfurt a. M. 1998.
Evans-Wentz, W. Y.: Das tibetanische Totenbuch. Ein Weisheitsbuch der Menschheit. 5., Walter Verlag Olten 1981.
Ferguson, Kitty: Gottes Freiheit und die Gesetze der Schöpfung. 2., ECON Verlag Wien 1996.
Ferruci, Piero: Unermeßlicher Reichtum. Rowohlt Verlag 1989.
Feuerabendt, Sigmund: Das Yoga-Sutra. Die 196 Merksprüche des Ur-Yoga. Goldmann Verlag München 1989.
Feuerstein, Georg: Gott und die Erotik. Spirituelle Dimensionen der Sexualität. Th. Knaur Verlag München 1983.
Fiedeler, Frank: Yin und Yang. Das kosmische Grundmuster in den Kulturformen Chinas. 2., DuMont Verlag Köln 1995.
Fischer, Theo: Wu wei. Die Lebenskunst des Tao. Rowohlt Verlag Reinbek bei Hamburg 1996.
Fißlinger, Johannes: Aura Visionen. Einführung und Praxis der Aura-Fotografie. Gruber Verlag Germering.
Fontana, David: Kursbuch Mediation. Die verschiedenen Meditationstechniken und ihre Anwendungen. Fischer Verlag Frankfurt a. M. 1996.
Fortune, Dion: Die mystische Kabbala. 4., Hermann Bauer Verlag Freiburg im Breisgau 1995.
Fox, Emmet: Die Bergpredigt. Eine allgemeine Einführung in das wissenschaftliche Christentum. 7., Verlag Helmut Theodor Frick Pforzheim 1988.
Frambach, Ludwig: Identität und Befreiung in Gestalttherapie Zen und christlicher Spiritualität. Verlag Via Nova Petersberg 1993.
Frankenberger, Ernst: Gottbekenntnisse großer Naturforscher. 15., Johannes Verlag Leutesdorf 1994.
Frankl, Viktor E.: Der Mensch vor der Frage nach dem Sinn. Piper Verlag München 1993.
Freier, Norbert: Physiologie der kontemplativen Versenkung. Zen, Yoga, gegenstandsfreie Meditation. Copr. Geltin-Stenderup.
Fries, Gerhard / Gruber, Roland / Leistikow, Jürgen: Der erleuchtete Bio-Computer. Junfermann Verlag Paderborn 1994.
Fritzsch, Harald: Eine Formel verändert die Welt. Newton, Einstein und die Relativitätstheorie. 2., Piper Verlag München 1988.
Fromm, Erich / Suzuki, D. T. / de Martino, R.: Zen, Buddhismus und Psychoanalyse. Suhrkamp Verlag Frankfurt a. M. 1972.
Fromm, Erich: Die Kunst des Liebens. Verlag Ullstein Frankfurt a. M. 1956.
Gardet, Louis: Mystische Erfahrungen in nicht-christlichen Ländern. Alsatia 1956.
Gassen, Hans Günter / Kemme Michael: Gentechnik. Die Wachstumsbranche der Zukunft. Fischer Verlag Frankfurt a. M. 1996.
Gebser, Jean: Ursprung und Gegenwart. 3 Bände. 3., Deutscher Taschenbuch Verlag 1988.
Gebser, Jean: Verfall und Teilhabe. Über Polarität, Dualität, Identität und deren Ursprung. Otto Müller Verlag Salzburg 1974.
Gerken, Gerd: Geist- das Geheimnis der neuen Führung.
Glasenapp, Helmuth von: Pfad zur Erleuchtung. Eugen Diederichs Verlag Düsseldorf 1980.
Glasenapp, Helmuth von: Die fünf Weltreligionen. Eugen Dietrichs Verlag München 1996.
Glassman, Bernard / Fields, Rick: Anweisungen für den Koch. Hoffmann und Campe Verlag 1997.
Govinda, Anagarika Lama: Grundlagen tibetischer Mystik. Die geheime Lehre des Großen Mantra. 8., O. W. Barth Verlag München 1991.
Greshake, Gisbert: Priestersein. Zur Theologie und Spiritualität des priesterlichen Amtes. 5., Verlag Herder Freiburg im Breisgau 1991.
Griffiths, Bede: Leben im christlichen Ashram. Kösel Verlag München 1990.
Griffiths, Bede: Unteilbarer Geist. Quelle der Heiligen Schriften. Dingfelder Verlag Andechs 1996.

Grof, Stanislav / Benett, Hal Zina: Die Welt der Psyche. Kösel Verlag München 1993.
Grof, Stanislav und Christina: Die stürmische Suche nach dem Selbst. Praktische Hilfe für spirituelle Krisen. Kösel Verlag München 1991.
Grof, Stanislav und Christina: Spirituelle Krisen. Chancen der Selbstfindung. Kösel Verlag München 1990.
Grof, Stanislav: Das Abenteuer der Selbstentdeckung. Kösel Verlag München 1987.
Grof, Stanislav: Geburt, Tod und Transzendenz. Neue Dimensionen in der Psychologie. Kösel Verlag München 1985.
Grof, Stanislav: Kosmos und Psyche. An den Grenzen menschlichen Bewußtseins. Wolfgang Krüger Verlag Frankfurt a. M. 1997.
Grof, Stanislav: Topographie des Unbewussten. LSD im Dienst der tiefenpsychologischen Forschung. 4., Klett-Cotta Stuttgart 1988.
Grün, Anselm / Seuferling, Alois: Benediktinische Schöpfungs-Spiritualität. Vier-Türme- Verlag Münsterschwarzach 1996.
Grün, Anselm: Gebet und Selbsterkenntnis. 2., Vier-Türme-Verlag Münsterschwarzach 1984.
Grün, Anselm: Leben aus dem Tod. Vier-Türme-Verlag Münsterschwarzach 1995.
Grün, Anselm: Eros und Mystik. Vier-Türme-Verlag Münsterschwarzach.
Guenther, Herbert V.: Tantra als Lebensanschauung. Pawlak Verlag Herrsching 1992.
Günther, Michael: Der Sohar. Das Heilige Buch der Kabbala. 8., Eugen Diederichs Verlag München 1997.
Gyger, Pia: Die Erde ruft. Ein Prozess spiritueller und politischer Bewußtseinsbildung bei jungen Menschen. Stuttgart 1996.
Haas, Alois M.: Mystik als Aussage. Suhrkamp Verlag Frankfurt a. M. 1996.
Habito, Ruben: Barmherzigkeit aus der Stille. Zen und soziales Engagement. Kösel Verlag München 1990.
Haich, Elisabeth: Sexuelle Kraft und Yoga. 3., Drei Eichen Verlag München 1979.
Hammerskjöld, Dag: Zeichen am Weg. München 1965.
Hammerskjöld, Dag: Visionen einer Menschheitsethik. Urachhaus Verlag 1999.
Hansmann, Wilfried: Die Apokalypse von Angers. DuMont Verlag Köln 1981.
Hardon, John A.: Gott in den Religionen der Welt. Rex-Verlag Luzern / München 1967.
Hart, William: Die Kunst des Lebens. Vipassana-Meditation nach S. N. Goenka. Fischer Verlag Frankfurt a. M. 1996.
Hauchler, Ingomar / Messner, Dirk / Nuscheler, Franz: Globale Trends 2000. Fischer Verlag Frankfurt a. M. 1999.
Hawking, Stephen W.: Eine kurze Geschichte der Zeit. Die Suche nach der Urkraft des Universums. Rowohlt Verlag Reinbek bei Hamburg 1988.
Hawking, Stephen W.: Einsteins Traum. Expeditionen an die Grenzen der Raumzeit. Rowohlt Verlag Reinbek bei Hamburg 1996.
Hawkins, David R.: Die Ebenen des Bewußtseins. Von der Kraft die wir ausstrahlen. Verlag für angewandte Kinesiologie Freiburg im Breisgau 1997.
Hazrat Inayat Khan: Die Einheit der religiösen Ideale. East-West Publications Den Haag 1963.
Hazrat Mirza Tahir Ahmad, Imam (Hrsg.): Der Koran. Vollständige Ausgabe. 9., Wilhelm Heyne Verlag GmbH & Co. KG München 1992.
Hecker, Hellmuth: -Das hab ich gehört- Lehrreden des Gotama Buddha. Honos Verlag Bergisch Gladbach 1997.
Heim, Burkhard: Der kosmische Erlebnisraum des Menschen. 2., Resch Verlag Innsbruck 1988.
Henes, Michael: Kalachakra. 5., Fabri Verlag Ulm 1998.
Hermes Trismegistos (Herausgeberkollektiv). Erkenntnis aus der Natur und des darin sich offenbarenden großen Gottes. Edis GmbH Sauerlach bei München 1997.
Hillebrandt, Alfred: Upanishaden. Die Geheimlehre der Inder. Eugen Diederichs Verlag Düsseldorf 1981.
Hiroshi, Motoyama: Chakra-Physiologie. Die subtilen Organe des Körpers und die Chakra-Maschine. 2., Aurum Verlag Freiburg im Breisgau 1990
Hoferer, Richard: Weg zur Einheit im Geiste. Werner Kristkeitz Verlag Leimen 1995.
Hoffmann, Banesh: Einsteins Leben. Das Relativitätsprinzip und seine Wurzeln. Spektrum Akademischer Verlag Heidelberg 1993.
Hofstetter, Victor P.: Die neun Gebetsweisen des Heiligen Dominikus. Ufficio Libri Liturgici Roma.
Holitzka, Klaus / Niemuth, Jochen: Das Mandala als Grundstruktur des Universums. Ch. Falk-Verlag Seeon 1994.
Hollenweger, W. J.: Geist und Materie. München 1988.
Holler, Johannes: Das Neue Gehirn. Möglichkeiten moderner Gehirnforschung. Junfermann Verlag Paderborn 1996.
Höting, Hans: Die sechs heiligen Laute. Verlag Hermann Bauer Freiburg im Breisgau 1988.
Howald, Wolfgang / Gottwald, Franz-Theo: Bewußtseins-Management. Sich selbst optimal führen. mvg-Verlag Landsberg a. L. 1996.
Hügli, Anton / Lübcke, Poul: Philosophie-Lexikon. 2., Rowohlt Verlag Reinbek bei Hamburg 1998.

Hung-Yuan: Zen und schöpferische Kraft. Eugen Diederichs Verlag München.
Imhoff, Robert: Das Mental der Zellen. Daimon Verlag Einsiedeln 1992.
Jacobi, Jolanda: Die Psychologie von C. G. Jung. Rascher Verlag Zürich 1940.
Jäger, Willigis / Grimm, Beatrice: Der Himmel ist in dir. Anleitung zum Körpergebet. Kösel Verlag München 2000.
Jäger, Willigis: Gebet des Schweigens. Otto Müller Verlag Salzburg 1984.
Jäger, Willigis: Geh den inneren Weg. Texte der Achtsamkeit und Kontemplation. 2., Verlag Herder Freiburg im Breisgau 1999.

Jäger, Willigis: Kontemplation. Gottesbegegnung heute. 2., Otto Müller Verlag Salzburg 1983.
Jäger, Willigis: La oración contemplativa. Una introducción según San Juan de la Cruz. Romanya / Valls, S. A. de Capellades (Barcelona).
Jäger, Willigis: Kontemplatives Beten. 4., Vier-Türme-Verlag Münsterschwarzach 1994.
Jäger, Willigis: Suche nach dem Sinn des Lebens. Bewußtseinswandel durch den Weg nach innen. Verlag Via Nova Petersberg 1991.
Jäger, Willigis: Suche nach der Wahrheit. Verlag Via Nova Petersberg 1998.
Jäger, Willigis: Aus seinen Vorträgen: Die Rolle der Frau im Zen-Buddhismus / Ethik in der Medizin / Nirwana und Wiedergeburt
Jäger, Willigis: Search for the meaning of life. Missouri 1995.
Jäger, Willigis: Contemplation. A christian path. Missouri 1994.
Jäger, Willigis: En busca del sentido de la vida. Madrid 1995.
Jäger, Willigis: Pregaria contemplativa. De L`abbadia de Montserrat 1999.
Jalics, Franz: Kontemplative Exerzitien. 2., Echter Verlag Würzburg 1994.
James, William: Die Vielfalt religiöser Erfahrung. Insel Verlag Frankfurt a. M. und Leipzig 1997.
Jantsch, Erich: Die Selbstorganisation des Universums. München 1982.
Johnston, William: Der Weg des Schweigens. Christliches Zen. 4., Verlag Butzon & Bercker Kevelaer 1984.
Jungclaussen, Emmanuel: Das Jesusgebet. 6., Verlag Friedrich Pustet Regensburg 1994.
Jürgens, Heinrich: Esoterische Auslegung des Evangeliums Johannes. Verlag Hermann Bauer Freiburg im Breisgau 1959.
Kabir: Im Garten der Gottesliebe. Hermes-Verlag Heidelberg 1993.
Kanzian, Christian: Gott finden in allen Dingen. Theologie und Spiritualität. Druck- und Verlagshaus Thaur Wien 1998.
Kapleau, Philip: Die drei Pfeiler des Zen. 10., O. W. Barth Verlag München 1994.
Karma Lekshe Tsomo: Töchter des Buddha. Leben und Alltag spiritueller Frauen im Buddhismus heute. Eugen Diederichs Verlag München 1991.
Kenneth, S. Leong: Jesus- der Zenlehrer. Das Herz seiner Lehre. Verlag Herder Freiburg im Breisgau 2000.
Kessler, Udo: Die Wiederentdeckung der Transzendenz. Verlag Königshausen und Neumann Würzburg 1995.
Khémir, Nacer: Notizen der Weisheit Islam. Die Wahrheit kann nicht in einem einzigen Traum enthalten sein. St. Gabriel Verlag Mödling-Wien 1995.
Kissener, Hermann: Ur-Religio. 2., Drei Eichen Verlag 1979.
Klein, Johannes Werner: Ihr seid Götter. Die Philosophie des Johannes-Evangeliums. 2., Verlag Günter Neske Pfullingen 1983.
Knippers, Rolf: Molekulare Genetik. 4., Georg Thieme Verlag Stuttgart 1985.
Kobbe, Peter: Dalai Lama. Den Geist erwecken, das Herz erleuchten. Th. Knaur Verlag München 1996.
Kochanek, Hermann: Die Botschaft der Mystik in den Religionen der Welt. Kösel Verlag München 1998.
Körner, Reinhard: Mystik konkret. Impulse aus dem Karmel für das geistliche Leben heute. 2., St. Benno Verlag Leipzig 1998.
Koester, Arthur: Der Mensch. Irrläufer der Evolution. Die Kluft zwischen Denken und Handeln. Frankfurt a. M. 1993.
Kornfield, Jack: Frag den Buddha- und geh den Weg des Herzens. Kösel Verlag München 1995.
Kornfield, Jack / Goldstein, Joseph: Einsicht durch Meditation. 4., O. W. Barth Verlag München 1993.
Yamada, Koun: Die torlose Schranke. Mumonkan. Kösel Verlag München 1989.
Krishnamacharya, Ekkirala: Mystische Mantren von Meister C. V. V. Edition Kulapati 1986.
Krusche, Roland: Die Übung des Schweigens in der Mystik. Überlegungen zur Hermeneutik des Schweigens. Verlag Peter Lang Frankfurt a. M. 1996.
Küng, Hans: Projekt Weltethos. 3., Piper Verlag München 1990.
Küng, Hans / Kuschel, Josef: Erklärung zum Weltethos. Die Deklaration des Parlaments der Weltreligionen. München 1993.
Kuper, Michael: Roger Bacon. Der Mann, der Bruder Williams Lehrer war. Verlag Clemens Zerling Berlin 1996.
Küppers, Günter: Chaos und Ordnung. Formen der Selbstorganisation in Natur und Gesellschaft. Philipp

Reclam jun. Stuttgart 1996.
Kytzler, Bernhard: Platons Mythen. Insel Verlag Frankfurt a. M. 1997.
Laotse: Tao Te Ching. Theseus Verlag Berlin 1995.
Laszlo, Ervin: Das fünfte Feld. Materie, Geist und Leben- Vision der neuen Wissenschaft. Bastei-Lübbe Verlag Bergisch Gladbach 1996.
Laszlo, Ervin: Wege zum globalen Überleben. Heyne Verlag München 1994.
Lay, Ruppert: Meditations Techniken für Manager. Methoden zur Persönlichkeitsentfaltung.Ullstein Berlin 1989.
Le Saux / Abhishiktananda: Der Weg zum Anderen Ufer. Die Spriritualität der Upanishaden. Eugen Diederichs Verlag Düsseldorf 1980.
Leary, Timothy: Totenbuch. Ullstein Verlag Berlin 1998.
Lengsfeld, Peter: Zum tieferen Sinn von Religion. Religionsgespräche in Asien und anderswo. Verlag Via Nova Petersberg 1993.
Leon: Das Grosse Buch von der Liebe oder von der Suche nach der wahren Sonne und dem wahren Mond. 2., Verlag Aviva Frankfurt a. M. 1989.
Lhündub Söpa, Geshe / Hopkins, Jeffrey: Der Tibetische Buddhismus. 2., Eugen Diederichs Verlag Düsseldorf 1981.
Lilly, John C.: Stimulation Gottes. Sphinx.
Lipsett, Peter R.: Wege zur Transzendenzerfahrung. Vier-Türme-Verlag Münsterschwarzach 1992.
Lorenz, Erika: Praxis der Kontemplation. Die Weisung der klassischen Mystik. Fischer Taschenbuch Verlag Frankfurt a. M. 1997.
Lorenz, Erika: Wort im Schweigen. Vom Wesen christlicher Kontemplation. Verlag Herder Freiburg im Breisgau 1993.
Love, Jeff: Die Quantengötter. Ursprung und Natur von Materie und Bewußtsein. Rowohlt Verlag Reinbek bei Hamburg 1987.
Lowen, Alexander: Bio-Energetik. Therapie der Seele durch Arbeit mit dem Körper. Rowohlt Verlag Reinbek bei Hamburg 1983.
Ludwig, Wolfgang: Die erweiterte einheitliche Quantenfeldtheorie. Resch Verlag Innsbruck 1998.
Lurija, Alexander R.: Das Gehirn in Aktion. Einführung in die Neuropsychologie. Rowohlt Verlag Reinbek bei Hamburg 1992.
Lütge, Rüdiger-Lothar: Kundalini. Die Erweckung der Lebenskraft. Theorie und Praxis des Kundalini-Yoga. 2., Verlag Hermann Bauer Freiburg im Breisgau 1989.
Maharaj Sawan Singh: Philosophie der Meister. Radha Soami Satsang Beas Deutschland e. V. 1989.
Maharshi, Ramana: Sei, was du bist! 4., O. W. Barth Verlag München 1995.
Maier, Johann: Geschichte der jüdischen Religion. Walter de Gruyter Verlag Berlin 1972.
Mandel, Gabriele: Gott hat 99 Namen. Die spirituelle Botschaft des Korans. Pattloch Verlag Augsburg 1997.
Mandel, Peter: Energetische Terminalpunkt-Diagnose. Synthesis Verlag Essen 1983.
Marcus, Hildegard: Spiritualität und Körper. Gestalten durch Ursymbole. Benno Verlag Leipzig 1998.
Massa, Willi: Der Weg des Schweigens. Christliches Zen. 4., Verlag Butzon & Bercker Verlag Kevelaer 1974.
Matri Satsang: Glückseligkeit und Erleuchtung. Shri Anandamayi Ma. Mangalam Verlag Lautersheim 1998.
Maturana, Humberto R. / Varela, Francisco J.: Der Baum der Erkenntnis. Die biologischen Wurzeln des menschlichen Erkennens. Goldmann Verlag München 1984.
Mayer, Reinhold: Der Talmud. Goldmann Verlag München 1980.
Metzinger, Thomas: Bewußtsein. 3., Ferdinand Schöningh Verlag Paderborn 1996.
Meyer, Hermann: Die Gesetze des Schicksals. Die Befreiung von unbewußten Zwängen. Goldmann Verlag München 1992.
Miller, Bonifaz: Apophthegmata Patrum. Lambertus Verlag Freiburg 1965.
Miyuki, Mokusen: Die Erfahrung der Goldenen Blüte. O. W. Barth Verlag München 1984.
Mögle-Stadel, Stephan: Dag Hammarskjöld. Vision einer Menschheitsethik. Verlag Freies Geistesleben & Urachhaus Stuttgart 1999.
Mookerjee, Ajit: Kundalini. Die Erweckung der inneren Energie. Origo Verlag Bern 1982.
Moser, Franz / Narodoslawsky Michael: Bewußtsein in Raum und Zeit. Grundlagen der holistischen Weltsicht. Insel Verlag Frankfurt a. M. 1996.
Muktibodhananda Saraswati, Swami: Swara Yoga. The Tantric Science of Brain Breathing. Dr. Sw. Shankardevananda Saraswati MB, BS, Sydney 1983.
Müller, Mokka: Das vierte Feld. Die Bio-Logik revolutioniert Wissenschaft und Gesellschaft. Mentropolis 1999.
Müller, Rüdiger: Wandlung zur Ganzheit. Verlag Herder Freiburg im Breisgau 1981.
Murphy, Joseph: Die Gesetze des Denkens und Glaubens. Sie werden, was sie denken und glauben. Goldmann Verlag München 1982.
Murphy, Michael: Der Quantenmensch. Ein Blick in die Entfaltung des menschlichen Potentials im 21.

Jahrhundert. 2., Integral Wessobrunn 1994.
Narayanananda, Swami: Das Geheimnis der Geisteskontrolle. Narayana Verlag Blansingen 1979.
Narayanananda, Swami: Sex-Sublimation. 4., Yoga Trust & Ashrama Gylling, Denmark 1979.
Nestle, Wilhelm: Platon Hauptwerke. Alfred Kröner Verlag Stuttgart 1973.
Neumann, Erich: Ursprungsgeschichte des Bewußtseins. Fischer Taschenbuch Verlag Frankfurt a. M. 1995.
Nietzsche, Friedrich: Werke. Phaidon Verlag Essen.
Nitschke, Günter: The Silent Orgasm. Liebe als Sprungbrett der Selbsterkenntnis. Benedikt Verlag Köln 1995.
Norretranders, Tor: Spüre die Welt. Die Wissenschaft des Bewußtseins. Rowohlt Taschenbuch Verlag Reinbek bei Hamburg 1997.
Nyanaponika: Geistestraining durch Achtsamkeit. Verlag Christiani Konstanz 1970.
Nyanatiloka: Die Lehrreden des Buddha aus der Angereihten Sammlung Anguttara-Nikaya. Verlag M. DuMont Schauberg Köln 1969.
Nydahl, Ole Lama: Das Große Siegel. Die Mahamudra-Sichtweise des Diamantweg-Buddhismus. Joy Verlag Sulzberg 1998.
Nydahl, Ole Lama: Die Vier Grundübungen. Ngöndro- die ersten Schritte im Diamantweg-Buddhismus. Joy Verlag Sulzberg 1998.
Ohlig, Karl-Heinz: Die Welt ist Gottes Schöpfung. Matthias Grünewald Verlag Mainz 1984.
Olvedi, Ulli: Yi Qi Gong. Das Stille Qi Gong nach Meister Zhi-Chang Li. O. W. Barth Verlag München 1994.
Omraam Mikhael Aivanhov: Die Harmonie. 2., Prosveta Verlag Fréjus 1998.
Ornstein, Robert: Evolution des Bewußtseins. Ursprünge und Perspektiven. Verlag für Angewandte Kinesiologie Freiburg im Breisgau 1991.
Ornstein, Robert: Multimind. Ein neues Modell des menschlichen Geistes. 2., Junfermann Verlag Paderborn 1990.
Oschwald, Hanspeter: Bibel, Mystik und Politik. Die Gemeinschaft Sant` Egidio. Verlag Herder Freiburg im Breisgau 1998.
Osho: Vigyan Bhairav Tantra. The book of the secrets. First Series.
The Rebel Publishing Ho, Cologne.
Ostertag, Silvia: Einswerden mit sich selbst. Ein Weg der Erfahrung durch meditative Übung. 3., Kösel Verlag München 1986.
Panikkar, Raimon: Der neue religiöse Weg. Im Dialog der Religionen leben. Kösel Verlag München 1990.
Peitgen, Heinz-Otto / Jürgens, Hartmut / Saupe, Dietmar: Chaos. Bausteine der Ordnung. Rowohlt Verlag Reinbek bei Hamburg 1998.
Pelikan, J.: Jesus Christus. Erscheinungsbild und Wirkung in 2000 Jahren Kulturgeschichte. Benziger Zürich 1986.
Perkowitz, Sidney: Eine kurze Geschichte des Lichts. Die Erforschung eines Mysteriums. Deutscher Taschenbuch Verlag München 1998.
Piaget, Jean: Psychologie der Intelligenz. 8., Verlag Klett-Cotta Stuttgart 1984.
Picon, Gaetan: Honoré de Balzac. 7., Rowohlt Verlag Hamburg 1994.
Pierrakos, John: Core Energetik. Zentrum Deiner Lebenskraft. Synthesis Verlag Essen 1987.
Pietschmann, Herbert: Aufbruch in neue Wirklichkeiten. Der Geist bestimmt die Materie. Weitbrecht Verlag Stuttgart 1997.
Pietschmann, Herbert: Das Ende des naturwissenschaftlichen Zeitalters. Verlag K. Thienemanns Stuttgart 1995.
Po Huang: Der Geist des Zen.
Popp, Fritz-Albert: Biologie des Lichts. Berlin 1984.
Popp, Fritz-Albert: Neue Horizonte in der Medizin. 2., Haug Verlag Heidelberg 1987.
Pöppel, Ernst: Gehirn und Bewußtsein. VCH Verlagsgesellschaft Weinheim 1989.
Prem Nirvano, Swami / Ma Prem Mohani: Vom Sex zum kosmischen Bewußtsein. 2., Wiener Verlagshaus, Wien 1995.
Prigorine, Ilya: Die Gesetze des Chaos. Insel Verlag Frankfurt a. M. 1998.
Prigorine, Ilya: Vom Sein und Werden. München 1987.
Quint, Josef: Meister Eckhart. Deutsche Predigten und Traktate. Diogenes Verlag AG Zürich 1979.
Raijaneesh, Shree: Tantra. Die höchste Einsicht. Sannyas Verlag.
Ramakrishna, Sri: Ein Werkzeug Gottes sein. Gespräche mit seinen Schülern. Benziger Verlag Düsseldorf 1997.
Rau, Heino: Ghandi. 25., Rowohlt Verlag Reinbek bei Hamburg 1970.
Ravindra, Ravi: Mystisches Christentum. Das Johannesevangelium im Licht östlicher Weisheit. Fischer Taschenbuch Verlag Frankfurt a. M. 1996.
Reichle, Verena: Die Grundgedanken des Buddhismus. Fischer Verlag Frankfurt a. M. 1994.
Reps, Paul: Ohne Worte- ohne Schweigen. 10., Otto Wilhelm Barth Verlag München 1995.
Resch, Andreas: Mystik. 2., Resch Verlag Innsbruck 1984.

Restak, Richard M.: Geheimnisse des menschlichen Gehirns. Ursprung von Denken, Fühlen und Handeln. Moderne Verlagsgesellschaft München 1989.
Riedl, Gerhard / Grün, Anselm: Mystik und Eros. Vier-Türme-Verlag Münsterschwarzach 1993.
Riehle, Wolfgang: Die Wolke des Nichtwissens. Worin die Seele sich mit Gott vereint. 4., Johannes Verlag Einsiedeln Freiburg 1991.
Riemann, Gerhard: Die Botschaft Jesu. Verborgene Worte Jesu und das Evangelium des Johannes. Droemersche Verlagsanstalt Th. Knaur München 1994.
Rilke, Rainer Maria: Gedichte und Prosa. Parkland Verlag Köln 1998.
Rilke, Rainer Maria: Gesammelte Gedichte. Insel Verlag 1962.
Rinpoche, Sogyal: Das tibetische Buch vom Leben und vom Sterben. 11., O. W. Barth Verlag 1994.
Ritt, Hubert: Die neue Echter Bibel. Kommentar zum Neuen Testament mit der Einheitsübersetzung. Echter Verlag Würzburg 1986.
Roberts, Bernadetta: Jenseits von Ego und Selbst. Erfahrungsbericht einer spirituellen Reise. Arbor Verlag Ulm 1993.
Rogers, Carl: Entwicklung der Persönlichkeit. Klett-Verlag Stuttgart 1973.
Rohen, J. W.: Funktionelle Anatomie des Nervensystems. 4., F. K. Schattauer Verlag Stuttgart 1985.
Rohr, Wulfing von: Das Buch der Meister. Th. Knaur Verlag München 1998.
Ropers, Roland R.: Geburtsstunde des neuen Menschen. Hugo Makíbi Enomiya-Lassalle zum 100. Geburtstag. Verlag Via Nova Petersberg 1998.
Rosenberger, Alfons: Die Meditation des Herzensgebetes. O. W. Barth Verlag München 1983.
Roth, Gerhard: Das Gehirn und seine Wirklichkeit. Kognitive Neurobiologie und ihre philosophischen Konsequenzen. Suhrkamp Verlag Frankfurt a. M. 1997.
Roze, Janis: Die Bedeutung der morphischen Resonanz der Biologie in den Naturwissenschaften und in der Gesellschaft. In: Dürr, H. P.: Rupert Sheldrake in der Diskussion. München 1997.
Rumi, Dschalaluddin: Das Lied der Liebe. Die Weisheit göttlicher Liebe in den Versen des Grössten Sufi - Dichters. Wilhelm Heyne Verlag München 1992.
Rumi, Dschalaluddin: Offenes Geheimnis. Verlag Th. Knaur München 1994.
Rumi, Dschalaluddin: Vierzeiler. 3., Castrum Peregrini Amsterdam 1989.
Ruß, Hans Günther: Der neue Mystizismus. Östliche Mystik und moderne Naturwissenschaften im New Age - Denken.
Ruysbeek, E. van / Messing, M.: Das Thomasevangelium. Seine östliche Spiritualität. Walter Verlag Düsseldorf 1993.
Samyutta-Nikaya: Die großen Weisheiten des Buddha. Scherz Verlag München.
Sangharakshita: Menschliche Erleuchtung. Windhorse Publications Glasgow 1992.
Sannella, Lee: Kundalini Erfahrungen und die neuen Wissenschaften. Synthesis Verlag Essen 1989.
Sartory, Gertrude und Thomas: Johannes Cassian. Spannkraft der Seele. Verlag Herder Freiburg im Breisgau 1981.
Sartory, Gertrude und Thomas: Mechthild von Magdeburg. „Ich tanze, wenn du mich führst". Verlag Herder Freiburg im Breisgau 1988.
Satprem: Sri Aurobindo oder Das Abenteuer des Bewußtseins. Verlag Hinder + Deelmann Gladenbach 1991.
Scharfetter, Christian: Allgemeine Psychopathologie. Eine Einführung. Georg Thieme Verlag Stuttgart 1976.
Scharfetter, Christian: Der spirituelle Weg und seine Gefahren. Ferdinand Enke Verlag Stuttgart 1991.
Schelp, Hasso: Meister Eckhart. Wo Gott keinen Namen hat. Kösel Verlag München 1993.
Schimmel, Annemarie: Al - Halladsch - „O Leute, rettet mich vor Gott". Verlag Herder Freiburg im Breisgau 1985.
Schimmel, Annemarie: Meine Seele ist eine Frau. Das Weibliche im Islam. Kösel Verlag München 1995.
Schimmel, Annemarie: Mystische Dimensionen des Islam. Die Geschichte des Sofismus. Insel Verlag Frankfurt a. M. und Leipzig 1995.
Schimmel, Annemarie: Rumi. Ich bin Wind und du bist Feuer. Leben und Werk des großen Mystikers. 8., Eugen Diederichs Verlag München 1995.
Schirmer, Eva: Mystik und Minne. Frauen im Mittelalter. Panorama Verlag Wiesbaden.
Schmieke, Marcus: Das letzte Geheimnis. Naturwissenschaft und Bewußtsein. Ines Verlag Frankfurt a. M. 1995.
Scholem, Gershom: Die jüdische Mystik. Rhein - Verlag Zürich 1957.
Scholem, Gershom: Von der mystischen Gestalt der Gottheit. Rhein-Verlag Zürich 1962.
Scholtz, R. F. v,: Pir-o-Murshid Hazrat Inayat Khan: Einheit im Geiste. Otto Reichl Verlag Remagen 1975.
Schrödinger, Erwin: Geist und Materie. Braunschweig 1959.
Schuré, Edouard: Die großen Eingeweihten. Geheimlehren der Religion. 21., Scherz Verlag München 1996.
Schwarz, Ernst: Bi-Yän, Lu. Kösel Verlag München 1999.
Schwery, Walter: Im Strom des Erwachens. Der Kundaliniweg des Siddha-Yoga und der

Individuationsprozeß nach C.G. Jung. Ansata-Verlag Interlaken 1988.
Segal, Suzanne: Kollision mit der Unendlichkeit. Ein Leben jenseits des persönlichen Selbst. 2., Context Verlag Bielefeld 1997.
Seidel, Helmut: Spinoza zur Einführung. Junius Verlag Hamburg 1994.
Shaw, Miranda: Erleuchtung durch Ekstase. Frauen im tantrischen Buddhismus. Wolfgang Krüger Verlag Frankfurt a. M. 1997.
Sheldrake, R. / Mc Kenna, T. / Abraham, R.: Denken am Rande des Undenkbaren. München 1997.
Sheldrake, Rupert / Fox, Matthew: Die Seele ist ein Feld. Der Dialog zwischen Wissenschaft und Spiritualität. O. W. Barth Verlag München 1998.
Sheldrake, Rupert: Das Gedächtnis der Natur. Das Geheimnis der Entstehung der Formen in der Natur. 4., Piper Verlag München 1998.
Sheldrake, Rupert: Das schöpferische Universum. Die Theorie des morphogenetischen Feldes. 3., Ullstein Verlag Berlin 1997.
Sheldrake, Rupert: Sieben Experimente, die die Welt verändern könnten. Anstiftung zur Revolutionierung des wissenschaftlichen Denkens. 3., Scherz Verlag München 1996.
Shunryu Suzuki: Zen-Geist Anfänger-Geist. Unterweisungen in Zen-Meditation. Theseus Verlag Zürich 1970.
Sloterdijk, Peter: Mystische Zeugnisse aller Zeiten und Völker. 2., Eugen Diegerichs Verlag München 1993.
Smith, Huston: Eine Wahrheit- viele Wege. Die großen Religionen der Welt. 2., Verlag Hermann Bauer Freiburg im Breisgau 1994.
Smullyan, Raymond: Das Tao ist Stille. Fischer Verlag Frankfurt a. M. 1994.
Sokei-an Roshi: Sokei-an`s Übertragung des Zen. Lehren eines Meisters zur Verwirklichung des Zen. Theseus Verlag Zürich.
Sölle, Dorothee: Mystik und Widerstand. Du stilles Geschrei. 2., Hoffmann und Campe Verlag Hamburg 1997.
Spörl, Uwe: Gottlose Mystik in der deutschen Literatur um die Jahrhundertwende. Ferdinand Schöningh Verlag Paderborn 1997.
Springer, Sally P. / Deutsch, Georg: Linkes Rechtes Gehirn. Funktionelle Asymmetrien. 2., Spektrum der Wissenschaft Heidelberg 1988.
Stachel, Günter: Ungegenständliche Meditation. Matthias-Grünewald-Verlag Mainz 1978.
Steiner, Rudolf: Die Mystik im Aufgange des neuzeitlichen Geisteslebens und ihr Verhältnis zur modernen Weltanschauung. 5., Rudolf Steiner Verlag Dornach / Schweiz 1977.
Stevens, John: Lust und Erleuchtung. Sexualität im Buddhismus. O.W. Barth Verlag München 1993.
Störig, Hans Joachim: Kleine Weltgeschichte der Philosophie. Fischer Verlag Frankfurt a. M. 1992.
Suchananda: In: Avatamsaka - Sutra, S. 8. In: Daisetz T. Suzuki: Koan, der Sprung ins grenzenlose Bewußtsein. O. W. Barth Verlag München 1994.
Sudbrack, Josef: Meditative Erfahrung-Quellgrund der Religionen? Matthias-Grünewald-Verlag Mainz 1994.
Sudbrack, Josef: Mystische Spuren. Auf der Suche nach der christlichen Lebensgestalt. Echter Verlag Würzburg 1990.
Sudbrack, Josef: Neue Religiosität- Herausforderung für Christen. Mainz 1987.
Swindells, John: Bede Griffiths. Ein Mensch sucht Gott. Verlag Via Nova Petersberg 1998.
Talbot, Michael: Das Holographische Universum. Die Welt in neuen Dimensionen. Verlag Th. Knaur München 1994.
Tansley, David V.: Der Feinstoffliche Mensch. Radionik und energetische Behandlung. Synthesis Verlag Essen 1993.
Tansley, David V.: Die Aura des Menschen. Synthesis Verlag Essen 1993.
Tansley, David V.: Radionik. Energetische Diagnose und Behandlung. Synthesis Verlag Essen 1989.
Tarthang Tulku: Raum, Zeit und Erkenntnis. Aufbruch zu neuen Dimensionen der Erfahrung von Welt und Wirklichkeit. O. W. Barth Verlag München 1983.
Tauler, Johannes: Predigten. 3., Johannes-Verlag Einsiedeln Trier 1987.
Teilhard de Chardin, Pierre: Die Zukunft des Menschen Olten 1966.
Tepperwein, Kurt: Die geistigen Gesetze. Goldmann Verlag München 1992.
Tersteegen, Gerhard: Ich bete an die Macht der Liebe. 2., Brunnen Verlag Gießen 1998.
Thich Nhat Hanh: Das Diamant Sutra. 2., Theseus Verlag Berlin 1996.
Thich Nhat Hanh: Das Wunder der Achtsamkeit. 6., Theseus Verlag München 1996.
Thich Nhat Hanh: Einssein. Vierzehn Tore zum Buddhismus. 2., Theseus Verlag München 1994.
Topper, Uwe: Sufis und Heilige im Maghreb. Eugen Diederichs Verlag München 1991.
Torjesen, Karen Jo: Als Frauen noch Priesterinnen waren. 2., Zweitausendeins Frankfurt a. M. 1995.
Toshihiko Izutsu: Philosophie des Zen-Buddhismus. Rowohlt Verlag Reinbek bei Hamburg 1979.
Trappe, Tobias: Transzendentale Erfahrung. Vorstudien zu einer transzendentalen Methodenlehre. Schwabe & Co AG Basel 1996.

Trimondi, Victor und Victoria: Der Schatten des Dalai Lama. Sexualität, Magie und Politik im tibetischen Buddhismus. Patmos Verlag Düsseldorf 1999.
Trutwin, Werner: Wege zum Licht. Die Weltreligionen. Patmos Verlag Düsseldorf 1996.
Tworuschka, Monika und Udo: Religionen der Welt. Grundlagen, Entwicklung und Bedeutung in der Gegenwart. Orbis Verlag 1996.
Underhill, Evelyn: Mystik. Entwicklung des religiösen Bewußtseins im Menschen. Turm Verlag Bietigheim / Württ.
Underhill, Evelyn: Mystik. Entwicklung des religiösen Bewußtseins im Menschen. Turm Verlag Bietigheim / Württ. 1928.
V. Bibra, O.S.: Der Name Jesus. 11., Oekumenischer Verlag Dr. R.-F. Lüdenscheid 1990.
V. Wedemeyer, Inge: Die goldenen Verse des Pythagoras. Lebensregeln zur Meditation. Verlag Heilbronn 1983.
V. Wedemeyer, Inge: Konfuzius. Meister der Güte und Mitmenschlichkeit. Verlag Heilbronn 1986.
Vaughan-Lee, Llewellyn: Der Liebesbund. Psychologische und spirituelle Aspekte des mystischen Weges. Ansata Verlag Interlaken 1993.
Vaughan-Lee, Llewellyn: Die Karawane der Derwische. Die Lehren der großen Sufi-Meister. Fischer Verlag Frankfurt a. M. 1996.
Vester, Frederic: Neuland des Denkens. Vom technokratischen zum kybernetischen Zeitalter. 2., Deutscher Taschenbuch Verlag München 1984.
Vetter, Michael: Seinserfahrungen- das Buch von der Liebe zum Leben. Verlag Via Nova Petersberg 1995.
Vetter, Michael: Die Psychologie der Seinerfahrung. Lüchow Verlag Freiburg im Breisgau 1997.
Vetter, Michael: Musik. Verlag Via Nova Petersberg 1994.
Victoria, Brian A.: Zen, Nationalismus und Krieg. Eine unheimliche Allianz. Theseus Verlag Berlin 1999.
Vishnudevananda, Swami: Das grosse illustrierte Yoga-Buch. 2., Aurum Verlag Freiburg im Breisgau 1982.
Vivekananda, Swami: Karma-Yoga und Bhakti-Yoga. Verlag Hermann Bauer Freiburg im Breisgau 1990.
Vivekananda, Swami: Raja-Yoga. 6., Hermann Bauer Verlag Freiburg im Breisgau 1981.
Vom Kreuz, Johannes: Das Lied der Liebe. 4., Johannes Verlag Einsiedeln Freiburg 1992.
Vom Kreuz, Johannes: Die dunkle Nacht. 4., Johannes Verlag Einsiedeln Freiburg 1992.
Vom Kreuz, Johannes: Empor den Karmelberg. 4., Johannes Verlag Einsiedeln Freiburg 1989.
Vom Kreuz, Johannes: Gotteserfahrung und Weg in die Welt. Walter-Verlag Olten 1980.
Waddington, C. H.: Fields and Gradients. In: Ocke, M.: Major Problems in Developmental Biology. New York 1966.
Wagner, Winfried: Zwischen Hirn, Herz und Hara. Grundlagen lebensenergetischer Übungswege und Therapien. Prolog Verlag Kassel 1994.
Waldenfels, Hans: Absolutes Nichts. Zur Grundlage des Dialogs zwischen Buddhismus und Christentum. Verlag Herder Freiburg im Breisgau 1976.
Wallossek, Michael: Seine Heiligkeit der Dalai Lama. Das Herz aller Religionen ist eins. 4., Hoffmann und Campe Verlag Hamburg 1998.
Wangyal, Tenzin: Der kurze Weg der Erleuchtung. Dzogchen-Meditation nach den Böhn-Lehren Tibets. Spirit Fischer 1997.
Wangyal, Tenzin: Der kurze Weg zur Erleuchtung. Dzogchen-Meditation nach den Bön-Lehren Tibets. Fischer Verlag 1997.
Warnke, Ulrich: Gehirn-Magie. Der Zauber unserer Gefühlswelt.
Watson, J. D.: Die Doppelhelix. Hamburg 1993.
Watzlawik, Paul: Wie wirklich ist die Wirklichkeit. München 1988.
Wedemeyer, Inge von: Die Goldenen Verse des Pythagoras. Verlag Heilbronn.
Wehr, Gerhard: C. G. Jung. 18., Rowohlt Taschenbuch Verlag Reinbek bei Hamburg 1997.
Wehr, Gerhard: Europäische Mystik zur Einführung. Junius Verlag Hamburg 1995.
Wehr, Gerhard: Heilige Hochzeit. Symbol und Erfahrung menschlicher Reifung. Kösel Verlag München 1986.
Wehr, Gerhard: Selbsterfahrung mit C. G. Jung. Die Entdeckung des eigenen Ich. Verlag Herder Freiburg im Breisgau 1995.
Wehr, Gerhard: Silentium. Edition Marika Marghescu München 1999.
Weizsäcker, Carl Friedrich von: Bewußtseinswandel. München 1988.
Weltzien, Diane von: Das große Praxisbuch der Aura- und Chakren-Arbeit, Goldmann Verlag 1993.
Wilber, Ken / Ecker, Bruce / Anthony, Dick: Meister, Gurus Menschenfänger. Über die Integrität spiritueller Wege. Wolfgang Krüger Verlag Frankfurt a. M. 1995.
Wilber, Ken: Das holographische Weltbild. O. W. Barth Verlag München 1988.
Wilber, Ken: Das Spektrum des Bewußtseins. Eine Synthese östlicher und westlicher Psychologie. Rowohlt Taschenbuch Verlag Reinbek bei Hamburg 1991.
Wilber, Ken: Das Wahre, Schöne, Gute. Geist und Kultur im 3. Jahrtausend. Krüger Verlag Frankfurt a. M. 1999.

Wilber, Ken: Eine kurze Geschichte des Kosmos. Fischer Verlag Frankfurt a. M. 1997.
Wilber, Ken: Eros, Kosmos, Logos. Eine Vision an der Schwelle zum nächsten Jahrtausend. Wolfgang Krüger Verlag Frankfurt a. M. 1996.
Wilber, Ken: Halbzeit der Evolution. Der Mensch auf dem Weg vom animalischen zum kosmischen Bewußtsein. Fischer Taschenbuch Verlag Frankfurt a. M. 1996.
Wilber, Ken: Naturwissenschaft und Religion. Die Versöhnung von Wissen und Weisheit. Wolfgang Krüger Verlag Frankfurt a. M. 1998.
Wilber, Ken: Vom Tier zu den Göttern. Die große Kette des Seins. Verlag Herder Freiburg im Breisgau 1997.
Wilhelm, Richard / Jung, C. G.: Geheimnis der Goldenen Blüte. Das Buch von Bewußtsein und Leben. 5., Walter-Verlag Olten 1992.
Wilhelm, Richard: I Ging. 21., Eugen Diederichs Verlag München 1973.
Willi, Jürg: Koevolution. Hamburg 1985.
Wilson, Robert Anton: Der neue Prometheus. Sphinx 1985.
Wolf, Fred Alan: Körper, Geist und neue Physik. Scherz Verlag München 1989.
Wolff, Katja: Der kabbalistische Baum. Adams Schlüssel zum Paradies. Th. Knaur München 1989.
Woodroffe, John: Introduction to Tantra Sastra. 8., Ganesh & Company India 1990.
Wosien, Maria-Gabriele: Die Sufis und das Gebet in Bewegung. Metanoia-Verlag 1998.
Wosien, Maria-Gabriele: Tanz-Bilder des Weges. Veritas Verlag Linz 1997.
Wright, Robert: Diesseits von Gut und Böse. Die biologischen Grundlagen unserer Ethik. Limes Verlag München 1992.
Yamada, Koun: Die torlose Schranke. Mumonkan. Kösel Verlag München 1989.
Yogananda, Paramahansa: Religion als Wissenschaft. 6., Otto Wilhelm Barth Verlag München 1990.
Young, Arthur: Der kreative Kosmos. München 1990.
Zaehner, Robert C.: Mystik. Harmonie und Dissonanz. Olten Walter Verlag AG 1980.
Zimmer, Heinrich: Der Weg zum Selbst. Lehre und Leben des Shri Ramana Maharshi. 7., Eugen Diederichs Verlag München 1991.
Zimmer, Heinrich: Der Weg zum Selbst. Lehre und Leben Shri Ramana Maharshi. Eugen Diederichs Verlag München 1991.
Zimmer, Heinrich: Kunstform und Yoga im indischen Kultbild. Suhrkamp Verlag Frankfurt a. M. 1987.
Zimmer, Heinrich: Yoga und Buddhismus. 2., Insel Verlag Frankfurt a. M. 1977.
Zöller, Josephine: Das Tao der Selbstheilung. Die chinesische Kunst der Meditation in der Bewegung - ein Weg der Selbsthilfe und Heilung. O. W. Barth Verlag München 1984.
Zotz, Volker: Buddha. Rowohlt Verlag Reinbek bei Hamburg 1991.
Zundel, Edith / Loomans, Pieter: Im Energiekreis des Lebendigen. Körperarbeit und spirituelle Erfahrung. Verlag Herder Freiburg im Breisgau 1995.

Weiterführende Literatur zu den einzelnen Kapiteln

Personen- und Stichwortverzeichnis

Abbildungsnachweis

(genauere Angaben siehe Literaturverzeichnis)

Abb.1:	Die esoterische und exoterische Seite der Religionen Skizze aus Willigis Jäger: Vom Sinn des Lebens.
Abb.2:	Aufbau der Entwicklungsebenen vom unmanifestierten zum materiellen, grobstofflichen Bereich, aus Don Paris/ Peter Köhne: Die vorletzten Geheimnisse.
Abb.3:	Die Einheit von Information, Energie, Materie (Trinität)
Abb.4:	Geeignete Sitzpositionen
Abb.5:	Modellvorschlag nach R. Assagioli aus: Assagioli: Psycho-Synthese.
Abb.6:	Modellvorstellung von den verschiedenen Bewußtseinsanteilen eines Chakras.
Abb.7:	Bewußtseinsstufen des Menschen, frei nach einer Skizze eines Vortrages von K.O. Schmidt.
Abb.8:	Modell des Bewußtseins nach C.G. Jung aus Dr. J. Jacobi: Die Psychologie von C. G. Jung.
Abb.9:	Modellvorstellung zur Verbindung mit dem transpersonalen Selbst oder kosmischen Bewußtsein nach R. Assagioli, aus. Assagioli: Psychosynthese.
Abb.10:	Modellvorstellung der Chakras im Körper.
Abb.11:	Bewußtseinsräume nach Burkhard Heim aus: Dr. Wolfgang Ludwig: Die erweiterte einheitliche Quantenfeldtheorie von Burkhard Heim.
Abb.12:	Übersicht zu den Modellvorstellungen der Bewußtseinsebenen
Abb.13:	Zur Beziehung zwischen körperlichen Prozessen und mystischer Erfahrung (Schaulogik) nach Ken Wilber aus: Ken Wilber: Kosmos , Eros Logos.
Abb.14:	Beziehung zwischen Geist und Gehirn nach Eccles, aus: Johannes Holler: das neue Gehirn.
Abb.15:	Lage der für das Verständnis des Versenkungsweges wichtigsten Gehirnteile und Drüsen. Skizze in Anlehnung an Abbildungen in diversen medizinischen Büchern.
Abb.16a:	Clusterbild vom Wort Amen, Abb.16b: dito vom Mantra OM, Abb.16c: dito vom Wort Christus (aus spagyrischen Untersuchungsreihen).

Zur Modellvorstellung des Versenkungsweges nach Ingeborg Wolf

Abb. 17:	Entstehung des Hypophysenlichtes, Reinigung des Milzchakras
Abb. 18:	Erregung der Epiphyse durch das "Electric hint."
Abb. 19:	Abstrahlung der Herzensenergie.
Abb. 20:	Das Erleuchtungslicht.
Abb. 21:	Durchbruch zum kosmischen Bewußtsein. Einströmen kosmischer Energie ; Reinigung der Bewußtseinsfelder: Wandlung.

Ausklang

„Du wirst niemals zur Verwirklichung irgendeiner Wahrheit gelangen, indem Du sie nur hörst, über sie nachdenkst und sie mit dem Verstand erfaßt [...] den Durst löschen und die Hitze lindern durch das Trinken an der erfrischenden Quelle - das ist die eigentliche Verwirklichung der Wahrheit."
(Aus dem Avatamsaka-Sutra)

„Man muß die Wesenswelt verlassen, wenn man andere lehren und ihnen Anleitungen geben will."
(Mumonkan)

„Habe den Mut
deine Erfahrungen selbst zu machen
werde ein Christus, werde ein Buddha
sie haben gelebt
damit du es wirst."
(Ornstein)
Das Eine Sein

Es gibt nur Einen Gott:
der Ewige, der Alleinige, nichts besteht außer Ihm.

Es gibt nur Einen Meister:
der führende Geist aller Seelen, welcher alle, die Ihm folgen,
unablässig dem Lichte entgegen führt.

Es gibt nur Eine Heilige Schrift:
das heilige Buch der Natur, dic einzige Schrift, welche den
Leser erleuchten kann.

Es gibt nur Eine Religion:
der unentwegte Fortschritt in der rechten Richtung, dem Ideal
entgegen, durch welches der Lebensweg einer jeden Seele
erfüllt werden kann.

Es gibt nur Eine Bruderschaft:
Verbrüderung, welche unterschiedslos die Kinder
der Erde in der Vaterschaft Gottes vereinigt.

Es gibt nur Eine Moral:
die Liebe, welche der Selbstverleugnung entsprießt und im
Wohltun aufblüht.

Es gibt nur Eine Wahrheit:
die wahre Kenntnis unseres äußeren und inneren Wesens, welche der Kern aller Weisheit ist.

Es gibt nur Einen Pfad:
den der Auflösung des Ego im wahren „Vollkommenen Selbst“
welches den Sterblichen zur Unsterblichkeit erhebt.
(Sufi-Text)